21世纪公共管理类系列规划教材编委会

顾　问：朱立言 ◉ 全国MPA教育指导委员会原秘书长

中国人民大学教授　博士生导师

主　任：邓大松 ◉ 全国MPA教育指导委员会委员

武汉大学政治与公共管理学院原院长　教授　博士生导师

徐晓林 ◉ 全国MPA教育指导委员会委员

华中科技大学公共管理学院原院长　教授　博士生导师

赵　曼 ◉ 中南财经政法大学教授　博士生导师

编　委：（以姓氏笔画排序）

马培生	◉ 山西财经大学	李春根	◉ 江西财经大学
许晓东	◉ 华中科技大学	张立荣	◉ 华中师范大学
郑志龙	◉ 郑州大学	陶学荣	◉ 南昌大学
崔运武	◉ 云南大学	湛中乐	◉ 北京大学
楚明锟	◉ 河南大学	廖清成	◉ 中共江西省委党校

公共经济学

（第二版）

21世纪公共管理类系列规划教材

主　编　李春根（江西财经大学）　廖清成（中共江西省委党校）

副主编　彭迪云（南昌大学）　　　王为民（闽南师范大学）
　　　　黑启明（海南医学院）　　高　萍（武汉理工大学）
　　　　姚林香（江西财经大学）

华中科技大学出版社
http://www.hustp.com
中国·武汉

图书在版编目(CIP)数据

公共经济学/李春根,廖清成主编. —2 版. —武汉:华中科技大学出版社,2015.10(2022.7重印)
21 世纪公共管理类系列规划教材
ISBN 978-7-5680-1289-8

Ⅰ.①公… Ⅱ.①李… ②廖… Ⅲ.①公共经济学-高等学校-教材 Ⅳ.①F062.6

中国版本图书馆 CIP 数据核字(2015)第 245034 号

公共经济学(第二版)
Gonggong Jingjixue

李春根　廖清成　主编

策划编辑:周晓方
责任编辑:刘　勤
责任校对:何　欢
封面设计:原色设计
责任监印:周治超

出版发行:华中科技大学出版社(中国·武汉)　　电话:(027)81321913
　　　　　武汉市东湖新技术开发区华工科技园　　邮编:430223
录　　排:华中科技大学惠友文印中心
印　　刷:武汉科源印刷设计有限公司
开　　本:787mm×1092mm　1/16
印　　张:27.25　插页:2
字　　数:660 千字
版　　次:2007 年 12 月第 1 版　2022 年 7 月第 2 版第 5 次印刷
定　　价:58.00 元

本书若有印装质量问题,请向出版社营销中心调换
全国免费服务热线:400-6679-118　竭诚为您服务
版权所有　侵权必究

内容提要
Abstract

公共经济学是研究公共管理部门行为的经济学,它与政治学、公共管理学等学科有着密切的联系。本书共分5篇20章,系统阐述了公共经济学的基本内容,给读者提供了一个有关公共管理部门经济活动规律性的基本知识架构。第一篇(第一~五章)主要阐述公共经济学基础理论;第二篇(第六~十章)侧重阐述公共支出与效益;第三篇(第十一~十四章)侧重阐述公共收入与效应;第四篇(第十五~十八章)侧重阐述宏观调控与机制;第五篇(第十九、二十章)侧重阐述政府规制与改革。本书还通过每章后面的案例和思考题来鼓励读者继续深层次地思考。

本书适用于高等学校公共管理学科及其相关专业本科生、研究生(含MPA)及干部教育培训,对于其他有兴趣了解政府公共经济活动的读者也有一定的参考价值。读者在学习、阅读本书之前应具有一定的现代经济学(微观经济学和宏观经济学)基础。

总序
Preface

《领导科学与艺术》《社会保障学》《电子政务》《行政法》《公共部门人力资源管理》《公共政策分析》《公共管理学》《政治学》《公共经济学》《定量分析方法》作为"21世纪公共管理类系列规划教材"第一批书目的出版,是在MPA专业教育取得长足发展和公共管理类学科获得进一步深入拓展的基础上应运而生的。

一、编写原则

"21世纪公共管理类系列规划教材"在编写上主要遵循以下原则。

第一,科学性与思想性相结合的原则。科学性是思想性的基础,思想性是科学性的灵魂。教材编写坚持以马克思列宁主义、毛泽东思想、邓小平理论、"三个代表"及科学发展观的重要思想为指导,贯彻科学发展观,以正确的观点、方法揭示事物的本质规律,建立科学的知识体系,形成正确的概念。

第二,理论联系实际的原则。教材编写注重联系学生的生活经验、已有的知识、能力、志趣、品德的实际,联系理论知识在实际工作和社会生活中的实际,联系本学科最新学术成果的实际,通过理论知识的学习和专题研究,培养学生独立分析问题和解决问题的能力。

第三,创新性原则。教材注意吸收国内外最新理论研究与实践成果,特别是我国公共管理教育的理论研究与实践的经验、教训,力求在编写上有所突破,有所发展,有所创新,形成特色。

二、特色定位

"21世纪公共管理类系列规划教材"的特色定位主要涵盖以下几个方面。

(1) 国际化与本土化的平衡,注重本土化。吸收和借鉴国际上比较成熟的理论、方法、概念、范式、案例,切忌照本宣科、拿来就用,脱离中国具体国情和社会现实,而应该与中国的国情和实际情况密切结合,体现本土化特色,在此基础上进行研究才能发现问题、解决问题,有所发展、有所创新。

(2) 全面加强案例分析。公共管理学科需要坚实的学术底蕴作为基础,但它更是实践性与应用性很强的学科,只有通过对大量典型的、成熟的案例进行分析、研讨、模拟训练,才能开阔学生的眼界,积累学生的经验,培养学生独立分析问题、解决问题、动手操作的能力。

(3) 寻求编写内容上的突破与创新。结合当前已经出版的公共管理系列教材存在的不足之处,结合当前学生在学习和实践中存在的困难、亟须解决的问题,积极寻求内容上的突破与创新。

"21世纪公共管理类系列规划教材"的读者对象定位在公共管理硕士研究生层次、MPA研究生,同时可供公共管理类学科或专业高年级本科生阅读参考,也可供公务员培训、相关专业本科生使用。

"21世纪公共管理类系列规划教材"的出版除了得到主编及参编此套教材的重点院校及单位的大力支持与帮助外,以下院校及单位的领导、老师对我们的工作不仅给予了较大的支持与帮助,也提出了中肯的建议与意见(以汉语拼音为序):

安徽大学管理学院
东北大学文法学院
国防科学技术大学人文与管理学院
贵州大学管理学院
合肥工业大学管理学院 MPA 中心
湖北大学政法与公共管理学院 MPA 教育中心
湖南大学政治与公共管理学院
湖南师范大学公共管理学院行政管理学系
华南理工大学政治与公共管理学院
暨南大学管理学院行政管理系
兰州大学管理学院
南京农业大学科研处、人文学院
内蒙古大学公共管理学院
清华大学公共管理学院
四川大学公共管理学院行政管理系
山西财经大学公共管理学院
山西大学政治与公共管理学院
苏州大学公共管理学院

武汉理工大学经济学院
湘潭大学管理学院
新疆大学 MPA 教育中心
浙江理工大学法政学院公共管理系
浙江师范大学 MPA 教育中心
中国科学技术大学管理学院 MPA 中心
中国政法大学法学院行政法研究所
中南大学政治与行政管理学院

谨向以上这些院校单位领导、老师表示最诚挚的谢意!

需要说明的是,伴随着社会的发展和进步,信息变化日新月异,MPA 专业教育和公共管理各学科专业知识点也将发生相应的变化,为保持"21 世纪公共管理类系列规划教材"更长久的生命力,希望广大高等院校教师、学生和读者能关心和支持本套规划教材的发展,及时向每种教材的编写者提出使用本套教材过程中发现的问题和修改建议,以便我们及时修订、完善。

"21 世纪公共管理类系列规划教材"编委会
2010 年 12 月
2019 年 8 月修改

再版前言
Preface

《公共经济学》(第一版)出版后得到广大读者的关注,多所学校选用本书作为公共管理类本科生和研究生教材。为反映公共经济的学科发展,适应我国全面深化改革带来的公共经济部门理论和实践需要,本书在第一版的内容范围和结构体系基础上,承续理论与实践相结合的方式,更新了部分内容和案例,力图为读者提供一个比较完善的现代公共经济学基本理论和实践体系。

本书在《公共经济学》(第一版)的基础上由原参编单位部分从事公共经济学教学、科研工作的中青年骨干教师修订完成。其中,李春根教授、廖清成教授任主编,负责大纲优化、修订协调并总纂定稿。各章具体分工为:第一、三章由江西财经大学舒成副教授修订;第二章由江西财经大学徐旭川副教授修订;第四章由南昌大学彭迪云教授、卢有红副教授和南昌航空大学艾育红讲师修订,第五章由南昌大学彭迪云教授、卢有红副教授、宋慧琳讲师修订;第六、七、八章由江西财经大学李春根教授、夏珺讲师和中共江西省委党校李志强副教授修订;第九、十章由闽南师范大学王为民教授修订;第十一、十二章由江西财经大学姚林香教授修订;第十三、十四章由中共江西省委党校廖清成教授、刘克纾、李吉雄教授修订;第十五、十六章由海南医学院、浙江大学劳动保障与公共政策研究中心黑启明教授修订,第十七、十八章由海南医学院赖志杰博士修订;第十九章、第二十章由武汉理工大学朱汉民副教授修订。

本书稿在编写过程中充分吸收了国内外众多专家、学者的研究成果(已在注释、参考文献中注明),一并在此致谢。由于编者学识疏浅,加之时间仓促,书中的错误疏漏在所难免,真诚希望专家、学者及使用本书的同行、同学批评指正,相关意见建议可随时发送至slendershu@163.com,以便我们进一步完善本书。

李春根

2015 年 10 月 8 日

于江西财经大学沁园

目录
Contents

第一篇 公共经济学基础理论 /1

第一章 导论 /3
第一节 公共经济学的定义 /3
第二节 公共经济学的发展 /6
第三节 公共经济学的学科性质 /8
第四节 公共经济学的研究方法 /10
本章思考题 /13

第二章 市场与政府 /14
第一节 市场与混合经济 /14
第二节 市场失灵 /18
第三节 公共部门的性质与需要 /24
第四节 政府机制与政府失灵 /29
第五节 市场管理与非市场管理 /33
本章重要概念 /36
本章思考题 /36
本章推荐阅读书目 /37

第三章 公共品理论 /38
第一节 公共品概述 /38
第二节 公共品供给方式 /41
第三节 公共品的供给 /45
第四节 公共财政及其职能 /52
本章重要概念 /57
本章思考题 /57
本章推荐阅读书目 /57

第四章 公共选择理论 /58
第一节 公共选择理论概述 /58
第二节 投票机制和中位选民 /61
第三节 公共选择中的利益集团与寻租 /66
第四节 官员理论 /73
第五节 政治经济周期理论 /76
本章重要概念 /77
本章思考题 /78

本章推荐阅读书目/78

第五章 外部效应理论/79

第一节 外部效应的内涵与分类/79
第二节 外部效应与资源配置效率/84
第三节 外部效应的矫正措施/89
本章重要概念/98
本章思考题/98
本章推荐阅读书目/98

第二篇 公共支出与效益/99

第六章 公共支出的分类与原则/101

第一节 公共支出的分类/101
第二节 公共支出的原则/109
本章重要概念/112
本章思考题/112
本章推荐阅读书目/112

第七章 公共支出规模/113

第一节 公共支出规模的衡量标准及基本态势/113
第二节 公共支出增长理论/116
第三节 我国公共支出规模变化趋势的实证分析/123
本章重要概念/129
本章思考题/130
本章推荐阅读书目/130

第八章 购买性支出/131

第一节 行政管理支出/131
第二节 国防支出/135
第三节 科教文卫事业支出/140
第四节 投资性支出/149
第五节 政府采购/158
本章重要概念/165
本章思考题/165
本章推荐阅读书目/165

第九章　转移性支出/166

　　　　　　　　　　　　第一节　社会保障支出/166
　　　　　　　　　　　　第二节　财政补贴支出/176
　　　　　　　　　　　　本章重要概念/181
　　　　　　　　　　　　本章思考题/182
　　　　　　　　　　　　本章推荐阅读书目/182

第十章　公共支出效应与效益/183

　　　　　　　　　　　　第一节　公共支出效应/183
　　　　　　　　　　　　第二节　公共支出效益/188
　　　　　　　　　　　第三节　公共预算决策及效率/197
　　　　　　　　　　　　本章重要概念/208
　　　　　　　　　　　　本章思考题/208
　　　　　　　　　　　　本章推荐阅读书目/208

第三篇　公共收入与效应/209

第十一章　公共收入的分类与效应/211

　　　　　　　　　　　　第一节　公共收入的分类/211
　　　　　　　　　　　　第二节　公共收入的效应/212
　　　　　　　　　　　　本章重要概念/225
　　　　　　　　　　　　本章思考题/225
　　　　　　　　　　　　本章推荐阅读书目/225

第十二章　税收原理/226

　　　　　　　　　　　　第一节　税收的本质与特征/226
　　　　　　　　　　　　第二节　税收原则/228
　　　　　　　　　　　第三节　税制要素与税收分类/240
　　　　　　　　　　　第四节　税收负担与转嫁/244
　　　　　　　　　　　　本章重要概念/253
　　　　　　　　　　　　本章思考题/253
　　　　　　　　　　　　本章推荐阅读书目/253

第十三章　税收制度/254

　　　　　　　　　　　　第一节　税收制度的含义/254
　　　　　　　　　　　　第二节　流转税类/259

第三节　所得税类/260
第四节　财产税类/265
第五节　世界贸易组织与国际税收/266
本章重要概念/273
本章思考题/274
本章推荐阅读书目/274

第十四章　其他公共收入/275

第一节　公债/275
第二节　公共收费/285
第三节　国有资产收益/288
本章重要概念/292
本章思考题/293
本章推荐阅读书目/293

第四篇　宏观调控与机制/295

第十五章　预算管理体制/297

第一节　预算管理体制概述/297
第二节　政府间财政收支关系/301
第三节　分税制财政体制/305
第四节　政府间的财政转移支付制度/308
本章重要概念/315
本章思考题/316
本章推荐阅读书目/316

第十六章　财政宏观调控/317

第一节　财政宏观调控的目标/317
第二节　财政政策乘数与经济均衡/319
第三节　公债政策对经济的影响/323
第四节　公共财政政策与货币政策等的协调配置/326
本章重要概念/330
本章思考题/330
本章推荐阅读书目/330

第十七章　财政政策/331

第一节　财政政策概述/331

　　　　　　　　　　第二节　财政政策理论/337
　　　　　　　　　　本章重要概念/343
　　　　　　　　　　本章思考题/343
　　　　　　　　　　本章推荐阅读书目/343

第十八章　地方公共经济/344
　　　　　　第一节　地方政府的经济职能/344
　　　　　　第二节　地方公共品/349
　　　　　　第三节　发达国家的地方公共经济/354
　　　　　　第四节　中国的地方公共经济/360
　　　　　　　　　　本章重要概念/369
　　　　　　　　　　本章思考题/369
　　　　　　　　　　本章推荐阅读书目/369

第五篇　政府规制与改革/371

第十九章　政府规制/373
　　　　　　第一节　政府规制概述/373
　　　　　　第二节　政府规制的内容/378
　　　　　　第三节　政府规制的成本和效益/385
　　　　　　第四节　垄断、竞争与政府规制——美国反托拉斯法的实践经验/389
　　　　　　　　　　本章重要概念/394
　　　　　　　　　　本章思考题/394
　　　　　　　　　　本章推荐阅读书目/395

第二十章　政府规制改革/396
　　　　　　第一节　政府规制与寻租/396
　　　　　　第二节　放松政府规制/401
　　　　　　第三节　激励性规制/410
　　　　　　　　　　本章重要概念/414
　　　　　　　　　　本章思考题/414
　　　　　　　　　　本章推荐阅读书目/415

主要参考文献/416

后记(第一版)/419

第一篇　公共经济学基础理论
GONGGONG JINGJIXUE JICHU LILUN

第一章

导 论

---**本章导言**---

公共经济学是研究公共部门的经济学。由于公共部门的主体是政府，公共经济学实际是研究政府经济行为的一门科学。公共部门的经济行为涉及政府收入的筹集和支出，以及政府干预经济的职能及其行为。因此，公共经济学的研究范围较为广泛，公共品、公共支出、税收、公共选择、外部性、公债、财政体制、财政政策、政府规制等都可以纳入其中。

第一节 公共经济学的定义

公共经济学是从经济学的角度解释、分析和规范政府的职能和作用的科学。从最广义的解释上说，公共经济学是研究经济政策的学问，因而这一学科涉及的问题非常广泛，既有针对外部效应导致的市场失灵所采取的对策，也有最优社会保障决策等各种政策。纵观公共经济学范围从最初的强调政府收入的征集与分配扩展到关注政府经济干预的各个方面。

一、公共经济学的定义

从严格意义上来说，公共经济学是研究公共部门经济行为的科学，也被称为公共部门经济学。公共部门的主体是政府。因此，有时公共经济学也被称为政府经济学。

在市场经济条件下，西方经济学把经济主体分为公共部门和私人部门两大类。公共部门是指政府及其附属机构，私人部门是指企业和家庭。无论政府还是企业、家庭，都以各自的行为方式参与国民经济运行，影响着国民经济的发展方向和进程。在西方宏观经济学的核心理论，即关于国民收入决定的理论中，把政府、企业和家庭看作三个平等的主体，相互关联，而又各有自己的运行规律。如不考虑国际市场的因素，一国国民经济就取决于这三者的经济活动。家庭向企业提供劳动、资本、土地、企业家才能等各种生产要素，并从企业取得相应的报酬，再以这些报酬向企业购买商品和劳务。企业向家庭购买各种生产要素并向家庭提供各种商品和劳务。政府通过税收和政府支出来与企业和家庭发生联系，参与国民经济。经济要保持正常运行，不仅要使企业的投资等于家庭的储蓄，而且要使政府从企业和家庭取得的税收与其向企业和家庭的各类支出大致相等。当国民经济运行出现不均衡时，政府可以通过调节税收和政府支出，居民可以通过调节消费与储蓄，企业可以改变投资与生产来使国民经济重新恢复稳定。

虽然政府与企业、家庭一起共同参与国民经济，但其行为方式和目的却大相径庭。企业和居民作为私人部门是以利益最大化为前提和目标的，而政府却不能这样。政府的经济活动一方面不能忽视收益与成本，另一方面又必须以全社会公正和公平为前提和目标。市场经济是有效率和活力的，但也不是在任何场合、任何时候都有效。市场也有其失灵的领域，正是政府发挥其职能的领域。在市场经济条件下，政府是以自己独特的方式和规律与企业、居民一起参与和影响国民经济的。政府的作用主要有三个，即社会资源配置功能、收入再分配功能和宏观经济稳定功能。公共经济学就是经济学中专门研究政府经济行为特殊规律的分支学科。

概而论之，政府以自己独特方式和规律与企业、居民一起参与和影响国民经济。公共经济学就是经济学中专门研究政府经济行为、政府与私人部门之间的经济关系和公共经济活动特殊规律性的科学，"是论述各级政府部门和公共组织（如国有企事业）的存在意义和行为，回答政府必须做什么以及应该怎样做的学问"[①]。

二、公共经济学的研究对象

从公共经济学的定义中可知，其研究对象是公共部门的经济行为及经济关系。这里所说的公共部门由"公共当局及其通过政治程序设立的机构组成，并在它的疆域内或管辖地区实施强制的垄断权力"[②]。公共部门也可以解释为：通过政治程序建立的，在特定区域内行使立法权、司法权和行政权的行为实体。政府除对特定区域内居民负有政治责任之外，还参与非市场性的社会生产活动和社会财富的分配。政府参与的非生产性活动是指政府为满足居民的公共消费需要，通过向社会成员征税和强制转移财富的办法来筹措资金，以不营利为目的从事生产和提供诸如国防、治安、教育、卫生、文化、社会保障等公共服务。政府所从事的社会财富分配是指为了保证特定区域内全体社会成员的公平和公正，维护社会的稳定，采取税收、补贴、转移支付等手段对各社会成员的财富进行重新分配。

市场经济的运行面对一系列的市场失灵问题。公共经济实际上是为市场经济提供公共服务，作为市场的补充，为市场经济提供外部条件，克服市场失灵。由于公共部门经济行为的复杂多样，必然带来公共经济学研究对象的复杂多样。"它所研究的领域一向是经济学科中的核心问题——无论是从正面研究还是以迂回曲折和不怎么直接的方式研究：哪些方面必须靠市场？哪些方面必须靠公共部门？如何靠？……它从事的是关于公共部门的研究，然而，它必须最为精细周到地分析市场及其问题。"[③]

一般而言，公共经济学中对公共部门，即政府的含义可分成以下四个层次加以理解。[④]

第一个层次是中央政府。这是涵盖范围最狭小的公共部门，主要包括组成中央政府的各部、委、办及其内部各厅局、附属机构。

[①][④] 樊勇明，杜莉. 公共经济学[M]. 上海：复旦大学出版社，2001：3-4.
[②] 国际货币基金组织. 政府财政统计手册[M]. 北京：中国金融出版社，1988：3.
[③] 约翰·伊特韦尔. 新帕尔格雷夫经济学大辞典（第三卷）[M]. 陈岱孙，译. 北京：经济科学出版社，1992：1125.

第二个层次是广义上的政府。这个层次的公共部门不仅包括中央政府,而且还包括各级地方政府及其附属机构。

第三层次被称为统一公共部门。这个层次的公共部门在广义政府之上,又加上了非金融的公共企业。也就是说,除了中央政府与地方政府之外,第三层次的公共部门还包括中央和地方政府出资兴办的各种企事业,例如医疗卫生机构、教育机构及电信等公用事业部门。不少国家把中央政府出资兴办的企事业称为国有(国营)企事业,把地方政府出资兴办的企事业称为公营企事业。

第四层次被称为广义公共部门。这一层次的公共部门在中央和地方政府及其各自兴办的企事业之外又加上了政策性金融机构。这些金融机构是为了实现特定的目标而由中央或地方政府出资兴办的。一般以进出口银行、开发银行、简易人身保险等形式出现。之所以把政府兴办的金融机构从第三个层次的企事业中专门单列出来,是因为金融企业的特殊性所致。第三个层次中的一般性非金融企事业只是在国民经济特定领域提供产品和劳务,相当多的企事业只是个别政府机构职能的延长和扩大,对国民经济影响有限。然而,金融性的政府企业超越个别政府机构的职能,对整个社会的资源配置直接起作用,对国民经济有着极大的影响。

简而言之,公共经济学的研究对象是中央政府、地方政府的经济行为,以及包括官方金融机构在内的所有由中央与地方政府出资兴办经营的企事业的存在意义和经济行为。

三、公共经济学研究的内容

在明确了公共经济学的研究对象主要是公共部门的经济行为之后,还必须对公共部门的经济行为做出界定,这事实上构成了公共经济学的研究内容。一般而言,从政府的经济职能出发,研究公共部门经济行为也有了以下几个层次的内涵。

第一层次是研究政府的经济职能。在市场经济条件下,政府的经济职能是由市场来界定的,即市场机制能够有效发挥作用的领域,政府就不要介入;市场机制不能发挥作用或不能很好地发挥作用的领域,即市场失灵的领域,就是政府行使其职能和发挥其作用的领域。据此确定的政府经济职能的集中体现,就是要为满足社会公共需要提供公共品和公共服务。公共品的有效提供还必须解决好外部效应问题及公共选择问题等。

第二个层次是研究政府收支。政府职能的正常行使须借助于政府支出来提供财力支持,政府支出又要依靠政府各项收入来保障。政府根据法律征收的税费,根据政治程序决定的预算支出是政府经济行为的核心。既然政府也是一个经济主体,政府收支也应该讲求经济效益。

第三个层次是研究政府收支对国民经济的影响。政府收支原先只是维持政府人员生存和政府机构运作的非生产开支。但随着政府的扩大和职能的扩展,不仅为自身存续所必需的收支在国民经济中所占比重日益扩大,而且由于受现代经济理论和政府干预经济主张的影响,政府收支的作用不仅限于维持政府自身的存续,而且已经成为调节国民经济的重要手段。

第四个层次是研究包括政府收支在内的公共部门经济和政府经济行为的合理性与必要性。第二次世界大战以后,各国政府出于调节经济和扩大社会福利的需要,出资兴办、经营的企事业不断增加,连同政府收支一起成为国民经济中的一个庞大的组成部分,因此，人们不得不对如此庞大公共经济的合理性和必要性做认真研究，弄清楚为什么要维持如此之大的公共经济，如何使其发挥应有的作用。由此引出了对国有资产管理、公共定价与政府收费等诸多问题的讨论。

第五个层次是对公共部门宏观经济政策、政策工具、政策协调及宏观经济调控的研究。政府的经济行为会对各方面的经济利益关系及国民经济发展产生重大影响，这就要求政府根据社会经济发展客观要求，制定正确的经济政策，充分运用各种政策工具和手段，妥善处理政府与市场主体之间以及政府内部的经济利益关系，协调好社会总供求平衡关系，对经济运行的某些方面实施必要的政府管制，以实现宏观经济稳定和在此基础上的社会经济全面快速发展。

第二节 公共经济学的发展

在公共经济学界，有不少经济学家认为：公共经济学经历了两个发展阶段，第一阶段被称为旧公共经济学阶段，即传统财政学阶段；第二阶段被称为新公共经济学阶段，即把扩大了的财政学称为新公共经济学。但也有不少经济学家认为，财政学作为一门独立学科仍然有其存在的必要性和现实意义，因此在财政学之前冠以"现代"两字称为现代财政学。

一、财政学是公共经济学的起点

经济学是研究一定社会生产、交换、分配和消费等经济活动、经济关系和经济规律的科学，是探索解决有限资源与无穷需求之间矛盾的科学。经济学从它一诞生起就与国家、政府联系在一起。在中国，经济一词是"经邦济世"、"经国济民"的略称。在西方，早期的知名经济学家无不把国家经济行为作为自己主要的研究对象。在1615年，法国经济学家A.D.蒙克莱田把他的著作定名为《献给国王和王太后的政治经济学》。进入自由资本主义后，经济学更是与政治密切相关，威廉·配第（W. Petty）在1662年发表了《赋税论》。配第把国家经费分为6个项目：①军费；②官员俸禄和司法费用；③宗教事务经费；④大学及其他学校经费；⑤孤儿赡养费和无工作人员的生活救济费；⑥修路架桥费用和其他公共福利费用。配第在这本书中分析了上述项国家经费增加的原因、人民对赋税的反对和税收征课的办法，以及国家筹集资金的方式与手段，从而开创了西方财政学的先河。西方经济学的另一位巨人亚当·斯密（A. Smith）在其巨著《国富论》中也详细地谈到了国家财政问题。亚当·斯密虽然主张经济自由，政府不要干预私人经济活动，但他同时又强调政府仍然是必要的。他指出，在市场经济中，政府负有保卫本国安全、维持社会治安、建设和维持公共工程和公共事业等职责。为了使这些职能得到充分行使，政府必须支出和筹集经费。为此亚当·斯密详细地分析了政府收入来源，征税原则、方法与时间，以及政府通过发行公债来筹集资金的必要性与可能性。以此为标志，财政学作为一门独立的学科走上历史舞台。

二、公共经济学的兴起

财政学因亚当·斯密的《国富论》而成为一门独立学科以后的很长一段时间内只研究

财政收支本身,而对财政收支的研究又集中于税收研究。这是与当时的社会背景有密切联系的。18世纪是新兴资产阶级开始勃兴,逐步登上政治舞台的时代。亚当·斯密等人所创立的古典经济学是自由资本主义的学术结晶,其理论基础是"自由经济",主张"最好的政府便是最少的干预"。这反映了新兴资产阶级要求摆脱封建残余制约、放手扩展市场的内在需要。

20世纪初,自由资本主义演变为垄断资本主义,资本主义制度固有的矛盾逐渐暴露,经济危机开始周期性地袭击和破坏资本主义的物质成果,克服和消除危机成了经济学家孜孜以求的研究目标。20世纪30年代的大萧条使经济学发生重大变革,英国经济学家凯恩斯在其《就业、利息与货币通论》一书中对自由经济提出疑问,主张国家干预。美国罗斯福总统推行的新政为凯恩斯的国家干预论提供了完整的注释和成功的典范。

第二次世界大战以后,一些经济学家进一步发展和完善了国家干预理论,强调:现代经济是"混合经济",在混合经济中"市场和政府这两个部分是必不可少的,没有政府和没有市场的经济都是一个巴掌拍不响的经济"。[①]

在国家干预理论和实践的推动下,政府的经济作用日益扩大,从单纯的财政收支扩大到对经济进行调节和管理。政府开始直接进入生产领域,并形成相当规模的公共企事业。这样就给财政学提出了许多新的课题。这些课题主要有:

第一,要搞清公共部门应该从事哪些活动,以及这些活动是如何组织的;

第二,尽可能地理解和预测政府经济活动的全部结果;

第三,评价政府的各种经济政策。

显然,这些问题都不是财政学所全部能回答的。于是,公共经济学便应运而生。上述三个问题也就成为公共经济学的主要研究内容。1956年,美国经济学家马斯格雷夫(Musgrave, R. A.)出版了《财政学原理:公共经济研究》。该书首次引入了"公共经济"这一概念。马斯格雷夫在这本书的一开始就指出:"的确,我一直不愿把本书看作是对财政理论的研究。从很大程度上说,问题不是财政问题,而是资源利用和收入分配问题……因此,最好把本书看成是对公共经济的考察。围绕着政府收入—支出过程中出现的复杂问题,传统上称为财政学。……虽然公共家庭(政府)的活动涉及收入和支出的倾向流量,但基本问题不是财政问题。它们与货币、流动性和资本市场无关,而是资源分配、收入分配、充分就业,以及价格水平稳定与经济增长的问题。因此,我们必须把我们的经验看成是研究公共经济原理,或者更准确地说研究的是通过预算管理中出现的经济政策问题。"[②]

在马斯格雷夫的带动下,大多数著名财政学家如费尔德斯坦(Feldstein, M. S.)、斯蒂格里茨(Stiglitz, J. E.)、杰克逊(Jackson, P. M.)、阿特金森(Atkinson, A. B.)等纷纷将自己的著述改称为公共经济学。1966年起,又有了在公共经济学名义下召开的定期会议和阿特金森主持的公共经济学会及会刊。

概括起来讲,相对财政学而言,公共经济学增加了两大领域的内容:一是关于政府选择和政府决策的内容,公共经济学认为国家经过政治程序产生,主张研究其政治程序的经

---

① 萨缪尔森,诺德豪斯. 经济学[M]. 萧琛,译. 北京:人民邮电出版社,2008:86-87.
② 彼德·M. 杰克逊. 公共部门经济学前沿问题[M]. 郭庆旺,刘立群,杨越,译. 北京:中国税务出版社、北京腾图电子出版社,2000:3.

济效应；二是关于政府政策对经济的影响。

推动财政学向公共经济学转变，既包括上述研究内容的变化，还包括研究方法的变化。

相对财政学而言，公共经济学全面采用了现代经济分析方法，既注重实证分析方法，又注重规范分析方法。实证分析方法是通过量化分析来验证命题和假设，是弄清"已经发生了什么"。规范分析方法则是从道德标准和价值观出发研究"应该怎么办"。规范分析虽然不如实证分析严谨、科学和可验证，但是规范分析体现了经济学的人文精神和伦理观念，是经济学及其他社会科学不可缺少的分析工具。在公共经济学中，实证分析主要用于考察政府活动的范围和各种政策的结果，规范分析则用于评价各种将要付诸实施的政策和政府形式的选择。

总之，时代和经济环境的变化，要求人们从更广泛的范围，更深层次上去研究政府的经济活动。仅研究财政收支已经无法解释和说明现代国家对国民经济的影响及其政府本身经济活动的合理性。再加上研究方法的改进，从而推动在财政学的基础上形成了公共经济学。为了尊重历史，不少人把财政学称为旧公共经济学，把扩大了的财政学称为公共经济学。

第三节 公共经济学的学科性质

各个学科的相互交叉融合是当代社会科学发展的显著特征，公共经济学是经济学中既古老又年轻的分支学科。它的形成和发展与经济学中的既有成果有着十分密切的关联。公共经济学本质上是经济学的分支，但同时又受到政治学、伦理学、社会学等其他非经济学科的影响和渗透。

一、公共经济学与微观经济学

微观经济学以单个经济单位为研究对象，通过研究单个经济单位的经济行为来说明市场经济如何通过价格机制来解决社会资源配置问题。

在微观经济学看来，最基本的单个经济单位是居民和厂商。微观经济学对于居民的研究，是以居民如何将有限收入用于各种物品的消费上实现效用最大化而展开的。微观经济学对厂商的研究是从厂商如何将有限资源用于生产实现利润最大化而展开的。微观经济学通过对居民的效用最大化和厂商的利润最大化的研究，来探索整个社会资源的最优配置。

公共经济学与微观经济学之间有两个连接点：第一个连接点是微观经济学研究了价格管理、消费与生产调节，以及收入分配平均化等政府的直接经济行为对市场主体的影响；第二个连接点是公共经济学把政府本身也看成是一个单个经济单位，对其经济行为是否实行最大化进行分析。除此以外，微观经济学的一些主要分析工具，如需求与供给理论、成本与收益分析、均衡理论、边际效应理论等也在公共经济学中被广泛使用。

二、公共经济学与宏观经济学

宏观经济学以整个国民经济为研究对象，通过经济总量的变化来寻找国民经济的运行方式和规律。具体地说,宏观经济学以资源最优配置为理论前提,研究现有资源尚未充分利用的原因,探索被闲置资源充分利用的途径,以实现经济增长。

公共经济学与宏观经济学之间的渊源更深。经济发展在微观层次上主要起作用的是价格而到了宏观层面,价格调节相对有限,在宏观经济层次上更靠非价格调节,也就是靠一个能代表全民意志的政府来调节。正因为如此,宏观经济行为在很大程度上表现为政府的经济行为,即公共经济学的内容。

三、公共经济学与福利经济学

福利经济学是由庇古(Pigou,H. C.)创立,希克斯(Hicks,C. J.)等发展起来的关于社会福利和个人分配最大化的经济学分支学科。福利经济学的帕累托最优原则揭示了资源分配的有效性问题。所谓帕累托最优是指资源的配置已经到了在不损害他人的前提下就无法改善的境地。福利经济学中的帕累托最优(Pareto optimum)已经成为公共经济学的重要组成部分和基本原则。

四、公共经济学与政治学、伦理学和社会学

公共经济学与政治学、伦理学、社会学的关系也十分密切。公共经济学的公共物品理论和公共选择理论就是公共经济学与政治学之间的理论桥梁。

如果说凯恩斯的国家干预理论是纠正市场缺陷理论的话,那么布坎南(Buchanan,J. M.)创立的公共选择理论则是纠正国家缺陷的理论。因此,公共经济学的公共选择理论是公共经济学与政治学之间的理论桥梁。公共经济学在规范政府经济行为时必然会涉及伦理标准和社会结构问题,从而使公共经济学与伦理学和社会学有了内在的联系。

五、建立中国特色的公共经济学

公共经济学是从经济角度研究政府职能的科学。这对正处于从计划经济向社会主义市场经济转变中的中国而言,更有其学习和研究的必要性。

我国实行改革开放已有30多年,国民经济的市场化程度大大提高,财政运行方式也发生了很大的变化,但回顾这30多年的变迁,财政改革的走向在理论上可以说是不清晰的,在实践中更是摇摆不定的,转轨的历史任务并没有完成。在整个改革都是"摸着石头过河"的情况下。在这种历史背景下,明确提出"公共经济",无疑是为了解决我国经济转轨中的财政改革走向问题,或者说是财政模式定位问题。

经济市场化是资源配置方式的变革。对我国来说,就意味着从过去由政府配置全部资源转变为由市场与政府共同来配置资源,并由市场对资源配置起决定性作用。从市场与政府的关系来看,经济市场化过程就是政府逐步退出市场能发挥作用领域,以提高全社会资源配置效率的过程。在这种格局下,整个社会的资源配置就是通过两种不同的机制来实现:一是市场机制;二是政府机制。与此相应,全社会所需的产品和服务就由市场和政府两个系统来提供。市场能充分发挥作用的领域,就由市场进行配置;市场不能充分发挥作用的领域或市场做不好的事情,就交给政府。这成为市场与政府分工的基本原则。那么,哪些是市场做不好或解决不了的事情呢?尽管这还是一个有争议的话题,但以下这些方面是公认的,如法律与秩序、公共安全、公共设施、公共教育、收入分配、经济稳定、环

境保护等。这些是企业和个人无法完成的,因为不能通过市场价格来显示社会需求,因而也就无法通过市场来生产和提供,而这些事情又是社会的共同需要。因此,政府的责任就是解决这些市场解决不了的事情,在弥补市场的同时保护市场和影响市场。这既是一种分工,也是为市场机制的正常运行提供条件。政府为解决这些事情,就需要一定的财力。在此意义上,政府所筹集的财力属于"公共收入",它满足的是市场无法满足的社会共同需要。

由此可见,在我国实行公共经济,正是相对于我国目前的经济体制深化改革而言的。经济市场化要求财政还其"公共性"的本来面目,从计划体制下养成的旧观念、旧习惯、旧做法中彻底解放出来,逐步建立起从"公共性"角度来考察、分析财政问题的思维方式并树立与之相适应的新观念,从而从根本上解决我国经济转轨中的财政改革走向和定位问题。

由于长期的高度集中的计划经济的影响,我国对公共经济的研究比较薄弱。公共经济学这一名称在国内出现较晚。为了发展我国的公共经济学,应认真学习和借鉴西方公共经济学的理论和方法,在此基础上使国外的理论与中国国内实际相结合,逐步建立和完善具有中国特色的公共经济学。

第四节 公共经济学的研究方法

公共经济学既是一门理论学科,又有很强的应用性,它可以通过对公共品提供的量的增长与公共支出变化等关系的分析,来明确公共品的性质、公共品生产与发展的变化趋势,在这样一门学科中需要运用实证分析与规范分析的分析方法。

所谓实证分析,是指与事实相关的分析,它要回答的问题为"是什么",强调经济理论要客观描述事实;它要确认事实本身,研究经济本身的客观规律与内在逻辑,指出经济变量之间的因果关系。实证分析不仅要能够反映或解释已经观察到的事实,还要能够对有关现象将来会出现的情况做出正确的分析与预测,也就是要经受将来发生事实的检验。人们通常将描述经济究竟是如何运行的或人们的经济行为到底是怎样的学问称为实证经济学。实证经济学研究经济本身的内在规律,并根据这些规律来分析和预测人们经济行为的效果并做出量的测定。正如弗里德曼所概括的那样:实证经济学不受候选人价值观念或伦理观点的约束,它的目的不是描述"应该怎么样",而是"实际怎么样"。实证经济学的任务是提供某种概括体系,用来预见影响人类活动和人类环境的某些变化及其后果。实证经济学的效果是根据其预测与现实中可能观察到的现象在多大程度上达到一致来决定的。总之,实证经济学是一门客观科学。

规范分析则是指与价值判断有关的分析,它要解决的问题是"应该是什么",并力图按照特定的价值判断调整或改变现实。规范分析要说明事物本身是否符合某种价值判断,或对社会有什么意义,从而为私人或政府旨在实现某种目标提供行之有效的行动方针和政策处方。它涉及的问题就不仅是有关事物之间是否存在某种因果关系,而是应该如何去行动。

规范分析以一定的价值判断为基础,提出某些标准作为分析处理经济问题的指南、树立经济理论的前提、制定经济政策的依据,并研究如何才能符合这些标准。我们知道的价值判断是对某一经济事物做出是非好坏的判断。所谓好坏,也就是对社会是有积极意义,还是有消极意义。价值判断属于社会伦理学的范畴,具有强烈的主观性与阶级性,作为规范经济学架构内的经济学理论是会因个人的经济地位、生活环境的不同而不同的。

显然,实证分析的内容具有客观性,所得出的结论可以根据事实来进行检验,也不会以人们的主观意志为转移;规范分析所得出的结论,则要受到不同价值观的影响。它们之间存在"是"和"应该是"的区分,是事实和价值之间的区分,是关于世界客观性的论述和世界带有主观性论述之间的区别。这里所指的价值与商品价值概念不同,这里的价值实际上是对一事物好恶的社会评价。

但实证分析与规范分析两者并不是绝对地互相排斥的。规范分析要以实证分析为基础,而实证分析也离不开规范分析的指导。一般来说,越是具体问题,实证分析的成分越多;而越是高层次、带有决策性的问题,越具有规范性。即使是最彻底的实证分析,也不可避免地带有以效率为准绳的价值判断,至于对提出什么问题进行研究,采用什么研究方法,突出强调哪些因素,实际上都涉及研究者个人的价值判断问题。

公共经济学的研究自然既离不开实证分析,也离不开规范分析。实证分析要计算政策带来的均衡状态变化,规范分析要评价政策的福利方面后果。通过实证分析,可能揭示出公共经济学中最基本的效率、公平、福利的增加与损失等范畴与原理;通过规范分析则可以给处理公平与效率的关系、公共品供给的主体、政府在市场经济中作用定位等问题以明确的答案。为了达到第一个目标,要求理论能够描绘出经济主体如何做出行为选择,以及这些行为如何受到政策变化的影响。然后,单个经济主体组合在一起,形成一个经济体系,再为此种经济体系提出一种均衡理论。政策评价及最优政策选择必须为政策制定者明确指定一个目标,此前则应能根据每一种政策产生的均衡的相关特征测算每种政策的绩效,这个评价过程代表的是规范经济学的应用。公共经济学的成功很大程度上取决于这些方法的系统应用。①

公共经济学在方法论上的另一个特征是采用了归纳与演绎相结合的方法。演绎方法的准则是:理论是否能够容纳或包含更多的经验内容。经验内容越多,越具有可检验性(证伪性),就越是较好的或进步的理论。归纳方法的准则是:理论与经验证据是否相符合,即理论越是符合经验证据,概率就越高,从而就越好。按照这一标准,一个理论所对应或包含的事实或经验内容越少,其概率就越高;相反,事实越多,其中可能与理论不相符的部分也就越多,从而保留概率越低。这与归纳方法的标准正好相反。演绎方法认为经验内容越多,理论的概率越低,越能证伪,理论的科学成分越高;归纳方法则认为经验内容越少,理论的概率越高,越能证实,理论也就越好。

从特殊到一般的归纳方法得出的结论不可能是全真的,仅仅是一个概率问题。相比之下,从一般到特殊的演绎方法的长处就更加明显,但它需要作为演绎前提的假设(公理);而归纳方法正是寻找最佳假设的工作,即从对众多个别经验或事实的考察分析中找出答案,并且通过观察事实来证明一个理论的正确,这正是归纳法的主题。公共经济学需用归纳法和演绎法。作为逻辑方法的归纳法和演绎法是互补的。假设从归纳事实或借助逻辑力量的约定而来(如经济学中的完全竞争假设就没有经验基础),演绎用逻辑演算来找出或描述各概念之间的联系。检验既可以是经验性的列举归纳,也可以是完善推导的

---

① 加雷斯·D.迈尔斯.公共经济学[M].匡小平,译.北京:中国人民大学出版社,2000.

逻辑演算。

博弈论是研究决策者在某种竞争下,当成果无法由个人完全掌握,而结局须视局中人共同决策而定时,个人为了取胜应采取何种策略的一种数学理论和方法。① 它包括合作博弈(cooperative game)和非合作博弈(non-cooperative game)两种类型。合作博弈是假设存在一种制度,它对局中人之间的任何协议都有约束力;而在非合作博弈中则不存在这种制度,唯一有约束力的是自我实施的协议,即若给定其他局中人打算按该协议行动,局中人为追求自己的最大利益也将按该协议行动。因此,如果说合作博弈论的重点在群体,探讨合作的形成过程,以及合作中的成员如何分配他们的利益,那么非合作博弈论的重点则在个体,揭示其应采取的对策。

作为一种研究方法,博弈论在公共经济学中具有广泛的应用前景。公共经济学作为主要研究以政府为主体的公共部门行为方式的科学,研究涉及人与人之间的相互影响、社会集团之间的相互合作及交易等问题,这一系列的"相互"加到一起就构成了经济关系、生产关系或社会关系。在一个经济社会中,每个人、每个集团、每个阶层都有自己的特殊利益,都想通过自己的某种行动谋取自身利益最大化。但作为公共经济学,其出发点是要使社会福利(利益)达到最大化,在利益最大化的同时又不影响公共品生产和供给的效率。为此,必须处理好在一定量的资源状况下的合理配置问题。政策制定者应该用博弈论的观点来看待这些问题,考虑解决你有政策别人有对策的问题;即要想使自身的政策有效,就必须充分考虑到别人可能采取的各种对策,以使自身的政策本身符合纳什均衡的要求,这样才能达到预期的效果。

在交易费用为正值的世界上,经济人的基本行为准则就是行为的预期收益≥预期成本(即 $R \geqslant C$)。这是经济人决定是否采取行动的必要条件,而采取行动的程序则在于边界条件:边际收益=边际成本(即 $MR=MC$),因为这时已实现了净收益($NR=R-C$)的最大化。经济人的行为就是成本-收益分析的结果。人们的基本行为动机没有什么不同,都是追求利益最大化,而人们行为的差异则在于其收益较之成本的差异,这一差异来源于个人价值观的不同。本书对政府行为与公共品的生产与供给的分析正是以这一原则为基本出发点的,尽管有人认为"精细的成本-收益分析只不过是经济学家们玩的智力游戏",但事实上成本-收益分析对提高效用是十分明显的。

在公共经济学里,不仅单个个人具有经济人特征,要追求利益最大化,就是某一组织、政党、政府都有经济人特征,都要达到利益最大化。政府是公共权力的社会占有者,在对公共权力分配的过程中也存在考虑自身利益的问题,从而也有自己的成本-收益的核算方法。②

---

① 博弈论最早是由德国数学家莱布尼兹于 1710 年提出的。1713 年詹姆斯·瓦尔德格雷夫首次提出了博弈论中"极大中的极小定理"(损失的大中取小法),即"两害相权取其轻"。1838 年和 1883 年,古诺与伯特兰德分别提出了关于产量决策的古诺模型和关于价格决策的伯特兰德模型。1944 年,数学家冯·诺依曼和经济学家摩根斯坦通过长达 8 年的合作,在《博弈论和经济行为》一书中首次把博弈论应用于经济,并取得了成功。这一研究在以后的纳什、泽尔腾和海萨尼等一批数学家和经济学家的努力下又获得了进一步的发展。

② 戴文标.公共经济学[M].北京:高等教育出版社,2015.6-8.

本章思考题

1. 公共经济学的定义及研究对象、内容是什么?
2. 新、旧公共经济学有何重大区别?为什么会产生这些区别?
3. 结合实际,谈谈学习公共经济学的必要性。

第二章

市场与政府

---本章导言---

市场与政府是资源配置的两种机制。市场为人们的日常生活需求提供了私人物品,政府则主要提供满足共同性需要的公共物品和服务。市场与政府相互补充,相互依存,组成了辩证统一的矛盾体。本章着重考察市场与政府二者的运行机制、功能、缺陷及其相互关系,以便使我们进一步加深对政府职能定位的认识。

第一节 市场与混合经济

一、市场的基本理论

(一)市场的内涵

市场是指商品买卖双方进行交换的场所。随着生产水平的进步和提高,以及技术手段的不断发展,商品交换不一定需要双方面对面地进行,也不一定再需要有形的场所,如交易网络化、电子化的出现。这时,市场仅仅是对商品供给和需求及相互作用所实现商品交换的一种抽象。萨缪尔森认为,"市场是买者和卖者相互作用并共同决定商品或劳务的价格和交易数量的机制"[①]。可见,市场本身就是一种机制或制度。

(二)市场经济及其特点

"市场经济是一种主要由个人和私人企业决定生产和消费的经济制度。"[②]这个定义具有代表性。它表明,市场经济是一种以市场为中心来组织经济运行,主要通过市场来调节资源配置的制度。需要特别指出的是,在以上定义中用了"主要"一词。这意味着并不完全是通过市场来进行资源配置的,对此,将在本节后面的内容中论述。

市场经济具有以下基本特点。

1. 市场是配置资源的主要手段

市场可以传导各种信息,主要是价格信息,反映各种资源的稀缺程度,引导生产者和消费者的决策。价格上涨会吸引更多的生产者,带来更大的供给;同时,消费量会减小,消费者会减少。价格下降会导致一些生产者退出,造成供给的减小;同时,消费量和消费者

---

①② 萨缪尔森,诺德豪斯. 经济学[M].萧琛,译. 北京:人民邮电出版社,2008,86-87.

会增加。

2. 竞争是经济运行的基本状态

在市场中,生产者追求利润最大化,消费者追求效用最大化。这两个目标的实现是通过生产者之间、生产者和消费者之间的竞争达到的。通过竞争,市场实现了优胜劣汰,保持经济运行的活力与健康,从而推动经济的发展。

3. 生产者和消费者在经济上的独立性是市场制度的根本

在市场经济条件下,生产者和消费者都是理性的经济人。只有获得了经济上的独立性,他们才能为达到自利的目标而自觉地接受价格信号,参与市场竞争,承担市场风险和获取收益。否则,市场经济将丧失原动力,市场运行也将无以为继。

4. 社会契约和法律制度是市场运行的基本保证

市场经济是契约经济,是法治经济。法律、法规和共同的行为准则规范着各市场主体行为,保护各经济主体的合法利益,只有惩处违规、违法行为,才能保证市场正常运转。

(三) 经济运行四要素

经济学研究所涉及的对象具有普遍性和复杂性。从原始部落到发达的工业化国家,从每个消费者、投资者到财团和政府,无论经济行为如何变化、经济现象怎样复杂,经济学家把经济运行归结为四个基本问题:生产什么、如何生产、为谁生产和谁来决策。

1. 生产什么

生产什么,实际上包括生产什么商品和生产多少两个问题。在市场中,生产什么是由消费者决定的。消费者根据个人的需求选择商品,以"货币选票"的方式来显示消费决策。从生产者来看,企业会受到利润最大化的驱动,根据市场信号来决定应该生产什么商品和生产多少,企业会更多地生产高利润商品,放弃低利润或亏损的商品,从而实现了市场对资源的配置。

2. 如何生产

如何生产,可分为商品由谁来生产、使用什么资源组合及采用何种生产技术三个问题。在市场经济条件下,生产者之间的竞争决定如何生产。要实现利润最大化,生产者最为有效的途径就是运用最先进的生产技术并使生产成本最小化。

3. 为谁生产

为谁生产,是指生产出来的商品由谁来消费、谁来享受经济成果的问题。这实际是收入分配问题。市场是通过生产要素(劳动、土地、资本和经理)的价格来决定为谁生产。生产要素的供给需求状况决定了生产要素的价格,即工资、租金、利息和利润水平。人们投入的生产要素的数量、质量及形成的价格,决定了他们的收入分配状况。

4. 谁来决策

谁来决策,即对以上三个问题由谁来回答。经济学家认为可以由四种方式来决定:文化习俗、政府、市场,或者这三种方式某种程度的混合。

在市场经济中,谁来决策的问题是由市场来回答的;而生产者和消费者受价格、竞争、风险、供求等多种市场机制的作用和引导,通过生产和自由交换来解决生产什么、如何生产和为谁生产的问题。

(四) 市场结构

市场结构是指市场是如何组织起来的,也就是通常所指的市场类型。市场结构具有

下列四个特征:

(1) 行业生产者的数量;

(2) 生产者产品的差异程度;

(3) 生产者对产品价格的影响程度;

(4) 生产者进入或退出该生产领域的难易程度。

根据以上特征,可以把市场划分为完全竞争市场、不完全竞争市场和垄断市场;其中不完全竞争市场又分两种,即垄断竞争市场和寡头市场。表 2-1 对这几种市场结构进行了比较。

表 2-1 市场结构比较

类 型		生产者的数量	产品的差异程度	对产品价格的影响程度	进入或退出该生产领域的难易程度
完全竞争		很多	完全相同	价格接受者	无限制
不完全竞争	垄断竞争	较多	有差异	有一些	较为容易
	寡头	几个	差异小或没有	较大	比较困难
垄断		一个	没有	价格制定者	非常困难

(五) 完全竞争市场

完全竞争市场是一种理想的市场结构,是经济学展开讨论的基本理论环境。它应满足以下假设条件。

(1) 某一商品的生产者和消费者众多。任何人都无法单独影响商品价格,因而都是市场价格的接受者。

(2) 商品同质,无差异。这是指生产的商品在规格、外观、质量、性能,甚至生产和销售的地点等方面完全相同,各生产者之间的商品可以完全替代。

(3) 生产要素可以自由流动。各生产者进出一个领域不存在任何障碍,生产要素可以充分、自由地在各领域之间流动。

(4) 完全信息。市场中的生产者和消费者对于价格、商品现在及未来的信息都已完全掌握,市场上不存在不确定因素。

一个市场只有在同时严格满足以上四个假设条件的情况下,才能被称为完全竞争市场。在完全竞争市场中,帕累托最优状态是可以实现的,即达到资源的最优配置。

但现实经济中,完全竞争市场是不存在的。那为什么又要以此为基础来研究经济学呢? 这是因为:一方面,完全竞争模型能够帮助人们解释和预测现实经济;另一方面,以这个理论模型为出发点,通过放宽假设条件,可以研究其他类型的市场。最为重要的是,完全竞争市场展示了一个能够实现帕累托效率、达到资源最优配置的经济模型。人们可以此为目标,不断地改进现实经济社会中的条件,提高经济效率,从而努力地接近资源配置的最优状态。

二、混合经济

(一) "看得见的手"

市场是通过各种市场信号的引导,自发地配置社会资源,它被亚当·斯密称为"看不见的手"。与此同时,经济学家也认识到,在市场广泛地发挥其决定性资源配置作用下,仍需要政府多方面地发挥作用,如制定和实施法律、保障市场公平竞争的秩序、维持社会安全和稳定、提高公众健康水平、减少贫困等。因此,政府在一定程度内获取税收、发行国债、购买商品或转移支付都是必须的,对个人和企业的干预能被人们所接受。此时,政府活动直接或间接地支配了生产要素。与市场方式不同的是,政府是以计划、指令和法律等方式来实现资源配置。所以,在经济学中,把政府看作是配置资源的"看得见的手"。

(二)混合经济

前面介绍了两种配置资源的机制:市场和政府。在现实经济中,市场体系不能够使经济资源得到有效利用。从所有制形式看,混合经济是指生产性资源不全为私人所有,由所有者各方共同决定如何使用这些资源的多种经济成分共存的经济形式。在当代,不存在任何一个完全由市场或完全由政府来决定经济的制度。混合经济运行机制是既有市场因素,又有政府因素的两者合一的经济制度,只是这两个因素混合的程度和方式有所差异。通常把这种多种经济成分共存的市场与政府共同作用和配置资源的经济称为混合经济。

三、我国的社会主义市场经济

(一)社会主义市场经济体制的基本目标

党的十八届三中全会进一步明确了社会主义市场经济体制的目标,提出:紧紧围绕使市场在资源配置中起决定性作用深化经济体制改革,坚持和完善基本经济制度,加快完善现代市场体系、宏观调控体系、开放型经济体系,加快转变经济发展方式,加快建设创新型国家,推动经济更有效率、更加公平、更可持续发展。并提出建设统一开放、竞争有序的市场体系,是使市场在资源配置中起决定性作用的基础;必须加快形成企业自主经营、公平竞争,消费者自由选择、自主消费,商品和要素自由流动、平等交换的现代市场体系,着力清除市场壁垒,提高资源配置效率和公平性,以及建立公平开放透明的市场规则,完善主要由市场决定价格的机制,建立城乡统一的建设用地市场,完善金融市场体系,深化科技体制改革等加快完善现代市场体系的途径。

(二)市场化的路径

社会主义市场经济体制目标的确立是理论上的重大突破,而建立新体制则是一个更为艰难复杂的实践过程。与目标确立相比,我国市场化进程起步更早,从十一届三中全会就开始了。然而,我国是从计划经济体制走上市场化道路的,历史和现实都没有可供借鉴的经验。理论上,传统马克思主义政治经济学就没有提出这一问题,一般制度变迁理论也没有涉及从计划经济向市场经济转化这种特殊的制度变迁情况。因此,我国经济体制在向市场化过渡过程中的理论和办法要靠自己去创造。

我国的改革实践表明,市场化是沿着几条路径进行的。

1. 体制外改革

体制外改革,是指在原有计划经济体制之外进行的改革。由于是在计划经济空缺的领域实施新政策、建立新体制,就不存在一个既得利益分配格局,政策推行也就没有利益受损者,改革就不会遇到阻力。同时,这种办法还避免了原体制的制约,减少了体制间转换摩擦,改革成本较低。我国民营经济的迅速发展、经济特区的崛起,都是体制外改革的生动例证。实践证明,体制外改革是导致我国市场化改革成功的主要路径之一。

2. 增量改革

与体制外改革不同,增量改革是在原计划经济体制内进行的,它在保持原有利益格局基本不变的情况下,按照某种体制或价值规范,对收入增加部分,实施不同于原有比例的分配。这样的调整,将会使计划经济的存量部分所占比重逐步降低,而市场经济增量因素不断增长。我国分税制财政体制改革、社会保障体制改革、国有企业用工制度改革都是采用增量改革的思路。

3. 试点改革

试点改革是将市场化改革限定在一定的地区、产业或企业范围内,通过试点、总结经验,以便在更大范围内推行改革的过程中,少走弯路、降低风险、减少改革成本。同时,试点改革的成功还会产生正面的示范效应和经济效应,激发其他地区、产业或企业进行市场化改革的积极性。

4. 补偿改革

市场化改革在很大程度上被当作是利益格局的调整。这种调整的幅度应在可接受的范围内进行,一旦超出范围,利益受损者将会成为改革的阻力。另一方面,改革的进程在一定程度上加剧了社会经济的二元化,城乡间、地区间、居民之间收入差距的增大,都会严重地制约市场化改革的进一步深化。因此,就需要对利益受损者和承担改革成本过大者给予补偿,以保证改革在稳定的环境中有序地推进。

5. 开放推动改革

开放推动改革是借助世界市场的力量来推进我国的市场化。改革的历程表明,当市场化进程困难增大,改革进入攻坚阶段,难以推进时,总是伴随着新一轮更大程度的开放,从而推动改革继续深入。

(三) 市场化的进程

我国市场化改革使得国民经济取得了巨大发展。在市场经济体制方面,商品市场化已基本实现,但总体市场化程度仍然离目标甚远,资本市场化远未完成,金融体制改革、社会保障体制改革、国有企业改革、政府改革等重大问题尚未解决。我国市场化改革通常被称为渐进式改革。这种改革模式也是有风险的,例如,体制和政策环境不确定、体制转换时间长、体制实施成本高等。但是,在目前没有替代方式的情况下,渐进式改革仍是最为有效的思路,总体上已为多数人所接受,是我国通向市场经济的必由之路。

第二节 市场失灵

在满足完全竞争市场条件下,市场机制可以达到资源的最优配置,实现帕累托效率。然而,现实经济并不能严格满足那些条件,市场就必然不能达到理想的效率状态。退一步讲,即使完全竞争市场存在,并实现了帕累托最优,市场运行结果也可能不令人满意。实际上,有些对一个社会来说重要而又必需的非经济目标,如公平收入分配,是市场根本无法实现的。我们把现实经济中,在市场已充分发挥资源配置作用情况下仍不能达到经济效益和满意的收入分配的各种情况,称为市场失灵。

斯蒂格里茨把导致市场失灵的原因分为八种:竞争的缺点、外部效应、公共品、不完善的市场、不完全的信息、缺乏宏观经济效率、收入分配不公和偏好不合理。

一、竞争的缺点

完全竞争市场只有在边际成本递增的条件下才能存在,而有些商品的生产却具有边际成本递减特性,如供水和供电行业。这时候,生产平均成本随着生产规模的扩大会越来越低。这会导致生产的规模报酬递增,即当生产投入增加时,会带来产出水平以更大比例增加的情况。因此,生产规模越大,在竞争中的优势就越明显。这必然导致小的生产者逐渐被淘汰,生产将越来越集中,最终只剩一个或少数几个垄断性生产者生产社会需要的商品。而此时,资源达到了优化配置,生产是有效率的。这种由于行业边际成本递减和规模报酬递增的特性,通过竞争形成的垄断状态,称为自然垄断。

当某个商品的生产出现了垄断性生产者,则竞争的优越性将无法充分发挥。如果垄断者利用他的垄断地位限制产量,制定垄断价格来剥削消费者时,就会造成社会福利净损失。图 2-1 所示为自然垄断生产者的定价模型。

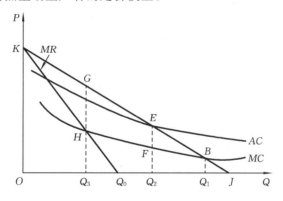

图 2-1 自然垄断生产者的定价模型

图 2-1 中 KJ 是需求曲线,AC、MC、MR 分别表示自然垄断状态下生产者的平均成本曲线、边际成本曲线、边际收益曲线。

第一,产量为 Q_0 时,$MR=0$。当 $Q_0<Q_1$ 时,$MR<0$,意味着产量增加,生产者的收益会不断降低;当 $Q_0>Q_1$ 时,$MR>0$,意味着产量增加,生产者的收益也会增加。

第二,从社会的角度,产量应为 Q_1,此时资源得到充分利用,实现了社会福利的最大化。但此时,$P<AC$,生产者处于亏损状态。

第三,如果选择 AC 与 KJ 相交时的产量 Q_2,则 $P=AC$,此时,生产者盈亏相等,但相对产量 Q_1,社会福利净损失为 BEF 部分。

第四,如果生产者追求利润最大化,则会按 $MC=MR$ 的原则,确定产量为 Q_3。此时,相对产量 Q_2,社会福利净损失为 $EFHG$ 部分;相对社会福利最大化时的产量 Q_1,社会福利净损失为 BGH 部分。

案例 2-1

国内垄断行业改革开始破冰

改革开放 30 多年来,我国已经从"摸着石头过河"式的改革进入深化改革的"深水区"。十八大以后,新一届政府在反垄断、简政放权方面表现抢眼。"厘清政府与市场的边界"这句话看似简单,实则却蕴含着重重阻力,新常态下的改革攻坚还有很多"硬骨头"要啃。

2014 年以来,我国反垄断持续升温。国家发改委先后就涉嫌价格垄断等原因,对宝马在华的 4 家经销商处罚 162 万元,对一汽大众处罚 2.5 亿元,对 8 家奥迪经销商罚款共计 2996 万元。

除了汽车行业,通信行业的反垄断也引人注目。工商总局专案组 2014 年 7 月对微软公司内地四家经营场所进行反垄断突击检查,并于 8 月 4 日对微软全球副总裁斯纳普一行进行反垄断调查询问。2015 年 2 月 10 日,国家发改委公布了对全球最大的手机芯片厂商美国高通公司反垄断调查和处罚结果,责令高通公司停止相关违法行为,处 2013 年度我国市场销售额 8% 的罚款,计 60.88 亿元人民币。

在国内垄断行业改革方面。2014 年 3 月,天津、上海、浙江、广东四地 10 家民企将试点首批 5 家民营银行,正式宣告我国银行改革启动。而盐业专营也将于 2016 年起废止,放开所有盐产品价格。2015 年 3 月 15 日中共中央、国务院《关于进一步深化电力体制改革的若干意见》进一步深化电力体制改革,解决制约电力行业科学发展的突出矛盾和深层次问题,促进电力行业又好又快发展,推动结构转型和产业升级。业内专家指出,相较于可圈可点的外资企业反垄断,十八大以来,对国内垄断行业的改革还处于非常基础的破冰阶段。

2015 年 3 月 23 日,中共中央、国务院《关于深化体制机制改革加快实施创新驱动发展战略的若干意见》公布,提出:破除行业垄断和市场分割,重要贡献人员和团队收益下限可提高至 50%,开展股权众酬融资试点,推动转制科研院所引入社会资本或整体上市,改进和完善 GDP 核算方法……这一发展战略部署具有极其重要的现实意义和长远意义,将以改革点燃创新驱动之火。

(案例来源:根据相关公开资料整理。)

思考与提示

政府为什么要大力推进反垄断和垄断行业改革?如何积极、稳妥推进?

二、外部效应

在完全竞争市场中,生产或消费的成本与收益都要内在化。就是说,生产者或消费者在承担所耗费的全部成本的同时,应享有生产或消费商品和服务所带来的全部收益。但在现实经济中,往往会有成本与收益不对称的情况。这时,外部效应就出现了。严格地说,外部效应(又称为外部性、外在性、外部影响等)是指生产者或消费者行为的影响超出了其自身,波及他人或外界环境,而这种影响又未得到相应的补偿或给予支付的情况。

由于外部效应的存在,使得个人成本与社会成本之间、个人收益和社会收益之间都会出现不一致。当个人的成本和收益发生偏离时,市场就难以有效地发挥作用,这将导致资源的低效率配置。图 2-2 所示为一家造纸厂的产品供求模型。

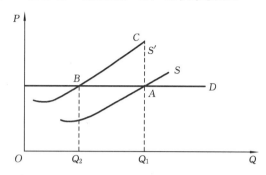

图 2-2 造纸厂的产品供求模型

图 2-2 中所示 S 是造纸厂内部边际成本曲线,S' 为其社会边际成本曲线,S 与 S' 间的垂直距离表示外部边际成本。造纸厂在只考虑内部生产成本的情况下,会选择 S 与需求曲线 D 相交时的产量 Q_1。但就社会整体而言,造纸厂的成本除了内部生产成本外,还应加上污染等外部成本。因此,应选择 S' 与 D 相交时的产量 Q_2。对这两种情况比较可以得出结论,从资源配置效率出发,造纸厂将生产量定为 Q_1 时会带来效率损失为 ABC 部分。

三、公共品

公共品是指这样一种物品,当一个人对该物品的消费时,并不会减少其他人对该物品的消费。在现实生活中,这类物品很多,规模大的例子如国防,小的例子如路灯。公共品有两个区别于私人物品的特性:一是非竞争性,就是新增加一个消费者时,其边际成本为零,如路灯的成本根本不取决于经过灯下的人数多少;二是非排他性,是指要排除人们享用公共品的成本非常大,如一个国家的国防只能是提供给全体成员的,不论他的社会贡献大小,也不论他纳税多少。要想排除任何一个人受国防保护,几乎是不可能的。

以上特性表明,公共品实际上是正外部效应的一个极端的例子。它会引起"免费搭车"的问题,即试图在不支付费用的情况下,享用他人提供的产品和服务。对于经济人来说,具有"免费搭车"的动机是合乎理性的。因此,对于私人生产者来说,公共品的生产是根本无法获得利润的。这将导致市场价格无法引导资源进入公共品的生产领域,从而决定了在公共品供给的问题上,市场是失灵的。

四、不完善的市场

在完全竞争市场中,所有商品和服务都应有市场用以进行充分交换。但在经济生活中,仍有许多商品是无法由市场提供或无法充分提供的。上一部分论及的公共品示例便是一个例子。

经济学家还经常把风险市场作为不完善市场的典型。众所周知,市场活动是在理性预期的基础上进行的,未来总是带有不确定性。从这层意义来看,市场经济就是风险经济。只要有市场活动,就会伴随着风险的产生(供给)。投资者可能面临得不到回报,甚至亏损;雇主可能遇到雇员偷工减料,马虎应付;雇员可能会失业;意外事故和自然灾害可能从天而降,等等。总之,风险无处不在。然而又有多少人愿意承担风险(需求)呢?现实中的大多数人都不喜欢风险,都在努力避免风险或使风险最小化。对于有风险的市场活动,人们可以采取回避、不参与的态度,或者可以通过一些途径来转化、转移和分散风险。例如,人们常说的"不要把所有的鸡蛋放在一个篮子里"、"走中间总比走极端更安全"等。在市场经济中,人们还可以向私人保险公司购买保险,在一定程度上把风险转嫁给保险公司。

但是,这些措施并不能使所有风险获得充分交换。保险公司在防范风险时会面临逆向选择(即当保险公司试图提高保险费而降低风险时,会出现顾客停止购买保险的情况)和道德风险(即保险降低了个人避免发生所投保事故的积极性)等问题,而且私人保险公司无法提供所有的险种。至于市场的系统性风险、严重的自然灾害,更难以找到私人保险公司。在这种情况下,市场没有合理的价格信号来引导资源配置实现风险的充分交换,市场失灵就在所难免。

五、不完全的信息

完全竞争市场的基本假设之一就是完全信息,即生产者和消费者对他们所买卖的商品和服务都有完全的信息。生产者了解全部生产过程、消费者的心理偏好和需要,以及与生产相关的其他各种因素;消费者对商品的质量、数量、价格等非常清楚。而事实上,无论是生产者还是消费者,都不可能掌握相关的完全信息。信息不完全是市场中的常态。

如消费者要买鞋,不可能跑遍所有鞋店了解价格信息,这样搜寻的成本太高,更不可能为了掌握鞋的质量而先使用后付费。又如消费者向保险公司购买健康保险,保险公司并不能像消费者本人那么了解投保人的健康状况,而只能依据一些经验和统计规律来估计。在供求双方所掌握的信息不对等的条件下,就可能出现"隐瞒信息"的情况。这样对商品和服务的预期价格与市场价格就会不一致,无法达到资源的最优配置。图 2-3 所示为一个旧车市场的供求模型。

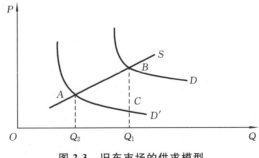

图 2-3 旧车市场的供求模型

在图 2-3 中，S 是旧车的供给曲线，由于卖主比较了解旧车的性能和使用情况，因此，旧车供给只与价格相关。而买主则情况不同，D 是不了解旧车真实性能情况下的需求曲线，D' 是掌握了与卖主对等信息情况下的需求曲线。从卖主角度，当然希望在 B 点达到均衡成交量为 Q_1；而从社会福利的角度，应在 A 点实现均衡，成交量为 Q_2。买卖双方由于信息不完全而交换会造成社会福利净损失为 ABC 部分。

六、缺乏宏观经济效率

与微观经济领域不同，宏观经济的效率是用就业率、通货膨胀率、经济增长等来衡量的。市场在自发运行的情况下，即使实现了充分竞争，失业、通胀、经济危机等问题仍会周期性出现。这是市场的内在规律，已经被数百年的市场经济历史所证明。19 世纪的英国经济环境被认为是迄今为止最接近完全竞争市场状态的经济。但在那段时期，周期性的经济运行从危机到萧条、再到复苏和繁荣这一过程非常明显，而且周期越来越短，规模愈益增加，经济波动越来越剧烈，破坏性越来越大。更为典型的例子就是 20 世纪二三十年代的大危机，造成美国工业产量下降了 46.25%，失业率高达 24%，给社会带来了极大的破坏。可见，市场的自发运行结果并不令人满意。有些经济学家把高失业率看作市场失灵最显著、最有说服力的证据。

七、收入分配不公平

收入分配不公平，是指收入分配结果不符合社会所认同的公平标准。在市场中，收入分配状况取决于市场中投入的生产要素的数量、质量及形成的价格。市场在自发运行过程中，按照这一原则追求效率，实现帕累托最优。但这样的结果只能说明市场是否实现了效率，是否达到了资源的最优配置，而没有说明市场的结果是否符合社会的愿望，是否符合公平的标准。这意味着市场可能在生产效率很高、创造的财富非常丰富的同时，在社会财富分配方面却会出现少数人极为富有、多数人贫穷得难以令人接受的矛盾现象。

实际上，由于人们在占有生产要素、天生禀赋和运气等方面的巨大差异，会造成社会收入分配不公平。尽管这种不公平的结果令人不满意，但它却是市场有效率运行的结果。这一结果是市场无法依靠自身能力校正的。

八、偏好不合理

在完全竞争市场条件下，个人的心理偏好是决定需求的因素之一。因此，偏好是否合理，对市场运行结果是否合理有着直接的影响。尽管经济学对偏好合理性的评价尚未达成统一的标准，但对生活中某些方面的看法，人们的认识却是较为一致的。例如：吸烟有害健康（包括自己和周围的人），而且费用较高，消费者可能知道这是不"合理"的，但有人还是继续吸；开车系安全带有好处，但有人还是会忘记系或不愿系；让子女接受更多的教育，对家庭和子女都是有益的，但并不是所有的父母在有能力的情况下都愿意这样做，如此种种。

在以上这些情况中，消费者并没有根据自己的最佳利益行事，就可以认为是偏好不合理。在这些不合理偏好的选择中，可以发现商品和服务的市场价格并没有在多大程度上影响消费者的决策，没有起到优化资源配置的作用，也就无法纠正不合理的偏好。

以上论述了造成市场失灵八个方面,这些都是在市场体制比较健全的经济中会普遍存在的情况。我国目前尚处在向市场经济体制逐步完善的阶段,市场尚未完善。因此,我国经济中出现的市场失灵还有其特殊性。张馨认为,这种特殊性表现在以下两个方面。

(1) 市场失灵的人为性。与西方市场国家不同,我国的市场经济体制不是经济发展的"自发"产物,而是"人为"建立的。在从计划经济体制转变为市场经济体制的过程中,市场需要政府扶持、培育。但政府干预的范围如果不当,就会加剧市场失灵。这当中,不仅含有市场本身失灵的内容,而且还包含政府非正常干预而产生的"人为"失灵的内容。

(2) 市场失灵的不规范性。我国的市场经济体制尚待完善,价格信号对资源的配置作用未能充分发挥。因此,会出现本应由市场解决的问题,但由于市场的不完善而无法解决的情况。这种市场失灵与本节开头所说的"市场失灵"的区别在于,前者是由市场体制不健全造成的。

第三节　公共部门的性质与需要

一、公共部门的概念及分类

在经济学中,通常把整个社会划分为公共部门和私人部门。私人部门就是由个人、家庭和私人所有的企业和组织构成的。那么,公共部门的定义是什么呢?人们从不同的角度看,认识也不完全相同。经济学家希克斯认为,公共部门是指一种提供产品和服务的部门,其所提供的产品和服务的范围与种类不是由消费者的直接愿望决定的,而是由政府机构决定的,在民主社会中则是由公民代表来决定的。虽然这个定义未能涵盖公共部门活动的全部范围,但它揭示了公共部门区别于私人部门的一个关键,即公共部门是某种政治秩序的产物,而非市场交换的结果。平新乔认为公共部门包括由政府出资进行经济活动的诸如国防、社会保险、医疗保健、福利规划等经济领域。他指出了公共部门活动的外延,及其获取资金的来源是政府,而非市场交换。蒋洪认为,公共部门是一个社会中属于政府所有,并贯彻执行政府方针政策的经济实体(机关、事业、企业单位的总和)。这个定义说明了公共部门的活动是按照政府的"方针政策"进行的,而不是在价格信号引导下的行为。

我们认为,对公共部门的认识有广义和狭义之分。从狭义的角度看,公共部门是指政府。经济学中所说的"政府",并非仅仅指生活中所谈及的中央和地方的行政机关,而是包括由中央和地方全部立法、司法和行政机关共同构成的国家机构的总和。从广义的角度看,公共部门包括政府部门、非营利组织和公共企业部门三个部分。其中,公共企业部门是指由政府委托经营,直接参与市场竞争,以获取利润为目标的组织。实际上,公共企业部门形成后,就基本上与私人企业一样按市场原则来运作,而与政府行为方式有很大的区别。非营利组织则是对政府和企业之间社会组织的通称。非营利组织是既非政府又非企业的社会组织,它从事社会公益性或互益互助性生产与服务,不以营利为目的,非政府性和利润不分配是其基本特征。本书中在没有特别说明的情况下,公共部门的外延与政府相同,只是使用习惯和侧重的内容有所不同。

二、公共部门的性质

从以上的几个定义可以看出,公共部门与私人部门相比有着明显的不同,它的性质可以概括为以下六个方面。

(一) 公共部门是通过政治程序产生的

在市场经济国家中,私人部门的经营管理,有的由所有者自己来承担,有的由公司股东们指定经理人管理;而公共部门的管理人员,或是由政治选举产生,或是由政治当选人任命。正是由于公共部门是通过政治选举方式产生的,才使得它所拥有的权力具有合法性,才能获得超越私人部门的权威,并可以对私人部门的活动进行管理。

(二) 公共部门具有强制力

公共部门所拥有的强制力是其他经济组织所不具备的。它可以向全体社会成员征税,并对那些不按章纳税者给予处罚;它可以制定一些基本行为规范,要求人们遵守,如交通规则。一个公司不能限制员工辞职,但公共部门在必要时能够限制个人的人身自由。一个厂商无法强迫消费者购买它的商品,但谁都无法选择公共部门提供的国防服务。正如阿尔蒙德所说:"政治体系并不是制定和实施规章的唯一系统。但是,政治体系制定的规章及其实施是靠强制来支持的。"[①]公共部门的强制力是以其合法性和社会成员愿意遵守为基础的。这意味着它可以做很多私人部门做不到的事。

(三) 公共部门具有普遍性

公共部门是一个面向全体社会成员、普遍性的组织。公共部门提供的产品和服务都具有公共品的性质,即非竞争性和非排他性,全体社会成员都有资格消费,如良好的社会治安是每个社会成员都可以从中受益的。而公共部门的强制力同样也带有普遍性,正如宪法所规定的,法律面前人人平等。这说明,法律的强制力不是针对个别人或某个群体,而是针对全体社会成员和组织的。

(四) 公共部门具有唯一性

对个人和社会来说,公共部门是唯一的、垄断的。即使存在着公共部门的潜在竞争者,并且经过选举或重新任命,使公共部门人员出现了更迭的情况,但这种变化也只能是单线的,不可能是并行的。也就是说,新的公共部门出现,只能是对原公共部门的继承,不可能同时存在两套公共部门的组织体系。因此,不论是现在的还是过去的公共部门,对个人来说,只能面对一个处于垄断地位的公共部门。由于公共部门是唯一的,更增强了它的强制力,社会成员无论是否愿意,都只能接受它的管理,享用它提供的产品和服务。

(五) 公共部门的非营利性

公共部门处于政权组织和社会管理的地位,具有非营利性。公共部门实施管理、提供产品和服务的目标是实现公共利益,而私人部门的行为则是为实现利润最大化。即使公共部门的成员有经济人的动机和意识,但由于公共部门活动领域的特殊性,它的活动也就不是市场活动。因此,公共部门仍是非营利性的。

---

① 加布里埃尔·A·阿尔蒙德.当今比较政治学:世界视角[M].9版.顾肃,吕建高,向青山,译.北京:中国人民大学出版社,2014.8:5.

(六) 公共部门行为的法治化

市场经济是法治经济。在市场经济条件下,私人部门和公共部门都要处于法律的约束之下,都不能超越法律的规范来行动。公共部门行为的法治化包括:公共部门的权力由法律规定并依法授予;必须按法律规定行使权力;如果违反法律,必须承担相应责任;要接受公众、司法和立法机关的监督等。与私人部门相比,公共部门的法治化对市场体制有着更为重要的意义。因为,只有公共部门行为实现了法治化,才会清晰地界定公共部门和私人部门,即政府与市场的关系,才能将它拥有的垄断性强制力约束在合理的范围内,从而保障市场能够健康地运行和发展。

三、公共部门的需要

个人是构成社会最基本的单元。与个人不同的公共部门是一个抽象的组织体系,对于一个社会而言,为什么需要公共部门呢?关于这一问题的认识,可以从对国家起源的认识谈起。国家起源学说主要有两种观点:暴力论和契约论。

暴力论是马克思主义的观点。恩格斯在《家庭、私有制和国家的起源》中写道:"国家是社会在一定发展阶段上的产物;国家是承认:这个社会陷入了不可解决的自我矛盾,分裂为不可调和的对立面而又无力摆脱这些对立面。而为了使这些对立面,这些利益互相冲突的阶级,不致在无谓的斗争中把自己和社会消灭,就需要一种表面上驾于社会之上的力量,这种力量应当缓和冲突,把冲突保持在'秩序'的范围以内;这种从社会中产生但又自居于社会之上并且日益同社会脱离的力量,就是国家。"[①]

卢梭在《社会契约论》中是这样认识国家起源的:"试设想人类曾达到过这样一个境地:当自然状态中不利于人类生存的种种障碍,在阻力上已超过了每个个人在那种状态中为了自存所能运用的力量。于是,那种原始状态便不能继续维持,并且,人类如果不改变其生存方式就会被消灭……要寻找出一种结合的形式,使它能以全部共同的力量来保卫和保障每个结合者的人身和财富,并且由于这一结合而使每一个与全体相联合的个人又只不过是在服从自己本人,并且仍然像以往一样自由……社会契约可以简化为如下的词句:我们每个人都以其自身及全部的力量共同置于公意的最高指引之下,并且我们在共同体中接纳每一个成员作为全体之不可分割的一部分……这一结合行为就产生了一个道德的与集体的共同体……这一由全体个人的结合所形成的公共人格,现在……称它为国家。"[②]

在以上两种对立的观点中,可以发现其共同点:作为国家的公共部门,它的产生是人类社会发展到一定阶段自然形成的,是社会发展的内在需要。进而,我们要思考的是在市场经济条件下,公共部门为什么存在?

首先,从洛克的观点来看,公共部门存在是因为"人们联合成为国家和置身于政府之下的重大的和主要的目的,是保护他们的财产"。[③]

---

① 马克思恩格斯选集(第4卷)[M]. 北京:人民出版社,1995:170.
② 卢梭. 社会契约论[M]. 何兆武,译. 北京:红旗出版社,1997:32-34.
③ 洛克. 政府论(下册)[M]. 叶启芳,瞿菊农,译. 北京:商务印书馆,1996. 77.

其次,"人类可以无自由而有秩序,但不能无秩序而有自由"①。公共部门就是要承担建立和维护秩序的职责。"国家提供的基本服务是博弈的基本规则"。它的目的有两个:"一是界定产权结构的竞争与合作的基本规则,即在要素和产品市场上界定所有权结构,这能使统治者的租金最大化;二是在第一个目的的框架中降低交易费用,以使社会产出最大。"②

最后,正如前面所分析的那样,市场的运行并不完善,仍有很多缺陷,而市场自身又难以解决这些问题。公共部门作为一种资源配置的手段,适度地介入市场失灵的领域是必要的。市场经济的发展也证明了,公共部门的介入在很多时候是有效的。

四、我国的市场化对公共部门的需要

"国家的存在是经济增长的关键,然而国家又是人为经济衰退的根源。"③这就是诺斯悖论。

我国曾经是一个计划经济体制国家,政府能力很强,作用范围很广,政府活动几乎深入到社会生活的各个方面。而与此相对应的,是市场力量几乎不存在,其他的社会组织也非常弱小,依附于政府,为政府所控制。在这样一个环境中构建一个全新的市场体系,是与西方市场化国家完全不同的。因此,我国的市场化过程对公共部门显然会有新的需要。

(一)公共部门对市场的培养

市场化在我国是一个市场从无到有、从小到大、由弱变强的渐进过程。公共部门是推动这一进程的动力。市场要不断地发展壮大,市场体系要不断地完善,都需要通过公共部门调整政策、制定法律、完善制度环境、规范市场主体行为来达到。

(二)公共部门对自身行为的调整和约束

我国是一个强政府和弱社会相结合的模式。尽管市场化是由公共部门发起的,但毕竟市场还在完善之中,尚需加强对公共部门进行制约和监督。市场化进程仍然掌握在公共部门的手中,市场尚不能实现"自为"。这就必然需要作为市场化发起者和推动者的公共部门应具备与时俱进的品质,自觉、主动地调整和约束自身的活动范围,为市场化的深入创造空间和条件。

(三)公共部门对市场化次序的安排

市场化的进程应有其内在的逻辑顺序,它不应该、也不可能在各个领域同时实行。如果公共部门对次序安排得当,市场化就能稳步推进,经济就能健康发展;而一旦次序颠倒,将会带来经济灾难。正如麦金农所说的:"对一个高度受抑制的经济实行市场化,犹如在雷区行进,你的下一步很可能就是你的最后一步。"因此,需要公共部门根据我国情况设计合适的市场化次序。

---

① 亨廷顿.变化社会中的政治秩序[M].王冠华,等,译.上海:上海人民出版社,2012.1:28.
②③ 道格拉斯·C.诺思.经济史中的结构与变迁[M].陈郁,罗华平,译.上海:上海三联书店,上海人民出版社,1999:24.

案例 2-2

韩国创新政策发展历程、经验与借鉴

韩国创新政策主要经历了在产业扶植和技术引进的创新政策时期(1960年—1980年)、在维护市场和技术引进与创新并举的创新政策时期(1981年—1997年)、发展高新技术产业和促进自主研发的创新政策时期(1998年至今)等三个时期。

在产业扶植和技术引进的创新政策时期(1960年—1980年),主要采取制定出口补贴制度、减免进口原材料关税和优惠利率、信贷配给、设计共同发展基金等产业扶植和技术引进,以及通过关税、贸易限额,允许一定程度的垄断存在,以克服小规模的国内市场问题等措施帮助国内企业迅速赶上先进国家的生产水平。

在维护市场和技术引进与创新并举的创新政策时期(1981年—1997年),政府认识到采用行政手段干预市场运行是有副作用的,国家主导的产业政策成了经济取得进一步发展的桎梏,因此这一时期政府主导让位于市场调节。韩国政府颁布了一系列规范政府行为和维护市场竞争的法律法规,明确规定政府对经济的调节不能采用直接的行政干预,而且只能发生在市场不能充分发挥作用的领域,如外部性和基础设施的提供等。

在发展高新技术产业和促进自主研发的创新政策时期(1998年至今),特别是东南亚金融危机之后,韩国政府对之前的产业和企业政策进行了重新反思,一方面积极推进大企业的改革,另一方面采取各种措施促进中小企业的发展,并提倡通过创新和自主研发来提高企业的效益与产品的国际竞争力。为了鼓励企业的研发和提高国家的创新能力,韩国政府在从财政和税收方面给予创新企业以优惠待遇的同时,还把政策支持的重点转向半导体、生命科学和计算机等高科技产业,从而为韩国创新能力的提高提供了充分的条件。

从韩国创新政策的经验可以非常明显地看出,要想充分发挥创新政策对产业升级和技术进步的积极作用,就必须创造一切可能的条件来让市场和竞争发挥作用。这也验证了韩国在创新政策发展中后期也就是市场经济已经逐步完善的情况下,逐步减弱政府力量、增强市场力量这一发展路径的科学性和一般性。由此,可以进一步将这一发展路径总结为:在市场经济尚不完善的情况下,政府在创新政策中应发挥主导作用,但随着市场经济的逐步完善,政府应逐步退出,并创造各种条件来帮助市场发挥主导作用。

(案例来源:孙涛,范围.基于国外经验的中国创新政策发展路径探讨[J].学术交流,2014(11).)

思考与提示

1. 根据材料分析政府和市场在经济发展中的作用。
2. 本材料对我国建立市场经济、转变政府职能有何启示?

第四节 政府机制与政府失灵

一、政府

与公共部门的情况相似,由于认识的角度不同,人们对政府的定义也有很多。阿尔蒙德认为:"政府是一套制定和执行政策的结构,是在一定领土上对一定人民具有约束的权威。"[①]达尔从组织结构上来认识政府,他写道:"一个政治体系中官职的集合体就构成那个体系的政府。"[②]海曼侧重政府的活动内容来定义政府,他认为:"政府是这样一个组织,建立这些组织的目的在于对居住在某一社会内的个人的活动进行管理提供基本服务,并为此类服务提供资金。"[③]

在经济学中,我们把政府当作一种资源配置的手段。因此,海曼的定义恰当地表达我们所说的"政府"的定义。如果在此基础上能进一步融进政府的权威性和强制性,这个概念将更加完整。

二、政府机制

在经济学中,政府机制就是指政府如何解决经济基本问题,实现整个社会资源的优化配置和社会福利最大化。

(一) 生产什么

市场通过消费者用货币投票方式来决定生产什么的问题。由于政府提供产品和服务的特殊性,决定了它无法用市场的方式来解决生产什么的问题。政府要生产什么产品和生产多少产品及服务,是由指令计划来决定的。

根据市场和政府提供的产品及服务的不同特点,可以把它们分为私人品和公共品两大类。在社会资源既定的情况下,这两类产品的生产是可以相互替代的。图2-4给出了它们的生产可能性曲线。

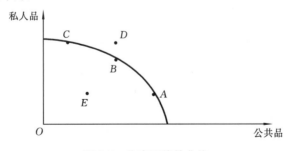

图2-4 生产可能性曲线

---

① 加布里埃尔·A.阿尔蒙德.当今比较政治学:世界视角[M].顾肃,吕建高,向青山,译.北京:中国人民大学出版社,2014.8:5.
② 罗伯特·A.达尔,布鲁斯·斯泰恩布里克纳.现代政治分析[M].6版.吴勇,译.北京:中国人民大学出版社,2012.6:26.
③ 大卫·N.海曼.公共财政:现代理论在现代政策中的应用[M].6版.章彤,译.北京:中国财政经济出版社,2001:5.

图 2-4 中的生产可能性曲线给出了对现有资源充分利用情况下所有的生产组合。不在线上的点是无法实现资源最优配置或现有资源无法满足的：D 点的生产超出资源范围是不可能达到的；E 点代表的是一种资源没有充分利用的生产组合，是没有效率的生产，是不可取的。只有在生产可能性曲线上的点，如 A、B、C 才是有效率的生产组合形式。但是，在效率生产组合下还存在着公共品和私人品的生产比例问题。私人品多，则公共品少；公共品多，则私人品少。而生产什么的问题还不止于此，即在明确了总的公共品应该生产多少之后，政府还要面对选择怎样的公共品组合：要修多少公路和桥梁，教育开支要多少经费，国防费用要多少，环境保护要多少经费，等等。

(二) 怎样生产

政府要解决怎样生产所带来的由谁生产、用什么资源和什么技术生产等问题仍然是很复杂的。

国防当然是由政府来提供。但涉及具体的武器生产时，政府仍然会面临选择：是自己直接组织生产，或是市场来提供产品。有时，私人品和公共品的划分不是非常清晰，还有一类界于这两类产品之间的，可称为准公共品，如教育、公路等。对于准公共品的生产将由谁完成，是需要在市场和政府之间进行界定的，如一个人从小到大的教育问题，个人和家庭应承担多少，政府应承担多少，这是需要用制度来安排的。而不同种类的公共品的生产，仍需要在政府体系内的各个部门之间进行分工，如国防由军队承担、社会治安由警察负责、国家法律则由立法机构制定等。

另外，政府对市场的影响也属于怎样生产的范围，例如：政府的保护措施阻止了外国产品的进入；政府对香烟征收重税，并宣传吸烟对健康的危害，影响香烟的生产和消费；农产品补贴保护了农民生产的积极性；环境保护法约束了生产者行为，限制了生产造成的污染等。

(三) 为谁生产

为谁生产就是谁来享用产品和服务，实际上是一个分配问题。在本章第二节已做介绍，在这个问题上，市场的解决方法和结果不一定符合公平原则，也会出现市场失灵。因此，政府就必须努力把校正市场分配的结果与社会公平原则之间的偏差作为一个重要目标来看待。但还应进一步认识到，除了国防服务等极少数公共品可以由全体社会成员平等消费外，绝大多数公共品是有特定的消费对象的，如失业保险计划规定了只有失业者才可以得到相应的补助；城市平坦的道路、优美的环境、良好的秩序主要是为城市居民提供的；政府加薪计划的对象仅限于公务员，而农民、工人、私人生产者则不在之列。实际上，政府在为谁生产问题上采取的是区别对待的办法，本身就是校正市场失灵的题中之意，什么人、什么产业、什么地区分配得更多或更少才是问题的实质。由于政府的生产是用社会公共资源来进行的，如果公共品的生产和消费不当，将会加剧社会的不公平状况。因此，政府在提供公共品时，必须考虑到哪些集团将从中受益。

(四) 谁来决策

市场依靠价格信号来引导生产者和消费者个人做出决策，而政府则有一套完全不同的决策机制，它是由社会共同决定做出选择，即公共选择(第三章将会详细论述)。公共选择是比个人决策更为复杂的全过程，这是因为消费者对公共品的个人偏好差异很大，并且无法用"货币选票"等方式表达偏好,就是说会出现偏好显示和偏好加总的困难。另外,每个人从公共品中的获益程度不同,会造成不同利益集团的冲突。各利益集团会对政府施加影响,使得公共选择更加困难。我们都会有一些公共选择方面的生活经验,例如,在一个班级中,班费是有限的,现要组织一次集体活动,肯定会有不同的提议:郊游、舞会、公益活动、体育比赛等。每个人都希望自己的提议能被采纳,但最后的决定只能有一个。即使能最终达成相对一致,也无法使人人都满意。一个班级尚且如此,一个社会问题的公共选择就更复杂了。

三、政府失灵

市场失灵的存在在很大程度上为政府干预提供了理由。政府通过在一定范围发挥作用,与市场共同配置资源。但政府能否按照人们预期的那样有效地运行呢?事实上,导致市场失灵的基本原因,如不完全信息和不完全市场,同样摆在政府的面前。因此,政府的失灵也就在所难免。

政府失灵,是指由于存在政府内在的缺陷而导致政府干预的低效或无效性,无法实现社会福利最大化和资源的最优配置。

(一)政府失灵的原因

1. 不完全信息

不完全信息是市场面对的问题,也是政府面对的问题。现实经济相当复杂,要掌握整个社会经济全面、准确的信息十分困难。即使能做到这一点,信息的搜寻成本也将会非常高。同时,政府面对的偏好显示和偏好加总的困难,使得获得全面准确的信息成为不可能。实际上,在掌握信息方面,政府并不一定比市场更具优势。政府依据不完全信息进行决策,配置资源也就很难达到最优。

2. 政府官员行为目标与公共利益的差异

政府能有效干预市场、促进资源优化配置的实现是建立在这样一个假设基础上的:政府是公共利益的代表,并能以此为目标行动。但这只是一种理论上的规范,并不一定是事实。如果我们用经济学中最基本的经济人假定来分析政府官员,就会发现上面的假设是难以成立的。

政府官员也是经济人,即使有"全心全意为人民服务"的思想,也不能不追求自身利益。而实际上,政府官员有比他人更便利的条件来实现个人的利益。然而,政府官员所追求的利益最大化形式与他人有所不同,具体可以有薪金、津贴、权力、社会地位、社会生活中的"自由度"、成就感等。这些目标在现实过程中并不一定与公共利益相一致。政府是官员组成的,政府官员的个人利益内化在政府利益之中,政府可能成为政府官员现实个人利益最大化的工具。根据公共选择学派的研究,政府的行为目标不是实现社会福利最大化,而是实现预算最大化。这种以"外部"服务——社会福利最大化为借口、假象,实际为"内部"自己服务的现象,可以称为"内部效应",它会导致政府失灵。

3. 政府决策机制的内在障碍

政府对资源进行配置是通过公共选择方式来决策的。由于偏好显示和偏好加总的困难,使得用公共选择方式来确定什么是公共利益,以及能否在决策中体现公共利益都成为困难。况且,在政府中真正进行决策的并非是全体政府官员,而仅仅是少数人。他们在决策过程中总会自觉或不自觉地倾向自己所代表的阶层或集团的利益,因而总有一部分人的利益未被反映、无法满足,甚至受损。这时就很难确定,公共利益究竟是在增加,还是在减少。另外,政府的决策链长,反应慢,将使得其对市场的影响力降低。这些问题都是由政府机制内在的难以克服的缺陷造成的。

4. 政府运行效率问题

政府要有效地发挥作用,达到预期目标,不仅取决于决策是否正确,还取决于政府机制能否有效率地运行来实现决策目标。在经济生活中,政府的低效率长期以来就是人们批评的焦点。政府低效率运行主要有以下几个原因。

(1) 缺乏竞争。政府处于唯一的垄断者的地位,由于根本不存在竞争的压力,政府就难以在提高服务和效率方面给予足够重视。

(2) 政府活动的特殊性。由于政府活动是非市场性的,如提供公共品、界定产权、维护竞争环境等,这些活动无法以市场价格来引导,并且难以对其活动的效果进行量化比较和评价,造成了对其活动难以用成本收益进行分析。因此,政府活动存在预算约束软化现象,容易造成浪费。

(3) 政府内生的扩张性。由于政府行为目标是预算最大化,所以政府运行的成本会不断增加。同时,伴随着政府机构的扩张,使得政府运行效率难以提高。正如帕金森定律所述:无论政府工作量是增加了还是减少了,或者根本没有任何工作了,政府机构人员的数目总是按同一速度增加。政府机构扩张不仅使得政府运行成本增加,而且庞大的机构本身就容易造成低效率。

5. 寻租

布坎南认为,寻租活动是把那些本应当用于价值生产活动的资源用于只不过是为了决定分配结果的竞争,是一种非生产性活动。它是政府干预经济过程中派生的一种现象,具有外部效应的特征。为了获得寻租机会,寻租者会利用各种合法和非法的手段,如拉关系、贿赂等。其间所产生的社会成本,不仅包括寻租的个人成本,还包括政府所耗费的时间、声誉的成本,以及由此产生的经济效益损失。寻租的这些社会成本与寻租者获得的租金相比是高昂的。寻租会造成社会资源的浪费、社会公平和效率的损失,导致政府失灵。

通过以上分析可以看到,如同市场失灵一样,政府也会失灵。一些市场解决不了的问题,政府未必就能解决,政府的作用也存在边界。在实现经济中,应通过采取某些措施来改善政府的作用,促进资源的优化配置和社会福利水平的提高。

(二) 矫正政府失灵

1. 立宪改革

这是公共选择学派提出的主张,具体是修改宪法中的相关规则,明确政府制定政策的规则和程度,指导和规范政治家、经济管理者的行为。即通过改革宪政从根本上达到约束政府权力、规范政府行为,减少或避免政府失灵的发生。

2. 恢复竞争

政府通过在一些部门或领域放弃垄断,建立竞争机制,能够有效地提高政府效率。政府权力的分散化有利于减少垄断,增加竞争因素;一些公共品的生产可以改由市场来提供,提高其生产效率;进行适当的激励,如引入利润机制,对预算支出的结余给予部门更大的处置权,将会有利于部门节约开支;还可以通过竞争性投标等方法,确保降低项目支出,并且减少浪费。

3. 政府改造

政府需要不断地自我改造来适应社会经济发展和市场变化,从而发挥积极作用。例如:调整政府职能,精简政府机构,降低政府运行成本;建立科学的工作程序,保证行政的质量和效率;构建有效的人事选拔机制,确保决策者的整体素质,减少或避免决策失误;实施政府官员再教育,提高执行政策能力;加强内部控制,严格政府的自我约束;增加政府的开放和透明度,能够降低信息的搜寻成本,便于政府和公众获得更多信息,有助于公众增强对政府的信任感等。

4. 社会监督

借助社会力量、市场力量监督政府行为。对政府的监督不仅要有来自于法律上的和政府自我的监督与约束,还应有新闻媒体和公众舆论的监督与约束。针对政府预算最大化的行为目标,要强化对预算的监督,努力使政府行为与社会公共利益相一致。

第五节 市场管理与非市场管理

一、市场与政府关系的历史演进

在市场经济发展的历史进程中,市场与政府之间的关系不断演化,作用此消彼长,而在两者之间找到恰当的平衡点成了"经济分析的一个中心问题"。

从18世纪后期到20世纪20年代,古典经济学的自由放任思想占据着学术和实践上的主流。亚当·斯密是这一学说的创立者。他于1776年发表了《国富论》,这是迄今经济史上最重要、最有影响的著述之一。他认为,政府应大幅缩减其经济职能,只需提供最低限度的社会政治职能,远离经济生活,在市场这只"看不见的手"的引导下,在个人追求利润的过程中实现社会福利最大化。政府扮演一个"守夜人"的角色,只需承担国防、制定法律、提供公共品的职能。

20世纪30—70年代,凯恩斯主义在经济领域起着支配性作用。市场经济国家20世纪20—30年代的经济大危机,标志经济自由放任思想的失败。凯恩斯的国家干预理论应运而生,并被广泛接受。政府职能不断扩展,对经济的影响大大加强,使得市场经济国家的经济在第二次世界大战后迅速恢复和增长,以至于在一段时间里,政府的作用比市场的力量更加引人注目。

20世纪70—80年代,随着经济"滞胀"的出现,凯恩斯的国家干预论陷入衰落,新自由主义逐步占据了主导地位。新自由主义包括了众多学派,如奥地利经济学派、新货币主义、理性预期学派、供给学派等。它们共同的主张,就是市场能有效的自我调节,要减少政府对经济的干预。这些学说思想成为70—80年代许多国家实施"小政府"政策的理论先导。

20世纪90年代初,以克林顿当选美国总统为标志,象征着政府主义的回归。人们对政府的认识也有所深化,并非像以往注重政府的规模,而是更强调政府所发挥的作用,并把政府视为辅助市场的角色,而不是作为市场的竞争对手而存在。

市场与政府关系的历史演进表明,对市场经济国家而言,市场与政府两种机制相互依存,都是不可或缺的,困难在于如何选择两者的结合点。因为,人们无法切实地估价市场和政府在经济增长与发展中的作用,或者说无法量化两者的作用。所以,多数情况都是经验式甚至是感觉的,而非实证的和可计量的。

二、政府边界的考察

政府边界实际上就是什么不该政府管和政府应该在什么范围内发挥作用的问题。本书就是重点论述在此边界内政府的经济活动。

在混合经济条件下,政府和市场具有共生性。市场在整个经济生活中发挥基础性配置资源的作用,而市场失灵的存在在很大程度上为政府干预经济提供了理由。由于自然垄断行业的存在,政府就需要考虑为了保护消费者利益,保证社会福利不遭受损失,而对该行业进行一定的管制;公共品是社会必需的,但市场无法解决供给问题,政府要采取相应措施来满足这方面的社会需求;有的生产和消费行为会造成严重的负外部效应,如环境污染等问题,政府应制定法律和规则来控制此类事情的发展;严重的收入分配不公平将会带来社会不满,造成社会不稳定,政府必须把控制收入差距、达到社会可接受的程度作为自身的重要职责;等等。然而,政府干预市场失灵的问题是一个动态的过程,我们还应从以下三方面来考虑。

首先,政府与市场一样也会有失灵的情况,这是在政府干预过程中必须考虑的。市场解决不了的,政府也不一定就能解决好。政府干预同时也是有成本的,如果政府干预的成本高于收益的差额所形成的净福利损失,甚至超过了市场失灵带来的福利损失。

其次,从纵向来看,随着技术的进步和管理的改进,原来一些市场失灵的领域内会出现"市场再发现",即市场能够再次有效地发挥作用的情况。例如,电力行业是传统的自然垄断行业,然而随着计算机的发展和管理观念的更新,人们发现可以把电网服务和电力供应服务分开经营,在保持电网垄断的情况下,借助计算机技术,可以实现多家电力供应服务商同时对终端用户提供服务,从而实现市场竞争。再如,城市垃圾的清运一般认为是公共服务,应由政府承担。但政府可以改进管理方式,引入市场机制,通过市场竞价把这项服务承包给私人公司去完成,就可以降低服务成本,提高政府效率。

最后,从横向来看,政府干预经济的程度与社会文化背景相联系。比如,德国和美国经济发展程度相当,但对教育的提供方式是不同的。德国把教育当作一种纯公共品,完全由政府来提供;美国则把教育当作是一个准公共品,由政府和市场共同来提供。

因此,我们说市场失灵只是为政府干预经济提供了一个可能的边界。边界之外,市场能有效发挥作用,实现资源的最优配置,不需要政府干预。而在可能的边界内,政府的活动是一个动态变化的过程,介入经济的程度有多深、介入的方式如何,并没有定论。正如有经济学家认为:"根本就不存在什么独立、客观的方式可以用来确定政府的理想规模或界定到底哪些活动适用于公共部门。"[1]

---

[1] 欧文·休斯.公共管理导论[M].4版.张成福,等,译.北京:中国人民大学出版社,2015,6:126.

三、市场与政府的再认识

可以看到,市场和政府这两种配置资源的机制的作用都是有限的,各有其优缺点。在一个混合经济体制中,两者各有能够充分实现效率的领域,如纯私人品和纯公共品,这是在理论上和实践上都被证明了的、确定无疑的,但这并不能涵盖所有的问题。

第一,经济学的基本原理之一就是我们时刻都会面临选择,而选择是有成本的,包括机会成本。同样,我们面对着是需要更多的公共品还是更多的私人品的选择。这两种产品的替代关系是成立的,我们需要在市场与政府之间做出选择。这不仅仅是让两者在各自领域发挥作用的问题,还有如何把两者适当地结合的问题。

第二,在经济生活中,市场和政府还存在更为紧密的联系,两者相互渗透,相互影响。首先,根据公共选择学派的研究,他们把市场的最基本假设——经济人的假定作为理论的基础,认为政府官员和政府都是理性的经济人,都以个人利益最大化为行为准则,只是表现形式与市场主体有差异;其次,政府改革的基本思路之一就是把市场竞争机制引入政府机构,以实现抑制机构膨胀、提高政府运行效率的目标;再次,政府有大量的购买性支出,消耗社会资源和劳动,而这些支出会自然地进入市场,构成市场需求和社会消费的一部分;最后,从规范的角度看,政府配置资源的作用应该是一种辅助性的作用,而市场的作用才是基础性配置资源的作用,政府应努力让市场在一些领域恢复作用,政府所进行的应是第二次调节。

纵观全章,无论从历史的进程,还是从理论的分析,可以认识到:市场与政府作为社会基本的资源调节机制,既是相互对立的,又是共生共存的。政府与市场并非在所有领域都是一种简单替代的关系,在许多场合两者是相互补充的关系。现实经济中的许多问题,都需市场与政府相互配合才能解决。把市场与政府的作用程式化、固定化,并试图寻找一个泾渭分明的界限,是不可能的。正如斯蒂格里茨所认为的,关键是市场与政府之间的结合点。市场与政府的关系要根据社会经济的发展和基本的制度环境的变化,不断地调整,实现两者有效率的组合。

案例 2-3

国有企业改革进入深水区

经过精心准备和积极探索,我国新一轮国资改革已经从宏观纲领逐步演化到微观操作阶段。国务院批转了发改委2014年深化经济体制改革重点任务,对国资改革提出"推进国有资本投资运营公司试点,有序推进电信、电力、石油、天然气行业改革"等更具体的操作方向。

2013年6月14日,中石油联合泰康资产及国联基金,共同投资设立中石油管道联合有限公司,其中:中国石油以西部管道资产作为出资占合资公司注册资本的50%;泰康资产以现金出资占合资公司注册资本的30%,其余计入资本公积;国联基金以现金出资占合资公司注册资本的20%。

2013年12月19日,上海联合产权交易所公布了上海国有企业绿地集团增资扩股结果,平安创新资本、鼎晖嘉熙、宁波汇盛、珠海普罗、上海国投协力发展等五家PE机构抢得筹码,五家机构以5.62元/股的价格联合向绿地集团增资117.29亿元,将占绿地集团扩股之后股本的20.14%。在绿地集团现有股本结构中,绿地集团职工持股会占36.43%,上海城投占26%,上海地产集团占比25.03%,上海中星集团持9.65%,上海天宸股份持2.89%。而上海城投、地产集团和上海中星均为上海市国资委下属企业,即上海国资通过三家公司持有绿地集团约60.68%的股份。

　　2015年8月24日,中共中央、国务院印发了《关于深化国有企业改革的指导意见》。据此,未来国企改革主要有四大方向:方向一,国企变成商业类和公益类两类;方向二,积极引入各类投资者实现国有企业股权多元化;方向三,混合所有制改革不设时间表;方向四,加强和改进党对国有企业的领导。

　　(案例来源:根据相关公开资料整理。)

思考与提示

1. 根据材料分析政府和市场在促进创新发展中的作用。
2. 本材料对我国市场经济发展、转变政府职能有何启示?

本章重要概念

混合经济(mixed economy)　　市场失灵(market failure)
政府失灵(government failure)　　公共部门(public sector)
市场管理(marketing management)

本章思考题

1. 试述市场与政府的关系。
2. 市场与政府各有哪些失灵与缺陷?
3. 如何理解经济运行的四要素?
4. 如何理解混合经济?
5. 公共部门的性质从哪几方面来理解?
6. 如何矫正政府失灵?
7. 试析生产性的正负外部效应。

本章推荐阅读书目

1. 亚当·斯密.国民财富的性质和原因的研究[M].郭大力,王亚南,译.北京:商务印书馆,2004.
2. 鲍德威,威迪逊.公共部门经济学[M].邓力平,译.北京:中国人民大学出版社,2000.
3. 约瑟夫·E.斯蒂格利茨.政府为什么干预经济[M].郑秉文,译.北京:中国物资出版社,1998.
4. 庇古.福利经济学[M].金镝,译.北京:华夏出版社,2007.
5. C.V.布朗,P.杰克逊.公共部门经济学[M].张馨,译.北京:中国人民大学出版社,2000.
6. 黄有光.社会福祉与经济政策[M].北京:北京大学出版社,2005.

第三章

公共品理论

---**本章导言**---

公共品是相对于私人品而言的,有着特殊的最优供给条件、模型和实现机制,它涉及公共支出的最佳规模及其决定、公共支出的筹资即公共收入的决定等问题。本章在阐述公共品、私人品及准公共品基本概念的基础上,分析公共品的需求及有效供给问题,并讨论公共品有效供给的实现机制等问题。

第一节 公共品概述

一、公共品的定义与特征

尽管公共品的概念已经在经济学领域得到广泛使用,但是要对公共品下一个精确的定义确实是困难的。考察公共品理论的发展历史,有以下三种定义最具代表性。

(1) 萨缪尔森(Samuelson P. A.)的定义。按照萨缪尔森的观点,所谓公共品就是所有成员集体享用的消费品,社会全体成员可以同时享用该产品,而每个人对该产品的消费都不会减少其他社会成员对该产品的消费。或者说公共品是这样一些产品,无论每个人是否愿意购买它们,它们带来的好处不可分割地散布到整个社区里。

(2) 奥尔森(M. Olson)的定义。奥尔森在《集体行动的逻辑》一书中认为,"任何物品,如果一个集团 $X_1,\cdots,X_i,\cdots,X_n$ 中的任何个人 X_i 能够消费它,它就不能适当地排斥其他人对该产品的消费",则该产品是公共品。换句话说,该集团或社会是不能把那些没有付费的人排除在公共品的消费之外的;而在非公共品那里,这种排斥是可能做到的。

(3) 布坎南(J. M. Buchanan)的定义。在《民主财政论》一书中,布坎南指出:"任何集团或者社团因为任何原因通过集体组织提供的商品或服务,都将被定义为公共品。"按照这一定义,凡是由团体提供的产品都是公共品。"某一种公共品只可以使很小的团体,比如包括两个人的小团体受益,而另外一些公共品却可以使很大的团体甚至全世界的人受益。"

公共品是具有共同消费性质、用于满足社会公共需要的物品和服务,它是私人品的对立物。相对于私人品的特性来说,公共品的特征如下。

□**1. 效用的不可分割性(non-divisibility)**

效用的不可分割性是指公共品是面向整个社会共同提供的、具有共同受益或联合消费的特点,其效用为整个社会的成员所共享,而不能将其分割为若干部分分别归属于个人或厂商享用。

2. 受益的非排他性(non-excludability)

非排他性是指不能将不为公共品付费的个人或厂商排除在公共品的受益范围之外，在技术上不可能排他或者技术上可行但排他成本高昂到在经济上不可行。

3. 消费的非竞争性(non-rivalness)

非竞争性是指个人或厂商对公共品的消费并不排斥、不妨碍其他人或厂商对它的享用，也不会因此减少其他人或厂商享用该公共品的数量和质量。非竞争性包含以下两方面的含义：

(1) 产品数量既定的前提下，因消费者增加对供给者带来的边际生产成本为零；

(2) 拥挤成本为零，即每个消费者的消费都不影响其他消费者的消费数量和质量，这种产品不但是共同消费的，也不存在消费中的拥挤现象。

因此，可将公共品定义为能以零的边际成本向所有社会成员提供同等数量的物品。由上述的第二和第三个特性，还可以派生出公共品的另一特征，即消费的非拒绝性。任何人不可能拒绝享受公共品的利益，即处于公共品效应覆盖范围的消费者必然和自然地受到该产品的服务和影响，而不以其是否希望、愿意和需要这些消费和服务的意志为转移。或者说，拒绝享用公共品是违法的，如居住在一国的公民都要接受国防保护，也不可能把自己所得到的国防保护转让给他人。

在公共品的两个基本特征即非竞争性和非排他性中，非竞争性是公共品的基本属性，而且，非竞争性是由公共品自身的因素决定的，而非排他性则是由外生因素决定的。此外，非竞争性的存在使得限制消费和使用成为一种不合意的行为。

二、公共品的分类

(一) 纯公共品

公共品是相对于私人品而言的，它们的区别在于公共品可以同时给一系列使用者提供利益，私人品在任何时候都只能为单个使用者提供利益。对公共品的正式分析始于萨缪尔森，按照他在《公共支出的纯理论》(1954)中的定义，纯粹的公共品是指这样的产品，即"每个人对这种产品的消费，都不会导致其他人对该产品消费的减少"。再加上1955年发表的另一篇论文《公共支出理论的图示探讨》，萨缪尔森首次通过表明个人消费和总消费关系的方程，来说明公共品和私人品的特征。其中，私人品是具有如下特征的产品：

$$X_j = \sum_{i=1}^{n} X_j^i \quad (3-1)$$

这就是说，产品 X_j 的总量等于每一个消费者所拥有或消费的该产品消费量 X_j^i 的总合。它表明私人品是可以在消费者之间进行分割的，而对纯公共品来说，有

$$X_{n+j} = X_{n+j}^i \quad (3-2)$$

这也就是说，对于任何一个消费者 i 来说，为了消费而实际可以支配的公共品的数量就是该公共品的总量 X_{n+j}。这就意味着公共品在一组消费者中是不可分割的。这表明，当一种公共品在增加一个消费者时，其边际成本为零，同时，纯公共品的共同消费性质，也使消费存在非竞争性，导致边际拥挤成本为零。

(二) 准公共品

在萨缪尔森的理论中,只讨论了物品或劳务的两种极端情况,而忽视了两个极端中间的情况。然而在现实社会中,纯公共品与纯粹私人品并不是普遍存在的,更为常见的物品或劳务是居于这两个极点之间,兼具纯公共品、纯私人品性质的社会产品,通常把它称为准公共品,又称为混合品。准公共品大体可以归结为以下几类。

1. 利益外溢的准公共品

这类准公共品所提供的利益的一部分由其所有者享有,或者说其效益可以定价,在技术上可以实现价格排他(price-excludable),从而具有私人品的特性;但其利益的另一部分可以由所有者以外的人享有,利益又不可分,因而具有公共品的特性。比如教育,受到良好教育的公民使全社会都受益,这种利益是不可分的,但受到教育的公民也直接受益,这部分利益又是可分的。类似的准公共品还有公共卫生事业、政府兴建的公园及其他娱乐设施等。

2. 拥挤性的准公共品(congestible public goods)

所谓拥挤性的准公共品,是指那些随着消费者人数的增加而产生拥挤,从而会减少每个消费者可以从中获得效益的公共品。这种产品或服务的效用是为整个社会成员所共享的,但在消费上具有一定程度的竞争性。这就是说,这种物品在消费者人数达到拥挤点之后,消费者人数再增加,其边际成本不为零(虽然边际生产成本仍然为零,但消费者承担的边际拥挤成本不再为零而是增加了)。例如公路,在行驶的车辆达到一定数量之后,再增加车辆行驶便会阻碍交通,甚至增加交通事故的风险。

3. 公共资源(common resource)

公共资源,如公共牧场、公共湖泊、公共油田等。首先,它具有效用的不可分割性;其次,它在消费上具有非排他性,公共资源在边际效用等于价格(价格为零)的那一点上供所有人使用,无法将不付费者有效地排除在消费之外;再次,在消费上具有竞争性,公共资源的使用在超过一定限度以后就会导致拥挤。但与拥挤性的准公共品不同的是,过度使用会使公共资源的质量降低,使边际生产成本也不为零。公共资源的效用的不可分割性和非排他性,以及过度使用会导致边际生产成本、边际拥挤成本不为零,从而具有竞争性,因此也是一类准公共品。

(三) 全国性公共品和地方性公共品

在这里,之所以要从公共品消费空间的角度,把它划分为全国性公共品和地方性公共品,是因为通过这种划分,就可以合理界定政府间事权范围,把提供不同层次公共品的职责相应地赋予各级政府,进一步明确公共品和私人品之间的关系。

所谓全国性公共品,是指那些消费者不分区域范围的公共品,它的供给并不是为了某一特定区域范围内的消费者,而是可以让全国公民共同受益。这类公共品如国防、外交等。地方性公共品是指那些受益范围仅仅局限于特定区域的公共品,它一般是为了满足地方消费者的需求,超过一定的范围其效用会大大减少,其享用范围很少会扩大到其他区域的消费者中。地方性公共品包括地方政府提供的公共服务、城市基础设施建设、地方环境保护等。

第二节 公共品供给方式

在现代市场经济条件下,市场和政府是资源配置的两大基本手段。政府通过政治制度提供社会产品(称为公共提供)和私人通过市场提供社会产品(称为私人提供)是任何社会产品的两种可供选择的供给方式。一般来说,私人品主要由市场提供;公共品主要由政府提供;准公共品,可以部分由政府提供,部分由市场提供。

一、公共品的公共提供

公共品在消费上的非竞争性和非排他性的特征,决定了公共品只能公共提供。所谓公共提供,就是政府通过税收或公债等形式筹集资金以支付产品的生产成本和费用,并向全体公民免费提供的方式。

由于公共品的非排他性特征和效用的不可分割,使得消费者共同消费既定数量的公共品,每个消费者都相信无论他是否付费,都可以享受到公共品的好处,那么,每个消费者都不会有自愿付费的动机,而倾向于成为"免费搭车者",因而公共品的投资无法收回,私人企业也就不会愿意提供公共品。同时,公共品具有非竞争性的特征,其边际生产成本为零,按照帕累托最优所要求的边际成本定价原则,公共品必须免费提供,也就是说,公共品既不必要也无可能以收费形式来提供,从而私人企业必然难以从事公共品的生产及提供。

公共品往往是增进社会福利所不可或缺的。因此,需要公共经济部门的介入,用税收等手段来筹集资金,免费提供这些产品。相比较而言,公共品的公共提供能较大地提高资源配置的效率,如国防、行政管理、市场规则、立法和司法、环境保护等,提供此类公共品和服务是政府的首要职责。

> **案例 3-1**
>
> ### 治安也能承包给私人部门吗?
>
> 浙东某县明伦村村民章伟忠,通过公开竞标,以 2.52 万元的价格获得该村 2003 年度安全防范工作的承包权。根据《安全防范承包责任制协议书》,2003 年明伦村治安刑事案件允许发案基数 12 起,每增加 1 起,扣 1 000 元;每减少 1 起,奖 200 元。年终测评群众安全员时,满意率低于标准的,每下降 1 个百分点扣 100 元;高于标准的,每上升 1 个百分点奖 100 元。
>
> 公共经济学认为,纯公共品只能由政府提供。本来,公共品的私人提供,是符合新公共管理运动方向的。公共品的公共供给,未必公共生产,有时候可以私人生产。在公共安全领域,同样可以实现公共供给私人生产。比如,社会治安由政府提供,警察所需要的枪械却由私人公司生产。把治安权承包给个人,并不是说具有非竞争性和非排他性的公共安全这种公共品由私人提供,只不过是公安机关提供,却由村民去"生产"。

问题在于,把治安权承包给个人,似乎难以科学和合理地界定考核指标和奖惩额度。每年事先核定的刑事案件案发指标基数12起,每增加1起案件,扣1 000元,每减少1起案件,奖200元。理论和实践依据究竟是什么?其实,一个村发生的刑事案件数,是与整个县甚至市的治安状况紧密相连的。全县或市的治安状况良好,村的治安就不会差;若全县或市的治安状况差,就算承包者再努力,其治安状况也好不到哪里去。再说得远一点,治安状况还与人口流动程度、收入分配结果、社会道德风尚等因素有关。刑事案件数量的多少未必与承包者的工作业绩呈正相关关系。

　　治安承包方案中,发包方和承包方所追求的目标存在一定的偏差。发包方追求的是社会效益,即治安状况良好,少有甚至没有案件发生。可承包方追求的则是经济效益,即在刑事案件总数不超过12起这个基数的前提下,尽量减少人力和物力的投入。

　　另外,治安管理作为一项执法活动,其执法主体只能是公安机关。根据《治安管理处罚条例》的规定:"对违反治安管理行为的处罚,由县、市公安局、公安分局或者相当于县一级的公安机关裁决。"而浙东某县把治安管理任务以2.52万元的价格"转让"给并不具备执法管理职能的个人,其间必然存在不可逾越的法律障碍。即该承包合同属于行政合同还是民事合同?公安机关把治安管理职权委托给村民,这种委托行为是否符合《行政许可法》的规定?

　　(案例来源:樊勇明.公共经济导引与案例[M].上海:复旦大学出版社,2003:10.)

思考与提示

1. 公共品的政府提供与私人提供有何异同?
2. 在有些城市,居民区由保安公司提供小区治安。明伦村村民承包治安与保安公司提供小区治安有什么区别?

二、私人品的市场提供

　　私人品具有消费上的竞争性和排他性的特征,私人品的生产者和消费者都是价格的接受者,不具有控制价格的能力;而且,市场上的消费者和生产者拥有完全的信息,从而私人品的生产和消费都能依据市场的供求规律自行调节;同时,资源的流动促使市场实现均衡。这样,私人品在生产和消费上都不具有市场缺陷,因此,私人品最理想的提供方式为市场提供,市场提供私人品可使资源配置达到最优。

　　相反,如果私人品由公共提供,则必定会影响生产效率。这是因为在市场提供的情况下,人们必须用自己的可支配收入去交换才能消费私人品,可支配收入的多寡决定了所能获得私人品的多少。而在公共提供的条件下,生产者对生产的贡献与他们所获得的产品份额没有直接联系,因为政府不是按生产贡献的大小来分配,而是实行平均分配。从而那些劳动积极分子不能得到较多的产品份额,其劳动积极性将受到抑制,现有的资源和技术不能得到充分发挥和利用,生产水平必定低于潜在的生产能力而导致生产效率大大下降。

由此可见,为了实现资源的最优配置,私人品应尽可能采取市场提供方式,避免采用公共提供方式,以便使生产效率和交换效率达到最大。

三、混合品提供方式

对利益外溢的准公共品,应根据其外部效应的大小来确定提供方式。当外部效应很大时,应视为纯公共品,采取公共提供方式。例如,基础教育、基础研究等是典型的外部效应产品,一般要采取完全公共提供方式。而对社会、个人都有益的公共品,为了减轻政府负担和扩大其积极效应,应采取混合提供方式。如高等教育,应在充分市场化的基础上,依据政府财力予以适当的补助;又如社会保障,政府提供最低标准部分,其余部分由社会、个人共同承担。

案例 3-2

教育券能否推进教育改革?

"教育券"制度是长兴县教育考察团在美国考察时受到美国"学券"制度的启发而提出和实施的。在美国这样市场经济高度发达的国家,"学券"制度也被视为最为激进的教育改革方式之一,长兴"教育券"制度一经提出,就立即引起了社会各界的广泛关注。

长兴县"教育券"项目从 2001 年开始实施发放范围包括就读于职教中心、技工学校和清泉武校(民办)高中部的长兴籍学生以及就读于清泉武校(民办)的长兴籍小学生和初中生。2003 年,发放范围扩大到所有就读于上述学校学生和教师进修学校、华盛虹溪中学(民办)、泗安中学的学生以及家庭经济困难的贫困学生。

根据发放对象不同,"教育券"额度也有所不同。发放给职业中学学生"教育券"为 300 元;发放给就读于清泉武校小学、初中部学生"教育券"为 500 元;发放给就读于华盛虹溪中学初中部学生"教育券"为 500 元,发放给就读于华盛虹溪中学高中部学生"教育券"为 100 元;发放给就读于泗安中学学生"教育券"为 200 元。2001—2003 年,"教育券"的发放数量分别为 1845 张、3220 张和 4618 张;"教育券"总金额分别为 55.87 万元、95.1 万元和 132.45 万元。

这些不同种类"教育券"的流动过程有所不同,用于职业学校、民办高中以及薄弱高中的"教育券"首先由教委发放到各个初中,然后由初中毕业班的班主任发放给初中毕业班的学生,并在发放"教育券"的同时向学生说明"教育券"的用途。如果学生毕业后选择到具有获取"教育券"资格的学校就读,则可以在入学的时候,将"教育券"交给学校,冲抵学费。在实际操作过程中,教委直接按照各个有资格获取"教育券"的学校所招收的长兴籍学生人数,将相应金额的教育经费拨付给学校。

2001 年,长兴县"教育券"项目开始实施以后,当地教育状况所发生的最引人注目变化就是职业高中当年招生人数激增。2000 年,长兴县职业高中招生人数为 1403 人,而 2001 年招生人数为 2002 人。另一个重要变化,就是更多民间资金投入到长兴县的教育领域。由浙江花海国际有限公司投资 1.3 亿元的昆中国际学校正在建设中,而由南京聚恒集团投资 1.5 亿元建设的金陵高级中学已经建成,并于 2004 年秋季学期开始招生。

目前,长兴县"教育券"制度实践探索仍在深入,"教育券"的功能由原来扶持处于弱势的民办学校、职业学校和帮扶困难群体,逐步转向重在引竞争机制,从而整体提升教育质量、办学效益。

(案例来源:刘晓蔓对浙江长兴县"教育券"制度的调研报告[J].教育发展研究,2005(12).)

思考与提示

1. 教育的产品属性是什么?
2. 政府提供不同类型教育服务的可行方式有哪些?

对拥挤性的准公共品,主要有供水、供电、排污、机场、道路、桥梁、电信等基础设施,其支出供给方式应以市场提供为主,政府提供为辅。对大、中型项目建设,政府可采取一定的投、融资手段参与建设;对一些市场化程度较高、社会效益较好的项目,政府可采取参股方式提供资金支持;对完全由市场能解决的项目,政府可不安排资金投入。还有像环境保护、广播、电影、电视等公益事业,首先使其市场化,政府只为其提供正常运作所需的最低水平的资金,大部分资金应由这些部门按提供服务的数量和质量,通过向用户收费来解决。

对于公共资源,可通过使用权市场化的方式来解决。政府通过收取使用权费或税,并通过许可证制度,限制使用者数量,或者限制使用的时间和空间范围等手段,来有效地维护和提供公共资源。

综上所述,可供选择的产品和服务的生产、分配与融资方法如表 3-1 所示。

表 3-1　可供选择的产品和服务的生产、分配与融资方法

竞争性	排他	非排他
	纯私人品	混合品
竞争	①排他成本较低; ②由私人公司生产; ③通过市场分配; ④通过销售收入融资。 如:衣物、鞋子等	①产品利益由集体消费,但受拥挤约束; ②由私人公司或直接由公共部门生产; ③由市场分配或直接由公共预算分配; ④通过销售收入融资,如对该服务使用权的收费或通过税收筹资。 如:公园、公共资源、公共游泳池等

续表

竞争性	排他	非排他
	混合品	纯公共品
非竞争	①含外在性的私人品； ②私人企业生产； ③通过含补贴或矫正税的市场分配； ④通过销售收入筹资。 如：学校、交通系统、保健服务、疫苗接种、有线电视、不拥挤的桥、高尔夫俱乐部等	①很高的排他成本； ②直接由政府生产或与政府签约的私人企业生产； ③通过公共预算分配； ④通过强制性税收筹资。 如：国防、外交、立法等

第三节 公共品的供给

一、公共品供给主体分析

在私人产品市场，由于价格机制的存在，使消费者能够真实表达其意愿，并且能使受益者所支付的价格或规费能补偿生产该种产品的成本，同时又能获利，从而一个以营利为目的的私人或厂商愿意生产该种私人品。而公共品，由私人部门提供是无效率的。

（一）无效率的表现

首先，公共品的效用不能充分实现，造成社会福利的损失。如果由私人经营公路，他不可能通过税收解决资金来源问题，而只能采取收取"过路费"的办法。这样就会导致该公路的使用受到"过路费"的限制，从而使用量减低，效用不能充分实现，公路收费的效用比较如图 3-1 所示。当不收取"过路费"免费提供时，该公路的承载量为 Q_2，当收取"过路费"时，承载量降低为 Q_1，则效用未能充分实现。

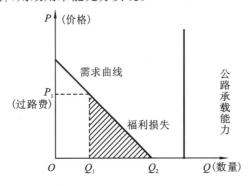

图 3-1 公路收费的效用比较

其次，公共品供给不足，阻碍经济发展和人民生活水平提高。如基础教育、科技推广、卫生保健，往往具有较强的外部性，表现为社会效益大于个人效益。若由私人提供基础教育，会通过市场定价方式，但私人往往并不考虑教育的外部效益，而只是按私人边际成本等于私人边际收益的原则来提供,易导致基础教育的供给量低于社会最优水平,造成社会福利损失,私人办学的效益比较如图3-2所示。若由私人提供,则按照个人收益曲线R_1与供给曲线S的交点Q_1来提供基础教育(比如学校的数量、教师的多少),而由于教育具有较强的外部性,其社会收益曲线R_2必处于个人收益曲线R_1之上,社会收益曲线R_2与供给曲线S的交点为Q_2,Q_2也是社会边际成本等于社会边际收益时的供给量,即社会最优水平。私人提供时社会福利受到的损失为Q_2-Q_1。

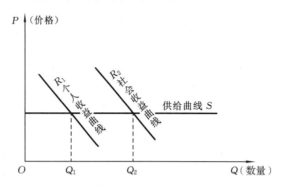

图3-2 私人办学的效益比较

(二) 无效率的原因

公共品所具有的特征,使竞争性的市场不可能达到帕累托最优产量。一方面,由于具有非排他性,每个人都相信,他付费与否都可以享受到公共品的好处,那么,他就不会有自愿付费的动机,而倾向于成为"免费搭车者",从而公共品的投资无法收回,私人企业自然不会提供这类产品。另一方面,公共品的边际成本为零,按照帕累托最优所要求的边际成本定价原则,这些产品必须免费提供,这也是私人企业必然难以接受的。更值得注意的是,公共品由于在国民经济发展中的特殊地位和作用,以及一些公共品的投资规模大、投资周期长,政府更应义不容辞地承担起供给主体的责任。

二、纯公共品和准公共品的供给

在现代市场经济条件下,市场提供是社会产品供给的主要方式。由于市场提供是在分散的条件下进行的,遵循价值规律,能促进资源的自由流动,因而对于绝大多数的私人品而言,在资源稀缺性的支配下,成为社会合理进行资源配置最好的方式,能够有效地解决私人品的供给问题。但对于不具有排他性和竞争性的公共品,该如何提供才能使它的供给和需求达到有效的水平呢?单独的市场机制在公共品领域的资源配置是无效的。但公共品对增进社会福利是不可或缺的,因此,在公共品供给市场失灵的情况下,需要政府介入,并把提供公共品作为政府的一项基本职能。对于政府如何提供公共品、采取什么方式提供,主要取决于两个因素:公共品自身的特点以及政府对公平和效率原则的平衡。

(一) 纯公共品的供给

纯公共品所具有的特性,决定其最好是公共供给,由政府向社会无偿提供。那么政府如何有效地提供呢?根据庇古的观点,对于每个人来说,公共品的最优供给发生在这样的点上——公共品消费的边际效用等于纳税的边际负效用。在此基础上,推广到整个社会,通过使公共品边际社会效用等于支出的边际负效用或边际成本,便可确定全社会最佳的公共品供给量。一种产品的市场均衡产量、价格由其需求曲线和供给曲线的交点决定,需求曲线与该产品消费者的边际效用曲线相一致,而供给曲线与该产品生产者的边际成本相一致,所以在均衡点的社会边际效用等于社会边际成本,帕累托最优得以实现。

私人品的最优供给如图3-3(a)所示。对私人品而言,假设只有两个消费者A和B,各自的需求曲线分别为D_A与D_B,那么均衡价格为P_E,均衡产量为$Q_E=Q_A+Q_B$,即所有消费者消费量的总和。消费者的边际效用相同,与市场价格相一致,所以每个消费者从该私人品中获得的边际效用也就是这一产品的社会边际效用,从而社会边际成本等于社会边际收益,实现了帕累托最优,即

$$MSN = MR_i = MSC \quad (i=1,2,\cdots,n) \tag{3-3}$$

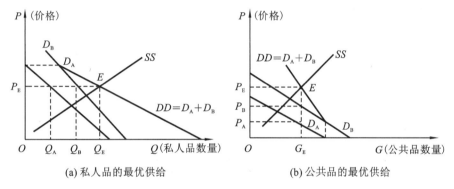

(a) 私人品的最优供给　　　　　(b) 公共品的最优供给

图3-3　私人品和公共品的最优供给

公共品的最优供给如图3-3(b)所示。而对公共品来说,每个消费者都是对既定公共品数量的接受者,全社会对一定数量的公共品所愿意支付的价格(税)是由不同的个人的需求曲线垂直相加而得到的。因而公共品的均衡价格为G_E,这是任何人都必须接受的消费量,公共品的均衡价格P_E是所有社会成员愿意为G_E单位的公共品所支付的价格的总和,即$P_E=P_A+P_B$。又因为消费者对消费既定数量的公共品的出价(税)与消费该公共品所获得的边际效用相一致,所以所有消费者出价总和就是其边际效用的总和,即社会边际收益。因此,在均衡点,社会边际成本等于社会边际收益,实现了帕累托最优,即公共品帕累托最优的实现条件为

$$MSR = \sum_{i}^{n} MR_i = MSC \tag{3-4}$$

由此可见,公共品的个人出价总和等于边际成本,即$\sum P_i = MC$,而且个人对公共品的评价不一,公共品的价格应由个人对公共品的边际效用来确定,而不能由市场来统一定价,因此,公共品难以靠市场来提供。

(二) 准公共品的供给

对于可以实行价格排他的利益外溢的准公共品,为了提高供给效率,可以采用市场配置和财政补贴相结合的办法提供。利益外溢公共品的供给如图3-4所示,dd线是利益外溢的准公共品消费者的边际效用曲线(需求曲线),DD为社会边际收益曲线,它们之间的垂直距离表示该产品的边际外部收益(边际外部收益往往是递减的,这里假定其为常数),

供给曲线(边际成本线)为 SS。DD 线和 SS 线的交点 E_0 所决定的该产品的产出水平 Q_0 符合效率准则。但在市场机制下,人们按照自己的需求曲线来购买,产出水平只能达到 dd 线和 SS 线的交点 E_1 所决定的 Q_1,从而导致效率的损失,即图中的三角形 AE_0E_1。如果完全免费提供,必然会导致过度消费,也会带来福利损失,即图中的三角形 CDE_0。因此,为了提高供给效率,对诸如教育、医疗等利益外溢的准公共品,除了最基本的如义务教育、基本医疗以外,其供给方式既不能完全向消费者收费,也不能完全由政府免费提供,而是采取既收取部分费用,又实行财政补贴的办法。由图 3-4 可见,应向受益人收取的价格为 P_0。

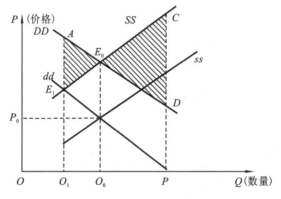

图 3-4 利益外溢公共品的供给

> ### 案例 3-3
>
> #### 香港的私家路:关于公共品供应与公共事业改革的思考
>
> 在香港闹市中行走,不定什么时候就能看到路边树着一个标志牌,上面用中英文同时写着"私家路/private road",顺着箭头所指方向,一条或宽或窄的马路延伸而去。香港的私家路大约分成两种:一种是真正意义上的私家路,即通往独立私家别墅的小路,禁止公众进入,距离较短,路口通常会挂"私家路非请勿入"类的标志;第二种就是闹市中常见的向公众开放的私家路。在存在公众交通需求的地段,私家路通常是要开放的。小区建成住宅售出,私家路的权利便由地产商转移到业主手中,由众多业主共同拥有。众业主分摊道路的维修费用,委托物业公司执行具体的事宜。香港《道路交通条例》关于私家路的交通标志设置、执法权、泊车、适用交通条例等都有详细的规定。
>
> 锦绣花园(Fairview Park)是位于香港新界元朗区的一个大型私人住宅小区,小区内有 100 条私家路,总长度为 27 公里,是香港距离最长的私家路段。根据协议,区内私家路允许附近大量围村民通行。在最初的数年里,村民与小区居民倒也相安无事,但 20 世纪 90 年代大量围建货柜场后,双方的矛盾、纠纷就不

断升级。大量的货柜车从锦绣大道熙熙攘攘通过,导致这条私家路变成一条流量巨大的交通干线,路面损坏严重,业主维修负担加剧,更严重的是小区内的行人尤其是儿童安全受到威胁。小区居民不堪忍受,遂要求锦绣大道禁止货柜车通行。大生围村民则坚决反对,因为货柜运输是他们赖以生存的产业。2007年以来关于锦绣大道私家路的纠纷,已经由居民与村民间扩展到居民、村民、发展商、物业公司间,麻团越扯越乱,几乎无从收拾。元朗区议员及一些社会人士皆希望政府能收回路权,妥善解决纠纷,当初锦绣花园的批地条款中保留了政府的这一项权利。

私家路可以让公众通行,意味着私人同样具有供应公共品的职能,私人拥有的权利在一定条件下可以让渡给公众,从而使得私人品和公共品的界限变得模糊。而村民、居民、发展商、物业公司各方缔约成本的上升,使得锦绣大道纠纷很难通过私人协议解决,在这种情况下,由政府收回路权也许是最好的选择。政府收回路权后,以公共财政来维修、养护道路,并增加警力加强道路管理,对于纠纷的双方来讲都有好处,用产权经济学的语言描述就是政府以一份合约代替了众多合约,从而使得与道路有关的外部性被内部化,这正是政府在公共品供应中不可或缺的原因。

(案例来源:郭艳茹. 香港的私家路:关于公共品供应与公共事业改革的思考[M]//经济学家茶座(2008年第3辑). 济南:山东人民出版社,2008.)

思考与提示

1. 私人品为什么可以具有公共品的性质?
2. 在有效率的公共品供应机制中,政府和私人应该分别扮演什么角色?

对于拥挤性的准公共品来说,边际生产成本为零,但随着消费者人数的增加会产生拥挤,从而减少每个消费者可以从中获得的效用。以拥挤的桥梁为例,如图3-5所示,DD是需求曲线,Q_c为通过能力线,在通过量低于Q_c的情况下,边际生产成本为零;Q_y为拥挤线,在通过量低于它的情况下,边际拥挤成本也为零。如果免费提供,就会出现过度消费,在图中表现为价格为零,通过量为Q_1,从而造成了阴影部分的社会福利的净损失。为了避免过度消费,短期内只能按照边际拥挤成本收费。由于边际拥挤成本难以计量,实际的收费标准应以不出现过度拥挤为限。

(三) 公共品的生产

公共品的提供和生产是两个不同的概念,公共品以政府提供为主不等于以政府生产为主。公共品的基本生产方式有两种,即政府直接生产和政府间接生产。近些年来,市场机制越来越多地被引入公共品的生产领域。

公共品的生产为什么能够实行市场化呢?首先,由于公共品生产过程和生产要素的可分割性决定了它能够或至少能够在某些生产环节实行市场化。对于公共品的生产来说,是多环节、多属性、多层次的,而政府集中生产与市场分散生产各自有其适当的效率范围和规模,因此,在生产过程中可以根据不同生产环节和生产要素的可分割程度,采取不

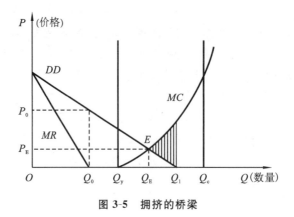

图 3-5 拥挤的桥梁

同的生产方式。其次,消费需求的层次性要求引入市场机制。因为,在所有公共品中,纯粹的公共品是非常少的,绝大部分是准公共品,两种生产方式都可以用,为了充分发挥市场竞争的优势,在消费上越向私人产品属性靠近的公共品,其市场化程度的可能性就越大。同时,产品的定价机制和产权界定的技术经济条件等决定了市场生产的可能性。

实际上,除了少数涉及国家整体利益和国家安全的纯公共品需要政府直接生产外,大量的公共品都可以采用招标和投标、签订生产合同、授权经营、政府经济资助和参股等方式,交给私人企业生产,然后由政府采购。在公共品的生产过程中,引进市场和私人的力量,允许私人企业进入公共品的生产领域,从而获得竞争机制的好处。在引入市场机制生产公共品时,要权衡直接生产和间接生产的比较效率,充分发挥各自的优势,实现职能互补,根据现有的经济技术条件最有效地结合政府与市场、公共部门与私人部门。

三、公共品供给的均衡分析

(一)纯公共品的局部均衡分析

假设有个人 A 和个人 B,D_A 和 D_B 分别是个人 A 和个人 B 对某种公共品的需求,面对的是相同的价格,他们可以通过调整消费量来使自己的边际效用等于既定的市场价格。而在公共品中,不同的个人从中所获得的满意程度即边际效用不相同,这意味着每个个人愿意支付的价格是不同的。全社会对一定数量的公共品愿意支付的价格(税收)应由不同个人愿意支付的价格加总得到。这样,某种公共品的市场需求曲线 DD 就应是每个个人的需求曲线的垂直相加,即 $DD=D_A+D_B$。而 SS 表示与某种公共品的边际成本相一致的供给曲线。DD 与 SS 的交点 E 决定了公共品的均衡产量 Q_E,均衡价格为 P_E,$P_E=P_A+P_B$,P_A、P_B 分别为个人 A 和 B 愿意支付的价格。这时由于每个个人的出价是与其消费的公共品所获得的边际效用相一致的,所以,所有个人出价的总和就是其边际效用的总和,即社会边际收益。这样在 E 点,社会边际成本等于社会边际收益,实现了帕累托最优,公共品的局部均衡如图 3-6 所示。相应的,私人品的社会需求量表现为个人需求曲线的水平相加,私人品的局部均衡如图 3-7 所示。

(二)准公共品供给的局部均衡分析

准公共品是指在范围内消费的,为满足社会公共需要,既具有公共品性质又具有私人产品性质的公共品,如教育、医疗卫生等。对于教育,受教育者学到知识、技能后,增加了

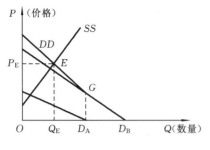

图 3-6 公共品的局部均衡

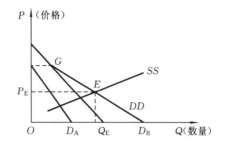

图 3-7 私人品的局部均衡

获得收入与享受生活的能力,从这一角度看,它具有排他性与消费上的竞争性;但是,个人受了教育后,有助于提高劳动生产率和整个社会的文化水平与民主水平,从这一角度看,教育是有外部经济性的,并具有公共品的某些性质。

上文已指出,私人品的总需求曲线是个人需求曲线的水平相加,公共品的总需求曲线是个人需求曲线的垂直相加。对于准公共品的需求曲线的获得见图 3-8。为分析方便,设准公共品 X 由私人品要素和公共品要素两部分组成。图 3-8(a)代表个人 1 与个人 2 对于 X 产品中私人品要素的需求,D_p^1 曲线是个人 1 的需求曲线,D_p^2 曲线是个人 2 的需求曲线,社会对 X 的需求曲线是由这两条需求曲线水平相加而得到的,这就是 D_p^{1+2} 曲线。图 3-8(b)代表个人 1 与个人 2 对于 X 产品中公共品要素的需求,D_e^1 是个人 1 对公共要素的需求曲线,D_e^2 是个人 2 对公共要素的需求曲线,社会对公共要素的需求曲线是由 D_e^1 与 D_e^2 这两条曲线垂直相加而得到的,这就是 D_e^{1+2} 曲线。图 3-8(c)说明 X 产品在达到均衡时的若干性质:①对准公共品 X 的社会需求量是由 D_p^{1+2} 与 D_e^{1+2} 垂直相加而得到的,$D_s^{1+2}=D_p^{1+2}+D_e^{1+2}$;②当 X 的供给曲线是 MC 线并且 MC 被给定时,由 D_s^{1+2} 与 MC 相交,可以确定准公共品 X 的均衡产量 X_E;③当 X 的供给量达到均衡产量 X_E 时,相应的价格为 $P+r$。其中,P 是市场价格部分,它与 X 的私人品要素对应,可以通过市场机制收费;r 是由于 X 的公共品要素与外部经济性而得到的社会评价,是由社会支付的,要通过税收由公共开支来支付给生产 X 的部门。像基础教育、医疗机构之所以不能完全向私人收费,也不能完全靠政府拨款。而是既向私人收一部分费,又靠政府拨一些款,其原因就在于它们是提供准公共品的部门。

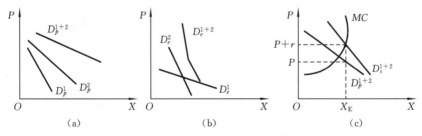

图 3-8 准公共品供给的局部均衡

(三)林达尔均衡与"免费搭车者"

对于公共品的有效供应机制,可以借鉴瑞典经济学家林达尔的模型。假设有个人 A 和 B,他们可分别被看作是选举时的两个政党的代表,每个政党内部偏好是一致的,见图 3-9。h 表示他们通过讨价还价来决定各自应负担的公共品的成本的比例,公共品的成本即为税价。个人 A 的行为由以 O_a 为原点的坐标系来描述,个人 B 的行为由以 O_b 为原点的坐标系来描述,将两个坐标系合在一起,则形成了一个类似埃奇沃斯箱形图的长方形。在图 3-9 中,纵轴表示个人 A、B 负担的公共品的成本的比例,其长度为 1。如果个人 A 负担的比例为 h 则个人 B 负担的比例应为 $1-h$。横轴代表公共品供给的数量。AA 曲线代表个人 A 对公共品的需求,BB 曲线代表个人 B 对公共品的需求,在 AA 与 BB 的交点 E,A、B 两人经过讨价还价,双方愿意承担的公共品的成本的比例加起来等于 1,这时公共品的产量为 G_E。

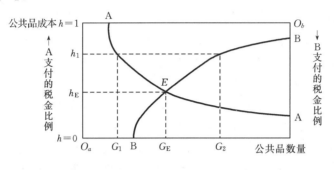

图 3-9 林达尔均衡

林达尔均衡满足公共品供给帕累托效率的一般条件,因为在 h_E、G_E 点以外任何一点,改善个人 A 的处境必然会损害个人 B 的利益。同时,林达尔均衡描述了实现公共品局部均衡的一种民主化社会的财政决策过程,公共支出即预算过程的两个方面——公共支出与税收负担的决定过程,或反映公共品的供给与需求的过程。社会成员 A 与 B 不仅参与了对公共品需求的决定,表示了愿意分担的税收份额,也参与了公共品供应量的决定。显然,这一公共品有效供给的理论模型,对于人们提高政府公共支出的效率与设计合理的税制是具有较大启发意义的。

显而易见,从实证的角度分析,公共品有效供给的关键在于消费者按自己从公共品消费中获得的边际效用水平真实地表示自己对公共品的需求,并承担相应的公共品的成本。然而,如果消费者所承担的公共品成本取决于他们的边际收益,他们就有动机隐瞒或低报其实际边际收益,同时,他们照样能享受由他人付费提供的公共品的所有收益,因为这些收益是非排他性的。这种不付任何成本而享受公共品收益的人称为免费搭车者,这样做的人,同时假定其他人将继续支付出资金,如果所有人都选择免费乘车,那么将无车可乘,因为没有公共品的产出。也就是说,消费者的这种"搭便车"行为的结果是公共品实际供给水平可能会远低于最优水平。相反,假设在要求每个消费者显示其偏好时,事先交代清楚满足这些偏好的代价与他们所申报的需求状况无关,他们的申报只与公共品的数量有联系,那么就会诱发夸大需求的现象,结果导致过度供给。总之,要解决公共品的有效供给问题。还须设计出一种机制来准确揭示人们的偏好,这是西方公共选择理论的重要课题之一。

第四节 公共财政及其职能

公共财政是经济学的一个领域,它研究政府活动,以及为政府支出提供资金的各种方式。公共财政的产生、形成、发展和完善都是在西方资本主义市场经济条件下自发完成的。伴随着西方社会多年漫长的财政实践过程,公共财政的理论研究也逐渐成熟起来。在这期间,形成了市场失灵论、公共品论、公共需要论和公共选择论等重大理论成果,它们共同构建起公共财政的理论大厦。整个公共财政理论建立在市场经济条件下,以公共部门和私人部门构成的混合经济为背景,立足于政府与市场的关系这一分析基点,从市场失灵出发来界定政府的经济活动范围和财政职能。

一、财政职能的定义与内涵

职能是指一个事物应有的、内在的职责与功能。因此,财政职能就是指财政在社会经济生活中客观具有的职责与功能,它是财政这一经济范畴本质属性的反映。财政活动会对经济产生一定的影响,这种影响就体现着财政的职能。由上述定义,可以归纳出财政职能的内涵。

第一,财政职能由财政本质所决定并反映其本质。财政职能因财政的存在而存在,不依人们的主观意志为转移。由于财政从本质上说是一种以国家为主体的分配活动,所以财政的职能与国家有着密切的联系,并为国家实现其职能提供服务。

值得注意的是,尽管财政职能是财政这一事物本质的反映,但各个时期人们对财政职能的具体表述并不是一成不变的。随着客观经济形势的变化以及人们对财政职能认识程度的不断深化,财政职能也在发生相应的变化。

第二,财政职能不等于财政作用。"职能"是指事物的固有功能,而"作用"则是事物的职能在实际生活中的表现或效果。因此,财政职能仅仅是描述了政府的活动在经济中所应有的职责和功能,但并不能代表其实际效果。也就是说,财政在行使其职能时,对经济的影响并不都是积极的,它也可能带来某些消极影响。

第三,财政职能的有效发挥有赖于对财政职能这一事物的准确理解。在财政工作实践中,应当正确认识财政职能,认真研究财政的作用机制,从客观经济形势出发,科学地制定财政政策,运用各种财政工具和手段来促进国民经济的健康发展。

二、财政职能的内容

由于市场存在自身难以克服的缺陷,使得它在自发运行中难免会偏离资源配置的高效率,无法实现社会公平。针对这些问题,政府可以介入社会经济运行。在此过程中,财政应发挥资源配置、收入分配和经济稳定的职能。

(一) 资源配置职能

资源配置,是指将各种有限的经济资源分配于不同的使用方向,形成一定的资产结构、产业结构、技术结构和地区结构,以提高资源的利用效率。财政的资源配置职能,是指财政通过参与财力分配来实现资源优化配置的功能。

在市场经济条件下,为什么需要财政对社会资源加以配置呢?原因有两个:其一,社会公共品和公共服务需要的存在令市场配置无能为力。我们知道,社会公共品和公共服务需要是无法按等价交换的市场原则进行交易而得到满足的,这使得任何社会都不可能仅仅通过分散的个人或集团来完成资源配置。其二,市场经济需要通过满足社会公共需要的过程为市场配置创造一个公平的环境,这是因为市场经济只有在公平竞争的条件下才能实现资源的优化配置。

1. 资源配置职能的主要内容

（1）调节社会资源在公共部门与私人部门之间的配置。财政弥补市场失灵、满足社会公共品和公共服务需要是有一个范围界限的，这具体反映在财政收支在国民生产总值或国民收入所占的比重之中。社会公共品和公共服务需要会随经济制度、经济发展阶段，以及政治、文化条件的变化而变化，所以，公共部门所支配的资金的规模也应该做相应的变化。合理的财政收支规模是优化资源配置的必要条件。

（2）调节社会资源在各行业、各部门之间的配置。社会资源在各行业各部门的配置状况如何，直接关系到产业结构是否合理及其合理化程度。一个国家的产业结构是反映其宏观经济运行质量高低的重要指标之一，而财政又是政府进行宏观经济调控的主要手段。财政可以通过调整支出结构、投资结构或依靠税收政策和补贴政策来引导社会资金按照国家的意图合理地投放到不同的产业和部门之中，从而实现优化产业结构的目标。

（3）调节社会资源在各地区之间的配置。一个国家的各个地区通常会因为自然资源、地理位置的差别而呈现经济发展不平衡的状态。从整体上看，这不利于国民经济的长期均衡发展。因此，调节地区间的资源配置也成为财政的一项重要职能。

我国就是一个经济发展相当不平衡的国家。东、中、西部地区的基础设施、人力资源和投资环境存在较大的差距。为了缩小这种差距，尽快实现全国各地区经济实力的普遍提高，政府推出了一系列财政政策来支持中、西部地区的发展。这些政策生动地体现了财政在调节地区间的资源配置方面的功能和作用。

2. 资源配置职能的手段与机制

（1）税收。政府是一个非生产性的部门，它要参与社会资源配置，首先必须依靠国家政权的力量集中一部分的社会资源，税收是形成政府财政收入的一种主要手段。

（2）财政支出。政府的各项财政支出都是一个社会资源的配置过程。比如财政投资行为，就是政府根据特定时期产业政策的要求，将集中起来的社会资源配置到某个行业或某个地区。再比如财政补贴，它是政府为了支持某种产业或某个地区的发展，将社会资源配置到其中。

（3）公债。公债是现代市场经济国家经常使用的一个财政工具。许多国家都通过发行公债筹集一笔资金，然后将其配置到合适的领域当中。虽然公债收入不是国家强制、无偿征收的，但政府仍然可以用它筹集到大量的社会资金，达到资源重新配置的目的。我国曾经实施的积极财政政策就是通过筹集大规模的公债收入来为基础设施等"瓶颈"产业融资的。

（二）收入分配职能

收入分配，通常指在一定时期内创造的国民收入在价格、税收、政府支出等工具的作用下，在国家、企业和个人之间进行分割，形成流量的收入分配格局和存量的财产分配格局。财政的收入分配职能，是指财政运用多种方式参与国民收入的分配和调节，以期达到收入分配的经济公平和社会公平的职能。这里，首先要明确经济公平和社会公平这两个概念。经济公平是市场经济的内在要求，强调要素投入和要素收入相对称，它是在平等竞争的环境下通过等价交换原则来实现的。社会公平是指将收入差距维持在现阶段社会各阶层人民所能接受的合理范围之内。

市场经济条件下的收入分配机制一般可以归结为两个层次:第一个层次是国民收入首先通过市场价格形成初次分配;第二个层次就是财政通过间接税参与要素收入分配,通过直接税进行要素分配的再分配。

财政参与国民收入分配的必要性在于以下几个方面。其一,部分为国家所有的自然资源稀缺,而且不同地区的资源条件差异很大,其使用上又存在着垄断性,由此形成了垄断性的级差收入。针对这种情况,国家有必要模拟市场机制,收取一部分垄断利润以实现公平。其二,市场机制分配收入的结果可以较好地体现经济公平,但往往损害社会公平。其三,既无劳动能力、又不能提供其他生产要素的人,无法通过市场取得收入以维持生存。

1. 收入分配职能的主要内容

(1) 调节企业的利润水平。企业利润水平的高低通常与两个因素有着密切的联系:一个是企业的生产经营能力,另一个是税收负担。国家集中多少、留给企业多少,这主要取决于各个时期的经济体制和财政体制。合理的税收政策可以在满足国家财力需要的同时,实现对企业利润水平的调节。此外,企业的利润水平应当真实地反映其经营管理水平和主观努力程度。这就要求财政通过各种安排为企业创造一个公平竞争的市场环境,消除外界客观因素对企业利润水平的影响,使企业在大致相同的条件下获得大致相同的利润。

(2) 调节居民个人的收入水平。完全的市场机制形成的分配格局常常不符合公平的价值标准,因为在市场竞争中,有许多不公平的因素会影响市场机制决定的分配格局。例如,人们的出生是无法选择的,但出生地、家庭贫富状况都会影响到个人今后的教育和择业机会,及其在市场体系中可以获得的收入。不同的人还存在天分上的差异,有的人甚至天生残疾,根本无法通过劳动来取得收入。可见,在市场体系中,每个人获取收入的机会也不是均等的,需要政府进行干预。

2. 收入分配职能的手段与机制

(1) 税收。通过征收企业所得税和个人所得税可以调节不同企业、个人等微观主体的收入水平。通过征收财产税可以缓和财富在不同人群中的分布不均状况。通过征收资源税可以缩小部门和地区间资源条件的差距。因此,税收对微观市场主体利益的调节范围是相当广泛的。

(2) 转移支付。这主要是指通过政府间的转移支付、社会保障支出、救济支出,以及各种补助支出实现收入在全国范围内的转移分配,保证社会成员的基本生活需要和社会福利水平,维护社会的安定团结。

(3) 各种收入政策。这是指政府直接制定政策来确定市场主体的收入水平,其中最典型的就是工资制度。规范的工资制度要求政府合理界定公务员和行政事业单位人员的工资构成、等级和增长制度,取消各种明补和暗补以及变相的实物工资,提高工资的透明度。公务员及行政事业单位职工的工资水平应当与企业职工的工资水平形成一个合理的比例,这样才符合公平的原则。

(三) 经济稳定职能

经济稳定是各国政府追求的经济管理目标,它一般包括充分就业、物价稳定和国际收支平衡这三层含义。财政的经济稳定职能,是指运用财政政策的制定、实施和调整来达到上述三个目标的职能。

充分就业,是指一国的就业状况达到了这样一种状态:有工作能力、愿意工作,想寻找工作的人都能找到工作。充分就业并不是指全社会成员百分之百的就业,一般认为95%~97%的就业率就可以视为达到充分就业水平。物价稳定意味着物价的上涨幅度是在社会可以接受的范围内。物价上涨是经常现象,并且适度的物价上涨对经济的发展是有利的。按照国际公认的标准,5%以下的通货膨胀率都可以视作物价稳定。经济稳定的最后一个标志——国际收支平衡,指的是一国在进行国际经济交往时,其经常项目的收支大体保持平衡。

财政的经济稳定职能也来自于市场机制的缺陷。在纯粹的市场经济中,供求是由个人决定的。每一个"理性经济人"都追求私利,即个人效用最大化。由于每个人所获取的信息量是有限的,并且他们对未来的预期也不相同,因而社会总供给与总需求都处于一种不稳定的状态中,这种不稳定会导致市场的供求总量和结构失衡。另一方面,垄断也会加剧总供求水平的不稳定性。因为各种形式的垄断导致不完全竞争,从而使某些商品的价格缺乏弹性,不能及时反映经济情况的变动。不难发现,一旦价格这一市场信号无法有效发挥作用,社会总供求就很难保持平衡。

1. 经济稳定职能的主要内容

(1) 调节社会总供求总量上的平衡。要实现经济的稳定增长,关键是要实现社会总供给和总需求的平衡。如果总供求实现了平衡,物价水平就是基本稳定的,经济运行处于较好的状态,充分就业和国际收支平衡目标也比较容易实现。政府预算收支总量的增加或减少可以直接影响总需求。从理论上讲,增收减支会抑制总需求;相反,减收增支则会扩大总需求。和总需求调节相比,财政对总供给规模的调节作用比较小。

(2) 调节社会总供求结构上的平衡。社会总供求在总量上实现了平衡还不够,还应考虑结构方面的平衡状况。社会总供求的结构包括部门结构、产业结构和地区结构。财政在调节总供求结构方面的原理类似于财政通过资源配置职能的实现优化国民经济结构。

2. 经济稳定职能的手段与机制

(1) 预算收支政策。一国的预算收支政策通常有三种类型:预算赤字、预算结余和预算平衡。它们分别对应着扩张性、紧缩性和中性财政政策。当社会总供给大于总需求时,应采用扩张性财政政策,使政府支出大于收入,以刺激需求。反之,则要采取紧缩性财政政策,使预算收入大于预算支出,抑制总需求。如果总需求基本处于平衡状态,宜采用中性财政政策,保持预算收支大体相当以及进行预算收支结构调整。

(2) 自动稳定器。自动稳定器,是指那些在经济中通过本身制度上的安排就能自动地部分抵消总需求变化的财政工具。在税收方面较为典型的是累进税。经济不景气时,需求不足,收入减少,纳税人适用的税率档次降低,税基收缩,税收总量自动减少,而且总的减少幅度大于个人和企业收入减少的幅度,可以起到促使经济复苏的作用。同理,可以推知经济过热时的情形。在支出方面,典型的例子要属社会保障支出。经济膨胀时,人们收入有所提高,符合社会救济条件的人越来越少,政府支出也就相应减少了,这有利于抑制总需求、缓和经济过热。反之,则是经济萧条时的情形。

本章重要概念

纯公共品(pure public goods)　　准公共品(quasi-public goods)
财政资源配置职能(function of fiscal resource allocation)
财政收入分配职能(function of fiscal income distribution)
财政稳定经济职能(function of fiscal economy stabilization)

本章思考题

1. 怎样理解公共品的非排他性和非竞争性？
2. 什么是私人品和混合品？
3. 什么是公共品的公共提供？
4. 公共品有效供给的局部均衡条件是什么？
5. 林达尔均衡实现的关键是什么？
6. 试述财政职能。

本章推荐阅读书目

1. 约瑟夫·E.斯蒂格利茨.公共部门经济学[M].3版.郭庆旺,等,译.北京:中国人民大学出版社,2013.
2. 罗森,盖亚.财政学[M].郭庆旺,译.北京:中国人民大学出版社,2015.
3. 高培勇.公共经济学[M].北京:中国人民大学出版社,2012.

第四章
公共选择理论

── 本章导言 ──

公共选择(public choice)又称集体选择,是指通过集体行动特别是政治决策来实现资源配置的过程。公共选择涉及资源配置,同时又与集体决策或政治过程密切相关。公共选择理论(public choice theory)以公共选择为研究对象,是运用经济学研究政治过程中选择问题的一门学科,即对政治领域中非市场决策或集体决策过程的经济分析。在这里,政治过程被视为一个市场,涉及投票者、政治家、官僚和党派或利益集团等经济当事人;市场上交易的议题、选票是实现这一交易所需要的货币;选民通过选票选择政治家,政治家委托职业官僚执行相关政策;选票对结果的影响取决于投票规则。相应地,公共选择理论主要研究投票规则、投票者行为、党派或利益集团行为、官僚和政治周期等问题。公共选择理论的诸多主张对公共部门经济学产生了深远的影响。

第一节 公共选择理论概述

公共选择理论的实质是从经济学角度出发,研究非市场决策。它的理论根植于财政理论,与财政学有着千丝万缕的关联。18至19世纪,一群数学家对投票问题产生兴趣,并对之进行研究。数学家孔多塞、波德等发现了一些投票悖论;20世纪,一些经济学家开始涉足财政决策问题。瑞典经济学家维克塞尔因财政决策问题的研究而成为现代公共选择论的先驱者。这些研究成果与启蒙思想家的政治哲学及古典经济学共同构成了公共选择理论的思想起源。

20世纪五六十年代是公共选择理论的创建时期。肯尼思·阿罗(K. J. Arrow)、布莱克(Duncan Black)、布坎南(James M. Buchanan)、塔洛克(G. Tullok)等正是这个时期公共选择理论的奠基人物。其中,1986年诺贝尔经济学奖获得者、美国经济学家布坎南是公共选择理论的主要代表人物。他认为:"公共选择是政治上的看法,它把经济学的方法和工具大量扩大运用于集体或者非市场决策而产生。"具体说来,公共选择理论以现代经济学的基本假设为前提,依据自由的市场交换能使双方都获利的经济学原理,分析政府的决策行为、民众的公共选择行为,以及两者之间的关系。它以个人主义的分析方法,通过对政治市场运行的描述(实证的公共选择理论),分析个人借助于政治市场进行选择的结果,并对这些结果进行有价值判断的评价(规范的公共选择理论)。

一、公共选择理论的假设前提

(一)经济人假设

公共选择理论把经济人假设作为最基本的假设贯穿于对政府机制的分析中,认为包括政治家或官员在内的全体参与公共选择的社会成员,同市场经济中的个体一样,也是经济人,能够根据成本-效益分析,选择最有利于自己的决策。经济人假设在政治领域的延伸是公共选择学派在方法论上的突破。

(二)经济学和政治学的"交易"性质

公共选择理论认为经济学的基本命题是不同经济个体之间的交换,而非"选择"。从交易的角度看,政治学和经济学是没有本质区别的,人们正是基于追求自身利益最大化,通过自愿的交易来形成所需要的政治过程的结构。公共选择理论实质上是把政治看作是人们出于自利动机而进行的一种复杂的交易结构。

(三)政治规则完善论

在市场上,个人用一种物品交易另一种物品,而在政治领域,个人交易他们同意的公共需要的成本份额。由于政治行为人是在一定的规则内做出选择的,所以规则是极其重要的。在经济自由主义的影响下,公共选择理论认为,为了保证个人利益的追求不受他人的阻碍,同时也不阻碍他人对自身利益的追求,政治过程的理性的人或经济人的交易能够顺利进行,一个社会必须制定合理的政治行为规则。该规则必须是具体的,能够保证个人参加交易的"成本"与所获得的"收益"之间的等值性,并保障能够得到良好的社会秩序。

二、公共选择理论的思想渊源

(一)18世纪至19世纪的投票数学研究

18世纪下半叶的法国,科学思想和数学方法异常繁盛。许多思想家相信,社会科学的许多问题可以通过精确的实证研究和科学推理得到解决,博尔达(Borda)、孔多塞(Condorcet)和拉普拉斯(Laplace)是研究政治学投票问题的代表人物,他们都用数学方法对投票问题进行了深入的研究。博尔达提出的记分投票制被法国科学院用在院士选举之中,直到1800年才被废止。19世纪英国数学家和小说家刘易斯·卡罗尔(Lewis Carroll)也曾对委员会制度做过实证的分析。这些研究成果都成为现代公共选择理论的思想基石,使公共选择理论迈开了一大步。

(二)维克塞尔的公共财政理论

瑞典经济学家维克塞尔被誉为现代公共选择理论的主要先驱。他的主要贡献是运用公共选择方法和立宪观点解释了公共财政问题,认为公共部门的决策实际上是一个政治的和集体选择的过程。对政府的公共支出,维克塞尔独辟公共财政学的蹊径,不同于古典经济学家的宏观视角,更关注的是某个具体的公共支出项目是否应该由政府来提供,以及该项公共产品的预算支出和成本的负担方式的问题。其论文《公平税赋的新原理》论述了公共选择理论的三大构成要素:方法论上的个人主义;经济人;看作交易的政治。

(三)意大利的公共财政学派

意大利公共财政学派的主要影响在于提出了两种国家模型:一种是垄断的专制国家

模型,在该模型中,各集团都是自私的,被统治集团只能被动地接受统治集团的决策,故统治集团会选择一个被统治集团抵制最小的财政结构;另外一种是民主合作的国家模型,在该模型中,每一个成员都既是决策的参与者又是决策后果的承担者。现代公共选择理论接受了这两种模型。

(四)以亚当·斯密为代表的古典政治经济学

古典政治经济学是资本主义生产方式确立和上升时期代表新兴资产阶级利益的经济理论体系。产生于17世纪中叶,完成于19世纪初。在英国起于威廉·配第,经亚当·斯密,到大卫·李嘉图结束;在法国,始于 P. 布阿吉尔贝尔,经 F. 魁奈,到让·西斯蒙第结束。英国和法国的古典政治经济学注重政治对经济影响的分析,研究不同制度下人们的经济行为。公共选择理论继承了这种分析方法,形成了自己的特色。

(五)美国开国元勋们的联邦主义与宪法的观点

联邦主义和美国宪法是一种一组成员联合在一起并有一个最高级治理机构的政治哲学,阐述的是国家政府与地区政府分享宪制上的主权,以及拥有不同事项的管辖权的政治体系。美国的联邦主义观点和宪法观点影响了公共选择学派的宪制经济理论。联邦主义主张,联邦政府应实行分权,以产权(宪法)的实施为基础,构成以资源交换或协议为特征的个人或组织的相互合作、相互竞争的政治体制。

而宪政经济学的思想核心就是主权在民,国家与国民之间的契约就是宪法,宪政的实施则是纳税人与国家之间基于契约平等的体现。宪政经济学强调约束条件的选择,把集体决策分为两个阶段,即立宪阶段和后立宪阶段。立宪阶段属于规则的制定阶段,涉及的是规则的选择问题,后立宪阶段是在规则制定之后,在已定规则之下进行选择。宪政经济学是在各种约束或规则之间进行选择,重点研究如何制定、如何运行规则,既研究约束个人行为的规则,也研究约束集体行为的规则,而重点更在于研究约束政府行为的规则。

三、公共选择理论的主要流派

根据研究方法和理论主张的差别,可以将公共选择理论分为以下三大学派。

(一)罗彻斯特学派

罗彻斯特学派宣称自己的研究领域为"实证的政治理论",并善用博弈论等抽象的形式语言来描述选举、政党策略、投票机制、共谋行为、立法活动和官僚体制等现实的政治、法律过程。该学派的主要代表人物是威廉·赖克(Wilhelm),他在1962年运用博弈论来批评道唐斯的《民主的经济理论》,始为人知。此外,沃尔德舒克(Ordeshook)、布莱姆斯(Brams)、黑利希(Hinich)、阿兰森(Aranson)等人也是罗彻斯特学派的代表。

(二)芝加哥学派

公共选择理论的芝加哥学派同新古典微观经济学上的芝加哥学派是部分重合的。芝加哥学派的一贯传统是对制度现实的关注。他们将价格理论的基本原则和方法直接用于对政治和法律过程的分析之中,对美国的司法活动产生了直接的影响。该学派的代表人物有斯蒂格勒(George Stigler)、贝克尔(Becker)、佩尔茨曼(Peltzman)、巴罗(Barro)、兰德斯(Landes)和波斯纳(Posner)等。

(三)弗吉尼亚学派

以布坎南和塔洛克为首的弗吉尼亚学派对公共选择这一学科的形成和发展做出了决

定性的贡献。他们主张恢复政治经济学的研究,在经济研究上回到古典学派,分析规则和制度对经济的影响,把政治因素纳入经济分析之中。1962年,布坎南与塔洛克发表了《赞同的计算》,为现代公共选择理论奠定了强有力的基础。1969年,布坎南与塔洛克在弗吉尼亚工艺学院创建了"公共选择研究中心",并出版《公共选择》杂志,促进了公共选择理论的迅猛发展,同时使公共选择理论传播到欧洲和日本。以至于丹尼斯·缪勒认为:"今天,我们所有从事公共选择研究的人都是弗吉尼亚学派的成员,就像所有经济学家都是由亚当·斯密创立的'苏格兰学派'一样。"

四、公共选择理论的主要贡献

公共选择理论主要运用新古典经济学的假设和分析工具来研究政治制度的结构和运行效率。它在运用经济学方法分析政治决策过程时,把政府行为与政治过程看成是经济系统的内生变量,这无疑是新古典理论在政治决策领域内的一个应用。它不仅在分析方法上继承了新古典的传统,而且政策结论也颇符合新古典传统。另一方面,公共选择理论又具有对新古典理论的革命性成分。因为传统的经济理论通常把制度因素视为已知的和既定的而排除在经济体系运行之外,而公共选择理论则把政治过程等同于市场过程,客观上起到了"制度因素经济分析内生化"的作用。

公共选择理论把传统的经济理论应用于资源配置的非市场过程,是政治学和经济学的交叉学科。公共选择理论作为西方经济学的一个分支,它与当代主流经济学有着明显的区别:其一,主流经济学把利益冲突和利益集团放在了经济学之外,留给了政治学;其二,公共选择理论的提出,一方面是基于政府提供公共品这一前提假设,另一方面,它也开辟了对投票等政治行为进行经济学观察与研究的崭新视角。从这个意义上说,公共选择理论打破了长期以来存在的政治学和经济学的界限,成为沟通两者的桥梁,从而填补了经济学在国家与政府这一方面的空白,并把这一研究纳入了整个经济分析之中。

第二节 投票机制和中位选民

一、投票与社会偏好

西方学者普遍认为,民主可以采取两种基本形式,即直接民主和代议制民主。其中,直接民主是指主权由公意组成,不可转让,不可剥夺,也不可被代表,只能由人民集体直接行使;代议制民主则是指现代国家实现人民主权的制度安排,它通过选举来委托专门代表行使管理国家事务的权力。

直接民主和代议制民主的一个共同点就是都把投票作为其基本手段。在公共选择理论看来,投票是实现个人偏好向社会偏好转变的手段之一,是现有的民主决策中的最佳方法。肯尼斯·阿罗将投票描述成"一种纯粹的社会选择行为……社会按照选定的投票制度加总选票做出选择"。

选民参加投票的动机是期望通过投票来改善处境或提高福利。假定政府公共物品对选民产生的是收益,政府为生产这些公共物品而对选民征税产生的是成本,那么选民将会选择边际收益等于边际成本的 Q^* 的产量水平,如图4-1所示。

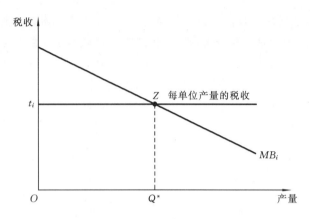

图 4-1　投票者最偏好的政治均衡

投票不仅是公民权的体现，更是个人偏好的显示。从这个意义出发，个人偏好是投票的研究起点。对个人偏好的研究，主要集中在两个方面：一是对个人偏好显示的研究；二是对个人偏好加总的研究。对个人偏好显示的研究表明，在个人利益最大化的作用下，人们个人偏好的显示往往有种种偏差。例如，由于害怕承担公共物品的成本而故意隐瞒个人偏好；进行策略性投票以取得更为有利的选举结果；不愿意参加投票；不同集团或个人偏好显示的强度不同，等等。

在对偏好加总的研究上，肯尼斯·阿罗认为，将个人偏好加总为社会偏好必须要满足下面五个前提，一般称之为"阿罗五原则"。

（一）理性原则

即所有备选项之间均具有可比性和可逆性。也就是说，在每两项备选项中，必然是一个比另一个更加符合个人偏好。即如果 X 优于 Y，Y 优于 Z，那么 X 肯定优于 Z。

（二）帕累托改进原则

即选择的结果必须有利于对现有状态的改善。该原则意味着对所有参与者来说，对方案的任何改动，都不可能在不损害任何一方利益的前提下，使参与者的某一部分人获益。

（三）独立原则

在针对不同的备选项进行选择的时候，只取决于人们对这些选项的偏好排序而不受其他因素的影响。

（四）非限制原则

即不应对个人偏好的选择排列顺序做限制，个人可以按照自己的意愿进行自由选择。

（五）非独裁原则

即排除某一个人偏好强加于全社会的可能性。

有必要指出，阿罗五原则是很严格的，正如完全竞争市场所要求的条件一样，全部都得到满足是很困难的。在个人偏好经过加总向社会偏好转化的过程中，面临诸多难题。

二、多数决策与投票悖论

在实际生活中，普遍采用的社会选择规则是多数原则，所谓的多数通常有简单多数（1/2 以上的投票者表示赞成）和 2/3 多数（2/3 以上的投票者表示赞成）。在只有两种被选方案时,多数投票原则是非常有效的。但是,如果同时有两个以上备选方案时,就可能出现循环投票而无胜出者的现象,这种现象被称为"投票悖论"。

举例来说,假如有三个投票者(甲、乙、丙)就三个方案(A、B、C)进行投票。甲认为A>B(表示方案A优于方案B,依此类推),B>C;乙认为B>C,C>A;丙则认为C>A,A>B。如果按照多数票规则从A、B、C三个方案中任选两个,即三个人中有两个或两个以上的人支持某方案,某方案就可当选,那么,就会出现一个奇怪的循环现象:认为A>B的人有2/3;认为B>C的人有2/3;同样认为C>A的人也有2/3。此时的投票结果完全取决于三个方案的排列次序,而不是方案本身的优劣。在多数同意的民主制度下,人们可以通过操纵投票顺序,达到个人方案通过的目的。在最终的选择过程中,如果按照投票者对三个方案偏好的显示强度,就会产生A>B>C>A>……如此不断的循环现象。这种投票循环现象即"投票悖论",如图4-2所示。

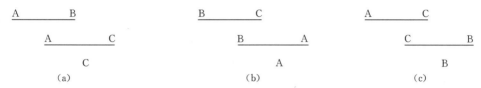

图4-2 投票悖论

投票悖论揭示了这么一个道理:在面临多个备选项时,根本不存在能同时满足阿罗五原则的社会选择。因此,学者们试图通过对阿罗五原则进行修正来避免投票悖论的产生。布莱克(D. Black)就此提出了单峰偏好理论。

所谓单峰偏好是指每个选民的偏好只有一个峰值。他把一个人偏好曲线中,比所有邻近点都高的点定义为"峰"(peak,又译为"极值")。如果某投票人偏离他最中意的选择,不论偏离的方向如何,他的效用都将下降,那么该投票人的偏好是单峰的;如果该投票人偏离他最中意的选择,其效用是先下降后上升,则其偏好是双峰的;如果多次重复出现这种情形,那么他的偏好是多峰的。单峰偏好和多峰偏好如图4-3所示。

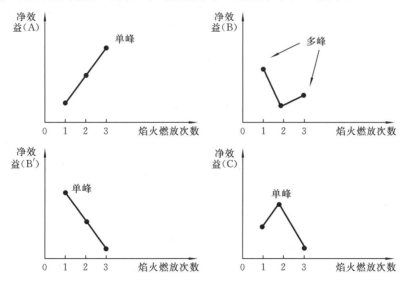

图4-3 单峰偏好和多峰偏好

以下举例说明。一个小社区由 3 个公民组成,他们都要就每年燃放焰火的次数进行表决。每燃放一次焰火费用为 2 000 元,投票者 A、B、C 因此而必须承担的税收份额分别为:$T_A=1\,000$ 元,$T_B=750$ 元,$T_C=250$ 元。投票者们有三种选择:每年燃放 1 次、每年燃放 2 次、每年燃放 3 次。对任何两种选择进行投票的结果根据简单多数规则决定。由于三人承担的税收不一样,因此对三种选择的偏好也是不一样的。对于 A 来说,他的偏好情况是这样的:所获得的净效益随着每年焰火燃放数量的增加而上升。而 B 在每年只燃放 1 次焰火时所获得的净效益最大,其次是每年燃放 3 次,每年燃放 2 次带给他的净效益最小,相对于燃放 2 次的方案来说,B 显然会偏好其余的两个。至于 C,每年燃放 2 次焰火带给他的净效益最大,除此之外,无论是每年燃放 1 次,还是每年燃放 3 次,都只能带来较低的净效益。与上述情况相对应,人们的偏好结构有单峰形和多峰形之别,可图示化为图 4-3。

布莱克的理论实际上是对阿罗五原则中的第四项原则即非限制原则所作出的修正。布莱克单峰偏好理论实质是要求每位选民在多轮的投票中只能"锁定"一个偏好。

单峰投票和多峰投票之间的矛盾证实了民主政治的内在缺陷:循环投票,要么多数人暴政,要么进行投票交易,即互投赞成票。无论采取什么方式,其结果都是选民利益受损,全社会福利水平下降。对此,阿罗提出,满足一切民主要求又能排除循环投票困境的决策机制不存在,这就是著名的"阿罗不可能定理"。

三、阿罗不可能定理与中位选民定理

阿罗不可能定理揭示了民主政治存在的内在弊端。这就是:无论何种规则下,政府决策都可能产生偏差,民众对政府提出的各种要求实际上是不可能完全实现的;为了解决投票悖论而对投票前提进行限制表明,多数决策不一定能产生正确的决策。

政府决策在某种程度上是选民投票交易的结果。虽然在所有民主国家中,选民个人买卖选票是被禁止的行为,但是,由于每一个选民对备选方案的偏好程度存在差异,选民之间会进行选票交易以达成一致利益。特别当偏好差异很大时,投票交易增加了选民实现对其最有利的方案的可能性,增加了选民利益,并且可以推测,即通过交易最终结果增加了社会整体福利。投票交易是经济学家从经济人假设出发的合理推断,也是现实政治生活中普遍存在的一种现象。

但是,对投票交易的进一步分析表明,由于交易总是限于一定规模的选民,对没有参与交易的选民而言,他们的个人收益很可能由于这些交易而受到严重损害。因此,批判投票交易的经济学家认为,投票交易不利于社会福利的提高。投票交易中存在的另一个问题是,参与投票的选民可能隐瞒真实的偏好信息,或者对其偏好信息进行虚假陈述,以此骗取交易机会,进而实现个人收益最大化。因此,投票过程是可以操纵的。更进一步说,每个非独裁的投票过程都是可以操纵的,除非选择只限制在两个选项内做出,或者严格锁定了个人偏好的范围(即选民的个人偏好是单峰的)。当面临多个备选方案(即选民的个人偏好中存在多峰偏好),选民可以通过改变自己的偏好显示来操纵投票。此外,如果投票规则的制定者减少选民对投票结果的影响,也可以操纵投票过程。

尽管投票过程中存在各种不确定因素会影响投票结果,但经济学家还是发现了影响投票行为的普遍规律,这就是中位选民定理。所谓中位选民是指将处于所有投票者最优偏好结果的中间状态的投票者。中位选民最偏好的公共物品或劳务的提供量,往往是多数规则下的政治均衡。西方经济学家将此称为中位选民定理,图4-4所示为中间偏好峰是多数规则下的政治均衡。

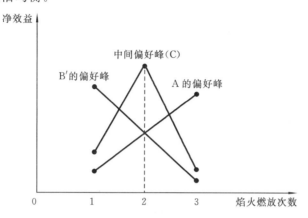

图4-4 中间偏好峰是多数规则下的政治均衡

中位选民在西方民主政治中的作用体现在两个方面。对政党而言,他们必须寻找中位选民的偏好以获得最多的选票而当选,各个政党之间的竞争会诱导出一个代表大多数人意见的政治纲要;对社会福利而言,中位选民定理能将社会福利损失降到最低点。

在实际政治生活中,中位选民定理并不能完全发挥决定作用。究其原因,是因为在西方多党制代议制民主的方式下,选民不是直接选取某一个党派的政策或者选取某个党派的承诺,而是选取某个党派或代表,选民假定这个代表在政策制定过程中会以像公民本人亲自去投票那样的方式进行投票。因此,中位选民的规模和他们的偏好往往难以测定。

多数通过原则及由此引出的中位选民定理在进行政府政策分析时是经常用到的。社会分化程度是研究中位选民和所有选民关系的关键。

案例 4-1

我国人大代表的投票选举方式

在我国,全国人大代表的选举产生有两种基本方式:一是直接选举,即由选民直接选举人大代表,根据《全国人民代表大会和地方各级人民代表大会选举法》规定,县、乡两级人大代表由选区选民直接选举产生;二是间接选举,即由下一级人民代表大会选举上一级人民代表大会代表,全国人大代表、省级人大代表和设区市级人大代表,分别由下一级人民代表大会选举产生,我国的国家机关领导人员都是经本级人民代表大会选举产生的,也都属于间接选举。

根据《全国人民代表大会和地方各级人民代表大会选举法》的规定,在直接选举中,有三种投票方式,即设立投票站、召开选举大会和设立流动票箱。选举委员会应当根据各选区选民分布状况,按照方便选民投票的原则来确定具体投票方式。投票选举在直接选举时,由选举委员会主持;在间接选举时,由各该级人大主席团主持。各级人大代表选举,一律采用无记名投票的方法。选举人对于代表候选人可以投赞成票,可以投反对票,可以弃权,也可以另选其他任何选民。选民可以经选举委员会同意委托投票。

每次选举所投的票数,多于投票人数的无效,等于或者少于投票人数的有效。每一选票所选的人数,多于规定应选代表人数的无效,等于或者少于规定应选代表人数的有效。直接选举时,选区全体选民的过半数参加投票,选举有效;代表候选人获得参加投票的选民过半数选票时,始得当选。间接选举的,代表候选人获得全体代表过半数的选票时,始得当选。获得过半数选票的代表候选人的人数超过应选代表名额时,以得票多的当选。如遇票数相等不能确定当选人时,应当就票数相等的候选人再次投票,以得票多的当选。获得过半数选票的当选代表的人数少于应选代表的名额时,不足的名额另行选举。

选举结果由选举委员会或者各该级人大主席团确定是否有效,并予以宣布。各级人大代表依法选举产生后,要经过法定程序进行代表资格审查并由本级人大常委会或者乡镇人大予以确认和公告。这时,整个人大代表的选举工作才最后结束。

(案例来源:投票选举方式[OL/EB]. 中国人大网. http://www.npc.gov.cn/npc/sjb/2014-03/05/content_1755179.htm)

思考与提示

1. 我国人大投票方式与欧美国家的投票方式相比,有何独特性?
2. 该投票方式会否产生投票悖论?请说明产生或不会产生的原因。

第三节 公共选择中的利益集团与寻租

在西方社会中,各种利益集团被认为是进行政治决策的主要影响和制衡力量,政党和政治家只是利益集团的代言人。政治决策的出发点是通过代表一定的利益集团的利益而获得支持。

一、利益集团的定义

公共选择中的选择主体主要有两类:单个主体和集合主体。前者主要是指单个的选民;后者主要包括政党、官员集团和特殊利益集团。

所谓利益集团是指那些由一些具有共同利益的人组成,对政府的决策能够施加影响的团体。按照现代政治理论,在民主代议制下,利益集团是谋求增加对其成员有利的政府支出的院外活动集团。利益集团本身并没有执掌政治机构的权力,却能对政府决策者施加一定的压力,以谋求对其成员有利的提案的支持。利益集团的形成遵循特征相似原则,导致其形成的特征主要有要素收入来源、收入规模、行业或职业、地区、宗教文化和人种。因此,根据不同的分类特征,一个人可以分属于不同的利益集团。利益集团可以是松散的,不一定有严密的组织。

二、利益集团产生的必然性

出现广泛的利益集团是西方社会民主政治的重要前提。利益集团的形成有其必然性。

首先,利益集团之间的相互制衡能有效地防止个别集团通过损害公众利益而过度膨胀;其次,利益集团可以降低信息成本,由于利益集团是具有相同偏好的个人的集合,因此其成员可以分摊利息成本和交易成本;再次,利益集团可以增强其偏好显示的稳定性,利益集团的存在有一定的稳定性,其成员偏好具有一定的可预见性,因此在选举和政府决策中各政党的候选人和相关政府官员往往会对利益集团的要求做出反应;最后,利益集团可以提高在公共决策中的交易效率。

三、利益集团的类型和手段

由于个人对集团状况改善付出的成本与可能获得的集团收益的不对等性,利益集团中的成员不一定都有扩大集团利益的倾向,在这里就有可能出现"搭便车"(free rider)现象。因此,作为理性的人,都不会为集团的共同利益采取过多的行动。按照现代西方政治理论,利益集团可以分为两种类型:一种是相容性利益集团,它以集团整体利益的扩大为追求目标,集团中的个人利益的实现不能以损害其他成员的利益为代价;在相容性集团里,主要通过"选择性激励"来解决"搭便车"问题。另一种是排他性利益集团,即集团的收益总量是固定的,个人利益的实现必然会影响到其他成员的利益实现。利益集团通常采用以下手段对政治均衡产生影响:

首先,展开游说活动,表达自己的诉求,将自己的信息提供给政府,从而使得政府的决策有利于自己;其次利用组织起来的选票集中度对政府施加压力,以集团成员投反对票相威胁;最后,对支持其有利的提案或反对其不利提案的政治家提供竞选资金。

利益集团在自身利益实现的同时,必然会以其他集团境况变坏为前提。因此,政府最终决策取决于各个利益集团的力量对比。

案例 4-2

上海举行出租车调价听证会

据中国之声 2015 年 1 月 9 日《新闻纵横》报道,上海市举行听证会,商讨出租车调价方案。从 1998 年 4 月至今,上海出租车运价先后调整了五次,总体上看,每次调价幅度都不是很大,主要是起步价、超起租里程以及燃油附加费等。

两个调价方案,主要的调整内容是出租车超运距加价距离变长、低速等候时间缩短、运价水平适度提高等三处。方案一:起步费由 13 元/3 公里调整为 14 元/3 公里,超出起步费单价由 2.4 元/公里调整为 2.5 元/公里,超里程距离由 10 公里调整为 15 公里,低速等候由 5 分钟计 1 公里调整为 4 分钟 1 公里。方案二:起步费不变,超出起步费单价由 2.4 元/公里调整为 2.7 元/公里,超里程距离由10公里调整为15公里,低速等候由5分钟计1公里调整为4分钟1公里。此外,途安出租车起步价再提高2元。

据上海市交通委运输管理处负责人介绍,本次调价每一个调整都有一定的针对性。首先,是调整起租费或超起步费单价。原因主要是为了提升出租车司机的收入,应付社保、车辆保险等一些刚性支出的上涨。其次,是低速等候的时间缩短为4分钟。从当前的数据来看,出租车驾驶员并不愿意在道路拥堵时段和区域从事营运活动,适度调整低速等候时间的计价办法,有利于适应目前的道路交通状况。最后,将超里程距离由10公里调整为15公里。这是由于近年来上海城市区域的拓展,为了适应公众日常出行范围的扩大。

根据上海市发改委公布的名单,该听证会参加者共有24人。其中包括消费者10名,有学生、职员、企业管理者等不同职业,来自上海多个区县;市人大代表1名;市政协委员1名;市总工会代表1名;市消费者权益保护委员会代表1名;专家学者2名;政府官员2名;来自不同公司的4名出租汽车驾驶员,以及上海市出租汽车行业协会负责人和上海强生出租汽车有限公司负责人。此外,还有3名听证人和5名消费者旁听人员。消费者参加人和旁听人员都通过上海市市消保委按照自愿报名、随机抽取的方式产生,并接受媒体监督。

听证会还未结束之前,有关出租车调价问题,利益相关群体都表明了态度。乘客陈小姐认为,上海的出租车已经不便宜,她并不希望出租车涨价。涨价后,她更可能会坐地铁、公交等其他交通工具。上海市民林先生觉得目前涨价幅度不大,是否改变出行方式还有待相关部门政策出台后再行考虑。

司机潘师傅认为,涨价对出租车司机来说肯定会有好处。但司机张师傅则认为涨价可能会带来一段时间的淡季,乘客短期内势必会减少,而涨价获利最多的则无疑是出租车公司。在出租车司机袁先生看来,将出租车上交份额的指标降下来点,才能有利于出租车司机收入的增加。

政府官员表示,调价要平衡企业、驾驶员、乘客的三方利益。但是平衡利益是不是只能由涨价做到?怎样涨才能真正符合上海这个特大城市交通发展的现状?调价之后,才更值得关注。

(案例来源:傅闻捷.上海将举行出租车调价听证会,两个方案供选择[EB/OL]. http://china.cnr.cn/yaowen/20150109/t20150109_517363241.shtml.)

> **思考与提示**
>
> 1. 简述听证会在公共决策中的作用。
> 2. 在利益集团的博弈过程中,政府如何兼顾效率与公平,做出决策?

四、寻租理论

(一)寻租的定义和构成

寻租理论产生于20世纪60年代的美国,它是现代经济学的一个重要的分支学说。

1967年,戈登·塔洛克第一次系统地讨论了寻租行为。而寻租的概念则最早是由安娜·克鲁格于1974年在其论文《寻租社会的政治经济学》中提出的。

所谓"租"本意是指支付给生产要素所有者的报酬中,超过要素在任何可替代用途上所能得到的报酬的那一部分。安娜·克鲁格把"寻租"定义为那种利用资源通过政治过程获得特权,从而构成对他人的伤害大于租金获得者收益的行为。布坎南定义"寻租"为人们凭借政府保护进行的寻求财富转移而造成的资源浪费的活动。布坎南以政府限制出租汽车数量中的寻租活动为例,将寻租活动分为三个层次:人们受出租车超额利润的吸引,为获得营业执照而争相贿赂讨好主管官员,从而产生的第一层次寻租活动——对政府规制产生的额外收益的寻租;由于这些活动给官员带来了额外的收益,又会吸引人们争夺主管营业执照的官位,产生第二层次的寻租——对政府肥缺的寻租;如果部分或全部出租车超额收入转为政府的财政收入,那么,有关利益集团又可能为这笔财政收入的分配进行第三层次的寻租活动——对政府收入的寻租。缪勒则认为寻租是"用较低的贿赂成本获取较高的收益或者超额利润",并且将寻租分成三类:一类是通过政府管制的寻租;另一类是通过关税和进出口配额的寻租;第三类是政府订货中的寻租。

寻租是由于存在严重的政府失灵而产生的。这种寻租的租金来源主要包括三种情况,即政府的"无意设租"、"被动设租"和"主动设租"。当政府为了弥补市场机制的不足而干预经济生活时产生的租金,由于干预不当,使该租金无法消散,这就是"无意设租"。"被动设租"是政府受特殊利益集团左右,成为其牟取私利的工具,为其所利用,通过并实施一些能给特殊利益集团带来巨额租金的法案,客观上为这些特殊利益集团服务。政府在寻租中并不一定是被动的。事实上,政府完全可以是寻租的主动者,即"主动设租",这就是所谓的"创租"和"抽租"问题。其中,"创租"是指政府官员利用行政干预的办法来增加私人企业的利润,人为创造租,诱使私人企业向他们"进贡"作为得到这种租的条件;"抽租"则是指政府官员故意提出某项会使私人企业利益受损的政策作为威胁,迫使私人企业割舍一部分既得利益而与政府官员分享。由于政治创租和抽租的存在,更增添了寻租活动的普遍性和经常性。

(二) 寻租行为与资源配置的效率

寻租是一种非生产性活动。它使本来可用于生产的资源白白被消耗,不增加任何新产品或新财富,只是改变生产要素的产权关系,把更大部分的国民收入装入了私人口袋,导致资源无效配置。寻租还会导致不同部门官员的争权夺利,败坏政府声誉,增加廉政成本。那么,通过什么样的公共管理才能减少寻租活动所造成的资源无效配置呢?康格尔顿(1980,1983)提出了自己独到的见解。假定有一笔不可分割的社会财富,价值为10万元,社会上只有两个利益团体,甲和乙。康格尔顿考虑了以下几种分配方式。

(1) 这笔财富的分配全靠两个团体之间的直接抗争来决定。谁花费在抗争中的代价高,谁就得胜,并得到全部的财富。

(2) 这笔财富由一个社会的总管或大家长来决定分配给谁。而总管的决定取决于谁给他的贿赂多少。同时,在某个团体向总管贿赂时又必须花费一定的代价来遮人耳目(例如每付给总管一元钱要花费相当五毛钱的代价来遮掩)。

(3) 这笔财富由一个三人委员会来投票决定分配给谁。而每个委员投票给哪一方完全取决于哪一方给他贿赂的多少。同时,任何一方向委员贿赂时也必须花费一定的代价来遮人耳目。

在上述三种分配方式中,哪一种寻租成本对社会来说最低呢?据康格尔顿分析,第一种方式的成本最高,因为在抗争中,每一方都试图用稍稍高于对方的代价来获胜。假如一开始双方各开支5万元用于抗争,双方力量对比为5∶5。甲方只要稍为增加其开支,使力量对比为5.5∶5,就可获胜,从而得到10－5.5＝4.5(万元)的净利。同样乙方也可采取相应的策略。这样的竞争最后必然使双方的花费都接近于那笔财富的价值,使力量对比趋近10∶10的水平,而这些花费都白白消耗掉了。第二种方式在双方的竞争策略上很相似,最后的结果也是双方的花费都接近于那笔财富的价值;只是竞争代价中支付贿赂的部分成了总管的个人收入,对整个社会而言不算是浪费,只有用于遮掩贿赂的开支才是纯消耗。因此,第二种方式的社会成本低于第一种。第三种方式的特点是,双方的花费不会趋向于那笔财富的价值,反而会趋向于零!因为在三人委员会投票决定胜负的情况下,每一方只要争取两个人投自己票就可赢。如果甲方一开始选择贿赂每个委员2万元,即支付2,2,2,乙方只要选择2.5,2.5,0就可击败甲方;甲方又可以用0,3,0.5来回应,从而争回多数票;乙方在下一轮则可出招0.5,0,1来制胜。如此以往,双方的寻租开销会越来越小。这里,康格尔顿试图证明,用委员会表决的民主方式决定社会财富的再分配,可能更有效率。

针对布坎南关于寻租活动的三个层次,希金斯和托利森(1988)主张开放第一层次(直接的市场垄断)的寻租竞争,促使这一层次寻租活动中租的消散,这样就减少了寻租活动的预期利得。如果第一层次的垄断租集中在少数寻租者手中得不到消散,就会引起第二层次(围绕政府官员地位)的寻租竞争。他们认为,在这种情况下,如果官位完全可由金钱买卖,或者完全由一个至高无上的掌权者指定,寻租成本反而最低。反之,如果官位由自由选举或考试竞赛决定,寻租成本却可能很高。塔洛克也曾将英国1860年以前殖民地官位可以买卖的制度和中国古代的科举制度加以比较,说明在垄断租尚未消散的情况下,直接的钱权交易有助于减少寻租成本。

(三) 寻租与腐败的关系

寻租并不完全等同于腐败。腐败有三种:一是政治腐败,即公职人员在运用权力过程中的不法行为;二是经济腐败,即用政治权力换取金钱;三是作风腐败,即用政治权利达到个人超常的享乐。腐败与寻租的共同点在于,经济人运用公共权力主动创租与寻租。受贿官员既是所寻租金的创租者,也是寻租者。行贿者用于购买租金的贿金,最终来源于所寻租金,且不会超过租金金额。官员主动创租、给租的目的是为了分享租金,所以受贿官员是受租官员,也是寻租官员。因此,寻租实质上是政府官员与政府以外的利益主体之间的"双向寻租",官员利用特权创租,其他利益主体以与政府官员分享租金为条件,从官员处获取租金,部分租金返还给受贿官员,成为他们的寻租收入。

如图4-5所示,寻租与腐败存在交集,但也有较大差异。如,所有无权者的寻租都不在腐败之列;所有合法的寻租也都不在腐败之列;腐败者均为掌权者,而寻租者包括有权、有钱及有关系者;寻租的目的在于租金,而腐败的目标涉及权力、名位、色相等非货币性对

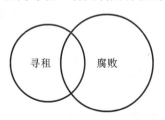

图4-5 寻租与腐败的关系

象;腐败为非法行为,而寻租可能具有合法性。因此,寻租与腐败不能等同,而应对症下药,分而治之。

(四)寻租与腐败问题的治理对策

1. 寻租的治理

寻租对社会政治经济生活产生了许多不良的影响:浪费了大量社会资源;妨碍市场机制的有效运作,降低了经济效率;造成社会财富分配的不公;造成社会公害,降低了社会公共道德水准;通过孳生既得利益集团而给现代化进程造成障碍等。现代公共选择理论提出了在寻租问题上避免政府失灵的基本策略,即宪制改革。布坎南的主张如下。

(1)要改进政府的政治过程,首先必须改革规则。

(2)在政府机构内部形成竞争机制。只有打破公共物品生产的垄断,在政府内部建立竞争机制,才能铲除导致政府失灵的最大障碍。

(3)从政府预算的程序和数量两方面对政府的税收和支出加以约束。政府的支出主要依赖于赋税,因此对政府税收和支出的约束就从根本上抑制了政府的扩张。

(4)加强监督。通过随机组成、经常调整方式成立专家委员会,由专家委员会对政府机构进行定期评审,确定其应该提供的公共物品量和预算资金等。

反寻租是一项系统工程。标本兼治的对策是:一是加强教育的净化作用和道德的制约作用,使人们不愿为;二是精减政府官员和政府部门,裁员加薪,使人们不必为;三是健全法制,加强法治,使人们不敢为;四是制度创新,杜绝租金,消散租金,使人们不能为。

2. 腐败的治理

腐败是一个历史性、世界性的难题,它需要世界各国共同研究治理,互相学习和借鉴。从全世界范围来看,有以下治理方法可以借鉴。

(1)从人事制度改革入手,严格官员的选举与任用,保证选任官员的质量,加强反腐败的制度建设。

(2)建立健全公务员权力行使的制约机制,预防在国家管理中权力的过于集中或行使过于隐蔽带来的腐败行为。

(3)建立健全公务员个人收益权利的制约制度及程序,加强国家公务员的财产透明度,严禁国家公职人员从事第二职业,不得收取各种形式的礼品及馈赠。

(4)建立及完善政治领袖权力的制约制度及程序,利用媒体对政治领袖的行为和活动进行跟踪和监督。

(5)保障公、检、法部门权力的独立性,约制政治领袖及各级官员的违法行为。

联系到当前我国党风廉政建设和反腐败斗争的实际,要坚持无禁区、全覆盖、零容忍,严肃查处腐败分子,切实担负起党风廉政建设主体责任和监督责任。加强纪律建设,强化党内监督,严明党的政治纪律和政治规矩,着力营造不敢腐、不能腐、不想腐的政治氛围;加强制度建设,形成不想腐的教育机制、不敢腐的惩戒机制、不能腐的防范机制、不易腐的保障机制,实现干部清正、政府清廉、政治清明。

案例 4-3

高压反腐酿"后遗症","不作为"成为官之道

据英国路透社中文网报道,中国刮骨疗毒式的反腐风暴愈刮愈烈,在赢得民心的同时,亦显现被总理李克强直斥为"尸位素餐"的"后遗症",即在反腐利剑高悬下,官场人人自危,"多做不如少做","不作为"反倒成为部分政府官员奉行的为官之道。眼下越挖越深的反腐战壕,无疑将净化企业经营环境,距离创造公平、高效、廉洁的政府机构的梦想又近一步。一位来自地方的官员私下直言,"现在官场是人人自危,尤其是处级以上干部;科级以下还好,因为通常没什么权力,也就意味着没有腐败的机会"。

业内人士指出,反腐+改革是习李政府执政逾一年来的最大看点,在中国推进经济结构转型之际,这种"为官不为"无疑会成为改革"拦路虎",因其决定着中央改革举措能否真正落地。而要重塑官场形象、打造高效廉洁政府机构,用人制度和监督机制的完善将是关键。

"我在基层调研时注意到,有些地方确实出现了'为官不为'的现象,一些政府官员抱着'只要不出事,宁愿不做事',甚至'不求过得硬,只求过得去'的态度,敷衍了事。"李克强总理在上周五的国务院常务会议上一针见血地指出,"说得难听点,这不就是尸位素餐吗?"

中国经济体制改革研究会副会长石小敏表示,反腐的力度和成绩有目共睹,但现在是改革推进明显滞后。虽然总理不断喊话警示,但从政策的落实,以及职能及基层一些官员的表现看,对推进改革并不积极。

为应对经济下行压力,中国 2014 年出台一系列微刺激政策,包括加大铁路投资、简政放权继续给企业松绑、加大金融对实体经济支持等,所有这些稳增长政策都需要各地方各部门的落实到位。

而连续两次国务院常务会上,李克强都强调,国务院决不发空头文件,所有政策措施必须不折不扣落实到位。要通过督查、第三方评估和社会评价等方式,既督地方,也督部门。

受稳增长举措等提振,2014 年 5 月公布的中国官方及汇丰制造业采购经理人指数(PMI)双双回升,其中官方制造业 PMI 连升 3 个月至年内新高,汇丰制造业 PMI 终值亦创 4 个月高点。尽管先行指标显示经济有企稳迹象,但企业融资难、融资贵的情况并没有改变,微观领域的实体经济经营环境依旧是困难重重。

虽然身为政府职能部门的官员们并不能创造中国的 GDP,但各级地方政府和相关职能部门却决定着好政策能否落地,决定着能否真正为企业减负减税,他们的所作所为决定着企业生存和经营环境是优是劣。但面对反腐利剑似乎难以触及到的官场不作为以及消极懈怠的官场作风,完善现行的监督机制和用人机制也就显得尤为迫切。或许,中国总理对官员们尽责不够表达的不满,实质上是

对官僚作风的不满,也正是中国强调政府职能改革的核心所在。但如何推进落实恐怕是决策层目前面临的最大难题。

前述来自地方的某官员坦言,纠正官场风气的高压反腐只是一方面,但另一方面更要从制度建设方面约束和激励官员的行为,"在强调官员要有职业操守的同时,激发其工作热情也很重要。"

(案例来源:大公网.外媒:高压反腐酿后遗症,"多做不如少做"成为官之道[EB/OL]. http://news.takungpao.com/mainland/focus/2014-06/2517430_2.html.)

思考与提示

1. "反腐败后遗症"的本质是什么?如何医治"反腐败后遗症"?
2. 如何理解"好政策能否落地,官员执行力是关键"?

第四节 官员理论

官员是参与公共选择的主体之一,通常称为政府行政官员或公共雇员。在西方国家,政府由政治家和官员组成。政治家经过选举获得一定的职位,而官员由公共机构任命,且往往是终身制的。官员集团是除选民与政治家外的又一重要政治角色,对公共政策的制定和执行都具有重大影响,因此,研究官员集团及其成员的选择行为是非常重要的。

传统观点认为,官员代表公众利益,没有自己的特殊利益,是公正无私的人。阿罗定理发现了民主规则中的问题,却忽视了对国家机构工作人员的"私人性"的考察。公共选择中的官员理论要解决的正是国家工作人员的"私人性"问题。

一、韦伯的官员理论

"官员体制"一词是由法国人创造的。最初对它的研究有两种倾向:客观描述与带贬义的评价。在韦伯看来,尽管有时候误入歧途甚至倒退,但人类历史仍不外乎是从神秘向理性的长征。在漫长的征途中,由于在技术上优于其他组织形式,管理体制发展起来了。韦伯认为,"权威"的来源有三个,即传统、个人崇拜和理性。在现代社会中,由于无法处理复杂的管理,所以前两者已经不再有效,并向"理性"即官员式权威靠拢。韦伯理想的官僚制模式有以下关节点:

(一)职能分工

在职能专业化的基础上进行劳动分工,按权力自上而下排列成严格规定的等级层次结构体系。每一个下级机关是在上一级机关的控制和监督之下的。同时,由下到上又有着申诉和表示不满的权利。

(二)规章制度

即有明确划分责权的规章制度。按系统的劳动分工确定机构和人员的职责领域。为了履行这些职责,提供必要的权力,需要有明确规定的必要的强制性手段,且其应用的条件也予以详细规定。

(三) 规则

即指导一个机关行为的规则,包括技术性规则和行为准则两个方面。为了合理地应用这些规则,必须对有关人员进行专门训练或培训。

(四) 程序

即有系统化的工作程序与公私分明的界线。管理行为都依据一套严格、系统而明确的规则,管理当局的成员与组织的财产要明确分离,办公场所与居住场所也要分开。

(五) 职权

即有严格的公事公办。非个性化的机构拥有特殊的权利与义务,它们是组织而不是职位占有者的财产。任何任职者都不能滥用其正式的职权,只接受有关准则的指导,但合法权力能以各种不同的方式来行使。

(六) 官员素质

即对官员注重知识和能力。每个机构都通过竞争性选择来招聘人员,根据技术以及非个性的标准确定职位候选人,基于资历、成就或两者兼而有之进行晋升。根据这些规定,理性官僚制的管理行为是属于目的合理性的行动,从效率与功能上看是远远胜过非理性的行动。

二、现代官员理论

公共选择学派官员理论的代表人物尼斯坎南指出,构成官员个人利益的因素主要有权力、地位、金钱、特权等。通过研究,尼斯坎南认为由于官员对财政收入超出财政支出的部分没有剩余索取权,不能将其纳入自己的口袋,故官员的利益只能以任职期间最大化预算来实现。为了说明问题,他给出了一个简单的官员模型。

给定一个官方机构,其需求曲线和供给曲线为

$$P = a - bQ, \quad C = c + dQ \tag{4-1}$$

式中:P 为单位价格;C 为单位成本;Q 为供给或需求量;a、b、c、d 为系数,且 $b>0, d>0$。

该官方机构的预算收入(B)等于总收益(TR),即 $B=TR=PQ=aQ-bQ^2$;故其边际收益为 $MR=a-2bQ$。此时,$dQ^2=-2b<0$,满足最大化的二阶条件。

该官方机构的预算支出(E)等于总成本(TC),即 $E=TC=CQ=cQ+dQ^2$;边际成本 $MC=c+2dQ$。

使预算收益最大化(不考虑成本约束)的产量为

$$Q = a/(2b) \tag{4-2}$$

考虑成本约束条件下,产量由 $B=E$ 得

$$Q = (a-c)/(b+d) \tag{4-3}$$

使考虑成本约束的产量同时满足预算最大化的一阶条件:

$$a/(2b) = (a-c)/(b+d) \tag{4-4}$$

因此,官方机构将提供 $Q=(a-c)/(b+d)$ 的产量,当 $a/(2b)<(a-c)/(b+d)$ 时,则 $a/(2b)<(a-c)/(b+d)$ 被称为预算约束域。

或者,官方机构提供 $Q=a/(2b)$ 产量,当 $a/(2b)\geqslant(a-c)/(b+d)$ 时,则 $a/(2b)\geqslant(a$

$-c)/(b+d)$ 被称为需求约束域。

如果官员关心的不是预算最大化而是利润最大化,那么条件则是

$$\frac{dB}{dQ}-\frac{dE}{dQ}=0 \tag{4-5}$$

即 $a-2bQ=c+2dQ$,那么产量为

$$Q=(a-c)/2[(b+d)] \tag{4-6}$$

比较式(4-3)和式(4-6)可以发现,一个在预算约束域内的官方机构所能提供的产量,正好等于完全竞争时均衡产量的2倍。这也就意味着官员通过使预算最大化来实现影响力最大化的行为,因提供了超出竞争市场所需要的公共品而导致了资源浪费。

尼斯坎南的理论曾受到了许多经济学家的批评,但也得到进一步的修改与发展。米盖和贝兰格修改了尼斯坎南的官员模型,提出了自由裁决官员行为理论。20世纪80年代后,公共选择学派的一些学者尝试从新的角度,分析官员追求个人利益最大化的问题。麦克卡宾斯、诺尔和温格斯特三人在共同发表的两篇著名论文即《作为政治控制手段的行政管理过程》和《在法定解释中立法合同的作用》中,将经济学中的委托-代理理论运用于分析民选政治家与官员之间的关系,用代理人的优势地位解释官员之所以能够追求自身利益最大化的原因,推进了官员理论的发展。

三、现代官员体制的弊端及其改革

现代公共选择理论学者发现,官员的经济人性质不仅危害了代议民主制的基石,同时导致了现在政府所固有的许多弊端,使现代官员体制已无法完成其所担负的有效提供公共品的使命。这些弊端的具体表现如下。

首先,官员过于追求个人利益最大化,导致官员体制存在较严重的 X-低效率,不能有效地为公众提供公共品和服务。X-效率是相对某一组织自身而言的,是组织的内部效率。如果某一组织达到最低成本或最大产出,或者说某一组织的投入组合的变动不可能在增加某一产出的同时又不减少另一产出,那么这一组织就具有 X-效率;反之,则是无效率的。

其次,官员追求预算最大化必然导致政府规模扩大,而官方机构的过度扩张,政府支出越来越多,导致社会资源被低效率配置。

第三,政治家与官方机构组成的公共品生产的双边垄断关系,决定了政府生产公共品为必然的低效率。

第四,官员的待遇与其任期直接相关。作为追求个人利益最大化的经济人,官员有享受更多的闲暇、更多的津贴和更多的公费旅行的倾向。

第五,官员追求个人利益最大化的动机,往往被利益集团利用,成为利益集团追求私利的工具。

因此,为了避免在公共选择的政府决策中官员在政治市场上追求自身利益最大化可能造成的种种弊端,改革官员体制是必要的。公共选择理论认为可从以下几方面着手:

一是,强化官方机构的解说责任与外在控制。解说责任指的是由官方机构向有关上级单位解释自己已做、正做和将做的事情。同时还要加强对官方机构的外在控制,控制官方机构产出的数量与质量,及满足需求的方式。

二是建立和强化税收和预算约束机制,遏制公共品的过量生产和各种浪费现象;

三是引入竞争制度,打破官方机构与议会之间双边垄断的委托-代理关系,将政府的某些活动外包出去,进行社会化、市场化运作;

四是将成本-收益分析引入政府工作的绩效评估,改进官方机构的内在运行机制和组织形式,从而提高公共品的质量,降低公共品的成本;

五是在用人制度方面,在行政领导层中建立能够发挥个人积极性的制度,并强化政府部门员工的竞争意识;

六是加强官方机构的责任,对其进行有效的监督,优化对官方机构的外部控制。

第五节 政治经济周期理论

所谓政治经济周期是指经济活动往往围绕大选周期发生波动,政府一般在大选来临之际寻求对其有利的经济结果,而把对其不利的经济结果推迟到大选之后。唐斯的政府选票最大化模型在公共选择文献中被广泛引用,不但被用来解释过大的公共支出项目,还被诺德豪斯、弗雷和喜纳德等学者引用来部分解释宏观经济周期中的价格、产出和就业的波动问题。在唐斯模型中,政党追求的目标是选票的最大化,在代议制民主中,各党派是为了赢得选举而制定政策。而一旦政党赢得选举组成政府,政府的一切行为便被认为是为了赢得下一次的选举。在西方,这种选举往往是每隔 4 年或者 5 年举行一次,因而,政府的行为也形成了相应的政治经济周期,如图 4-6 所示。

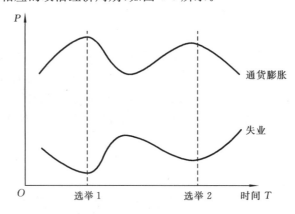

图 4-6 政治经济周期示意图

20 世纪 70 年代中期以来,政治经济周期理论经历了几个阶段的发展。诺德豪斯(1975)政治性经济周期的机会主义模型和希布斯(1977)意识形态政治经济周期模型,为第一阶段,被称之为非理性政治经济周期理论。80 年代中期,受新古典理论的影响,政治性经济周期的研究又得到了很大发展,主要表现在模型中加入理性经济主体和理性投票人假设,主要代表是罗戈夫和赛伯特(1988)理性机会主义模型和阿莱西纳(1987)理性党派模型。近年来,结合博弈理论和信息经济学的发展,政治性经济周期的理论研究进入了一个新阶段。

政治经济周期理论的倡导者之一是波兰经济学家卡莱茨基。卡莱茨基指出,在资本主义社会,由于政治方面的原因,企业主总会反对通过政府干预经济以实现和保持充分就业。因此，政府反经济周期的政策将是这样的：在失业较多的萧条阶段，政府借助扩张性的财政赤字政策来刺激经济，使经济转向复苏，以后，当政府企图把就业推向更高的水平时，企业主和食利阶层将以赤字财政违背"健全的财政"为借口，反对继续刺激生产和就业。这样，尽管经济还没有达到充分就业，政府在利益集团的压力下会转而采取紧缩性的政策，这将导致生产下降、失业增多。因而，资本主义的经济发展将由于政治的原因而表现为繁荣与萧条交替更迭的经济循环。

卡莱茨基还指出，即使较多的工人就业和充分地利用生产设备，利润会较多，大企业也会反对政府旨在实现并维持充分就业的政策措施。其主要原因是：①政府对经济的干预会使大企业感到它们丧失了一些控制社会经济的权力，它们害怕政府干预经济的扩展会逐渐蚕食自由企业制度；②在大企业看来，"失业后备军"的存在是经理们有效地管理工人所必需的，"失业后备军"构成了在职工人的潜在威胁。总之，卡莱茨基从资本主义国家的政策总是代表大企业的利益这一观点出发，预言战后的经济周期并不会因为有了凯恩斯的药方而消除。卡莱茨基指出，在第二次世界大战以后，与西方经济学家们普遍担心的问题（长期萧条和失业）正好相反，由于长期推行凯恩斯需求管理的财政政策和货币政策，经济周期发生了很大的变化。危机频繁，周期很短（平均4年左右），并且每一次经济扩张转向紧缩和衰退都是政府有计划采取的政策措施"制造"出来的。

卡莱茨基的政治周期理论将经济增长的周期性变化归因于政府交替运用紧缩性和扩张性政策调节经济生活所致。他认为政府试图维持经济稳定运行的行为实际上却造成了经济运行的不稳定。为了实现充分就业，政府实行扩张性的财政政策和货币政策，结果会带来财政赤字和通货膨胀。这样，政府在政治上要受到人们的质疑和反对。于是政府不得不转而实行紧缩性政策，人为制造经济衰退与停滞，这样又会引起人民的不满，政府又会重新实行扩张性政策，从而又导致通货膨胀。这就是国家干预经济所造成的政治经济周期，其根源在于充分就业和物价稳定这两个政策目标之间存在矛盾，而且很难协调。正如萨缪尔森所言："总之，混合经济制度本身会产生出由于政府主动制止和推进经济而造成的新类型的周期——这并不是由于政府官员和他们的经济顾问愚蠢，而是由于充分就业和价格稳定之间存在着基本的矛盾。"

本章重要概念

公共选择（public choice）　　投票悖论（voting paradox）
单峰偏好（single-peaked preference）　　多峰偏好（multi-peaked preferences）
阿罗不可能定理　　中位选民定理（median voter theorem）
寻租（rent seeking）　　特殊利益集团（special interest group/ SIG）

> **本章思考题**

1. 举例说明投票决策中单峰偏好、多峰偏好和配对投票，简述它们与投票结果的关系。
2. 何谓投票交易？
3. 中间投票人总是中间收入的投票人吗？试举例说明。
4. 什么是特殊利益集团？其主要运用的手段有哪些？
5. 图示并解释寻租与腐败的关系。
6. 简述参与公共选择过程的投票人、政治家、官员及利益集团的行为。
7. 图示并解释政治经济周期的形成。

> **本章推荐阅读书目**

1. 丹尼尔·缪勒.公共选择[M].张军,译.上海:上海三联书店,1993.
2. 方富前.公共选择理论——政治的经济学[M].北京:中国人民大学出版社,2000.
3. 王传纶,高培勇.当代西方财政经济理论[M].北京:商务印书馆,1995.
4. 戴文标.公共经济学[M].杭州:浙江大学出版社,2005.
5. 杨勇,张馨.公共经济学[M].北京:清华大学出版社,2008.
6. 张向达.公共经济学[M].大连:东北财经大学出版社,2006.
7. 许云霄.公共选择理论[M].北京:北京大学出版社,2006.
8. 袁政.公共选择理论探索[M].北京:中国书籍出版社,2015.
9. 张思锋.公共经济学[M].北京:中国人民大学出版社,2015.
10. 高培勇.公共经济学[M].北京:中国人民大学出版社,2012.

第五章

外部效应理论

——本章导言——

外部效应是贯穿于社会经济发展过程之中、与公共品密切相关,而市场机制本身又难以消除的一种经济现象。市场经济中的外部效应使得交易双方之外的第三者受到了影响,而因此获得的收益或付出的成本在交易双方的决策中并未予以考虑,由此形成私人收益和社会收益、私人成本和社会成本不一致,引起社会福利损失。经济学家通常用"外部效应内在化"来解释政府对外部效应的矫正措施。当政府的矫正措施着眼于私人边际收益和私人边际成本的调整,使得私人收益和社会收益、私人成本和社会成本的差额缩小甚至消失时,就实现了外部效应的内在化,资源配置达到帕累托最优状态。在外部效应内在化的过程中,存在私人解决和公共部门解决两种途径和方式,而以公共部门解决方式为主导和更有效。

第一节 外部效应的内涵与分类

一、外部效应与帕累托最优

效率问题是人类社会的一个永恒主题。通常用帕累托效率来衡量资源配置的最佳状态。帕累托最优的一个必要条件就是任何一对物品的边际替代率(MRS)同其对任何两个生产者的产品边际转换率(MRT)相等。也可以这样说,任何两种物品的价格比率对于生产这些物品的任何生产者来说也应等于其边际转换率,否则,增加一种物品的生产同时减少另一种物品的生产将会有利可图。利润极大化的假设保证所使用的生产方法是有效率的。在完全竞争下,最优资源配置的条件是价格等于其边际成本,因此,价格比率实际上就是边际成本的比率,而边际成本的比率也就是边际转换率。但是,厂商的自利行为(self-interest)却要求他仅仅考虑他的私人边际成本(marginal private costs,MPC),这样,在现实生活中就必然地、普遍地存在外部效应(如果可能的话),即当生产者污染着环境时,第一个最不现实的假设就是不存在外部效应;当存在外部效应时,帕累托最优就无法实现,因为这时他的私人边际成本已经不等于社会边际成本(marginal social costs,MSC),而是后者超过了前者,即 $P=MPC<MSC$,而有效率的资源配置则要求 $P=MPC=MSC$,可是现在则 $P<MSC$,厂商占便宜了,从全社会的角度看,这种产品就生产过费了,资源被不合理地分配了。此外,外部效应的存在还会导致生产要素的边际生

产率在生产者之间存在差别,而且不同要素间的边际替代率不相同,生产者之间的边际转换率也不相同。最后,生产者的边际转换率和消费者的边际替代率的偏离就必然发生。总而言之,不论在生产还是在消费方面(消费者主权),都不能获得静态的资源配置效率最优。

二、外部效应的定义

从一般均衡理论可以得出一个重要结论,即人与人之间或者经济行为主体之间的经济行为会相互影响和冲突,一个人追求自身利益最大化的行为,构成一切其他人自身利益最大化的一个"约束条件",而且这种相互之间的影响和冲突是通过价格和供求而发生的。通过价格机制,任何一个人的福利都会受到市场上其他经济行为主体的行为的影响,但这不属于外部效应,因为价格机制可以将这种相互影响界定清楚。

在现实经济生活中,还普遍存在着另外一种相互影响,这种影响不通过价格而直接影响他人的经济利益,经济行为主体转移了自己行为的后果而没有自己完全承担这种后果。一些生动的例子是,烟民吸烟污染了空气,造成他人"被动吸烟",直接损害了他人利益(健康);音乐发烧友夜间高歌,影响了附近居民的正常休息。这些影响并不是通过市场供求关系而发生的。在经济学中,这种相互影响的效果被称为"外部效应",又称为外部性或外部影响。

"外部效应"这一概念的英文词的原型来源于马歇尔在1890年写成的具有跨时代意义的经济学教科书《经济学原理》,"外部经济"在该书中首次出现。布坎南和斯塔布尔宾1962年合作发表了一篇题为《外部效应》的论文。在这篇论文中,他们给外部效应下了一个定义:只要某一个人的效用函数(或某一厂商的生产函数)所包含的变量是在另一个人(或厂商)的控制之下,即存在有外部效应。可用公式表示为

$$U_A = U_B(X_1, X_2, X_3, \cdots, X_n, Y_1)$$

这就是说,如果某一个人(A)的效用,不仅受其所控制的活动 $X_1, X_2, X_3, \cdots, X_n$ 的影响,而且也受到其他活动 Y_1 的影响,而 Y_1 又在第二个人(B)的控制之下,就发生了外部效应。

西方经济学教科书的定义则更为简练:当一种经济交易的结果对交易双方之外的第三者发生了影响,而其又未参与该项交易的任何决策时,即存在外部效应。

由以上表述可见,外部效应的关键方面是相互影响而又没有相应的补偿。某些个人或厂商的行为影响了他人或其他厂商,却没有为之承担应有的成本或没有获得应有的报酬。简言之,所谓外部效应就是未在价格中得以反映的经济交易成本或效益。

在存在外部效应的情况下,私人边际收益(MPB)、私人边际成本(MPC)和社会边际收益(MSB)、社会边际成本(MSB)发生偏离,由此会导致资源配置的扭曲。当存在外部效应时,人们在进行经济决策中所依据的价格,既不能精确反映其全部的社会边际收益,也不能精确地反映其全部的社会边际成本。其原因在于,某种经济活动的外部效应的存在,使得交易双方之外的第三者(个人或厂商)受到了影响,而该第三者因此而获得的效益或因此而付出的成本在交易双方的决策中未予考虑。其后果在于,依据失真的价格信号所做出的经济决策,肯定会使得社会资源配置发生错误,而达不到帕累托效率准则所要求的最佳状态。

当然，并非所有的对交易双方之外的第三者所带来的影响都可称为外部效应。那些对第三者所造成的可以通过价格或可以在价格中得以反映的影响，就不是外部效应。例如，如果一个人增加了摄影的爱好，那么这一爱好本身肯定会增加摄影器材的市场需求，从而抬高摄影器材的市场价格。毫无疑问，其他摄影爱好者会因摄影器材价格上扬而受损。但不能因此说由于这个人摄影爱好的增加而给第三者带来了负的外部效应。产品价格上扬，仅仅说明这样一个事实，即该物品相对于人们的现实需求来说变得稀缺了。价格上扬的结果是一部分收入从购买者手中转移给生产者，并增加了生产该种产品的动力。同时，从资源配置的角度看，通过价格的提高也使得现有的产量处于合理状态。很明显，这样的影响不会导致资源配置的扭曲，当然也就不在政府要采取措施加以矫正的效应范围之列。

三、外部效应产生的原因

简单地说，外部效应产生于决策范围之外，它是随着生产或消费活动的产生而产生的某种副作用，但外部效应的产生并不是经济行为者蓄意造成的。总体看，有以下三种原因产生外部效应。

（一）产权界定不明确

外部成本往往是与产权界定不明确有密切联系的。在经济发展过程中，遇到的重要问题之一就是环境污染问题。例如，河流上游的水被污染，就会给下游的用水带来很大困难，甚至既不能饮用，又不能灌溉，到了"水乡无水可用"的地步。产生这种现象的原因首先在于水资源的产权归属不明确。工厂排放污水被认为属于排入公共供水体系，这就很难区分产权责任。如果可以把每个工厂排出的污水区分开来，并明确其产权责任，那么，企业就无法再进一步排出废水。其结果是，要继续生产，就必须治理污染，否则，生产就难以为继。

（二）权益界限不清晰

生产者的成本和效益内在化是以权益界限的明晰为前提的。假若要使某一产品的效益内在化，就要确定这一产品属谁所有，其他人要获得该产品就必须用货币来购买。如果权益界限不明确，或者虽然法律上是明确的，但事实上无相应的保障措施，因而其权益就得不到确认。那么，其他人也就可能无偿地从该产品获益。在这种情况下，该产品的收益就不可能全部属于其生产者而成为外部收益。生产假冒产品而政府又缺乏有力的打击措施就是属于这种情况。

通常，就物质产品与精神产品而言，物质产品的产权界限相对比较明确，而精神产品的产权界限则比较模糊。因为，如果是物质产品，任何人要获得该产品的使用权，就必须通过交换先获得该产品的物质形态，为了防止他人窃取，生产者可以通过保护其物质形态来实现对自己权益的保护，必要时还可以把它锁在仓库里。然而，精神产品在保护生产者权益方面就比较困难。某项发现、发明、创造，或者技术、设计、配方、款式、著作、名称等，就很容易被他人无偿抄袭、仿冒，且不易为生产者察觉。由此可见，对于那些如同精神产品那样权益不清晰的产品来说，更容易产生外部效益。在政府提供的公共品中，有许多是属于精神产品性质的，例如教育、科学技术研究、文化体育，以及广播电视、气象服务等，这些产品的共同特点是具有外部收益。此外，即使有些物质产品，如公路、桥梁、街道等，也具有明显的外部收益。因此,外部收益(即正的外部效应)是准公共品的重要特点之一。

权益不清晰也表现为大家共同使用某种资源而引起的所谓共同资源问题。例如,某一湖泊中的渔业资源是难以区分归谁所有的。为了获得较好的经济效益,单个渔民往往投入资金,千方百计去改进捕鱼工具,但一旦渔民们都这样做,其结果往往是造成过度捕捞,从而使得投资效益下降,形成投资收益的递减。

(三)奖惩措施不到位

在市场经济中,在私人企业竞争的条件下,如果没有一种有力的外部措施制约,则生产者为了追求自身利益最大化和眼前利益,节省成本开支,很自然地会想起仿冒他人产品,或者把污染问题由企业转嫁给社会。因此,在存在私人收益和社会收益、私人成本和社会成本不一致的情况下,政府必须采取有效措施,以控制外部不经济的出现。例如,为了对付日益严重的我国近海渔业资源衰退问题,我国从1995年起对黄海、东海等海域实行"禁渔期"制度。在此期间,政府采取了较为严格的措施,包括要求渔民全部到港、渔具上岸,加强在禁渔区的巡逻等。这些措施实施后,近海的鱼苗得到了休养生息的机会,效果是好的。总之,政府的严格管理和有力措施是不可缺少的,否则,就会造成经济环境的恶化,产生外部负效应。

四、外部效应的基本特征

首先,外部效应独立于市场机制之外,这是其最重要的特征。外部效应是市场交易对交易之外的第三方所直接造成的影响,不是通过市场机制的中介施加的。因此,市场机制无法对产生外部效应的厂商进行惩罚。否则,市场机制就不会出现"外部效应"这种失灵了。

其次,外部效应产生于决策范围之外并伴随决策产生。厂商在制定决策时进行的成本-收益分析,考虑的是私人成本而非社会成本。例如,当决策带来的总收益超出了决策者所需负担的那部分成本(私人成本)时,出于自身利益最大化的目的,即使总成本(社会成本)超出了总收益,理性的厂商也会选择生产,外部效应就由此产生了。因此,外部效应并非厂商故意制造的,但又确实是伴随着厂商的决策和生产过程产生的。

再次,外部效应与受影响者之间具有某种关联性。外部性所产生的影响并不一定能明确表示出来,但它必定具有某种福利意义。因此,受害者或受益者的感觉和评价很重要,如果受害者或受益者对外部效应表示无所谓,外部效应没有触动其利益,那么这种外部影响就不是真正的外部效应。

第四,外部效应具有强制性。不管受害者是否同意,外部效应加在受害者身上时具有某种强制性,如窗外轰鸣的机车声。显然,这种强制性是不能由市场机制解决的。

最后,外部效应不可能完全消除。外部效应独立于市场机制之外,市场机制无法对负的外部效应制造者给予惩罚,政府干预的作用也只能是限制外部效应,使之达到某种能够忍受的标准,而不可能完全消除。

五、外部效应的分类

在现实经济生活中,外部效应的表现形式是多种多样的。对此,可以依照不同的标准来分类。

(一)按外部效应的发起者分类

外部效应的发起者,可能是生产单位,也可能是消费单位。因此,按照外部效应的发起者的不同,可以将外部效应分为消费的外部效应和生产的外部效应。

(1)消费的外部效应。消费的外部效应是指消费者的消费活动直接影响了其他经济行为主体生产或消费的福利。例如,一个人的效用水平可以因为他人的吸烟、高音喇叭而受损,也可以因为邻居种植花草、美化环境而受益。

(2)生产的外部效应。生产的外部效应是指厂商的生产活动直接影响了其他经济行为主体生产或消费的福利。例如,位于河流上游的化工厂排放的废水使位于下游的渔场受损,养蜂场得益于果园种植面积的扩大等。在生产的外部效应中,一个企业的生产直接影响了其他经济行为主体的福利。

(二)按外部效应的结果分类

外部效应的承受者,可能是消费者,也可能是生产者。于是,按照外部效应的承受者的不同,可以将外部效应区分为对消费者的外部效应和对生产者的外部效应。

(1)对消费者的外部效应。即给消费者带来某种影响。例如,某人在地铁上吸烟时,地铁上的其他乘客被动接受吸烟,此时乘客作为消费者承受了负的外部效应。

(2)对生产者的外部效应。即给生产者带来某种影响。例如,养蜂者的蜜蜂增加了果园主的果子生产数量,果园主作为生产者接受了正的外部效应。

(三)按外部效应的结果分类

外部效应可能对发起者或承受者有利,也可能对发起者或承受者不利。于是,还可以按照外部效应结果的不同,将外部效应区分为正的外部效应(外部正效应)和负的外部效应(外部负效应)。

(1)正的外部效应(positive externality)。又称为"外部经济"或"外部收益",是指某个经济行为主体的行动使他人或者社会受益,而受益者却无需为此付出代价。比如,修缮一个鸟语花香的花园,可以直接让邻居心旷神怡。带有正的外部效应的物品或劳务,因其价格不能充分反映该种物品或劳务所能带来的社会边际收益,即社会边际收益大于私人边际收益($MSB>MPB$),它的生产会呈现不足状态。

(2)负的外部效应(negative externality)。也称为"外部不经济"或"外部成本",是指某个经济行为主体的行动使他人或者社会受损,而造成这种结果的主体却没有为此承担相应的成本。比如,播放高分贝的 disco 音乐会干扰邻居的休息;再比如,化工厂的污染会直接使周围的居民生活质量下降。负的外部效应的特征是某经济主体的行动引起他人效用的减少或者成本的增加。带有负的外部效应的物品或劳务,因其价格不能充分反映用于生产该种物品或劳务的生产要素的社会边际成本,即社会边际成本大于私人边际成本($MSC>MPC$),它的生产会呈现过多的状态。

(四)外部效应的八种排列组合

(1)消费活动产生正的消费外部效应。某个人或家庭因别人或家庭的消费活动而受益,如 A 的邻居 B 拥有一个美丽的花园,A 也会因此而享受到该花园的效益,此即为正的消费外部效应。

(2)消费活动产生正的生产外部效应。某厂商因某个人或家庭的消费活动而受益。

如购买者偏好的变化增加了对厂商产品的需求。

（3）消费活动产生负的消费外部效应。某个人或家庭因别人或家庭的消费活动而受损。如 A 嫉妒 B 的较高生活水平，他会因此而遭受负的消费外部效应。

（4）消费活动产生负的生产外部效应。某厂商因某个人或家庭的消费活动而受损。如购买者偏好的改变减少了对厂商的产品的需求。

（5）生产活动产生正的消费外部效应。某个人或家庭因某厂商的生产活动而受益。如由于采用新的技术，使得企业在追求最大利润时，以较低的价格出售质量较好的产品，消费者就会因此而受到正的外部效应。

（6）生产活动产生正的生产外部效应。某厂商因别的厂商的生产活动而受益。如一个养蜂者接近苹果园，他的养蜂活动便会有益于苹果园的主人；反过来，苹果园的扩大，也会给养蜂者带来益处。

（7）生产活动产生负的消费外部效应。某个人或家庭因某厂商生产活动而受损。如厂商的生产活动造成了污染，便会对附近居民的健康带来有害影响。

（8）生产活动产生负的生产外部效应。某厂商因别的厂商的生产活动而受损。如设在湖边上的纺织厂排出的污水，便有害于附近养鱼者的活动。

对外部效应可以从以上不同的角度进行分类，但基本的原则还是依据外部效应的"好"与"坏"（good or bad）来分，即外部正效应和外部负效应。

第二节 外部效应与资源配置效率

由于外部效应的存在，私人的边际收益和边际成本同社会的边际收益和边际成本发生了偏离，即使假定整个经济仍然是完全竞争的，社会资源的配置也不能达到帕累托最优状态。换言之，各种形式的外部效应的存在将使得完全竞争条件下的资源配置发生扭曲，经济效率降低。

一、负的外部效应与资源配置效率

负的外部效应最关键的问题，就是带有负的外部效应的物品的价格不能充分反映用于生产该物品的生产要素的社会成本，从而导致资源配置偏离帕累托最优状态。下面可以用一个例子来对此进行分析。假定河流上游是钢铁厂，下游是渔场，其外部负效应带来的资源配置效率状况——生产的外部不经济，如图 5-1 所示。

在图 5-1 中，C 代表成本，P 代表价格。如果钢铁厂不考虑自己生产钢铁的废料对渔场造成的外部效应，按照利润最大化的边际条件，钢铁厂将在私人边际收益等于私人边际成本的产量 Q_0 上实现利润最大化目标。但考虑到钢铁厂对渔场造成边际成本（见图 5-1 中的 MEC 曲线，因为随着钢铁产量的增加，排出的废料增加，对渔业的危害也加重，所以 MEC 曲线向右上方倾斜，表现出递增的特征）。钢铁厂的社会成本为边际私人成本和边际外部成本之和。这时候，整个社会的最优产量应该在边际社会成本等于社会边际利益的产量水平 Q^* 上。可见，在存在负的外部效应条件下，对社会而言，钢铁厂生产钢铁产量过多（$Q_0 > Q^*$）。

上述结论可以运用数学分析的方法证明：在存在负的外部效应条件下，对社会而言，

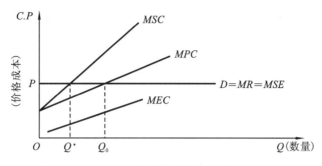

图 5-1　生产的外部不经济

钢铁厂确实生产过多。这种方法本身也成为以后制定纠正负的外部效应时的改革依据。

在本例中,设钢铁厂的生产函数设为 $S=f(L_s)$,S 为钢铁厂的产量,L_s 为劳动投入量。但假定钢铁厂生产钢铁时会产生 $h(s)$ 单位的废料。在这种情况下,渔场产量就取决于两个因素,一个是渔场的劳动投入量 L_c,另一个因素是废料量 $h(s)$,渔场的生产函数就可以表示为 $C=g[L_c,h(s)]$。

如果分别用 p 和 q 代表钢铁和鱼的价格,w 代表工资率。为了实现利润最大化,钢铁厂和渔场分别决定其产量以达到

$$\text{Max} pf(L_s) - wL_s \tag{5-1}$$

$$\text{Max} qg[L_c,h(s)] - wL_c \tag{5-2}$$

利用最大化一阶条件(FOC),钢铁厂和渔场利润最大化时使用的劳动量分别满足:

$$p\frac{\mathrm{d}f(L_s)}{\mathrm{d}L_s} = W \tag{5-3}$$

$$q\frac{\mathrm{d}g[L_c,h(s^*)]}{\mathrm{d}L_c} = W \tag{5-4}$$

式中:s^* 为钢铁厂的最优钢铁产量。

在上面的分析中,钢铁厂的产量越多,对渔业的影响越大;但钢铁厂完全忽视了这种"负的外部效应",仅仅从自身的私人成本和私人收益出发雇佣劳动力,选择"最优产量",这种最优产量与从社会角度考虑的"社会最优产量"是不同的。为了进一步显示此种差别,可以将钢铁厂和渔场合并为一个大企业,把这个企业的利润最大化假设为社会利润最大化,即

$$\text{Max} pf(L_s) + qg[L_c,h(f(L_s))] - wL_s - wL_c \tag{5-5}$$

利润最大化的一阶条件为

$$p\frac{\mathrm{d}f(L_s^*)}{\mathrm{d}L_s} + q\frac{\mathrm{d}g[L_c^*,h^*]}{\mathrm{d}L_c} \cdot \frac{\mathrm{d}h(s^*)}{\mathrm{d}s} \cdot \frac{\mathrm{d}f(L_s^*)}{\mathrm{d}L_s} = W \tag{5-6}$$

$$q\frac{\mathrm{d}g[L_c^*,h^*]}{\mathrm{d}L_c} = W \tag{5-7}$$

这一组最大化条件显然不同于前面给出的两个企业独立运作时的"最大化条件"。这导致劳动资源的配置不同。式(5-6)可以改写为

$$\left(p + q\frac{\mathrm{d}g[L_c^*,h^*]}{\mathrm{d}h} \cdot \frac{\mathrm{d}h(s^*)}{\mathrm{d}s}\right)\frac{\mathrm{d}f(L_s^*)}{\mathrm{d}L_s} = W \tag{5-8}$$

式(5-8)中第一个括号中的第二项为负数,因为根据实际意义污染越是严重,鱼产量

将越低,故 $\frac{\mathrm{d}g[L_c,h]}{\mathrm{d}h}<0$。这就意味着括号中两项的代数和小于钢铁的价格 p,这样要使得等式成立,左边乘积的另外一项 $\frac{\mathrm{d}f(L_s^*)}{\mathrm{d}L_s}$ 就必须比等式(5-3)中的 $\frac{\mathrm{d}f(L_s)}{\mathrm{d}L_s}$ 要大;在劳动的边际生产力递减这一假设下,这就意味着"社会最优配置"中用于钢铁生产的劳动量少于"私人最优配置"中用于钢铁生产的劳动量;因此,在存在负的外部效应条件下,对社会而言,钢铁厂确实生产得太多了。

从负的外部效应与资源配置效率的分析中,经济学家得出结论:在存在负的外部效应时,私人厂商的最优产量大于社会最优产量,物品的生产或销售会呈现过多状态。

二、正外部效应与资源配置效率

值得一提的是,同负的外部效应类似,正的外部效应最关键的问题,就是带有正的外部效应的物品或服务的价格不能充分反映用于生产该物品或服务所能带来的社会边际收益,也会导致资源配置偏离经济的帕累托最优状态。例如,用于预防传染病的疫苗接种,就是带来正的外部效应的一个典型例子。图5-2所示为市场均衡、外部正效应与资源配置效率,将疫苗接种服务置于竞争的市场上来考察。可以看出,疫苗接种的需求曲线 D 和供给曲线 S 相交于 U 点,这一点所决定的均衡价格和均衡产量分别为25美元和10万人次。显而易见,10万人次的疫苗接种量不是最有效率的。因为需求曲线 D 所反映的仅是消费者自身可从疫苗接种中获得的边际收益。也就是说,消费者的决策所依据的仅仅是25美元的私人边际收益,而未包括20美元的外部边际收益。这样一来,在 D 与代表疫苗接种的社会边际成本的供给曲线 S(为简化起见,这一例子假设提供疫苗接种的私人边际成本恰好等于其社会边际成本)相交点所决定的产量水平上,疫苗接种的实际社会边际收益(45美元)超过私人边际收益(25美元)。而只要社会边际收益和私人边际收益不相一致,依据私人边际收益做出的产量决策肯定不是具有效率的。

社会边际收益(MSB)可通过将私人边际收益(MPB)同外部边际收益(MEB)相加而求出。即

$$MPB + MEB = MSB$$

这表明,在存在外部正效应的情况下,一种物品的私人边际收益要小于其社会边际收益。

要得出图5-2中的社会边际收益 MSB,MPB 必须加上 MEB,即

$$MSB = MPB + MEB = 25\text{美元} + 20\text{美元} = 45\text{美元}$$

这就是说,原来的 $D=MPB$ 线应当向右上方平行移动相当于20美元的垂直距离,并为 $MPB+MEB=MSB$ 线所替代。$MPB+MEB=MSB$ 线同 $S=MSC$ 线在 V 点相交,由此而决定疫苗接种量为12万人次。可以看到,这一产量水平是最佳产量水平。因为它满足实现效率的边际条件——在 V 点上,疫苗接种的社会边际收益 MSB 恰好等于其社会边际成本 MSC,即

$$MPB + MEB = MSC$$

随着疫苗接种量由10万人次增加到12万人次,社会将因此而获得相当于 UZV 面积大小的净收益。同时,向消费者收取的疫苗接种价格也将由原来的25美元降至10美元,

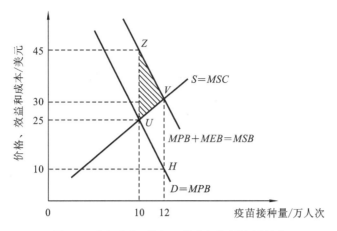

图 5-2 市场均衡、外部正效应与资源配置效率

以便与疫苗接种的市场需求曲线上的 H 点相对应。在这一水平价格上,消费者对疫苗的需求量正是 12 万人次的最佳水平。

从正的外部效应与资源配置效率的分析中,经济学家得出结论:在存在正的外部效应时,私人厂商的最优产量小于社会最优产量,物品的生产或销售会呈现不足状态。

案例 5-1

生态文明制度建设的"浙江样本"

党的十八大报告首次提出"加强生态文明制度建设"。这一命题意义重大,并且富有浙江元素。浙江省在推进绿色浙江建设、生态省建设、生态浙江建设的各个时期均在生态文明制度建设尤其是生态经济制度建设方面做出了积极探索,取得了显著成效,形成了"浙江样本"。

一、全国最早开展区域之间的水权交易

水资源是不可替代的战略资源。水权交易是提高水资源效率、优化水资源配置的重要制度。

2000 年 11 月 24 日,富水的东阳市和缺水的义乌市经过多轮谈判,最终签署了水权转让协议。协议规定:义乌市一次性出资 2 亿元购买东阳横锦水库每年 5000 万立方米水的永久性使用权。由此,引来了"好得很"还是"糟得很"的争论。后经水利部、省政府的多方协调,解决了水权交易存在的瑕疵和问题,保护了水权交易的实施。

在该案例的启示下,省内外纷纷开展了水权交易。2002 年绍兴市汤浦水库有限公司与慈溪市自来水总公司签署了每年供水 7300 万立方米的水权转让协议;2003 年甘肃省张掖市在黑河流域分水的背景下开展了首例区域内农户之间的水权交易;2006 年在内蒙古自治区政府协调下从巴彦淖尔市河套灌区调整出

3.6亿立方米的水量,作为沿黄其他五个盟市工业发展用水,实施了既跨行业又跨区域的水权交易。十多年来,全国水权交易案例不断涌现。

二、全国最早实施排污权有偿使用制度

浙江省并非排污权交易的最早省份,却是全国排污权有偿使用的最早省份。浙江省排污权制度改革大致经历了以下三个阶段:

第一阶段,区级层面的自主探索阶段(2002—2006)。2002年4月,嘉兴市秀洲区政府出台了《秀洲区水污染排放总量控制和排污权有偿使用管理试行办法》。同年10月,来自秀洲区洪合、王店等镇的泰石漂染厂等11家企业在"全区首批废水排污权有偿使用启动仪式"上办理了排污权有偿使用手续,合同成交金额143万余元,开创了中国排污权有偿使用的先河。

第二阶段,市级层面的深化实践阶段(2007—2009)。2007年9月,嘉兴市政府正式颁布实施《嘉兴市主要污染物排污权交易办法(试行)》;同年11月,嘉兴市排污权储备交易中心正式挂牌运行。2007年11月到2009年11月,共有890家企业参与排污权有偿使用和交易,总交易额达1.49亿元。随后,浙江省内其他地市也相继开展排污权交易制度试点。

第三阶段,省级层面的推广应用阶段(2010—2012)。2009年3月,浙江省按照环境保护部、财政部批准的《浙江省主要污染物排污权有偿使用和交易试点工作方案》,正式启动全省排污权有偿使用和交易试点工作。2009年3月2日,浙江省排污权交易中心正式挂牌。同年,省政府出台了《关于开展排污权有偿使用和交易试点工作的指导意见》。2010年,省政府又相继出台了《浙江省排污许可证管理暂行办法》和《浙江省排污权有偿使用和交易试点工作暂行办法》。截至2012年6月底,已有11个地市45个县(市、区)开展排污权有偿使用和交易试点。

排污权制度改革集中体现在四个方面:环境保护从"浓度控制"转向"总量控制";环境产权从"开放产权"转向"封闭产权";环境容量从"无偿使用"转向"有偿使用";环境产权从"不可交易"转向"可以交易"。这项改革不仅实现了以最低成本达到环境保护目标的效果,而且促进了"招商引资"向"招商选资"的转化,进而促进了经济发展方式的转变和产业结构的转型升级。

(案例来源:沈满洪.生态文明制度建设的"浙江样本"[N].浙江日报,2013-07-19.)

思考与提示

1. 怎样理解市场机制在资源优化配置中的优越性?
2. 长期以来,水资源的价值被低估。水权交易的精髓是什么?
3. 排污权交易应该具备哪些前提条件?
4. 浙江生态文明制度建设中值得借鉴的基本经验是什么?
5. 生态价值应如何评价?

第三节　外部效应的矫正措施

在现实经济生活中，要求任何一个经济制度处处都能偿付社会成本是非常困难的。例如，生产中的外部效应的偿付就难以进行，像空气这类资源很不容易要求使用者支付充分的租金；而消费中的外部效应似乎更普遍更难以偿付。因此，外部效应普遍存在着。由于外部效应会导致市场失灵，在存在外部效应的条件下，市场机制就不能实现资源配置的帕累托最优，从而采取某种办法和途径对市场机制的运行过程加以"矫正"，解决外部效应问题是十分必要的。

经济学家一般用外部效应的内在化来解释政府对外部效应的矫正措施。在他们看来，既然造成带有外部效应的物品或服务的市场供给不是过多就是不足的原因就在于私人边际效益或成本同社会边际效益或成本的非一致性，那么，政府的矫正措施应当着眼于对私人边际效益或成本的调整。当某种物品或服务的私人边际效益或成本被调整到足以使得个人或厂商的决策考虑其所产生的外部效应，即考虑实际的社会边际效益或成本时，就实现了外部效应的内在化。

一、外部效应内在化

按照德姆塞茨的说法，实际上并不存在什么有害或有益的外部效应，总会有某个人或某些人因这些效应而得益或受损，一种有益或有害效应之所以转化为外部效应，是因为如果让一个或多个相互联系的决策者承担这些影响，费用就会太高，就不值得这样做，所以才会存在外部效应。而将外部效应内在化，通常是通过产权的变化，使这些效应（在更大程度上）转由所有相互联系的人们承担。这实际上可以理解为外部效应内在化就是外部效应的边际价值被定价。对负的外部效应而言，其内在化就是外部边际成本被加计到私人边际成本上，从而物品或服务的价值得以反映全部的社会边际成本；对正的外部效应而言，其内在化就是外部边际效益被加计到私人边际效益上，从而物品或服务的价值得以反映全部的社会边际效益。由于外部效应，尤其是外部负效应给社会带来巨大的损失，因此，政府必须采取相应措施实现外部效应内在化。

外部效应内在化是通过政府的行政措施和经济措施，使得生产者成本与社会成本、私人收益与社会收益的差额缩小甚至消失，从而使得市场竞争有序、规范。相应的政策措施有以下几种：一是公共管制，即通过政府行政手段来限制生产者某些行为，使外部效应内在化，主要包括制定技术标准、生产限额、保护精神产品的法律规范（如知识产权保护法等）、建立许可证制度等；二是财政手段，即通过税收、补贴（津贴）、收费或罚款等方式使外部效应内在化；三是经济一体化，即通过合并或重组的方式变更产权关系而使外部效应内在化；四是建立法制秩序，实现外部效应内在化。

可见，在市场经济条件下，解决外部效应问题的基本途径是实现外部效应内在化。只要政府采取必要的经济、行政和法制干预，就能使外部效应得到内部化的解决。进一步来看，外部效应内部化的过程就是由资源配置无效率变为有效率的过程。在这一过程中，存在私人解决和公共部门解决两种途径和方式，而以公共部门解决方式为主导和更有效。当然，无论是私人的解决办法，还是公共部门的解决办法，都不可能完全消除外部效应，而只能限制外部效应,使之达到某种能够忍受的标准。

二、外部效应的私人解决办法

在一定的条件下,私人市场或私人部门可以在没有政府的帮助下解决外部效应问题。

(一) 私人解决办法的类型

1. 道德规范与社会约束

道德规范是社会用来约束人们行为的一些规则,它无法律约束意义,只有舆论约束。它有时可以被视为解决外部效应问题的方法之一。例如,考虑一下为什么大多数人不乱扔垃圾?尽管有禁止乱扔垃圾的法律,但这些法律并没有严格实行过。大多数人不乱扔垃圾只是因为这样做是错误的。公园规则教导大多数孩子说:"己所不欲,勿施于人。"这个道德规范告诉我们,要考虑到我们的行动如何影响其他人。用经济学术语讲,这就告诉我们外部效应的内在化。

2. 慈善行为

另一种私人解决外部效应的方法是慈善行为,许多慈善行为的产生是为了解决外部效应问题。例如,学校接受校友、公司和基金会的捐赠,部分是因为教育对社会有正外部效应。政府通过允许计算所得税时扣除慈善捐赠的税制来鼓励这种外部效应,从而使得慈善组织在解决这方面的外部效应上比政府更为有效率。

3. 签订合约

私人市场往往可以通过利益各方签订合约来解决外部效应问题。例如,住在同一社区的居民,他们的生活质量是相互影响的。如果有人栽花,给邻居带来的是正的外部效应;如果有人毁坏房子,如"野蛮装修",给邻居带来的是负的外部效应。在每个家庭都希望幸福生活的情形下,居民们可以形成一个合作或共管协会,签订一份集体协议,对影响所有人的设施进行集体管理。对栽花绿化家园的居民进行奖励,对"野蛮装修"等不良行为进行处罚。这样,就把外部效应内部化了。

4. 实现经济一体化

通过合并或重组的方式变更产权关系即实现经济一体化,是解决外部效应问题的更高级、更有效的形式。例如,对于那些属于产权不明确而产生的"共同资源问题",可以采用经济一体化的方法来解决。比如,某一湖泊的渔民因为其权益界限不明确而产生"捕捞竞争",造成"过度捕捞"后果时,可以本着自愿和平等的原则,成立由所有渔民共同出资参加的渔业生产共同体,把这个湖的渔业资源归共同体所有,有计划地进行放养、管理和捕捞。这样一来就消化了外部成本,达到了外部效应内在化的要求。类似的还有蜜蜂与果园主组成的共同体、科研技术推广部门与生产部门组成的共同体、农产品的生产和加工中的"公司+农户"共同体等。

(二) 自愿协商:科斯定理与交易费用

没有政府的干预,私人市场在解决这些外部效应中的有效性如何呢? 1960 年,著名经济学家科斯发表了重要论文《社会成本问题》,结合其 1937 年在论文《企业的性质》中提出的"交易费用"概念,讨论了"外部侵害"即外部不经济问题。科斯从一正一反两个假定出发,通过对一个极其简单的例子做一次复杂的"算术",阐述了被后来称为"科斯定理"的思想内核。根据科斯定理,如果私人各方可以无成本地就资源配置进行协商,那么,私人市场就总能解决外部效应问题,并能有效地配置资源。

假定养牛者与种谷者在毗邻的土地上经营,养牛者的牛群常常在谷地里吃谷,养牛者从中受益而种谷者受损。如果任凭牛群去吃,那么在边际上谷地受损的价值就会大于牛的增值。因此从社会角度来看,养牛的成本就会大于养牛的收益,这两块地的总收入就会因此受损。现在的问题是:如果增加总收入,按照庇古传统或者庇古税的精神,解决此外部性的思路就有:①养牛者补偿种谷人;②政府对前者抽税以减少牛群的数量;③禁止养牛人在此养牛;④政府将土地收归国有;⑤将牛场和谷场合并,将总收入以最合理的方法分给养牛者和种谷人,从而使外部效应内在化。

科斯从自愿协商的角度,按权利界定的原则,在两个相反的假设下,探讨了养牛者究竟是否有权利让其牛群吃谷的问题。

第一个假定:养牛人并没有权利让牛群吃谷,种谷人拥有土地的产权。在这种情况下,如果养牛人纵容牛群去吃谷,种谷人就有权利收取一定的费用,以补偿自己的损失。但如果后者认为收费不值得,他就会筑栏隔牛。但栏杆应该筑在哪里?科斯认为并不一定在两块地的交界处。如果牛群吃谷所得的增值在边际上大于土地的损失,那么,只要交易费用为零或者足够低,两者就会自愿订立合约,种谷人在得到养牛人的补偿前提下愿意接受牛群吃谷造成的损失。如果情况相反,牛群吃谷的增值在边际上少于谷物的损失,那么养牛人就不愿意按市价给予种谷人补偿,这样,两者也会订立合约,或是筑栏隔牛,或是控制牛群数量。不过这时栏杆的位置或约束牛群数量都是以吃谷的市价而定,即栏杆的位置会筑在多吃一点谷物对牛群的增值与谷物的边际损失市场价值相等的地方。在边际利益等于边际损失,即 $MC=MB$ 时,两块地的总收入是最高的。

相反的假定:虽然种谷人在自己的土地上种谷,但养牛人有权利让牛群吃谷。尽管这个假定与第一个假定相反,但是科斯认为牛吃谷的数量不会增加。这是因为,即使养牛人有权利让牛群吃谷,但种谷人可将谷物按市价"卖给"养牛人,这就促使养牛人必须在边际上约束牛群的行为。因此,在互定合约下,栏杆位置的选择和牛群约束的数量,恰恰跟第一个假定相同:在边际上牛群吃谷的增值与谷物的损失相等,两块地的总收入也是最高的。

科斯在两个相反的假设下,得出了相同的结论:在边际上牛群吃谷的增值与谷物的损失相等,两块地的总收入是最高的。养牛人和种谷人的例子使我们可以得出一个相同的经济后果:不管权利属于谁,只要产权关系明晰,那么,私人成本和社会成本就不会产生偏离。虽然权利的配置问题会影响财富的分配,但是,如果交易费用为零,无论权利如何界定,都可以通过市场的交易活动和权利买卖者的互定合约而达到资源的最佳配置。这就是科斯定理的深刻内涵,但科斯本人并没有将这一思想做如此陈述。

科斯定理是由芝加哥大学著名教授、诺贝尔经济学奖获得者斯蒂格勒在1966年出版的《价格论》中首次提出和使用的,当时,斯蒂格勒将这一定理简单概括为:"在完全竞争条件下,私人成本等于社会成本。"换句话说,只要不存在交易费用,外部效应将自动趋于消失。现在人们使用"科斯定理"时,更多的是指,只要产权界定是明确的,则在交易成本为零的条件下,无论最初的产权赋予谁,最终效果都是有效率的。其原因在于,只要产权上明确地界定,交易各方就力求降低交易费用,使资源使用到产出最大、成本最小的地方,达到资源的最优配置。

科斯定理在解决外部经济影响问题上的政策含义是：政府无须对外部经济影响进行直接的调节，只要明确施加和接受外部成本或利益的当事人双方的产权，通过市场谈判就可以解决外部效应问题。为了说明这一政策含义，高鸿业教授曾举过这么一个例子，假定有一工厂排放的烟尘污染了周围5户居民晾晒的衣服，每户由此受损失75元，5户共损失375元。再假定有两个解决方法，一是花150元给工厂烟囱安装一除尘器，二是给每户买一台价值50元的烘干机，5户共需250元。不论把产权给工厂还是给居民，即不论工厂拥有排烟权利，还是5户居民有不受污染的权利，如果听任私有制为基础的市场发生作用，工厂或居民都会自动采取150元解决问题的方法，因为这样最节省，150元成本最低表示资源配置最优。

科斯定理主张利用明确的产权关系，通过市场机制来提高经济效率，解决外部性给资源最优配置造成的困难，尤其是解决公共资源中出现的严重外部效应问题，具有不可低估的意义，它启发了一代经济学家，使外部效应理论的研究有了长足的发展。

案例5-2

限行不够，还要将路权还给公交乘客

近年来，在城市交通治理方面，北京大胆尝试了一系列政策实验，比如提高停车费、私车额度摇号、尾号限行等。为保障世界田径锦标赛、中国人民抗日战争暨世界反法西斯战争胜利70周年纪念活动顺利进行，从2015年8月20日至9月3日北京开始实施单双号限行。

北京是国内第一个通过采取尾号限行来治理交通拥堵的城市，首次限行是在2007年北京奥运测试赛期间。由于北京的示范效应，尾号限行被一些城市采纳，尤其是在城市举办重大活动期间。相比其他尾号限行方式，单双号限行只允许一半的机动车上路通行，达到了行政手段干预公众出行的极限，恐怕今后一段时间内国内不会有比它更苛严的"禁行令"了。

那么，单双号限行实施之后，取得了什么样的效果呢？从北京市交通委通报的路况来看，路网交通压力明显缓解，处于基本畅通级别，达到了预期的缓堵效果。一个值得注意的现象是，地面公交相比同期提速约6%，主要通道早高峰平均运送速度约为35公里/小时。

可以看出，单双号限行使路网总体有所改善，但公交分到的"红利"相对甚少。虽然管理部门积极采取了增供措施，如公交提高2%运力、地铁早高峰延长运营时间30分钟等，但面对之前早已饱和的公交和地铁客流，公交系统如何快速、平稳地消化限行所产生的转移客流，确实是一个不小的现实挑战，也是其他已经采取或打算采取限行方式的城市不得不面对的管理难题。

不妨简单分析一下限行之后"谁受益，谁受损"。我们会清晰地看到，如果政策重心仅仅在于限行，而不是真正把路权还给公共交通，那么限行也只是单双号

开车者的"公平游戏"而已,无法实现缓解交通拥堵、提升社会福利等最终政策目标。

按照北京市交通研究中心发布的《2013年北京交通发展年报》,2012年公共汽(电)车出行量为826万人次/日,轨道交通出行量为509万人次/日,小汽车出行量为990万人次/日。公交、轨道出行量总和约是小汽车出行量的1.35倍,而公交、轨道出行产生的拥堵、污染等外部效应远低于小汽车出行,在政策设计中应优先考虑哪一类出行者的利益,不言而喻。

尾号限行充分利用了行政手段的禁止、强制和惩罚的效力,对调整交通系统的运行效率、缓解交通拥堵产生直接、快速的作用效果。但是,相对于拥挤收费,尾号限行缺乏让出行者自主选择的决策过程,损失了"付费分流"的弹性机制,因而更容易对替代方式(公交、地铁等)产生刚性的客流转移,将道路上的拥挤转化为公交地铁里的拥挤,并可能引发客流对冲、人群踩踏等公共安全风险事件,因此,在实施之前需对政策的适用性、替代方式的承受力等关键问题,展开细致分析以及谨慎规划。

(案例来源:冯苏苇.限行不够,还要将路权还给公交乘客[N].第一财经日报,2015-09-02.)

思考与提示

1. 尾号限行的最大受损群体是谁?
2. 限行后,公交乘客承受的外部效应是什么?
3. 政府应出台哪些配套措施,以实现多个利益主体的共赢?

(三)私人解决办法的失灵

如果私人市场可以内在化外部性的论断是正确的,那么除了清晰界定产权外,还需要政府的干预吗?答案是肯定的,理由如下。

(1)公共品搭便车问题。许多外部效应问题都牵涉到公共品的提供,例如,清洁空气或干净的水,而排除任何人享受这些产品的代价非常高昂。如果非吸烟者集中在一起补偿吸烟者,让其放弃吸烟,那么任何一个非吸烟者都可能声明他不在乎其他人吸烟。在其他非吸烟者促使吸烟者不吸烟时,他会努力成为一个"搭便车者"。

(2)信息不完全问题。由于信息不完全,自愿达成有效率的解决办法的问题更加严重。吸烟者会努力说服非吸烟者,如果要让他们不吸烟,就要提供许多补偿。在任何这样讨价还价的情形中,一方为了得到更多,很可能会承担不能达成对彼此都有利的协议的风险。即使在市场已经比较完善的情形中,问题也可能产生。

(3)交易成本。让个人集中在一起自愿内在化外部性的成本是显著的。提供这些组织服务本身就是公共品。实际上,政府正好可能被人视为人们建立起来的一个机制,用于减少外部效应的福利损失。通过司法程序解决外部效应问题的主要不利之处是交易成本。诉讼的交易成本过高,而且行政措施在处理外部效应时,交易成本主要由公共部门承担,而在法律系统中由私人承担,因此,许多损失较小的外部效应,常常不值得动用法律武器。而产生外部效应的厂商知道由于诉讼费用昂贵,会把外部性的影响削弱到接近但稍微小于受损者诉讼的成本,这意味着产生了较大的效率损失。部分解决这个问题的办法是,向给其他人带来外部效应的人收取所估计的损失价值数倍的费用。

关于伤害程度的不确定性常常混杂着交易成本问题,而且大多数诉讼的结果具有未来不确定性,如果诉讼成本很高,受损者就不大乐意运用法律手段解决外部效应。在存在较多受损者的情况下,作为个人来讲,其损失价值如果不足以激励其去诉讼,就会产生"搭便车"现象。

因为解决外部效应问题的法律手段和其他私人方法经常表现很差,或者很不公正,于是,对公共补救方法的依赖不断增加。

三、外部效应的公共部门解决办法

(一)行政措施:管制与指导

当采用私人的解决办法不能纠正外部效应引起的资源配置失当时,就存在着国家行政调节的需要。大多数经济学家相信,基于市场的解决办法用于控制环境外部效应最有前景,但是政府传统上依赖直接管制。政府确定汽车的排放标准,颁布关于有毒化学物质的具体管制办法,每年对一些江河湖泊规定禁渔期等,这些例子说明管制可能采取多种形式。

管制的倡导者认为,管制的确定性更大。政府调节机构确定资源的最优配置,可以从行政上指示生产者提供最优的产量组合,从产业政策上严格限制厂址的选择和产业进入禁止,有时甚至可以指示把产生外部效应和受外部效应影响的双方当事人联合起来成为一个共同体,使外部效应"内部化"。以污水排放为例,如果上游与下游的工厂合并,污水净化成本将变成联合企业的私人成本,这样,作为利润最大化的自然结果,外部效应也将受到限制。有的学者还极端地指出,从理论上讲,对导致外部效应的厂商实行国有化也是使其内部化的一种措施。日本在20世纪70年代以前的环境政策中更多的是采用行政官厅的指导与劝告的手段。有时即使超出限定标准,也不急于罚款与限令停产,而是由主管省厅加以裁决。

(二)经济措施:税收和补贴

即使市场本身无法导致有效的资源配置,当外部效应存在时,经济学家还是倾向于相信,类似于市场的机制可以用来保证行为的有效性。基于市场的环境外部效应的解决办法主要有课税和补贴。

庇古提出了著名的修正性税,这种措施的核心思想是用税收或补贴的形式促使私人成本和社会成本相一致。例如,如果对外部效应的产生者征收相当于外部不经济的价值的消费税,其私人成本就会与社会成本相等,这样利润最大化的边际原则就会迫使生产者将其产出水平限制在价格等于边际社会成本之处,即 $P=MSC$,这就正好符合了资源有效配置条件。相反,针对产生外部经济的生产者,政府应当给予相当于外部经济价值的补贴,鼓励他们把产量扩大到对社会有效率的水平。在庇古看来,这样就可以达到资源的帕累托最优。

庇古税的基本原则与有关国际组织、国家政府及大多数经济学家所倡导的"污染者付费原则"是一致的。因此,在20世纪60年代之前,经济理论界普遍因袭庇古的传统,认为在处理外部效应过程中应该引入政府干预力量,对外部效应制造者或课税或补贴。

1. 确定最佳排污量

在征税或补贴之前,首先应该确定最佳排污量,即社会对环境清洁到何种程度才算满足,社会能忍受多少污染。事实上,这并非只是一个纯技术问题,更是一个权衡成本与收益的经济效率问题。经济学家常常用边际分析方法来考虑这一问题,最佳排污量的确定如图 5-3 所示。在图 5-3 中,横轴是污染量,从左往右表示可控的污染量(污染程度),从右往左表明可以容忍的污染量(控制程度)。纵轴表示社会由于污染活动所承担的边际社会成本和边际社会收益。O 和 M 分别表示没有污染和完全污染(100%污染)两种极端情况下的清洁度,MB 曲线为边际收益(清洁度)。从图 5-3 中可以知道,当成本曲线在原点 O 时,没有控制成本。但经济活动超出一定程度时,所需边际成本就会急剧上升。当清洁度达到 99% 时,边际收益曲线 MB 很低,而边际成本曲线却相反。MC 曲线的右边部分和 MB 曲线的左边部分急剧上升。最佳污染量在 Q 水平上,这时 $MB=MC$,在这一点上,MQ 的污染量被消除,OQ 的污染量被人们接受。

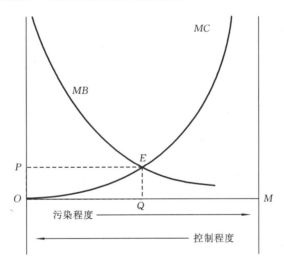

图 5-3 最佳排污量

2. 课税

产生外部效应的厂商在交纳一定量的税收后,其边际私人成本和边际社会成本就会相等。其结果必然是价格提高,并且价格提高的幅度等于税收。产量的减少使得厂商从旧的均衡过渡到新的均衡,在这一过程中,某些失业现象可能在所难免。交纳税收后,其净利润不变,价格提高了,但污染减少了。如果政府将这笔税金用来补偿那些外部效应受损者,这种费用就被称为收益。

对于那些有外部成本的企业,可以通过征收高额税收来限制其生产和消费,如果其增加的税收负担正好与企业的外部成本相一致,这就可以把其外部成本全部转化为内部成本。图 5-4 就显示了这一情况,即税收对外部成本的矫正。

在图 5-4 中,D 为需求曲线,S 为生产者边际成本曲线,S' 为社会边际成本曲线,S'' 为预定每一产品加征的流转税,与 S 之间的垂直距离为 t。如果说税收 t 正好和该产品的社会与生产者成本之间的差额相等,则征税以后,该产品的供求均衡点由原来的 A 点改为

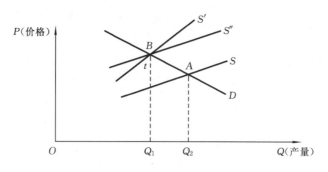

图 5-4 税收对外部成本的矫正

B 点,相应的社会需求量由 Q_2 减少到 Q_1,正好与最佳的社会消费量相一致。由此可见,税收起到了外部效应内在化的作用。

目前比较常用的抑制外部效应的税收是"消费税",不过这种税是以"货物税"的形式出现的。"消费税"的一个显著特征是其征税对象和征税目的非常明确:主要对香烟、酒和石油产品这三种货物,因为这些商品对个人、家庭和社会都有一定外部效应。

3. 补贴

一般说来,有三类行为主体可以作为补贴对象。第一类主体是外部效应中的受损者,例如,庇古在其经济学教科书《福利经济学》中所举的受火车火花影响的车轨旁的种田者应该受到政府补贴。如果外部效应的制造者拒绝承担赔偿责任,或者公共支出没有做出相应的安排,受损者可以通过法律或协商等途径索赔。第二类主体是产生外部经济的一些厂商,如博物馆、医院等,否则这类主体将缺乏激励,所提供的产量就会少于社会最优产量。政府此时应该对其进行补贴,使其边际私人收益在受到补贴后等于边际社会收益,从而增加产量。第三类主体是外部效应制造者,即政府或社会对外部效应制造者补贴,有学者称之为向污染者行贿。

(三) 运用法律措施

在法制社会,法律手段是解决外部效应问题最有效的常规方法之一。斯蒂格利茨认为,要建立一套有效的解决外部效应的法律系统,首先就必须建立一套严格定义的稳定不变的产权关系。公共资源之所以容易受到外部效应的侵害、不能运用法律系统来解决,其主要原因就在于此。通过立法来定义产权以解决和处理现代社会产生的各类外部效应有两大优点:其一,它不受利益集团压力的影响;其二,它可以通过审判过程获得恰当的阐述。

(四) 可交易的排放许可证

发放排放许可证是避免政府征税或收费的一种新办法。采用这种办法,由政府确定污染水平并将排放额度适当地在厂商中间分配,而不再是告诉厂商必须为每吨污染缴纳多少钱,并允许厂商自己选择污染水平。许可证的价格由许可证市场的供给和需求来决定。这就是说,许可证最终会在那些根据其支付意愿判断对它评价最高的企业手中。反过来,企业的支付意愿又取决于它减少污染的成本:一个企业减少污染的成本越高,对许可证的支付意愿就越高,这样到最后,成本最低的企业将最大限度地减污,成本最高的企业将最低限度地减污。

虽然，用排放许可证减少污染看起来可能与用庇古税完全不同，但实际上这两种政策有许多共同之处。在这两种情况下，企业都要为污染进行支付。在庇古税时，排污企业必须向政府交税。在排放许可证时，排污企业必须为购买许可证进行支付。庇古税和排放许可证都通过使企业排污要付出成本而把污染的外部效应内在化。一个最著名的故事是二氧化硫——一种引起酸雨的最主要的物质的案例。1990 年，《清洁空气法案》修正案要求发电站大幅度减少二氧化硫的排放量。同时，该修正案建立了允许工厂交易其二氧化硫许可证的制度。如今事实已证明：这种制度可以以最小的代价减少污染。这两种方法的主要区别在于，政府经常会向厂商分派许可证，以赢得他们政治上的支持。这就是说，产业能从许可证上获得收益，而政府能在庇古税上获得收益。

案例 5-3

广场舞的是与非

近日，一群大妈在火车上互飙广场舞的视频疯传网络，网友们不禁调侃"人类似乎已经不能阻止广场舞了"。其实在我市，近年来广场舞在遍及大街小巷的同时，其扰民等问题也日益突出。

广场舞深受中老年人喜爱。

5 月 19 日 18 时 50 分许，62 岁的杜阿姨刚刚到家，便手忙脚乱地换衣服往外赶。"7 时开始，来不及吃饭了。"杜阿姨告诉记者，她坚持跳广场舞已经两年了。跳舞之前，自己老胳膊老腿的时不时闹点小毛病。没想到，坚持跳下来，体质竟然越来越好了。

在杜阿姨的带领下，记者来到万达广场 2 号门前。在欢快的音乐声中，大爷大妈们尽情地舞动着身姿。"在这里跳舞不用担心扰民，大家可以跳个尽兴。"一位大妈告诉记者，她们之前都在小区空地上跳舞，但由于距离居民楼很近，难免会影响到其他居民。去年，经槐底办事处牵线搭桥，喜爱广场舞的居民终于在万达广场门前找到一处固定场地。大家每天跳两个小时，热热闹闹的吸引了不少人，也给商家聚集了人气。

在裕华区石门小区小广场上，每天早晨六七点钟，也有一群晨练的大妈，人多时能达到四十余人。陈玲娣就是这支晨练队负责人之一。她告诉记者，参加晨练队的多是退休人员，就是为了强身健体。为了不打扰其他居民，她们都会把收音机的音量尽量放小。到了冬天，她们还推迟健身时间。

（案例来源：程丽娜. 社会学专家：广场舞的是与非 各方换位思考就能和谐共处[EB/OL]. 石家庄日报, http://sjzrb.sjzdaily.com.cn）

思考与提示

1. 政府对负的外部效应的纠正方法为何？
2. 如何形成政府与市场在治理负的外部效应中的"合力"？

本章重要概念

外部效应(external effect)　科斯定理(Coase Theorem)
交易成本(transaction cost)　外部效应内在化(internalization of external effect)
庇古税(Pigovian Taxes)　搭便车(free rider)

本章思考题

1. 何为外部效应？它有哪些重要特征？
2. 举例说明正的外部效应与负的外部效应分别对资源配置有什么影响？
3. 拥挤的道路上多一个人驾车的外部效应是什么？通行费如何缓解这种外部效应？通行费应该如何设定？
4. 举例解释科斯定理。
5. 政府在解决外部效应问题上应如何发挥积极作用？

本章推荐阅读书目

1. 高鸿业.西方经济学[M].6版.北京:中国人民大学出版社,2014.
2. 黄新华.公共部门经济学[M].上海:上海人民出版社,2006.
3. 余永定,张宇燕,郑秉文.西方经济学[M].北京:经济科学出版社,2002.
4. 哈尔·R.范里安.微观经济学:现代观点[M].费才域,等,译.上海:上海三联书店,2006.
5. 保罗·萨缪尔森,威廉·诺德豪斯.经济学[M].17版.萧琛,译.北京:人民邮电出版社,2004.
6. 代鹏.公共经济学导论[M].北京:中国人民大学出版社,2005.
7. C.V.布朗,P.M.杰克逊.公共部门经济学[M].4版.张馨,译.北京:中国人民大学出版社,2000.
8. 姜杰,朱清梅.公共经济学[M].济南:山东人民出版社,2003.
9. 曼昆.经济学原理[M].北京:北京大学出版社,2006.
10. 高培勇.公共经济学[M].北京:中国人民大学出版社,2012.
11. 约瑟夫·E.斯蒂格里茨.公共部门经济学[M].3版.郭庆旺,译.北京:中国人民大学出版社,2005.
12. 张思锋.公共经济学[M].北京:中国人民大学出版社,2015.
13. 赵建国,吕丹.公共经济学[M].北京:清华大学出版社,2014.
14. 保罗·克鲁格曼.微观经济学[M].黄卫平,等,译.北京:中国人民大学出版社,2009.
15. 霍尔库姆.公共经济学:政府在国家经济中的作用[M].顾建光,译.北京:中国人民大学出版社,2012.

第二篇　公共支出与效益

第六章
公共支出的分类与原则

——本章导言——

公共支出是政府的宏观经济调控手段之一,一方面,它直接构成和影响社会总需求,社会总供给与总需求关系就可以通过调节公共支出规模而得到较好的调节;另一方面,公共支出结构的确立与调整,对国家职能的履行,有至关重要的作用与影响。本章重点是公共支出的分类和原则,分析的目的是为了改进公共支出管理,以提高公共支出的效率。

第一节 公共支出的分类

公共支出是以政府为主体,以公共财政的事权为依据,以公共服务为目的进行的一种财政资金分配与使用活动,集中反映了国家的职能活动范围及其所造成的耗费。它是国家的重要职能活动,是国家为满足社会公共需要的社会资源配置活动。公共支出的分类,就是根据一定的标准从不同的角度出发,对政府公共支出的有关内容进行科学归纳,以便有效地分析和准确地反映支出活动的性质、规模、结构与使用效益等。公共支出的分类体系因各国的政治体制及经济社会发展程度的差异而不尽相同,迄今为止没有一个令各国都能认同的统一分类标准。其分类方法大致有两种:理论分类法和预算统计分类法。

一、理论分类

对公共支出进行理论分类,主要出于理论研究和经验分析的考虑与需要,具体包括以下两大类。

(一)按照公共支出的经济性质分类

按公共支出的经济性质不同,可以将公共支出分为购买性支出和转移性支出。

1. 购买性支出

购买性支出又称为消耗性支出、真实支出或有偿支出,是指政府机构或其他公共机构为了履行各种职责购买商品或劳务的行为,包括购买进行日常政务活动所需的或用于进行国家投资所需的各种物品、工程或劳务的支出。在实践中,它的内容比较广泛,一般包括用于行政管理、国防、科技、教育、医疗卫生、邮电通信、环境污染治理、水利等多方面的开支。尽管这些项目支出的目的和用途有所不同,但其共同之处在于:一是政府的所有采购均遵循等价交换原则,体现政府的市场再分配,政府一手付钱、一手获得相应的物品或劳务;二是所有支出与采购的目的都是为了履行公共职能,满足公共需要。之所以购买性支出又称消耗性支出,是因为这类支出反映了公共部门占用和消耗社会资源的状况,或者说政府部门占有或消耗了这些资源,同时就排除了私人部门使用这些资源的可能性。这类公共支出是应该记入国民生产总值和国民收入之内的。

2. 转移性支出

转移性支出又称为转移支付,是指政府根据一定的经济和社会政策,通过特定方式向私人部门单方面转移公共资金的支出,它是一种政府对企业和个人的无偿支付,直接表现为资金无偿的、单方面的转移。这类支出主要包括政府部门用于养老金、补贴、债务利息、失业救济、抚恤金等方面的支出。在各项转移支出项目中,政府与接受者不存在交换关系,是政府的无偿给付,它体现的是政府的非市场性再分配。在这种再分配过程中,这些公共支出不表明公共部门耗用的经济资源,而是把这部分经济资源在社会成员中进行再分配的"中间人",只表明公共部门其实仅发挥中介人的作用,转移只是在社会不同个人之间进行资源再分配。这是从财政支出的结果上来考察的,从各级政府之间的关系来看,转移性支出则是政府间的补助关系。

相对于公共支出中的消耗性支出,转移性支出就是直接表现为政府财政资金无偿的、单方面的转移,而不能在经济上得到等价的补偿,也就是说,并非政府直接购买和消费经济资源,而是经由财政之手,将某个部门、集团和个人的部分收入转移到另一部门、集团和个人手中。从世界经济的发展史看,随着各国经济发展水平、人均收入的不断提高,以及国家和财政功能的日益扩展,转移性支出在国家财政总支出中所占的比重也逐步增大,地位也越来越重要。

从转移支付的形式与效应来看,世界上成功实施转移支付制度的市场经济国家,尽管其转移的名称各异,但是其基本形式都可归结为两类:一类是一般性补助或无条件拨款;另一类是专项拨款或有条件拨款。

另外,还存在一种隐性的转移支付。这种转移支付是由于中央政府采取不同的区域经济社会发展政策或其他方式,使得一些地区获得财政体制外的收益,同时,另外一些地区的利益会在这种政策环境中受到伤害。如政府间管制、政府间免税和行政性定价。

公共支出按经济性质进行以上划分,便于分析与研究财政支出的宏观经济效应及经济动态追踪,具有较强的经济意义。由于直接产生对资本品和消费品的需求,购买性支出直接影响社会供求关系,其规模的伸缩反映着政府对社会资源的直接配置量,因而对社会生产与就业状况也产生直接的影响。转移性支出直接影响的是国内生产总值在各经济主体之间的最终分配使用结构。由于发达国家转移支出的比重较大、发展中国家相对较小,因此,转移性支出比重的大小也反映着一个国家的发展水平。再结合公共部门的经济职能来看,在公共支出规模一定的条件下,如果购买性支出占公共支出的比重越大,表明直接通过公共部门配置的社会资源的规模较大,公共部门履行资源配置的职能越强;反之,如果转移支出占公共支出比重越大,就表明公共部门经济活动对国民收入分配的直接影响较大,公共部门履行收入再分配的职能越强。

案例 6-1

中国着手改革每年近 5 万亿元的财政转移支付资金

在 2014 年中央专项转移支付项目从 220 个减少至 150 个左右的基础上,决定继续清理整顿被视为"部门权力象征"的专项转移支付项目,从而减少财政资金分配过程中的寻租和腐败空间。

这是《国务院关于改革和完善中央对地方支付制度的意见》中公布的改革内容。这一意见作为新一轮预算改革的一项重要任务,将改革利剑指向了每年近 5 万亿元的财政转移支付资金。

分析人士指出,中国启动转移制度改革,既是全面深化财税体制改革的重要一步,也是在贯彻落实中央八项规定、狠刹权力寻租和腐败之风的大背景下,徐徐开启的又一场政府部门"自我革命"。

财政转移支付制度是现代财政制度的重要内容,中国于 1994 年分税制改革后逐步建立了财政转移支付制度。中央财政通过集中地方部分财力,重点用于增加中西部地区的转移支付,以实现促进地区间基本公共服务均等化的目标。

目前,中央对地方转移支付分为一般性转移支付和转移支付。对中国地方财政而言,一般性转移支付使用不受限制,好比"雪中送炭",有助于弥补区域间公共服务差距。

财政部预算司有关负责人介绍说,此次国务院意见共提出了针对转移支付的九项改革举措,最大亮点是明确中国转移支付制度以转移支付为主,今后一般性转移支付在整个转移支付中的占比提高到 60% 以上。

尽管近年来中央对地方转移支付规模不断增加,增强了中西部经济欠发达地区基层财政保障能力,但现行转移支付制度存在的问题日益显现。专项转移支付过多,资金散、乱、小难以形成合力,地方配套负担重,转移支付管理漏洞多等,成为基层反映强烈的部分问题。

同时,意见还提出了严控专项转移支付的系列举措,包括继续清理整合专项转移支付,逐步取消城市维护建设税、排污费等专款专用规定,严控新设专项、规范专项资金管理办法等。

"专项转移支付项目一般是由相关职能部门提出,项目过多过滥导致资金使用'撒胡椒面',最终形成部门利益格局。"财政部财科所所长刘尚希说,削减整合专项,将直接触动政府部门利益,是一场政府"自我削权"的革命,倒逼政府转变职能。

此外,依照新预算法有关要求,国务院意见明确,除按照国务院规定应当由中央和地方共同承担的事项外,中央在安排专项转移支付时,不得要求地方政府承担配套资金。

此前,对不少地方而言,辛辛苦苦要来的专项资金,用起来却很难。一些地方需要为中央专项资金提供配套,配套比例有时高达 1∶1,一些贫困县区不得已通过银行高成本贷款来进行配套,结果导致财政"雪上加霜"。

"取消地方配套,无疑将缓解地方财政支出压力,减少中央部门对地方事权的不适当干预,有利于地方统筹安排预算。"中国人民大学财政金融学院院长郭庆旺说。

有关专家表示,削减专项转移支付项目将会触动部门利益,自然会受到阻力,但关键是要树立依法治国、依法理财理念,严格执行新预算法,完善预算绩效评价和激励约束机制,用制度倒逼地方政府转变以往片面追求经济增长的旧理念,强化地方责任,提高专项资金使用效率。

(案例来源:韩洁,申铖. 中国着手改革每年近5万亿元的财政转移支付资金[OL]. 新华网,2015-02-04.)

思考与提示

如何减少财政转移支付过程中的寻租和腐败?

(二)按价值构成分类

公共支出的最终用途可以通过按价值构成的分类体现出来,其理论依据是马克思关于社会产品价值构成理论。按这种方式,公共支出可以分为补偿性支出、积累性支出和消费性支出。

1. 补偿性支出

补偿性支出是指为保证简单再生产过程的进行,对已损耗的劳动手段和劳动对象的补偿,是用于补偿生产过程中消耗掉的生产资料方面的支出,在实际中通常是指对国家资产折旧的补偿。在整个公共支出中,补偿性支出所占的比重很低。在经济体制改革前,该项支出曾是我国财政支出的重要内容,在经济体制改革后,简单再生产范围内的支出项目已基本交由经济组织负责,财政用于补偿性支出的项目大大减少。目前,属于补偿性支出的项目,只剩下企业挖潜改造支出一项。但实际上政府的补偿性支出在不少国家都不同程度的存在着。最常见的是政府为加快本国经济的发展,采用政府收购未到期的设备以促使企业更新,这是政府着眼于国家的长期发展战略所采用的补偿性公共支出。

2. 积累性支出

积累性支出是直接用于社会扩大再生产的投资,是财政直接增加社会物质财富及国家物资储备的支出,对扩大生产流通规模和增加社会财富有重大意义。积累性支出主要有基本建设支出、流动资金支出、科技三项费用支出、国家物资储备支出、支援农业支出、地质勘探费支出和各项经济建设事业、城市维护和建设中增加固定资产部分的支出。在我国,财政多年来对这些项目的支出一直是占公共支出的50%以上,是财政支出的主要部分。在发展中国家,特别是实行计划经济的国家,政府的积累性支出通常都占有较大的比例,这使公共支出对国家经济有很大影响,也比较容易产生较高的积累率,产生与消费比例失调的现象。而发达国家政府由于经济发展已有较高水平,并普遍实行市场经济制度,投资也主要由市场主体完成,因而积累性公共支出,特别是生产性的积累支出在政府公共支出中所占比重不大,政府对经济发展的直接参与程度也很低。我国随着市场化程度的提高,市场主体会承担一部分原属于政府支出的职能,积累性支出的比重将会有所降低。

3. 消费性支出

消费性支出主要是指财政为保证社会共同消费的实现所安排的支出项目,包括国防、行政、科教文卫、社会保障和社会福利等支出项目,还包括非生产部门的个人消费支出。消费性支出在公共支出中占有重要的地位,是实现政府各项职能的主要支出形式。在现代实行市场经济的国家里,公共支出中的消费性支出比重较高,政府作为公共部门的特征更为显著。而在许多发展中国家,由于积累性支出的比重较高,在经济发展水平比较低的情况下,消费性支出较低。

这种分类方法,可以反映出公共支出中的积累与消费的比例关系,并可据此研究公共支出对整个社会中积累与消费比例的影响,有利于通过公共支出的调整,促进合理的消费与积累比例的形成,为经济发展实现良性循环创造条件。补偿性支出不构成公共支出的主要方面,却是政府实现一定时期内的某些目标的辅助性支出,其数量和比重的变化反映政府在一定时期内的重大政策取向。积累性支出占全部公共支出的比例和构成因不同社会经济制度、不同经济发展阶段而有较大的区别。国家经济制度和社会的文明程度可以通过消费性支出占公共支出的比重高低反映出来。因此,通过这种分类可以为政府根据国家经济制度和经济发展阶段的变化,制定本国经济发展战略和阶段性经济政策提供一定的依据。

(三) 按公共支出的受益范围分类

根据公共支出受益范围的大小,公共支出可以分为一般利益支出和特殊利益支出。

1. 一般利益支出

一般利益支出是指政府面向全体社会成员提供并实现效益共享的支出,如国防支出、行政管理支出、司法支出、警察支出等。这类支出的共同点是联合受益或共同消费,无法分别测算各个社会成员的收益。

2. 特殊利益支出

特殊利益支出是指只对社会某些特定居民或企业给予特殊利益的支出,如教育、公共卫生、企业补贴、社会保障等。

按受益范围分析公共支出的构成,可以反映出支出效益的归宿以及实现社会公平的程度,进而可以分析不同阶层或不同集团间的分配关系。

(四) 按政府对公共支出的控制能力分类

根据政府对公共支出的控制能力的不同,可以将公共支出划分为可控性支出和不可控性支出。

1. 可控性支出

这是指不受法律和契约的约束,可由政府部门根据每个预算年度的需要分别决定或增减的开支。它反映出政府可以根据经济形式的变化和公共收入的可能对公共支出进行调整的余地。

2. 不可控性支出

这是指根据现行法律和契约所必须实施的支出。这类支出在法律或契约的有效期内必须按照规定准时如数支付，不得任意停付或逾期支付，也不得任意削减其数额，如失业救济、债务利息等。

这种分类方法，可以说明公共支出所体现的分配关系，进而可以据此分析不同阶层或利益集团的投票者在公共支出决策过程中所采取的态度。

二、预算统计分类

对公共支出进行统计分类，主要是用于国家预算的编制，出于支出决策、支出管理、支出预算编制及执行等需要，按政府预算所编列的支出项目来进行的。具体包括以下两大类。

（一）按政府职能或机构分类

公共支出的直接目的就是为了满足政府履行其职能的需要，而这些职能又是由各政府部门分别承担的。因此，在西方国家，预算支出项目的编制通常与政府部门的职能或机构设置结合起来，即有多少职能就设置多少支出项目，有多少机构就设置多少支出项目。这些支出项目大体有以下九项。

第一，国防支出，包括各种武器和军事装备支出、军事人员给养支出、有关军事的科研支出、对外军事援助支出等。国防是纯公共品，国防支出实质是政府通过法定程序对军事资源做出安排，赋予军队一定的财力，通过军事经济运行形成国家安全和威慑，从而满足全体社会成员对安全的消费需要。

第二，行政管理支出，包括国家元首、国家权力机关、国家行政机关、公安机关、司法机关的管理费用支出等。行政管理职能作为政府的一项最基本职能，其支出的合理安排，对维持国家政权存在、保障各级国家管理机构正常运转具有至关重要的作用。

案例 6-2

行政管理费何日"触顶"？

国家统计局数据显示，1995—2006 年，国家财政支出中的行政管理费用，已经由 996.54 亿元增至 7571.05 亿元。而从 2007 年开始，中国财政预算开始采用新科目体系，这让行政管理费用统计有点"雾里看花"。不过，这并不能掩盖行政管理费用继续逐年攀升的态势。

1. 逐年攀升的行政管理费

据可查数据，我国在 1978 年财政支出共计 1122.09 亿元，其中行政管理费计 52.9 亿元，占当年财政支出的 4.71%。也就是从这一年开始，行政管理费占财政支出的比例逐年增长。当我国财政支出在 2006 年突破四万亿大关的时候，行政管理费也随之站上约 24% 的比例高位。

随后，在 2007 年中国财政预算开始采用新科目体系。行政费支出分散在诸如一般公共服务、外交、国防、公共安全、教育、科学技术等功能分类中。如果要掌握政府行政费用，需要从这些分类中，分离汇总出政府执行以上职能时自身的花费。这无疑大大增加了一般民众获知行政管理费用的难度。

行政管理费用还在"雾里看花"中上涨。

2. "三公经费"凸起

2011年中央公共财政支出结构,是观察行政管理费用现状的最佳样本。

2011年中央公共财政支出合计56435.32亿元,其中,中央行政单位行政经费合计899.7亿元,同比上一年度增长1.42%,无限接近于900亿元"大关"。

另外一个不可忽视的部分是"猛增的"三公经费。2011年中央行政单位出国(境)经费、车辆购置及运行费、公务接待费(以下简称"三公经费")支出,合计93.64亿元。其中,出国(境)经费19.77亿元,车辆购置及运行费59.15亿元,公务接待费14.72亿元。

"三公经费"的凸起,不禁让人对行政管理费何日"触顶"心生忧虑。

目前来看,如何削减行政管理费用还尚待研究。或许,行政管理费用的管控也要"顶层设计"。

有关部门已经尝试从入口控制行政费用的"高企"。

12月21日,财政部与国家发改委共同发布通知,决定自2013年1月1日起,取消和免征税务发票工本费、户口簿工本费等30项涉及企业和居民的行政事业性收费,希望借此每年减轻企业和居民负担约105亿元。

(案例来源:侯天仪.行政管理费何日"触顶"?[N].华夏时报,2013-01-07.)

思考与提示

1. 我国行政管理费逐年上升的根源在哪里?
2. 该如何加大节约型政府的建设力度?

第三,科教文卫支出,这是科学、教育、文化、卫生等项支出的简称,主要包括科研支出、教育支出、文化事业支出、医疗卫生支出等。

第四,经济建设支出,包括国有企业支出、公共经济事业支出、农业援助支出、交通运输支出、物资储备支出、对外经济援助支出等。

第五,社会保障支出,包括失业保险、养老保险、伤残救助、社会救济以及退伍军人福利和服务等项支出。

第六,保护环境和自然资源支出,包括能源支出、污染控制设施建设支出、水利与电力资源设施建设支出等。

第七,外交事务支出,主要包括驻外使领馆支出、国际会议支出、向国际组织缴纳费用支出、外事机关活动经费支出等。

第八,政府债务支出,包括公债利息支出、公债还本支出和公债管理支出。

第九,其他支出。

这种分类既可以反映政府政治经济活动的全貌,具体描述政府各个时期职能和活动范围的动态轨迹,同时也便于将公共支出同实际执行、使用支出的政府部门联系起来,明确支出资金的使用效果和部门责任。

(二)按复式预算编制要求分类

根据复式预算的编制要求,公共支出通常按经济特征分为经常性项目、资本性项目。

经常性支出主要是指满足国家经常性开支需要方面的支出,如科教文卫支出、国防支出、行政管理支出、国内外借款的利息支出等。资本性项目是指政府为购置固定资产、战略性和应急性储备、土地或无形资产的支付等方面的支出,主要包括固定资产购置、储备购置、土地和无形资产的购置、资本性项目的转移等。这种分类有利于增强政府支出预算的透明度,有利于加强对政府投资的管理和政府的宏观调控。

在实践中,按政府的职能或机构分类往往在复式预算编制方法下与按支出经济特征分类交叉使用。国际货币基金组织在《政府财政统计手册》中就分别列举了市场经济国家的具体支出内容,国际货币基金组织的财政支出分类如表6-1所示。

表6-1 国际货币基金组织的财政支出分类

职 能 分 类	经 济 分 类
一、一般公共服务	一、经常性支出
二、国防	1.商品和服务支出
三、教育	(1)工资、薪金及其他有关项目
四、保健	(2)商品和服务的其他购买
五、社会保障与福利	2.利息支出
六、住房与社区生活实施	3.补贴和其他经常性转让
七、其他社区和社会服务	(1)对公共企业
八、经济服务	(2)对下级政府
1.农业	(3)对家庭
2.采矿业	(4)对其他居民
3.制造业	(5)国外转让
4.电业	二、资本性支出
5.道路	1.现存的和新的固定资产的购置
6.水输送	2.存货购买
7.铁路	3.土地和无形资产购买
8.通信	4.资本转让
9.其他经济服务	三、净贷款
九、无法归类的其他支出	
1.公债利息	
2.其他	

说明:本表引自陈共主编:《财政学》,中国人民大学出版社1998年版,第29页。

从大类来看,我国目前财政支出与基金组织的支出分类方法比较接近,但范围上仍有所差别。为适应建立社会主义公共财政框架的需要,突出财政支出为社会提供公共品和服务的目的,我国的财政支出应根据国际货币基金组织提供的市场经济国家的一般支出范围和一些发达的市场经济国家的经验,逐步调整为以下内容:

(1)一般的行政事业支出。主要是我国各级政府、立法和司法部门的行政事业支出。

(2)国防支出。政府提供国防公共品的所有支出,将现在不在国防支出反映的支出全部归集到国防支出中。

(3) 维持社会秩序的支出。主要是警察、法院、检察院的支出。

(4) 外交外事支出。国家从事外交活动的支出和外援支出。

(5) 教育科学文化支出。

(6) 社会保障支出。

(7) 工、交、商等部门的事业支出。

(8) 农业支出。包括农业综合开发支出。

(9) 国家储备支出。

(10) 支援贫困地区支出。

(11) 价格补贴支出。

(12) 公共工程支出。

(13) 环境保护支出。

(14) 公益事业支出。主要是水、电、煤气、公共交通、城市卫生、居住环境（包括绿化、空气）等方面的支出。

(15) 债务还本付息支出。

第二节　公共支出的原则

公共支出的内容相当广泛，涉及社会和经济中各方面的利益，在安排公共支出的过程中会遇到各种复杂的矛盾，要正确处理这些矛盾，就必须遵循一定的原则。公共支出的原则是指政府在安排和组织公共支出过程中应当遵循的基本原则，是财政规律在支出上的具体化、系统化。一般来说，各国在确定公共支出原则时都会从两方面考虑：一是该原则能否覆盖公共支出活动的全过程和缓解公共支出中的主要矛盾；二是能否对公共支出活动和国民经济运行直接起到促进作用并使之实现良性循环。据此，公共支出应该坚持以下四大原则。

一、量入为出原则

经济学最基本的假设，即资源稀缺性假设，以及现实状况决定了政府必须把量入为出原则作为公共支出的首要原则。基本含义是把公共支出限定在公共收入总量允许的范围内，以公共收入来控制公共支出，即政府根据一定时期内（通常为一年）的公共收入总量来安排公共支出，力争做到收支平衡。从历史发展的角度看，该原则反映了社会总产品对公共支出的制约；而从现代市场经济制度的角度看，该原则也是保持公共支出的相对稳定，防止国家债务过度膨胀的客观要求。总之，该原则体现了一个国家经济发展水平对公共支出的制约，是政府理财的重要思想，也是公共经济活动的基本原则。

二、效益原则

公共支出的效益原则指的是通过公共支出使资源配置趋于合理，从而使社会总效益超过总成本。任何公共部门支出项目达到了这一要求，就算通过了效益原则的检验。提出这一原则，主要是因为资源具有稀缺性，一定时期可由公共部门支配的经济资源也是有限的，因此，公共部门在对有限资源进行配置时必须注意其资源使用的合理性和科学性。

据此，公共支出的效益原则应体现以下几方面的要求。

1. 以"市场失效"为界限，合理确定公共支出的规模与使用范围

一个国家的商品与劳务，不论是私人部门生产还是公共部门生产，都需要消耗各种经济资源（生产资料和劳动力）。因此，怎样在公私部门之间配置经济资源，以保证双方都获得合理的供应，是资源配置的首要问题。要使社会获得最大的效益，解决问题的关键在于既要保证满足公共部门的需要，又不妨碍私人部门的发展。要同时满足这两点，弥补市场失效便理应成为安排公共财政活动、决定公共支出规模及使用范围的基础和依据。这意味着，公共支出只能在市场自身无法解决有关问题、政府需要为之提供应有的公共服务时，才能介入到这些领域中去。通过这样的配置，使资源在公私部门之间的分配比例达到均衡，这种均衡被称为"适当的均衡"、"最佳的均衡"。

2. 实现社会资源在公共支出内部各类用途之间的合理配置

由于公共支出所获得的效益是公共部门的各类活动所产生的效益共同构成的，所以必须统筹兼顾，即在公共部门的各类活动之间适当地配置资源，达到全面均衡，才能使公共部门获得最大的效益。特别是随着政府活动范围的日益扩大，对社会经济的干预日益增多，经济资源中有越来越多的部分是通过财政环节来配置的。这反映在公共支出的安排过程中，政府通过税收和其他渠道所控制的经济资源配置给社会消费，以及进行各种用途的投资。虽然对各项具体用途进行具体配置的过程不同，但在配置过程中都应以获得最大社会效益为原则，坚持统筹兼顾、全面安排。在公共收入既定的前提下，如果过多地安排了标准支出，则意味着"挤"了公共财政原本应该用于经常性支出的财力，这将危及政府政权组织和社会管理者的职责与功能的履行。反之，过度地强调公共支出的社会消费性质，否定适度公共投资性支出的合理性和必要性，从而过分压缩公共标准性支出，也将对市场经济产生危害。例如，道路、桥梁、供水、供电等各种基础设施和公用设施是企业及个人市场运营不可或缺的条件，但由于这类投资具有强烈的外溢性，企业和个人往往难以介入，因而只能由公共支出来承担，所以这类支出对于公共财政来说是必不可少的。因此，必须根据国家的经济实力和财政状况，综合考虑公共支出中的投资性需求和经常性需求，适度安排两者之间的比例，以保证政府在这两大领域里职责的履行。

3. 注重公共支出的成本-效益分析

政府的公共支出的成本-效益分析不同于企业的私人成本-效益分析。这是因为私人的成本-效益分析可以并且只能以市场发生的收益和成本来加以计算，只需考虑本企业发生的内在成本和收益。而对公共支出来说，由于政府公共服务的直接目的是社会性的，因此，在分析中除了考虑该项目直接发生的成本和收益外，还要考虑不体现在该项目以外的成本和费用，可以说是对公共支出项目内在与外在效益和成本的综合考虑及评估。

根据公共支出的效益原则，作为转轨时期的我国公共支出，一方面，应顺应经济体制改革的需要做出相应的调整与改革，将支出的重点从生产性、竞争性领域逐步退出，转向非营利性、非竞争性的公共需要领域，使通过财政渠道分配、由公共支出形式使用的资源总量在整个社会经济资源总量中所占的比重，符合整个社会资源合理有效配置的客观比例性要求。另一方面，应立足于我国财力的现状，综合考虑公共支出中的投资需求和经常性需求，并将"厉行节约、讲求效益"的思想贯穿于公共支出的全过程，真正做到既能重视微观支出的节约和有效使用，又能确保宏观支出的科学、合理、高效。

三、公平原则

公共支出的公平原则,指的是公共部门提供的支出应能恰当地分别符合各阶层居民的需要,使支出产生的利益在各阶层居民中间的分配达到公平的状态。

虽然市场机制遵循效益最大化原则,但市场交易不能进行有效的再分配和实现社会公平。由于诸如权力分配的不公平、天赋条件的差异、地区条件的差距等初始条件的不均等,以及经济运行本身存在的时间和空间上的均衡问题(如失业等),往往会引起一系列社会问题,甚至影响社会的稳定和发展。因此,实现社会公平必然成为国家政府所要面对的重要问题,它需要政府通过再分配来修正或改善社会成员对社会物质财富的占有份额,调节收入分配关系,缩小收入差距,使相对的社会公平得以实现。这就要求在安排公共支出时应遵循公平原则。

公平原则的基本内涵是:同等情况,同等对待;不同情况,不同对待。前者是"横向公平",即同等级别之间的公平;后者则是"纵向公平",即不同等级别之间的公平。就公共支出而言,居民的情况是否相同,是指他们对于公共支出利益的需求程度是否相同,也就是居民受益能力是否相同,因而公共支出的公平原则也就是"受益能力的原则"。通常所说的根据受益能力安排支出,主要是针对转移性支出而言,各国政府一般也是在转移性支出方面根据受益能力的大小决定是否予以补助及补助多少。凡符合补助条件者均给予补助,对其中情况相同者给予同等的补助,对情况不同者给予不同的补助。

在社会主义市场经济条件下贯彻公共支出的公平原则,主要体现在财政的转移支付制度上。它包括:一方面要建立、完善政府间的转移支付,即在确保中央财政收入比例提高的基础上,建立中央政府对地方在财政上的转移支付制度,以体现中央对地方经济发展的调控,协调全国各地区经济的发展,缩小地区间的差距;另一方面,应建立、完善财政对社会成员的转移支付制度,通过社会保障支出等方式,采取诸如社会保险、社会福利、社会救济、最低生活保障等措施,来解决社会成员的基本生活需要,减少贫富差距,从而达到改善社会分配状况、实现社会安定与和谐的目的。

四、社会稳定与发展原则

公共支出的社会稳定与发展原则,指的是公共支出应调节社会供需关系,促进经济稳定及均衡发展。所谓稳定,是以充分就业、物价稳定及国际收支平衡为目标;经济发展,是要实现经济稳定情况下的经济增长和社会发展。

由于在市场经济的社会中社会产品的供给与需求难以保持经常性的相互适应与均衡,有时供过于求,有时供不应求,因而不可避免地带来了周期性的经济波动,使市场经济不可能自发、平衡地向前发展。这就需要政府运用经济政策手段,尤其是财政手段,来"熨平"经济的波动,实现高就业、低通胀的经济增长。公共支出之所以可以作为稳定经济和促进发展的杠杆,主要基于以下考虑:一是市场经济在自身运行中所产生的自发波动状态,只能通过政府干预才能或强或弱地克服,个人与企业由于是在市场的作用力下开展活动的,所以不可能驾驭宏观经济的运行趋势;二是总需求是决定就业、价格水平的关键要素,而公共支出可以通过调整其数量与使用方向,影响到社会需求的总量与结构,进而调节供求关系,促使经济稳定发展。

在社会主义市场经济条件下，公共支出的社会稳定与发展原则的实现主要通过以下两条途径。其一，反周期的公共支出政策，即根据经济发展的态势因时制宜地运用公共支出进行逆向调节。例如，在市场社会产品供不应求、分配投资与消费过热时，减少公共支出以抑制需求；在社会产品出现供过于求、经济不景气时，增加公共支出，尤其是增加基础产业、基础设施投资支出，通过政府投资的"乘数"效应，带动民间投资增加，以刺激需求、拉动经济增长。当然，公共支出反周期政策的运用不能是孤立的，它不仅要与公共收入政策相协调，还应注意与货币政策的运用相配合。其二，执行可持续发展战略，加大政府在社会事业发展方面的公共支出投入，为经济和社会的长期发展打下良好的基础。这主要表现在增加教育、科技投入，增加消除贫困、保护生态环境、提高卫生保障水平等方面的公共支出，以实现社会经济持续、稳定、健康的发展。

本章重要概念

购买性支出(purchase expenditure)　　转移性支出(transfer expenditure)

补偿性支出(compensating expenditure)　　积累性支出(accumulating expenditure)

消费性支出(consumption expenditure)

本章思考题

1. 公共支出可以如何分类？如何界定？
2. 公共支出应坚持什么原则？

本章推荐阅读书目

1. 刘汉屏.公共经济学[M].北京：中国财政经济出版社，2002.
2. 姜杰，马全江.公共经济学[M].济南：山东人民出版社，2003.
3. 杨志勇，张馨.公共经济学[M].北京：清华大学出版社，2005.

第七章 公共支出规模

——本章导言——

公共部门用于满足公共需要的资源在社会总资源配置中所占的份额,是由不同国家的一定生产力水平及其特定经济体制下的财政职能范围决定的,并受一国的经济、政治和社会等因素的影响。公共支出总量占社会总资源配置的比重是否适当,不仅直接影响着必须由政府集中提供的公共品的现实状况,更直接制约着社会资源配置的优化程度。无论是从绝对量还是从相对量来看,公共支出在世界各国都呈现上升的趋势。因此,对公共支出规模的研究和确定就成为公共经济学研究的重要课题。

第一节 公共支出规模的衡量标准及基本态势

一、公共支出规模的定义及衡量标准

(一)公共支出规模的定义

公共支出规模是指一定财政年度内通过预算安排的公共支出总额。它是衡量一定时期内政府支配社会资源的多少、提供公共物品的数量、满足社会公共需要的能力高低的重要指标。根据不同国家政府资金预算管理制度的差异,公共支出规模有狭义和广义之分:狭义的公共支出规模,是指政府预算中公共支出的规模,反映着一定财政年度内政府通过预算形成的公共支出的数量;广义的公共支出规模,是指某一财政年度内通过政府安排的、用于社会共同需要方面的所有支出,即除了狭义的公共支出外,还包括未纳入预算管理范围的预算外支出等。

在对公共支出规模进行理解与运用的过程中,有以下几点值得注意。

首先,同是作为衡量财政活动的规模指标,公共支出规模比公共收入规模能更好地反映政府经济活动的范围和对经济的干预程度。其原因在于,公共支出的核算一般采用收付实现制,即以财政资金是否付出作为公共支出是否实现的标准,而诸如财政的配置资源、调节收入分配,以及稳定与发展经济的职能,又大都是通过公共支出执行的,因此,公共支出规模往往能更准确地表现财政对国内生产总值的实际使用和支出状况。公共收入则只是反映财政可能使用和支配的规模,并不能全面反映公共部门的直接总成本。

其次,公共支出规模指标的具体运用,应结合实际需要做必要的修正和调整。从理论上看,政府提供公共品发生的支出,无论是否通过财政预算,都应算作公共支出;但在现实

中,各国政府对公共支出规模的统计、分析或比较,一般都采用狭义的概念,即仅限于政府的预算支出。由于各国实际纳入预算管理的公共支出的范围不尽相同,势必造成其研究结论出现偏差。因此,实践中必须根据各国的实际情况,充分考虑各项可比因素和不可比因素,以保证公共支出规模内涵上真正的一致性。

最后,公共支出规模只反映政府的直接经济活动,并不包括政府活动对经济的间接影响。例如,政府有关劳动安全和环境保护的法律、法规会影响市场机制领域的投资规模,税收法令会影响企业的财务成本等,这些间接影响并未在公共支出规模上得到反映。因此,公共支出规模只是近似地反映政府在整个经济中的地位与作用。

(二)公共支出规模的衡量标准

公共支出的规模是不断增长的,为了更好地衡量公共支出的规模,以便对公共支出的增长进行控制,使之被限制在社会的可承受范围之内,从而更好地促进社会政治、经济等各方面协调、均衡、可持续的发展,就需要对衡量指标做进一步的研究。

常用的衡量公共支出规模的指标有两种:一种是公共支出的绝对规模,另一种是公共支出的相对规模。虽然它们都可以用来衡量一个国家或地区在一定时期内的政府财政活动,但仍具有各自不同的含义及其实际意义。

1. 公共支出的绝对规模

它是指直接以一国货币量表示的公共支出的实际数额。使用绝对规模可以直观、具体地反映一定时期内政府支配的社会资源的总量,以及政府所提供的社会公共事物的规模,因而各国或各地区通常采用这种指标编制政府财政预算,并向立法机关提供有关预算报告。但由于公共支出规模是以本国货币为单位、按当期价格予以计算的,所以反映的只是名义上的公共支出规模,一旦需要对政府支出进行动态分析和横向或纵向比较,这种指标往往存在较大的局限性。

2. 公共支出的相对规模

公共支出的相对规模是指在一定时期内的公共支出与相关经济指标的比率。它是国际上对政府公共支出规模进行分析时的常用指标,一般以百分比表示,通常用于说明在一年或一个财政年度的国内生产总值中由政府集中和分配的份额,即

$$公共支出相对规模 = (一定时期公共支出量/同期国内生产总值) \times 100\%$$

这种指标一方面由于剔除了通货膨胀因素的影响,能反映公共支出的实际规模,因此更具有可比性;另一方面,能更全面地体现出经济发展水平各方面的特征,因而也可以用该指标衡量政府在整个国民经济中的相对重要性。

总而言之,衡量政府公共支出规模的两个指标各有所长,各有所短,一般是根据实际需要,采取不同的标准。从当前世界各国的实际运作来看,在分析、研究公共支出规模时,相对量指标是最常用的。

无论采取哪种衡量公共支出规模的方式,其出发点和目的都是为了有效地控制公共支出的规模。虽然公共支出的增长、规模的不断扩大是一个历史的发展趋势,但是这种增长并不是无限制的,不能放任其过快增长。如果公共支出增长过快,持续超过收入的增长速度,就会出现"超分配"的现象,造成巨额赤字,形成沉重的债务负担,使国家财政运行陷入困境,进而影响整个国民经济的正常运行。因此,我们应该根据公共支出的不同性质及其对经济的不同影响,对公共支出的增长进行必要的控制。

二、公共支出规模的基本态势

研究公共支出规模的基本态势,是要考察在较长时期内公共支出规模的变动情况,以揭示公共支出的变化规律,最终达到反映政府在经济中重要程度的变化趋势的目的。

从世界范围看,随着经济的发展,各国公共支出的规模呈不断增长的趋势。这种趋势不仅反映在资本主义自由上升时期所实行的"小"政府和"小"财政阶段,更明显地表现在政府强化干预经济的垄断资本主义时期。下面可以通过对西方社会数百年来公共支出发展的考察,归纳出其增长的趋势和增长的具体特征。

首先,公共支出的绝对规模急剧膨胀。尽管在自由资本主义时期,资本自由发展这一经济基本态势使得公共支出的规模被压缩到最低限度,但其间特别是从18世纪中叶开始的产业革命所带来的经济的迅速而又相对持续的发展,仍使得公共支出的绝对数量随着经济规模的膨胀而有所扩大。到了垄断资本主义时期,随着政府对经济实施干预和经济总规模的扩大,西方公共支出的绝对规模更为迅速地增长。马斯格雷夫(1984)指出,在1890—1980年这90年间,不考虑物价因素,美国的公共支出规模从8亿美元增加到8 690亿美元,增长了1 086倍。即使考虑物价因素,马斯格雷夫以1958年不变价格计算得出的结论是:1890—1980年,美国的公共支出规模也增长了105倍。布朗和杰克逊(1990)针对英国的发展情况也指出,在1900—1987年的近90年间,英国的公共支出规模(不考虑物价因素)从2.8亿英镑增加到1 680.2亿英镑,增长了600倍。其他国家公共支出规模的绝对增长大致也是同样惊人的数字。

其次,公共支出的相对规模大幅度上升。如果说影响公共支出绝对规模的最主要的因素是社会经济总规模大小的话,那么作为社会管理者的政府对经济的干预程度,则更多地体现在公共支出的相对规模上,亦即体现在公共支出占国民生产总值(GDP)的比重上。从发达国家来看,几百年来公共支出的这一相对比重一直在逐步上升,特别是20世纪30年代政府开始有意识地干预经济之后(见表7-1)。

表7-1 部分发达国家过去100年来公共支出相对指标

年　份	法　国	德　国	日　本	瑞　典	英　国	美　国
1880	15	10	11	6	10	8
1929	19	31	19	8	24	10
1960	35	32	18	31	32	28
1985	52	47	33	65	48	37

说明:1. 1880、1929年数字系占国民生产总值的比例,1960、1985年数字为占国内生产总值的比例。
　　　2. 德国1960、1985年为原德意志联邦共和国数字。
资料来源:世界银行:《世界发展报告》,中国财政经济出版社1988年版,第44页。

从表7-1可以清楚地看出,在发达国家近百年的发展史中,公共支出相对规模平均增长了约30个百分点,其中法国和德国上升了37个百分点,瑞典、英国、美国分别上升了59、38、29个百分点,日本上升幅度最小,但也上升了22个百分点。各国的公共支出所占比重在1929年前的上升幅度并不大,之后却有显著的上升。这标志着在当今世界范围内政府财政活动规模的日益扩大和公共支出政策在全社会宏观经济全局中的地位逐步加强。

再次,公共支出的增长伴随着公共支出内容和范围的扩张。在几百年的资本主义经济发展过程中,西方的公共支出主要集中在消耗性支出上,如军事支出、行政支出和警察、司法支出等。但从20世纪30年代以后,以社会保障支出、社会福利支出为主要内容的转移性支出急剧扩张,成为西方公共支出中占第一位的支出项目。以1980年和1984年的数据为例,美国联邦政府支出中的这两项支出所占比重分别为34.11%和32.08%。不仅如此,随着凯恩斯主义的赤字财政政策在西方国家的推行,也使得政府债务利息支出日益成为公共支出中的重要项目。以美国为例,1941—1982年联邦政府的债务利息猛增116倍,而同期联邦政府总支出仅增长53.3倍,这就导致联邦政府利息支出占总支出的比重迅速上升,在40余年间从7.52%上升到16.06%,提高了1倍以上。

最后,公共支出增长是呈螺旋式上升的。从西方发达国家的公共支出增长过程来看,每当国家出现经济危机、战争、大灾荒等社会动荡时,公共支出规模必然会伴随着政府干预力度的加强而大幅度增加,之后,它又会回落并保持一定的稳定性。

第二节 公共支出增长理论

各国公共支出规模都经历了一个从小到大的演变过程。工业化国家从19世纪70年代直至20世纪90年代中期,公共支出基本上保持着增长的态势。市场转型之前的各个社会主义国家,尽管政府都掌握了大量的经济资源,而不同于市场经济国家,但公共支出的演变也表现出相同的趋势。从20世纪80年代开始,英、美等发达国家开始进行财政调整,公共支出规模得到控制,支出增长得到一定程度的遏制。而转型国家的政府则在改革中逐渐退出营利性经济领域,公共支出的相对规模也在一定时期内呈现出缩小的状态。

对于公共支出的增长现象,西方经济学家从宏观和微观的角度均做了理论上的解释,试图找出公共支出增长的原因及可能存在的规律。

一、公共支出增长的宏观模型

(一)瓦格纳的政府活动扩张法则

德国财政学家阿道夫·瓦格纳(Adolph Wagner)在19世纪80年代对西方工业化国家的工业化进程进行考察后认为:一国政府的支出与其经济增长之间,即政府职能的扩大与国家收入增长之间,是存在着一种函数关系的。这种函数关系,即公共支出增长趋势可用图7-1表示。

在图7-1中,Y表示经济发展的规模(如国民收入),G为政府的支出规模,曲线E反映公共支出规模与经济发展规模的函数关系,A、B分别是曲线E上的两点。图7-1表明,随着一国经济的发展和国家职能的扩大,公共支出的规模将不断增加。瓦格纳认为,政府活动不断扩张所带来的公共支出的不断增长,是社会经济发展的一个客观规律。

对于工业化国家公共支出规模之所以会呈现增长趋势,瓦格纳提出了以下理论解释。

第一,工业化的发展在带来社会发展的同时,也会因为经济结构和经济交往的日益复杂化而导致各种摩擦或社会冲突,这就必然要求政府通过更多的资源配置实现法律、法规和治安防范设施的完善,以保证市场机制发挥作用所必需的社会"环境条件"。

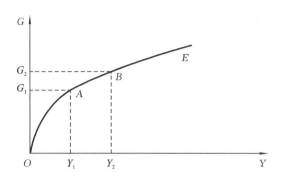

图 7-1 公共支出增长趋势

第二,基于进入工业化发展阶段之后大量具有外部性特征的行业的发展需要,以及私人融资的局限,政府从提高资源配置效率的角度出发,越来越多地直接参与生产性活动。

第三,随着人们收入水平的提高,在需求的收入弹性作用下,人们对教育、娱乐、文化、保健和公共福利的需求也将有所扩大。因此,政府有必要介入这些项目,将这些物质或劳务的提供纳入其职能范围。

据此,瓦格纳得出结论:政府活动的不断扩张所带来的公共支出的不断增长,是社会经济发展的一个客观规律。该规律可以理解为:随着人均收入的提高,公共支出的相对比例也会提高。

瓦格纳是在经验分析的基础上得出这种结论的。他把导致公共支出占 GDP 的比率上升的因素分为政治因素和经济因素。政治因素是指国家活动规模的扩大;在经济因素方面,他提出了市场失灵和外部性的观点,以及收入弹性的概念。他认为,随着经济的工业化,正在扩张的市场和这些市场中的当事人之间的关系会变得更加复杂化。这种市场中的相互关系对商业法和契约法产生了需求,而后要求建立司法与行政制度。城市化与高居住密度将产生外部效应,拥挤又需要公共部门进行干预和调节。因此,像法律、警察、银行服务的出现与发展是商品经济发展的必需。他把对教育、娱乐文化、保健与福利的公共支出的增长归因于需求的收入弹性。于是,随着 GDP 的上升,对于这些项目公共支出的增长率将会超过 GDP 的增长率。简言之,在社会经济日益工业化的过程中,国家职能的内涵和外延都在不断扩大,即不仅有旧有职能的不断扩大,而且还有新的职能不断出现,从而导致政府经济活动不断增加,所需经费开支相应上升。瓦格纳这一政府活动扩张法则的提出,堪称是开创性成果,它已成为公共支出增长最为经典的分析。后来,发展有关公共支出增长的理论几乎都是基于对此的验证和补充。

(二)皮考克与怀斯曼的梯度渐进增长理论

英国经济学家皮考克(Peacock)和怀斯曼(Wiseman)在 1961 年出版的《联合王国公共支出的增长》一书中,对英国 1890—1955 年间政府支出的增长进行了研究,得出的结论是:英国公共支出的增长是呈"阶梯式"、"非连续"的,从而提出了公共支出的梯度渐进增长论,以说明政府支出的增长趋势和"时期模型"。其基本观点是:从长期来看,公共支出的增长不是直线型的,而是呈现出一种阶梯形增长的特点。只要突破某一"临界点",支出便会跃上一个新的高度。其模型,即财政支出梯度渐进增长趋势如图 7-2 所示。

该理论的分析是建立在以下假设之上的:政府总愿意多支出,以便提供更多的公共

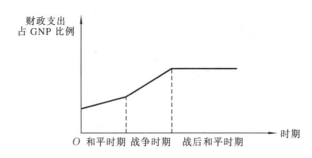

图 7-2 财政支出梯度渐进增长趋势

品;而公民在拥有和享受公共品效益的同时,却对多缴税款心存抗拒。因此,当政府在决定预算中的支出规模时,应密切关注公民对税收的反映,公民"可容忍的税收水平"是政府公共支出的约束条件。

基于以上假设,在社会正常发展时期,随着经济的繁荣和收入水平的上升,税收收入在税率不变(可容忍的税收水平不变)的情况下也将增长。于是公共支出的上升会与国内生产总值的上升成线形关系,即国内生产总值上升—收入上升—税收上升—公共支出上升。但这种公共支出逐渐上升的趋势有一定的阶段性,一旦社会进入动荡时期(如战争、饥荒或其他社会灾难),常规将被打破,随之而来的是政府公共支出跳跃性的急剧增长。皮考克与怀斯曼把这一增长归功于"替代效应"的作用,即政府为了应急不得不扩大开支、提高税率,而公众面临社会危机时在心理上会接受一个更高的"可容忍的税收水平",从而使新的税收水平替代原来的税收水平,公共支出替代私人支出。在战争或其他社会动乱结束后,公共支出也不会像想象的那样降到原来的水平,而是会在一个较高的水平上保持逐步增长。皮考克与怀斯曼用"审视效应"对此做了解释:一方面,是由于战乱后的还债、抚恤、重建等政府支出不可能靠原有水平的税收来支付;另一方面,是由于经过危机后公众对社会问题有了较深刻的审视与认识,愿意接受较高税收水平,以支持政府实现其职能。这样,公共支出的增长就实现了又一个大的跳跃。

由此可见,按照皮考克和怀斯曼的梯度渐进增长理论,造成公共支出增长的因素可归结为两种,即在正常时期的内在因素和在非正常时期的外在因素。

1. 内在因素

在税率不变的税收制度下,随着经济的发展和国民收入的增长,政府所征得的税收收入必然呈现不断增长的趋势。政府为追求政治权力最大化,倾向于多支出。如果既有的公共收入水平不能构成对政府扩大支出欲望的约束,那么政府公共支出的上升必然会同GDP 的增长,以及由此带来的公共收入的增长呈线性关系。

2. 外在因素

在社会发展过程中的动荡时期,如发生战争、饥荒及其他的社会灾难时,政府的支出不能不急剧增加。于是,政府会被迫提高税率或增加新税,不愿多缴税的公众也会被迫接受提高了的税率和新增的税种。但在动荡时期过后,税率水平并不会退回到原来的水平上,有些新税还要继续存在。因此,政府就要继续维持动荡时期的高额支出。

皮考克与怀斯曼的梯度渐进增长理论认为,财政支出的增长并不是均衡、同一速度向前发展的,而是在不断稳定增长的过程中不时出现一种跳跃式的发展过程。这种非均衡性增长是在一个较长时期内进行的。在这一时期内,稳定增长和突发性增长是交替进行的。因而,这一理论主要是通过考察财政支出增长趋势中具有特定意义的时间形态,并从这些特定的时间形态中来寻找政府支出增长的根本原因。这一研究方法是继瓦格纳考察公共支出长期趋势后的又一进步,就其理论阐述的内容来看,它通过对国家与公众关系及心理的分析,已经初步融入了公共选择学派的思想。在他们看来,财政支出增长要受到纳税人税收容忍水平的制约,因为在西方的民主政体中,纳税人的选票可以影响政治制度的投票结果。从某种意义上讲,他们所认定的财政支出水平也是由政治制度中的多数投票原则所决定的水平,这一点与公共选择学派的观点类似,从而在一定程度上把财政支出与政治过程结合起来了,这是皮考克和怀斯曼的梯度渐进增长理论的创新之处,其突出贡献在于考虑了偏好及公共支出的时间形态。

(三) 马斯格雷夫与罗斯托的经济发展阶段论

美国经济学家马斯格雷夫(Richard A. Musgrave)和罗斯托(Walt Whitman Rostow)根据经济发展阶段理论,在对不同国家不同发展阶段的支出状况进行大量的比较研究之后,从公共支出作用变化的角度,对公共支出增长进行了深入的分析,建立了公共支出增长的发展模型。

这一模型按照结构主义的方法,对时间序列资料和处于不同发展阶段的国家的横截面资料进行分析,揭示出经济发展不同阶段财政支出增长和结构变化的特点。具体来说,分为以下三个阶段。

1. 经济发展的早期阶段

在经济发展的早期阶段,政府投资在社会的投资总量中所占的份额较大。由于交通、水利、通信等基础设施落后,直接影响私人部门生产性投资的效益,从而间接影响整个经济的发展。而对这类经济基础设施的投资往往数量大、周期长、收益小,私人部门不愿意投资或由于资本积累有限而没有能力投资,但对这些经济基础设施的投资又是具有较大的外部经济效益的。因此,需要政府提供,为经济发展创造一个良好的投资环境。在这一阶段,公共资本的作用很大,因为公共部门在这一时期肩负着为社会提供必要的物质条件和人力资源的任务,要为经济发展提供如道路、运输系统、环境卫生系统,以及法律与秩序、健康与教育及其他用于人力资本的投资等社会基础设施,这是促进经济起飞到经济发展中期阶段所必需的。

2. 经济发展的中期阶段

在经济发展的中期阶段,即起飞阶段,私人产业部门业已兴旺,资本存量不断扩增,私人企业和农业的资本份额增大,那些由政府提供的具有较大外部经济效益的基础设施已基本完成,对它们投资的增加也逐渐变缓了。此时,私人资本积累开始上升,公共积累支出的增长率就会下降,而且公共积累支出在整个社会总积累支出中所占的比重就会下降。但政府仍需增加支出,不过这一时期的政府投资是对私人投资增长的补充,用于弥补市场失效、提供社会发展所需的公共品和劳务。

3. 经济成熟阶段

在经济成熟阶段,公共净投资的份额又会上升。因为随着人均收入进一步增长,人们对生活质量提出了更高的要求,私人消费形式将发生变化,从而预算支出也要发生变化。

公共支出结构将转向教育、医疗和社会福利支出。在经济转入"大量消费"及"生活质量"阶段以后，在公共支出中用于推行社会保障和收入再分配政策的社会消费性支出将比用于其他方面的支出有更大的增长。这一阶段，对私人消费品的补偿性公共投资处在显著地位，公共积累支出出现较高的增长率。

经济发展阶段论与其他公共支出增长理论不同，更注重公共支出结构在不同时期的变动规律，这对研究不同发展阶段政府及财政职能的转换具有十分积极的现实意义。

（四）非均衡增长模型

美国经济学家威廉·鲍莫尔（Baumol）对公共支出增长原因的解释是从公共部门平均劳动生产率偏低的现象入手的。鲍莫尔将经济分为两个部门：进步部门和非进步部门。进步部门因为在规模经济和技术革新上有优势，劳动生产率的累积性得以提高，从而生产率高。生产率差异的直接原因，是劳动要素在生产过程中所发挥的作用差异所导致。在生产率高的进步部门，劳动主要是作为工具使用，是生产最终产品所不可或缺的要素。而在生产率低的非进步部门，劳动本身就是最终产品。进步部门可用资本代替劳动而且不影响产品的性质，而非进步部门由于劳动服务本身就是提供消费的产品的一部分，因此劳动量的减少会改变所生产产品的性质。

非进步部门主要包括的是服务性行业，如公共部门的服务、餐馆、手工艺行业和表演行业等，其生产和服务都是劳动密集型的。这些行业生产率的提高仅仅是在偶然间发生，而且速度很缓慢。

在进步部门，劳动生产率的提高与工资率的提高几乎是一致的，其成本保持不变。为防止劳动从非进步部门流向进步部门，非进步部门就必须将工资率提高至进步部门相同的水平。而非进步部门的生产率提高速度跟不上，导致其成本提高，这就意味着下一阶段非进步部门产出的机会成本会提高。如果非进步部门的产出不下降，则总成本必然上升。

若要维持进步和非进步两个部门的均衡增长，政府部门的支出必须增加，同时也会导致整体经济增长率的不断降低。因此，作为生产率偏低的政府部门的规模必然越来越大，负担越来越重，公共支出也将不断地增长。

二、公共支出增长的微观模型

建立公共支出微观模型的目的，是通过分析影响公共支出的供需因素，从微观层面上说明公共支出所呈现的增长趋势。此模型有几个特点：①它是时间型的实证模型，它试图按导致公共支出增长的各个因素来说明公共支出的增长途径；②它几乎不涉及公共支出是否应该遵循预算平衡的问题；③它不反映公共品提供的效率；④作为实证模型，它是动态的，但前提假设却非常简单。

公共支出的直接目的是服务于公共部门的产出。公共部门的产出在多数情况下是无形的，所以很难衡量。例如，教育这一产品，它可以发挥多方面的功能：它不仅是人力资本的投资，而且影响个人的收入潜力。教育多方面的特点使它既成为现期的消费品，又成为可持续的消费品。对个人来说，既有受教育的原因，也有为未来多赚钱的原因；而对整个社会而言，教育可以提高国民素质和生产能力，促进社会发展和整体生活水平的提高。其他公共品和服务也都具有多重性质。然而，也不应夸大对于公共部门产出的衡量难度。为简化分析，假设对整个社会只提供或高或低的一种水平的教育，可以考虑有不同数量服务要求的个人(即不同的服务水平),并考察提供不同服务水平的公共部门。

个人在一定的预算约束下要求特定水平的 G_i(即第 i 种公共提供的产品),用 G_i 代表个人 k 对第 i 种公共品特定水平的需求。为了提供特定水平的 G_i,公共部门组织若干生产活动。这样就可以建立起公共部门的最终产出和用于生产这些产出的公共部门活动方式之间的函数关系,即

$$G_i = G_i(X_i, N) \tag{7-1}$$

式中:G_i 为第 i 项公共劳务的最终产量;X_i 为用于生产 G_i 的中介活动;N 为人口规模。表明 G_i 的规模是生产 G_i 中介活动和人口规模的函数,即对 G_i 的需求不仅取决于人口规模,还取决于环境(中介品的数量)。

$$X_i = X_i(L_i, M_i) \tag{7-2}$$

式中:L_i 为用于生产 G_i 的劳动收入;M_i 为用于生产 G_i 的物资。表明用于生产公共服务 G_i 的中介活动的生产函数取决于劳动与物资的投入。

综上可得出结论——影响公共部门支出的因素有:①公共部门的产量水平;②服务环境;③人口因素;④公共品的质量;⑤公共部门的投入品价格。

(一) 公共部门的产量水平

公共产出是由供需双方共同决定的,最终的产量水平取决于双方的力量对比。

政治家的效用函数为

$$U^p = U^p(S, \boldsymbol{G}, \boldsymbol{P})$$

式中:U^p 为第 p 个政治家的效用函数;S 为因职位而获得的个人收益;$\boldsymbol{G}$ 为公共供应产品的向量;$\boldsymbol{P}$ 为私人部门产品的向量。

政治家为了当选,通常要考虑中间投票人的意愿,而中间投票人的目标是效用最大化,用函数表示为

$$\max U^p(\boldsymbol{G}, \boldsymbol{P})$$

其约束条件为
$$\text{s.t. } p\boldsymbol{P} + tB_i \leqslant Y_i, \quad T_i = tB_i$$

式中:i 为中间投票人;$\boldsymbol{G}, \boldsymbol{P}$ 分别为公共品和私人品向量;p 为私人部门产品的相对价格向量;Y_i 为中间投票人的收入;t 为税率;B_i 为中间投票人的税基;T_i 为中间投票人的纳税总额,即

$$T_i = tB_i$$

(二) 人口因素

人口的规模、年龄结构、人口密度、学龄儿童人数、老年人的比例等,都会对公共支出产生一定程度的影响。

1. 人口规模变化对公共支出的影响

人口增加与公共支出之间的关系可用拥挤函数表示为

$$A_i = X_i / N^a$$

式中:A_i 为第 i 种公共品为各个社会成员提供的服务;X_i 为用于生产 G_i 的活动;N 为人口规模;a 为拥挤系数。此函数表明:人口规模和财政支出规模之间的关系,取决于被供给的公共品和劳务的性质。具体情况如下。

(1) 如果是纯公共品,则 $a=0$,则 $N^a=1$,$A_i = X_i$。这时,各人得到的公共品服务是

整个社会所提供的第 i 种服务总量。就纯公共品而言,由于它具有消费的非竞争性,人口的增长只会导致公共支出的零增长。人口增加后,每增加一个消费者的边际成本为零,公共支出的成本不会增加;但随着人口的增加,每个人所要分摊的公共品成本(人均支出)反而会下降,相当于价格下降,从而导致每个人对服务需求水平的上升,使公共支出增加。

(2) 如果是私人品,则 $a=1$,$N^a=N$,物品的效用可以分割,每个人的效用为 X_i/N。人口的增加使每个人的效用同比例地减少,从而导致公共支出增加。

(3) 如果是混合品,则 $0<a<1$,每个人的效用随着人口的增加而减少。若要保持原有的效用水平,就必须增加公共支出,不过公共支出的增长率小于人口增长率。

2. 人口结构变化对公共支出的影响

人口中某一特定人群的增长或某一地区的人口密度增长,对公共支出的影响更为显著。例如,学龄儿童人数的上升,就要求学校的规模扩大或数量的适度增加;人口老龄化社会对社会保障支出的需求比一般社会要高得多;城镇化建设带来的城市人口密度增加,要求政府增加城市基础设施的供给等都导致公共支出增加。

(三) 服务环境

用于生产公共品的中间活动是提供公共品的生产组合,它随着服务环境的变化而改变。这里的环境,是指生产一定水平的产出量所需资源的社会经济与地理变量。不同的生产活动所需的资源不同,随着环境的变化和活动方式的调整,相同的公共产量水平对公共支出的需求水平也不同。社会不断发展,公共劳务的服务环境越来越复杂,公共服务的难度也不断加大,导致公共部门为维持原有的劳务水平而增加公共支出。

以警察服务为例。中间投票人在任何时候都有某一水平的需求。一个地区的警察服务水平取决于该地区的财产数量、人口状况、犯罪率等因素,若其中人的因素恶化,则为了维护原有的警察服务水平,公民就必须多缴税,而政府则必须调整警察活动方式,增加警力,加强对犯罪活动的防范与打击力度,从而导致公共支出的增长。

现实中许多公共支出的增长更多的是因为服务环境的恶化,而不是因为公共部门的服务效率降低所致。服务环境包括国内的,也包括国际的。

(四) 公共品的质量

随着人们收入水平的提高,他们对公共品的需求也不断增长。其中包括两个层次的内容:一是指公共品数量的增加;二是指公共品质量的提高。虽然这两种需求同时存在,但随着社会经济的发展,后者更能代表人们需求增长的趋势。这既反映在人们需要更高水平的安全、教育、保健和环境上,还反映在人们需要更快捷、高效、公正的公共部门服务需求上。所以公共品质量的提高也是导致公共支出增长的一个重要因素。例如,教育水平的提高,就要求政府增加教育支出投资规模和经费数额;病种的增加和医疗水平的提高,就要求政府对医疗卫生的支出相应提高。

(五) 公共部门的投入品价格

美国经济学家鲍莫尔通过建立所谓非均衡增长模型的分析和研究得出结论:从劳动生产率增长差别可以看出,公共支出的增长还可能是公共部门投入品价格上升的结果。公共部门的活动是劳动密集型的,其生产效率的提高比资本密集型的制造业慢很多,而公共部门的工资提高却常常与私人部门同步。因此,公共部门要维持原有产量和质量,必须提高单位成本,进而导致公共品相对私人品的价格上升。若公共部门活动的需求无弹性,则公共支出不断增长。此即鲍莫尔法则或相对价格效应。

在实践中,公共部门的增长快于生产率的提高,导致政府支出在国民收入中的比重持续上升。

案例 7-1

帕金森定律

英国著名历史学家诺斯古德·帕金森通过长期调查研究,写出一本名叫《帕金森定律》的书。他在书中阐述了机构人员膨胀的原因及后果:一个不称职的官员,可能有三条出路:第一是申请退职,把位子让给能干的人;第二是让一位能干的人来协助自己工作;第三是任用两个水平比自己更低的人当助手。第一条路是万万走不得的,因为那样他会丧失许多权力;第二条路也不能走,因为那个能干的人会成为自己的对手;看来只有第三条路最适宜。于是,两个平庸的助手分担了他的工作,他自己则高高在上发号施令,他们不会对自己的权力构成威胁。两个助手既然无能,他们就上行下效,再为自己找两个更加无能的助手。如此类推,就形成了一个机构臃肿、人浮于事、互相扯皮、效率低下的领导体系。

自上而下,一级比一级庸人多,因此第三条出路就产生出机构臃肿的庞大的管理机构。由于对于一个组织而言,管理人员或多或少是注定要增长的。那么这个帕金森定律,注定要起作用。所以也就有这样一个公式:

$$X = [100(2KM + L)/YN] \times 100\%$$

其中:K 表示一个要求派助手从而达到个人目的的人,从这个人被任命一直到他退休,这期间的年龄差别用 L 来表示;M 是部门内部行文通气而耗费的劳动时数;N 是被管理的单位。用这个公式求出的 X 就是每年需要补充的新职工人数。数学家们当然懂得,要找出百分比只要用 X 乘 100,再除以去年的总数 Y 就可以了。不论工作量有无变化,用这个公式求出来的得数总是处在 $5.17\% \sim 6.56\%$。

显然,如此类推,就形成了一个机构臃肿、人浮于事、互相扯皮、效率低下的领导体系。而且这个帕金森定律不仅在官场中出现过,在很多其他组织中都能看到这样的现象。

(案例来源:中国 MBA 网)

思考与提示

帕金森定律在你身边的例子及其启示。

第三节 我国公共支出规模变化趋势的实证分析

新中国成立以来,尤其是改革开放以来,我国公共支出的规模发生了巨大的变化:我国在改革开放的相当长的时间内,其总量增长缓慢,占 GDP 比例不断下降,而我国的经济却保持了高速增长,而且我国的公共支出结构也在经济转型过程中发生了较大的变化。本节将对我国公共支出规模的变化情况从绝对量和相对量等方面进行全面分析,以反映公共支出的变化规律和趋势。

一、我国公共支出规模的变化概况

纵观我国公共支出的历史可以看出,其规模变动以改革开放为界明显分为两个阶段。改革开放前,我国公共支出规模通常维持在 30% 左右的水平,其中,"一五"为 28.16%,"二五"为 34.06%,"三五"为 26.27%,"四五"为 29.12%,"五五"为 28.83%。这期间,公共支出规模变动还呈现出另一特征:公共支出规模同国内生产总值、财政收入呈高度正相关性,即公共支出随着 GDP 和财政收入的提高而逐步提高。但这些特征在改革开放以后发生了巨大的变化。改革开放以来,我国经济发展取得巨大成就,经济实力日益强大,为政府配置资源提供了充实的物质基础,国家公共支出的绝对规模也随之不断扩大。1978—2013 年的 35 年中,国内生产总值增长 150 多倍,同期公共支出规模也在增长。但是,由于受到财政收入规模的制约,公共支出占国内生产总值的比重总体呈下降趋势,从 1996 年开始才有所回升。主要体现在以下几个方面。

(一)公共支出绝对规模持续增长

从总量上考察,自 1978 年以来,我国公共支出绝对规模基本上是逐步增加的,而且增长速度也比较快,从 1978 年的 1 122 亿元增长到 2013 年的 140 212.1 亿元,增长了 124 倍。阶段性特征表明为:公共支出的增长并不是呈直线上升,而是呈现出波浪形的状态,1978—2013 年我国公共支出规模变化情况如表 7-2 所示。

从表 7-2 中可以看出,1978 年以后,我国公共支出相对规模基本上一直呈下降趋势,已从 1979 年的 31.6% 降至 2013 年 24.6%,35 年间下降了 7 个百分点,其中:1979—1996 年比重由 31.7% 降至 11.2%,下降了 20.5 个百分点;1996—2013 年比重由 11.2% 上升至 24.6%,上升了 13.4 个百分点。这表明我国在改革开放以来经济快速发展的同时,政府控制的财政资源却相对减少,在 1996 年之后又相比上年相对增加一点。

表 7-2　1978—2013 年我国公共支出规模变化情况

年份	公共支出/亿元	公共支出增长率/(%)	国内生产总值 GDP/亿元	公共支出占 GDP 的比重/(%)	年份	公共支出/亿元	公共支出增长率/(%)	国内生产总值 GDP/亿元	公共支出占 GDP 的比重/(%)
1978	1 122.1	—	3 645.2	30.8	1996	7 937.6	16.3	71 176.6	11.2
1979	1 281.8	14.2	4 062.6	31.6	1997	9 233.6	16.3	78 973.0	11.7
1980	1 228.8	−4.1	4 545.6	27.0	1998	10 798.2	16.9	84 402.3	12.8
1981	1 138.4	−7.5	4 891.6	23.3	1999	13 187.7	22.1	89 677.1	14.7
1982	1 230.0	8.0	5 323.4	23.1	2000	15 886.5	20.5	99 214.6	16.0
1983	1 409.5	14.6	5 962.7	23.6	2001	18 902.6	19.0	109 655.2	17.2

续表

年份	公共支出/亿元	公共支出增长率/(%)	国内生产总值GDP/亿元	公共支出占GDP的比重/(%)	年份	公共支出/亿元	公共支出增长率/(%)	国内生产总值GDP/亿元	公共支出占GDP的比重/(%)
1984	1 701.0	20.7	7 208.1	23.6	2002	22 053.2	16.7	120 332.7	18.3
1985	2 004.3	17.8	9 016.0	22.2	2003	24 650.0	11.8	135 822.8	18.1
1986	2 204.9	10.0	10 275.2	21.5	2004	28 486.9	15.6	159 878.3	17.8
1987	2 262.2	2.6	12 058.6	18.8	2005	33 930.3	19.1	184 937.4	18.3
1988	2 491.2	10.1	15 042.8	16.6	2006	40 422.7	19.1	216 314.4	18.7
1989	2 823.8	13.3	16 992.3	16.6	2007	49 781.4	23.2	265 810.3	18.7
1990	3 083.6	9.2	18 667.8	16.5	2008	62 592.7	25.7	314 045.4	19.9
1991	3 386.6	9.8	21 781.5	15.5	2009	76 299.9	21.9	340 902.8	22.4
1992	3 742.2	10.5	26 923.5	13.9	2010	89 874.2	17.8	401 512.8	22.4
1993	4 642.3	24.1	35 333.9	13.1	2011	109 247.8	21.6	473 104.0	23.1
1994	5 792.6	24.8	48 197.9	12.0	2012	125 953.0	15.3	519 470.1	24.2
1995	6 823.7	17.8	60 793.7	11.2	2013	140 212.1	11.3	568 845.2	24.6

注释：数据来源于中国统计年鉴(2014年)、历年《财政统计年鉴》及根据相关数据的推算而得。

（二）公共支出相对规模总体呈下降趋势，直至1996年后才逐步回升

在公共支出绝对规模增长的同时，我国的公共支出占国内生产总值的比重，从总体上看，却呈现在波动中逐步下降的趋势，如表7-2所示。

从表7-2中可以看出，1978年以后，我国公共支出相对规模基本上一直呈下降趋势，已从1979年的31.6%降至2005年的18.3%，27年间下降了13.3个百分点。其中：1979—1996年，比重由31.6%降至11.2%，下降了20.4个百分点；1996—2004年，比重由11.2%上升至17.8%，上升了6.6个百分点；2005年又降为18.3%。这表明，我国在改革开放以来经济快速发展的同时，政府控制的财政资源却相对减少，直到1996年之后才比上一年相对增加了一点。

二、我国公共支出规模的变动分析

（一）公共支出规模的变动分析

从表7-2中的数据中可以看出，我国公共支出规模从1978年以来迅速下降，并于1996年达到公共支出的最低水平11.2%，之后才有所攀升，于2013年回归到24.6%。可见，这期间我国公共支出规模总的变动趋势是不断下降的，这与瓦格纳法则背道而驰。自1978年之后，我国的GDP稳定增长，年均增长率为9.4%，而公共支出虽有所增长，但其速度远不及GDP的增长，公共支出规模没有呈现与GDP同步增长的变化趋势。图7-3是我国GDP、公共支出、公共支出规模变动趋势图，从中可看出我国公共支出规模的变动。

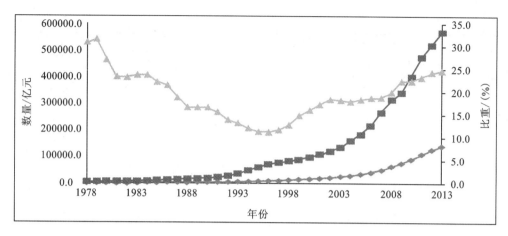

图 7-3 我国 GDP、公共支出、公共支出规模变动趋势图

——公共支出(亿元);——公共支出占 GDP 的比重/(%);——GDP(亿元)

(二) 综合公共支出规模的变动分析

综合公共支出规模是指综合公共支出占国内生产总值的比重。我国的政府资金包括预算内、预算外和制度外三部分,这与国外将全部政府资金纳入预算的做法有很大区别,具有很强的中国特色。由于制度外部分难以统计,这里的综合公共支出仅指预算内和预算外的支出。

改革开放 30 多年以来,预算外政府支出随着预算内支出总量的扩张而逐年增长,不仅总量增长迅速,而且预算内支出的比重不断提高,由 1985 年的 68.6% 上升到 1992 年的 97.95%,基本与预算内支出总量持平。1993 年由于调整预算外资金口径,有 2 000 多万元资金不纳入预算外资金,其比重有所下降,但也因此造成 1993 年之后的数据缺乏说服力。由于预算外资金的变动,使得综合公共支出规模的变动呈现出相同的特征。

(三) 各类公共支出的规模变动分析

从改革开放初期到现在,随着我国政府职能的转变,在公共支出结构中的各分类支出所占比重也相应有所变化。我国的财政支出结构出现的大变化主要在以下三个时期:1988—1989 年、1992—1993 年和 1996—1997 年,这三个时期我国在财政金融等体系进行了较大的改革。下面就结合记录 1983—2002 年我国财政支出结构的表 7-3,对其加以说明。

表 7-3 1978—2006 年我国财政支出结构　　　　　　　　　　单位:%

年 份	经济建设费	社会文教费	行政管理费	国防费	其他支出
1983	59.18	12.61	6.21	7.75	14.25
1984	57.87	12.26	6.57	6.42	16.89
1985	57.82	12.49	6.98	5.67	17.05
1986	54.09	13.14	7.97	5.31	19.50
1987	54.92	12.65	8.18	5.11	19.13

续表

年　份	经济建设费	社会文教费	行政管理费	国防费	其他支出
1988	54.00	12.79	8.77	4.70	19.75
1989	49.73	12.83	10.14	4.72	22.59
1990	48.60	13.10	10.39	5.01	22.59
1991	47.96	13.43	9.81	5.10	23.71
1992	49.86	13.50	10.00	5.11	21.54
1993	40.69	19.78	16.86	7.15	15.52
1994	41.10	20.01	18.68	7.34	12.87
1995	42.12	19.19	19.00	6.95	12.74
1996	42.73	17.67	21.88	6.11	11.62
1997	37.43	20.72	24.56	6.82	10.47
1998	36.43	21.37	25.69	6.81	9.70
1999	35.09	22.29	25.65	6.59	10.39
2000	32.56	22.58	27.72	6.22	10.93
2001	30.65	22.91	28.18	6.34	11.92
2002	27.41	22.89	27.14	6.60	15.97
2003	28.04	26.24	19.03	7.74	18.94
2004	27.85	26.29	19.38	7.72	18.75
2005	27.46	26.39	19.19	7.29	19.67
2006	26.56	26.83	18.73	7.37	20.51

从上表可以看出,我国财政支出结构的变化主要体现在以下五个方面。

1. 经济建设支出比例大幅减小

随着我国经济体制的逐渐转型,国家直接干预经济的程度逐渐减弱,理所当然经济建设的支出比重也逐年下降。

2. 社会文教支出比例有所上升

社会文教支出具有公共品的性质,是关系到人民生活质量的支出。随着我国逐渐建立公共财政体制,这部分的比例在不断增加。

3. 行政管理支出比例大幅度上升

我国行政管理支出占财政支出的比例一路攀升,挤占了财政节约出来的大部分资源,阻碍了我国财政支出效益的提升。

☐ **4. 国防支出比例低而稳定**

我国的国防支出一直维持在较低水平,且比较稳定。

☐ **5. 其他类支出呈倒"U"型**

>
>
> ### 案例 7-2
>
> #### 别了,预算外资金
>
> "全面取消预算外资金,将所有政府性收入纳入预算管理。"预算报告提及2011年财税改革进展时的这一表述意味着,继农业税之后,我国财政领域中的另一个"专有名词"——预算外资金也成了历史。
>
> 这是我国预算管理制度改革乃至财政制度改革进程中的一个重要里程碑。
>
> 预算外资金始于20世纪50年代,是特定历史条件下的产物,曾在一定时期对经济社会发展起到积极作用。但从20世纪80年代开始,预算外资金规模越来越大,容易游离于有效监管之外,成为滋生乱收费、小金库乃至腐败问题的温床。
>
> 20世纪90年代以来,通过实行以"收支两条线"管理为中心的预算外资金管理改革,预算外资金的规模已得到有效控制。2010年6月,财政部制发《关于将按预算外资金管理的收入纳入预算管理的通知》,决定从2011年1月1日起把按预算外资金管理的收入(不含教育收费)全部纳入预算管理。据初步统计,2011年中央约60亿元,地方约2500亿元原按预算外资金管理的收入纳入预算管理,成为去年全国财政增收的特殊因素之一。
>
> 全面取消预算外资金,将所有政府收支全部纳入预算管理,不仅仅是增加了财政的非税收入,其更深刻的意义在于规范了政府资金的分配秩序,保证了预算的完整,推动了由公共财政预算、政府性基金预算、国有资本经营预算和社会保险基金预算组成的有机衔接的政府预算体系建设;强化了财政资金管理,有利于人大和社会各界加强对财政资金的监督,提高了财政管理透明度和依法理财水平。同时,规范了市场经济秩序,有利于减少乱收费、乱罚款和乱摊派等不良现象,有利于从源头上治理腐败。
>
> 当然,预算外资金全部进了预算"盘子",与执收执罚单位"收支脱钩",还只是迈出了改革的关键一步。进一步清理规范收费、基金政策,以及规范非税收入部门和单位的执收执罚行为,避免非税收入减免上的权力寻租,确保非税收入应收尽收等问题,仍需要深化监管和体制改革来解决。
>
> (案例来源:朱安明. 别了,预算外资金[N]. 中国财经报,2012-03-09.)
>
> #### 思考与提示
>
> 1. 预算外资金的历史作用是什么?
> 2. 当前为什么要取消预算外资金?

(四) 我国中央与地方政府支出规模变动分析

改革开放以来,我国地方政府财政支出比例一般高于中央,而且两者的差距具有加大趋势。1983年,地方与中央政府的支出比例相差不大,中央财政支出多7.78个百分点。但在这之后有两个重要转折点:一是1984年,地方和中央政府的财政支出差距从-5.03个百分点增加到20.64个百分点,翻了5倍,此后增幅缓慢;二是1992—2000年,两者的差距从42.11个百分点急剧降到30.51个百分点;此后一直到2013年,两者的差距一直在扩大。

我国地方政府的财政支出会高于中央政府主要有以下两方面的原因:①1984—1992年,国家实行"分成包干"财政体制,地方政府有较高的积极性,预算外资金膨胀主要在地方政府,所以,地方政府的财权进一步扩张;②1992年的预算外资金改革使地方政府的财政支出比例大幅度上升。图7-4所示为1983—2013年中央与地方财政支出比例比较。

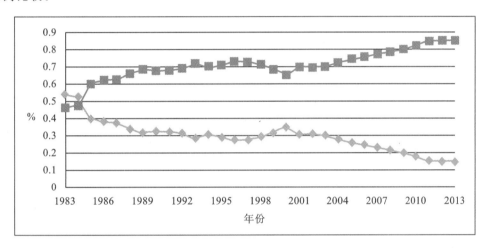

图 7-4　1983—2013 年中央与地方财政支出比例比较

数据来源于:各年《中国统计年鉴》。

──◆──中央/总支出;──■──地方/总支出

1994年的分税制改革之后,中央政府集中了更多的财权,使其公共支出比例下降的趋势得到了缓解,地方与中央政府的财政支出比例也因此才基本稳定下来,但到2001年之后,二者的差距又在扩大。

◆ 本章重要概念

公共支出绝对规模(public expenditure absolute scale)

公共支出相对规模(public expenditure relative scale)

政府活动扩张法则(expansionary law of government activities)

梯度渐进增长理论(theory of gradient progressive growth)

经济发展阶段论(stage theories of economic development)

本章思考题

1. 简述公共支出规模的基本态势及其特征。
2. 试述公共支出的增长理论。
3. 试分析我国公共支出规模发展变化的特殊性、原因及其合理性。
4. 对改革开放以来的公共支出的结构规模变化加以评析。

本章推荐阅读书目

1. 陈树,王大刚. 公共经济学[M]. 大连:大连理工出版社,2003.
2. 戴鹏. 公共经济学导论[M]. 北京:中国人民大学出版社,2006.
3. 吴俊培,许建国,杨灿明. 公共部门经济学[M]. 北京:中国统计出版社,2001.

第八章 购买性支出

——本章导言——

本章介绍政府购买性支出的主要内容。购买性支出（purchase expenditure），指政府在商品和劳务市场上购买所需商品和劳务的支出，反映着政府部门和其他经济主体之间的互利、有偿的市场交易关系。购买性支出作为政府公共支出的一个主要组成部分，在保证国家安全、政府行使职能等方面发挥着举足轻重的作用。购买性支出的内容主要包括投资性支出和消费性支出，两者主要区别是支出发生后能否形成资产，投资性支出的使用结果将形成有形资产。其中，购买性支出主要包括行政管理支出、国防支出、科教文卫事业支出、公共投资支出和政府采购。通过本章的学习，掌握政府购买性支出的性质、政府财政应承担的职责，了解各类购买性支出的状况，以及深化改革的任务。

第一节 行政管理支出

一、行政管理支出的含义与性质

行政管理支出，就是指政府财政用于国家各级权力机关、行政管理机关、司法机关和外交机构行使职能所需要的经费开支。行政管理支出属于政府购买性支出，是政府公共支出中行政部门自身消耗的部分。作为政府的购买性支出，行政管理支出与其他购买性支出相比具有特殊性，具体表现在以下两个方面。

其一，公共行政部门所提供的行政管理，是面向全社会的一种管理，其数量与价值都不能通过市场竞争机制确定，具有非排他性和非竞争性。因此，行政管理属于纯公共品范畴，其支出也必须由政府财政提供，其经费来源于向全体社会成员收取的税款。

其二，从直接生产与消费社会财富的角度来看，行政管理支出属于非生产性的社会消费性支出。对公共行政部门提供的资金一经使用，就会引起社会物质产品的消耗及价值的丧失。因此，行政管理是需要付出经济代价或成本的。在一国经济资源一定的条件下，政府用于行政管理费用过多，就会直接增加纳税人的税收负担，从而削弱微观主体的投资能力或消费能力，使公共品与私人品的资源配置结构发生扭曲。在政府财政收入一定的条件下，如果政府用于行政管理的支出过多，就不得不相应压缩用于公共投资、教育、卫生等方面的支出，这样整个公共品的配置效率将大打折扣。因此，无论从何种意义上讲，行政管理支出安排都应本着尽量减少经济效率损失的原则，实行必要的规模控制。

二、我国行政管理支出的内容

行政管理支出的具体内容是由多种项目类型构成的,不同的国家政权机关和公共管理部门具有不同的职能,自然会对应不同类型的行政管理支出。依据我国现行政治体制,行政管理支出主要可以划分为行政管理费、公安司法部门支出和外交支出三个部分。

(一)行政管理费

行政管理费是维持政府机构及其附属组织正常运行的经费来源。主要包括以下内容。

1. 公务人员薪资

这是政府机构和公共部门的人力成本,包括公务人员工资、津贴、补助、住房福利、社会保险与医疗保险基金以及退休人员养老金等。此外,2006年1月1日正式实施的《公务员法》对类似"政府雇员"岗位做出了明确规定:根据工作需要,对专业性较强的职位和辅助性职位试行聘任制。那么"聘任制公务员"的高薪理所当然地也包括在政府机构人力成本当中。合理的薪金水平与工资结构对于公务人员具有良好的激励作用,对于优化政府组织人力资源、提高政府工作效率具有重要的意义。

2. 政府自身建设经费

这是政府机构及其附属组织保持必要的服务能力和技术先进性而进行的固定资产投入。主要包括政府基本建设支出、办公设备支出、交通与通信工具支出等项目。

3. 政府办公经费

这类开支用于支付政府机构日常办公所需费用,包括器材费用、材料费用、差旅费用、礼仪费用、信息费用以及相关的劳务费用等项目。

4. 公务人员培训经费

这类开支用于政府机构人力资源的开发与培训。

5. 其他行政经费

需要指出的是,上面所说的政府机构是广义的概念,不仅指掌控行政职能的政府部门,还包括各级中国共产党组织、各级人民代表大会常务委员会、各级政治协商会议常务委员会以及由政府财政承担费用的团体与组织。

(二)公安司法部门支出

从1988年开始,国家预算科目将公检法司机关经费从行政管理费中划出,同公、检、法、司部门的事业费等支出合并,统一建立公检法司支出大类。到2006年,公检法司支出包括公安支出、国家安全支出、检察院支出、法院支出、司法支出、监狱支出、劳教支出、缉私警察支出。

(三)外交支出

外交活动是一个国家加强国际交流,提高国际地位,促进国际政治、经济、军事、文化与社会事务合作的必要途径。外交活动对于人力、物力和财力的消耗需要公共财政提供专项的经费予以承担。外交支出主要包括以下内容。

(1)驻外机构经费。为保证与世界各国的密切联系,一个国家通常要在其他国家、地区和国际组织设立办事和联络机构,包括驻各个国家的大使馆、领事馆、代办处、驻各国际组织的办事处和联络处,并派遣使节和各类工作人员;驻外机构的基础设施、工作与生活设施以及日常运转消耗,工作人员薪资与补贴,外事活动经费等构成了驻外机构经费的主要内容。

(2) 各级政府机构、各民主党派和人民团体外交或外事访问经费。

(3) 对外国代表团的招待费,我国应缴国际组织会费,向外国政府或国际组织的捐赠支出,以及其他外事经费等。

三、行政管理支出情况及影响因素

行政管理是政府的一项基本职能,随着经济和社会事业的发展,政府的行政管理职能也不断加强,这就使得行政管理支出的绝对规模不断增长具有一定的必然性。但从世界各国一般做法看,其行政管理支出占公共支出比重却应是下降趋势。从我国的实践看,新中国成立之初,"一五"至"四五"期间行政管理费占公共支出的比重呈现持续下降的趋势。但自改革开放以来,其所占比重开始以较快的速度持续上升。这就意味着,有限的财政支出中越来越多的部分被用来应付行政支出的不断膨胀,意味着行政支出影响了其他支出的正常增长,从而对国民经济的协调发展带来极为不利的影响。

对比世界主要发达国家,其行政支出占财政支出的比重普遍低于中国。2010年的数据显示,各国基本都能控制在15%以下,而超过16%的则均属深陷严重财政危机,处境艰难的国家。各国的政府效能也可由行政成本反映出来,而过高的行政成本往往导致政府效能低下。世界银行对全球215个政府的治理能力的评估显示中国政府的效能仅列全球第93位。当然,从表8-1可以看出,自"十一五"以来,中国政府行政成本占财政支出比重呈现下降趋势,2013年甚至低于10%。这说明中国政府在努力扭转行政管理费逐年增长趋势方面已有所成效。

表 8-1 我国行政管理费规模变化情况表 单位:亿元

年 份	公共支出总额	行政管理费	行政管理费占支出的比重/(%)
1978	1 122.09	52.90	5.62
1980	1 228.83	75.53	6.15
1985	2 044.25	171.06	8.53
1990	3 083.59	414.56	13.44
1991	3 386.62	414.01	12.22
1992	3 742.20	463.41	12.38
1993	4 642.30	634.26	13.66
1994	5 792.60	847.68	14.63
1995	6 832.72	996.54	14.6
1996	7 937.55	1 185.28	14.93
1997	9 234.00	1 358.85	14.72
1998	10 798.18	1 600.27	14.82
1999	13 187.67	2 020.60	15.32

续表

年 份	公共支出总额	行政管理费	行政管理费占支出的比重/(%)
2000	15 886.50	2 768.22	17.42
2001	18 902.58	3 512.49	18.58
2002	22 053.15	4 101.32	18.60
2003	24 649.95	4 691.26	19.03
2004	28 486.89	5 521.98	19.38
2005	33 930.28	6 512.34	19.19
2006	40 422.73	7 571.05	18.73
2007	49 781.35	8 514.24	17.10
2008	62 592.66	9 795.92	15.65
2009	76 299.93	9 164.21	12.01
2010	89 874.16	9 337.16	10.39
2011	109 247.79	10 987.78	10.06
2012	125 952.97	12 700.46	10.08
2013	140 212.10	13 755.13	9.81

数据来源:历年《中国统计年鉴》、国家统计局网站。

注:与以往年份相比,2007年财政收支科目实施了较大改革,特别是财政支出项目口径变化很大,与往年数据不可比。2007年起财政支出采用新的分类指标。2007年开始,全国财政预算实施了政府收支分类改革,现行预算报告中的"一般公共服务"大致相当于2006年及以前的"行政管理费",但是又不能完全对应。因为一般公共服务之外,现有的23个支出大类中教育、科技、医疗卫生、社保、环保等支出中,仍然含有事务性支出,即行政费用。所以2007年之后的一般公共服务支出相比之前的行政管理费低了不少。但是在政府结构和效能没有太大变化的前提下,改变统计方法并不会对实际行政成本造成太大影响。

影响行政管理支出的因素有很多,其中主要包括以下几个方面。

1. 经济的整体增长水平和公共财政收入规模

在一定时期内,一国经济发展的整体水平和政府控制的可用财力大小,直接制约着行政管理支出规模。在多数情况下,它们之间呈正相关关系,即经济发展水平较高和政府公共财政收入规模较大时,行政管理支出的规模也就较大;否则,将会对资源配置和收入分配产生不利影响。我国当前的情况是,虽然经济在保持着高速增长,但公共支出占GDP的比重在不断下降,由1978年的30%左右下降到2004年的20.8%。这一反差意味着政府从国内生产总值中集中的份额越来越少,但其用于行政管理支出的份额却在不断增大,其结果必然是挤占建设性支出和社会性支出的财力,从而削弱财政的资源配置职能和收入分配职能。

2. 政府职能范围及其相应的机构设置与人员配备

行政管理支出由人员经费和公用经费两部分组成。政府职能范围的大小、机构设置的多少,以及由此确定的行政机关人员数量都是决定行政管理支出规模的关键因素。观察我国近年来行政体制变迁,可以发现,行政管理支出的超常增长总是与政府机构的膨胀密切相关。由于我国长期的计划经济体制所造就的"大政府"模式,一方面,大量的公务人员薪资和所需经费给公共财政形成了极其沉重的负担,造成了严重的社会资源浪费。在个别时期或个别地区,政府财政甚至拿不出多余的资金用于公共产品的提供和公共事业的发展,从而蜕变为"吃饭财政";另一方面,机构的臃肿重叠,职能交叉,使组织活动能力下降,造成了政府行政效率低下,阻碍了社会经济的正常运行。

如果从1982年算起,中国至今先后进行过七次大的政府机构改革,都是随着经济体制改革的深化,围绕政府职能转变精简机构。1982年,国务院100个部门裁掉了39个,人员编制从5.1万人减少到3万人;1988年,国务院部门、直属机构由67个减为60个,国务院人员编制减少9700多人;1993年,国务院部门、直属机构从86个减少到59个,人员减少20%;1998年,国务院组成部门由40个减少到29个;2003年,国务院组成部门由29个减少到28个,设立国资委、银监会,组建商务部、国家食品药品监督管理局;2008年,国务院组成部门设置为27个,组建人力资源和社会保障部、住房和城乡建设部、工业和信息化部、交通运输部和环境保护部等5个大部;2013年,国务院设置组成部门25个,组建国家食品药品监督管理总局、国家新闻出版广播电影电视总局、国家铁路局、国家卫生和计划生育委员会,重新组建国家海洋局、国家能源局。中国行政管理体制改革的历程可以划分为四个阶段:20世纪80年代的精简机构的阶段;20世纪90年代的为市场经济奠定基础的阶段;2003年的宏观调控、市场监管、社会管理和公共服务基本定位的阶段;2008年和2013年的"大部制"改革的阶段。如表8-1所示,随着机构改革深入开展,2008年后行政管理支出占公共支出比重明显开始下降,2013年更为显著。因此,精简行政机构,合理地设置政府各部门职能,缩减公务员队伍规模,提高公务员整体素质,压缩公共管理支出,使公共管理部门焕发活力是社会经济发展的迫切需要,也是现阶段我国政治体制改革的主要目标。

3. 预算管理体制完善与否

行政公共部门作为公共品的"生产单位",由国家依法组建,资金由政府预算安排并提供。改革完善预算管理,建立与实现现代化相适应的现代财政制度,是财税体制改革的"重头戏",也是政府自我革命的重要举措。按照党的十八届三中全会部署,根据全国人大常委会已审议通过的《预算法》修正案,围绕推进政府职能转变,加强和完善预算管理,使财政收入规范有据,支出公开透明,提高财政资金使用效率,促进社会公平。强化预算约束,政府收支必须全部纳入预算管理,不搞"账外账",就不容易出现乱支滥用、挥霍浪费、收支不入账等现象;强化预算公开,除涉密信息外,所有财政资金安排的"三公"经费都要公开,自然提高行政管理部门自我控制的自觉性和积极性;加强审计,接受社会监督,严肃查处截留、挪用、滥用财政资金等违规行为。财政收支规范透明就利于行政管理费用总体规模的控制。

第二节 国防支出

一、国防支出的性质及内容

防御外敌入侵,保卫国土安全是国家的一项重要职能。这项职能的实现要依靠强大、完备与先进的国防系统,包括素质过硬、纪律严明、装备精良、军兵种齐全的军队体系和可靠与先进的军事设施体系。一个国防系统需要消耗大量的人力、物力和财力资源,这些资源的提供只能依靠政府的国防支出。国防支出是指一国政府为维护国家主权、保证领土完整所必需的费用支出,是一国政府执行对外政治职能的必然结果。由此可见,国防支出提供的服务,实际上是一种使用社会资源和公共财政资金来达到既定目标的国家行为,它与行政管理一样,同样具有纯公共品的属性。

从我国的情况看,国防支出主要用于国防建设、国防科研事业、军队正规化建设和民兵建设等方面。其具体的支出项目包括:军费(含部队生活费、装备购置和维护管理费、军事行动作战费、部队训练和教育费等)、国防科研事业费、民兵建设费(含民兵事业费、民兵装备购置费)、动员预编经费、招募费、事业费及专项工程经费。我国国防支出的分配与使用必须通过预算来安排,其各项费用均由中央军委负责管理,由中国人民解放军总后勤部根据军委的指示具体组织实施。

二、国防支出的规模及其影响因素的分析

(一) 我国的国防支出规模

我国政府一直奉行防御性国防战略,这种国防政策使得国防支出占财政总支出的比例比较低。从记录 1982—2004 年我国国防支出的表 8-2 中可以看出,我国在改革开放之后,国防支出绝对规模虽然上升,但相对规模下降。国防支出占财政支出比重持续下降。进入 21 世纪后,国防支出占 GDP 比重始终在 1.3% 左右。

2014 年政府工作报告指出,国防支出当年将增 12.2%,升至 8 082.3 亿元。政府工作报告还将军事国防思路转向"主动防御",这是自 1956 年以来的重大转变。我国第一个国防战略的出台是在 1956 年,方针为"积极防御,防敌突袭"。1969 年迫于苏联的军事压力,我国国防战略转向临战,立足于"早打、大打核战争"。改革开放后,国际环境好转,方针回到 1956 年的"积极防御"。2015 年中国国防预算费用将增 10.1%,这是中国国防预算连续 5 年保持两位数增长。而在过去 20 年时间,军费一直在下降,2000 年以后开始"恢复性增长",外界预计未来数年中国军费仍将保持平均 10% 的增长。实际上,我国国防费占 GDP 与财政支出的比例仍然偏低。近五年来,中国军费占 GDP 的比重都是 1.3%左右,2014 年我国国防费用只占 GDP 的 1.3%,低于当前学界普遍认同的国防费用占 GDP 的 2% 左右的通行标准,而近二十年来世界主要国家军费占 GDP 的比重基本上在 2% 至 5% 之间,例如美国基本达到 4%,而俄罗斯在 4% 至 5%。

表 8-2 1982—2013 年中国国防支出一览表　　　　　　单位:亿元

年 份	国防支出	财政支出	国内生产总值(GDP)※	国防支出:财政支出/(%)	国防支出:GDP/(%)
1982	176.35	1 229.98	5 333.0	14.34	3.31
1984	180.76	1 701.02	7 226.3	10.63	2.50
1986	200.75	2 204.91	10 308.8	9.10	1.95
1988	218.00	2 491.21	15 101.1	8.75	1.44
1990	290.31	3 083.59	18 774.3	9.41	1.55
1992	377.86	3 742.20	27 068.3	10.10	1.40

续表

年 份	国防支出	财政支出	国内生产总值(GDP)*	国防支出：财政支出/(%)	国防支出：GDP/(%)
1994	550.71	5 792.62	48 459.6	9.51	1.14
1997	812.57	9 233.57	79 429.5	8.80	1.02
1998	934.70	10 798.18	84 883.7	8.66	1.10
1999	1 076.40	13 187.67	90 187.7	8.16	1.19
2000	1 207.54	15 886.5	99 776.3	7.60	1.21
2001	1 442.04	18 902.58	110 270.4	7.63	1.31
2002	1 707.78	22 053.15	121 002.0	7.74	1.41
2003	1 907.87	24 629.95	136 564.6	7.75	1.40
2004	2 200.01	28 486.89	160 714.4	7.72	1.37
2005	2 474.96	33 930.28	185 895.8	7.29	1.33
2006	2 979.38	40 422.73	217 656.6	7.37	1.37
2007	3 554.91	49 781.35	268 019.4	7.14	1.33
2008	4 178.76	62 592.66	316 751.7	6.68	1.32
2009	4 951.10	76 299.93	345 629.2	6.49	1.43
2010	5 333.37	89 874.16	408 903.0	5.93	1.30
2011	6 027.91	109 247.79	484 123.5	5.52	1.25
2012	6 691.92	125 952.97	534 123.0	5.31	1.25
2013	7 410.62	140 212.10	588 018.8	5.29	1.26

数据来源：国家统计局网站。

*按照我国国内生产总值(GDP)数据修订制度和国际通行做法，根据修订后的2013年GDP数据和有关历史资料，对2012年及以前年度的GDP历史数据进行了系统修订。主要包括以下三个方面：一是因国民经济行业分类标准和三次产业划分标准的修订，对2012年及以前年度的GDP历史数据进行了新旧行业分类和三次产业划分的转换；二是第三次全国经济普查后，因基础统计资料变化，对2009—2012年的GDP历史数据进行了修订；三是因金融业增加值核算方法调整，对2008年及以前年度的金融业增加值进行了修订。

根据近几年公布的《中国国防白皮书》，近年来，我军人员生活费、活动维持费和装备费大约各占1/3。从表面上看，生活开支并不高，但所有维持性开支比例高达2/3。相比之下，发展类费用还比较低，网络信息战和高技术装备等项建设比较薄弱。人员费与装备费、研发费的比例需要优化。

(二)影响国防支出规模的因素

从当今世界的情况来看，各个国家的国防支出水平存在很大的差异，这种差异的原因是多方面的。其影响因素主要有以下几个方面。

1. 国家安全战略

国家安全战略对于一个国家的国防需求具有至关重要的决定性作用，不同的国家安全战略，引起不同程度的国防和军事需求，从而导致不同的国防支出水平。从现代国际政治军事实践考察,国家安全战略可以简单分为进攻型、全球防御型、地区防御型和本土防御型。进攻型战略是一种极端形式的国防战略,其主要特征是通过对别国的侵略与主动性打击,获取某些利益或消除对自身的潜在威胁。进攻型战略需要消耗极大数量的军备资源和经济资源,因此所带来的国防支出水平也是极高的。例如,第二次世界大战之前穷兵黩武的德国和日本,几乎将整个国家财政用于支持侵略战争,并且经济体系也转为军事导向型。全球防御型安全战略是随着第二次世界大战后,两大军事集团的对峙而被一些经济实力和军事实力强大的国家所采用的。这种类型的战略,以遍布全球多个国家和地区的军事基地与设施群为基础,以先进的武器与装备系统为手段,以完备而快速的后勤保障体系为支撑,因此也需要付出巨大的财政代价。地区防御型战略与全球防御型战略类似,只是范围局限在某一特定地区。本土防御型战略是一种最基本的国防战略,其根本点在于不对别国形成主动性威胁,国防设施立足于本国领土、领空和领海。当然,随着军事技术的进步,这并不意味着,一旦发生战争,战场只局限在本国。

2. 国家安全形势

国家安全形势的变化对国防支出水平的影响也是直接的。当战争发生,由于国际或地缘局势恶化,致使潜在战争危险急剧增加时,国防支出的增加是必要的,也是必然的。相反,当国际与地缘关系较为和睦、形势趋向缓和时,国防支出就可能因此而压缩。但是,对一个国家自身安全形势的估计,应该基于对长期国际环境和局势变化可能性的考察与理解,因为,国防体系的建设有一定的周期性。

3. 经济发展水平与公共财政能力

国家安全战略和国家安全形势从必要性的角度决定了一国国防支出的水平,而国防体系的建设与发展需要大量的资源投入。因此,国家的经济发达程度和由此而形成的公共财政能力是决定国防支出水平的充分条件和国防体系的物质基础。经济实力越强,用于国防方面的支出就可以越大,经济实力弱,国防开支就会受到很大的限制。在正常的国家安全战略下,政府在安排国防支出时必须考虑社会经济和公共财政的承受力,不能以牺牲经济应有的发展和公民的生活福利为代价。在资源有限的条件下,应兼顾经济发展与国防建设需要的原则。否则,即便在短期内能大幅度提高其军事能力,却会损害经济的发展,从长远看反而会导致其军事能力的下降。

案例 8-1

中国国防支出升至 8 082.3 亿元

中国将 2014 年 GDP 增速目标设定为 7.5% 左右,2014 年国防支出将增 12.2%,升至 8 082.3 亿元。从解放军总部有关部门了解到,2014 年我国新增国防费主要用于四方面:一是适应推动国防和军队建设科学发展,加快转变战斗力生成模式的需要,适当增加高新技术武器装备及其配套设施的建设投入;二是推进部队后勤基础设施建设,改善官兵工作生活条件;三是适应国家经济社会发展情况,缓解物价上涨影响,适当调整部队维持性费用;四是推动反恐维稳、抢险救灾等非战争军事行动能力建设,提高部队应对多种安全威胁、完成多样化军事任务的能力。

2013年中国国防预算为7 201.68亿元,比上年增长10.7%。路透社报道称这一数字略低于2012年年11.2%的增幅。而今年国防预算增长12.2%,这是中国国防预算连续四年保持两位数增长。据台湾《中国时报》此前报道,中国官方媒体曾披露说,解放军未来重点发展海军,包括核潜艇部队,解放军航天航空部队将要扩编,估计未来五年中国军费将保持平均10%的增长。报道说中国要增加新的军备,包括解放军三大舰队有望增加新的驱逐舰、护卫舰的支队,同时要增设大量的两栖登陆舰的支队和补给舰的支队,同时增加解放军核潜艇部队和建设新的核潜艇的基地,解放军的空军部队会扩编运输机、预警机、轰炸机的部队,同时要设置防空、防天部队,加强太空防御。全国政协委员、海军少将尹卓曾介绍称:我们军费在GDP总额占的比例,跟其他国家比还偏低。我们在整个"十二五"期间是1.4%~1.6%,而作为一个发展中大国,比较合适的比例大概是2%~2.5%。我们在过去将近二十年时间,军费一直在下降,2000年以后,开始了一个恢复性的增长。很大的投入是在改善我们军队人员的生活水平上,还有军队的住房问题的解决。这种恢复性增长,10%确实是不高的。

(案例来源:新华网,2014-03-05.)

思考与提示

1. 如何看待当前中国的国防支出?
2. 比较世界其他国家的国防支出,谈谈你对中国国防支出的建议。

三、优化国防支出结构

为了与国家安全需要和公共财政能力相适应,国防支出不仅仅要保持合理的规模,结构上也要合理。确定国防支出的合理规模和结构需要综合考虑影响国防支出的各种因素和国防支出的效果,使国防支出的边际收益与边际成本相等,从而实现国防的最佳供给。但是关于国防产品的边际收益和边际成本,很难较为精确地评估。在实际中,合理的国防支出结构的确定通常要处理好以下几个主要问题。

(一)人力投入和技术装备投入的合理比例

一个世纪以来,由于科技的进步,军事行为的特征不论从战略角度还是战术角度都发生了巨大的变化,有一些变化是本质性的。人力因素在决定战争胜负中的重要性大大降低,而技术装备因素的决定性作用越来越明显。因此,国防支出中军事装备费用越来越高,而直接进行作战和操纵武器装备的人力不断减少,相应的国防费中人员费所占比重也在下降,军队的有机构成呈现不断提高的趋势。但在另一个方面,未来高技术战争也是一种技术与智力密集型的战争,高素质的军事指挥人员和技术化的士兵仍然是决定战争胜负的不可缺少的因素,在这种情况下,必须保持人员训练费用与技术装备采购费用的平衡关系。

(二)国防科研投入和生产投入之间的合理比例

应该说,国防科研投入和国防生产的投入在根本目的上是一致的,都是为了增强国防力量,但由于两者所产生效果的时限不同,在国防经费有限的情况下,要加强军事科研的力度就势必会减少军事装备生产的投入;要多生产一些军事装备,又势必会引起军事科研经费的减少。实际上,两者之间的矛盾反映了国防远期利益和近期利益之间的矛盾,如果其中的比例关系不当,就会造成现有国防力量不足或国防体系缺乏发展后劲的不利局面。

(三)作战系统投入和后勤保障系统投入的合理比例

现代战争的高技术性和复杂性,对于后勤保障系统的要求越来越高,后勤保障系统的运作往往对于军事行动的结果起到决定性的作用。例如,美国在20世纪90年代初期海湾战争和最近的第二次海湾战争中,如果没有完备、可靠、快速的后勤保障机制,能在远离本土上万公里的战场上取得胜利是难以想象的。因此,在国防投入中,如果只重视作战系统的建设而忽视了后勤保障系统,则军队的整体战斗力水平就会受到严重的影响。这已为我军和外军的战史多次证明。在现代社会,这一点仍是正确而必然的,因而必须注意调整两者之间的比例关系。

第三节 科教文卫事业支出

一、科教文卫支出的内容

科教文卫支出是指财政用于文化、教育、科学、卫生、体育等项事业的费用,是政府为社会提供的公共服务。具体包括文化、出版、文物、教育、科学、卫生、中医、公费医疗、体育、广播电视、档案、地震、海洋、通信、电影电视、计划生育、党政群干部训练等项目事业人员和公用经费支出以及高技术研究专项经费。

二、科教文卫事业支出的性质和必要性

(一)科教文卫支出的性质

科教文卫事业支出受益对象是社会公众,其主要目标是要提高人们的生活质量,具有公益性的特点,从本质上看,它是以满足社会公共需要为目的的社会消费性支出。与公共投资支出虽然同属购买性支出,但两者最大的区别就在于科教文卫事业从总体上来看是为社会提供公共服务,专业性强。且与被全体公民无差别享受的"纯公共物品"(如国防、社会治安、行政管理等)需求是有差别的。这些支出所带来的利益具有一定的外部效应,除了能体现服务社会性的一面,另一方面由于教育、卫生服务直接受用者是个人,科技成果也能为个人带来经济利益,体现出此类服务具有私人性的一面。因此,科教文卫事业既存在公共物品的属性,也存在私人物品的属性,相当部分属准公共物品。

另外,科教文卫支出的性质,属于非生产性支出,是社会消费支出。科教文卫支出究竟是生产性支出还是非生产性支出,我国理论界曾有过十分热烈的争论,至今恐怕还不能说已经得出了明确的、为大多数人普遍接受的结论。这里沿用目前国内各种统计文件普遍采用的做法,将科教文卫支出归入非生产性的范畴。但是,在做这种归类的时候,需要

强调三点:①将科教文卫支出归入非生产性范畴,只有某种静态的、相对的意义,它只是说,用于这些事业的支出不能对当年的物质财富的生产做出明显的贡献;②从动态的、绝对的意义上说,科教文卫事业的发展将不断提高劳动者、劳动工具和劳动对象的素质,并改善三者的结合方式,它们对物质财富的生产的贡献越来越大;③科教文卫支出计入非生产性一类,其实际意义,只是要求社会在安排全部国民收入所有用途时,应全面考虑生产的当前需要和未来发展的需要,让科教文卫支出占一个适当的比例,并且,随着劳动生产率的提高和GDP的增长,要让这一类支出的比例不断提高,甚至超过GDP的增长速度。

(二)科教文卫支出的必要性

各国经济发展的历史表明,局限于从纯经济领域本身去寻求发展经济的动力是一种十分狭隘的做法,只有大力发展科学、教育、文化事业和不断提高人民的健康水平,才能推动经济的迅速发展。随着社会生产力的发展和生产社会化程度的提高,特别是随着知识经济时代的到来,这一点已日益成为人们的共识。因此,政府越来越重视用于教育、科技和保健等公共需求部分的投入,并在提供科教文卫服务方面发挥着十分重要的作用。

1. 科学技术是第一生产力

邓小平曾经明确指出:"科学技术是第一生产力",是一国经济发展的重要推动力量。纵观人类历史发展的长河,生产技术的变革对人类社会的进步的贡献巨大。而生产技术的变革是以科学发现及其在生产力中的应用为基础的。从18世纪60年代蒸汽机的发明到19世纪电磁理论的诞生,再到20世纪50年代原子能、电子计算机,空间技术的应用,都证明了这一点。随着经济的发展与社会的进步,科学技术已成为生产发展、劳动率提高的基本前提。据统计,西方发达国家自20世纪70年代以来劳动生产率提高的60%~80%是由于采用了新的科技成果。

2. 教育是科学技术这种"第一生产力"的源泉和基础

科学技术的发展与进步离不开教育。首先,教育是培养人才的基本手段。只有通过教育,科学知识才能得以继承和传播。其次,教育是劳动力再生产的重要条件。在现代条件下,劳动者的科学文化知识、劳动技能和管理技能主要是通过教育途径获取的,只有用现代科技知识武装起来的劳动者才能适应现代化大生产的需要,进而推动科技进步和经济发展。再次,教育也是解决经济发展过程中因结构变化而导致的结构性失业问题最主要的手段。众所周知,经济发展使原有的产业结构发生变化,如果劳动力结构难以适应,便会出现新部门职位空缺和旧部门失业严重并存的局面。只有通过对失业者进行"再教育",才能使他们尽快走向新的工作岗位。最后,就广泛的社会意义而言,教育还对建设社会主义精神文明的思想观念,以及形成一个良好的社会风气等,都有着直接的影响。正因为如此,党中央才提出了"科教兴国"的战略。

3. 文化、卫生事业的发展,直接关系到人民的精神文化水平与健康水平的提高

在现代社会中,人们的健康水平日益显示出其对国民经济发展的重要性。在现代竞争条件下,高度紧张的生产活动必须有健康的体魄和良好的精神状态,这就需要良好的医疗卫生条件作保证。一个国家医疗和卫生水平越低,则会导致人们疾病高发,寿命缩短,从而严重损害劳动者的身体健康和劳动能力,更会给该国政府带来沉重的经济负担。医疗和卫生服务的水平直接关系着人民的健康状况与劳动力的恢复,也影响着劳动生产率

的提高和经济发展。

三、科教文卫支出责任的划分

(一) 教育支出

在我国的教育制度中,国家实行学前教育、初等教育、中等教育、高等教育的学校教育制度,并实行九年制义务教育。《教育法》规定,我国建立的是以财政拨款为主,其他多渠道筹措教育经费为辅的体制。

根据公共品理论分析,义务教育即基础教育。在我国,包括小学、初中阶段的教育,基本属纯公共品范畴。在一个国家中,接受基本的教育是每一个公民应享有的权利,义务教育的宗旨就是保证每一个适龄儿童得到平等的受教育的机会,这是国民基本素质的根本保证。基础教育所产生的社会效益远远大于个人收益的简单加总,具有公共品的性质。因此,这一部分所需的教育经费基本由国家财政负担。而中等教育、高等教育等,一方面能够提高国民的素质,促进社会进步,带来"外溢"的社会效益,而另一方面,这种教育投资能够给受教育者带来额外的收益,并且高等教育带来的个人收益,可能大于其"外溢"的社会效益,因而是一种"准公共品"。这部分所需要的教育经费,应由政府和社会共同承担。同时,中等教育、高等教育等教育中的某些部分,如职业技术教育、应用性较强的高等教育,除有一定的公共品的性质外,更接近于私人品,可以走向市场化,由企业、个人或其他社会组织举办。此外,国家还在政策上、财力上支持各类民办教育机构的发展。

(二) 科研支出

科学研究包括基础研究和应用研究。基础理论研究,如数学、物理、天文、考古等学科,由于此类研究的投入较多、风险较大、科研成果具有正外部性,往往不能直接为社会生产所利用,其成本与收益不易通过市场交换对等起来,这就使得私人机构无力提供或不愿提供。然而,这些研究项目,尤其是一些关系到国家发展和安全战略的重大基础科学研究,能够对整个社会的经济发展起到重要基础作用和推动作用,甚至可以看做是纯公共物品,因此,此类科学研究所需经费就必须由政府财政负责提供。

应用技术研究与基础科学研究不同。应用技术研究的成果能够直接转化为现实的生产,产生经济回报,并且具有较强的排他性(如申请专利保护)和竞争性,因而,更接近私人产品,所以这部分科学研究所需要的经费,除由政府财政给予一定的资助外,基本上应由私人部门来承担。

(三) 文化娱乐支出

随着国民经济和社会的不断发展,人们在满足了基本物质生活需求之后,对文化事业的需求也在不断提高。人们对文化产品的需求,实际上反映了其对精神产品的需求,是更高层次的追求。为了满足人们日益增长的精神文化需求,我国的文化事业呈现迅猛发展的态势。

各类文化机构提供的文化服务,根据其效用可分为私人品、公共品和准公共品。凡是在提供和享受时具有竞争性和排他性的文化产品,也就是说文化产品所提供的利益并不能被全体社会公众无差别的享受,它所提供的利益是内在化的和私人化的服务,属于私人品。比如电影、有线电视的制作、播放,文艺团体的演出,图书音像的出版等。私人品范畴的文化产品服务,完全应当由市场的方式生产和提供,同时采取向个人收费的方式进行成本补偿。

(四) 医疗卫生支出

政府医疗卫生支出包括医疗支出和公共卫生支出两部分。其中,医疗服务是指一般性疾病的治疗和享受性的保健服务,要接受服务的对象是具体的个人,具有一定的排他性,其利益体现为个人化。因此,提供医疗服务的经费可以按市场收益收费的原则来解决,政府可以提供资金并参与这类服务,但这并不一定要包揽。在通常情况下,各国政府出于对人民健康问题的关注,以及实现社会分工公平、保持社会稳定的需要,往往通过多种形式特别是以医疗保险为主的社会保障制度,参与医疗服务的部分提供。

公共卫生服务与医疗服务不同。公共卫生服务主要是为社会提供公共服务,如预防传染病、接种防病疫苗、妇幼保健等,涉及面广,资金需要量大,不以营利为目的,其受益对象是全体社会公众,私人不可能、也不愿意提供这类服务。公共卫生服务不可能像医疗服务那样进入市场进行交换,其利益也是由社会公众无差别地享受的。因此,公共卫生服务所需要的经费主要应由政府财政提供。

今后,政府财政还应继续增加对公共卫生事业的支出,特别是要建立卫生突发事件的预警系统,加大群防群控的力度。加快医疗卫生管理体制改革,明确划分公共卫生机构和经营性医疗机构,分别管理。严格医疗卫生组织的管理制度,加大药品规范化招标采购的范围,严格控制医疗成本。同时努力发展社会医疗保险制度,建立城乡一体化医疗保险制度,实现由制度全覆盖到人群全覆盖,让老百姓能看得起病,吃得起药。

四、科教文卫支出的管理

科教文卫支出实际上就是政府使用一部分公共基金(税收)分摊科教文卫服务生产与提供的成本费用的一种社会分配机制,从某种意义上讲,它是一个国家科教文卫事业存在与发展的基本财力保障。因此,加强科教文卫支出管理并不断提高支出使用效率,具有十分重要的意义。

对于公共事业部门的各项事业支出,一般来说,总体上应采取预算控制方式进行管理,原则上应根据支出的不同类型采取不同的预算管理方式。公共品属性"纯度"相对较高的事业活动,如基础理论研究、义务教育、卫生服务等,主要采用财政拨款支出的方式;公共品属性"纯度"相对较低的事业活动,如应用性研究、提高性教育支出、大众文化娱乐及医疗服务等,则采用财政拨款补助与市场化收费相结合的方式来补偿其成本。

在我国,为加强公共事业部门的支出管理,财政部先后颁布了《事业单位财务规则》、《财政总预算会计制度》、《事业单位会计准则》、《事业单位会计制度》,对公共事业部门的财务行为进行了规范,为促进科教文卫事业的发展奠定了基础。

五、我国科教文卫支出情况

我国科教文卫支出情况(见表8-3)。

表 8-3　1978—2013 年中国科教文卫支出一览表　　　　　　　　　　单位：亿元

年　份	科教文卫支出	财政支出	国内生产总值 (GDP)※	科教文卫支出： 财政支出/(%)	科教文卫支出： GDP/(%)
1978	112.66	1 122.09	3 650.2	10.04	3.09
1980	156.26	1 228.83	4 551.6	12.72	3.43
1985	316.70	2 204.91	9 039.9	14.36	3.50
1989	553.33	2 823.78	17 090.3	19.60	3.24
1990	617.29	3 083.59	18 774.3	20.02	3.29
1992	792.96	3 742.20	27 068.3	21.19	2.93
1994	1 278.18	5 792.62	48 459.6	22.07	2.64
1997	1 903.59	9 233.57	79 429.5	20.62	2.40
1998	2 154.38	10 798.18	84 883.7	19.95	2.54
1999	2 408.06	13 187.67	90 187.7	18.26	2.67
2000	2 736.88	15 886.50	99 776.3	17.23	2.74
2001	3 361.02	18 902.58	110 270.4	17.78	3.05
2002	3 961.02	22 053.15	121 002.0	17.96	3.27
2003	4 505.51	24 629.95	136 564.6	18.29	3.30
2004	5 143.65	28 486.89	160 714.4	18.06	3.20
2005	6 104.18	33 930.28	185 895.8	17.99	3.28
2006	7 425.98	40 422.73	217 656.6	18.37	3.41
2007	11 793.96	49 781.35	268 019.4	23.69	4.40
2008	15 473.99	62 592.66	316 751.7	24.72	4.89
2009	19 101.60	76 299.93	345 629.2	25.03	5.53
2010	23 097.60	89 874.16	408 903.0	25.70	5.65
2011	29 617.20	109 247.79	484 123.3	27.11	6.12
2012	35 208.19	125 952.97	534 123.0	27.95	6.59
2013	37 910.35	140 212.10	588 018.8	27.04	6.45

※按照我国国内生产总值(GDP)数据修订制度和国际通行做法,根据修订后的 2013 年 GDP 数据和有关历史资料,对 2012 年及以前年度的 GDP 历史数据进行了系统修订。主要包括以下三个方面：一是因国民经济行业分类标准和三次产业划分标准的修订,对 2012 年及以前年度的 GDP 历史数据进行了新旧行业分类和三次产业划分的转换；二是第三次全国经济普查后,因基础统计资料变化,对 2009—2012 年的 GDP 历史数据进行了修订；三是因金融业增加值核算方法调整,对 2008 年及以前年度的金融业增加值进行了修订。

从表 8-3 可以看出,改革开放以来我国科教文卫支出绝对量不断增长,从 1978 年的 112.66 亿元增长到 2013 年的 37 910.35 亿元,是 1978 年支出的 336.5 倍。支出绝对量存在经济增长和社会发展的因素,那么从相对量来看,科教文卫支出占财政支出比重经历了增长、下滑、企稳、再增长的过程,尤其是进入 21 世纪后,一直稳步增长,2013 年科教文卫支出占比是 1978 年支出占比的近 3 倍。科教文卫支出占 GDP 的比例从 1978 年到

2000年左右大致处于不断减少的情况,进入21世纪后,科教文卫支出占GDP比重不断增长,2013年科教文卫占GDP比重是1978年的两倍多。

(一)教育事业支出情况

尽管我国政府对教育的投入比较重视,但财政性教育投入不足是事实。虽然从绝对值来看,教育事业支出逐年增长,但相对于财政支出的占比就不尽如人意了,即使是2013年的17.47%(见表8-4)在发展中国家也属于较低水平,因为早在2000年泰国教育支出占财政支出比重已达22.44%。而我国教育支出占GDP比重,长期在3%以下,远低于经济发达国家(5.3%)和世界平均水平(5.1%),甚至低于发展中国家水平(4.1%)。直到2012年,教育支出占GDP4.28%,此次突破"4%"意义重大,早在1993年中国就发布《中国教育改革和发展纲要》提出国家财政性教育经费支出占GDP比例要在20世纪末达到4%,终于在2012年得以实现,标志着中国从简单粗放的增长方式转型到由知识和教育支撑的高附加值的发展阶段。

表 8-4　1978—2013年中国科教文卫各项支出占比一览表　　　单位:亿元

年 份	教育事业支出	财政支出	国内生产总值GDP	教育事业支出:财政支出比重/(%)	教育事业支出:GDP比重/(%)
1978	75.20	1 122.09	3 650.2	6.70	2.06
1980	114.15	1 228.83	4 551.6	9.29	2.51
1985	226.83	2 204.91	9 039.9	10.29	2.51
1989	412.39	2 823.78	17 090.3	14.60	2.41
1990	462.45	3 083.59	18 774.3	15.00	2.46
1992	728.76	3 742.20	27 068.3	19.47	2.69
1994	1 174.74	5 792.62	48 459.6	20.28	2.42
1997	1 862.54	9 233.57	79 429.5	20.17	2.34
1998	2 032.45	10 798.18	84 883.7	18.82	2.39
1999	2 287.18	13 187.67	90 187.7	17.34	2.54
2000	2 562.62	15 886.50	99 776.3	16.13	2.57
2001	3 057.01	18 902.58	110 270.4	16.17	2.77
2002	3 573.36	22 053.15	121 002.0	16.20	2.95
2003	3 850.62	24 629.95	136 564.6	15.63	2.82
2004	3 365.94	28 486.89	160 714.4	11.82	2.09
2005	3 974.83	33 930.28	185 895.8	11.71	2.14
2006	4 780.41	40 422.73	217 656.6	11.83	2.20
2007	7 122.32	49 781.35	268 019.4	14.31	2.66
2008	9 010.21	62 592.66	316 751.7	14.39	2.84
2009	10 437.54	76 299.93	345 629.2	13.68	3.02
2010	12 550.02	89 874.16	408 903.0	13.96	3.07

续表

年 份	教育事业支出	财政支出	国内生产总值GDP	教育事业支出:财政支出比重/(%)	教育事业支出:GDP比重/(%)
2011	16 497.33	109 247.79	484 123.5	15.10	3.41
2012	22 236.23	125 952.97	519 322	17.65	4.28
2013	24 488.22	140 212.10	588 018.8	17.47	4.16

数据来源：历年《中国统计年鉴》、国家统计局网站。

注：与以往年份相比，2007年财政收支科目实施了较大改革，特别是财政支出项目口径变化很大，与往年数据不可比。2007年起财政支出采用新的分类指标。

今后中国教育投入还将继续增长，接下来面临的是符合更有效地使用教育经费，教育投入长效保障机制如何建立。教育投资结构就是首先需要考虑的问题，目前国家财政在高等教育中投入的比例过大，而对初中等教育的投入不足；同时教育投入存在地区差别，投入经费多侧重于教学设施的建设，对师资队伍建设和学生的补贴不足等等都是需要解决的。

（二）科技支出情况

科技支出主要表现在科技三项费用、科学事业费、科研基建和其他科研事业费等方面。科技支出是一个国家和地区科技实力的重要指标，增加科技支出是提高科学技术水平、增强综合国力的一项战略性措施。财政科技支出规模、结构和效益关系到科学技术水平和国际竞争力的提高，更关系到经济增长和社会进步的进程。纵观改革开发以来我国财政科技支出情况(见表 8-5)，我国对科技支出绝对值是逐年增加的，但进入新世纪后，从占财政支出的比重来看，十一五期间实现突破4%，十二五期间又降低至4%以下。财政对科技支出平均增长率远低于财政收入的增长率，并且其占GDP比例变化不大，总体上涨，但涨幅不大，逐年上涨不超过0.1%，甚至有些年份是下降0.1%左右。为了适应未来发展需要，我国应当进一步加大科技支出，加强高科技成果的转化。

表 8-5 1978—2013年中国科技支出情况一览表　　　　　　单位：亿元

年 份	财政支出	科技支出	国内生产总值GDP	科技支出占财政支出比重/(%)	科技支出占GDP比重/(%)
1978	1 122.09	52.89	3 650.2	4.71	1.45
1980	1 228.83	64.59	4 551.6	5.26	1.42
1985	2 204.91	102.59	9 039.9	4.65	1.13
1989	2 823.78	127.87	17 090.3	4.53	0.75
1990	3 083.59	139.12	18 774.3	4.51	0.74
1992	3 742.20	189.26	27 068.3	5.06	0.70
1994	5 792.62	268.25	48 459.6	4.63	0.55
1997	9 233.57	408.86	79 429.5	4.43	0.51
1998	10 798.18	438.60	84 883.7	4.06	0.52
1999	13 187.67	543.85	90 187.7	4.12	0.60

续表

年 份	财政支出	科技支出	国内生产总值GDP	科技支出占财政支出比重/(%)	科技支出占GDP比重/(%)
2000	15 886.50	575.62	99 776.3	3.62	0.58
2001	18 902.58	703.26	110 270.4	3.72	0.64
2002	22 053.15	816.22	121 002.0	3.70	0.67
2003	24 629.95	975.54	136 564.6	3.96	0.71
2004	28 486.89	1 095.34	160 714.4	3.85	0.68
2005	33 930.28	1 334.91	185 895.8	3.93	0.72
2006	40 422.73	1 688.50	217 656.6	4.18	0.78
2007	49 781.35	1 783.04	268 019.4	3.58	0.67
2008	62 592.66	2 611.00	316 751.7	4.17	0.82
2009	76 299.93	3 276.80	345 629.2	4.29	0.95
2010	89 874.16	4 196.70	408 903.0	4.67	1.03
2011	109 247.79	4 797.00	484 123.5	4.39	0.99
2012	125 952.97	4 452.63	519 322.0	3.54	0.86
2013	140 212.10	5 084.30	588 018.8	3.63	0.86

数据来源：历年《中国统计年鉴》。

(三) 政府卫生事业支出情况

根据表 8-6 数据作图 8-1，更为直观，我国政府卫生支出规模不断扩大，但占财政支出和 GDP 比重均呈现出先降后升的趋势。"十一五"开局的 2005 年可作为分水岭，开始摆脱徘徊进入不断上升的状态。尤其 2009 年启动新一轮深化医疗卫生体制改革，我国政府卫生支出规模呈快速增长态势，2009 年是继 20 世纪 90 年代初后首次使得政府卫生支出占财政支出比重突破 6%，占 GDP 比重超过 1%。但即使如此，我国政府卫生支出水平仍然偏低，《国际统计年鉴 2013》最新数据显示：我国政府卫生支出占 GDP 比例低于世界平均水平(10.6%)，而且低于低收入国家的平均水平(5.28%)。① 当然，也有不赞同此种说法的，2013 年中国财政部副部长、国务院医改办副主任王保安表示，新一轮医改推进四年来，我国医疗卫生支出占财政支出的额比例达 12.5% 左右，原因是中国和国际上政府卫生"投入的口径相比少了一块"，即医保收费和医保收税概念之间的差异，"因为医保一旦收税就直接进入预算了。"王保安认为 12.5% 不仅高于希腊、瑞士等发达国家，也高于俄罗斯、巴西、南非等金砖国家。

另有《世界卫生统计 2013》数据显示，我国按照美元平均汇率、购买力评价分别计算人均政府卫生支出水平为 119 美元和 203 美元，在 195 个成员国中排名 115 位。不仅远远低于发达经济体的加拿大(3157 美元)、法国(3075 美元)、日本(2506 美元)、美国(3454 美元)，也远远低于发展中国家的阿根廷(851 美元)等国家。

---

① 梁学平. 我国医疗卫生政府支出现状及国际比较[J]. 价格理论与实践，2013 年第 7 期。

医疗卫生财政支出总量受限于经济发展阶段及水平、财税收支总量及结构等宏观经济因素,只能随着经济社会的发展而不断提高,而支出结构则与观念、理念等主观认知关系密切。目前我国医疗卫生支出结构表现为"重城轻乡"、"重治疗,轻预防"、"区域分布不均衡",城乡居民"看病贵、看病难"问题依旧突出。需要进一步深化医疗卫生体制改革,以满足城乡居民医疗卫生服务的基本需求,应积极构建医疗卫生政府支出的责任分担机制,提高医疗卫生政府支出总量水平,同时不断优化医疗卫生政府支出的结构和方向。

表8-6 1990—2013年中国政府卫生事业支出一览表　　　　　　单位:亿元

年份	政府卫生支出	财政支出	占财政支出比重/(%)	占GDP比重/(%)
1990	187.28	3 083.59	6.07	1.00
1992	228.61	3 742.20	6.11	0.85
1994	342.28	5 792.62	5.91	0.71
1997	523.56	9 233.57	5.67	0.66
1998	590.06	10 798.18	5.46	0.70
1999	640.96	13 187.67	4.86	0.71
2000	709.52	15 886.50	4.47	0.72
2001	800.61	18 902.58	4.24	0.73
2002	908.51	22 053.15	4.12	0.75
2003	1 116.94	24 629.95	4.53	0.82
2004	1 293.58	28 486.89	4.54	0.81
2005	1 552.53	33 930.28	4.58	0.84
2006	1 778.86	40 422.73	4.40	0.82
2007	2 581.58	49 781.35	5.19	0.97
2008	3 593.94	62 592.66	5.74	1.14
2009	4 816.26	76 299.93	6.31	1.41
2010	5 732.49	89 874.16	6.38	1.43
2011	7 464.18	109 247.79	6.83	1.58
2012	8 431.98	125 952.97	6.69	1.62
2013	9 545.81	140 212.10	6.83	1.68

数据来源:《中国卫生和计划生育统计年鉴2014》。

注:政府卫生支出是指各级政府用于医疗卫生服务、医疗保障补助、卫生和医疗保险行政管理事务、人口与计划生育事务支出等各项事业的经费。1990年之前统计年鉴只计算卫生事业费,在此就从1990年开始测算。

(四)文体广播事业支出情况

由于统计数据口径发生变化,文体广播事业支出自"十一五"开局的2006年开始统计。如表8-7所示,我国政府在文体广播事业支出"十一五"以来占财政支出比重大致不变。而政府在文体广播事业领域安排支出多具有较强的外部正效应,有利于全体社会成员素质的提升,有助于社会文明程度的提高。各级财政部门在安排年度预算时,要认真积

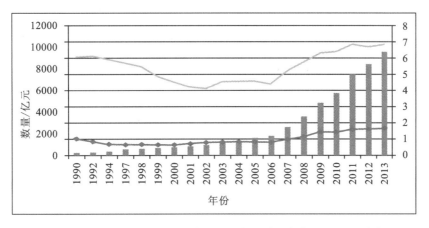

图 8-1 1990—2013 年中国政府卫生支出占财政支出、GDP 比重变化

政府卫生支出(亿元); 占财政支出比重; 占 GDP 比重

极采取措施,努力调整支出结构,切实增加财政文化投入。

2012 年财政部发布了《关于贯彻落实十七届六中全会精神做好财政支持文化改革发展工作的通知》,通知要求加大财政文化投入力度,建立健全财政文化投入稳定增长机制。保证全年财政预算执行结果,实现文化体育与传媒支出的增长幅度高于财政经常性收入增长幅度,提高文化体育与传媒支出占财政支出的比例。此外,按照政府性基金管理规定,继续做好文化事业建设费和国家电影事业发展专项资金的征收、上缴、预算分配和使用管理等工作,完善相关管理办法。有条件的地方应研究采取相关措施,逐步增加彩票公益金用于文化事业的支出。

表 8-7 "十一五"以来中国政府文体广播事业支出一览表　　　　单位:亿元

年　　份	文体广播事业支出	财 政 支 出	占财政支出比重/(%)
2006	841.98	40 422.73	2.08
2007	898.64	49 781.35	1.81
2008	1 095.74	62 592.66	1.75
2009	1 393.07	76 299.93	1.83
2010	1 542.70	89 874.16	1.72
2011	1 893.36	109 247.79	1.73
2012	2 268.35	125 952.97	1.80
2013	2 544.39	140 212.10	1.81

第四节　投资性支出

政府投资性支出也称为财政投资或公共投资,与社会消费性支出同属购买性支出。它是以政府为投资主体,将其从社会产品或国民收入中筹集起来的财政资金用于国民经济各部门的一种集中性、政策性投资,是一种为了实现预期的社会效益和宏观经济效益,将一部分财政资金转化为公共部门资产以满足社会公共需要的经济行为。

一、政府投资性支出的特点和范围

政府投资性支出具有以下特点:

第一,非营利性。政府居于宏观调控主体的地位,它可以从社会效益和社会成本角度来评价和安排自己的投资。政府投资可以是低利甚至是无利的,政府投资性支出追求的目标是宏观的效益,是整体、全局的效益,追求社会效益、生态效益、宏观经济效益的最大化为目标。

第二,无偿性。政府投资性支出的财力多来源于税收等无偿收入,资金集中数额大,那么政府投资性支出形成的公共设施最终也要有纳税人享用,且大多为大型项目和长期项目。

第三,调控性。政府投资是以国家为主体的,还要考虑一定时期社会经济发展战略目标和国家调控经济运行的需要,因其投资主体的超然地位,必然具有调节性,引导社会其他投资主体的投资方向,弥补社会投资对某些部门投入的不足,使社会各投资肢体的目标与国家的整体体系保持和谐统一,以保障国民经济健康、协调、稳定地发展。

政府投资性支出的特点决定了政府投资性支出的范围,一般而言,政府投资性支出范围应以公共产品为主,为社会投资创造良好的外部投资环境,其主要范围分为两个方面:一是公益性投资领域,主要是科技、教育、文化、卫生、福利、城市维护等事业和国防、政府机关等属于政权机关的投资项目,公益性项目主要有政府立项、决策,所需资金由各级这个政府运用财政资金统筹安排建设;二是基础性投资领域,主要是基础产业,包括基础设施和需要政府进行重点扶持的一部分基础工业项目,以及直接增强国力的符合规模经济的支柱产业投资项目,它们是国民经济赖以运行的物质基础,其发展水平和质量关系到国民经济整体素质的提高,其任何重大波动都会严重影响经济和社会的全局稳定,这些领域包括农、林、牧、渔、水利、气象等基础设施,能源工业,交通运输业,邮电通信业,地址普查与勘探,支柱产业和高新技术产业等。

从国际经验和政府财政投资理论来看,典型的财政投资领域主要有自然垄断的行业、基础产业、高科技产业、农业等。

二、政府公共投资的必要性

在市场经济条件下,依靠市场机制的作用来配置资源,这是毫无疑问的。但仅仅只依靠市场这只无形之手来自发地调节资源配置又是远远不够的,需要将政府与市场的作用结合起来,才能够使社会经济活动更为平稳而有效地运行。公共投资是政府介入社会经济活动的一个重要方面,在社会经济资源配置中具有十分重要的作用。

(一)公共投资有利于强化国有经济在关系国计民生的重要产业领域的地位

虽然在不同的社会制度下,国有经济所占比例不同,但作为政府生产和提供公共品的一种方式,在一国的经济中,国有企业往往占据一些关键产业部门,并且也面临着结构调整的问题。政府公共投资,有利于加强国有经济对重点产业和领域的控制,如对整个国民经济发展具有战略意义的能源、交通等基础产业,影响国家综合实力和国际竞争力的高新技术产业,关系到国家安全的军事工业、航天工业等。国家通过对这些产业的控制,提高其公共品的供给能力。同时,我国继续坚持走有中国特色的社会主义道路,公共投资是发展和壮大国有经济的重要途径。

(二) 公共投资可以弥补市场机制运行的不足

前面已经介绍市场机制配置资源的作用是很难在自发状态下达到帕累托最优的。单纯依靠市场机制的作用将难以提供公共品,或即便提供了公共品也无法满足社会的需要。其原因在于:①由于外部经济效应的存在,导致了私人成本和社会成本、私人收益和社会收益的偏离,使一些社会效益好经济效益差的领域无人涉足;②由于公共品的消费具有非排他性,存在"搭便车"现象,即社会成员消费这些公共品和服务,无需付出任何代价或只支付与这些公共品和服务不相称的少量费用,使市场无力供给这些公共品和服务;③由于那些投资额特别巨大,又有很大风险的项目(如长江三峡水利枢纽工程、航空航天技术工程等),私人企业和个人均无力独立承担研发与生产,这一切都决定了需要政府公共投资。中国作为一个正处于转轨阶段的发展中国家,除了存在市场失灵,还存在市场残缺,即市场发育的不完善及市场体系的不完整,这不仅使国内市场处于分割状态,而且使资金的流动受到层层障碍,市场机制的作用也难以正常发挥。这就要求政府财政在分配资金过程中不得不扮演更加重要的角色,担负更大的投资职责。

(三) 公共投资已成为市场经济国家政府对经济宏观调控的惯例

自从罗斯福新政实施和凯恩斯主义确立之后,发达的市场经济国家都大大加强了对经济活动的干预,许多国家纷纷通过在市场活动中的直接投资来创办国有企业,以调节国民经济的运行。如战后的日本,政府公共投资在其经济的恢复及重建中起到了重要作用。在日本的财政支出中,投资性支出占了相当大的比重。日本的投资性支出比重,1949年为43.1%,1965年为52.4%,1983年为46.7%。公共投资的增长超过国民生产总值的增长幅度,1955—1983年的29年间,日本的GDP增长了29倍,而公共投资增长了333倍,且政府公共投资的绝大部分在基础产业领域。从世界范围看,发展中国家公共投资总额在总投资中所占的比例要高于发达国家,且生产性投资比例较高。我国是发展中国家,公共投资在经济建设中起着不可替代的作用。1982年以前,在国家财政支出中,经济建设费用一直在55%以上,以后除1993年为39.52%外,其余各年都超过了40%。政府公共投资为构建我国完善的工业体系、为经济的腾飞奠定了基础。不仅如此,公共投资在调节供求关系、引导投资方向、改善投资环境等方面的作用也日益突出。目前,在我国经济发展进程中,结构性矛盾始终存在,基础设施的落后一直是国民经济发展中的主要制约因素。交通运输尤其是铁路运输能力严重不足,已经成为制约国民经济快速增长的主要障碍。在城市基础设施方面,许多城市供水紧张,且集中处理污水能力较低,致使大量工业废水和生活污水未经处理就排入江河湖海,造成严重污染,城市煤气普及率也较低。这些基础设施具有公用性、非排他性和不可分性,且大都属于资本密集型行业,需要大量的资本投入,而且它们的建设周期都较长,投资形成生产能力和回收投资的时间往往需要许多年。这些特点决定了基础设施不可能完全由企业和个人投资,尤其在经济发展初期,没有政府强有力的支持,很难推动基础设施的发展。

三、政府公共投资方式的选择

公共投资方式是指各级政府在投资项目的选择、投资项目的资金筹集、资金投放、项目的管理等方面的运行方式。依据不同的标准,可划分为以下几类。

首先，根据政府的参与程度不同，可划分为政府间接投资、政府独立投资和政府参与投资。

1. 政府间接投资

政府间接投资是指政府通过认购企业债券、提供利息补贴的方式而进行的投资。在企业有向符合国家产业政策的行业、部门投资的意愿而又苦于资金不足时，政府就可以认购其发行的企业债券，给以必要的资金支持，以鼓励企业投资。而对于那些属于国民经济短线，但由于价格不合理或技术风险大等客观原因而低利或微利的行业或部门，政府可以通过利息补贴的方式给予支持和帮助，从而刺激对这些行业和部门的投资。

2. 政府独立投资

政府通过直接投资于国民经济发展急需、但企业又不愿或无力投资的产业或部门，以改变社会总投资的分配比例，从而实现国家的产业政策。政府独立投资包括拨款和贷款。

3. 政府参与投资

政府参与投资往往是政府通过与企业或其他投资者联合进行投资，实现对投资的引导作用。这种投资方式既可以吸引企业和公众投资，使之符合国家产业政策要求，也是实现规模经济的有效途径。

其次，根据各类公共投资主体的分散程度不同，可划分为政府集中投资和政府分散投资：公共投资权高度集中于中央政府，项目的审批和资金的投放都归中央负责的方式为政府集中投资方式；如果投资的决策权限分别归属于中央和各级地方政府，则属于政府分散投资方式。

最后，以公共投资是否有偿为依据，可划分为无偿投资和有偿投资。

四、政府公共投资与融资

政府投资并不意味着完全的无偿拨款。国际经验表明，将财政融资的良好信誉与金融投资的高效运作有机结合起来的办法进行融资和投资，即财政投融资，是发挥政府投资作用的最佳途径。建设财政投融资体制对市场经济发展具有非常重要的现实意义。

（一）财政投融资特征

财政投融资是一种政策性投融资，它既不同于无偿拨款，也不同于商业性投融资。它具有自身特征，表现在以下四个方面。

1. 财政投融资目的性很强，投资范围受严格的限制

财政投融资主要是为政府需要给予扶持或保护的产品以及直接由政府部门定价的基础性产品融资，也就是说，财政投融资主要是为具有"公共物品"特征的基础产业部门融资。

2. 财政投融资资金追求社会效益的最大化

同一般商业性投融资相比，虽然财政投融资项目结果大多是营利性的，但它投资目的却不是为了盈利，而是为了追求社会效益的最大化。

3. 财政投融资的资金来源多样化

财政投融资的主要资金来源包括：通过国家预算获得国拨资本金；通过发行长期国债筹集资金；利用社会保险基金结余；通过向金融债券获得资金；通过与社会组织建立合作

关系筹集资金;还可以从国外借款获得部分资金等。

4. 财政投融资法制化的现实需要

由于财政投融资自身特点,需要有健全的政府投融资法律法规,依法保护投资者的合法权益,维护投资主体公平有序竞争,投资要素合理流动,规范各类投资主体的投资行为和政府的投资管理活动,维护良好的市场秩序和环境。认真贯彻实施有关法律法规,严格财经法律,有效防止管理漏洞,降低建设成本,切实提高政府投资效益。

(二) 改革开放以来我国公共投资方式的演变

改革开放以来,我国的投资方式由过去政府独家投资转变为由各级政府、各个部门和国有企业多渠道投资,缩小了指令性计划的范围,下放了项目审批权限,简化了审批手续,将国家预算内拨款投资改为用银行信贷方式进行管理,对重大的长期建设投资实行分层次管理,加大了地方搞重点建设的责任,建立了基本建设基金制,成立了国家专业投资公司和政策性银行,实行了项目业主制、招标投标制和项目监理制,充分发挥了市场和竞争机制的作用。具体说来,在我国的投融资体制的改革过程中,主要经历如下。

1. 试行"拨改贷"制度

从 1979 年开始,国家进行基本建设投资制度的改革,先在北京、上海、广东等省市的轻工、纺织等行业选择一批有还款能力的项目试行"拨改贷"制度,并于 1982 年全面推开。1986 年,国家对此又做了一些调整,将国家预算内投资分为国家预算内拨款投资和国家预算内"拨改贷"两部分,对没有还款能力的科研、学校、行政等非经营性建设项目,恢复无偿拨款的办法。国家预算内"拨改贷"投资根据不同行业实行 2.4%～12% 的差别利率。在公共投资管理上,计委是主导,负责制订基本建设计划,财政是出纳,要根据国家计委确定的"拨改贷"投资计划将资金拨给同级中国人民建设银行,中国人民建设银行负责调剂和供应资金,并对该项目进行监督管理。

对预算内安排的基本建设投资实行"拨贷"并存的资金供应方式,是对政府有偿投资方式的肯定和完善。"拨改贷"有利于投资使用者增强资金周转观念和还本付息观念,克服吃国家"大锅饭"的弊端。但是,由于我国目前存在政企不分的现象,贷款决策者不承担任何风险,公共投资贷款由各级计划部门代表政府决策,贷与不贷、贷多贷少、早贷晚贷,既不是由投资者据实申请,也不是完全由贷款银行据实掌握,而是由政府部门决定。这样一来,出现了决策者、投资者、贷款者的责任多元体,谁都对公共投资负有责任,但又没有明确落实,加之法制不健全、产权不明晰,借贷双方的经济权益难以维护,经济责任无法追究,因而出现了大量决策失误,贷款不能按期偿还,呆账、坏账严重的现象,以及基本建设领域经济效益低下,企业自我积累能力差等问题。

2. 实行基本建设基金制,成立专业投资公司

实行基本建设基金制,成立专业投资公司,投资方式走出了政企分开的第一步,开始尝试用经济办法对投资进行管理。为了保证国家重要基础工业和基础设施建设,改变计委下计划、财政拨资金、公共投资实质上没有风险责任约束、发生失误难以追究责任的状况,从 1988 年起建立了基本建设基金制,并在中央一级成立了能源、交通、原材料、机电与轻纺、农业、林业六个国家专业投资公司,负责管理和经营中央投资项目,用经济办法对公共投资进行管理。基本建设基金分为经营性的和非经营性的。对于经营性的投资,由国家计委切块给专业投资公司,用于基础设施和基础工业等重点建设。经营性基本建设基金分为软贷款和硬贷款。软贷款用于还款能力较低的、非经营性的投资,主要用于中央各部门的文化、教育、卫生、科研等建设和对大江、大河的治理。各省、自治区、直辖市可根据本地区具体的情况,相应建立基本建设基金。六家专业投资公司在性质上是从事固定资产投资开发的企业,具有控股公司的职能,担负起对中央投资保值增值的责任,同时又具有政策性投资的职能。但是,国家专业投资公司也存在着政企不分、关系不顺的弊端,国家投资实行企业化管理的初衷并没有实现。六家专业投资公司与主管部门的关系不顺,项目的立项审批权在国家计委和主管部门,但投资主要由国家专业投资公司安排,对这类建设项目几家都想管,但实际上又谁都管不了。这就造成了主管部门和专业投资公司都要管理建设项目,多头管理又无人管理的局面。过去建设项目只对行业主管部门负责,体制改革后反而又多了主管部门。

3. "贷改投"

为了改变"拨改贷"的弊端,1996 年公共投资实行"贷改投"。凡是国家投资的项目,包括基础设施项目,国家将拨付给企业和建设单位的投资资金作为资本金,本着所有者和经营者分离的原则,由企业自主经营。对于新投资项目,如果国家投资的资本金不足,企业和建设单位可以向银行申请贷款,也可以向社会举债,还可以实行股份经营。"贷改投"并不意味着简单恢复过去的拨款制度,过去的拨款投资由于体制不完善,用款单位实际上未能真正承担经济责任,现在把国家资本金改为向企业和建设单位投资,用款单位要按资金利润率和占用的资金向所有者交纳收益,这种做法有利于增强项目建设单位的财务自我约束,也有利于提高公共投资的效益。

4. 成立政策性银行,完善政府投融资体系

长期以来,基础产业的项目投资主要依赖政策性贷款、专业银行专项贷款、地方"拼盘投资"及各种公共投资债券。由于地方政府"诸侯经济"的扩大、社会"乱集资"的冲击、银行"违章拆借"的泛滥及上缴中央税收的严重流失,使得政府特别是中央政府的重点建设资金来源很不稳定。为了彻底改变这种运作方式杂乱、政出多门、各行其是的局面,1994年国家对公共投资方式又进行了重大改革,撤销原来的国家六家专业投资公司,剥离专业银行的政策性业务,将政策性业务划归到新成立的国家开发银行,同时又成立了中国农业发展银行、国家进出口银行。这三家政策性银行主要贷款对象是国家的基础设施、基础工业和支柱产业,它们充当公共投资的代理人,把计划、财政、银行的政策性投、融资业务捏合起来,形成较有效的公共投资运作方式。这是以保本微利为基本前提、进一步规范政策性投资的有偿使用方式,对保证基础产业的政策性投资来源的长期稳定创造了条件。

在公共投资方式上,周转金制度和基本建设"拨改贷"、"贷改投"的探索,政策性银行的建立以及稍后成立的国有资产管理基金(专门用来处理国有资产的不良债务),都是使我国政府投、融资体系逐步走上规范化轨道的探索过程,尽管还有这样那样的问题,但取得的成效还是有目共睹的。

5. 财政贴息制度——探索以财政资金引导社会资金投入基础产业建设

企业向基础产业项目投资,若得不到平均利润,就会扼制其投资的积极性。政府以财政贴息的方式予以弥补,提高了企业对基础产业投资的积极性。为了发挥公共投资的引导作用,国家财政从 1986 年起,实行基本建设政策性贷款项目财政贴息的政策。

6. 继续积极探索投融资新模式

1) BOT 模式

20世纪90年代以前，我国对基础产业的投资，基本上是政府主管部门直接确定建设项目、直接投资，而且政府还直接参与基础设施和基础工业的运营，负担了沉重的价格补贴，强行的低价使得运营收益无法偿还国内外各种债务，严重削弱了政府进一步对基础产业投资的能力。在这样的背景之下，我国从 90 年代初开始引入了建设-运营-移交（build-operate-transfer，BOT）或建设-拥有-运营-移交（build-own-operate-transfer，BOOT）这种新的吸引国外资本进行基础设施建设的投资方式，将大型基础设施或工业项目的设计、建设、运营、融资和维护的权利特许给国内外私营机构的合作商或主办人，允许其在该期限内收回对该项目的投资、运营与维护等各项合理费用，以使该私营机构有能力偿还该工程所有的债务并取得预定的资金回报收益，在特许期满后将该设施转让给项目方的政府。这一做法的意义已超出了吸引外资的范围，更重要的是，它是公共投资方式转变的重要尝试。政府只需确定、审批和验收建设项目，通过招标确定项目建设经营者，投入少量资金甚至无需投入资金，而在最终还可获得建设项目的所有权，这有利于政企分开，也有利于加快我国基础产业特别是基础设施的建设。

2) TOT 模式

移交-运营-移交（transfer-operate-transfer，TOT）是指政府部门将拥有的基础设施移交给民营机构运营，通常民营机构需要支付一笔转让款，以获得一定期限内运营管理该设施的收费权，民营机构通过收费收回投资、获得回报；期满后再将设施无偿移交给政府方。TOT 模式适合于有收费补偿机制的存量设施，政府部门希望通过经营权转让套现。在国内实践中，移交给民营机构的仅为经营权还是包含资产所有权的两种交易条件都出现过。前一种交易条件下，非常类似于政府一次性收回几十年设施租金，因此称为收购-运营-移交（purchase-operate-transfer，POT）可能更准确；若不为融资计，可以采用租赁-运营-移交（lease-operate-transfer，LOT）的模式引入民营机构，政府仍可获定期租金收入。

3) ROT 模式

在这一模式中，重整是指获得政府特许授予专营权的基础上，对过时、陈旧的项目设施、设备进行改造更新，再在此基础上由投资者经营若干年后再移交给政府。该模式适合于需要扩建、改建的基础设施，既解决了政府缺乏扩建、改建工程资金的问题，同时又将原有设施的运营管理结合起来，可以是一种非常贴近项目实际情况的投融资模式。国内有些地方将这种模式称做 TOT＋BOT。按照是否为受让既有设施支付一次性对价，ROT又分为购买-建设-运营-移交（buy-build-operate-transfer，B-BOT）和租赁-建设-运营-移交（lease-build-operate-transfer，L-BOT）两种子模式，国内以前者为多。

4) BTO、BOO 模式

建设-移交-运营（build-transfer-operate，BTO）是指民营机构为基础设施融资并负责其建设，完工后即将设施所有权（注意实体资产仍由民营机构占有）移交给政府方；随后政府方再授予该民营机构经营该设施的长期合同，使其通过向用户收费，收回投资并获得合理回报。BTO 模式适合于有收费权的新建设施，譬如水厂、污水处理厂等终端处理设施，政府希望在运营期内保持对设施的所有权控制。事实上，国内操作的相当部分名为 BOT 的项目，若严格从合同条件界定，更接近于 BTO 模式，因为其特许协议中规定政府对项目资产和土地使用权等拥有所有权。

建设-拥有-运营（build-own-operate，BOO）是指民营机构在政府授予的特许权下投资建设基础设施，拥有该设施的所有权并负责其经营，除非因严重违规等原因被政府收回特许经营权，否则民营机构将一直拥有并经营该设施。当然，获得特许权的同时意味着必须接受政府在运营质量和定价等方面的监管。BOO模式适合于收益不高，需要给投资人提供更多财务激励的新建项目；与此同时，要求政府对这些设施的运营服务质量易于监管，且监管成本合理、稳妥可靠。该模式在国内固废类项目使用较多，如垃圾焚烧项目。

5）PPP模式

PPP模式即public-private-partnership的字母缩写，通常译为"公共私营合作制"，是在公共基础设施建设中发展起来的一种以各参与方的"双赢"或"多赢"为合作理念的现代融资模式，是指政府与私人组织之间，为了合作建设城市基础设施项目，或是为了提供某种公共物品和服务，以特许协议为基础，彼此之间形成的一种伙伴式的合作关系，并通过签署合同来明确双方的权利和义务，以确保合作的顺利完成。

积极探索推广使用PPP模式，扩大向社会资本开发，也是贯彻十八届三中全会关于"大幅度减少政府对资源的直接配置"、"建立透明规范的城市建设投融资机制，允许社会资本通过特许经营等方式参与城市基础设施投资"要求的体制机制创新。其运作优势如下。

一是政府机构与私营投资者间的相互协调关系贯穿项目始终，政府可依据合同约定，下调公共产品价格，避免私营投资者获得暴利；反之，政府通过补贴或涨价等方式，使私人部门获得合理回报，确保项目可持续。

二是转换政府职能，缓解财政支出压力。PPP模式下，政府从繁重得事务中脱身出来，从过去单纯的公共产品和公共服务提供者变成一个监管者的角色，同时通过项目未来运营收入和适当补贴，撬动私人资本参与项目"全生命周期"，从投资中解放出来，降低政府负债，减轻当期财政支出压力，而且可以平滑年度间财政支出波动。

三是提高公共产品供给率。PPP模式突破传统的政府与私营部门的分工边界，通过构建公共产品新产权关系，整合公私部门各自优势，充分提高公共产品的供给效率。

四是合理分配风险。PPP在项目初期就可以实现风险分配，由于政府分担一部分风险，减少了承建商与投资商风险，从而降低融资难度，提高项目融资成功的可能性。政府在分担风险的同时也拥有一定的控制权。

五是拓宽私营企业发展空间。PPP模式通过授予特许经营权，使私人部门不再局限于批发、零售、贸易、餐饮、建筑、制造等传统行业，还可以进入电力、电信、供水、道路、医院、学校等基础设施领域，大幅拓宽私人部门的发展空间。

财政投融资开始由单一走向多样化、由集中走向分散投资，出现了无偿投资与有偿投资并用，直接投资、参与投资和间接投资并举，中央投资与地方投资并重的灵活有效的投资方式。投融资改革在一定程度上拓宽了政府投融资渠道，有意识引导和带动了社会资金投入到经济建设中来，改变了过去的将投资决策权、资金筹集权、项目选择权、项目投资的管理权集于中央政府机关的老做法，尝试着将资金筹集、项目选择权、项目投资实施权和监督权逐渐向政府的代理人和社会中介机构过渡。

(三) 财政投融资体制改革方向

1. 明确政府财政投融资体制改革的目标

1) 坚持市场化运作，破解体制机制障碍

通过改革，培育若干个资产债务结构合理、具备可持续发展能力的专业性基础设施投融资企业，实现政企分开、政事分开、事企分开。建立投融资公司的现代企业制度，完善法人治理结构，规范内部管理。在政府的引导支持下，按照市场化原则开展投融资，实现净资产与负债、资金投入与资金来源、现金流入与现金支出的总量平衡，确保政府投融资工作的良性循环。

2) 坚持"融、用、管、还"一体化，明确国企的政府投融资主体地位

进一步巩固国有投融资公司的法人主体地位，全面清理建设领域的债权债务并明确其归属，优化资源配置、扩大增量资产、盘活存量资产，制定积极合理的增资减债方案，实现提高投融资绩效与提高公共服务水平相结合，经济效益和社会效益相统一，促进政府投融资进入平衡协调的良性循环轨道，确保资金"融得进、用得出、管得好、还得上"，有效防范金融风险。

3) 坚持"输血"、"造血"并重，培育壮大政府投融资主体

靠政府不断"输血"运转，"造血"机能不强会使得经营性收入少、融资不畅、负债率高等问题频现，导致融资困难，严重影响了工程项目建设推进。必须重点解决公司造血机能，使公司有能力承担政府工程项目建设，形成可持续健康发展能力。同时，改变当前政府投资建设项目以财政投入和银行贷款为主、融资方式单一、投资责任机制不够完善的状况，建立"财政资金支持、国企投入、社会资金参与"的多层次、多元化、多渠道的复合型投融资体制，进一步提高投融资效率，降低融资成本，分散投资风险。

2. 深化政府财政投融资体制改革的政策建议

1) 多管齐下改革投融资体制，研究制定深化投融资体制改革的决定

调整财政性资金投资方式，对竞争性领域产业存在市场失灵的特定环节，研究由直接支持项目改为更多采取股权投资等市场化方式予以支持。积极推广政府和社会资本合作（PPP）模式，出台基础设施和公用事业特许经营办法，充分激发社会投资活力。出台政府投资条例，研究制定政府核准和备案投资项目管理条例，逐步将投资管理纳入法治化轨道。

2) 在投资体制机制改革上，决策部门在资金和项目的监管上下了工夫

2015年4月1日，国家发改委就《创新投资管理方式建立协同监管机制的若干意见》的有关情况召开了新闻发布会，表示将进一步转变政府投资管理职能，创新投资管理方式，依托互联网和大数据技术，建立透明、规范、高效的投资项目，纵横联动协同监管机制，对资金和项目实现"制度＋技术"的有效监管。对投资项目接住管好和协同监管亟待加强，加快建立投资项目纵横联动协同监管机制，着力解决部门放权不同步、基层承接能力不足、监管机制不健全、监管手段不完善等突出问题，要减少取消下放企业投资项目的核准和审批，激发各类投资主体的积极性，同时要引导社会投资，用好政府投资，来充分发挥简政放权的政策效应对经济社会发展的促进作用。

3) 继续简政放权，以放开准入为主线

全面推进投资体制改革，继续简政放权，取消和减少前置审批条件和审批事项。在完

成投资项目核准制度建设主要任务的基础上实现中央部门投资项目在线审批监管平台的横向联通建设；以放开准入为主线，鼓励和引导社会资本参与，增强公共产品供给能力。实行统一市场准入，吸引社会资本参与粮食水利、交通能源、生态环保、健康养老等重大工程建设；以加快基础设施建设为重点，围绕"四大板块"和"三个支撑带"战略组合，推动以基础设施为主的"七大工程包"落地，扩大交通、能源、信息、水利等基础设施建设投资。

4）推进政府投融资配套制度改革

统筹项目谋划、融资、财政资金使用，充分发挥财政资金的杠杆作用，地方财政在政策框架内将相关行业主管部门向上级争取的项目专项补助资金、用于基础设施建设的国债、地方政府债券等资金纳入项目建设资金管理，做大投融资资本金及现金流。同时，确保中央、省转移支付的建设资金按照"属性不变、资金用途不变、地方预算程序不变、地方事权不变"的原则用于相关项目建设。

第五节　政府采购

一、政府采购概述

（一）政府采购及其相关定义

1. 政府采购

政府采购又称为公共采购，它是指各级政府及其所属机构为提供社会公共品和服务及满足自身需要，在财政监督下，以法定程序和方式从国内、国际市场上购买所需货品、工程和劳务的经常性行为。与私人采购相比，政府采购具有以下特点。

1）采购资金来源的公共性

政府采购商品、工程和劳务的资金来源于公共基金，即财政拨款和需要由财政偿还的公共贷款，具体包括纳税人的税收收入、国际金融组织和政府间贷款及其他债务收入。

2）采购范围的广泛性

从办公用品、办公设备、汽车到学校、医院等公益基础设施，再到飞机、导弹等武器装备无所不包，既有有形产品，又有无形产品，涵盖商品、工程和服务等各个领域。

3）采购规模巨大

政府作为各国国内市场的最大消费者，其购买数额占国民生产总值和财政支出的比例相当大。就目前来看，西方国家每年的政府采购支出大体相当于 GNP（或 GDP）的 10%～20%，如美国政府采购支出约占 GNP 的 20%，欧盟为 15%～20%，日本约为 10%。

4）政府采购的政策性

一方面，政策采购不能体现个人偏好，必须遵守国家政策的规定，最大限度地节约支出，尽可能购买本国产品；另一方面，政府采购作为市场经济条件下的重要调控手段，具有许多经济、社会目标。从根本上看，由于政府采购的目的是为了实现政府职能，提供社会公共品和服务，因而具有明显的政策性特征。

5）政府采购管理的公共性和公开性

相对于私人采购的"一手交钱，一手交货"的个人活动，政府采购管理是对公共资金使用的管理,必须按照有关法规、通过一定的采购方式和采购程序进行规范化运作。因而,政府采购在管理上具有鲜明的公共性特征。整个政府采购活动的招标是公开的,采购的有关法律和程序是公开的,采购过程是公开的,采购的信息是公开的,具有较高的透明度。

6) 政府采购行为的非赢利性

私人采购的动机和目的主要是为了个别消费及赢利,而政府采购具有非商业性的特点。它不以赢利为目的,而是通过购买为公共部门提供消费品或向社会提供公共利益。

2. 政府采购制度

政府采购制度是指有关政府采购实体、采购范围、采购方式、采购政策及采购管理等一系列规定的总称。政府采购制度作为一种约束和规范政府购买活动的财政支出管理制度,有一个逐渐完善的过程,到第二次世界大战以后才逐步法制化。政府采购制度的基本内容体现在以下四个方面。

(1) 政府采购法规。主要表现为各国分别制定的适合本国国情的《政府采购法》,该项法规主要包括总则、招标、决议、异议及申诉、履约管理、验收、处罚等内容。

(2) 政府采购政策。即政府采购的目的,采购权限的划分,采购调控目标的确立,政府采购的范围、程序、原则、方式方法、信息披露等方面的规定。

(3) 政府采购程序。即有关购买商品或劳务的政府单位采购计划拟定、审批、采购合同签订、价款确定、履约时间、地点、方式和违约责任等方面的规定。

(4) 政府采购管理。即有关政府采购管理的原则、方式,管理机构、审查机构与仲裁机构的设置,争议与纠纷的协调与解决等规定。

3. 政府采购市场

政府采购市场是指各级政府及其所属机构通过中介组织或直接从供应商那里采购商品、工程和服务所形成的特殊市场。在政府采购市场中,供给方是各种商品、服务和工程的生产商或承包商;需求方是各级政府及其所属机构,并且政府始终作为需求一方,这有别于一般市场中交易主体地位的不确定性。此外,政府采购市场的规模也主要由政府需求能力所决定。

随着世界经济区域化、全球化的发展,政府采购市场已成为双边、多边及地区贸易的重要领域。一国政府在购买本国产品和服务的同时,也必须向他国企业开放本国的政府采购市场。但由于各国经济实力等方面的差距和贸易保护主义的影响,各国在开放本国政府采购市场的同时,也在积极采取措施对国内政府采购市场进行有效保护。因此,政府采购市场并不是以同等程度开放的。

4. 三大概念间的相互关系

通过以上分析,我们可以看出政府采购、政府采购制度与政府采购市场三大概念之间的相互关系:政府采购活动是一种规范化的政府购买行为;政府采购制度是对政府购买行为进行管理的一系列法律、法规的总称,它把一般的政府购买活动规范成为政府采购;政府采购市场是政府进行商品、工程和服务采购所形成的市场。在实行政府采购制度的情况下,政府采购政策是通过政府采购活动在政府采购市场实现的,政府采购市场的规模伸缩和结构变化是政府采购政策调控效应的重要体现。

(二) 政府采购制度的运行基础

分析政府采购制度运行基础对于深入研究一般的政府采购制度,建立和完善我国具有中国特色的政府采购制度有着极为重要的意义。

1. 保证政府采购制度健康运行的法律基础

现代市场经济的一个基本前提就是依法办事。从当今世界各国的情况来看,政府采购制度都是通过政府采购法来体现的。实行政府采购制度的国家都有一套由政府采购相关法规构成的、完整的法律体系。通过政府采购法及与之相关的法律、法规,对政府与企业的关系,采购管理部门与采购实体、采购机构之间的关系,以及政府采购活动进行全面、系统的规定,为政府采购制度的运行提供法律保证,体现市场经济法制化的重要特征。

2. 以市场为基础,政府与企业保持平等的商业地位

政府采购制度建立在市场经济的基础上,其制度规定与市场经济的内在要求和原则相一致。

首先,政府采购制度规定企业之间的公平竞争为重要基础。政府在市场上进行采购活动,通过企业之间的公平竞争机制选择最优的商品、工程和服务,取得最好的采购效果。所有参加竞争的供应商机会均等,并受到同等待遇,不得有任何歧视行为,同时应在程序上保证有利于合同对方权力的实现。就各国的情况来看,政府采购制度都必须适应市场经济公平竞争的要求,为企业之间的公平竞争创造条件。

其次,政府所需的商品、工程和服务通过市场由企业提供,政府(采购实体及其代理机构)与企业(供应商)之间保持对等的商业主体地位和平等的商业关系。政府在采购所需商品和服务的过程中,没有凌驾于企业之上的特权,企业可根据成本状况和自身实力,提出最具竞争力的投标,参与采购竞争;政府则根据所需商品、工程和服务的性能、技术等要求,选择中标供应商。如果企业发现采购过程中,采购机构或参与采购的企业有欺诈、腐败等不正当行为,可以向采购实体提出质疑,也可向财政部门、法院或其他专门机构投诉,申请仲裁。在这种情况下,采购实体或采购机构与企业(供应商)串谋易于被发现、查处,所以采购实体或采购机构与供应商很难合谋成功。从博弈论的观点来看,采购实体与供应商之间的"合谋型"博弈转化为"囚徒困境型"博弈,同理,采购实体或采购机构与供应商三方之间也会出现各自为取得最大收益而采取不合作策略的现象,有利于减少和杜绝寻租,从而提高财政资金的使用效率及社会福利水平。

3. 政府采购制度的运行体现了政府与纳税人之间的契约关系

在政府采购活动中,公共税收是基本的收入来源。税收由纳税人缴纳,政府受纳税人之托为社会提供公共品。运用税款进行各种支出时,政府要对纳税人负责,做到物有所值。因此,为纳税人创造最大的价值是各国政府采购制度的共同宗旨。同时,政府采购活动要公开、透明,便于社会公众监督。反过来,纳税人应要求享有平等参与政府采购活动的商业机会。政府采购制度作为政府采购活动的制度规定,体现了政府与纳税人之间的这一重要关系。

参与政府采购的机构中,财政部门、采购实体和采购机构分工协作,各司其职,共同为纳税人创造最高价值。财政部门制定采购政策,编制采购预算,对采购活动进行管理和监督;采购机构受托为采购实体购买符合要求的商品、工程和服务。或者采购实体接受财政监督,依照法律规定自行采购,以实现政府采购制度的高效运作。

虽然不能简单地将国家和制度理解为契约,但政府与纳税人之间确实应体现这样一种关系:纳税人有纳税的义务,但同时具有监督税款使用的权利;政府具有依法征税的权

利,但同时负有合理、有效使用税款的责任;纳税人与政府都是权利和义务的对等统一体。如果政府享有凌驾于纳税人和企业之上的特权,就必然产生大量的外部效应。

(三) 政府采购制度的意义

探索、建立政府采购制度是体制转轨中财政预算支出管理改革的必然要求,而政府机构转变社会经济管理职能,社会主义市场经济发展呼唤政府采购制度的建立、健全和完善。

1. 加强支出管理,提高资金使用效益

首先,政府采购制度有利于进行支出控制,强化支出管理,硬化预算约束。在进行每一年度预算编制时,政府采购金额从商品单价开始确定,经议会批准后就具有法律效力,不得随意追加或减少,保证预算编制实施的准确性,便于对支出进行源头控制。采购商品的资金直接支付给供应商,减少了资金的周转环节,避免各单位挤占、挪用、滥用财政资金。其次,政府采购活动公开、透明,便于财政监督和减少腐败。实行统一的政府采购制度,尤其是以公开招标的方式从市场上采购所需的商品和劳务,公开性强,透明度高;既强化了财政监督,又有利于从根本上消除滋生腐败的温床。再次,主要以公开招标的方式进行采购,使政府得到物美价廉的商品、工程和服务,节约了财政资金,提高了资金使用效益。有经验表明,公开进行的政府采购活动可使资金使用效益提高10%以上。

2. 强化政府宏观调控

现代市场经济的健康运行要求以市场为资源配置的主体,加强政府的宏观调控。政府采购制度在适应市场经济公平竞争的基础上,作为一种法制化的公共支出手段,对国民经济具有重要调控功能。第一,政府采购支出对于国民经济总量具有重要影响。目前,国家的政府采购支出一般相当于 GNP10%~20%和整个预算支出的 30%。政府采购支出总量的变化对于刺激经济、保持供求平衡和宏观经济稳定具有重要的意义。第二,政府采购的数量、品种和频率影响着财政支出的结构,反映出一定时期的财政政策。在调整经济结构、促进产业升级和民族工业发展等方面具有重要作用。如政府对某些商品进行的示范采购,可以有效引导和扶持该行业的发展,以市场为纽带有政策倾向的政府采购还能平衡地区差距、吞吐存货、平抑物价、维护生产者和消费者的利益等。

案例 8-2

国产品牌为何成为政府采购的"看客"

合肥市国土资源局近日在网站上发布公告,公开招标"洋品牌"中央空调。在其招标公告的货物说明内容中强调,"'合肥市国土资源局综合楼'项目中央空调系统设备:螺杆式冷水机组(整机必须是欧美日原装进口)2台;冷却塔2台;空调离心泵(进口,原装欧美日)和空调末端若干"。在为期5天的报名过程以及随后的竞标程序中,国产品牌的厂商只能成为"看客"。在得知国产品牌厂商在参与合肥市某一政府采购项目招标时遭"封杀"的消息,合肥市市长吴存荣作了

公开批评，吴市长表示，不允许这种不良风气形成"惯例"。

类似的事情屡见不鲜。前段时间，江西省高等级公路管理局路面设备招标，其技术规格规定为"国外知名生产厂家原装产品或在国内投资组装"。江苏一些部门在中央空调的政府采购中歧视民族品牌，在公开招标通告中提出：空调主机必须为进口品牌，产品为进口或合资产品；设备要求"国际品牌合资或进口产品"；品牌要求"中外合资及以上"。

的确，环顾国内政府采购，像吉利、奇瑞等远销国外的汽车自主品牌，却难以入围政府的"绿色清单"；在计算机领域，不少国货不得不贴上洋标签来参与政府竞标；甚至于在不少地方政府采购清单中，电梯、照明灯具、体育用品以及公共设施等一系列商品，几乎"清一色"是外国供应商。

有数据显示，1998年我国政府采购规模仅为31亿元，到2005年，估计已经达到2 500亿元，8年间扩大了80倍。然而，在日益庞大的需求中，自主品牌的国货，就像合肥市政府采购空调一样，往往只能充当"看客"的角色，眼睁睁地看着政府把数额庞大的订单，拱手让给"洋品牌"。

我国《政府采购法》明确规定，政府采购应当采购本国货物、工程和服务，只有三种情况可以例外：需要采购的货物、工程或者服务在中国境内无法获取或无法以合理的商业条件获取的；为在中国境外使用而进行采购的；其他法律、行政法规另有规定的。在《国家中长期科学和技术发展规划纲要》及其相关配套政策中也提出，在国家和地方政府投资的重点工程中，国产设备采购比例一般不得小于总价值的60%，然而遗憾的是，从采购活动的现实来看，这些规定尚未得到很好执行。

（案例来源：国产品牌为何总是政府采购的"看客"[N].新华社每日电讯，2006-11-30.）

思考与提示

国产品牌总是政府采购的"看客"反映了什么本质问题？

3. 促进国际经济协调与合作

随着现代市场经济的发展，国家经济一体化趋势越发明朗。为使本国企业有效参与国际竞争，促进本国、本地区及全球经济的发展，签署政府采购协议、开放政府采购市场逐渐成为各国参与国际经济合作、促进经济区域化和全球化发展的重要内容。1979年，在关贸总协定（世贸组织前身）东京回合的多边贸易谈判中，签订了世界上第一个政府采购协议，各缔约方将除国防、通信和部分能源投资以外的中央政府有形商品（不包括工程和服务）的政府竞争性采购领域对外开放。1996年1月1日，世界贸易组织《政府采购协议》正式生效，缔约国将开放本国中央政府、次中央政府及其他一些公共部门的商品、工程和服务采购领域，政府采购市场的开放程度进一步提高。此外，一些双边、多边的地区性组织为促进本地区贸易和经济的发展也签署了政府采购协议，如欧盟，澳大利亚—新西兰，美国—以色列等。建立和推行我国的政府采购制度有助于我国从国际市场中获得价廉物美的产品和服务，实现国际贸易中的"比较优势"。同时也有助于利用从现在到正式开放政府采购市场的时间差,锻炼和培训国内企业,逐步适应国际惯例,以开放的姿态迎接国际挑战。

二、政府采购的管理

(一) 政府采购管理模式

政府采购管理的集中和分散程度因国而异,一般可将政府采购管理大体分为以下三种模式。

1. 集中采购模式

集中采购模式即由设立的专门机构或财政部门负责本级政府几乎所有的采购,如我国香港由布政司物品供应科集中采购除少数低值以外的所有商品。这种采购模式的好处在于:不但有利于实现采购的专业化,通过合并政府机构的采购需求,降低采购成本(包括采购价格和管理费用);还有利于明确责任,加强管理,不易出现推诿、规避责任的情况。

2. 分散采购模式

分散采购模式即在遵守国家法令规定的前提下,采购由各需求单位自己进行。如1995年5月以后的新加坡,除大米、纸张、微电脑器材、药品等少数物品集中采购外,其他商品由各部门根据《政府采购指南》自行采购。这种模式对采购实体而言有较大的灵活性,但加大了监管难度,因此,目前完全实行分散化采购的国家并不多。

3. 半集中、半分散采购模式

半集中、半分散采购模式又称为集中与分散相结合的模式,即由专门机构或财政部门负责一部分商品、工程和服务的采购,其他项目由支出部门或单位依法自主进行。在美国,联邦综合服务局统一负责为联邦各政府部门提供办公用品、办公设备和内部服务,其他物品则由有关的联邦政府部门自行采购。由于这种采购模式能够有效解决集中与分散的关系,目前已为世界许多国家所采用。

从政府采购制度的发展历史来看,政府采购的管理模式经历了由分散或集中到半集中、半分散的过程。

(二) 政府采购的管理

在各国采购执行中,通常由专门设立的采购机构负责中央、地方的集中采购,如法国的公共购买团体委员会、加拿大的采购中心、韩国的国家供应局、菲律宾的供应协调局等;美国则由联邦总务管理局、国防后勤局分别负责联邦民用部门所需物品和武装部队军品的集中采购;个别国家由财政部门进行集中采购,如新加坡由财政部预算署的采购和支出政策处集中采购纸张、大米等有限物品。支出部门或支出单位自主采购的部分,也可根据自愿原则委托专设的采购机构或社会其他招、投标代理机构进行采购。因此,从采购执行来看,政府采购包括中央、地方通过采购机构进行的集中采购和各级支出部门的自主采购。有些国家还将地方部分采购项目强制由中央采购机构进行采购。例如韩国,地方政府超过20亿韩元的特大型投资项目必须由国家供应局集中采购。

就国际惯例来看,财政部门是政府采购的重要管理机构,其职责和权限虽因各国政府采购模式的不同而有所不同,但一般情况下,都包括以下主要内容:采购预算的编制、审查和批准;制定采购政策、法规或指南;管理、协调采购委员会的采购事务;负责采购统计、采购分析和评估;监督采购活动等。如美国总统预算和行政管理办公室的专设机构——联邦采购政策办公室,负责采购立法,制定采购政策,管理联邦采购管理委员会,协调立法机构、采购委员会、产业界、法院等部门之间的关系。实行政府采购制度的国家通常将政策制定与采购执行分开,如韩国,由经济财政部制定采购政策,国家供应局负责具体采购。随着政府采购市场的对外开放,各国的外经贸部门也参与政府采购管理,专门负责政府采购的对外磋商与谈判事务。为了有效解决采购过程中出现的各种纠纷,各国一般都有负责处理投诉的机构,对供应商的上诉进行裁决。各国处理投诉的机构,有的为财政部门,如新加坡、韩国;有的为法院,如英国;有的为独立的仲裁机构,如加拿大的国家贸易仲裁法庭、日本的政府采购委员会等。

(三) 政府采购方式

实施政府采购的具体方式很多,但总体来看可分为两类:招标采购和非招标采购。通常以采购金额作为招标采购和非招标采购的重要标准,一定金额以上的采购项目采用招标方式,不足一定金额的采购项目采用非招标采购。

1. 招标采购

招标采购是指采购单位按某种事先确定和公认的标准,以招标方式邀请所有合格供应商参加投标,并与之签订合同的一种采购方式。根据招标竞争程度和采购过程的差别,招标采购又可分为公开招标、限制性招标和两阶段招标三种方式。

公开招标是一种无限竞争的招标,是由采购机构通过公开刊物发布招标通告,邀请所有符合条件的供应商参与竞标的一种采购方式。各国世界银行贷款项目的采购及其他政府采购项目采用的竞争性招标是一种典型的公开招标形式。由于公开招标具有透明度高,能够促进公平、有效和广泛竞争等优点,所以在政府采购活动中占有较高的比重。具体来看,各国以竞争性招标进行的采购,大约占政府采购总额的30%~40%,如法国1987年为33%,美国1981年为41%,1987年上升到58%。

限制性招标采购是指事先对供应商的范围和数量进行限制,由符合条件的供应商参与竞标的一种采购方式。一般来讲,在所需商品、工程和服务的供应商数目有限的情况下,大多采用限制性招标采购。

两阶段招标采购是指对同一项目进行两次招标的采购方式。招标的第一阶段,采购实体或采购机构先邀请投标者提出不包括报价的技术标,并就技术标进行澄清、修改和补充;第二阶段采购实体或机构根据修改后的招标文件,要求投标者提交最终的技术标和价格标。

2. 非招标采购

非招标采购方式是指运用招标以外的方式进行采购。有时出现采购项目时间紧急,所需的商品、工程和服务的供应商数目有限,或者采购项目的性质有特殊要求等情况,采用招标方式并不一定经济、有效,这就需要以招标以外的灵活方式进行采购。具体来看,非招标采购主要包括以下几种方式:询价采购、谈判采购、单一来源采购、批量及小额采购等。

询价采购,也称货比三家,是指采购实体或采购机构向国内外供应商(通常至少三家)发出询价单,邀请供应商报价,并对其报价进行比较,以确定中标供应商的一种采购方式。这种方式主要是适用于现货或价值较小的标准规格的商品采购,有时也适用于小型简单的工程采购。

谈判采购是指采购实体在紧急情况下或由于采购商品、工程技术和服务性质的需要,通过与多位供应商进行谈判、以确定中标供应商的一种采购方式。

单一来源采购是一种没有竞争的采购,通常适用于来源单一或属专利、首次制造、合同追加、后续维修等特殊情况的采购。对于招标限额以下的零星物品,如果政府经常需要,可采用集中的批量采购方式;如不经常需要,则可以采用小额采购方式。

本章重要概念

行政管理支出(expenditure for government administration)
政府公共投资(government public investment)
政府采购(government purchase)
政府采购制度(government's purchasing system)
政府采购市场(government's purchasing market)

本章思考题

1. 试述影响行政管理支出的因素。
2. 试述我国政府教育支出的范围。
3. 试述我国政府公共文化支出的范围。
4. 结合实际,分析公共管理支出与政府效率的关系。
5. 试述市场经济下政府公共投资的作用。
6. 试述我国公共投资存在的问题及改进措施。
7. 简述政府采购的特点。
8. 如何确定国防支出的合理规模?
9. 结合现实,论述我国当前的行政支出规模是否合理。

本章推荐阅读书目

1. 孙开. 公共品供给与公共支出研究[M]. 大连:东北财经大学出版社,2006.
2. 彼德·M. 杰克逊. 公共部门经济学前沿问题[M]. 郭庆旺,刘立群,杨越,译. 北京:中国税务出版社,2000.
3. 郭庆旺,赵志耘. 公共经济学[M]. 北京:高等教育出版社,2006.

第九章 转移性支出

——本章导言——

转移性支出是政府为实现其对社会经济生活的调控职能,转移给各受益主体并由他们最终实现的支出。作为公共支出的一个重要组成部分,转移性支出在现代社会公共财政中所占的地位已经越来越重要。与购买性支出相比,它具备两个特点:一是资金转移的无偿性;二是对经济影响的间接性。正是凭借这样的特殊性,转移性支出在弥补市场机制缺陷、增进社会福利水平,以及最终实现社会公平等方面发挥着无可替代的积极作用。转移性支出的主要内容,包括社会保障支出和财政补贴支出,本章将分别进行介绍和研究。

第一节 社会保障支出

一、社会保障的含义及其构成

通常,社会保障是指国家依据一定的法律和规定,通过国民收入的再分配对社会成员的基本生活权利予以保障的一种重要的社会分配机制。

在任何一个社会里,人们总难免遭遇诸如年老、失业、疾病、伤残、灾害等风险性事件,这些社会风险对社会成员的生活构成了威胁,并导致一个人谋生手段的中断或丧失,这时由国家或社会为其提供的必不可少的基本生活保障就是社会保障。社会保障活动是在近代开始由国家以制度的形式系统地加以推行的。这种由法律规定的、按照某种规则经常实施的社会保障政策和措施的体系,就被称为社会保障制度。由于各国的国情和历史条件不同,在不同的国家和不同历史时期,社会保障的基本内容不尽相同。根据1952年国际劳工组织大会通过的《社会保障最低标准公约》的规定,现代社会保障主要包括九项内容,即医疗补助、疾病补助、失业补助、老年补助、工伤补助、家庭补助、残疾补助和遗属补助等。该公约还规定,一个国家只要实行了三种补助(其中至少包括失业、工伤、老年、残疾和遗属等最主要补助中的一种),就可以认为已经建立了社会保障制度。[1] 由此可见,一个国家社会保障项目的增加、保障范围的扩大及保障水平的提高等,从根本上说都是由该国的经济发展水平决定的。同时,因为社会保障满足着社会成员的多层次需要,所以可按其满足需求层次的不同,把它的基本内容概括为以下几个方面。

---

[1] 叶振鹏,张馨. 公共财政论[M]. 北京:经济科学出版社,1999:208.

(一) 社会救济

社会成员的最低需要是生存需要,所以社会保障体系的第一层次就是提供基本生存保障的社会救济。社会救济是由国家和社会向因残疾、自然灾害或意外事件等不可抗拒的力量而使维系生命所需的物质来源中断的那部分社会成员,以及生活在"贫困线"或最低生活标准以下的个人或家庭提供物质帮助的一种形式。这类保障对象为数不多,并且随着一个国家经济水平的日益提高还有日益减少的趋向。因此,只有在工业化初期,或者战时和战后恢复时期,在发展中地区和国家,这类社会保障活动才具有一定的规模和影响。

社会救济支出的主要项目包括:①对残疾公民提供的部分生活资助;②对残废军人和军烈属的抚恤和照顾;③对灾区居民的抢救、转移、安置、医疗支出及生活资助;④对城乡困难户的最低生活保障支出等。社会救济的资金主要由政府拨款,也包括部分社会捐助。其救助对象具有选择性,即必须经过一定形式的经济情况调查以获得救助资格。

(二) 社会保险

如果说社会救济属于低水平、低层次的社会保障的话,那么社会保险在满足社会成员的需要上便上了一个台阶。社会保险是根据国家有关法律规定,由劳动者、单位或社区、政府多方共同出资,以确保公民在遭遇工伤、死亡、疾病、年老、失业、生育等风险时能够获得基本生活需要和健康保障的一种制度,这是整个社会保障制度的核心部分。

由于社会保险是按照保险原则建立起来的,它既要求受保人缴纳一定的保险费用,又具有风险分担、互助互济的保险功能。因此,社会保险既与商业保险有着共同之处,又存在着重大区别。主要表现在:社会保险是政府兴办的保险,它以社会效益为目的,具有强制保险的性质,其保险支出除了受保人缴纳的保险费外,还有一部分政府的资助;而商业保险是企业兴办的保险,它以赢利为目的,具有自愿保险的性质,其保险支出的额度完全取决于投保人缴纳保费的金额大小。

社会保险的项目内容一般包括:①养老保险,即向达到退休年龄的离、退休职工支付养老金以确保劳动者在年老失去劳动能力或退出就业领域时享有退休养老权利的一项社会保险制度;②失业保险,即向登记的非自愿失业者提供生活津贴以保障其基本生活的社会保险制度;③医疗保险,即对社会成员因疾病造成的经济困难及其医疗费用给予必要补偿,以维护劳动者应享有的疾病预防和治疗权利的一项社会保险制度;④伤残保险,即向未达到退休年龄但却部分或全部丧失劳动能力的劳动者支付伤残补助金的一种社会保险制度;⑤工伤保险,即向因在工作时间内受到身体伤害的劳动者给予补偿的保险制度(工伤保险支出包括支付医疗费、病假工资、伤残补助等,其补偿标准一般均高于非因工负伤的劳动者)。

(三) 社会福利

社会福利是由国家或社会在法律和政策的范围内,在居民住宅、公共卫生、环境保护、基础教育等领域向全体公民普遍提供资金帮助和优价服务的社会性制度,它表现为国家及各种社会团体兴办的多种福利设施、提供的社会服务,以及举办的各种社会福利事业等。这是保障全体社会成员在享受基本生存权利的基础上,能够随着社会经济的不断发展而不断提高生活水平、增进社会成员个人福利的一种社会保障制度。由于它满足的是人们改善和提高生活质量的需要,因此,被称为"高层次的社会保障措施"。

社会福利往往同工资一起被看做是改善人们生活质量的支柱。其不同之处在于,工资是依据个人的劳动贡献大小存在差异;而社会福利却与个人的劳动贡献无关,它具有普遍实施的特点。对社会公民而言,由于他(她)所享受的社会福利措施和服务是免费或低费提供的,因此,从实质上看相当于一项额外的收益。社会福利有别于企业职工集体福利。企业职工的集体福利直接与企业经济效益挂钩,由企业配给,受益范围只局限于该企业的职工;社会福利则与全社会的生产力发展水平相联系,是社会文明程度的重要标志,由社会配给,受益范围涉及全社会成员。

二、社会保障基金

(一) 社会保障基金的基本概念

社会保障基金是指为实施社会保障制度而通过各种渠道建立起来的专款专用的法定经费。它是社会保障制度存在和产生作用的货币基础。社会保障基金的筹集、运用及规模,决定着社会保障制度实施的广度和深度。

社会保障基金的特点反映在以下几个方面。①强制性:社会保障基金是依法强制筹集的,并且严格依据法律规定使用和管理,受到法律的保护。②非赢利性:社会保障基金不像生产基金那样以追求利润为目的,而是在分配和消费领域里实现其稳定社会和调节收入的功能。③储备性:社会保障基金是为了应付未来风险而筹集的,是劳动者收入的延期支付,因此,它是一种储备基金。

筹集社会保障基金,应遵循"收支平衡"的基本原则,使筹集的基金与按规定支付的费用保持大体平衡的关系,从而在经济上确保保障制度的正常运行。"收支平衡"在实践中具有双重含义:一是"横向平衡",即当年(或近几年)内某社会保险项目所提取的基金总和应与其所需支付的费用总和保持平衡;二是"纵向平衡",即对某些社会保险项目(特别是养老保险)而言,被保者在投保期间提取的基金总和(包括银行利息和运营利润等)应与其在享受该项保险待遇期间(如养老期间)所需支付的费用总和保持平衡。

(二) 社会保障基金的筹集模式

依据对平衡的不同理解,世界各国对社会保障基金的筹集模式也有所不同,概括起来主要有三种,即现收现付式、完全基金式、部分基金式。

1. 现收现付式

这是一种以近期横向收支平衡原则为依据的基金筹集模式,要求当年或近期内所有参保单位按照统一的比例提取社会保险基金,在收支过程中实现基本平衡。其做法为:首先,对当年或近期内各项社会保险所需支付的费用进行测算;然后,按照需要分摊到参保的单位和个人,按统一比例提取,当年支付,不为以后年份提供储备基金。这种方式体现了社会保险互助互济的调剂职能,简便易行,也可避免物价上涨后基金贬值的危险。但由于只以现实收支平衡为基础,因此,该方式不仅对被保者的权利义务关系缺乏数量上的长期规划,时间与空间上的调剂能力也较差,而且当保险费用逐年增加、提取比例不断上升后,还可能出现企业、国家负担过重的困难。

2. 完全基金式

这是一种以长期纵向收支平衡原则为依据的基金筹集模式,要求劳动者在整个就业或投保期间,采取储蓄积累方式筹集社会保障基金。其办法为:首先,对社会经济发展水平、人口状况、失业率、退休比率、指数化工资率、预期平均寿命、利息率等相关指标进行预测,综合测算出参加社会保险的成员在整个投保或退休期间应享受的各种社会保障待遇所需的基金总额;然后,采取"先提后用"的办法,将其按一定的提取比例分摊到整个投保期间,由投保人按期提取;与此同时对已提取而尚未支付的保险基金进行有计划的管理和运营。这种方式体现了社会保险的储备职能,使社会保险能有一个较为稳定的经济保证,但关键是,该方式合理地确定了一个长期的收支平衡的总平均收费率。因此,在长期预测和科学管理中要求其有较强的专业性,但是这种方式由于时间跨度大,储备基金容易受到通货膨胀的影响,基金的保值与增值的压力就非常大。

3. 部分基金式

这种方式将近期横向收支平衡与远期纵向收支平衡相结合,在满足一定时期支出需要的前提下,留有一定的储备基金,据此确定收费率。部分基金式是建立社会保障基金较灵活的模式。它一方面可避免收费率的频繁调整,使企业和财政的社会保障支出负担均衡,另一方面由于储备数量少,受通货膨胀的影响就小,因此它能较好地保证社会保障基金受益者的生活水平不致下降。由于兼容了以上两种筹资模式的优点,部分基金式为许多国家所采用。

在考虑采用什么社会保障筹资模式时,必须考虑以下几个主要因素。①不同社会保障项目的支出特点:其中的短期支付项目,由于其发生支付的时期和支出规模变化有较大的随机性,因此,一般适宜采用现收现付模式,如女工生育保险;而长期支付项目作为一种较长时期内的定期支付,则适宜采用部分基金式或完全基金式,如养老保险。②人口年龄结构的变化趋势:面对世界人口老龄化的趋势与挑战,养老保险基金的筹集宜采用基金制的筹资模式。③社会保障基金筹集方式对储备和投资的影响:从宏观调控与微观影响的角度出发,社会保障基金的提取率过高、积累过多就会加重企业负担,并引起人们对某些社会保障项目的怀疑与抵触。

案例 9-1

2006 年"社保案"接连曝光　70 多亿元巨资遭染指

2006 年,对于我国 2 万亿元的社保基金来说,是一个非同寻常、意义深远的年份。

这一年里,"社保案"接连曝光。事关广大老百姓切身利益和长远利益的社保基金,引起了广泛关注。从令人震惊的案件,到让人揪心的内幕,再到"高压线"的架设,人们看到,社保基金正在制度建设中逐步转危为安。

2006 年,一系列违法违规案件浮出水面。对巨额"养命钱"的安全之忧,随之涌上了老百姓的心头。

今年夏天,上海市社保局原局长祝均一被查出非法动用巨额社保资金进行违规投资,并收受贿赂。此后一段时间,外界看到上海几名大型企业高管和有关人员因涉案而相继落马,反腐败的涟漪荡开。

> "上海社保基金案"的惊人之处,一是金额大,已公开披露的牵涉到"福禧投资"案的资金就超过30亿元;二是违规操作手段多样,其投资方向在资本实业甚至金融市场、房地产市场等高风险领域几乎"无孔不入"。
>
> 数据显示,目前我国社保基金收支和结余总规模已超过2万亿元,并以每年约20%的速度增加。如何管好、用好这笔老百姓的"养命钱",关乎社会的和谐稳定和人民群众的根本利益。"令人震惊的是,一些地方却连'看好''守好'都没能做到。"上海曝出社保基金案后,一位不愿透露姓名的上海市人大代表说。
>
> 8月中旬,全国劳动保障系统纪检监察工作座谈会通报了上半年5起社保基金违法、违纪案件,涉案总额达数千万元。
>
> 11月23日,国家审计署发布公告,在对除上海、西藏之外的29个省区市、5个计划单列市的审计中发现,近年来,合计约71.35亿元"养命钱"被违法、违规动用。
>
> (案例来源:高路,徐寿松. 2006年社保案接连曝光 逾70亿资金遭违规动用[N]. 市场报,2006-12-30.)
>
> **思考与提示**
>
> 我国社会保障基金监管存在的问题及对策建议。

三、社会保障制度的改革与完善

社会保障制度自19世纪末产生以来,在全球范围得到了广泛的普及与发展,充分显示出在稳定社会秩序、促进经济发展、保障居民生活方面所起的积极作用。但随着社会经济的发展,它也呈现出与经济发展的不相适应,从而产生了负面的作用。比如,在西方国家"高福利"下带来的高赤字、高债务的状况,劳动者积极性的严重削弱,等等。为此,世界各国不得不在理论上探求新的社会保障理念,并在实践中着手大力改革现有的社会保障制度。

(一)负所得税理论

1. 基本设想

负所得税理论是由美国货币学派的代表人物米尔顿·弗里德曼在20世纪60年代末首先提出的,随后又由许多经济学家进行了充实。所谓"负所得税",是指政府在规定一定的收入保障数额的基础上,根据个人实际收入,对不足保障数额者给予补助,收入越高,补助越少,直到收入达到所得税的起征点为止。这实际上是一种以实行单一的现金补助为基础、并且与个人所得税结合一体的社会福利制度,目的是用来取代传统的现金救济与物品救济并存的最低生活水平维持制度。

具体做法是:假定政府规定收入保障数额为1 500美元,所得税的起征点为3 000美元,负所得税率为50%,那么

$$负所得税 = 收入保障数额 - 个人实际收入 \times 负所得税率$$

$$个人可支配收入 = 个人实际收入 + 负所得税$$

根据以上假设条件,可以得出如表 9-1 所示的负所得税计算表。

表 9-1 负所得税计算表　　　　单位:美元

个人实际收入	负所得(即政府给予的补助)	个人可支配财力
0	1 500－0＝1 500	1 500
1 000	1 500－1 000×50%＝1 000	2 000
1 500	1 500－1 500×50%＝750	2 250
2 000	1 500－2 000×50%＝500	2 500
3 000	1 500－3 000×50%＝0	3 000

按照这一补助法,收入为零(即没有收入)者可得到1 500美元的收入保障数额的补助;收入在3 000美元以下的人得到的补助不等,个人可支配的收入也大小不一;收入达到3 000美元的人就不给补助了。一旦收入超过所得税的起征点,则应按规定的税率缴纳个人所得税。弗里德曼认为,通过负所得税对低收入者实行补助,既可以达到补助的目的,又可防止将受补助者的收入一律拉平的不合理现象,有利于刺激人们的工作热情。

2. 负所得税对福利分配可能产生的影响

对于负所得税理论,经济学家们褒贬不一。支持者认为这一办法至少会给社会福利分配带来以下好处。

(1) 它有助于使各地区之间的最低福利水平趋于相同,有助于减少人们向高福利地区的移民动力。

(2) 它会使社会福利制度在管理上更为直观、方便和有效,从而可以改变现行福利制度中现金和物品救济并存、申请手续复杂的问题。

(3) 实行负所得税、采用单一的现金补助形式,能够使受援者按照自己的消费偏好和愿望购买商品,从而有利于消除物品救济方式对人们消费偏好的限制。

(4) 负所得税所规定的最低收入标准,保护了一些人的积极性和效率。它可以用鼓励穷人为自己而工作的积极性来代替现有的几乎是消除积极性的福利制度。

(5) 负所得税可以作为现行所得税制的一种延伸,使社会福利政策和制度与国家的税收政策和制度有机地结合起来,从而有助于实现政府收入再分配的整体安排与管理。

而持反对意见者也提出了负所得税办法存在的缺陷。主要表现在以下两个方面。

(1) 为了使众多的穷人达到最起码的收入水平和标准,就需要设置较高的边际所得税率。也就是说,在实行负所得税的同时,必须要提高对中等收入和高收入者课征所得税的税率,这意味着政府所面临的政治风险在增加。

(2) 从理论上看,虽然负所得税主要的目的在于提高人们的工作积极性,但实际结果可能会对人们的工作愿望与热情造成更普遍的影响。原因在于,原有的社会福利分配制度对人们工作愿望的影响主要涉及年老和有残疾的人,而负所得税制度还将涉及中等收入和高收入者,因而造成影响的范围更大。

当然,以上的分析并不足以全面论证负所得税的可行性。是否应该向负所得税制度的方向发展,其社会判断将最终取决于公民的价值标准。从美国对这一方法进行过的实验看,公众并未赞同,这也就使得政府和经济学者在能否推广负所得税制上持谨慎态度。

(二) 国外社会保障改革的实践

当前西方国家社会保障制度面临的主要问题集中反映为：社会保障开支巨大，表现出明显的"刚性"特点。由于社会保障支出从根本上来说属于对国民收入的消耗，因此，其规模过大势必要影响积累，影响经济长远发展的后劲。加之社会保障事业一般由政府来操持，过高的社会保障又必将加重政府的财政负担。正是在这样的背景下，近年来一些国家围绕着增加财政收入、减少保险支出和保证保险基金稳定等，对原有的社会保障政策进行了调整。其主要的改革措施如下。

1. 提高职工和企业交纳保险费的标准

在保险基金储备减少的情况下，一些国家根据平均工资的提高，相应调整了用于计算保险费的收入上限和收入下限，并提高了职工和企业缴纳保险费的标准。例如，1977年，美国社会保险基金即将入不敷出，为此美国国会决定在1979年至1990年的11年间，以逐步提高保险费率和调整收入上限的办法来保证保险基金的稳定与可靠。目前美国的实际保险费率为7.65%，比1977年的5.85%提高了1.8个百分点。

2. 削弱社会保障开支

其一，为控制养老金的过快增长，减轻在业者的负担，西方国家普遍采用了提高退休年龄、降低退休待遇的做法。如英国、法国、意大利等国把男女退休年龄均推迟到65岁，美国计划推迟到67岁。英国也停止了退休金与工资增长指数挂钩的做法。保守党执政后，规定50岁以下的男子和45岁以下的妇女退休后领取国家养老金的数额从工作期间平均工资的1/4降到1/5。此外，在意大利和法国甚至还出现了养老金制度私有化的趋向。意大利1994年开始实施一项法案，鼓励建立私人养老基金会，基金会投资盈利不需交税。

其二，取消或限制福利津贴指数化。如丹麦等国取消了福利津贴与物价指数自动挂钩制度，而荷兰、比利时、意大利等国则对这种指数化进行限制以期降低开支。

其三，提高医疗保健服务收费标准和削减疾病津贴。为减少开支、杜绝浪费，各国都开始将完全免费医疗改为部分交费。英国、意大利都提高了看病处方费，并由个人负担一部分医疗费用。

其四，削减家庭补助与其他福利开支。20世纪80年代起英国把社会福利的"普遍性原则"改为"有选择性原则"，着重帮助低收入者和贫穷者。同时政府还改革了家庭资助规定，力求减少家庭信贷数额，其他许多国家也都开始着手削减家庭补助等津贴。

3. 对社会福利津贴进行征税

在许多福利制国家，社会津贴往往是不征税的。但英国自1982年起开始对失业津贴征税，比利时也开始对失业津贴、病假津贴征税。美国自1984年起，对收入超过一定标准的年金领取者收取所得税，所得收入划归保险基金，以增加基金收入。

以上这些措施对于解决社会保障开支过大的问题和缓解财政困难起到了一定的作用。但由于社会保障事业不仅十分敏感，而且福利待遇的刚性又很强，因此，无论是增加税费还是削减福利，其实施的难度都是可想而知的。目前，庞大的社会保障负担仍然是西方国家财政及宏观调控所面临的一个难题。

(三) 中国社会保障制度改革

我国社会保障制度始于建国初期。20世纪80年代以来，随着市场经济体制目标的确立,社会保障制度进行了一系列的重要改革,并取得了一定的进展。不仅初步建立了以养老、待业保险为主的,包括医疗、工伤、生育等保险项目及社会救济、抚恤等在内的社会保障总体框架,而且确定了多渠道、多层次兴办社会保障的方针,提出了社会保障费用要由国家、集体和个人三方共同负担的社会保障原则,探索出了社会保障要实施社会统筹与个人账户相结合的基金运行模式。这些改革思路、措施及其成果,标志着我国社会保障改革已经进入了一个新的阶段。

1. 现行社会保障存在的缺陷

在我国社会保障的改革过程中,面临着一些矛盾和问题,主要表现在以下几个方面。

1) 社会保障覆盖面窄、社会化程度低

现行的社会保障制度的覆盖面,在大多数地区仅限于城镇居民和集体企业,非公有经济未纳入社会保障体系,广大农村则更是基本处于家庭自保状态。在城市,这一问题较为突出地表现在失业保险上。目前,我国的失业保险制度仅适用于以下几类全民所有制企业职工,即宣告破产的企业的职工,濒临破产的企业在法定整顿期间被精简的职工,企业辞退的职工和终止、解除劳动合同的职工。而达到就业年龄未就业人员、产业结构调整中被迫关停并转企业的职工,以及亏损企业发不出工资的职工均未列入失业保险范围,至于其他经济性质的企业的职工则更享受不到失业保险的待遇。据统计,在全国 7 亿多劳动者中,享受社会保障的仅有 1.7 亿,约占劳动者总数的 24%,占全国人口的 13% 左右。城镇社会保障覆盖面已达 92.5%,而占全国人口总数 80% 以上的农村人口,享受社会保障的却只有 1.9%[①]。显然,这既影响了收入公平目标的实现,也不符合市场经济公平竞争的要求。

案例 9-2

国务院发布《关于机关事业单位工作人员养老保险制度改革的决定》

2015 年 1 月 14 日,中华人民共和国国务院以国发〔2015〕2 号发布《关于机关事业单位工作人员养老保险制度改革的决定》。

《决定》指出,按照党的十八大和十八届三中、四中全会精神,根据《中华人民共和国社会保险法》等相关规定,为统筹城乡社会保障体系建设,建立更加公平、可持续的养老保险制度,国务院决定改革机关事业单位工作人员养老保险制度。

《决定》适用于按照公务员法管理的单位、参照公务员法管理的机关(单位)、事业单位及其编制内的工作人员。

《决定》规定,基本养老保险费由单位和个人共同负担。单位缴纳基本养老保险费(以下简称单位缴费)的比例为本单位工资总额的 20%,个人缴纳基本养老保险费(以下简称个人缴费)的比例为本人缴费工资的 8%,由单位代扣。按

---

① 苏明. 财政支出政策研究[M]. 北京:中国财政经济出版社,1999:255.

本人缴费工资8%的数额建立基本养老保险个人账户,全部由个人缴费形成。个人工资超过当地上年度在岗职工平均工资300%以上的部分,不计入个人缴费工资基数;低于当地上年度在岗职工平均工资60%的,按当地在岗职工平均工资的60%计算个人缴费工资基数。

《决定》要求,个人账户储存额只用于工作人员养老,不得提前支取,每年按照国家统一公布的记账利率计算利息,免征利息税。参保人员死亡的,个人账户余额可以依法继承。

《决定》自2014年10月1日起实施,已有规定与本决定不一致的,按照本决定执行。

(案例来源:国务院印发机关事业单位工作人员养老保险制度改革决定,新华网,2015-01-15。)

思考与提示

1. 我国养老金并轨改革的原因。
2. 探讨我国养老金并轨改革的深远影响及后续改革完善措施等。

2) 社会保障资金来源单一,国家和企业不堪重负

我国现行的社会保障基金来源主要是企业支付,少量部分由国家补充,个人很少交纳。企业办社会,国家负责职工大量或明或暗的各种生活补贴、福利性分配的现象仍普遍存在。目前,大多数地区企业养老保险与失业保险统筹的比例,已达到职工工资总额的20%左右,而个人交纳的部分却只占其标准工资的1%~3%。这一方面会造成受保人自我保障意识的缺乏,并易产生依赖思想;另一方面,也大大加重了企业与国家尤其是企业的负担,不利于企业的深化改革。

3) 社会保障缺乏统一管理,基金运转处于无序状态

这主要表现在:其一,社会保障制度的制定是按地区和部门分开进行的,条块之间既无统一的管理机构,又无规范的管理办法;其二,社会保障基金统筹由各地分散进行,统筹的层次和办法缺乏统一性,既有市、县统筹,也有省级统筹,还包括行业统筹,具体统筹形式多种多样,各地、各行业的统筹办法自行确定,各不相同,很不规范;其三,社会保障管理机构基本上处于分散管理状况,"五龙治水",政出多门。如养老、失业社会保障由劳动部门负责;抚恤、救济由民政部门负责;医疗保障由卫生部门和职工所在单位负责;财政在社会保障管理中的作用发挥不够。

4) 基金收缴困难,影响社会保障工作的正常运转

造成基金收缴困难的主要原因:一是经济调整时期企业效益的下降;二是社会保障机构缺乏必要的强制手段;三是条块分割下地方政府对上级所属部门滞纳行为的行政约束软化等。其结果不仅使职工的合法权益受到侵犯,而且容易造成基金的收不抵支,以及鞭打快牛的现象。

通过对以上问题和矛盾的分析可以看出,我国目前社会保障事业的发展与西方国家相比,处在不同的水平与阶段。如何创造性地建立和完善具有中国特色的社会保障体系,应该是我国进一步改革社会保障制度的目标与方向。

2. 建立具有中国特色社会保障制度的思路

中国特色社会保障的基本内涵可从以下几个方面来理解。

（1）它是一种稳定机制，即以政府干预、弥补市场来消除竞争机制运行中产生的社会非稳定性因素及由此引起的社会震动，保证社会经济的协调与稳定运行。

（2）它是由国家、集体、个人共同分担的社会保障机制，是一种宏观管理体制下有机结合的社会互助。

（3）它是国民收入分配与再分配的形式，为老、弱、病、残、孕、伤、穷等特殊社会人群提供健康保障和最低收入保障，以保证其基本的生存与生活需要。

（4）它是一种强制性的社会行为，应当由全国人民代表大会立法，使社会保障的运作完全按照法律规定的特定程序进行。

建立中国特色社会保障制度的基本思路包括以下几个方面。

1）贯彻"三低"原则，逐步扩大社会保障范围

社会保障的终极目标是保障全体公民。为了实现这一目标，我国社会保障应在统一管理机构、统一征缴办法、统一法律法规的基础上，实行"三低"原则。①低起点：范围上从城镇起步，项目上从养老、医疗、失业等保障入手，保持与经济发展水平相应的适度水平并逐步扩大。②低成本：改变过去管理分散、浪费严重的状况，建立集中统一的社会保障机构，降低管理成本与社会成本。③低标准：收取社会保障费用的标准与发放社会保险金的标准均不能过高，要与现阶段生产力发展水平，以及企业与个人的承受能力相适应。只有这样，才能保证改革中有充足的福利增量和足够的利益补偿来化解随时可能出现的社会摩擦和冲突，避免走西方"福利国家"的老路。

2）树立自我保障为主、社会互助为辅的社会保障新理念，完善个人交费制度

应彻底摒弃居民个人只享受社会保障权益而不承担任何义务的现有状况，将居民个人作为社会保障筹资方式的一个重要渠道。从养老保险改革来看，应逐步提高个人缴费比例，最终达到基本上与国际惯例接轨，使个人所缴部分与企业应承担部分达到各占一半。从医疗保险看，通过建立个人账户，使个人在医疗保险中缴费的从属地位逐步升级。当个人账户的基金不足以支付时，由社会统筹医疗基金解决。

3）建立城乡有别、区域有别的社会保障体系，兼顾多个层面

中国城乡二元经济结构明显，虽然实际上城市和农村的社会保障同等重要，都需要发展，但由于城乡之间、工农之间在生产社会化程度、就业结构、社会分配结构、收入消费结构等方面存在着明显的差别，因而城市和农村的社会保障不可能采取一个统一的模式。近期内，以家庭联产承包责任制为主体的农村尚不具备建立统一立法、强制实施的社会保障体制。在较为富裕的地区，可以采取农民自愿和政府组织引导相结合的办法，积极稳妥地发展以农民自我积累为主的农民养老保险和农村合作医疗保险。经济发达地区与欠发达地区，东、中、西部地区，由于其综合经济实力迥异，其保障基金的给付标准、待遇水平、积累率也应有所区别，体现出多层次的特性，适当兼顾不同层面的社会群体。

4）统一管理体制，实现征缴、管理、使用三分离

统一管理体制，应包含三个方面的内容：其一，从上至下建立统一的社会保障管理机构，负责社会保障各方面的政策业务；其二，从上至下建立相对独立的社会保障基金经办机构，不依附于行政主管部门，独立经营、统一负责各项基金的具体运营活动；其三，建立

专门的社会保障监督组织,专司社会监督职能。在目前过渡时期,应坚持基础征缴、管理、使用三分离的原则,使三者各司其职,做到征缴有度、管理有方、使用有效。同时,应加强三者间的相互监督,提高社会保障基金的社会效益与经济效益。

第二节 财政补贴支出

一、财政补贴的概念及内容

(一)财政补贴的含义及性质

财政补贴是国家为了某种特定的需要,通过财政分配,对企业或居民进行的无偿补助支出。

作为一种政府调节国民经济运行的经济范畴或手段,财政补贴的运行机理在于政府在既定的价格结构条件下,通过无偿支付,使某些符合特定条件的价格受损者得到一定的补偿,从而使现行价格得以保持。由此可见,政府实施财政补贴,实质上是将一部分纳税人的收入无偿转移给另一部分人,即补贴受领者使用。从性质上,财政补贴与社会保障支出一样,都属于转移支出,是国民收入再分配的一种形式。所不同的是,财政补贴通常是离不开一定的价格结构的。在实践中,财政补贴与价格变动密切相关,它往往产生于价格变动之后,成为价格调整的一个重要的补充手段。

(二)财政补贴的必要性

财政补贴是一种世界性的经济现象,不论是发达国家还是发展中国家,都不同程度地采用财政补贴的手段来弥补一定的价格结构所产生的缺陷。在市场经济条件下,作为一种重要的经济调节手段,财政补贴的普遍存在本身就说明了其存在的必要性。

1. 克服外部经济的低效率,促进社会资源的优化配置

在市场的自发调节下,追逐自身最大的经济效益成为生产者唯一的活动目标。这样一来,那些具有外部经济的部门,尽管可能带来很好的社会效益,但由于效益外溢化,往往被投资者和生产者所忽略。其结果致使全社会配置于具有外部经济的部门的资源量低于优化水平,而配置具有外部不经济的部门的资源量高于优化水平,从而降低社会资源配置的效率。政府通过对具有外部效益的活动给予一定的财政补贴,就可以有效地弥补其效益损失,鼓励更多的生产者从事这些经济活动,从而达到优化全社会的资源配置的目的。

2. 配合自然垄断领域的价格管制,提供社会福利

在自然垄断领域,如城市供水、供电、供气、公共交通等公用事业,其产品和劳务既与人们的生产和生活密切相关,又是市场价格无法有效公平配置的。因此,实践中政府对此类生产企业一般采取价格管制,通过低价向整个社会尤其是中低阶层提供社会福利。为避免低价政策可能给相关企业造成亏损,政府还必须同时辅之以财政补贴,以维持此类企业的生存和此类产品的供给,增进社会福利。

3. 调整产业结构,加快经济发展

在投资主体多元化的格局下,更多的投资会趋向于那些利润高、附加值大的加工工业,而利润低、风险大的行业则可能因缺乏资金而萎缩,从而造成产业结构失调,不利于经济的健康快速发展。因此有必要借助政府的力量加以调整,财政补贴就是其中一种重要的手段。作为一种财政资金的再分配形式,财政补贴实现的是资源从政府向企业或个人的单方面转移,国家可以利用它直接或间接地引导资金投向相关产业,如受自然条件影响较大的弱质产业(农业最为典型)、利润率较低的基础产业、风险程度较高的高新技术产业等,从而改变它们在市场竞争中的不利地位,实现经济协调快速的发展。

(三)财政补贴的分类及构成

财政补贴作用的多样性使得补贴的内容十分广泛。为了便于管理并全面反映其构成,可以根据不同的角度进行分类。从社会经济运行过程中补贴所处环节来看,财政补贴可区分为生产环节补贴、流通环节补贴、消费环节补贴;从补贴的经济性质看,可以分为生产性补贴和生活性补贴;从政府是否明确地安排支出来看,补贴可分为明补与暗补;从补贴资金的接受主体来看,可分为企业补贴和居民补贴;从补贴来源划分,又可分为中央补贴和地方补贴;而从政策目的来分析,补贴还可分为价格补贴、企业亏损补贴、财政贴息、税收补贴等。这是财政补贴最主要的分类方法。

1. 价格补贴

价格补贴指的是国家财政向企业或居民支付的、与人民生活必要品和农业生产资料市场价格的政策有关的补贴。从我国实际情况来看,这一类补贴包括的项目有:①农副产品价格补贴,这是价格补贴最主要的内容,目前占全部价格补贴支出的80%以上;②农业生产资料价格补贴,这是政府向生产化肥、农药、农业用电、农用塑料薄膜的企业拨付的价差补贴;③日用工业品价格补贴,向商业企业支付,以保证日用工业品的批发、零售价格在成本和出厂价格上升的情况下保持不动;④工矿产品价格补贴,国家对统配煤、黄金、白银等工矿产品,因调出或收购价格较低而给予的财政补贴。

2. 企业亏损补贴

企业亏损补贴是国家财政对国有企业的亏损给予的补贴。在我国它分为两类:一是经营性亏损补贴,即国家对一部分由于经营管理不善引起的个别产品成本高于社会平均成本的企业暂时给予的补贴,但限期扭亏增盈;二是政策性亏损补贴,即国家为保证国有企业按计划生产经营某些社会需要的产品而对其生产经营过程中由于客观因素所造成的计划内亏损进行的补贴。

3. 财政贴息

财政贴息反映的是国家由于宏观调控的需要,通过财政对使用某些规定用途的银行贷款的企业就其支付的贷款利息提供的一种补贴,它实质上等于财政代表企业向银行支付利息。例如,我国的国家储备粮油、棉、糖利息费用补贴;煤炭企业发展第三产业、外贸出口贷款利息,等等。

4. 税收补贴

税收补贴称为"税收支出"或"税式支出",是以特殊的法律条款规定的、并给予特定类型的活动或纳税人以各种税收优惠待遇而形成的收入损失或放弃的收入。由于税收支出与税收征收是政府两个方向相反的政策活动,作为政府的一种间接性支出,实际上发挥了财政补贴的功能,因此,被纳入财政补贴的范畴。

此外还有一类存在于我国现实中的重要财政补贴就是职工生活补贴。这是政府为保证职工的某些基本消费不因物价的上涨而受到影响所给予的补贴,如住房补贴、水电补贴、煤气补贴、降温补贴,等等。

二、财政补贴的经济效应分析

(一) 财政补贴的经济效应

财政补贴的经济效应,是指补贴的领受者因财政的补贴而在其经济选择或经济行为方面作出的反应,也就是,政府补贴对消费者的选择以及对生产者的决策的影响。

由于公共财政的补贴对象具有选择性,而补贴数额的确定又具有一定的政策性与灵活性。因此,财政补贴在补与不补以及补多补少的决策中,必然会影响到要素的相对价格,由此产生两个方面的经济效应:即收入效应和替代效应。公共财政补贴的收入效应是指因政府的财政补贴支出改变了国民收入原有的分配结构,使得一部分企业或个人的收入相对增加,从而有能力购买更多的商品和劳务,以保持一定的收入和消费水平。公共财政补贴的替代效应,则是指因政府的财政补贴改变了相对价格体系,在补贴品可以替代的情况下,人们倾向于购买更多的补贴品,相对减少对其他商品的购买量;或者生产者倾向于生产更多的补贴品,相对减少其他商品的生产量。

下面阐述的内容便是从财政补贴的收入效应和替代效应这两个方面,就财政补贴对国民经济运行产生的影响作出的具体分析。

(二) 财政补贴对资源配置的影响

在市场经济条件下,市场机制在社会资源配置中的基础与主导作用是通过价值规律自发调节实现的。但在政府的财政补贴介入市场后,原有的相对价格体系的改变,以及随之而来的财政补贴替代效应的发挥,都将对社会资源配置产生一定的调节作用。例如,在其他条件一定的情况下,政府对某种特定生产的补贴会促使被补贴的产品的生产量相对扩大而非补贴的产品的生产量相对减少,从而相应改变产品供求结构。再如,政府以税收上的投资抵免、加速折旧等方式对某些行业或部门进行投资补贴,会通过降低被补贴投资活动的相对成本或提高被补贴投资活动的相对收益,引导社会资金更多地投入到被补贴的投资领域,其结果是导致投资结构的变化,进而导致产业结构的变化。

应当指出的是,财政补贴手段在调节经济运行、优化资源配置的过程中并不是孤立地被运用的,而是必须与既定的经济制度和经济运行机制相适应。一般来说,由于社会经济性质不同,实际存在的作为社会经济运行条件的相对价格结构的状况也不同。因此,财政补贴作用的方向是不同的。在计划价格体制下,当相对价格结构扭曲时,价格补贴的基本作用是纠正价格结构的扭曲,从而弥补计划价格的不足。以我国粮食价格补贴为例,此类补贴是由提高粮食收购价格引起的。其目的一方面在于逐步消除工农产品剪刀差,使农产品价格比较接近它的价值;另一方面在于通过补贴切断由于价格提高所引发的反应链条,使价值规律在一定的范围内发挥有利的作用。而在自由价格体制下,面对价值规律可以按其本能正常发挥作用的社会经济环境,财政补贴的作用主要是纠正市场缺陷,通过有目的地改变既有的价值结构,克服自由价格的自发性带来的消极作用,以实现自由价格机制所不能实现的社会目标。同样,以粮食为例,当经济出现波动,致使粮食生产过剩时,由政府通过补贴的方式实行保护价格,以维护农民的利益和积极性。

由此可见,财政补贴经济效应的存在,为政府运用这一手段调节经济结构和优化资源配置提供了可能。至于实践中产生的作用是好是坏,则完全取决于政府的决策是否慎重、恰当。若政府选择的补贴范围适度、补贴标准适当、补贴对象和环节合理,则补贴就能发挥积极作用;反之,若政府不适当地扩大补贴范围和提高补贴标准,财政补贴的收入效应和替代效应就会随之增强。在社会资源配置中就可能出现政府财政补贴取代市场价格机制而发挥引导资源流动的主导性作用的状况,从而造成资源的误置和浪费。

(三) 财政补贴对社会总供求的影响

1. 财政补贴直接影响着社会需求的总量与结构

首先,从财政对居民提供的消费补贴来看,其补贴方式一般有两种:一是暗补或实物补贴,如补贴商品的低价格、补贴住房的低房租、公费医疗的个人低费用等;二是明补或现金补贴方式。无论现实中采取其中哪一种,都会对居民产生收入效应(如暗补下的居民实际收入的增加、明补下居民名义与实际收入的俱增),从而进一步产生扩张消费需求的效应。但在不同补贴方式下,替代效应及由此带来的消费需求结构的变化则不尽相同。在暗补方式下,由于补贴商品的价格相对于非补贴商品的价格更为低廉,这就对消费者的消费抉择产生了替代效应,使消费者对补贴商品的需求相对增加,对非补贴商品的需求相对减少,从而导致了消费需求结构的变化,使其中有一些甚至可能是扭曲的;而在单一的明补方式下,由于不存在补贴商品与非补贴商品的价格差异,同时居民得到的现金补贴额也与购买何种商品无关,因而居民能够根据自己的消费偏好去比较合理地安排消费支出结构,不容易发生消费需求结构的扭曲。

其次,从财政对企业的生产和投资补贴来看,一方面它将直接形成企业的投资需求,并通过补贴的增减变化对企业投资需求产生扩张或收缩效应;另一方面,这类补贴结构的调整会影响补贴产业与非补贴产业之间的投资需求结构。这是由于财政补贴使受补贴产业投入品的价格较之非补贴产业投入品的价格更为便宜,从而对企业的投资抉择产生替代效应,使企业对补贴产业的投资需求相对增加,而对非补贴产业的投资需求相对减少。

2. 财政补贴间接地影响着社会供给总量与结构

鉴于经济生活中需求对生产与供给的决定作用,不难看出,财政补贴对社会需求总量与结构的影响最终会间接、迂回地反映到社会供给总量与结构的变化上来。首先,财政补贴对居民消费需求总量与结构的调节为企业供给总量与结构的调节提出了要求或提供了依据;其次,财政补贴对企业投资需求总量与结构的调节决定着企业的生产能力和生产结构,从而为社会供给总量与结构的调节提供了可能性或物质基础。例如,在经济萧条时期,政府扩大对企业和家庭的补贴支出,不仅会起到维持或相对扩大企业的投资需求和居民的消费需求的作用,进而还为企业维持了原有的生产规模,甚至扩大了供给、促进复苏创造前提条件。

三、财政补贴运用的局限性及我国的补贴改革

正如其他事物一样,财政补贴既有积极的一面,也有消极的一面,正是这些局限与问题,使得财政补贴成为大多数国家改革的主要对象。

(一) 财政补贴运用的局限性

同价格、税收、信贷、工资等经济杠杆相比,财政补贴只能算是一种辅助性调节手段,

它必须与其他经济杠杆配合起来发挥作用。如果夸大了补贴杠杆的地位和作用,任意扩大补贴的范围和数量,则将对国民经济造成一系列不良后果。

1. 使价格与价值的背离长期化、合法化,从而削弱价格的杠杆作用

由于补贴是在价格之外对商品价格低于价值的部分进行补偿,这样就掩盖了补贴商品的真实成本、价值及其相关商品的比价关系。如果长期过度地补贴,将造成不合理的价格体系的进一步扭曲,使价格信号失真,并造成整个价格体系的紊乱和商品供求的结构性矛盾。

2. 不利于真实地反映企业的生产经营成果

大量的企业亏损补贴使对企业的预算约束软化,甚至还可能造成以政策性亏损掩盖经营性亏损,使经营管理不善合法化,这显然不利于准确考核企业的经济效益,不利于改善企业经营管理,也不利于市场条件下优胜劣汰机制作用的发挥。

3. 加剧财政收支矛盾,增加财政负担

财政补贴反映在财政上,不是增加财政支出,就是减少财政收入。因此过多、过滥的财政补贴,不仅会加重财政的负担,使财政收支的矛盾加剧,而且还有可能挤占其他的财政支出项目,使财政支出结构恶化并影响政府职能的全面实现。

由此可见,正确谨慎地运用财政补贴是十分必要的。

(二)我国财政补贴改革

我国财政补贴在 20 世纪 50 年代初仅为絮棉一项,补贴金额为 0.5 亿元,到 20 世纪 60 年代初国民经济困难时期发展到 11 种。1978 年以后增长速度加快,财政补贴已日益成为政府所倚重的调控手段。在 1978 年至 1989 年这一阶段,财政补贴属于暴涨期,不仅补贴总额由 1978 年的 135.99 亿元上涨到 1989 年的 969.22 亿元,平均增长率达到 64.79%,而且财政补贴占财政支出的比重也由 1978 年的 9.91% 增至 1989 年的 24.1%[①]。从 1990 年至今,财政补贴的相对规模逐渐下降并日趋稳定,1996 年这一比重降至 9.19%,与 1990 年相比下降了 13.44%。但补贴总量在经历了一段下降期后,从 1995 年起仍呈缓慢上升的态势。总之,我国财政补贴总体规模过大是一个不争的事实,这不仅已经成为国家财政的负担,严重束缚了财政支出结构的优化,并且越来越成为经济改革的拖累。

随着经济体制改革的逐步深化,尤其是市场价格体系的日臻完善,现行财政补贴制度已不能适应市场经济发展的需要,必须进行改革和整顿,基本思路是减少补贴项目、压缩补贴规模、规范补贴方式、提高补贴效益。

其中财政补贴的范围应限定在市场机制不能充分发挥作用的领域。这包括:社会效益大而自身微观经济效益小的项目和产品,如军工、航天、节能、节水、环境治理与保护等;仍需国家价格管制的关系国计民生的重要产品和劳务,如石油、煤炭、城市供水、供电、供气、公共交通等;在市场竞争中处于不利地位的弱质产业和市场风险程度较高的高新技术产业,等等。

而财政补贴的规模控制,应遵循以下三条原则:一是要以不影响市场机制在全社会的

---

① 相关数据引自:吴俊培,许建国,杨灿明. 公共部门经济学[M]. 北京:中国统计出版社,2001.

资源配置中发挥基础性作用为限度;二是要以不影响财政收支平衡、不加剧财政困难为限度;三是要以不挤占其他财政支出、不妨碍财政整体职能的发挥为限度。

在此思路下,我国现阶段财政补贴的具体改革措施如下。

1. 改变农业补贴的环节与方式,真正建立起有利于促进农产品供给增长的农业补贴政策

要取消粮食和相关商业企业的亏损补贴、取消粮食"三挂钩"补贴及各种农产品加价补贴,使农业补贴由现行的流通环节和消费环节重点转移到生产环节,并将上述措施节省下来的补贴款,建立起一种新的补贴制度,通过农业贷款贴息、最低保护价、国家储备等方式,更加直接、有效地扶持农业生产。

2. 削弱、归并对城市居民的有关福利性补贴,规范职工收入分配

为配合价格改革,1985年以后财政先后对城镇居民或职工个人发放了肉食、副食品、粮食等价格补贴。这类补贴基本上都随工资直接发放给个人,已成为职工收入的重要组成部分。为了理顺分配关系,更好地贯彻按劳分配的原则,应将这部分"明补"改为工资。今后,农产品销价提高一般不再对居民普遍补贴,而重点放在对城市低收入者的生活补助上。至于"公房低租"这样的"暗补"型的福利性补贴,也应积极创造条件,先逐步提高房租,直至最终基本取消这类"暗补"。

3. 改进公用事业补贴方式,提高补贴的效率

我国现有大多数城市公用事业都是靠财政补贴维持,每年补贴额高达数十亿,既不利于公用事业的健康发展,又给财政带来了沉重的负担。在今后的改革中,一方面公共事业应坚持保本微利的原则,以向社会收取适当服务费的方式,满足其经营开支需要;另一方面,政府要加强对其收费标准和收费使用情况的监督,切实维护公共的权益。对少数难以靠收费维持收支平衡的公用事业,如环保、公共交通等,财政仍予以适当的补贴,但补贴的提供不能沿用由财政全部包下来的老办法,而改用招标的方式。比如城市公共交通,可由财政提出一个固定补贴数额向社会招标,中标者在固定的补贴数额内承包该项服务,这既有利于控制补贴规模,又有利于提高补贴的效益。

4. 取消大部分国有企业的亏损补贴,推进企业改革的进程

企业政策性亏损补贴基本上都是由于产品价格不合理、销售收入不足以抵补生产成本造成的。目前,工业产品的价格绝大部分都已放开,价格关系基本理顺,因此,今后财政只对军工、航天等负有特殊使命的国有企业,以及因执行国家有关政策而导致亏损的企业给予适当补贴。其他工业企业的亏损补贴都应予以取消。与此同时,随着国内市场价格体系的进一步完善和人民币汇率逐步实行市场化,以及全面推行进口代理制,外贸企业进口商品的亏损补贴原则上也都可以取消。

◆ 本章重要概念

社会保障(social security)　　社会保障基金(social security fund)

现收现付(pay-as-you-go system)　　完全基金式(complete fund type)

部分基金式(partial fund type)　　财政补贴(fiscal subsidies)

本章思考题

1. 社会保障基金的筹集模式有哪些？各有什么特点？
2. 简述社会保障基金的来源途径及征收办法。
3. 负所得税理论的优、缺点是什么？
4. 我国社会保障制度改革的目标及思路是什么？

本章推荐阅读书目

1. 林毓铭. 转型期社会保障体制大变革[M]. 北京:中国财政经济出版社,1998.
2. 邓大松. 美国社会保障制度研究[M]. 武汉:武汉大学出版社,1999.
3. 苏明. 财政支出政策研究[M]. 北京:中国财政经济出版社,1999.
4. 郭小东. 社会保障:理论与实践[M]. 广东:广东经济出版社有限公司,2014.

第十章 公共支出效应与效益

——本章导言——

公共支出规模不断增长的态势已经越来越引起社会的广泛关注。这种关注是有理由的,一方面是因为公共支出的增长势必意味着税收的增加,这对政府的收入能力和纳税人的负担能力无疑都是一种压力;另一方面则是因为公共支出对经济有着重大的影响,它不仅影响资源配置,而且影响收入分配。因而,具体考察和评估公共支出的效应与效益就显得十分必要。借此,既可以为公共部门的预算决策奠定基础,又能为判断公共支出的增长及其结构是否合理提供依据。

第一节 公共支出效应

一、公共支出的收入分配效应:公共支出对于收入分配公平的影响[1]

(一)公共支出受益的归宿

作为政府行为的成本费用,公共支出无论表现为哪类项目,都会在发生的同时提供受益。而公共支出的受益如何在社会成员之间进行分配,显然对社会收入分配的公平有着直接的影响。

所谓公共支出的受益归宿,指的就是公共支出受益的最终落脚点,即公共支出项目的真正受益者。研究这一问题的必要性在于:首先,人们已经开始认识到公共支出政策,尤其是转移支出,要比税收政策更能有效地改变社会的收入分配格局,因为在执行收入分配公平这一政府职能的时候,税收政策的作用只局限于减轻穷人的纳税负担,而公共支出政策则可以直接增加穷人的收入,所以一般被认为更加积极与主动;其次,现实中公共支出受益的分配并不是平等分布的,由于不同人群各自的收入状况、所处区域的生活环境的不同等特殊情况,有些人的受益会多一些,有些人则可能少一些,因此表现出较大的差异性;最后,公共支出项目名义上的受益者,往往并非是该项支出最终的归宿,例如,政府在医疗保健方面给老年人的资助固然会使老年人受益,但其归宿或真正的受益者却是他们的孩子。政府对穷人提供的住房补贴名义上的受益者是穷人,但因为这种补助会抬高住房供给的价格,从而最终会使房东成为真正的受益者。

---

[1] 刘宇飞. 当代西方财政学[M]. 北京:北京大学出版社,2000:237-245.

(二) 公共支出受益的分析

由于受到公共支出的产出效果难以衡量、相关信息缺乏等因素的影响,使得理论界对公共支出归宿的研究要比税收归宿的研究落后许多。但随着人们对公共支出认识的不断提高,西方经济学者已着手开始这方面工作,并提出多种分析方法。

1. "货币流量"方法

这是一种研究政府支付的直接接受者得到的货币受益状况的分析方法,它把政府的公共支出看做是流向特定个人或地区的货币流量。例如,教师与学生得益于政府的教育支出,病人得益于医疗支出,农民得益于农业发展支出,等等。这一方法提供了对公共支出走向初步的和局部的考察,注重政府活动在投入方面的支出及其对直接接受者的影响,比较适合于对特殊利益支出进行分析与衡量。至于一般利益支出,如国防、社会治安、外交、基础科研、环境改善等,由于其直接的接受者并非最终受益者,因此,"货币流量"分析往往只停留在公共支出最初发生作用的地方,而对其受益的进一步转移则很难触及。"货币流量"方法的这种不足,甚至还表现在对特殊利益支出的更深层次的分析上。其实,即便是对特定受益对象的支出,也会在直接受益之外产生进一步的影响。以农业发展支出为例,当用"货币流量"方法分析时,农民这一直接的受益者会因增加农业发展支出而拥有更多的收入和财产,但它并不进一步分析城市居民因农产品价格下降而可能得到的利益。

2. 公共支出目标分析

这一方法以公共支出的再分配目标为出发点,研究公共支出决策代表的是谁的利益,从而使公共支出的受益分析更进了一步。与第一种方法相比,这种方法仍在会计核算的基础上进行,利用生产成本的大小估量支出的受益。但由于考虑了公共支出的目标,这一方法的一个突出之处就是对于没有直接受益者的一般性购买支出也按一定方法分摊给潜在的受益者。最基本的方法是假定每人或每个家庭从既定公共支出中得到的受益相同,然后将某项公共支出按照个人或家庭平均计算,使每个人或家庭分摊相同的成本。另一种方法则是假定收入高者从公共支出中的得益更大,因此,按照个人货币总收入或按照个人缴纳税款的多少分摊。至于对一些公共设施类的公共品,虽有直接的受益者,但考虑到每人受益的大小不尽相同,可按个人对此类物品的消费开支进行分摊。比如,按照个人用于交通和通信开支的大小分摊政府提供这方面基础设施的成本,因为,消费越多,受益越大。

在这一方法下,人们可以直观地看出公共支出的经济目标是否得到了贯彻,比如,如果教育支出或医疗支出的政策目标是减少收入不平等,那么就可以通过考察按家庭平均的教育开支是否随着平均收入的增加而下降来作出判断。可以说,多数对于公共支出的收入分配效应的研究是按这种方法进行的。而这种方法的不足之处在于仍然没有全面考虑前面已经提到的具体公共支出的进一步影响,而且各种分摊受益的标准也过于绝对,所以,就发展出了后面两种分析方法。

3. "公共支出归宿"分析

本方法最主要的特点就是试图全面考虑公共支出的影响,而不是仅仅在会计框架下考察它最初发生作用的地方,具体地说,是考察公共支出对于生产要素和产品的相对价格有可能产生的进一步影响。

现实中,由公共支出带来的购买力在私人部门与公共部门之间的转移,往往会使得相对价格发生变化。比如,那些接受转移支出的人的平均或边际消费倾向很可能不同于支付税收的那些人,而公共部门的生产函数通常要比私人部门更具劳动密集型的特点,等等。这些都会导致经济中的需求形式发生变化,从而改变相关生产要素和产品的相对价格,进而改变收入分配格局。客观地说,这种分析方法思路的确定在理论上是具有合理性的,但要在实践中加以应用却有一定的困难,"问题在于很难跟踪研究一项具体政策引起的所有价格变动"①;此外,这种分析方法在对个人得自公共支出的受益大小的推算中,并未直接考虑个人真实的心理评价。

4. "受益归宿"方法

这是一种引入个人的效用函数对个人得自于公共支出的受益状况直接进行衡量的方法,自 1970 年由艾伦和麦圭尔(Aaron & McGuire)进行开创性分析以来,引起了理论界在这方面的进一步研究。

为了便于分析,他们在为专门研究公共品的受益如何在个人之间进行分配所建立的模型中,首先作出了以下严格的假设:①假定公共品已经被有效地生产出来,且平均成本等于边际成本,以保证提供公共品的成本等于社会总的受益;②假设个人的效用函数已知并且相同;③假定个人得自于公共品和私人品的效用相互独立,即效用函数具有可分离性和可加性。据此个人效用函数可用符号表示为

$$U_i = U_i^P(x) + U_i^G(G) \tag{10-1}$$

式中:U_i 为个人 i 的效用函数;x 为私人品向量;G 为公共品向量。考虑处于不同收入级别的 A 和 B 两个人,设某公共品数量为 G_1,由假定可推知

$$\frac{\partial U_A}{\partial G_1} = \frac{\partial U_B}{\partial G_1} = k \tag{10-2}$$

即个人 A 和 B 得自公共品 G_1 的边际效用为常数 k。设 λ_i 为个人 i 的收入的边际效用,A 和 B 两人在公共品和私人品之间的边际替代率分别为 MRS_A 和 MRS_B,则它们可分别表示为

$$MRS_A = \frac{\partial U_A / \partial G_1}{\lambda_A} = \frac{k}{\lambda_A} \tag{10-3}$$

$$MRS_B = \frac{\partial U_B / \partial G_1}{\lambda_B} = \frac{k}{\lambda_B} \tag{10-4}$$

再设用于公共品 G_1 的公共支出数额为 E,由于假定公共品的生产是有效率的,故有

$$G_1 \cdot MRS_A + G_1 \cdot MRS_B = E \tag{10-5}$$

这里,设个人的边际替代率等于个人支付的公共品的税价,则式(10-5)左边恰好等于 A 和 B 两人总的支付意愿。将式(10-3)和式(10-4)代入式(10-5),可得

$$\frac{k \cdot G_1}{\lambda_A} + \frac{k \cdot G_1}{\lambda_B} = E \tag{10-6}$$

式(10-6)说明,在有效生产 G_1 的总支出既定为 E 的情况下,公共品的总受益($k \cdot G_1$)将按照与个人收入的边际效用 λ_i 成反比的方式配置,即收入的边际效用越高,则得自公共支出的受益越小;收入的边际效用越低,则得自公共支出的受益越大;而若两人收入的边

---

① 罗森. 财政学中文版[M]. 平新乔,等,译. 北京:中国人民大学,1992:210.

际效用相等,则得自公共支出的受益完全相同。按照通常的假定,收入的边际效用随收入增加而递减,因此,艾伦和麦圭尔的分析意味着公共支出的受益更加偏向于富人而不是穷人,而且递减的速度越快,对富人偏爱的程度就越高。

显然这个结论与前述的在会计框架下分摊公共品的受益所得出的"从富人转移收入给穷人和中间收入家庭"的结论相反,对此,理论界评说不一,有的支持,有的反对。但这种分析方法至少从一个新的角度反映出公共支出的收入分配效应还存在着另一种可能:即它并没有进行合意的收入再分配,而且有一定的累退性质。这个结论的得出与效用函数的限定条件直接相关,它也提示我们:公共支出具体项目的分析具有相当的复杂性,在作出有关公共支出受益归宿的结论时应该小心谨慎。

二、公共支出的激励效应:公共支出对私人行为及资源配置的影响[①]

对于公共支出激励效应的分析,可以按两类不同的公共支出分别进行。

(一) 非市场性物品支出

非市场物品支出主要指的是用于提供市场完全或基本上不提供的物品方面的支出,如国防、外交、法律秩序、经济稳定等。这类物品基本上具有纯公共品的性质,市场或个人本身往往无法提供。

由于这类物品是政府整体为社会公众提供的,具有效用的不可分割性和消费的非排他性,因此,作为提供非市场物品的公共支出,它对个人行为的激励,不在于增加或减少对这类物品的消费,而在于个人对消费这类非市场物品的受益与因此而减少的其他消费活动的受益进行比较之后所采取的相应的行动。作为个人而言,如果通过比较发现其受益小于机会成本,那么可能将发生以下行为变化:首先,可能会通过公共选择过程发表意见,表达个人的需求偏好;其次,如果发表意见的成本过高,就可能选择退出自己不满意的财政管辖权而移居他乡,即所谓"以足投票";再次,如果前两种行动均告无效,还可能采取更为激烈的反抗手段,如示威、暴动和革命。

(二) 市场性物品支出

市场性物品支出,是指用于提供市场虽有可能提供一定数量但往往提供不足的物品,如教育、失业或退休后的收入保障、对贫困者的救济等,此类物品具有一定的准公共品的性质。之所以会形成相关的公共支出,是因为公共部门担心如果完全由市场提供会出现提供或消费不足,即数量低于社会最优水平。

对于提供市场性物品的公共支出而言,其激励效应主要表现在个人因这种公共支出而对该种物品的消费或提供数量的改变,以及由此引起的效率损失。可以以政府补贴为典型事例,对这类公共支出的激励效应做一些简单的分析。

由于提供市场性物品公共支出的目的就是要避免私人部门对此类物品提供的不足,因此,对私人部门的活动给予补贴就成为政府介入调节的一种主要方式,具体包括固定数量的补贴和随私人活动规模而变化的补贴。

首先,从固定数量的补贴入手进行分析。它所带来的激励效应,一方面表现在受领者

---

① 刘宇飞. 当代西方财政学[M]. 北京:北京大学出版社,2000:245-252.

在得到固定数量补贴后,其受补贴商品和其他商品的消费量会同时增加,消费者的效用水平也将有所提高。固定补贴下个人消费一般的变化如图10-1所示。

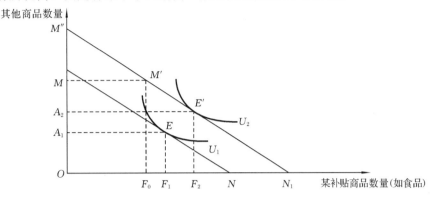

图 10-1　固定补贴下个人消费一般的变化

以横坐标衡量某补贴商品数量,纵坐标衡量其他商品的数量。MN 为个人得到补贴之间的预算线,U_1、U_2 为无差异曲线,两者相切于 E 点,在这一点上,消费者最优的某商品消费量为 OF_1,其他商品消费量为 OA_1。假定该领受者从政府那里取得固定数量的某商品的实物补贴 $OF_0 = MM'$,这样其预算线则由 MN 变成 $M''M'N_1$。这时,该领受者的最佳选择均衡点便移至 E',即新的预算成 $M''M'N_1$ 与无差异曲线 U_2 的相切点。在这一点上,消费者消费某商品的数量达 OF_2,而消费其他商品上数量则为 OA_2,两者同时有所增大。原因在于由于政府对某商品提供了固定数量的补贴,从而使领受者个人购买该商品的数量减少(由原来购买的 OF_1 降至 F_0F_2,而显然 $OF_1 > F_0F_2$),这时他完全可以将原来花费在购买某商品上的一部分货币收入腾出来,转用于购买其他商品。

另一方面,固定数量补贴的激励效应还在于可能形成受领者消费的不足。考虑有些物品可能具有额外的单位消费成本过高的特点,因此在政府固定数量补贴之外,难以按照市场价格增加消费。例如,政府向每户家庭免费提供一套两居室住房,而有的家庭可能有意购买三居室住房,并且愿意自己支付三居室与两居室之间的价差,但由于政府的实物补贴安排里没有这种选择,家庭只能要么选择免费住进政府提供的两居室,要么选择不要政府补贴而以自己的财力购买三居室。一般来说,多数家庭更有可能选择前者,这时就会出现消费不足。

其次,对随消费量而变化的补贴进行分析。由于这种补贴可以随消费的数量而有所增加,这就使得受领者往往可以通过调整消费量而控制自己取得补贴数额的大小,从而造成个人的过量消费。可见,依量而增的补贴可能导致低效率。

通过以上典型事例的分析,我们不妨将之推广至一般,假设有一种公共福利服务 W,可以是基本食品、住房、教育、卫生保健、退休或失业保障等。在技术上既可由政府部门提供,又可由私人部门提供。现在考虑政府活动(支出和税收)对私人部门在 W 上的支出 Q_W 的影响。设市场提供 W 的价格为 P_W,政府部门提供的数量为 G_W,个人需为补贴而支付的税价为 T_W。显然,私人部门对 W 的支出与该物品的市场价格、政府部门提供的数量均呈反方向变动的关系,而与其从政府补贴中得到的净受益($G_W - T_W$)呈同方向变动的关系。即

$$\frac{\partial Q_w}{\partial P_w}<0;\quad \frac{\partial Q_w}{\partial G_w}<0;\quad \frac{\partial Q_w}{\partial (G_w-T_w)}>0 \qquad (10\text{-}7)$$

可见,政府活动对私人部门的激励有两种不同的方向。一种方向是以政府支出替代私人支出,这种效应称为"替代效应";另一种方向是因为实际收入增加而导致私人部门乐于增加支出,这种效应称为"收入效应"。两种效应加总后的总效应,就被称为政府活动的微观"挤出效应"。

第二节 公共支出效益

通过以上对公共支出效应的分析可以了解到,公共支出对经济活动影响作用的发挥,不仅取决于公共支出项目的性质和方向,而且还与公共支出的成本效益的对比关系密切相关。

一、公共支出效益的内涵与特征

(一)公共支出效益的内涵

公共支出效益,是指政府为满足社会共同需要而进行的资源配置活动与所取得的社会实际效益之间的比例关系,简言之,就是在政府活动中所费与所得的对比关系。这里所指的所费即公共支出,是指由政府集中支配的、以货币形态表现的、活劳动与物化劳动在国民经济与社会发展各方面的消耗与占用;所得,是指政府通过资源配置活动所取得的有用的成果,这既包括微观的、直接的、经济的成果,也包括宏观的、间接的、社会的成果。

公共支出效益的基本内涵包括以下两个方面。一是政府资源分配的外在合理性。它要求通过政府渠道分配的资源总量在整个社会经济资源中所占的比例,应符合整个社会经济资源合理有效配置的客观比例性要求。换言之,就是保证公共支出规模在国民生产总值中的比例合理。政府资源分配是否合理,显然是衡量一定时期公共支出效益的前提。如果过高,必然挤占私人部门的可支配资源,导致社会经济资源总量配置失衡;而过低,则意味着政府可支配的财力不足,社会共同需要得不到全面满足,从而降低公共支出效益。二是政府资源运用的内在有效性。它要求公共支出在不同性质、不同类型的社会共同需要之间分配的比例是合理的,从而实现公共支出在不同支出要素之间的合理分布。政府资源运用是否具有这种内在有效性,可以说是衡量公共支出效益的根本标准。作为满足社会公共需要的重要手段,公共支出总是会受到一定时期政府资源总量的限制,如何解决这一矛盾,直接关系到公共支出效益的高低。只有在一定量的财政资源限度内,按照财政资源合理有效配置的要求,在各种社会共同需要之间实现有效的资源配置,才是公共支出具有效益的一种体现。由此可见,公共支出效益的提高,是政府资源配置外在合理性和内在有效性的有机统一。

(二)公共支出效益的特征[1]

从一般意义上讲,公共支出效益和微观主体的支出效益是一样的,其追求目标都在于以尽量少的劳动消耗和占用去获取尽可能多的有用结果。但由于政府和微观主体在社会

---

[1] 高培勇,崔军. 公共部门经济[M]. 北京:中国人大出版社,2001. 135-136.

经济活动中处于不同的地位,支出项目的性质也千差万别,这就使得公共支出效益具有一定的特殊性。具体表现如下。

1. 经济效益与社会效益的统一

从微观主体的角度而言,其支出活动的目标主要在于追求利润,因此,私人支出效益的衡量集中于资金耗费与赢利之间的比例,即经济效益。而政府由于处于宏观调控的主体地位,活动是围绕满足社会公共需要进行的,其公共支出既涉及生产领域也涉及非生产领域,因此,这就使得公共支出效益成为经济效益与社会效益的统一。经济效益是财政资金的耗费与经济成果的对比关系,具体到生产性支出上,就是要求尽可能地降低成本,以尽量少的财政资金消耗和占用,取得最大的、优质的生产建设成果。而社会效益是财政资金的耗费与社会效果的对比关系,这里的社会效果包括经济的稳定协调发展、社会公平、国家安全、社会秩序安定、生态环境的平衡与保护、教育普及、科学进步等一系列目标的实现。

2. 宏观效益与微观效益的统一

在公共支出效益中包括宏观效益与微观效益两个层次。宏观效益是指通过公共支出总量与结构的安排和调整所产生的有关国民经济和社会发展全局、体现国民整体利益和长远利益的经济效果,如国民经济的稳定均衡发展、资源的合理配置等;微观效益则是指每一笔公共支出项目所带来的具体的经济效果。在两者的关系中,宏观效益往往起着主导决定作用,它是实现微观效益的前提条件,而微观效益是宏观效益实现的现实途径。

3. 直接效益与间接效益的统一

如果说微观主体的支出效益只需分析发生在自身范围内的直接所费与所得的话,那么公共支出则还需分析长远的、间接的各种所费与所得。这是因为公共支出的使用涉及社会再生产过程的各个方面和各个环节,既涉及生产领域与非生产领域,又涉及社会各阶层在社会产品分配中的经济利益,从而影响着社会再生产过程的一切方面。因此,公共支出效益评价不能仅限于公共支出本身的直接效用,而应从社会总体出发,从效益作用的连续性出发,把公共支出的耗用与收益放到社会再生产的总过程中去考察,这样才能得出正确、全面的结论。

总而言之,社会公共需要的多样性与层次性,决定了公共支出效益是具有综合性的,即公共支出效益是一种综合效益,它无法用一个单一的指标来评价,而是需要一个指标体系来综合反映与衡量的。

二、公共支出效益的评价

对于公共支出效益的经济分析与评价,大体可以从两个方面进行:一是从宏观的角度,就整体的公共支出对社会资源配置的影响进行分析;二是从微观角度,就某一公共支出项目或方案对社会资源配置的影响进行分析。与之相对应,前者使用的是机会成本分析法;后者则根据支出的性质,分别采用成本—效益分析法、最低费用选择法、公共劳务收费法等。

(一)机会成本分析

公共支出的过程实质上是将从私人部门转移到公共部门来的部分资源由政府加以集

中使用的过程,在这一过程中显然存在着资源配置的效率问题,只有当资源集中在政府手中能够发挥比在私人部门更大的效益时,政府占用资源才是对社会有益的,或者说是有效率的。机会成本分析法就是按这一推论,用预算资金的社会机会成本来评价公共支出效益的一种方法。

预算资金的社会机会成本,是指因这样一笔资金由私人部门转移到公共部门而导致的私人部门的效益损失。机会成本分析法对公共支出效益的评价,在运用当中实际上是通过对同样一笔资金由公共部门和私人部门使用所能达到的效益的比较来实现的。如果一笔特定的资金交由公共部门使用所能达到的效益大于交由私人部门使用所能达到的效益(或说是大于其机会成本),那么这笔公共支出是有利于资源优化配置而提高效率的;反之,如果公共部门使用所能达到的效益小于由私人部门使用所能达到的效益(或说是小于其机会成本),那么这样的公共支出不利于资源的优化配置而且缺乏效率;如果公共部门使用所能达到的效益与私人部门使用所能达到的效益相等(或是说等于其机会成本),那么则意味着这时整个社会资源配置处于最佳状态,这样的公共支出是高效率的。

按照这一思路,在实践中机会成本分析法显然有利于从资源配置的效率出发,合理地确定公共物品提供的数量以及相应的公共支出规模。资源在公共品和私人品之间的配置情况如图 10-2 所示。

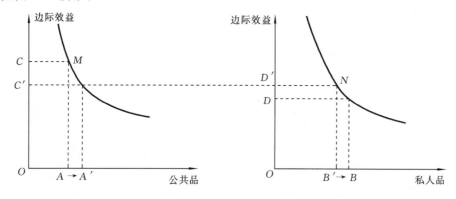

图 10-2 资源在公共品和私人品之间配置情况

在图 10-2 中,M、N 分别代表公共物品和私人物品的支出效益曲线。在边际效益递减规律的作用下,它们均呈向下倾斜状态。OA、OB 与 OA'、OB' 分别代表不同时期资源在公共品与私人品之间的配置量,且 $OA+OB=OA'+OB'=$ 全社会可用资源总量。若用于公共品的资金支出为 OA、而用于私人品的资金支出为 OB、且 OA 的边际效益大于 OB 的边际效益,即当 $OC>OD$ 时,表明公共支出的规模低于效率水平,在此情况下政府应扩大公共支出规模以增加社会的总效益。通过调整,当用于公共品的资金支出为 OA'、用于私人品的资金支出为 OB'、且 OA' 和 OB' 的边际效益恰好相等时,即 $OC'=OD'$ 时,则意味着资源配置达到了最佳状态,此时的公共支出规模达到最高效率水平。据此可以把整个社会资源最佳配置的实现条件用公式表示为

$$\frac{公共品的边际效益}{公共品的边际支出} = \frac{私人品的边际效益}{私人品的边际支出} \qquad (10\text{-}8)$$

这也是确保公共支出的规模安排实现高效的前提。

(二) 成本-效益分析法

1. 成本-效益分析的含义

所谓成本-效益分析法,是把公共部门预算资金的使用划分为若干项目或方案,就每个项目或方案核算其全部预期成本和全部预期效益,在此基础上对不同项目或不同方案进行比较以确定优先采用的次序,然后根据预算资金的数额可能选择最优的公共支出方案。作为评价投资项目可行性的一种操作方法,通过成本-效益分析所进行的投资选择显然是符合帕累托最优的。正因为如此,这一方法早已在市场机制领域广泛使用,并且逐步被引入非市场经济领域,用于解决公共投资中资源配置的效率问题。

2. 成本-效益分析的步骤

防洪作为政府的一项具体职能支出,是可以运用成本-效益分析法进行项目评价和投资决策的一个领域。现以此为例,对成本-效益分析的步骤作简要说明。

假设某地拟进行防洪工程建设,为此专家提出了7个备选方案,其成本-效益如表10-1所示。

表10-1　防洪工程的成本-效益分析表　　　　单位:万美元

项目	效益 B	成本 C	B−C	B/C	(B−C)/C	次序
A	20 000	10 000	10 000	2.0	1.0	2
B	9 750	7 500	2 250	1.3	0.3	4
C	6 000	5 000	1 000	1.2	0.2	5
D	6 250	2 500	3 750	2.5	1.5	1
E	22 500	15 000	7 500	1.5	0.5	3
F	6 250	6 250	0	1.0	0	6
G	13 500	1 500	−1 500	0.9	−0.1	7

此方法通常按照以下步骤进行。

1) 计算各个项目或方案的效益和成本

它是指计算各项目在其生命期内可能带来的收益和成本的现金流量,这是一项比较复杂的工作。效益和费用可以分为该项目直接的效益和费用、与该项目有关并由此引起的间接的效益和费用、可用货币测算的项目有形效益和费用,以及无法用货币测算的无形效益和费用。如果仅仅只考虑到其中的一部分而完全忽略另一部分,则无法对该项目的效益和费用作出正确的评价。但要完整地、毫无遗漏地计算一个项目的效益和费用,又往往很难做到,从而使评价工作实际上难以进行。所以,在评价其成本与效益时应把握3个要点:第一,计算与支出项目直接关联的一切可用货币计量的成本和效益;第二,计算与支出项目间接相关的一切可用货币计量的成本和效益;第三,计算与成本支出项目直接或间接关联的一切不可用货币计量的成本和效益。作为防洪工程来说,直接成本应包括建设、管理和维护该项目而投入的人力和物力的价值,直接效益则指的是该工程直接增加的商品量和劳务量,如农业产量的增加以及受灾面积减少等社会成本得以降低的价值,这些应该构成防洪工程成本和效益的主体。至于与这项工程直接或间接关联的一切不可用货币计算的成本和效益,只能尽可能采取一些替代方式,从侧面去间接的估算。例如,作为水利工程的一种无形效益,美化环境、减少疾病的效益无法以货币形式直接计算出来,但是当地居民健康水平的提高,则可以间接地通过人们发病率的降低表现出来,因此,当地卫生防疫和医疗费用的减少就可以视为这项无形效益的货币额。这种间接的估算虽不能做到完全准确,但毕竟能使整个项目成本与效益的测算更加全面一些。

该防洪工程的效益和成本见表10-1。

2) 计算各个项目或方案的效益和费用的比率

如果对每个项目或方案都核算出效益和费用的总金额,那就可以计算费用和效益的比率。通常使用的比率与评价标准如下:

第一,B/C,即效益与费用之比,其值的最低限是1,凡低于1的项目在经济上都是不可行的;

第二,$(B-C)/C$,即净效益与费用之比,其值的最低限是0,凡是负值的项目在经济上都是不可行的。

该防洪工程的效益与费用之比和净效益与费用之比如表10-1中B/C和$(B-C)/C$两栏所示。

3) 确定各个项目或方案的优劣次序

计算出效益与费用的比率之后,就可以根据该比率确定各个项目或方案的优劣次序。无论是效益与费用之比还是净效益与费用比,都是越大越好,因此,优劣次序的确定可以按照数值的大小进行。在本例中,项目D最优,A次之……G最劣。

4) 进行项目或方案的选择和决策

这一方面要以上述优劣次序为一种依据,同时要看限制条件的情况而定。比如本例所列举的是一个项目的7个不同备选方案,由于这些方案之间可以相互替代,选中其中一个方案之后,其他方案就不能再实施,所以如果用于该项目的预算资金没有数量限制,那么方案D无疑应当优先被选定。如果预算资金有限定,就需要按优劣次序与项目成本费用进行比较后确定。从本例看,假设预算资金被限定在1.5亿美元,那么优选方案应依次确定为方案A。

又比如,本例列出的为7个不同的项目,如何选择仍要视预算支出数量有无限制而定。如果没有限定,那么只要该项目在经济上是可行的就都可以选择,如D、A、E、B、C都行。但如果有限定,就要在备选项目的成本上与预算资金数量作一个比较。假定本例所确定的预算资金限额为3.5亿美元,那么就应该选择项目D、A、E、B,因为这四个项目的费用之和刚好是3.5亿美元、效益之和为5.85亿美元、净效益为2.35亿美元。不难证明,这是在此条件下的最佳选择。

3. 成本-效益分析中的时间因素考虑——贴现

在以上对成本-效益分析步骤的说明中并未涉及时间的因素,但实际上时间因素是不容忽视的,因为大多数的公共工程项目的建设周期和使用周期往往都不会限于一个年份,或者准确地说不会限于该项支出的预算年度,而要持续若干年甚至几十年。这样一来,任何一个项目的成本和效益都不可能只是一个数值,而要形成一系列的数值,即形成所谓由若干年的成本和若干年的效益构成的"成本流"和"效益流"。因此,在计算公共工程总成本和总效益时,就不能简单地将若干年的成本与若干年的效益加总比较,必须将资金时间价值因素考虑在内。也就是说,必须将今后若干年内发生的成本和效益通过贴现的方式折算成现值,然后才能加总和评价。

这就需要用一个"贴现率"加以核算。一般来说,"贴现率"实际上相当于一个年利率,即任何一笔资金相隔一年之后平均增值的百分比率。这里先假设 r 为选定的贴现率,B_t 和 C_t 为第 t 年收益和成本的大小,则可得出公共支出项目效益的总现值 B、成本的总现值 C 及净效益的总现值 NPV(又称为净现值,net present value,NPV)。各自的公式表达式为

$$B = \sum_{t=0}^{n} B_t (1+r)^{-t} \tag{10-9}$$

$$C = \sum_{t=0}^{n} C_t (1+r)^{-t} \tag{10-10}$$

$$\text{NPV} = B - C = \sum_{t=0}^{n} \frac{B_t - C_t}{(1+r)^t} \tag{10-11}$$

不难看出,只有净效益的总现值大于 0 的项目或方案在经济上才是可行的,但考虑到不同项目的 NPV 值是不可比的,因此在不同项目间进行优劣次序的排列时,还需要将各个项目的 NPV 值与成本总现值进行比较,得出净效益的总现值占成本总现值的比率,并通过比较这一比率数值的大小来加以确定。

在这里贴现率的慎重选择至关重要。它与项目的净现值呈反方向变动的关系,如果选择不当,很可能导致错误的分析结果。例如,若贴现率偏高,可能导致理想项目的净现值偏低而无法获得通过;若贴现率偏低,又可能让不那么理想的项目的净现值偏高而使之获得通过,这将使政府部门的支出计划受到过分的鼓励,私人投入则相对减少,其结果都会扭曲公共部门和私人部门之间的资源配置。

那么,究竟应该选择什么样的贴现率才是恰当的呢?这就需要根据市场的完善程度,在社会使用资金的机会成本率与社会的时间偏好率之间进行必要的权衡。所谓社会的时间偏好率 R_{STP},指的是社会因为放弃现在的消费进行投资而希望在未来得到的回报率。回报率越高,则社会倾向于更多地放弃现在的消费,提供更多的可贷放资金,这一规律可用反映时间偏好率和机会成本率关系的图 10-3 中的 S 线反映。而社会使用资金的机会成本率 R_{SOC} 指的是因资源由公共部门使用而可能损失的由私人部门使用所可能带来的收益率。从社会的角度看,这种私人部门的收益率越高,则对于可贷放资金的需求就越小,这一规律可用图 10-3 中的 I 线反映。

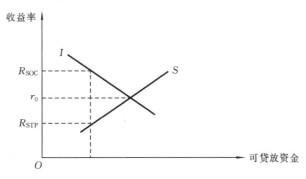

图 10-3 时间偏好率和机会成本率

若市场是完善的,则会形成唯一的均衡利率r_0,且$r_0 = R_{SOC} = R_{STP}$,在这种情形下,选择r_0(即时间偏好率或机会成本率)作为贴现率是理想的。但若市场是不完善的,比如存在税收的歪曲等,则会出现时间偏好率与机会成本率不相等。在这种情形下,选择其中任何一个作为贴现率都存在一些缺陷。一般认为,如果单纯以社会的机会成本率作为贴现率,可能有偏高之嫌,会致使公共支出项目过少。实践中贴现率的标准,应略低于社会的机会成本率。原因在于:一是公共项目较之于私人项目,其风险相对会小一些;二是公共项目有一定的外部性,必须考虑它引起的社会成本和社会效益;三是由私人部门向公共部门转移的资源中并非全是原本用于投资的,如果考虑其中原本用于消费的这部分资金,那么采用较低的贴现率才是合适的。但如果单纯地选择社会的时间偏好率作为贴现率,又有偏低之忧,它会导致过分扩大公共支出规模的倾向。之所以偏低,是因为公共部门过于武断地认为私人部门是短视的,只看重眼前消费而不关注长远利益,因此往往选择一个较低的贴现率,以期对私人行为和偏好进行矫正。贴现率究竟具体如何选择,显然并没有一个简单划一的答案,但以上分析足以证明对于合理贴现率的选择本身是非常必要的。

(三)最低费用选择法

如果说成本-效益分析法只适用于那些效益主要是经济性质的、有形的、且可以测量的公共支出项目的话,那么对于不能用成本-效益分析法的公共支出项目,则可以运用最低费用选择法进行分析。此法与成本-效益分析法的主要区别是:不用货币单位来计量备选公共支出项目的效益,只计算每个备选项目的有形成本,并以成本最低为选择的标准。

由于免去了计算支出效益和无形成本的麻烦,运用最低费用选择法来确定公共支出项目的分析内容要简单得多。其基本的分析步骤包括:首先,根据政府确定的建设目标,提出多种备选方案;其次,以货币为统一尺度,分别计算出备选方案的各种有形成本并予以加总。在计算费用的过程中,如果遇到需要多年安排的支出项目,要用贴现法计算出"费用流"的现值,以保证备选方案的可比性;最后,按照费用的高低进行排序,以供决策者选择。

最低费用选择法多被用于军事、政治、文化、教育、卫生等公共支出项目上,由于这种方法只需测定围绕公共项目的已发生的支出费用,因此,运用中在技术上并没有特别的困难。问题在于备选方案的确定,因为这里提出的备选方案应该能够无差别地实现同一目标,但要真正做到这一点并不容易。

(四)公共定价法

所谓公共定价法,指的是政府将价格机制的作用运用到公共劳务的提供和使用中,通过行政和法律手段制定、调整公共劳务的价格,使公共劳务得到最节约、最有效的使用。在市场经济中,所有的经济行为主体都是在价格信号的引导下,采取使自我利益(企业是利润、消费者是福利或效用)最大化的行为。政府作为满足社会公共需要的"市场性物品"的提供者,也不例外。政府采用公共定价方法,目的不仅在于提高整个社会资源的配置效率,而且更重要的是使公共品和服务得到最有效的使用,以提高公共支出的效益。

从定价政策来看,公共定价实际上包括两个方面:一是纯公共定价,即政府直接制定自然垄断行业(如能源、通信、交通等公用事业和煤、石油、原子能、钢铁等基本品行业)的价格;二是管制定价或价格管制,即政府规定竞争性管制行业(如金融、农业、教育、医疗等行业)的价格。无论是纯公共定价还是管制定价,都涉及定价水平和定价体系。定价水平,是指政府提供每一单位公共品的定价(收费)是多少。在管制行业里,定价水平依据正常成本加合理报酬得到的总成本计算。因此,研究定价水平实质上是研究如何确定总成本。定价体系,是指把费用结构(固定费用与可变费用的比率)、需求结构(家庭用、企业用、产业用,少量需求与大量需求等不同种类的需求,高峰负荷与非高峰负荷等不同负荷的需求)考虑进来的各种定价组合。

在对公共品进行定价时,可根据不同产品的性质采取不同的定价方法。公共定价方法包括以下几个方面。

1. 平均成本定价法

平均成本定价法是指政府在保持企业收支平衡的情况下,采取尽可能使经济福利最大化的定价方式。尽管从理论角度看,边际成本定价是最理想的定价方式,但在自然垄断条件下,如果按边际成本进行公共定价,则会使企业出现大量亏损。长此以往,这些企业将很难提供满足社会公共需要的足够的物品,因为财政补贴也是有限的。因此,在成本递减的行业,实践中人们更倾向于采取平均成本定价法,以保持企业的正常利润水平,这可以说是改进效率的有效办法。

2. 二部定价法

这是一种既能够使产品在边际上价格等于边际成本、又使该产品的价格可以补偿生产成本的定价方法。采用二部定价法,价格的形成包括两个部分:第一部分是与使用量(购买量)无关的按月或按年支付的"基本费";第二部分是按使用量支付的"从量费"。可见,二部定价实际上是将定额收费与从量收费合二为一。实际生活中,几乎所有受管制的行业(特别是电力、城市煤气、自来水、电话等行业)都普遍采用这种定价方法。由于二部定价法中的"基本费"是不管使用量的多少而收取的固定费,所以有助于企业财务的稳定,但同时也会产生有利于大额消费者的收入再分配作用,因为二部定价的结果使得消费量较低的人所承担的平均成本较高而消费量较大的人所承担的平均成本较低,两类消费者支付的平均价格不同,其中小额消费者的一部分好处被转移给了大额消费者。

3. 负荷定价法

负荷定价法是指针对不同的时间段或时期的需要而制定不同的价格。如在电力、煤气、自来水、电话等行业,就是按需求的季节、月份、时区的高峰和非高峰的不同,有系统地制定出不同的价格以平衡需求状况。在需求处于最高峰时,收费最高;而处于最低谷时,收费最低。

通过以上公共支出效益的分析不难看出,科学分析与评价公共支出项目的效益,不仅有助于确保公共部门的资源配置具有更高的经济效率,而且也为公共部门的收支决策提供了依据和基础。

案例 10-1

打破"电信垄断"坚冰

近日,各媒体纷纷报道了北京市人大代表李铁军建议取消电话月租费,只按使用量收费的新闻,在全国引起了强烈反响。这是继山东科技大学退休教授沈洪嘉后直指"电信垄断"损害消费者利益的又一人。提起沈洪嘉,关心我国电信改革的人应该不会陌生。从 1995 年至今他一直向中国电信业的垄断"叫板",通过提议案、撰文、向中消协投诉、寻求全国援助"诉讼电信资费的违法行为"等方式,对不合理、不合法的电话初装费展开了一轮轮"轰炸",从而在全国引发了关于电信资费的大讨论。2001 年 7 月 1 日,固定电话初装费和手机入网费被正式取消,由此沈洪嘉被誉为向电信垄断开炮的"第一人",并成为央视"3·15"晚会首次设立的"3·15"贡献奖的六个候选人之一。

无论是沈洪嘉,抑或是李铁军,他们都主张根据等价、有偿交易的基本原则来收取电话月租费。众所周知,早先在计划经济时代,由于安装、使用电话的人少,成本高,所以才收取月租费。而在现在市场经济条件下,电话普及率越来越高,经营成本应该由电信行业自己来承担,不应通过月租费的形式转嫁到消费者身上,让消费者为其经营成本"埋单",现行的这种做法正是违背了市场经济条件下企业与消费者之间的公平交易原则。

针对人大代表的议案,电信行业反应消极,称"取消月租费可能性不大",其基本论据为:一是认为月租费实际上是用于用户线路的日常维护,即使用户没使用电话,也要保证这条线路的畅通和正常运作,是需要付出人力、电力及维护费用的;二是认为"月租费+通话费"的收费模式符合国际惯例。确实,和电信行业谈取消月租费无异于"向虎谋皮"。而作为主管部门的信息产业部一位官员近日迫于舆论压力,抛出定价"市场"论。对此问题的解决,笔者不敢乐观,正如业内人士所指出的,月租费涉及每月近百亿元收入,尽管这一收入显得不明不白,但信息产业部恐怕还是很难鼓起"壮士断腕"的勇气。

毫无疑问,论据一显然不合乎逻辑,对此沈洪嘉、李铁军都有精辟的论述。他们认为,每条电话线所占用的通话资源和设备资源,实际上正是电信部门作为服务提供者所必须具备的要件,否则用户凭什么给你交纳通话费呢?如果类比电信部门的逻辑,和电信部门并没有丝毫区别的供水、供电、燃气、热力等部门,是否也可如法炮制,收取"用水月租费"、"用电月租费"、"用气月租费"、"用暖月租费"呢?论据二乍一看似乎符合关于公共定价中的二部定价法,但国际通行规则是交过月租费能够按照等价有偿的原则应该免费得到相应的补偿(类似于出租车的起步价),而在我国完全是用户为电信部门收取的每月不菲的"电话月租费"(一般都在 20 元左右)埋单。由此大大影响消费者(尤其是农民用户)安装使用电话的需求,这种扭曲、抑制老百姓需求的做法与我们"五个统筹"的要求相去甚远,何以为继?

第十章　公共支出效应与效益

我国由计划经济体制向市场经济体制成功转型已经13年了,成功加入世界贸易组织也有5个年头,可以说,各项改革正步入攻坚阶段,随时可能要踏雷区,要破坚冰。笔者认为,改革作为利益格局的重大调整一定要从"三个代表"思想和科学发展观的实际出发,唯有如此,改革才能稳健、大步向前推进。

(案例来源:李春根.打破"电信垄断"坚冰[N].光华时报,2005-04-12.)

 思考与提示

需要重拳打破的"坚冰"还有哪些?

第三节　公共预算决策及效率

一、公共预算的一般概念

公共部门的收支决策是通过预算的编制过程来完成的,而公共支出要最终满足公共部门履行其职能的资金需要并取得最大效益,也离不开预算的有效管理。要了解这一过程,就必须首先清楚预算的相关概念。

(一)公共预算

公共预算,指的是经法定程序审核批准的政府年度公共收支计划。从形式上看,公共预算是政府所在预算年度的全部预期收入和支出的一览表。由于必须经过国家权力机关的审批方能生效,因此,从实质上讲,公共预算是一个法律文件。

作为政府的公共收支计划,预算的功能首先是反映政府的活动范围和政策取向。通过预算一览表,既可以反映公共支出的规模、结构,也可以反映政府部门及其所属机构对政府资金的占有和使用情况,以及所有这些资金的来源渠道和筹集方式。它不仅成为反映政府活动的一面镜子,有助于人们了解政府当局的财政活动,同时体现出执政党一定时期内社会经济发展的目标和政府活动的范围、方向、政策。简言之,一本预算也就是一定时期政府活动的详细计划,从中可以了解一个政府介入经济社会生活的范围和程序。

公共预算的另一个重要功能则集中体现在它对政府公共支出的控制上。政府都有追求公共服务最大化的愿望,但是任何公共服务都需要有相应的支出予以配套,因此,政府提供公共服务最大化的目标就会受制于政府可能安排的支出数额。但支出是以收入为前提的,从根本上看收入并不取决于政府的意志,而是取决于经济发展的水平等因素。如果超出收入水平且追求服务最大化,只能导致纳税人负担的加重或财政赤字的加大,这都不利于整个社会经济的稳定发展。应当说,公共预算便是约束政府盲目扩张公共服务、扩大政府支出的有效办法。因为一方面预算的过程实际上就是为政府活动安排必要资金的过程,可以在预算编制的过程中,按照收支平衡的要求,将政府年度内的活动计划与同期政府可能取得的收入结合起来,确保政府活动及相应所需资金不超出可用财力的范围;另一方面,公共预算要经过立法机构的审议和批准,这不仅将政府的行为置于公民的监管和制约之下,而且预算计划本身作为具有法律效力的文件也被赋予了对支出的控制功能,各部门只能遵照执行而不得突破。

■（二）公共预算组织体系

公共预算就是政府收支预算。一般来说，有一级政府就有一级财政收支活动主体，也就必须相应建立一级预算，划分一定的资金范围和管理权限。因此，公共预算组成是由国家的政府体制构架决定的。根据国家政权结构、行政区划和财政管理体制的要求而确定的各个预算级次按一定组合方式组成的统一体，即为公共预算体系。

在单一制国家中，预算可以分为中央预算和各级地方政府预算。在联邦制国家中，预算可以分为联邦预算、州（邦）预算和各级地方预算。我国《预算法》规定，国家实行一级政府一级预算，设立中央、省（自治区、直辖市）、设区的市（自治州）、县（自治县、不设区的市、直辖区）、乡（民族乡、镇）五级预算，省级及其以下的各级预算称为地方预算。

中央预算是经法定程序审查批准的、反映中央政府活动的财政收支计划，在公共预算体系中处于主导环节。它一方面通过直接调控预算资金的主要部分，为国家政治、经济、军事、外交等各项需要提供财力保证；另一方面作为各地区预算平衡的调节中枢，还肩负着为促进民族地区和经济落后地区的发展提供必要资金后援的责任。而地方预算是各级地方政府收支活动计划的统称，是组织、管理国家预算的基本环节。其作用主要表现在：一是通过预算资金的合理配置，促进地区经济和各项事业的发展；二是在保证本地区预算平衡的前提下，为中央预算的协调和平衡创造条件、提供支援。

■（三）公共预算原则

公共预算原则是国家选择预算形式和体系应遵循的指导思想，也是一个国家预算法的具体体现。虽说世界各国由于各自社会经济和预算制度状况不同，对预算原则各有其主张，但仍然有一些是共同接受的。具体包括以下几个方面。

□1．统一性

预算是政府宏观调控的重要杠杆，保证预算的统一性是增强政府宏观调控能力的必要条件。从政治方面看，预算的统一性要求公共预算由中央预算和地方预算共同组成；从技术方面看，则强调各级政府在预算编制中均应按照统一的预算科目、预算编制程序和计算口径来进行；从组织方面看，它还要求实现政府预算编制组织机构的统一，即一个政府只应有一个预算编制机构，只能赋予一个机构以预算权。只有如此，政府才能在预算的编制上统揽全局，做到统筹安排政府的财政资金。

□2．时效性

这是指国家预算发挥其效力的时间被限定在一个固定的区间，一般限定在预算年度之内。预算年度是指预算收支执行的有效起讫时间，现在一般采用历年制和跨年制两种形式。历年制是从公历元月1日至12月31日，即预算年度与公历纪年的自然年度保持一致，像中国、朝鲜、法国、德国、匈牙利、意大利、波兰等世界上多数国家均实行历年制。跨年制是从当年某月某日至次年的某月某日共计12个月，主要分三种情形：一是自当年4月1日起至次年3月31日止，实行的国家有英国、加拿大、日本、印度、新加坡等；二是自当年7月1日起至次年6月30日止，实行的国家有瑞典、澳大利亚、巴基斯坦、埃及、坦桑尼亚等；三是自当年10月1日起至次年9月30日止，实行这一预算年度的国家主要是美国、泰国等。各国对预算年度起止日期的选择主要是依该国国情、历史原因和传统习惯而定。

3. 可靠性

预算必须具有可靠性,也就是要求公共预算应该真实可靠。每个收支数字指标必须运用科学的方法、依据充分确实的资料进行测算,不得假定、估算,更不能任意编造。各种收支的性质必须明确区分,不能掺杂混同。

4. 公开性

这是指公共预算计划的制订、执行和决算的全过程,必须向公众全面公开。一方面是由于公共预算本质上是反映公共需求的,而政府履行这一职责本来就是代表公众利益的,因此,应当向公众公开。另一方面预算资金来源主要是纳税人缴纳的税金,而公众作为纳税人有权了解并监督政府对这部分资金的安排和使用情况。所以,公开性不仅是政府清正廉明的要求,而且便于公众监督,有利于预算效率的提高。

5. 完整性

完整的公共预算是进行科学的财政管理和有效的宏观调控的前提,因此,政府的收支都应在国家预算中得到反映。这就是说,法规规定的预算收支都应列入国家预算。

二、公共预算的决策程序

公共预算的程序包括 4 个阶段,即预算的编制、审批、执行和决算,通常称为"预算周期"。公共预算程序与一个国家的政府体制密切相关,在现代市场经济条件下,世界各国普遍重视通过预算程序来实现自己的政治主张。公共预算程序,实际上就是政府活动的决策程序。

(一) 公共预算的编制

公共预算的编制是预测、审查、汇总和批准预算收入和支出指标体系并进行综合平衡的过程,是政府预算管理的起点,也是预算工作能否顺利实现的前提。因此,预算编制必须依据一定的法律、法规和国民经济、社会发展计划等因素,按一定的程序进行。

由于预算是一项细致复杂、政策性很强的工作,编制前必须首先做好充分的准备,包括法律政策准备和数据准备。其中需要准备的最主要的数据有两类:一类是上年度预算的执行情况,一个国家经济社会发展是连续性的,上年度预算执行情况反映了上年度财政收支规模和财政支出方向,对本年度预算具有一定的参考价值;二类是各项基本数字,基本数字是反映部门和机构规模、工作量多少、资产和人员等基础统计数据。通过对上述数据的审核,在剔除不实或非正常支出等因素后,以此确定编制本年度预算的基本数字。

公共预算的编制一般按照一定的方法和要求,采用上下结合的方式进行。主要步骤包括:①基层单位上报并逐级形成预算收支建议数;②财政部参照建议数拟定并下达预算收支控制指标,实现财力的最初分配;③各级根据控制指标逐级汇编预算草案;④财政部汇总并编制公共预算草案。上述预算编制程序因受各国政治、历史、社会文化的影响而有所不同,且历时也有长有短。以美国为例,其基本程序的安排时间表如下:准备预算框架需要 3 个月;各部门编制预算需要 3 个月;总统预算办公室审定部门预算并形成总预算需要 3 个月。按照美国预算法规定,总统要在每年 2 月的第一个星期一向国会提交联邦预算草案。

(二)公共预算的审核与批准

在完成预算草案的编制后,预算的决策就进入到一个重要的阶段,即立法机构审批。各国立法机构往往均对预算的审批持慎重态度,整个审批可能要分几步进行。首先,立法机构要审批预算的总体分配,这涉及政府的宏观经济政策、政府支出与收入预测的假定条件和依据;其次,对于每项预算的细则都要逐条逐句地审查,这通常由专门的委员会或工作小组来完成;最后,立法机构开全体会议通过预算,从而使之成为法定的政府预算。

美国国会对美国联邦预算的审批需要9个月时间,国会可以批准、修改或不批准总统提交的预算案。但如果国会要增加某项开支,就必须同时提供可压缩开支的项目,以保证支出总量不变。法国审批预算的时间为70天,其中国民议会审查的时间为40天,参议院审查的时间为15天。如未达成一致意见,还有15天可以讨论研究。议会代表有权提出减少支出的议案,而没有权力提出增加支出的议案。一般在每年12月15日前议会必须通过预算,财政预算经议会通过后在政府公报上公开发表。

案例 10-2

中央本级三公预算公开 政府采购情况首次亮相

随着财政部、发改委等逾90家中央部门亮出今年各自的预算清单,2015年4月17日,中央政府部门的首次预算公开大幕正式拉开。"一般公共预算基本支出表"及相关工资、津贴等数据新鲜出炉,而部级领导干部用车和一般公务用车在各单位的数量和比例,也让公众首窥门径。同日,财政部预算司披露了中央本级2014年"三公"经费预算执行和2015年预算安排情况,透露中央本级2015年"三公"经费财政拨款预算63.16亿元,比2014年年初预算减少8.35亿元,下降11.7%。本次预算公开的主要亮点如下。

1. 晒"预算基本支出表"。这次按照新预算法要求,各部门首次通过经济分类科目形式公开基本支出,其预算纷纷晒出"一般公共预算基本支出表",这包括人员经费和公用经费两部分,其中信息含金量颇高。

如财政部2015年一般公共预算基本支出67359.04万元,其中人员经费38625.94万元,如基本工资(6812万元)、津贴补贴(17444万元)、奖金(235万元)、社会保障缴费、伙食补助费、绩效工资、其他工资福利支出、生活补助、助学金、购房补贴等。

此外财政部公用经费28733.1万元,主要包括物业管理费(5366万元)、会议费(2088万元)、办公费(1349万元)、印刷费、电费、取暖费、差旅费、因公出国(境)费、租赁费、培训费、公务接待费、工会经费、福利费、办公设备购置等。

据了解,此前预算公开主要是纵向按功能科目公开,显示"钱被用于干了什么";而横向按经济分类科目支出来公开更加直观,可以直接显示"钱去哪了"。例如人员工资福利等数据就属于按照经济分类科目公开。同时通过两个维度来反映,能让公众看到更清晰的一本政府账务清单。

此外,财政部"三公"经费情况说明里还介绍,2015年"三公"经费比2014年增加了1560万元,其中一个主要原因就是2015年是亚洲基础设施投资银行、金砖国家新开发银行筹备成立的关键之年,赴外协商谈判工作任务增加,相应增加出国经费预算。

2. 列出干部详细用车情况。在这次部门预算公开中,各部门不仅公开了各自的公车数量,还专门公开了车辆构成,乃至详细的领导干部用车情况。

各单位这次专门公开的"国有资产占有使用情况"显示,如截至2014年6月1日,工业和信息化部各单位共有部级领导干部用车20辆、一般公务用车997辆;教育部本级和所属单位共有车辆9423辆,其中部级领导干部用车78辆、一般公务用车2113辆、一般执法执勤用车43辆、特种专业技术用车182辆、其他用车7007辆;国税系统共有车辆46626辆,其中部级领导干部用车15辆、一般公务用车4566辆、一般执法执勤用车41909辆、其他用车136辆。

3. 政府采购情况首次亮相。相比以往,这次的部门预算公开还专门介绍了各单位实行绩效目标管理的项目情况。

如审计署2015年实行绩效目标管理的项目9个,涉及一般公共预算拨款28578.85万元,包括"房屋及设备维护修缮"、"审计署机关交流干部和单身职工宿舍家具家电购置经费"、"后勤管理社会化专项经费"、"审计综合管理工作经费"、"审计档案电子化"、"审计外勤经费"、"审计干部业务培训"、"审计系统业务培训"和"审计项目考核与评估专项经费";纳入绩效评价试点的项目3个,涉及一般公共预算拨款23040万元,包括"审计外勤经费"、"审计干部业务培训"和"审计项目考核与评估专项经费"。还首次公开了财政拨款收支总表,而政府采购情况、机关运行经费情况等,也都是首次出现。

(案例来源:赵鹏.中央本级三公预算公开 政府采购情况首次亮相[N].京华时报,2015-04-18.)

思考与提示

我国预算公开还存在哪些问题,如何切实改进?

(三) 公共预算的执行

公共预算的执行,即各级财政预算的具体组织实施,是组织实现预算收入、支出、平衡与监管活动的总称,预算执行是整个预算工作程序及其预算管理的中心环节。

公共预算一经批准即成为正式法案,各相关部门和机构必须严格执行,不得随意变动,一般来讲,各级政府在预算执行中,如遇特殊需要需调整预算的,可向有关部门提出申请,并编制调整方案,由立法机构审议批准。

此外,为确保公共预算的执行,增强其法律约束力,各国政府在加强预算执行管理方面都采取了一些行之有效的措施。如美国就专门指定了国会会计总监局负责审查联邦预算的执行结果与国会通过的法案是否相符,并对部门和项目的预算支出效益进行评估。

而法国则通过财政部,向中央各部委派驻财政监督员,向每个省派驻国库主计官,负责审核各项开支是否确经预算批准、必要经费是否可以支配等。

(四) 公共预算的决算

公共预算的决算是经法定程序批准的年度预算执行结果的会计报告,其实质属于预算事后审计。主要的工作内容是:由预算执行机构编制出反映预算年度内预算执行情况的决算报告,经审计机构审核、国家立法机构批准后即告正式决算成立。

编制决算是预算管理的重要环节。通过编制决算,可以了解年度内国家资金的活动范围和流向,从财政角度集中反映国家政治、经济和各项事业发展的趋势;可以准确地反映预算的执行结果,尤其是预算资金的使用情况和使用效果;编制决算,还可以通过对预算数字和有关资料的统计和分析,把握预算收支与各项因素的内在联系,以提高预算编制的科学性和合理性,并通过总结对比,为政府进一步研究和修订财经政策提供信息和依据。

三、公共预算的技术组织形成

作为财政收支计划,公共预算以一览表的形式反映预算年度的收支和平衡情况。在技术操作上它存在着诸如计划表格的设计、预算项目的划分与编制、计划数字指标的确定与平衡、预算效率的评估等诸多问题,处理和解决这些问题的手段与方法的差异,便构成了国家预算不同的技术组织形式。

(一) 单式预算

单式预算是传统的预算组织形式,指的是所有的预算收支在一个预算内反映。其做法是将预算年度全部的财政收入和支出汇集编入统一的一个计划表格内,而不去区分各项或各组财政收支的经济性质。

单式预算的主要优点在于符合预算完整性的原则。由于把全部的财政收支统一分列于单一的预算表上进行反映和平衡,不仅能从整体上明确反映年度内政府财政收支的总体情况,而且便于立法机关的审议批准和社会公众的了解。此外,由于单式预算简洁、清楚、易于编制,因此,在公共预算最初发展的数百年,西方资本主义国家普遍采用这种预算编制形式。然而,单式预算也存在明显的缺陷:一是不利于经济效益分析,因为单式预算把不同性质的支出汇总成一个会计平衡表,看不出各项收支之间的对应平衡关系,所以不能清晰反映公共部门提供公共品的成本,不便于经济分析和有选择的宏观经济控制;二是将公债收入视为正常收入一并列入预算进行平衡,容易掩盖财政收支的真实情况,既人为地形成软赤字与硬赤字之分,又无法真实反映预算赤字产生的原因。

第二次世界大战以后,随着预算职能范围的扩大和预算支出占 GDP 比重的日益升高,大部分西方国家为追求预算效率,陆续改进甚至放弃了单式预算,转而采用复式预算的组织形式。

(二) 复式预算

复式预算,是指国家财政收支计划通过两个以上的计划表格来反映。其做法是在预算年度内,将全部的财政收入与支出按经济性质汇集编入两个或两个以上的收支对照表,从而编成两个或两个以上相对独立的预算。复式预算通常分为经常预算和资本预算:经常预算是政府编制的满足国家经常性开支需要的预算,其支出是用于科教文卫、行政、国防等方面的经费开支,收入主要是税收;资本预算是综合反映建设资金来源与运用的预算,其支出主要用于经济建设,收入则主要来自于国有资产经营性收益和公债。当然,复式预算也不一定只包括这两个预算,还可以根据需要而设置更多预算。

由于把国家的全部收入和支出按预算收入的来源、支出性质的不同分别编列计划,复式预算一方面能适应市场经济发展带来的预算资金分配格局的变化,增加预算的透明度;另一方面使收支之间建立起相对稳定的对应关系,有助于对国家预算资金进行成本—效益的分析与控制。此外,这一方法还可以清晰地反映预算平衡、预算结余或出现赤字的原因,为政府的宏观决策提供较为明确的信息,以便区别情况并有选择地采取有效手段进行调整。但复式预算也打破了预算的完整性,使其总体功能有所削弱。加之编制方法较为复杂,工作量较大,从而提高了预算编制的技术性要求。复式预算的潜在危险,在于从预算本身看不到控制国债的任何意义,容易导致国债发行过多,给国家的货币金融管理带来一定的压力。

我国的中央财政和部分省、市财政从 1992 年起开始实行复式预算,之后得到逐步的推广。我国的复式预算按经常性支出和建设性支出来区分预算支出的性质,故预算分成两类,分别称为经常性预算和建设性预算。

(三)增量预算

增量预算又称为"基数预算",是指在以前年度的基础上按新的预算年度的经济社会发展情况加以调整后确定公共支出预算指标,以保证预算年度财政收支随经济发展而有所增长的预算形式。这是一种传统的预算编制方式,是按照"基数加增长"的原则,在基期(即上一年)的支出基数上简单地加上一个增长比例。这种方法有利于保证各项支出指标的连续性,方法简单,易于操作。但是,这种方式也保留了上年度预算指标的不合理因素,特别是形成了支出的"刚性"增长机制,不利于控制支出和提高财政资金的使用效益。

(四)零基预算

零基预算是这样一种确定公共支出预算的编制形式,它不考虑以前年度的公共支出状况,只以新的预算年度的经济社会发展情况为依据,一切从效率需求出发,以对预算年度的支出进行科学测算和评估来确定预算的分配指标。

零基预算的基本思路是:撇开过去的因素,将一切预算项目视为从零开始,着重于系统地评价、审查所有的计划项目和行动,从产出或业绩与成本的角度重新审查各种活动,将所有的计划项目和行动进行选择排列,从头开始编制预算,以便确定有限的资源的分配顺序。其具体的编制程序如下。

第一,确定决策单位。决策单位是零基预算的基本组成部分,通常被定义为管理部门计划、分析、评论的一项基本活动或一组活动。也可以定义为主要的基本建设项目、专项工作任务或者主要项目。实践中,一般由高层管理者来确定哪一级机构或项目为决策单位。

第二,制定一揽子决策。一揽子决策就是对每个决策单位的活动进行分析、描述的文件,也就是每个职能机构对需求支出项目确定履行某种职能最经济的概算。在确定了决策单位之后,每个决策单位的管理者都要对其负责的活动进行分析,考虑提供不同程度的服务水平所产生的影响,以及不同的水平所需要的经费开支。将上述活动进行汇集无疑是编制零基预算最关键的一个步骤,而得到的文字材料就是一揽子决策。

第三,排序。就是在制定一揽子决策以后,根据本部门或机构职责,将各个一揽子决策按照对本部门或机构的利益影响的大小或重要性排出先后顺序,以建立预算职能与被贯彻预算水平之间的关系。

最后,综合预算方案。由超越于职能机构之上的组织在所有一揽子决策中作出选择,同时决定需要的预算总额。

零基预算相对于增量预算,其主要优点在于能够克服政府支出刚性增长的弊端,使支出预算指标更加符合实际需要。同时,可以促使资金从效益低的项目流向效益高的计划项目,确保预算安排的支出结构更趋合理,从而使预算成为尽可能以有限财政资金创造最高效益的一种手段,有利于实现对资源的最优化配置。但是,零基预算不仅需要拥有必要的信息(如各项支出定额标准等)和技术条件以保证其准确性,而且操作程序也比较复杂和烦琐。

进入20世纪90年代以后,我国开始有部分地区或部门自发地试行了零基预算。其直接起因有二:一是财政收支矛盾尖锐,试编零基预算属于所能找到的克服财政困难的办法之一,即在很难增加收入的情况下,以更加合理地分配可用财政资金来缓解收支矛盾;二是按照基数法安排预算的弊病太多。当然,零基预算在我国的兴起,其根本原因还在于市场经济体制的建立与完善对严格预算管理的客观要求。目前我国部分地区实行的零基预算的做法与其他国家不尽相同,主要是以预算定编、定额、定标准等作为试行此法的起点与内容,而其他国家则是以这些基础工作已经完成为起点。虽然我国实行的与真正意义上的零基预算尚存在很大距离,但就加强预算管理来说,这一尝试却是对传统的"基数加增长"的预算编制方法的一次改革,是我国政府公共支出管理逐步走向规范化的良好开端。

(五)多年预算

多年预算也称滚动预算,是在年度预算的基础上发展起来的,一般以5年为跨度。滚动预算以开始编制预算的年份为基期年,按照编制年度预算的方法编制下一年预算,由立法机构审议。与此同时,对以后3年预算的发展趋势作出估价,并编制出以后3年的预算。这3年的预算是框架式的,以后年度就逐年向下滚动,并根据情况对框架式预算作出调整。这一方法将多年政府收支预算纳入预算编制程序,可在一定程度上弥补年度预算的不足,系统地反映公共预算的收支执行和变化规律,从而有利于政府长期目标的实现。

(六)部门预算

所谓部门预算,是由各部门编制、财政部门审核、经政府同意后报立法机关审议通过的全面反映部门所有收入和支出的预算。由于政府预算的内容一般都比较复杂,通常只有通过按部门整体来编制预算(即编制部门预算)才能够比较清楚地理解和安排各种支出内容与项目,使得政府预算文件清晰易懂,同时也便于对政府的财政资金进行统一管理。在大多数市场经济发达的国家,部门预算的编制历史几乎同这些国家编制政府预算的历史一样长。

我国目前的政府预算基本上仍以经费的性质和功能等为标准进行编制,不仅形式上比较分散,而且编制的内容粗略简单。有鉴于此,2000预算年度开始实行部门预算编制改革,所有中央一级预算单位都试编了部门预算,并选择了教育部、农业部、科技部、劳动和社会保障部这4个部门上报全国人大审议;2001预算年度编制了27个部门的部门预算,并上报人大审议。从我国实际情况看,部门预算是一个综合预算,既包括一般预算收支计划,又包括政府基金预算收支计划;既包括正常经费预算,又包括专项支出预算;既包括预算内收支计划,又包括预算外收支计划;而在预算内收支计划中,既包括财政部门直接安排的预算拨款,又包括有预算分配权部门安排的资金。

通过预算技术组织形式的介绍,我们至少能够得到以下启示:一是各种预算技术组织形式的大量涌现,反映出人们对预算作为政府进行宏观调控的主要工具的作用和地位的充分认识,以及对预算编制要求的不断提高;二是这些预算编制方法技术各异,有些适用于整体预算编制,有些只适用于公共支出指标的测定,还有些则是在编制预算所采用的标准和时间上进行了创新。因此,在借鉴使用过程中应有所侧重、有所选择,实践中甚至可以几种方法同时使用。

四、公共预算决策效率

(一) 公共预算决策效率的含义

作为政府的基本财政收支计划,国家预算同时也是政府从事资源配置活动的重要决策安排,它一方面反映着政府的活动方向和具体内容,而另一方面直接规定并控制着政府的开支项目和开支规模,这一预算计划的优劣本身便影响甚至决定着政府所能提供的公共品的数量和质量。由此可见,国家预算是存在效率问题的。国家预算效率包括以下两层含义。

1. 政府资源配置效率

这是指国家预算的资源配置是按照消费者对最终产品的偏好和预算限制进行安排的,这也就是资源配置的帕累托状态。政府的资源配置活动无非是指政府选择并决定提供某种公共品并为之提供资金,其有无效率关键在于政府预算决策是否符合消费者的需求偏好(当然,这种需求是在消费者的收入约束条件下形成的)。因此,一个效率预算首先应包含的意义是具有政府资源配置效率,即预算所决策安排的公共品能够充分反映并满足公共的需求偏好。

2. 公共部门提供公共品的生产效率

这是指在资源配置前提下,公共部门以尽可能少的成本提供尽可能多的满足人们消费需求的公共品。政府从事资源配置活动必须占用稀缺资源,形成相应的财政支出,这实际就是政府提供公共品的成本。从经济学的角度上讲,成本的减少及财政支出的节约,无疑既有利于资源的充分利用,同时也是财政支出效率的一种体现。因此,作为一个效率预算还应该包含公共部门提供公共品的生产效率,按节约与效益的原则,通过财政支出供应公共品,促进社会公共部门的发展,满足全体人民的共同需要。

(二) 影响预算决策效率的因素分析及提高效率的途径

国家预算是通过特定的政治程序决定的,它按照一定的技术组织形式编制,并由政府职能机构执行,所以预算效率的高低就受制于政治、技术、管理等多种因素。具体分析如下。

1. 政治因素

1）政治结构

国家预算是政治程序的产物，因此，国家预算是取决于政治结构的。在政治结构中，处于决策地位的是政治家，政治家在预算决策中处于关键地位。但政治家不是孤立的，他们是由公众选举产生的政治代表，需要得到公众的拥护才能巩固统治。所以政治家的决定必须符合公众的需求偏好。公众偏好往往是通过选票表达的，各人表达自己偏好的能力又因政治程序不同而有所区别。在现实中，政治程序总是民主与集中的某种结合，不同的政治程序，预算决策所能反映的公众需求偏好的程度不同，因而政府的资源配置效率也就不同。在直接民主制度中，每人都有同等的投票权，但决策通常耗时长、成本高，还会由于种种原因无法产生决策结果；在间接民主或其政治制度中，有些人的偏好能够更大程度地影响决策结果，而另一些人则可能不能通过投票方式来表达自己的偏好，或者即使表达了也对决策结果的影响很小。因此说，政府的政治结构或制度对预算效率产生着重要影响。在国家预算的决策领域，要消除资源配置的无效率或是低效率，必须加强民主政治制度的建设，在制度上保证公众对公共品的需求进入决策程序，并且有效地把每个人的偏好集合为共同的偏好。

2）政府职能机构的组织状况及激励约束机制

政府职能机构不仅存在对预算规模扩张的可能性，同时还存在着实现预算极大化的途径，这无疑是影响预算效率的又一重要因素。

作为出资者，政府致力于提供一个效率预算，而且在资源配置既定的前提下要求政府的职能机构（行政公共部门，以及作为政府职能延伸的事业公共部门）尽可能多地提供满足公众消费需求的公共品的数量。但作为职能机构的管理者而言，由于有他的个人效用函数，即他处于这个制度结构中的利益，如工薪收入、晋升机会、权力或地位等，这往往使得管理者为追求实现自身的私利而不断地追求本部门规模的最大化，而这种预算极大化的倾向导致公共部门并不按最小成本提供公共品。管理者一方面为本部门争取尽可能多的预算资金，在谋求本部门更大发展的同时，体现自己的工作业绩，寻求更好的晋升机会；另一方面则追求更大更好的办公场地和办公设施，扩充受其管辖的工作人员，减轻部门内人员的平均工作强度并提高其福利等。

尽管管理者这种对预算的扩张动机会受到政治家的约束，但由于以下原因往往使其得以成为现实。一是管理者与政治家之间存在信息的不对称。管理者由于直接处理具体事务而对本单位的实际情况，如某项工作的必要花费、工作强度、设备要求等，拥有更为及时、准确、全面的信息。但政治家对各部门的具体情况的了解相对来说要少一些，而且这些情况主要依靠管理者的汇报。这种信息的不对称，导致国家预算的最终决策层受制于提供信息的管理者。例如，管理者可能尽力强调加强本部门资金投入的必要性，夸大扩大本部门规模的积极意义，有意低估项目的成本，诱使政治家作出支持本部门项目的决定，或在项目决定之后，高估成本开支以便得到更多的预算资金。二是职能机构的机动处置权。尽管管理者的职责是执行指令，但一项指令不可能规定实施过程中的所有细节，管理者总是在不同程度上拥有自行决策的机动权力，这无疑给对职能机构的有效控制带来困难，也使预算极大化有可能得以实现。

要解决公共部门提供公共品高成本、低效率的现象，确保政府职能机构的充分有效运作和管理者尽心尽责的工作,关键在于职能机构的组织构建和激励约束机制。通过职能机构的组织构建,一方面精兵简政,消除政府职能机构臃肿,使原有机构内部人员减少或工作程序简化,同时进一步考虑到组织机构的调整和重构;另一方面职能机构内部要重视量化考核,以便在职能机构和出资者之间尽可能签订精确的合同并被遵守。通过建立激励约束机制,对管理者的行为进行必要的约束,限制他追求自身利益的范围。

2. 技术因素

1) 成本—效益评价方法的正确、充分运用

作为公共部门收支决策的依据和基础,成本—效益评价分析方法运用的好坏直接关系到决策的正确与否以及效率的高低。一方面,机会成本分析法在实践中的运用关系着公共品提供的数量,以及相应的公共支出规模的合理确定,决定着社会资源在公共部门和私人部门之间的配置比例。而各项不同性质的公共支出分析方法的选择和技巧的运用是否准确则直接决定着社会资源在各项目之间的配置状况;另一方面,市场原则在公共劳务的生产提供中的引入,无疑有助于政府在得到一定补偿的条件下扩大提供数量,以更好地满足社会公共需要,同时实现公共劳务的节约使用,提高使用效率。

2) 预算技术编制方法的选择与完善

除了成本效益评价方法的运用外,预算采取何种技术组织形式进行编制与操作也会影响到预算效率。

不可否认,预算本身就是一种计划,政府预算是政府对一定时期内可以取得多少收入,以及如何分配和使用这些收入的详细计划。因此,编制预算可以说就是编制资金计划。要使政府的资金使用合理、预算效率提高,首先就要求预算编制必须合理并切实可行。而要做到这一点,不仅需要有一整套制度去约束,而且要有比较科学、规范的方法。

3. 管理因素

预算决策效率的高低还取决于一定的预算管理。从某种意义上说,预算管理是预算决策效率能否最终实现的关键和保证。没有高效、有力的管理,预算决策的效率就只能停留在纸上。影响预算决策效率的管理因素包括收入管理和支出管理,其中作为效率影响因素之一的公共支出管理的重要性,已经越来越被人们所认识。公共支出管理主要涉及政府预算资金的管理和调度、支付和使用等基本内容,现代社会中提升一国公共支出管理水平的关键,就在于应建立与市场经济发展相适应的公共支出管理框架,以最大限度地满足社会的公共需要。这就要求政府将其财政支出的管理纳入法制化和规范化的轨道,实现公共支出决策的科学化,提高财政资金的使用效率。具体途径如下。

1) 编制完整统一的公共支出预算

公共支出预算的安排要从满足社会的共同需要出发,而不应受个别部门的利益或小集团的利益所左右。因此,要把政府的全部支出都纳入公共预算,以便社会公众和立法机构进行监督。

2) 编制部门预算,实现政府预算资金的统一管理和调度

通过编制部门预算,可以使预算安排的支出内容更加详尽、责任更加明确,从而有利于预算的执行。

3) 实行国库单一账户制度,由国库统一集中支付预算资金

这样,既可以减少财政资金划拨支付的环节,减少时间和金钱上的浪费,也可以在技

术上实现对财政资金的规范化和法制化管理。

4）建立政府采购制度，确保政府预算资金的统一使用

这将有助于降低采购成本，提高预算资金的使用效益。

本章重要概念

机会成本分析（opportunity cost analysis）

成本—效益分析（cost-benefit analysis）　　公共定价法（public pricing）

最低费用法（minimum charge approach）　　复式预算（multiple budget）

零基预算（zero-based budget, ZBB）　　部门预算（sector budget）

本章思考题

1. 试析公共支出效应。
2. 公共支出效益的评价分析方法有哪些？
3. 公共预算决策效率的影响因素有哪些？

本章推荐阅读书目

1. 刘宇飞. 当代西方财政学[M]. 北京：北京大学出版社，2000.
2. 胡乐亭，卢洪友，左敏. 公共财政学[M]. 北京：中国财政经济出版社，1999.
3. 龚振勇. 公共财政支出概论[M]. 北京：中国财政经济出版社，2000.
4. 李玲. 行政事业单位预算管理实证研究[M]. 大连：东北财经大学出版社，2010.

第三篇 公共收入与效应
GONGGONG SHOURU YU XIAOYING

第十一章
公共收入的分类与效应

——本章导言——

公共收入主要包括税收、公债、公共收费、国有资产收益等。对公共收入的分析是公共财政理论的重要组成部分。我们可以从多方面对公共收入进行分析,如公共收入的概念、特点、分类、规模、效应等。本章主要从公共收入的分类和效应两方面进行分析。

第一节 公共收入的分类

一、公共收入的概念

公共收入,也称为财政收入,是指政府为履行其职能而筹集的一切资金的总和。

对公共收入,首先应理解为一个过程,这一过程是公共部门分配活动的一个阶段或一个环节,在其中形成特定的分配关系。在商品货币经济条件下,公共收入是以货币来度量的,从这个意义上来理解,公共收入又是一定量的货币收入,即国家占有的以货币表现的一定量的社会产品的价值,主要是剩余产品价值。

在社会主义市场经济条件下,研究公共收入具有重大意义。这主要表现在以下三个方面。首先,公共收入是政府理财的重要环节。公共收入政策设计合理,能使财源充裕、经济发展。其次,公共收入是公共支出的前提和条件。在社会主义市场经济条件下,政府是提供社会公共产品的部门,公共品的生产是要消耗资源的,这样就必然形成公共支出。既然有支出,政府就必须先有收入。因此,公共收入是公共支出的前提和条件。最后,公共收入是政府重要的宏观调控手段。由于公共收入是政府凭借公共权力和所有者权力参与国民收入分配,因此,政府可以通过公共收入调节经济。

二、公共收入的分类

对公共收入的分类,各国财政学者都十分重视,并有各种不同的分类主张。例如,有的学者将公共收入分为强制收入和自由收入,有的学者将公共收入分为公经济收入和私经济收入,还有的学者将公共收入分为直接收入和间接收入、经常收入和临时收入等。根据我国的实际情况,结合公共收入的理论与实践,公共收入的分类主要有以下几种。

(一) 按公共收入的来源分类

按公共收入的来源分类,有两种分类方法:一种分类方法是以公共收入来源的经济成分为标准,可将公共收入分为国有经济收入、集体经济收入、私营经济收入、股份制经济收入、外商投资经济收入等;另一种分类方法是以公共收入来源的部门、产业为标准,可将公共收入分为工业部门收入和农业部门收入、轻工业部门收入和重工业部门收入、生产部门收入和流通部门收入,以及第一产业收入、第二产业收入和第三产业收入等。

(二) 按公共收入的管理权限分类

按公共收入的管理权限的不同,可将公共收入分为中央收入和地方收入。中央收入是指按照预算法和财政管理体制的规定,由中央政府集中筹集和支配的收入,如政府税收收入中的中央税收入、中央地方共享税收入中中央分成的收入、中央企业上缴利润、中央政府所属企业的国有资产收益、中央债券收入,以及中央规定征收的各项基金等。地方收入是指按照预算和财政管理体制的规定,由地方政府集中筹集和支配的收入,如地方税收收入、中央地方共享税收入中地方分成的收入、地方政府所属企业的国有资产收益收入,以及上级政府的返还和补助收入等。

(三) 按公共收入的形式分类

按公共收入的形式,可将公共收入分为税收、公债、公共收费、国有资产收益等。这些内容将在后面章节单独阐述。

(四) 按公共收入的稳定程度分类

按公共收入的稳定程度,可将公共收入分为经常收入和临时收入。经常收入是指每个财政年度都连续不断、稳定、经常取得的收入,如税收收入、公共收费收入等。临时收入是指非定期、不规律取得的收入,不是每个财政年度都可取得的收入,如公债收入。

第二节 公共收入的效应

公共收入的效应是指公共收入在一定的社会经济条件下所产生的影响和效果。公共收入的效应是有条件的,它通过对公共收入形式的运用来实现,并随着具体作用环境的变化而变化。不同形式的公共收入有着不同的经济效应。

一、税收效应

所谓税收效应,是指纳税人因国家课税而在其经济选择或经济行为方面作出的反应,即国家课税对生产和消费决策的影响。

(一) 基本效应

税收对纳税人经济行为决策的影响可以分为收入效应和替代效应两个方面。

1. 收入效应

税收的收入效应是指由于对纳税人征税,减少了纳税人可支配收入而产生的效应,这种效应一般认为具有激励的效果。

图 11-1 的横轴和纵轴分别代表 X 和 Y 两种商品的数量。假定纳税人的收入是固定

的,且全部收入用于购买 X 和 Y 两种商品,两种商品的比价也是不变的,则将纳税人购买两种商品的数量组合连成一条直线,即图11-1中的预算线 AB。AB 与无差异曲线 I_1 相切于点 P_1,在这一切点上,纳税人以其限定的收入购买两种商品所得到的效用或满足程度最大,此时购买 X 商品的数量为 X_1,购买 Y 商品的数量为 Y_1。

若政府决定对纳税人课征一次性税收(如个人所得税),使纳税人的税后可支配收入下降,从而预算线由 AB 平行移动至 CD。CD 与无差异曲线 I_2 相切于 P_2,在这一切点上,纳税人以其税后收入购买两种商品所得到的效用或满足程度最大,此时购买 X 商品的数量为 X_2,购买 Y 商品的数量为 Y_2。

由此可见,由于政府课税而使纳税人购买商品的最佳选择点从 P_1 移至 P_2,X 商品的消费数量由 X_1 减少为 X_2,Y 商品的消费数量由 Y_1 减少至 Y_2,表明因收入水平下降从而减少商品购买量或降低了消费水平,但两种商品消费数量的减少比例相等。

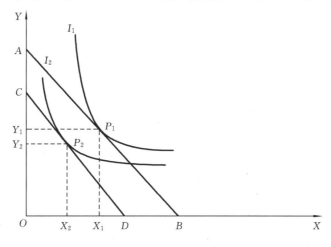

图 11-1 税收的收入效应

2. 替代效应

税收的替代效应是指当政府对不同的商品实行征税或不征税、重税或轻税的区别对待时,会影响商品的相对价格,使纳税人减少征税或重税商品的购买量,增加无税或轻税商品的购买量,即以无税或轻税商品替代征税或重税商品。这种效应一般认为具有反激励效果。

如图 11-2 所示,政府不征税或征税前纳税人购买两种商品的预算线仍为 AB,最佳消费点为 P_1。现政府只对 X 商品征税,从而改变 X 商品与 Y 商品的相对价格,在此情况下,纳税人会减少 X 商品的购买数量,使预算线由 AB 旋转至 AE,AE 与无差异曲线 I_3 相切于 P_3。在这一切点上,纳税人以税后收入购买两种商品所得到的效用或满足程度最大,此时 X 商品的购买数量为 X_3,Y 商品的购买数量为 Y_3。

由图 11-2 可看出,由于政府对 X 商品征税而对 Y 商品不征税,改变了纳税人的选择,其最佳选择点由 P_1 移至 P_3,X 商品的消费数量由 X_1 减少为 X_3,而 Y 商品的消费数量由 Y_1 增加至 Y_3,表明不仅消费者的满足程度下降,而且由于征税改变了购买两种商品的数量组合,即以 Y 商品的消费替代了一部分 X 商品的消费。

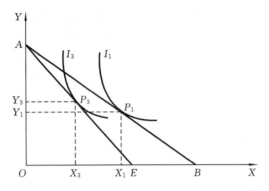

图 11-2 税收的替代效应

案例 11-1

消费税的改革

我国消费税包括国内消费税和海关代征的进口环节消费税，属于中央税。1994年，国内消费税收入为 516 亿元，至 2014 年增长到 8907 亿元，增长了 16 倍多。消费税不仅具有筹集财政收入的财政功能，更是具有政府矫正市场失灵、促进绿色发展、优化资源配置的调节功能。

我国的消费税源于 1950 年的货物税和特种消费行为税，并在此基础上逐步发展形成。在 1950 年 1 月政务院颁布的《货物税暂行条例》中罗列了各种货物的税率，其中烟、酒的税率在 60% 至 120%，是其他货物税率的数倍乃至数十倍。此外，对于特殊的消费行为还有特种消费行为税。特种消费行为税是依据 1950 年 1 月政务院颁布的《全国税政实施要则》进行征收的，1953 年停止征收，涉及娱乐、筵席、冷食、旅馆四个税目。1984 年我国进行了税制改革，实行增值税、营业税、产品税和盐税制度，这些税种也都没有完全脱离以前货物税和特种消费行为税的特征。1988 年国务院公布《筵席税暂行条例》，次年又对彩色电视机和小轿车开征了特别消费税，该税种于 1992 年 4 月取消。这些都为我国现行消费税的正式开征做了铺垫。

1993 年 12 月 3 日，国务院第一次颁布《中华人民共和国消费税暂行条例》并于 1994 年 1 月 1 日起正式施行。自此，消费税以独立的税种合法存在于我国的税收体系中，当时的税目共 11 个。2006 年 4 月 1 日，我国对消费税进行了一次较大的制度性调整：一方面是将税目调整为 14 个，取消了护肤护发品税目，将原属于护肤护发品征税范围的高档护肤类化妆品列入化妆品税目；取消汽油、柴油税目，增列成品油税目，并在成品油税目下增列了石脑油、溶剂油、润滑油、燃料油、航空煤油五个子目；新增了高尔夫球及球具、高档手表、游艇、木制一次性筷子、实木地板五个税目。另一方面是对白酒和汽车轮胎税率进行了调整，并且首次按排气量确定小轿车和摩托车的税率。2008年9月再次调整了小轿车的税率。2008年11月5日国务院颁布了《中华人民共和国消费税暂行条例》并于2009年1月1日起正式施行。2008年12月调高成品油的税率。2009年5月1日起，卷烟的消费税按新税率征收，且在卷烟批发环节加征一道税率5%的从价税。

2014年11月28日财政部、国家税务总局下发《关于调整消费税政策的通知》，通知规定取消气缸容量在250毫升（不含）以下的小排量摩托车消费税，气缸容量在250毫升和250毫升（不含）以上的摩托车继续分别按3%和10%的税率征收消费税；取消汽车轮胎税目；取消车用含铅汽油消费税，汽油税目不再划分二级子目，统一按照无铅汽油税率征收消费税；取消酒精消费税，"酒及酒精"税目相应改为"酒"，并继续按现行消费税政策执行。该通知自2014年12月1日起执行。之后财政部、国家税务总局连续三次分别在2014年11月29日、2014年12月13日和2015年1月12日联合下发通知，对成品油消费税进行调整。

2015年1月26日财政部、国家税务总局下发《关于对电池 涂料征收消费税的通知》，决定从2月1日起将电池、涂料列入消费税征收范围，在生产、委托加工和进口环节征收，适用税率均为4%。2015年5月10日起，卷烟批发环节从价税税率由5%提高至11%，并按0.005元/支加征从量税。这是我国继2009年5月之后时隔六年再度调整卷烟消费税，此次提税迎合了当前国际上普遍对烟产品课以重税的大趋势。

（案例来源：王乔，姚林香.中国税制［M］.2版.北京：高等教育出版社，2015.）

思考与提示

消费税改革的政策含义是什么？

（二）税收对劳动供给、储蓄和投资的影响

下面，来具体研究税收对劳动供给、储蓄和投资产生的收入效应和替代效应。

1. 税收对劳动供给的影响

劳动与闲暇的选择是人们最基本的选择。人民的福利水平取决于两个基本因素：一是收入；二是闲暇。然而，要取得收入，就必须劳动，即放弃闲暇。研究税收对劳动供给的影响，就是要说明个人在征税前后如何改变其在劳动和闲暇之间的时间配置，从而确定其劳动供给，为政府部门的税收决策提供依据。

对税收与劳动供给的分析，可以从劳动力的供给曲线入手。首先，分析劳动力供给曲线向右上方倾斜的情况。税收对劳动供给的替代效应如图11-3所示，劳动力供给曲线 S 是一条向右上方倾斜的曲线，它和一般商品的供给是相同趋势，即劳动力的供给与工资率成正比。假定政府对工资课征所得税，征税后使工资率由 W_1 下降至 W_2，劳动与闲暇的相对价格发生变化，劳动时数从 L_2 减少为 L_1，表明纳税人以闲暇代替劳动，税收对劳动

供给产生了替代效应。

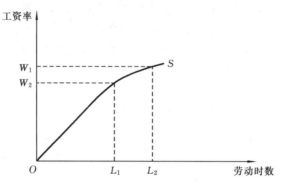

图 11-3 税收对劳动供给的替代效应

其次,分析劳动力供给曲线向后弯曲的情况。税收对劳动供给的收入效应如图 11-4 所示,劳动力供给曲线 S 是一条向后弯曲的曲线,即随着工资率的提高,劳动力供给先递增,而后则不再增加并倾向于减少。现假定政府对工资课征所得税,征税后使工资率由 W_1 降至 W_2,劳动时数从 L_1 增加到 L_2,表明征税导致纳税人增加劳动供给,税收对劳动供给产生了收入效应,即政府征税直接减少了纳税人可支配收入,为了维持原有收入,纳税人减少闲暇而更加勤奋地工作。

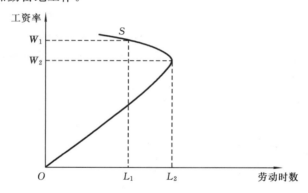

图 11-4 税收对劳动供给的收入效应

下面,从纳税人效用最大化来说明税收对劳动供给的综合影响。比例税的劳动供给效应如图 11-5 所示,横轴表示闲暇,纵轴表示收入。当不征所得税时,个人的预算线为 AB。它与无差异曲线 I_0 相切于点 P_0,在这一点上,个人闲暇为 OL_0,劳动供给为 L_0B。

假定政府按比例税率对个人收入课征所得税,工资率 W 不变,则预算线旋转至 BC,它与无差异曲线 I_2 相切于点 P_2,在这一点上,纳税人从收入和闲暇中所得效用最大,此时个人闲暇为 OL_2,劳动供给也由 L_0B 增加至 L_2B。当然,由于个人偏好的不同,点 L_2 也可能落在 L_0 点的右边,使劳动供给减少。因此,比例所得税对劳动供给的影响,可能使劳动供给增加,也可能使劳动供给减少。

从点 P_0 到 P_2 的运动可分解为两种效应。

第一,替代效应。是指点 P_0 沿无差异曲线移动至点 P_1(过点 P_0 作 BC 的平行线,与无差异曲线 I_0 相交于点 P_1),这是"纯"价格变动的效应。因为征税使工资率降低,改变了劳动与闲暇的相对价格,所以,替代效应趋向于使纳税人增加闲暇、减少劳动供给。

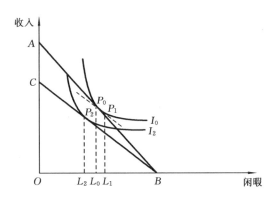

图 11-5 比例税的劳动供给效应

第二，收入效应。是指从点 P_1 移动至点 P_2。这相当于降低了纳税人的收入，但不改变劳动与闲暇的相对价格。由于征税使纳税人税后收入减少，纳税人必须增加劳动，减少闲暇以弥补征税失去的收入。

综合收入效应和替代效应可以得出这样的结论：征税对劳动供给的影响是增加还是减少，取决于收入效应和替代效应的相对强度。收入效应大于替代效应时，劳动供给将趋于增加；替代效应大于收入效应时，劳动供给将趋于减少。

在取得相同税收收入的情况下，采取不同的税率形式对劳动供给的影响是不同的。图 11-6 对产生相同税收收入的比例所得税与非扭曲性的总额税对劳动供给的影响进行了比较。如对劳动收入课征比例税，税率为 AC/AO，税后预算线仍为 CB，它与无差异曲线 I_2 相切于点 P_2，也就是说，在比例税的条件下，税后福利水平为 I_2，所取得的税收收入为 P_2 至 OB 的垂直距离。若以总额税的形式征收等量的税收收入，税后预算线为过 P_2 点的一条平行于 AB 的直线 DE，它与无差异曲线 I_3 相切于 P_3，即在征收等量总额税的条件下，税后福利水平为 I_3。根据无差异曲线的性质，必然有 $I_3 > I_2$。故可以得出这样的结论：采用总额税方式征收等量的所得税，纳税人的税后福利水平更高。同时，选择总额税时，纳税人税后闲暇为 L_3，显然小于 L_2，表明总额税较之等量比例所得税对劳动供给的妨碍影响更小。因为尽管税额相同，但课征比例所得税改变了收入与闲暇的相对价格，产生了具有妨碍劳动供给的替代效应，而总额税则不会改变收入与闲暇的相对价格，不会产生妨碍劳动供给的替代效应，两种税收的收入与替代效应相抵消，总效应便出现上述结果。

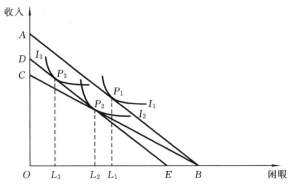

图 11-6 总额税与比例税对劳动供给效应的比较

如果更进一步扩展这种分析,同理可以得出:比例所得税比等额累进所得税对劳动供给产生更多的收入(或更少的替代)效应。因为比例所得税的边际税率和平均税率相等,这意味着累进所得税的替代效应较强,有可能对工作能力产生更大的反激励效应。目前,世界上许多国家通过减税来刺激劳动供给的同时,采取扩大税基、保持平均税率而降低边际税率的做法,既有利于更好地发挥减税政策的效果,又能减少对财政收入的不利影响。

2. 税收对储蓄的影响

1) 税收对私人储蓄的影响

税收对私人储蓄的影响是通过税收对纳税人可支配收入和税后利息率的改变来实现的,并分别表现为收入效应和替代效应。

税收对私人储蓄的收入效应表现为政府课税会减少纳税人的可支配收入,从而促使纳税人减少当期消费,为维持既定的储蓄水平而增加储蓄。收入效应的大小,取决于平均税率的水平。

税收对私人储蓄的收入效应如图 11-7 所示,横轴代表消费,纵轴代表储蓄。AB 为税前预算线,它与无差异曲线 I_1 相切于点 P_1,在这一点上,纳税人获得的效用最大,此时既定的储蓄水平为 S^*。现假定政府对利息所得课税,由于可支配收入减少,为了维持其既定的储蓄水平,预算线由 AB 向内旋转至 AE,与无差异曲线 I_2 相切于点 P_2,此时,当期消费由 C_1 减少为 C_2,而储蓄 S^* 与税前相等。

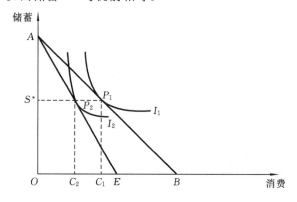

图 11-7 税收对私人储蓄的收入效应

税收对私人储蓄的替代效应表现为政府课税会减少纳税人的实际利息收入,降低储蓄对纳税人的吸引力,从而引起纳税人用消费代替储蓄。替代效应的大小,取决于边际税率。

如图 11-8 所示,横轴和纵轴仍分别代表纳税人对消费和储蓄的选择,税前最佳消费数额为 C_1,最佳储蓄数额为 S_1。现假定政府对利息所得征税,使储蓄和消费之间的相对价格发生变化,预算线由 AB 向内旋转至 CB,与无差异曲线 I_2 相切于点 P_2,最佳消费数额由 C_1 增加为 C_2,最佳储蓄数额由 S_1 减少到 S_2。

由上述分析可以看出,两种效应对私人储蓄的作用方向是相反的,税收对私人储蓄的综合影响是积极的还是消极的,取决于收入效应与替代效应的相对大小,分析方法和过程参见税收对劳动供给的效应。

在总税额不变的前提下,由于高收入者的边际储蓄倾向相对较高,征自高收入者的所

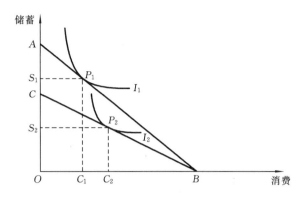

图 11-8 税收对私人储蓄的替代效应

得税比征自低收入者的所得税对私人储蓄有更大的妨碍作用。由于替代效应与边际税率的变动方向相同,累进程度较高的所得税比累进程度较低的所得税对私人储蓄的妨碍作用更大,累进所得税比比例所得税对私人储蓄的妨碍作用更大。

2) 税收对企业储蓄的影响

企业储蓄是指企业税后利润减去支付给股东股息后的保留利润,它是企业投资的主要资金来源。如果把企业储蓄看做企业收入的函数,对企业实现利润征收企业所得税,将减少企业税后利润,减少企业储蓄。所得税对企业储蓄的影响取决于所得税的边际税率和平均税率。在累进税率的情况下,高边际税率对企业产生较大的反激励效应,影响企业收入,并影响企业储蓄的收入来源。

3. 税收对投资的影响

在现代经济条件下,储蓄主要取决于家庭,而投资则主要取决于厂商,所以,两者并不能必然相等。储蓄虽然为投资提供了可以利用的资金来源,但并不一定会转化为投资。正因为如此,故不能以税收对储蓄的效应分析代替税收对投资的效应分析。

纳税人的投资行为主要是由两个因素决定的:一个是投资收益;另一个是投资成本。税收对投资的影响是通过对纳税人的投资收益率和折旧因素的影响来实现的。

1) 税收对投资收益率的影响

税收对投资收益率的影响主要表现在公司所得税上,也可分为收入效应和替代效应。

税收对投资的替代效应,是指由于征税使投资收益率下降,降低了投资对纳税人的吸引力,造成纳税人以其他行为如消费来代替投资。税收对投资的收入效应和替代效应如图 11-9 所示,横轴代表消费,纵轴代表投资。税前预算线为 AB,它与无差异曲线 I_1 相切于点 P_1,在这一点上,纳税人获得的效用最大,此时投资数额为 V_1,消费数额为 C_1。现假定政府对厂商征收公司所得税,使投资收益和投资成本的比价发生不利于投资收益方的变化,若纳税人因此而决定减少投资,则预算线 AB 将向内旋转至 DB,它与无差异曲线 I_2 相切于点 P_2,此时最佳投资数额由 V_1 减少到 V_2,最佳消费数额由 C_1 增加到 C_2,即纳税人因政府征税而减少了投资。

税收对投资的收入效应,是指由于征税,减少了纳税人的可支配收益,促使纳税人为维持以往的收益水平而增加投资。仍以图 11-9 为例,若征税后纳税人为取得较大的投资收益而决定增加投资,预算线 AB 向内旋转至 AE,与无差异曲线 I_3 在点 P_3 相切,此时,

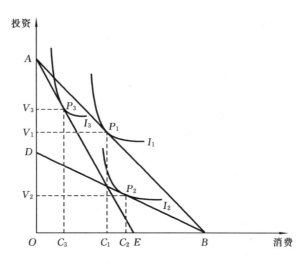

图 11-9 税收对投资的收入效应和替代效应

最佳消费数额由 C_1 减少为 C_3，最佳投资数额由 V_1 增加到 V_3，即纳税人因政府征税而增加了私人投资。

税收对投资的总效应可以参照税收对劳动供给的效应进行综合分析。

2）税收对折旧率的影响

折旧作为一项投资成本可以直接从应纳税所得中扣除，从而减少纳税人的纳税义务；又可以作为一项基金，由纳税人积累起来，用于再投资或将来的固定资产重置。因此，折旧率的高低对纳税人的投资行为有很大的影响。资本的折旧可以分为实际折旧和税收折旧。实际折旧是指根据固定资本的实际损耗情况而计提的折旧；而税收折旧是指由税收制度规定可以计提的折旧。通常实际折旧额与税收折旧额并不一致，若实际折旧大于税收折旧，税收对投资的影响是抑制性的，其结果会促使纳税人减少私人投资；若实际折旧小于税收折旧，则税收对投资的影响是刺激性的，其结果会促使纳税人增加私人投资。

> **案例 11-2**
>
> ### 增值税全面扩围后减税规模接近 7000 亿元
>
> 自 2012 年 1 月份开始，营业税改增值税（以下简称营改增）已经陆续在部分地区、部分行业进行试点，而今年是营改增基本实现全覆盖的关键一年，目前营改增已经进入收官阶段。据测算，营改增全面扩围后减税规模将接近 7000 亿元。"营改增带来的整体税负是下降的，营改增在房地产业和建筑业扩围后，预计能带来数千亿元的减税规模。"中央财经大学税务学院税务管理系主任蔡昌日前在接受《证券日报》记者采访时表示。
>
> 国家税务总局局长王军今年年初在全国税务工作会议上表示，将营改增改革范围扩大到建筑业、房地产业、金融保险业和生活服务业，力争全面完成营改

增任务。而5月18日,国务院批转国家发改委《关于2015年深化经济体制改革重点工作的意见》,明确力争全面完成营改增,将建筑业、房地产业、金融业和生活服务四大领域纳入到营改增范围中。

国家税务总局今年年初公布的数据显示,截至2014年年底,全国营改增试点纳税人共计410万户,全年有超过95%的试点纳税人因税制转换带来税负不同程度的下降,合计减税规模达1918亿元。而2013年,全国减税总额为1402亿元,其中95%的试点企业实现减负或税负无变化。

目前,增值税是我国收入规模最大的税种,占全部税收收入的比例超过40%。据业内人士预测,在全面实行营改增后,增值税的税率有望从当前的17%下降到11%~13%之间。2013年我国国内增值税收入为2.88万亿元,据《证券日报》记者测算,当名义基本税率调整至13%,且营改增全部到位后,2014年增值税减税规模大约为6800亿元。

业内人士认为,营改增给企业带来的不仅是整体税负的下降,更是行业结构转型的契机。

"房地产行业实施营改增将对行业乃至整个宏观经济产生深远影响。"亿翰智库上市房企研究部副主任张化东在接受《证券日报》记者采访时表示,一方面,通过税收杠杆可以抑制房地产行业价格上的泡沫风险,行业发展也将更有利于高周转以及规模效应;房地产企业也将调整发展战略,在价格与规模上重新找到平衡点。另一方面,更多的企业在选择时将会更倾向于采用高周转模式来获取税收上带来的优惠,而高价格策略也会由于被多征税而降低利润率。

"未来房地产行业中不同模式下的利润率也将逐步趋向平均。如果房地产企业不能把握这次营改增的机会,将会错失未来在行业大趋势中发展的良机。"张化东称。

针对银行业实施营改增的影响,中金公司分析师黄洁认为,由于手续费支出在增值税体系下可以抵扣(现有营业税体系下不可以),中间业务收入对银行的吸引力或将变得更大。

(案例来源:会计网,2015-06-03.)

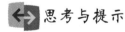 思考与提示

营改增的效应表现在哪些方面?

二、公债效应

公债效应是指公债运行对社会经济生活产生的影响,这种影响是通过对公债功能的运用来实现的,公债的效应可以分为分配效应和调节效应两个方面。

(一)分配效应

公债的分配效应是指公债的发行、流通和偿还对国民财富的分配所产生的影响。

1. 公债发行的分配效应

公债的发行实质上是一个国民收入再分配过程,不论政府举债的目的是为了弥补财政赤字,还是筹集建设资金,这种分配的结果都表现为国民收入从认购者手中转向国家,在增加政府可支配财力的同时,减少了个人和企业的可支配财力。这种国民收入分配结构的改变,在不同的经济条件下可能产生不同的影响。

在政府正常收入不能随国民收入增长而增长、财力匮乏的情况下,发行适量公债可以在不影响认购者正常支出的同时增加政府财政支出,起到优化国民收入分配的主体结构的作用。同时,政府支出的扩大为政府职能的实现创造了财力基础,这也有利于经济的稳定增长。反之,如果国民收入分配已过度向政府这一方倾斜,居民个人和企业的财力在满足了必要的消费和生产发展后所剩不多,则公债发行的空间十分有限,此时若强制摊销公债,势必给人民生活和经济发展带来消极影响,即公债的挤出效应。

公债的挤出效应是指公债活动引起资本投资减少的现象。它包括两个方面:一是直接的挤出效应,是指由于公债发行而减少了私人部门可支配资源,降低了私人部门的效率;二是间接的挤出效应,是指公债的发行可能抬高市场利率,导致某些私人部门本来愿意进行的投资因投资报酬率下降而无法进行所带来的社会效率下降。

2. 公债使用的分配效应

根据购买公债的资金性质和公债的使用方向,公债对国民收入分配可能产生如下效应。

1) 积累效应

如果公债由消费者个人购买或由企业用消费基金购买,并用于生产建设方面,则公债再分配是将消费需求转化为投资需求,产生对国民收入分配的积累效应。

2) 消费效应

如果企业将准备用于生产的资金购买公债或由个人投资者购买公债,并用于政府的消费性支出,则公债分配是将投资需求转化为消费需求,产生对国民收入分配的消费效应。由于非生产性消耗难以产生自身的偿还能力,因而对公债的偿还和经济发展都可能带来不利影响。

3) 内转效应

由于发行公债而使国民收入在积累基金内部或消费基金内部相互转化,它主要表现为两种情况:一是当公债由居民或企业以消费基金购买,政府又将公债用于消费性开支时,公债只表现为消费基金内部结构的调整和转化;二是当公债由居民或企业以投资基金购买,政府又将公债用于积累性支出,则公债只表现为积累基金内部比例重组。这种转化往往有利于扩大重点建设和公共基础设施建设,从而优化投资结构,协调产业比例。

3. 公债偿还的分配效应

根据偿还公债的资金来源不同,公债的分配效应表现为如下三种情况。

1) 公债投资收益在政府和公债投资者之间进行分配

如果政府将公债用于经济建设投资,则公债再投资后产生的收益可作为还本付息的资金来源。此时,债权人得到的是公债投资收益的一部分,不会形成债务人或纳税人的经济负担,它产生的是一种良性的分配效应。

2）偿债期提高税负,还债负担由纳税人承担

当政府使用公债并未获得应有的收益,或者公债再投资产生的效益低于其筹资成本时,政府采取提高税负的办法来清偿债务,偿债意味着纳税人负担的加重。

3）借新债还旧债,信用关系的延续或替代

在现实中,政府往往采用借新债还旧债,从而产生新、旧债权主体的替代效应,并延长了政府对公债的支配时间,使国民收入通过政府在新、旧债权主体之间转移。

(二) 调节效应

公债的调节效应,是指公债作为国家宏观调控的重要手段,对社会经济运行产生的影响。

1. 对社会总供求的调节效应

公债对社会总供求的调节效应,是指通过公债的发行和利率水平的调整来影响金融市场利率的升降,从而对经济产生扩张性或紧缩性效果。其传导机制为:公债利息率水平—金融市场利率—社会总供求变动。例如,当经济形势需要扩张时,可相应调低公债发行利率,以诱导整个金融市场利率下降,从而有利于刺激投资,提高经济活动水平。

2. 对社会经济结构的调节效应

公债的发行意味着财力由私人部门向公共部门的转化,这种投资主体的转化,必然带来投资结构的改变,即由政府负责的社会公益设施、基础设施及重点建设的比重将增大,而由企业和居民个人投资的一般性产业的比重则相应降低,引起国民经济结构的调整和优化。

3. 对货币流通量的调节效应

公债对货币流通量是否产生影响取决于它的认购者、认购资金来源及其与中央银行货币发行的关系。

1）居民购买公债对货币流通量的影响

居民购买公债的资金主要是手持现金和储蓄存款。居民购买公债,从资金运动的角度来看,表现为居民手持现金和银行储蓄存款减少,中央银行的财政性存款增加。在这种情况下,如果中央银行将财政性存款安排了商业银行贷款,则可能引发货币流通量的增加;如果中央银行将其专供财政使用,则不会增加流通中的货币量,甚至会因商业银行储蓄存款减少,相应的派生存款减少,流通中的货币量也相应减少;如果国家实行财政、货币"双紧"政策,将公债扣留国库不用,则会使流通中的货币量绝对减少。

2）企业购买公债对货币流通量的影响

企业购买公债是企业资金向财政资金转化。如果企业用闲置不用的资金购买公债,这种转化不会增加流通中的货币量;如果企业用生产或消费的资金购买公债,则可能增加其对银行的贷款需求;商业银行贷款增加,如果没有引起中央银行增发货币,则对流通中货币量的影响也不大;如果商业银行自身难以满足企业贷款需求,并且不得不因此增加向中央的借款,中央银行又不得不以货币发行的方式来扩大资金来源,以满足商业银行的借款需求,则会增加流通中的货币量。

3）商业银行认购公债对货币流通量的影响

在公债由商业银行认购的情况下,如果商业银行正常的资金来源充裕,或能以压缩其

他贷款需求来满足政府财政的需求,都不会增加流通中的货币量。如果商业银行原来的资金来源和运用缺乏调节余地,则只能通过向中央银行申请贷款来满足购买国债所扩大的资金运用。这可能成为中央银行增加货币发行的诱因,也可能使流通中的货币量增加。如果中央银行并未因此而发行货币,则流通中的货币量也不会改变。

三、公共收费效应

公共收费按收费的性质划分,分为使用费和规费两类。下面主要从使用费的角度来探讨其经济效应。

收取使用费除了可以为政府筹集一部分公共收入外,还具有矫正外部性的效应和避免公共产品拥挤的效应。

(一)矫正外部性的效应

在多数情况下,政府收费的物品或服务是会产生一定外部性的项目,如学校、疫苗接种、文化设施和环境污染等。由于外部收益或外部成本的存在,如果不加收费,可能出现浪费或过度供给现象。

以城市垃圾清理为例,其社会边际收益由私人边际收益 MPB 和外部边际收益 MEB 两部分构成。这种外部收益可以是传染病风险的降低,也可以是城市环境的清洁,这是该城市所有市民都能得到的公共收益。公共收费矫正外部性的效应如图 11-10 所示,在收费前,垃圾清理服务的供给数量为 Q_1,而社会最佳供给数量为 Q^*,即存在供给不足。现假定通过对每一垃圾清理设施收取 C^* 数额的使用费,C^* 低于与这一垃圾清理设施数量相对应的社会边际成本的差额为财政补贴 S^*(相当于外部收益),结果是,全体纳税人为每一垃圾清理设施支付费用 S^*,其使用者为每一垃圾清理支付费用 C^*,从而使得垃圾清理设施使用者所获得的私人边际收益与其为此而付出的使用费(私人边际成本)大体相等,提高了公共设施的使用效率。

其他具有负外部性的产品和项目(如治理环境污染)可作类似分析。

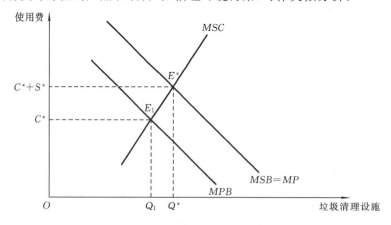

图 11-10 公共收费矫正外部性的效应

(二)避免公共产品拥挤的效应

公共产品在一定限度之内边际成本为零,即消费的非竞争性,但当使用者数量超过这一限度之后,其边际成本就会变成正数,即产生拥挤问题。

公共收费避免公共产品拥挤的效应如图 11-11 所示,公路是一种拥挤性公共产品,当公路车流量为 100 辆/h 时,达到拥挤点,如果对公路使用的需求曲线为 D_1,免费使用公路是有效率的,此时 $MSB_1=MSC=0$,均衡通行量为 80 辆/h。但当需求曲线为 D_2 时,如继续免费使用公路,则均衡通行量为 150 辆/h,在这一通行量上,社会边际成本超过了社会边际收益。那么,公路的最佳使用量是多少呢?由图 11-11 可知,它应是 E^* 点对应的 120 辆/h,因为在这一点上,$MSB_2=MSC$。为了达到这一最佳使用量,政府可以对每辆汽车按 0.2 USD/km 收取使用费,将使公路的使用量降到具有效率的最佳水平。

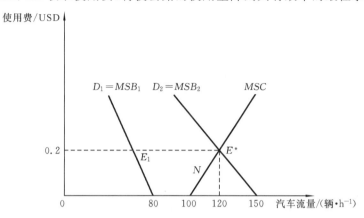

图 11-11 公共收费避免公共产品拥挤的效应

本章重要概念

税收效应(taxation effect)　　税收收入效应(tax income effect)
税收替代效应(tax substitution effect)　　公债效应(bond effect)

本章思考题

1. 试述公共收入分类。
2. 试述税收对劳动供给、储蓄和投资的影响。
3. 公债的效应主要体现在哪些方面?
4. 试分析使用费的效应。

本章推荐阅读书目

1. 邓子基,陈工,林致远,等.财政学[M].北京:高等教育出版社,2014.
2. 王曙光.财政学[M].北京:科学出版社,2015.
3. 杨志勇.财政学学科前沿研究报告[M].北京:经济管理出版社,2015.

第十二章 税收原理

——本章导言——

税收是国家为了实现其职能需要,凭借政治权力,按照法定标准,向经济组织和个人无偿征收实物或货币,以取得公共收入的一种特定分配方式。它是各国政府取得公共收入的最基本形式。与其他公共收入形式相比,税收具有强制性、无偿性和固定性的特征。税收的三大特征是其区别于其他公共收入形式的基本标志。在公共收入理论中,税收理论占有重要地位。本章主要阐述税收的本质与特征、税收原则、税制要素、税收分类、税收负担与转嫁等内容。

第一节 税收的本质与特征

一、税收的本质

税收是公共收入的最重要来源,是一个具有特定含义的独立的经济概念,属于财政范畴。它是人类社会发展到一定历史阶段的产物,是随着国家的产生而产生的。社会剩余产品和国家的存在是税收产生的基本前提。

对税收的概念,中外经济学家的表述历来是众说纷纭,以下是一些具有代表性的说法。

英国学者道尔顿在其《财政学原理》中说:"所谓租税,系公共机关的一种强制征收,租税的本质异于政府其他收入,即在纳税人与政府间并无直接的同等交换物的存在。"

日本学者小川乡太郎在其著作《租税总论》中说:"税收就是国家公共团体为了支付一般经费的目的,运用财政权力向人民强制征收的财物。"

英国《新大英百科全书》认为:"税收是强制地和固定地征收以满足政府开支需要的国家重要的收入来源。同时,税收是无偿的,它不是通过交换来取得,这一点与政府其他收入大不相同,如出售公共财产或发行公债等。税收总是为了全体纳税人的福利而征收,每一个纳税人在不受任何人利益支配的情况下承担了纳税的义务。"

美国的《现代经济辞典》认为:"税收的作用在于为了应付政府开支的需要而筹集稳定的财政资金。税收具有强制性,它可以直接向居民个人或公司课征。"

《日本现代经济学辞典》把税收定义为:"税收是国家或地方公共团体为了筹集满足社会共同需要的资金,而按照法律的规定,以货币的形式对私营部门的一种强制性课征。"

《辞海》把税收定义为:"国家对有纳税义务的组织和个人所征收的货币和实物。"

《中国大百科全书·财政税收金融物价卷》认为:"税收是国家依据社会职能参与社会剩余产品分配的规范形式。"

我们认为,较为科学的税收概念应是:税收是国家为了实现其职能需要,凭借政治权力,按照法定标准,向经济组织和个人无偿征收实物或货币,以取得公共收入的一种特定分配方式。这一概念,主要包括以下几方面内涵。

(一)税收是国家为了实现其职能而取得财政收入的一种方式

国家是阶段矛盾不可调和的产物,是阶级统治的工具,各种社会制度下的国家都存在一定的政治、经济、社会等各项职能目标。为了实现这些职能以维持正常活动,国家必需耗用一定的资财,因而国家必须向社会成员征税,以取得一定的公共收入。历史上,国家取得公共收入的方式很多,如王室土地收入、官产收入、债务收入、发行货币收入、国有企业上缴利润收入等,但它们与税收相比,税收却是历史最悠久、各个社会普遍采用的一种重要的公共收入方式。正如马克思指出:"国家存在的经济体现就是捐税。"①,"赋税是喂养政府的娘奶"②。"为了维持这种公共权力,就需要公民缴纳费用捐税。捐税是以前的氏族社会完全没有的。"③这些精辟论断,深刻地阐明了国家与税收的本质联系。

(二)国家征税凭借的是政治权力

国家取得任何一种公共收入总要凭借某种权力。国家的权力不外乎有两种,正如马克思所指出,"在我们面前两种权力:一种是财产权力,也就是所有者的权力;另一种是政治权力,即国家权力。"④由于国家征税实际上是把不属于国家所有的一部分社会产品和国民收入强制、无偿地转变为国家所有,是对私有财产的一种"侵犯",因此,国家向社会成员课税,凭借的只能是国家政治权力,而非其他权力。这与王室土地收入、官产收入、国有企业上缴的利润收入等明显不同,它们是凭借国家对土地和其他生产资料的所有权而取得的。

(三)税收的本质体现着以国家为主体的特定分配关系

税收与国家有着本质联系,是国家赖以存在并实现其职能的物质基础。国家征税是凭借其政治权力,并通过制定法律法规来实现的。所以,古往今来的各国税收无一不是以国家为主体进行的。在征税中,国家居于主体地位;纳税人居于从属地位,必须服从国家意志。另一方面,国家征税,强制地把一部分社会产品和国民收入转变为国家所有,归国家支配使用,必然会改变社会成员各自占有的社会产品和国民收入份额,即一部分社会成员占有的比例会相对增加,另一部分社会成员占有的比例会相对减少。因此,国家征税的过程,从现象上看,反映为国家征收了若干钱与物,但实质上,它反映的是社会再生产过程中人与人之间的利益分配关系,具体地说,就是国家与各类纳税人之间、国家各级政权之间以及纳税人相互之间的一系列分配关系。这种分配关系是国家凭借政治权力以法律形式确定的,具有与一般分配关系相区别的特有属性。所以说,税收的本质体现的是以国家为主体的特定分配关系。

---

①③ 马克思,恩格斯. 马克思恩格斯全集[M]. 第4卷. 北京:人民出版社,1963:342,167.
②④ 马克思,恩格斯. 马克思恩格斯全集[M]. 第1卷. 北京:人民出版社,1963:32,170.

社会产品分配关系是社会生产关系的组成部分。在不同的社会经济条件下，由于生产关系的性质不同，税收体现的分配关系的性质也不同，并与该社会的生产关系的性质相适应。在以生产资料私有制为基础的剥削制度下，税收体现阶级剥削关系，是剥削阶级及其国家剥削劳动人民的工具。在我国社会主义条件下，税收是组织公共收入的主要手段，也是国家调控经济的主要杠杆，具体地讲，税收是人民民主专政国家通过立法程序规定的各经济组织和居民向国家的义务缴纳。它主要来自社会经济组织和企业创造的纯收入。我国人民通过税收的形式将自己为社会劳动所创造的一部分纯收入上缴给国家财政，用于经济建设和满足人民的需要。税收不再体现剥削关系，而是体现社会各阶级之间在根本利益一致基础上的整体与局部的分配关系，是"取之于民，用之于民"的社会主义税收。

二、税收的特征

税收作为公共收入的一种主要形式，与其他形式的公共收入相比，具有强制性、无偿性和固定性三大特征，即通常所说的税收"三性"。

（一）强制性

强制性是指国家征税是依照法律规定强制征收的。任何单位和个人都必须遵守税法，依法纳税，否则，国家将依法给予强制征收或进行法律制裁。

（二）无偿性

无偿性是指国家征税以后，纳税人缴纳的税款即为国家所有，不再归还纳税人，也不再支付任何报酬。

（三）固定性

固定性是指国家征税是通过法律形式事先规定课税对象和课税额度，未经严格的立法程序，任何单位和个人都不得随意变更或修改。

上述三个特征是统一的整体，三者缺一不可。其中，税收的无偿性是"三性"的核心，固定性是强制性和无偿性的基础，而强制性是无偿性和固定性的保证。税收的"三性"是税收区别于其他形式公共收入的基本标志，也是鉴别一种公共收入是不是税收的基本尺度。税收的特征只是税收与其他公共收入在形式上的区别，不反映不同社会制度下税收所体现的不同的经济关系。

第二节 税收原则

税收原则是指国家在建立、改革、调整，乃至贯彻执行税收制度的过程中所应遵循的基本准则。它既包括制定税收制度所依据的总的税收政策原则，也包括制定税收制度所必需的一些技术性原则。税收原则作为税收领域中的一个重要的基础理论问题，不仅对政府设计和改革税收制度有着重要的指导意义，而且还是评价一国税制优劣的基本理论标准。

制定税收原则的依据是社会经济制度和国家的经济、政策形势及其任务要求。在不同社会制度的国家，以及同一社会制度国家的不同历史时期，随着政治、经济情况的发展、变化,税收原则也有所不同。

一、税收原则理论的产生和发展

税收原则不是抽象主观意志的随想,而是在具体的社会经济条件下,根据客观需要,从实践中总结、概括出来的。伴随着税收分配活动的产生和发展,人们逐步形成了关于税收的种种思想观念,比如我国古代"轻徭薄赋"的轻税思想、"均税赋"的平等纳税思想,等等。当这些治税思想经过系统的理论概括,进一步上升为治理税收的根本指导思想时,就构成了一定时期的税收原则。在我国几千年的文明历史中,涌现出来的税收思想是丰富的,但可惜未能像西方国家那样经过系统地整理和提高,形成一套独立的财政税收学说。西方税收原则理论是在17世纪中叶开始提出来的,随着资本主义社会政治经济的发展变化,主要经历了以下几个发展阶段。

(一) 亚当·斯密的税收原则

亚当·斯密(1723—1790年)在其1776年出版的《国民财富的性质和原因的研究》(即《国富论》)一书中,提出了著名的税收四原则。

1. 平等原则

国民应尽量依其能力按比例纳税。他认为:"一国国民,都须在可能范围内,按照各自能力的比例,即按照各自在国家保护下享得的收入的比例,缴纳国赋,维持政府。"①

2. 确实原则

每一个人应缴纳的税收必须确实。他认为:"各国公民应当完纳的赋税,必须是确定的,不得随意变更。完纳的日期,完纳的方法,完纳的数额,都应当让一切纳税者及其他的人了解得十分清楚明白。"②

3. 便利原则

所有税收对纳税人要用最便利的时间和方法来征收。他认为:"各种赋税完纳日期及完纳的方法,须予纳税者以最大便利。"③

4. 最少征收费原则

也称为节约原则,即所有税收应以征收费用最少为原则。他认为:"一切赋税的征收,须设法使人民所付出的,尽可能等于国家所收入的。"④

亚当·斯密的税收四原则产生于资本主义发展的初期,迄今对资本主义税收理论仍有重要影响。但从现代的观点来看,亚当·斯密的税收原则是和资本主义上升时期经济自由发展、国家少干预的客观要求相适应的,并不是全面的和积极的。他主张自由放任的经济政策,认为国家的职能只是作为"守夜者",即所谓"夜警政府",主要管理国防、治安,政府应是廉价的;财政支出应缩减到最低限度;税收只是保证国家的最低需要。所以在亚当·斯密的税收原则中,平等纳税作为首要原则加以强调,其余三项都是税务行政问题的原则,而不是保证公共收入和促进经济发展方面的原则,这是其理财思想的表现。

---

①②③④ 亚当·斯密. 国民财富的性质和原因的研究(下卷)[M]. 郭大力,王亚南,译. 北京:商务印书馆,1981:384-385.

(二) 西斯蒙第的税收原则

随着资本主义的深入发展,经过18世纪末19世纪初的资本主义工业革命后,税收成为资本主义国家公共收入的主要来源,税制日渐复杂,其评价标准——税收原则也在进一步发展。继亚当·斯密之后,法国古典经济学派的西斯蒙第(1773—1842年)从经济观点出发,对上述税收四原则进行了补充,提出了以下税收原则。

(1) 税收不可侵及资本,即"一切赋税必须以收入而不是以资本为对象。对前者征税,国家只是支出个人所应支出的东西;对后者征税,就是毁灭应该用于维持个人和国家生存的财富。"

(2) 不能以总收入为课税对象,即"制定赋税标准时,不应该对每年的总产品和收入混淆不清。因为每年的总产品除了年收入还包括全部流动资本。必须保留这部分产品,以维护或增加各种固定资本,以及一切积累起来的产品,保证或提高所有生产工人的生活。"

(3) 税收不可侵及纳税人的最低生活费,即"赋税是公民换得享受的代价,所以不应该向得不到任何享受的人征税。就是说,永远不能对纳税人维持生活所必需的那部分收入征税。"

(4) 税收不可驱使资本流向国外,即"决不应该因征税而使应纳税的财富逃往国外,因此规定对最容易逃出的财富赋税时,应该特别缜密考虑。赋税决不应该触及保持这项财富所必需的那部分收入。"

西斯蒙第补充的这四条原则,揭示了税收与经济之间的联系,可以概括为税收的国民经济原则。

(三) 瓦格纳的税收原则

19世纪下半叶,资本主义由自由竞争时期逐步向垄断时期过渡。一方面,资本集中、劳资对立及贫富悬殊等现象日益显著;另一方面,军费、公债费和社会政策支出的增长,无论是相对数还是绝对数都超过了国民收入的增长。在这种社会背景下,一部分资产阶级学者从社会改良出发,主张运用政府权力解决社会问题,从而产生了以反对自由放任的经济政策、主张国家干预、强调以社会改良为中心内容的社会政策学派。其中影响最大的是德国社会政策学派的代表人物,柏林大学的阿道夫纳·瓦格纳。瓦格纳(1835—1917年)在他的财政学说中,把税收分为纯财政意义和社会政策意义两个方面,主张国家运用财政政策特别是通过累进所得税为实现社会政策目标、纠正社会财富分配不公、调和社会矛盾服务。基于这种指导思想,瓦格纳在其代表作《财政学》一书中,集前人税收原则理论之大成,提出了以下四大原则。

1. 财政收入原则

财政收入原则又称为财政政策原则,即认为税收的主要目的是筹集财政收入,税收来源应该充裕并保持适当弹性。这一原则又包含以下两个原则。

1) 充分原则

税收必须足够满足国家的经费开支,因此,选择税源要充沛,收入要可靠。

2) 弹性原则

当国家因经费增加或税收以外的收入减少而使国家收入不足时,能够容易利用增税或自然增收予以弥补。

2. 国民经济原则

国民经济原则即课税不能损害国民经济的发展。它具体又包含以下两个原则。

1) 慎选税源原则

税源的选择应有利于保护税本,而不能伤害税本。原则上应以国民所得为税源,不应以资本或财产为税源,否则会阻碍国民经济的发展。

2) 慎选税种原则

税种的选择应考虑税负的转嫁,尽可能选择难以转嫁或转嫁方向明确的税种。

3. 社会正义原则

社会正义原则又称为公正原则,即税收应矫正社会分配不公。它包含以下两个原则。

1) 普遍原则

应当使每一公民都负有纳税义务,而不能因其特殊的社会地位而例外。

2) 平等原则

依照纳税人的负担能力大小进行征税,使税收负担与纳税人的负担能力相称。

4. 税务行政原则

即税务行政管理应当是高效率的。它又包含以下三个原则。

1) 确实原则

税收制度应简明确实,在纳税时间、地点、程序等方面应使纳税人清楚明白,不得随意变更。

2) 便利原则

纳税手续应尽可能给纳税人以方便。

3) 最少征收费原则

征税费用和纳税费用应尽可能节省,以增加国库实际收入,减轻纳税人负担。

瓦格纳在继承和发展亚当·斯密关于税收的公平、效率原则的同时,明确提出了税收的财政收入原则和国民经济原则,反映出资本主义由自由竞争进入垄断时期以后,政府职能范围的变化。

(四)现代西方国家的税收原则

在西方资本主义国家经历了1929年的经济大危机以后,产生了凯恩斯主义。这个学派主张国家必须积极干预经济,使政府的作用和财政职能均有了很大程度的扩展,税收也成为实现国家干预政策目标的一个工具。通过财政税收来刺激消费,刺激投资,提高社会总需求,从而达到缓和经济危机、充分就业的目的,以此强化税收调节经济的功能,这就是税收的重要原则。特别是后凯恩斯主义者认为,税收应成为市场经济的"内在稳定器",可以实行机动税率制度,经济繁荣时多征税,以限制消费和投资;经济萧条时少征税,以刺激消费和鼓励投资。

20世纪70年代以来,资本主义市场经济国家出现了滞胀局面,于是,一些反对国家干预的经济学派和货币学派、供应学派逐渐为政府所重视,而其中影响较大的是供应学派。与凯恩斯学派侧重于干预需求管理,忽视劳动、储蓄、投资等供给不同,供应学派着重强调供给管理政策,主张减少国家对经济的干预,以提高市场经济的效率。表现在税收思想上,就是强调税收中性原则,主张降低税收对整个国民经济的影响力,不要因征税而影响纳税人的生产、投资、消费等方面的决策行为,避免产生税收的额外负担。同时,还要采取减税措施,以刺激经济增长。

美国著名财政学者 R. A. 穆斯格雷夫和 P. B. 穆斯格雷夫在其合著的《美国财政理论与实践》一书中,借用公平和效率两项社会经济福利原则来评价财政收支,并以公平和效率两个原则为核心来阐述税收原则问题,从而得出当代西方学者普遍重视的两大税收原则:公平原则和效率原则。

尽管当代西方学者对税收原则的表述各有不同,但大体上都是从财政收入、国民经济和社会政策三个方面来论述的,这就形成财政原则、公平原则和效率原则这三大现代税收原则。

二、财政原则

(一) 财政原则的意义

税收的一个基本职能是组织公共收入,因此,一个国家税收制度的建立和变革都必须有利于保证国家的公共收入,亦即保证国家各项公共支出的需要。虽然有一些学者并不把保证公共收入视为税收的原则之一,而极力推崇公平原则和效率原则,但从财政和税收的发展历史来看,把财政原则作为税收一项重要原则是合乎逻辑的。自国家产生以来,税收一直是公共收入的基本来源,古今中外各种社会制度的国家概莫能外,区别只在于保证公共收入所处的地位及所占的份额有所不同。因此,国家实施各种税收制度,都有其公共收入方面的目的。总之,如果说保证国家公共收入的职能是无足轻重的,税收也就没有存在和发展的必要了。

在我国税收制度的建立和发展过程中,一直遵循税收的财政原则。如在建国初期,国家面临着繁重的恢复和发展经济的任务,需要筹集大量的资金,针对这一情况提出税收应当以保证革命战争的供给、照顾生产的恢复和发展,以及国家建设的需要为原则,简化税制,实行合理负担。这一时期是把保证公共收入作为税收的首要任务。在生产资料所有制的社会主义改造基本完成到 1978 年的 20 多年中,我国税收制度几经简化合并,税收工作受到很大削弱,但即使在这一时期,各项税收收入仍占公共收入的 50% 左右。自 1978 年以来,我国进入全面改革经济管理体制时期,税收对经济和社会发展的影响日益得到人们的重视,税收制度也日趋规范和完善。1983、1984 年两步利改税以后,国家公共收入有 90% 左右来自税收;1994 年税制改革以后,这一比例更上升至 95%。从这一基本事实出发,尽管现阶段人们在讨论市场经济体制下的税收原则问题时,更为重视公平和效率两个方面,但无论如何不能把财政原则排除在税收原则的内容之外;相反,在进一步改革和完善税制时,要更好地贯彻这一原则,因为财政职能的发挥,财政困难的化解,在很大程度上取决于税收收入能否有更大幅度的增长。

(二) 财政原则的内涵

财政原则的具体内涵可以分为以下两个方面。

1. 充分原则

财政原则最基本的要求就是通过征税获得的收入应能充分满足一定时期公共支出的需要。为此,要求选择合理的税制结构模式,尤其是选择税制结构中的主体税种,因为主体税种的收入占整个税收收入的比重最大,从而对税收总收入、进而对财政收入的影响力度也最大。通常,应当选择那些税源充裕而收入可靠的税种作为主体税种。实践证明,对于发展中国家来说,商品税在聚财方面具有突出的优势:税基宽而稳定,同时又能随物价的上升而增加;征管措施容易到位,税源便于控制。随着经济的发展,商品税的主体税位置将逐渐被所得税取代。

2. 弹性原则

财政原则的第二个要求是税收收入要有弹性,即保持税收收入与国民收入同步、适度、超前增长。如前所述,瓦格纳是税收弹性理论的最早提出者,瓦格纳认为,财政经费需要增大或租税以外的收入减少时,税收应基于法律增加税收或自动增收。今天的税收弹性原则理论是在瓦格纳的税收弹性理论的基础上发展和完善的。目前,税收弹性理论不仅在西方发达国家,而且在多数发展中国家都得到了重视和运用。

衡量税收弹性大小一般用税收增长弹性系数指标,它是指一定时期内(通常为一年)税收增长率与经济增长率之间的比率,用公式表示为

$$E_T = \frac{\Delta T/T}{\Delta Y/Y}$$

式中:E_T 为税收弹性系数;T 为税收收入;ΔT 为税收收入增量;Y 为国内生产总值(或国民生产总值、国民收入等其他指标);ΔY 为国内生产总值增量。

税收增长弹性系数表明了税收对经济变化的灵敏程度。当 $E_T = 0$ 时,说明税收对经济增长没有反应;当 $E_T > 1$ 时,说明税收的增长快于经济的增长,此时税收参与国民收入分配的比例有上升的趋势;当 $E_T < 1$ 时,说明税收的增长慢于经济的增长,此时,税收参与国民收入分配的比例呈下降的趋势。

税制的设计应当使税收具有较好的弹性。通常,应使 $E_T \geq 1$,即保证国家公共收入能与国民经济同步增长或适度超前增长,而无需通过经常调整税基、变动税率或开征新税来增加收入。

需要提请注意的是,税收的财政原则并不意味着税收收入越多越好,而要受到客观经济条件的制约。在一定的社会经济条件下,一国政府所能取得的税收收入的总额是既定的,存在着客观限量。税收分配必须适应经济发展的内在要求,应反对不顾经济发展的片面的财政观点。

三、公平原则

(一)公平原则的意义

税收的公平原则,是指税收负担应在纳税人之间进行公平的分配。自亚当·斯密以来,许多经济学家都将公平原则置于税收诸原则的首位,因为税收公平不仅仅是一个经济问题,同时也是一个政治、社会问题。就税收制度本身来看,税收公平对维持税收制度的正常运转也是必不可少的。倘若税制不公平,一部分纳税人看到与他们纳税条件相同的

另一部分人少缴税款甚至享受免税待遇,那么,这部分人也会逐渐丧失自觉申报纳税的积极性,或是进行偷税、逃税、避税活动,甚至进行抗税。这样,税制本身也不能得以正常贯彻和执行。

(二)公平原则的内涵

公平原则的具体内涵可分为以下两个方面:

第一,横向公平,即相同纳税条件的纳税人应当缴纳相同数额的税收;

第二,纵向公平,即不同纳税条件的纳税人应当缴纳不同数额的税收。

既然税负的公平原则是就纳税人的纳税条件来说的,条件相同的人纳相同的税,条件不同的人纳不同的税,那么,我们如何判断不同纳税人的纳税条件呢?是纳税人所拥有的经济资源,还是纳税人从政府支出中得到的收益,或者是纳税人所拥有的收入、财产或支出呢?这就涉及衡量税收公平的准则或标准问题。

(三)衡量税收公平的准则

对于衡量税收公平的准则,主要有以下三种不同的观点。

1. 机会原则

机会原则要求以纳税人获利机会的多少来分担税收,而获利机会的多少取决于纳税人所拥有的经济资源。这些资源包括:人力资源、财力资源和自然资源。持这种观点的学者认为,按照纳税人拥有的经济资源来衡量纳税人的纳税条件和分担税收,不仅符合公平原则,而且还有利于经济资源的合理利用,减少资源浪费。

机会原则从理论上看是合理的。按照市场经济的要求,等量生产要素应带来等量盈利,因而应当负担相同的税金。但同时应该看到,税收本身是价值实体,因此,通常,应当在价值创造出来之后征收。若按照纳税人所拥有或占有的经济资源来分担税收,有可能造成税收负担与价值创造的脱节。毕竟纳税人所拥有的经济资源只是为其取得盈利或收益提供了一种可能性。实际上,经济资源只是取得盈利或收益的前提,资源的所有者或占有者能否取得相应的盈利或收益,还要受到许多其他主、客观因素的制约。从这一点来看,用机会原则来判断纳税人的纳税条件未必能使征税的结果符合公平原则的要求。此外,从实践来看,机会原则的实施也会遇到许多困难,因为经济资源的价值评估本身就不是一件容易的事情。

当然,通常情况下机会原则在实践中往往不具备可行性,然而从其整体而言,这并不排除其在一些特定的场合下的适用性。例如,对开采原油、天然气、金属等矿产品的单位和个人征收资源税;对使用土地的单位和个人征收土地使用税,也正是当前许多国家的实际做法。

2. 受益原则

受益原则要求按纳税人从政府公共支出中获得的受益程度来衡量纳税人的纳税条件并分担税收。这种观点的理论依据是:政府之所以能向纳税人征税,是因为它向纳税人提供了公共产品;纳税人之所以要向政府纳税,是因为他们从政府提供的公共产品中获得了受益。因此,税负在纳税人之间的分担只能以纳税人的受益为依据,受益多者多纳税,受益少者少纳税。

按纳税人从公共支出中获得的受益来分担税收,首先必须解决的一个问题就是,如何准确计量各个纳税人从政府支出中享受到的利益。因为政府的支出(如国防支出、教育支出、环保支出等)大都具有公共性,所以,要确定每个纳税人从政府支出中的受益份额是一件十分困难的事,甚至根本无法确定。对此,一些西方经济学家认为,可以根据纳税人对公共品的偏好程度来确定其从公共产品中的受益。他们认为,在严格的受益税制下,每个纳税人所缴纳的税收和他对公共产品的需求相一致。假设纳税人有相同的偏好(或是相同的无差异曲线),那么,他们对税收的估价也就相同,于是,相同收入的纳税人就应当缴纳相同数量的税收。税收公平取决于偏好模式,尤其是取决于对公共产品需求的收入弹性和价格弹性。不过,在实践中,由于纳税人对公共产品需求的收入弹性和价格弹性也无法准确测定,因此,无法解决税率结构问题。此外,受益原则也无法解决转移支付问题,例如,对低收入者或无收入者进行补助等。按照受益原则,低收入者或无收入者从这部分转移支付中获得的受益更多,因此,他们应当分担更多的税收,这显然是行不通的,并且,这本身就违背了公平原则。

所以,受益原则在实践中具有相当的局限性。当然,受益原则整体上的不可行性也并不排除其在某些特定场合的适用性。事实上,它已适用于对公路的课税和社会保险方面,以及许多城市设施的建设。例如,对汽油消费征收汽油税,对车船使用征收车船税,都体现了根据纳税人从政府提供的公路建设支出中享受的利益的多少来分担税收,是受益原则的典型运用。

3. 负担能力原则

负担能力原则要求按纳税人的负担能力来衡量纳税人的纳税条件并分担税收。在这一原则下,税收问题仅仅从自身角度考虑,与支出的决定不发生联系。在给定的税收总收入之下,要求每个纳税人按照他的纳税能力来纳税。尽管在一些经济学家看来,这一原则不能完全令人满意,因为收入的决定没有考虑到政府的支出方面,但是,从实践的角度来看,这一原则却最具有可行性。因此,负担能力原则已成为当代西方学者普遍接受的测度税收公平的标准。

各国实际的税收政策,在大多数情况下都是以纳税人的负担能力为依据的。负担能力原则的运用,首先必须解决这样一个问题,即以什么作为衡量纳税人负担能力的依据或尺度。解决这个问题的办法分为主观标准和客观标准两种学说。

(1)客观标准说提出纳税人的负担能力可以以纳税人的收入为依据,或者以支出为依据,或者以财产为依据,因为这三个因素中的任何一个因素的增加都意味着纳税人负担能力的增加。至于以收入、支出或财产中的哪一个作为衡量负担能力的依据,这直接涉及课税对象或税基的选择问题。

主张以收入作为衡量纳税人负担能力的依据的人认为,收入最能够反映纳税人的负税能力,收入的增加使负税能力的提高最为显著。同时,收入的增加意味着支出能力的增加和购置财产能力的增加。这里的收入,可以是纳税人的总收入,也可以是净收入,或是介于两者之间的增值额(这通常是对企业收入而言)。从税收的价值实体来看,它归根到底来源于社会产品的净收入。因此,以净收入(即所得)作为衡量纳税人负税能力的依据是更为合理的,这也是目前世界上大多数国家把所得税作为主体税的主要原因。不过,一国税制的建设既要考虑到公平方面,还要考虑征管的实际情况。在那些经济不太发达、征管能力较弱的国家,不妨同时以净收入、总收入和增值额作为衡量纳税人负税能力的依据,采取所得税与商品税并举,不失为一种可行的办法。但是,以收入为衡量纳税人负税能力的依据也存在缺陷,即容易造成重复征税。

主张以支出作为衡量纳税人负担能力的依据的人认为,对支出征税有利于鼓励节俭和储蓄,有利于加速资本的形成。这一点对于发展中国家尤为重要,因为发展中国家的资本短缺是一个长期存在的问题,其税收体系的设计,应当有利于将消费转化为储蓄和投资,从而促进资本形成和国家经济的发展。而且,对消费支出征税,还可以解决对收入征税所带来的重复征税问题。不过,从实践的角度来看,对支出征税,必须掌握纳税人各项支出的详细资料,这也不是一件容易的事。因此,尽管主张以支出征税代替收入征税的人很多,但到目前为止,并没有哪个国家把支出作为主要税基。此外,对支出征税还具有累退性的特点,因为穷人消费多、储蓄少,而富人则相反,单纯以支出为标准,会导致税负的不公平。

主张以财产作为衡量纳税人负担能力的依据的人认为,财产作为储蓄或收入在一定时点的存量,也可以看作是一种独立的支付能力,财产的增加意味着纳税人收入的增加,或者隐含收入的增加。例如,某人拥有一幢房屋,若将其出租,可以获得租金收入;若自己居住,他可以不支付房租,和那些靠租房居住的人相比,相当于获得了隐性收入。但是,以财产作为衡量纳税人负担能力的依据也存在着一定的缺陷:首先,财产并不是税负的直接来源,财产税的最终来源是财产的收益,因此,财产税实际上是由财产的收益负担的,而各种财产的收益是不同的,财产多者未必收益就多,财产少者未必收益就少;其次,财产并不能全面反映纳税人的负担能力,例如,有的人虽有财产,但同时也有负债,有的人则只有财产而没有负债,而且,纳税人的收益也并不能全部反映在财产方面,纳税人的一部分收益需要用于消费,这部分收益也体现了他的负担能力,同时,财产也并非取得收益的唯一途径。

在以上三个衡量纳税人负担能力的客观标准中,收入(或所得)是最好的选择,因为收入不仅包含着财产收入,同时也制约着支出水平。所以,从公平的角度来看,收入(所得)是最理想的税基。但是,值得注意的是,在实践中,税基的选择还必须考虑其现实的可行性。对收入课税,尤其是对净收入(即所得)课税,需要全面的核算资料,这一点即使在发达国家也不容易做到。因此,税基的选择应拓宽范围,注意税基的广泛性以及各税种之间的互补性。当然,这里需要防止走向另一个极端,即使税制复杂化。一国的税制倘若过于复杂,对各类纳税人的情况都详加考虑,这也是不现实的。而且,税制本身过于复杂,必然会导致纳税人利用其中的漏洞进行逃税、避税,这本身就破坏了公平原则。

(2) 主观标准说则是建立在西方经济学的效用牺牲理论基础上的。按照这一理论,政府征税使纳税人的货币收入和满足程度减小,即使纳税人牺牲效用,因而效用牺牲程度可以作为衡量纳税人负担能力的标准。如果征税使每一个纳税人的效用牺牲程度相同或均等,那么,税收就实现了公平。由于对效用牺牲程度相同或均等有着不同的理解,主观标准说又分为绝对均等牺牲说、比例均等牺牲说和边际均等牺牲说三种不同的理论。

绝对均等牺牲说认为,征税应当使所有纳税人的效用牺牲相等,也就是说,不论纳税人收入的高低及其边际效用的大小,其所牺牲的效用总量都应当是相等的。由于收入的边际效用是递减的,高收入者的货币边际效用较小,而低收入者的货币边际效用较大,因此,高收入者应当负担更多的税收,而低收入者应当负担更少的税收。

比例均等牺牲说认为,每个纳税人因纳税牺牲的效用总量与其纳税前全部所得的效用总量之比应当是相等的。在收入的边际效用递减条件下,要求采用累进税率进行征税。

边际均等牺牲说认为,每个纳税人纳税的最后一个单位货币的边际效用应当是相等的。这时,从全社会来看,各社会成员因纳税而感受到的效用牺牲总量已经减少到最低限度,即税收负担使社会总效用的牺牲达到了最小,故又称为最小牺牲说。在收入的边际效用递减条件下,要求实行累进程度更高的累进税率。

以上三种均等牺牲学说虽有一定的道理,但由于效用牺牲是纯主观的感受,很难用某种指标来准确度量,因此,在实践中无法操作。在各国税制设计中,更为通行的还是按收入、支出、财产等客观标准来衡量纳税人的负担能力并据此征税,以实现税收的公平原则。

此外,一些西方学者认为,税收公平除了税负的公平分配以外,还应当包括税收征管上的公平,也就是说,即使设计出能公平分配税负的税收制度,如果税收征管上有漏洞,那么税负分配在实践中也会变得不公平。为此,政府在建立税收征管制度时,应考虑到偷、逃税和避税等对税负公平分配的不利影响。

四、效率原则

(一) 效率原则的意义

在税收的各项原则中,效率原则是最核心的。因为税收的效率原则影响着生产力的发展,只有生产力发展了,经济效益提高了,税收才能有充足的税源,财政原则的贯彻才有物质前提;同样,只有经济发展了,公平原则才有实际意义。在社会主义市场经济条件下,税收作为国家宏观调控的一个重要杠杆,对经济的调节作用极大加强,税收的效率原则也就显得更为重要。

税收的效率原则作为一项税收基本原则,大致经历了三个发展阶段。第一阶段体现在亚当·斯密的税收四原则中,即确实、便利和最少征收费原则,要求税收制度应简明清晰,管理和执行费用应尽量节省。第二阶段是建立在福利经济学基础上的税收效率原则。福利经济学主张最适度地配置社会资源,使民收入和社会经济福利达到最大化,因此,判断税收是否有效率,不仅要看征收费用是否最省、人民付出的是否等于国家收入的,而且还要看税收作用的结果是否增加了社会经济福利,只有增加社会经济福利的税收才是有效率的。第三阶段是建立在凯恩斯主义基础上、以实现宏观经济均衡为目标的税收效率原则。凯恩斯主义认为,判断税收是否有效率,必须着眼于宏观经济是否均衡,即应该通过税收杠杆调节投资和消费,实现宏观经济的均衡。

(二) 效率原则的内涵

效率原则的具体内涵又分为以下两个方面。

1. 税收的行政效率

税收的行政效率是指税务行政管理的效率,即税收成本占税收收入的比重。在税收收入总额一定的情况下,税收成本与税收行政效率呈反比例关系,税收成本愈高,税收行政效率愈低,反之亦然。税收成本可以从征税费用和纳税费用两方面来考察。

征税费用是指税务部门在征税过程中所发生的各项费用,主要包括购置日常办公设备、用品的办公经费和税务人员的工资支出。这些费用占所征税款的比重即为征税效率。

征税效率的高低与税务机关本身的工作效率密切相关,同时又受不同税种性质差异的影响。

纳税费用是指纳税人依法办理纳税事务所发生的各项费用,包括纳税人为完成纳税申报所花费的时间和交通费用,纳税人雇用税务顾问、会计师所花费的费用,等等。相对于征税费用,纳税费用的度量比较困难,因此,有人把纳税费用称为"税收隐蔽费用"。从数量方面来看,R. A. 穆斯格雷夫通过研究认为,纳税费用通常要大于征税费用。

要提高税收的行政效率,一方面,应采用先进的征管手段,节约征管方面的人力和物力;另一方面,应简化税制,使纳税人容易理解、掌握,减少纳税费用。

案例 12-1

降低工薪所得税占比是中国个税改革方向

中国现行个人所得税法自2011年9月施行以来,目前正面临免征额设定无地域差异、未按家庭征收而加重部分家庭负担、过度依赖工薪收入而沦为"工薪税"、逆向调节社会贫富等诸多社会争议。专家建议,对个人所得税中除工薪收入以外项目加强征管力度,逐步降低工薪所得税占比,加快由分类制向综合制转变。

目前,我国个人所得税制度正面临三大社会争议。首先,3500元免征额是否与现实脱节。由于普遍存在的城乡和区域发展差距,"一刀切"的标准在发达地区已明显与现实脱节。各省区市公布的2013年统计公报数据显示,按全国平均每名就业者负担1.9人计算,广东、浙江、北京、上海、天津、深圳等省市的居民个人月均消费支出早已远超3500元。其次,不按家庭征税是否有失公平。现行制度是针对取得所得的个人征税,并未充分考虑家庭负担差异,一定程度上起到了"逆向调节"作用。此外,高收入群体、个体工商户等个税征缴不力,个税基本沦为"工薪税"。根据现行制度,应税所得项目包括工资薪金、个体工商户生产经营所得、劳务报酬等11大类。但由于工资薪金以外的个税征缴不力,实行源泉扣缴的工资薪金所得税成为个税的"主力"。数据显示,近年来工薪所得税在个税总收入中的比重一直高达六成左右。不少受访者表示,高收入群体都是通过投资、经营等方式赚钱,收入很高却避免缴税,而大部分中低收入者基本依赖工薪收入,个税在调节收入差距方面没能发挥应有作用。

2015年1月,国务院法制办公布《中华人民共和国税收征收管理法修订草案(征求意见稿)》,提出建立"纳税人识别号"。专家指出,建立"纳税人识别号"有利于促进税收征管的信息化,为中国由分类制个税向综合制个税过渡创造条件。

中央财经大学税务学院副院长樊勇认为:"纳税人识别号"是税务部门按照国家标准为企业、公民等纳税人编制的唯一且终身不变的确认其身份的数字代码标识。建立"纳税人识别号"是国际通用的税收征管方式,就是给企业和公民个人建立一个终身不变的纳税"代码"。

中国政法大学财税法研究中心主任施正文等专家表示,应加快由分类制个税向综合制个税调整、由源头代扣代缴向个人家庭申报转变的改革步伐。"纳税人识别号"制度的建立,有助于用"纳税人识别号"串联起各方面的信息,实现"信息管税",从而为加强个人所得税征管打下坚实基础。

同时,受访专家认为,建立"纳税人识别号"只是促进税收信息化管理的初始条件。要真正实现涉税信息的整合,不是建立一个识别号就能解决的,还需要社保、公安等多部门的配合。樊勇说,打通各部门代码体系,可以产生强大的"化学反应":一方面,税务机关只有掌握完整纳税信息,才能保证税收的公平合理,通过掌握不动产登记、缴纳社保、大额交易等"涉税信息",税务部门可以更好地判断纳税人是否逃税;另一方面,一旦纳税人逃税,税务机关就可以把该纳税人的"失信信息"提供给银行、保险机构和公安部门,对于社会诚信的建立也可以起到积极作用。

樊勇、施正文等专家建议,应加强各部门的信息共享程度,打破信息孤岛局面,要求金融机构和政府部门向税务部门提供与个人收入相关的信息,为家庭申报、综合制个人所得税的纳税方式创造条件。

(案例来源:降低工薪所得税占比是中国个税改革方向[N].国际先驱导报,2015-06-24.)

 思考与提示

你对个税改革促进社会公平和效率的看法如何?

2. 税收的经济效率

税收的经济效率,从资源配置的角度看,是指税收应有利于资源的有效配置,使社会从可利用的资源中获得最大的利益;从经济运行机制的角度看,是指税收应有利于经济机制的有效运行,以促进微观经济效益和宏观经济效益的提高。检验税收经济效率的标准,在于税收的额外负担最小化。所谓税收的额外负担,是指由于征税造成价格扭曲,进而影响生产者和消费者的选择所导致的额外的经济效率的损失。

对商品课税之所以会造成经济效率的损失,原因在于征税改变了商品的相对价格,因此,一些西方经济学家认为,税收应当是中性的,不应当干预经济活动和资源配置。这里,税收中性原则的含义不仅仅包括税收不应使生产者和消费者遭受额外的经济损失,还包括税收不应影响社会生产和消费决策,即在经济方面不扭曲资源的配置。

税收中性原则作为一种纯经济学的观点,其积极意义应当予以肯定,而且在实践中应尽可能遵循这一原则。但是,在具体运用时,应注意不能将中性的含义绝对化。因为征税以后必然产生两种效应:一是收入效应,即税收减少了私人可支配收入,从而改变了纳税人的相对收入状况,减少了私人支出和储蓄;二是替代效应,即征税使消费者转向无税或低税的商品,而对所得的课税则会使闲暇代替工作。所以,税收中性原则应被理解为税收对各种经济活动(包括劳动供给、储蓄和投资等)的不良影响减少至最低限度。

税收中性原则作为一种理想原则,它的运用必须建立在完善、高度发达的市场经济基础上,即价格信号能完全正确地引导资源配置。在市场失灵的情况下,应通过"非中性"的税收调节，纠正市场的不完全，以促使经济更有效地运转。所以，为了实现经济效率，税收应该包括部分"非中性"，以更好地发挥税收调节经济的职能作用。

第三节 税制要素与税收分类

一、税制要素

税收制度是国家各种税收法律、法规和征收办法的总称，包括税收法律、法规、条例、施行细则、征收管理办法等。它是国家向纳税单位和个人征税的法律依据和工作规程。一个国家为了取得公共收入或调节社会经济活动，必须设置一定数量的税种，同时，还要规定每种税的征收办法，包括对什么征税、向谁征税、征多少税，以及何时征税、何地纳税、按什么手段纳税、不纳税如何处理，等等。这些构成了税收制度的内容。一般来说，税收制度的构成要素（即税制要素）包括：纳税人、征税对象、税目、税率、纳税环节、纳税期限、减税免税、违章处理等。

（一）纳税人

纳税人是指税法上规定的直接负有纳税义务的单位和个人，它是纳税的主体，如《中华人民共和国消费税暂行条例》规定消费税的纳税人是在中华人民共和国境内生产、委托加工和进口应税消费品的单位和个人。

税法规定的纳税人可以是自然人，也可以是法人。所谓自然人，是指具有权利主体资格并能以自己的名义独立享有财产权利、承担义务，并能在法院和仲裁机构机关起诉、应诉的个人。所谓法人，是指依法成立并能独立行使法定权利和承担法定义务的社会组织，如事业单位、社会团体、企业等。

各种税主要是由纳税人直接缴纳或税务机关直接征收。但有些税种，如营业税、个人所得税、消费税等，除规定纳税人外，还规定有代扣代缴义务人。扣缴义务人必须按照税法规定代扣或代收税款，并按期向税务机关报缴所扣或所收税款，否则，将按违法处理。税务机关按规定付给扣缴义务人一定的扣缴税款手续费。

（二）征税对象

征税对象是指税收课征的目的物，也就是指对什么征税。征税对象规定或体现着每种税的征收范围。凡是列入征税对象的，就属于该税的征收范围。因此，征税对象在法律上的确定，是不同税种相互区别的主要标志，决定了不同征税对象质的差别。

（三）税目

税目是各个税种所规定的具体征税项目。通过划分征税项目，可以进一步确定征税范围。同时，根据不同项目，按照政策的需要制定高低不同的税率。

税目的设置有两种方法：一种是列举法，即按照每一种商品或经营项目分别设置税目，必要时还可以在税目之下划分若干细目；另一种是概括法，即按照商品大类或行业设计税目。在具体运用时，应将两者有机地结合起来。

（四）税率

税率是税额与课税对象之间的比例，是计算税额的尺度。税率的高低，直接关系到国家的公共收入和纳税人的负担,因而它是国家税收制度的核心要素,体现国家一定时期的税收政策要求。我国现行的税率有以下几种。

1. 比例税率

它是对同一课税对象或同一税目,不分数额的大小,规定相同的征收比例。目前采用这种税率的有增值税、营业税、企业所得税等。

2. 定额税率

它是按课税对象确定的计算单位,直接规定一个固定的税额。目前采用这种税率的有城镇土地使用税、车船税等。

3. 超额累进税率

它是把课税对象按数额多少分成若干级距,分别规定相应的差别税率,课税对象数额每超过一个级距的,对超过的部分就按高一级的税率计算征税。目前采用这种税率的有个人所得税。

4. 超率累进税率

它是以课税对象数额的相对率划分为若干级距,分别规定相应的差别税率,相对率每超过一个级距的,对超过的部分就按高一级的税率计算征税。目前采用这种税率的有土地增值税。

(五)纳税环节

纳税环节是指在商品流转过程中应当缴纳税款的环节。如流转税在生产和流通环节纳税;所得税在分配环节纳税等。产品从生产到消费要经过许多流转环节,例如,工业品要经过工厂生产、商业批发、商业零售等环节,农产品要经过农业生产、商业采购、商业批发、商业零售等环节。具体确定在哪个环节纳税,不仅关系到税制结构和整个税款的分配,而且还关系到生产的发展和商品的流通,以及是否便于纳税人将税款及时缴纳入库。

(六)纳税期限

纳税期限是指纳税人按照税法规定缴纳税款的期限。税法对不同税种,按纳税人经营规模的大小、缴纳税款的多少及会计核算的特点规定了税款缴纳的不同期限,一般分为按期纳税和按次纳税两种。例如,消费税的纳税期限分别为1日、3日、5日、10日、15日或1个月,具体纳税期限,由主管税务机关根据纳税人应纳税款的多少分别核定,不能按照固定期限纳税的,可以按次纳税。不同税种规定不同的纳税期限,有利于保证国家税收收入及时、均衡地入库,满足国家财政预算支出的需要。

(七)减税免税

减税免税是国家为了体现鼓励和扶持政策,对某些纳税人和课税对象采取减少征税或免予征税的特殊规定。减税、免税一般分为法定减免、特定减免、临时减免等几种。在税法规定的范围内依法减免,有利于促进生产发展,搞活经济。

在处理减税免税时,与其直接联系的还有起征点、免征额。起征点是税法规定对课税对象开始征税的数额界限,课税对象的数额达到起征点的就全部数额征税,未达到起征点的就不征税。免征额是税法规定的征税对象总额中免予征税的数额。凡是规定有免征额的,对免征额部分不征税,仅就超过免征额部分征税。

> **案例 12-2**
>
> ## 商业健康险个税优惠落地 个人买健康险每年 2400 元免税
>
> 　　2015年5月6日,国务院总理李克强主持召开国务院常务会议,决定试点对购买商业健康保险给予个人所得税优惠,运用更多资源更好保障民生。会议指出,发展商业健康保险,与基本医保衔接互补,可以减轻群众医疗负担、提高医疗保障水平,有利于促进现代服务业发展和扩内需、调结构。会议决定,借鉴国际经验,开展个人所得税优惠政策试点,鼓励购买适合大众的综合性商业健康保险。对个人购买这类保险的支出,允许在当年按年均2400元的限额予以税前扣除。一些业内人士指出,税收优惠推出是发展正当时的商业健康保险的强心剂,这一举措也将推动我国医疗保障体系真正实现"兜住底"。从世界范围看,解决人民群众的医疗保障问题应该由政府、企业、个人三方来共同承担。除了政府要继续增加对医疗保障支持以外,还要发展多种形式的补充医疗保险,这就包括商业健康保险在内。
>
> 　　目前,中国商业健康保险赔付支出在医疗卫生总费用中占比为1.3%,而德国、加拿大、法国等发达国家的平均水平在10%以上,美国高达37%。
>
> 　　近些年,中国商业健康保险的发展较快,已有100多家保险公司开展商业健康保险业务,健康保险产品涵盖疾病险、医疗险、护理险和失能收入损失险四大类,覆盖产品2200多个,保费收入达1123.5亿元。
>
> 　　保监会副主席黄洪说,从实际看,老百姓的医疗费用主要由基本医保、大病保险来解决,缺乏商业医疗保障。如果我们通过一定的政策措施来加快发展商业健康保险,就能够构筑由基本医保、大病保险、医疗求助、商业健康保险等有机衔接的医疗保障体系,可以有效增加医疗保障供给,降低老百姓看病个人承担费用比例,切实减轻人民群众医疗费用负担。
>
> 　　从国际经验看,税收优惠是最有效的政策杠杆之一。美国1952年只有63%的员工享受健康保险保障。1954年《税收法》明确了团体健康保险税收优惠政策,到了1957年拥有健康保险保障的员工比例提高到了76%。
>
> 　　北京工商大学保险系主任王绪瑾说,目前,中国仅对企业购买补充养老和补充医疗保险在工资总额5%以内税前列支,对个人购买商业养老保险和健康保险的税收优惠尚为空白,国务院此次税收优惠的推出将会大大促进商业健康保险的发展,用政府与市场的合力更好托举民生。
>
> 　　(案例来源:沃保网,2015-05-07.)
>
> **思考与提示**
>
> 　　税收优惠政策如何在保障民生方面发挥应有的作用?

(八)违章处理

违章处理是税务机关对纳税人违反税法行为采取的处罚措施。它是税收强制性在税收制度上的体现。

二、税收分类

税收的分类方法有许多种,不同的分类方法在税制研究上具有不同的作用。我国税收分类方法主要有以下几种。

(一)以税制结构的单一或复杂为标准,分为单一税制、复合税制

单一税制,是指一个国家在一定时期内实行只有一个税种的税制。单一税制只是一种关于税制理论的学说,任何国家都没有采用过。

复合税制,是指一个国家在一定时期内实行的一种由若干税种组成的税制。当今世界各国普遍采用的都是复合税制。

(二)以税收的计税依据为标准,分为从价税、从量税

从价税,是指以课税对象的价格作为计税依据计算应纳税额的税种。从价税一般采取比例税率,从价计征。其特点是税额的多少随着商品价格的变化而变化,税负较为合理。

从量税,是指以课税对象的数量作为计税依据计算应纳税额的税种。从量税一般采取定额税率,从量计征。其特点是计算简便,但如果不分等级定税,负担则不公平。

(三)以课税对象为标准,分为流转税类,收益、所得税类,资源税类,财产、行为税类

流转税类,是指以发生在流通领域内的商品或非商品流转额作为课税对象而征收的税种,包括增值税、消费税、营业税、关税等。其特点是与商品生产、流通、消费等密切相关,一般不受成本和盈利的影响,取得公共收入较为稳妥可靠。另外,流转税类对商品经济都有直接的影响,易于贯彻国家的经济政策,发挥对经济的宏观调控作用。

收益、所得税类,是指以纳税人的收益、所得额为征税对象而征收的税种,包括企业所得税、个人所得税等。其特点是课税对象、税目、计税依据是一致的,没有纳税环节问题。另外,可以直接调节纳税人收入,发挥其公平税负、调节分配关系的作用。

资源税类,是指以资源的级差收入为课税对象而征收的税种,如资源税、城镇土地使用税等。其主要目的是把由于自然资源条件差异而形成的级差收入通过税收收归国家,以排除因资源因素造成的利润分配不公,促进企业加强经济核算,保护和合理使用国家自然资源。

财产、行为税类,是指以财产价值或某种特定行为为课税对象而征收的税种,包括房产税、印花税等。

(四)以税收与价格的关系为标准,分为价内税、价外税

价内税,是指税金包含在商品或劳务销售价格中的税种,如消费税、营业税等。

价外税,是指税金不包含在商品或劳务销售价格中的税种,如增值税等。

（五）以税收形态为标准，分为劳役税、实物税、货币税

劳役税，是指纳税人以劳役充当税款缴纳的税种。从奴隶制国家到资本主义国家都有劳役税。

实物税，是指以实物形式缴纳的税种。它是在商品货币经济不发达的时代，国家征税采取的主要形式。

货币税，是指以货币形式缴纳的税种。随着商品货币经济发展，各种税种逐渐采取了征收货币税的形式。当今各国的税收主要是货币税。

（六）以税收收入和管理权限的归属为标准，分为中央税、地方税、中央地方共享税

中央税，是指税收收入和管理权限归属于中央政府的税种。如消费税、关税等。

地方税，是指税收收入和管理权限归属于地方各级政府的税种。如营业税、房产税等。

中央地方共享税，是指税收收入和管理权限分别归属于中央和地方各级政府共享的税种。如增值税、资源税等。

（七）以税负能否转嫁为标准，分为直接税、间接税

直接税，是指税负由纳税人直接负担，不易转嫁的税种。如所得税类、财产税类等。

间接税，是指纳税人能将税负转嫁给他人负担的税种。一般情况下，各种商品课税均属于间接税。

（八）以税收收入的用途为标准，分为一般税、特定税

一般税，是指没有指定专门用途，其收入用于满足国家实施其职能的一般经费支出需要的税种。就一个国家来说，绝大部分税都属于一般税。

特定税，是指具有专门用途、不能挪作他用的税种，如城市维护建设税等。

第四节 税收负担与转嫁

税收既然是国家对纳税人所拥有的社会产品和国民收入的无偿性征收，因而任何税收都必然存在一个负担问题。纳税人承担国家税收的轻与重、缴纳的税款能否转嫁及如何转嫁等问题，直接关系到国家与纳税人之间，以及各类纳税人之间的经济利益分配关系，体现着国家的分配政策。所以，税收负担的合理与否，是衡量一种税，乃至整个税收制度合理与否的重要标志。

一、税收负担

（一）税收负担的概念

税收负担，简称为税负，是指纳税人向国家缴纳税款所承受的经济负担程度或负担水平，体现税收分配的流量。

在一定时期，社会产品和国民收入是一个既定的量，国家税收集中的多了，企业和个人相应的就少了，这不能不影响企业的自我发展和劳动者个人的收入水平；相反，国家实

现其职能需要的资金就得不到保证。所以,税收负担问题,既涉及国家集中财力的多少,又涉及纳税人承受国家税收能力的大小。它直接反映了一定时期内社会产品和国民收入在国家与纳税人之间的税收分配数量关系,体现了国家的收入分配政策。它是国家税收政策的核心。

税收负担通常用负担率来表示和衡量,即纳税人的实纳税额占其课税依据(如收入额、所得额或财产额等)的比率。税收负担率同税率既相联系,又有区别。一般情况下,税率的高低直接决定税负的轻重,但是两者往往并不相等。在实际工作或理论研究中,鉴于税率与税收负担率的密切关系,有时也以税率近似地替代名义税收负担率。

(二) 税收负担的分类

第一,从税额与纳税人(或征税对象)之间关系的角度看,税收负担可以分为等比负担、等量负担和累进负担。等比负担是指不同收入的纳税人或不等数量的课税对象按课税依据的同一比例缴纳税款,税款与纳税人收入同步变化,两者呈等比不等量的关系;等量负担是指纳税人或同一种数量相等的课税对象缴纳相同的税款,即税收负担的绝对量相等,税额与纳税人的收入多少无关,两者呈现出等量不等比的关系,纳税人的收入越高,税收负担率就越低,具有税负累退的性质;累进负担是根据纳税人的不同负担能力征收税款,收入多的多负担,收入少的少负担,没有负担能力的不负担,税额与纳税人的收入关系既不等量也不等比,而是随着纳税人收入的增加而递增,具有逐级或逐段累进的性质。

第二,从纳税人实际承受税收负担量度的角度看,税收负担可分为名义负担和实际负担。名义负担是指纳税人按税法规定的税率及相应条款纳税所形成的税收负担,表现为法律规定纳税人应承担税款的量度;实际负担是指纳税人或征税对象实际承受的税收负担,表现为纳税人最终负担的国家税收的量度。实际负担和名义负担可能一致,也可能不一致。

第三,从税负是否转嫁的角度看,税收负担可分为直接负担与间接负担。直接负担是指纳税人所纳税直接由自己负担,在这种情况下,纳税人既是税款的缴纳者,又是税款的承受者,纳税人即为负税人,税负没有发生转移;间接负担是指纳税人缴纳税款后,通过各种方式或途径,最终将税款的一部分或全部转由他人承担,在这种情况下,纳税人与负税人不一致,负税人成为间接负担者,税负发生了转移。

(三) 税收负担的衡量指标

1. 衡量全社会税收负担总量的指标

从全社会的角度考核税收负担,可以综合反映出一个国家或地区税收负担的总体状况。反映总体税负的指标主要有两个。

1) 国民生产总值负担率

它是指一定时期内(通常为一年,下同)国家税收收入总额占同期国民生产总值的比率。其公式为

$$国民生产总值负担率 = \frac{税收收入总额}{国民生产总值} \times 100\%$$

2) 国民收入负担率

它是指一定时期内国家税收收入总额占同期国民收入的比率。其公式为

$$国民收入负担率 = \frac{税收收入总额}{国民收入} \times 100\%$$

以上两个指标在较大程度上反映了一个国家对社会产品和国民收入的总体集中占有水平,所以它们又被称为"宏观税率",是国家之间进行总体税负比较的重要参考指标。由于各国的国情不同,存在许多不可比因素,各国的最优宏观税负区间也不尽相同。因此,在进行税负的国际比较时,不宜简单地沿用他国的宏观税负的数字标准,而应对其政治、经济情况作具体分析。

2. 衡量纳税人税收负担的指标

从纳税人的角度考核税收负担,是分别就不同的税款缴纳者来衡量其税收负担水平。它可以具体反映各类纳税人的税负状况,是国家制定税收政策和制度的重要依据。衡量纳税人税收负担的指标,主要有以下几个。

1) 企业综合负担率

它是指一定时期内企业实纳各种税款的总额占同期企业赢利或各项收入的总额的比率。其公式为

$$企业综合负担率 = \frac{企业实纳各种税额}{同期企业赢利或各项收入总额} \times 100\%$$

这个指标主要反映国家参与企业各项收入分配的总规模,是反映企业税收负担的综合性指标,其中,实纳各种税额包括企业所纳的流转税、所得税、财产税和行为税等各类税收。为了便于分析企业纯收入和总收入各自的负担水平,分母项可分别采用盈利总额和各项收入总额两个数据。

2) 企业收益负担率

它是指一定时期企业实纳各种收益税额占同期企业收益总额的比率。其公式为

$$企业收益负担率 = \frac{企业实纳各种收益税额}{同期企业收益总额} \times 100\%$$

这个指标反映一定时期内企业收益负担国家税收的状况,是衡量企业税收负担水平最直接、最常用的指标,也是正确处理国家与企业分配关系最重要的依据,体现国家一定时期的基本分配政策。

3) 个人收益负担率

它是指一定时期内个人实纳收益税额占同期个人收益总额的比率。其公式为

$$个人收益负担率 = \frac{实纳收益税额}{个人收益总额} \times 100\%$$

这个指标反映一定时期内个人收益负担国家税收的状况,体现国家运用税收手段参与个人收益分配的程度。

3. 衡量某一税种或税类的负担指标

从税种或税类的角度分析比较税收负担,是在个量上衡量税收负担水平。它既可以反映国家税收在具体税种或税类方面的调节水平和征收水平,又可以反映税法的名义税率和实际税率的差异情况。

按税种或税类计算的税收负担率,是指一定时期内国家实际征收入库的某种税或某

类税收收入占该税种(税类)课税对象数额或数量的比率。其公式为

$$某税种(或税类)负担率 = \frac{该税种(税类)实际征收额}{该税种(税类)课税对象数额} \times 100\%$$

(四)税收负担的影响因素

1. 税收制度方面的因素

税收制度是影响税收负担最直接的因素。一个国家总的税负水平及单个纳税人的税负水平,是由税收制度的主要因素直接决定的,这些因素包括课税对象、税率、减免税等。例如,现行的企业所得税的名义税率为25%,但由于该税有诸多税收优惠规定,实际税负远低于名义税率。此外,税收制度的特征对税负的分布状况也有很大影响。比如,一个具有"广税基、低税率"特征的税收制度,不仅形成的税负水平较低,而且形成的税负分布也较为平衡。

2. 经济方面的因素

这包括以下两个方面。

1)经济发展水平影响税收负担总量水平

经济是税收的基础,社会剩余产品是税收的源泉。税收负担水平的高低取决于国民收入总量的大小与构成,而国民收入总量与结构又是由社会生产发展的规模和效益水平决定的。一般来讲,经济发展水平较高的国家,人均国民收入水平也比较高,国民的税收负担能力较强,总体的税收负担水平也就高些。这也是发展中国家税收占国民收入的比重低于一般发达国家的主要原因。

2)经济结构影响税负和税收的来源

经济结构是指国民经济各部门及社会再生产各个方面的构成,它包括产业结构、产品结构、企业结构、生产组织结构等。一定时期的国民经济结构,决定了税制的结构和税收的来源,从而对税负结构和水平产生重大影响。

3. 财政体制方面的因素

国家经由税收形式参与社会产品和国民收入分配的数额和比例,总是在一定的财政体制(主要指预算体制)下形成的,并受其调节和制约。通常,国家的职能活动范围越广,在社会经济生活中的作用越大,要求财政集中和支配的社会产品数量与比例也就越大,社会的税收负担水平也就越高。所以,财政体制的实施和调整对税收负担也将产生较大影响。

4. 宏观经济政策方面的因素

在市场经济体制下,国家对经济的宏观管理除了必不可少的行政和法律手段外,还必须运用其他诸多宏观经济政策来实现,如货币政策、投资政策、产业政策等。各种宏观经济政策的实施和调整,必然对国民经济的发展和国民收入的分配产生影响,从而对税收负担产生影响。比如实施产业政策,需要相应的税收政策配合,以鼓励某些产业的优先发展;这时,需要优先发展的产业的税收负担就会比其他产业轻些。

二、税负转嫁与归宿

(一) 税负转嫁与归宿的概念

税负转嫁,是指纳税人通过各种途径将其所缴纳的税款全部或部分地转嫁给他人负担的一种经济现象。通常,税负转嫁机制具有以下几个特点:其一,它是各经济利益主体之间税负的再分配,也就是经济利益的再分配,其结果必然导致纳税人与负税人的不一致;其二,它和价格的升降直接相联系,而且价格的升降在很大程度上是由税负转嫁引起的;其三,它是纳税人的一般行为倾向,是纳税人的主动行为。

税收归宿,也称为税负归宿,是指处于转嫁中的税负的最后落脚点。有些税可能经过多次税负转嫁,最后才落到消费者头上,该税的归宿是消费者;有些税则不能转嫁,纳税人便是该税的直接承担者。前者称为间接归宿,后者称为直接归宿。

税负转嫁同税负归宿密切相关,两者的实质都是研究税负的再分配。所不同的是,前者主要研究税负再分配的过程,后者主要研究税负再分配的结果。

(二) 税负转嫁的方式

在商品经济条件下,价格是一切商品交易的媒介,也是决定商品交换双方经济利益的基本因素。因此,价格变动就成了税负转嫁的基本途径。按照价格变动情况的不同,税负转嫁的方式主要有以下方面。

1. 前转

前转又称为顺转,是指纳税人通过提高商品价格,将其所缴纳的税款顺着商品流转的方向,向前转嫁给购买者或消费者负担。实践中,这种转嫁是最常见、最典型的一种方式。

前转既可以一次完成,也可以多次完成,后者称为辗转前转或复前转。例如,对甲征税,如果甲将税款加于价格中一次转嫁给消费者,那么转嫁过程一次完成;如果甲转嫁给乙,乙又转嫁给丙,丙再转嫁给消费者丁,那么丁为税负的归宿点,税负转嫁经过了几个环节,这就是复前转。

2. 后转

后转又称为逆转,是指纳税人在无法实现前转时,采取压低商品进货价格而将税负逆转给原应纳税之人,或在已经前转之后,再复逆转给前阶段应纳税之人。后转可一次完成,也可以几次完成,后者称为辗转后转或复后转。比如,某批发商纳税之后,由于商品价格下跌,他无法通过提高价格把税款顺利向前转给零售商,因而他只有请求厂商降低价格,税负也因此向后转给厂商;另一种情况是,在批发商所纳税款已经前转给零售商后,因价格上涨而需求减少,零售商无法将税负向前转给消费者,因而重新要求批发商降低价格,将税款回转给批发商负担。可见后转的原因是商品价格下跌,或者由于价格上涨而使需求减少。

3. 散转

散转也称为混转,是指纳税人将所承担的税款,一部分往前转嫁,一部分往后转嫁,把税负分散给许多人负担。例如,纺织厂商所纳税款无法全部通过产品价格的提高前转给消费者时,他就会将一部分税款后转给棉纱厂或棉花批发商,这样纺织品的消费者和棉纺厂或棉花批发商都承担了一部分税款。混转的原因是由于商品价格的提高无法全部消化所纳税款之故。

4. 消转

消转也称为税收转化,是指纳税人因为纳税而采取某些措施,使其所纳税款在既不前转、又不后转的情况下自行消失,不归任何人负担。其途径主要是通过提高劳动生产率,改进经营管理,降低生产经营成本,从而增加企业利润,使税负在新增收入中自行消失。

实际上,消转除通过加强工人劳动强度而实现转嫁给工人之外,其他途径是不发生转嫁的,税负也并不能自行消失,只是纳税人从增加的收入中弥补了税款的损失,税款仍是由他自己负担。所以,这种转嫁方式不同于前几类,它不存在具体的转嫁过程,而是一种直接的税收归宿。

(三) 税负转嫁的一般规律

税负能否转嫁,关键在于商品价格的变化。通常,对某种商品征税,如果其价格能提高,税负就会随价格的提高而由卖者向前转给买者。当价格上升幅度与税额相等,税收全部向前转嫁;当价格上升的幅度小于所征税额,税负只有部分转嫁;当价格上升幅度大于所征税额,税收不仅可以全部转嫁,而且还可以获得额外利润。如果征税后商品价格不变,则税收负担不能转嫁。但是,在自由竞争的市场机制下,商品价格在很大程度上是受商品供求关系的影响,即供大于求,价格下跌;供小于求,价格上升。因此,商品的税额能否转嫁,表面上是受价格左右,其实质主要是取决于商品的供给与需求的相对弹性。一般来说,对商品课征的税收往往是向弹性小的方向转嫁。

1. 需求弹性与税负转嫁

所谓需求弹性,是指商品的价格变动对该商品需求量产生影响的能力。在其他条件不变而需求弹性变化时,税负转嫁与归宿的一般规律如图 12-1 所示。在图 12-1 中,S_0 和 S_1 分别为征税前和征税后的供给曲线,D 和 D' 为需求弹性不同的两条需求曲线,F 点为税前的均衡点,A 点和 A' 点分别为需求曲线 D 和 D' 的税后均衡点,EF 为征税额,且 $EF=AC=A'C'$。

从图 12-1 中可看出,对需求曲线 D 来说,征税后,均衡价格从 P_0 上升至 P_1,但上升幅度 $\Delta P(=P_1-P_0)$ 小于征税额 AC。这时税收由买方和卖方共同负担,即买方负担 $AB(=P_1-P_0)$ 部分,卖方负担 $BC(=P_0-P_2)$ 部分。同样地,对需求曲线 D' 而言,税收也是由双方共同负担,即买方负担 $A'B'(=P_1'-P_0)$ 部分,卖方负担 $B'C'(=P_0-P_2')$ 部分。可见,当需求曲线 D' 的需求弹性比需求曲线 D 要大时,卖方所纳税额更多,由卖方自己负担 $(B'C'>BC)$,即税负更难以向前转嫁。

综合以上分析,可得出需求弹性与税负转嫁的关系如下:在其他条件不变时,商品的需求弹性越大,则税负向前转嫁越困难,而且新增的税收将更多地由卖方负担;商品的需求弹性越小,则税负向前转嫁越容易,而且新增的税收将更多地由买方负担;如果商品的需求完全没有弹性,则税负可以全部向前转嫁,并落在买者身上。

2. 供给弹性与税负转嫁

所谓供给弹性,是指商品的价格变动对该商品生产供给量产生影响的能力。

在其他条件不变而供给弹性变化时,税负转嫁与归宿的一般规律如图 12-2 所示。图

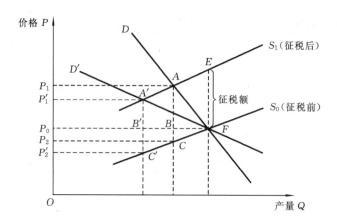

图 12-1　在其他条件不变而需求弹性变化时,税负转嫁与归宿的一般规律

12-2 中,D 为需求曲线,S 与 S' 和 S_1 与 S'_1 分别为两对征税前后的供给曲线,且 S 的供给弹性大于 S_1,F 点为税前均衡点,A 点和 A' 点分别为供给曲线 S 和 S_1 的税后均衡点,假定两个供应商所纳税额相同,且均为 $EF(=AC=A'C')$。

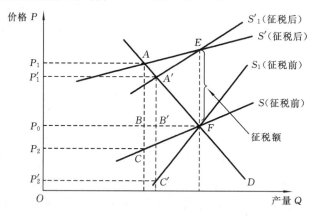

图 12-2　在其他条件不变而供给弹性变化时,税负转嫁与归宿的一般规律

从图 12-2 中可看出,对供给曲线 S 来说,征税后,均衡价格从 P_0 上升至 P_1,但上升幅度 $\Delta P(=P_1-P_0)$,小于征税额 AC。这时,税收由买方和卖方共同负担,即买方负担 $AB(=P_1-P_0)$ 部分,卖方负担 $BC(=P_0-P_2)$ 部分。同样地,对供给曲线 S_1 而言,税收也是由双方共同负担,即买方负担 $A'B'(=P'_1-P_0)$ 部分,卖方负担 $B'C'(=P_0-P'_2)$ 部分。可见,在供给曲线 S 的供给弹性大于供给曲线 S_1 时,卖方所纳税额更多地由买方负担($AB>A'B'$),即税负更易于向前转嫁。

根据以上分析,可得出供给弹性与税负转嫁的关系如下:在其他条件不变时,商品的供给弹性越大,则税负向前转嫁越容易,而且新增的税收将更多地由买方负担;商品的供给弹性越小,则税负向前转嫁越困难,而且新增的税收将更多地由卖方负担;如果商品的供给完全没有弹性,则税负不能向前转嫁,全部落在卖方身上。

(四)税负转嫁的产生条件

商品经济的发展是产生税负转嫁的必要条件。税收是一个历史范畴,自从有了税收,必然存在税收负担,但这并不意味着有了税收必然存在税负转嫁。在自给自足的、以自然经济为基础的社会里,一般生产物是不经过市场交换、直接从生产领域进入消费领域的,由于这样,国家不可能对商品或商品流转额进行课税,国家征自土地产物的税收只能由土地所有者或生产者自己负担,也就排除了税负转嫁的可能性。但是,随着社会生产力的不断向前发展,商品经济也得到了高度的发展。在商品经济条件下,产品不再自给自足,商品交换突破时间和地域的限制大规模地发展起来。由于商品生产和商品交换的广泛存在,一切商品的价值都要通过货币形式表现为价格,这就为国家对商品的课税开辟了广阔的空间。一切对商品和商品流转额的征税,必然与商品价格形成紧密的联系,并逐渐形成商品价格的有机组成部分,这就为税负转嫁提供了可能。因此,税负转嫁是商品货币关系发展到一定历史阶段的产物。

商品价格的自由浮动是产生税负转嫁的充分条件。任何纳税人都存在税负转嫁的愿望,但要把这种愿望转化为现实却并不容易。因为,税负转嫁是通过价格的升、降来实现的,如果价格不能自由浮动,纳税人虽有转嫁的动机,其转移税负的愿望也不可能实现。

(五) 社会主义市场经济条件下税负转嫁的功能

税负转嫁是由经济规律所支配的一种经济现象。在市场经济条件下,不可能不让价格受等价交换规律、供求规律的影响,也不可能阻止各利益主体追求自身利益的动机和行为。一般认为,税负转嫁的功能主要有以下几个方面。

1. 促进利益的再分配

这是税负转嫁最基本、最直接的功能。税收负担表现为负税人负税后所损失的利益,税负转嫁意味着原负税人利益的弥补,并同时伴随着他人利益的损失,因而,它属于一种利益的再分配,并构成社会再生产过程中分配环节的一个重要组成部分。只不过与其他分配过程相比,它具有一种特殊的运动方式而已,即转嫁者转嫁的结果并不表现为其个别利益的净增长,而仅仅是他的个别利益中那部分被他人占去后的回归,归宿者则表现为个别利益的一种净损失。因此,国家应该并能够利用税负转嫁调节社会收入分配差别,进一步改进和完善社会主义的分配制度,使之更加公平合理。例如,可以对主要为高收入者消费的奢侈品征收高税,从而调节高收入者的收入。

2. 促进供求趋向平衡

供求平衡是市场经济社会实现效率化的重要标志,是各经济主体的行为准则之一。税负转嫁以其独特的方式,在短期内可配合价值规律,并针对实际存在的供求状况,通过利益的流动改变生产者与消费者的行为,促进供求趋向平衡,这是市场经济下税负转嫁的特有功能。我们应该有效地加以运用。

3. 推动经济效益的提高

充分利用有限的社会资源,最大限度地满足生产和人民生活的消费需要,是社会经济利益达到高水平的标志。在市场经济条件下,诱导企业按照市场的需求结构与总量安排其经营行为主要依赖于市场机制,而市场机制作用的发挥在根本上依赖于平均利润率规律,即依据企业对利润的追求,借助市场供求规律产生的企业所获利润与社会平均利润的差距,自发地引导投资资金的流进或流出,使社会资源在各社会成员之间的配备符合消费需求发展的要求,最终实现社会经济活动的高效益。税负转嫁作为一种利益再分配,从侧面强化了平均利润率规律。如果以企业行为是否符合供求规律的要求为标准,将企业划分为高效益企业和低效益企业,那么税负转嫁拉大了这两类企业之间的利润差距,加速了生产资金从低效益企业向高效益企业的流动,从而促进了资源的合理配置,推动了企业经营效率的提高,也推动了整个社会经济效益的提高。

案例 12-3

电商征税需避让消费者买单

网店免税的政策红利或将宣告结束,征税脚步愈来愈近。那么,未来对电商征税需从哪些方面做文章呢?

其一,应确定缴税主体。据了解,截至阿里巴巴上市前,整个淘宝生态圈内有 850 万中小卖家,如此庞大的体量,征税标准不可能一刀切。据了解,2014 年 10 月份,国家加大小微企业税收支持,对月销售额 3 万元以下的增值税小规模纳税人,免征增值税;对月营业额 3 万元以下的营业税纳税人,免征营业税。若网店实行征税,可参考现有的征税办法,进一步完善网站征税细则,保护中小卖家的发展环境。

其二,网店信息需披露顺畅。淘宝个人卖家表示,淘宝账单可以"做账"的。"一般不给消费者提供发票,交易账单进入对私账户,无法看到真实数据。"要面向个人卖家征税,这就需要电商平台的信息披露配合。广东省电商协会副秘书长陈建东表示,"买家信息无疑是平台最宝贵的资源之一,披露环节还是比较复杂的。"他建议,个人卖家征税就像线下的个体户、路边摊一样,除了税法改制,更需要监管部门的配合。

此外,实行征税后,需避免卖家将税负转嫁到消费者头上。诸多网友担心,目前网店产品因免税而具有价格优势,一旦网店实行征税,卖家会通过变相调价等方式,将税负转嫁到买家身上,最终还是"羊毛出在羊身上"。

电商征税利于国家经济的发展,相关部门应该出台一整套配套方案,不仅仅是征税,还应包括相应的扶持政策,保障消费者以及中小卖家的权益。

(案例来源:通信信息报,2015-01-22.)

思考与提示

谈谈对电商征税对消费者行为的影响。

本章重要概念

税收(taxation)　　财政原则(fiscal principle)　　公平原则(equity principle)
效率原则(efficiency principle)　　税收负担(tax burden)
税收转嫁(tax shifting)

本章思考题

1. 试述税收的本质与特征。
2. 简述亚当·斯密的税收原则。
3. 简述西斯蒙第的税收原则。
4. 简述瓦格纳的税收原则。
5. 试述财政原则、公平原则、效率原则的具体内涵。
6. 影响税收负担的因素有哪些?
7. 试述税负转嫁的一般规律。

本章推荐阅读书目

1. 王乔,姚林香.中国税制[M].2版.北京:高等教育出版社,2015.
2. 庞凤喜.税收原理与中国税制[M].北京:中国财政经济出版社,2014.
3. 马海涛.中国税制[M].6版.北京:中国人民大学出版社,2015.
4. 杨志勇.税收经济学[M].大连:东北财经大学出版社,2011.

第十三章 税收制度

---**本章导言**---

税制是以法律的形式规定对什么征税、向谁征税、征多少税,以及在何时、何地纳税等的制度安排,同时也是指税收管理体制、税收调节体系的构成。因此,税制的内容可以分别从法律、政治、经济等角度加以理解。本章将介绍流转税类、所得税类、财产税类,并对世界贸易组织与国际税收作一阐述。

第一节 税收制度的含义

税收是政府为了实现其职能、满足社会公共需要,凭借政治权力,按法定标准向社会成员强制、固定、无偿地征收而取得的一种财政收入。它是各国政府取得财政收入的最基本形式。

(一)税收制度基本内涵

税收制度是指国家通过立法程序规定的各种税收法令和征收管理办法的总称。因此,税收制度实际上是国家向纳税人征税的法律依据和工作规程,它规定了国家和纳税人之间的征纳关系。因此,税收制度的核心是税法。

税收制度有广义和狭义之分,狭义的税收制度是指各种税的基本法律制度,体现税收的征纳关系;广义的税收制度是指税收基本法规、税收管理体制、税收征收管理制度,以及国家机关之间因税收管理而发生的各种关系。这里重点分析的是狭义的税收制度。任何一个国家税收制度都是为了适应特定的政治、经济条件而建立,并随着该国的政治、经济和社会发展的形势变化而变化的。

(二)我国的税法体系

我国的税收制度根据各个时期政治、经济形势和经济体制发展变化的要求,经历了一个不断完善的过程。目前,我国税法体系主要由以下几个层次构成。

1. 全国人民代表大会及其常务委员会制定的税收法律

我国税收法律的立法权由全国人民代表大会及其常务委员会行使,其他任何机关均无制定税收法律的权力。在现行税法中,如《中华人民共和国企业所得税法》、《中华人民共和国个人所得税法》、《中华人民共和国税收征收管理法》、《关于外商投资企业和外国企业适用增值税、消费税、营业税等税收的暂行条例的决定》等都是税收法律。

2. 全国人民代表大会及其常务委员会授权立法

授权立法主要是指全国人民代表大会及其常务委员会根据需要授权国务院制定某些

具有法律效力的暂行规定或者条例。国务院经授权立法所制定的规定或条例等,具有国家法律的性质和地位,它的法律效力高于行政法规,在立法程序上还需要报全国人民代表大会常务委员会备案。国务院从1994年1月1日起实施工商税制改革,先后制定、实施了增值税、营业税、消费税、资源税、土地增值税、企业所得税、城镇土地使用税、车船税等暂行条例。

3. 国务院制定的税收行政法规

国务院作为最高权力机关的执行机关,是最高的国家行政机关,拥有广泛的行政立法权。行政法规作为一种法律形式,在中国法律形式中处于低于宪法、法律和高于地方法规、部门规章、地方规章的地位,也是在全国范围内普遍适用的,同样具有法律效力。国务院发布的《城市维护建设税暂行条例》、《营业税暂行条例》、《资源税暂行条例》、《房产税暂行条例》、《税收征收管理法实施细则》等,都是税收行政法规。

4. 地方人民代表大会及其常务委员会制定的有关税收的地方性法规

根据《地方各级人民代表大会和地方各级人民政府组织法》的规定,省、自治区、直辖市的人民代表大会,以及省、自治区的人民政府所在地的市和经国务院批准的较大的市的人民代表大会有制定地方性法规的权力。由于我国在税收立法上坚持的是"统一税法"的原则,因而,地方权力机关制定有关税收的地方性法规不是无限制的,而是要严格按照税收法律的授权行事。目前,除了海南省、民族自治地区按照全国人民代表大会的授权立法规定,在遵循宪法、法律和行政法规的原则基础上,可以制定有关税收的地方性法规外,其他省、市都无权自定税收方面的地方性法规。

5. 国务院税务主管部门制定的有关税收的部门规章

有权制定税收部门规章的税务主管机关是财政部、国家税务总局。其制定规章的范围包括:以有关税收法律、法规的解释,税收征收管理的具体规定、办法等,税收部门规章在全国范围内具有普遍适用效力,但不得与税收法律、行政法规相抵触。例如:财政部颁发的《增值税暂行条例实施细则》、《营业税暂行条例实施细则》、《资源税暂行条例实施细则》、《印花税暂行条例施行细则》、国家税务总局颁发的《税务代理试行办法》等都属于有关税收的部门规章。

6. 地方政府制定的有关税收的地方规章

地方政府制定的税收规章,必须在税收法律、法规明确授权的前提下进行,并不得与现行的税收法律、行政法规相抵触。没有税收法律、法规的授权,地方政府无权自定税收方面的规章,而越权自定的税收规章不具法律效力。国务院发布实施的城市维护建设税、车船使用税、房产税等地方税种暂行条例,都规定省、自治区、直辖市人民政府可根据条例制定地方性实施细则。

(三) 我国税收制度的发展

我国的税收制度从建立到不断完善大致经历了以下几个阶段。

1. 1950年社会主义新税制的建立

新中国的税收制度是在1950年确立的。为了统一全国税制,建立社会主义新税制,中央人民政府政务院于1950年1月发布了《全国税政实施要则》和《全国各级税务机关暂行组织规程》。在《全国税政实施要则》中,规定除农业税外,全国统一实行14种中央税和地方税，即货物税、工商业税、盐税、关税、薪给报酬所得税、存款利息所得税、印花税、遗产税、交易税、屠宰税、房产税、地产税、特种消费行为税、车船使用牌照税。新税制的建立，保证了当时国家财政的需要，促进了国民经济的发展，也基本上做到了统一课税，税负公平，从而为我国税制的进一步发展和建设奠定了良好的基础。

2. 1953 年的税制修订

1953 年底，我国顺利完成了国民经济恢复的任务，财政经济状况逐步好转，并进入第一个五年计划时期，原有税制与新形势在某些方面出现了一些不适应的情况，比如国有经济与私营经济之间、工业和商业之间税负不平衡等。为了使税制适应经济结构、经营方式等方面发生的重大变化，国家决定从 1953 年起对原有税制进行修订，改革的核心内容主要体现在以下几个方面。

一是试行商品流通税。该税从原来征收货物税的品目中划分出一部分(22 个品目)，将原来在生产和流通各环节征收的货物税、工商税及其附加，以及印花税简化合并成的一种税，该税实行从生产到消费的一次性课征制度。未实行商品流动税的货物，仍按照有关规定分别征收货物税、工商税及其附加、印花税。

二是修订工商税。将工商业应纳的营业税、印花税及营业税附加，并入营业税征收，并调整了相应的营业税税率。

三是修订货物税。主要是调整货物税的税目、税率。

四是其他税的修订。主要包括：调整印花税税目；取消棉纱流转税，将其并入商品流通税；屠宰商应缴纳的印花税、营业税及其附加，均并入屠宰税征收，等等。

这次税制修订，对于适应当时的经济发展，保证国家财政收入，起到了积极的作用。但是，当时处于多种经济成分并存，而这次税制调整过分强调简并税种，集中税收负担，给经济发展和税收监管也造成了一定的消极影响。

3. 1958 年的税制简并

1956 年我国完成了社会主义改造，社会经济结构由多种经济成分并存转变为基本单一的社会主义公有制经济，因而建立在多种所有制经济并存基础上的税制已不能适应社会经济结构的重大变化和 1958 年开始的第二个五年计划的要求。为此，于 1958 年进行了重大税制改革，这次改革的原则是"基本上在原有税负基础上简化税制"。具体内容包括：把原来的货物税、商品流通税、营业税、印花税加以合并，试行工商统一税，即把原有的工商业税中的所得税改为一个独立的税种；实行由产到销两次课征制，工业产品在工业销售环节课征一道税，取消批发环节的征税；简化征税办法，其计税依据一律按实际销售价格计税，并减少对"中间产品"的征税；在全国范围内统一农业税制。

4. 1973 年的税制改革

从 1966 年开始，由于受错误思想的影响，财政税收制度被视为"管、卡、压"的工具，"税收无用论"的观念进一步泛滥，认为原来的工商税制税种过多，税目、税率复杂，一个企业同时要交纳好几种税，征收办法烦琐，不利于企业的经济核算，因而把"简化"作为改革税制的主要原则。这一次税制改革实际上是对经过 20 多年努力建设起来的较为完善的税制的破坏和摧残。主要内容有两项：合并税种，把工商统一税及其附加、对企业征收的城市房地产税、车船使用牌照税、屠宰税、盐税等合并为工商税；简化税目和税率，实行工商税后，税目由原来工商统一税 108 个减并为 44 个，税率由 141 个减并为 82 个。同时，在统一税收政策的前提下,把一部分税收管理权限下放给了地方。

5. 1979 年至 1993 年期间的税制改革

党的十一届三中全会决定全党工作重点转移到社会主义现代化建设上来,开始全面实行改革开放的政策。改革和开放使原来的税收制度受到巨大的冲击,这不仅由于作为经济体制一个组成部分的税制必须随着整个经济体制的改革而改革,而且由于作为国家调节经济的重要手段的税收,只有通过改革才能较好地发挥作用。但原有税制已支离破碎,与改革开放新形势的要求差距过大,可以说,新时期的税制改革实际上是一次税制的重建。

这一时期的税制改革,从 1979 年开始到 1984 年达到高潮。以利改税为主线的税制改革主要包括以下内容:

(1) 在商品课税方面,陆续开征产品税、增值税、营业税、消费税和一些地方工商税收,取代原有的工商税;

(2) 在所得税方面,陆续开征国有企业所得税、集体企业所得税、城乡个体工商业户所得税、私营企业所得税、个人收入调节税,健全了所得税体系;

(3) 在财产和资源课税方面,陆续开征或恢复城市房产税、车船使用税、土地使用税、资源税和盐税;

(4) 在涉外税收方面,陆续开征了中外合资经营企业所得税、外国企业所得税和个人所得税。

另外,国家为了达到某些特定的政治经济目的,还开征了建筑税(后改为投资方向调节税)、国有企业工资调节税、奖金税、筵席税、城市维护建设税等。在此期间已经建成了包含有 30 多个税种的较为完整的税收体系。

6. 1994 年的税制改革

党的十四大明确提出建立社会主义市场经济体制的奋斗目标,十四届三中全会又作出《关于建立社会主义市场经济体制若干问题的决定》,随着经济体制改革的继续深化,原来的工商税制已经不能完全适应发展市场经济的要求。主要问题是:一是税负不均,不利于不同所有制、不同地区、不同企业和产品之间的公平竞争;二是国家和企业的分配关系和分配形式很不规范,国家除向企业征税外,还向企业征收能源交通重点建设基金和预算调节基金,地方政府和主管部门征集各种形式的基金和管理费,优惠政策也名目繁多;三是税收调控的范围和力度不能适应生产要素全面进入市场的进度,对资金市场和房地产市场的调节十分薄弱,还远远没有到位;四是地方税收体系不健全,规模过小,收入和管理权的划分不尽合理,不利于完善中央财政与地方财政的分配体制;五是内、外资企业仍实行两套税制,矛盾日渐突出;六是税收征管制度不够科学,征管手段落后,流失现象较为严重。

这次工商税制的改革主要涉及如下几个方面的内容。

(1) 流转税改革。按照公平、中性、透明和普遍征收的原则,建立内、外企业统一的流转税制,改革的基本模式是建立以增值税为主体,增值税与消费税、营业税相配套的税制格局。确定在生产和流动环节普遍征收增值税,在此基础上选择少数产品再征收一道消费税,对提供劳务、转让无形资产和销售不动产的经营活动保留征收营业税。改革后的流转税则由增值税、消费税、营业税组成,统一适用于内、外资企业,取消对内资企业征收的产品税和对外商投资企业征收的工商统一税。

(2) 所得税改革。所得税改革包括企业所得税和个人所得税两部分。企业所得税改革分两步走,第一步是统一内、外企所得税,相应取消国有企业所得税和私人企业所得税。第二步是建立内、外资企业统一的所得税制度,在统一内、外资企业所得税的基础上,再选择适当时机建立全国统一的企业所得税。个人所得税的改革是取消个人收入调节税和城乡个体工商业户所得税,对个人收入和个体工商户的生产经营所得统一实行修改后的个人所得税法。个人所得税的政策主要是对收入较高者征收,对中、低收入者少征或不征。

(3) 调整、撤并和开征其他一些税种。如调整资源税、城市维护建设税和城镇土地使用税;取消集市交易税、牲畜交易税、烧油特别税、奖金和工资调节税;开征土地增值税、证券交易税,盐税并入资源税,特别消费税并入消费税等。

这次税制改革可称得上是我国历史上规模最大的一次改革。经过这次税制全面的结构性改革,一个适合我国国情和符合国际惯例的规范、科学、合理的税制体系初步建立并逐步完善。新税制适应社会主义市场经济的要求,朝着"统一、规范、公平、高效"的税收环境迈出了关键性的步伐,同时也推进了我国经济体制市场化的进程,对促进经济改革起到了积极的作用。

7. 税收制度的不断完善

1994 年的工商税制改革初步确定了市场经济下我国税收制度的基本格局。此后,随着我国社会主义市场经济的不断完善,结合国内、国外客观经济形势的变化,我国又推行了以"费改税",内、外资企业所得税合并,增值税的转型为主要内容的税制改革。

一是税费制度调整中的"费改税",将一些具有税收特征的收费项目转化为税收。自 2001 年 1 月 1 日起我国在全国范围内征收车辆购置税,同时取消车辆购置附加费。2006 年 3 月 14 日,第十届全国人大第四次会议通过决议,宣布在全国范围内彻底取消农业税。2008 年我国在确立与国际油价接轨的成品油价格形成机制的同时,提高成品油消费税单位税额,取消养路费等六项收费,逐步有序取消政府还贷二级公路收费。

二是内、外资企业所得税的合并。2007 年 3 月 16 日,第十届全国人大第五次会议审议通过了《企业所得税法》,结束了企业所得税法律制度对内外资分立的局面,逐步建立起一个规范、统一、公平、透明的企业所得税法律制度。

三是积极开展重点税种的改革。包括:①增值税的转型。2009 年 1 月 1 日起,在增值税由生产型转为消费型改革试点于东北老工业基地等地取得成功的基础上,在全国全面推开。②营业税改征增值税试点。2012 年 1 月 1 日起,在上海市交通运输业和部分现代服务业开展营业税改征增值税试点;2012 年 9 月 1 日起,由上海市分批扩大至北京、天津、广东等 8 个省、直辖市;2014 年 1 月 1 日起,在全国范围内开展铁路运输和邮政业营改增试点。③资源税改革。从 2011 年 11 月 1 日起,在全国范围全面实施原油、天然气资源税的从价计征改革,同时统一内外资企业的油气资源税收制度。

改革开放 30 多年来,经过几次较大的改革,我国税收制度日趋完善。目前,我国共有增值税、消费税、营业税、企业所得税、个人所得税、资源税、城镇土地使用税、房产税、城市维护建设税、耕地占用税、土地增值税、车辆购置税、车船税、印花税、契税、烟叶税、关税、船舶吨税等18个税种。其中,16个税种由税务部门负责征收;关税和船舶吨税由海关部门征收,另外,进口货物的增值税、消费税也由海关部门代征。

第二节　流转税类

一、流转税的内涵

流转税又称为流转课税、流通税、商品课税,是指以纳税人商品生产、流通环节的流转额或数量,以及非商品(如劳务)交易的营业额为征税对象的税种。流转额或营业额,对于卖方来说具体表现为商品销售额;对于买方来说,则是购进商品的支付额。因此,对商品流转额征税,既可以卖方实现的销售收入额为课税对象,也可以买方发生的购进支付额为课征对象。而对劳务流转额征税,一般是以提供劳务方发生的营业额为课征对象。

此外,流转税既可以全部流转额为课税对象,即总值型流转税;也可以部分流转额为课税对象,即增值型流转税。增值税就是以全部流转额中属于纳税人新创造的那部分流转额(增值额)作为课税对象的。

流转税是商品生产和商品交换的产物,它主要包括增值税、消费税、营业税、关税等。

流转税起源很早,在古代希腊、古印度等就有盐税的课征。当代的商品课税在税制结构中占有重要的地位。发展中国家基本上采用以商品税为主体税种的税收模式。20世纪80年代以来,世界性税制改革浪潮以简化税制、公平税负、统一税法为趋势,而商品税中的增值税,因其透明度高、收入稳定,具有高效率、中性等特点,是政府财政收入的重要来源,在各国税制结构中发挥着日益重要的作用。

新中国成立以来,流转税在我国税制结构中一直处于主导地位,是政府税收收入、财政收入的主要来源。

二、流转税的特点

与其他类型的课税相比,流转税具有如下特点。

(一)普遍性

流转税具有税源普遍,收入相对稳定,税负能够转嫁的特征:一方面,流转税是伴随商品和劳务交易行为的发生而进行课征,即以商品、劳务的销售额和营业收入作为计税依据,一般不受生产、经营成本和费用变化的影响,只要发生商品交易行为,就可征税,因而税源比较普遍;另一方面,商品课税可以随经济的增长而自然增长,不受纳税人经营状况的影响,从而收入稳定,因此,在保证政府财政收入的均衡、及时、充裕及可靠方面,商品税具有其他税种不可替代的作用。

(二)便利性

流转税征收管理具有一定的便利性:流转税采用从价定率或从量定额计征,与所得课税、财产课税相比,计算手续简单;另外,商品课税的纳税人为企业,数量较少,相对容易稽征和管理。

(三) 间接性

流转税是间接税,税负能够转嫁,具有隐蔽性:流转税一般由企业作为纳税人履行纳税义务,在市场交易中,纳税人缴纳的流转税能够随商品价格运动转嫁由消费者负担。因此,企业是纳税人,而消费者是负担人,承担部分或全部税收。由于消费者所承担的税负并不是由消费者纳税而引起,而是由于税负转嫁运动而引起,因而消费者所承担的税负是间接的。可见,流转税的缴纳者和税收实际承担人是分开的,纳税人一般很难确切了解自己实际承受的税负。因此,商品税在征收上的隐蔽性使其征收方面的阻力较少。

(四) 有效性

流转税在配合社会经济政策方面的有效性比较突出:以增值税为代表的流转税更能体现税收中性,不干预企业对经营行为的选择,有利于体现税收的效率原则;另外,政府通过制定差别税率,可调节消费,纠正劣值品问题、外部效应等市场失灵。一般来讲,当政府对经济运行的控制手段相对弱化,或税收征管手段相对落后的条件下,采用商品税作为主体税种的模式更容易满足政府发挥税收调节作用的需要。

(五) 累退性

流转税具有一定的累退性,较难体现公平税负原则:首先,流转税一般采用比例税率,即对同一课税对象,不分数额大小,规定相同的征收比例;其次,由于个人消费商品数量的多寡与个人收入并不是成比例的,而且个人消费无论如何总有一定的限度,因此,收入越高的人,消费性开支占其收入的比例则越小,即流转税具有一定的累退性。

第三节 所得税类

一、所得课税的内涵

所得税,又称为收益课税,是国家对法人和自然人在一定期限(通常为一年)获取的所得额课征的税收。所得额包括利润所得和其他所得两大类。利润所得是指从事生产的企业和个体经营者获取的经营收入扣除为取得这些收入所支付的各种费用及流转税税款后的余额;其他所得是指工资、劳务报酬、股息、利息、租金、转让特许权等所得。

从世界各国看,所得税主要包括企业所得税(或称公司所得税)、个人所得税和社会保障税(或称为工薪税)等。我国的所得课税可以根据纳税人的不同分为对企业课税和对个人课税两大类。

法国在法国大革命中的雅各宾专政时期普遍实行所得税,英国于 1799 年引进所得税,之后,世界上其他国家也相继开征所得税。美国于 1861 年南北战争时期开征所得税,日本于 1887 年、德国于 1952 年开征所得税。目前,所得税是世界各国普遍开征的税种,在大多数发达国家则是主体税种。如美国仅个人所得税就占联邦税收收入的 45%,英国为 40%,丹麦为 53%。

案例 13-1

营改增持续扩围,企业不交"冤枉税"

在我国现行税制结构中,增值税和营业税是最为重要的两个流转税税种。长期以来,我国增值税覆盖了除建筑业之外的第二产业,而第三产业的大部分行业则课征营业税。但随着市场经济的发展,这种税制显现出其不合理性。

一是增值税和营业税并行,破坏了增值税的抵扣链条。增值税具有"中性"的优点,即在筹集政府收入的同时并不对经济主体施加"区别对待",客观上有利于引导企业在公平竞争中做大做强。但要充分发挥增值税的中性效应,前提之一就是税基尽可能宽广,最好包含所有的商品和服务。而现行税制中,增值税征税范围较狭窄,导致其中性效应大打折扣。

二是将大部分第三产业排除在增值税的征税范围之外,对服务业发展造成了不利影响。

三是两套税制并行造成了税收征管实践中的一些困境。比如,在现代市场经济中,商品和服务捆绑销售的行为越来越多,要准确划分商品和服务各自的比例也越来越难。

2011年,经国务院批准,财政部、国家税务总局联合下发营业税改增值税(以下简称"营改增")试点方案。从2012年1月1日起,在上海交通运输业和部分现代服务业开展营业税改征增值税试点。2014年1月1日和6月1日,铁路运输、邮政和电信业相继纳入营改增试点。至此,营改增试点范围扩大到"3+7"个行业。

"营改增最大的意义就是公平税制,让企业不再重复交税。"财政部科研所白景明说。与传统的营业税"道道征税"不同,增值税以商品增值额为计税依据,最大特点就是"环环抵扣,税不重征",将营业税改征增值税,利用增值税打通二、三产业抵扣链条,能够有效避免重复征税,减轻企业税收负担。

截至2014年底,国税总局的数据显示,全国营改增试点纳税人共计410万户,全年有超过95%的营改增试点纳税人的税负不同程度下降,全年共减税1918亿元。"铁路运输、邮政业两个行业分别减税8亿元、4亿元,电信业改征增值税后,为下游一般纳税人增加了税款抵扣。"国家税务总局新闻发言人、办公厅主任王陆进表示。2015年将营改增范围扩大到建筑业和不动产、金融保险业和生活服务业,这些行业将增加800万户试点纳税人,户数是目前的两倍。

(案例来源:营改增持续扩围,企业不交"冤枉税"[N].人民日报,2015-01-19 第18版。)

思考与提示

我国进行营业税改增值税的目的和意义。

二、所得课税的特点

同其他类别的课税相比,所得税具有以下特征。

(一) 资源配置中的中立性

所得税在社会资源配置中保持中立性,不伤及税本,因此,符合税收效率原则。所得税一般不存在税负转嫁问题,所得税的高低变化对生产不产生直接影响,只对不同企业、不同个人的收入水平产生一定的调节作用;所得税一般不存在重复征收情况,对商品价格没有直接影响,不会影响市场资源的优化配置;所得税是对纯所得进行征税,还要在征税前进行一系列的扣除,不会触及运营资本,不伤及税本,虽然对纳税人的资本积累和扩大再生产有一定影响,但对整个社会经济的发展影响不大。因此,所得税符合税收的效率原则。

(二) 税负的公平性

一般情况下,在本国内部对同一项所得只征收一次所得税,只要不存在两个或两个以上的课税主体,所得税一般不存在重复征收问题。另外,所得税在保证纳税人正常生产和生活的前提下,照顾了纳税人的实际负担。具体体现在所得税是以纳税人的实际所得为课税对象,通常还实行免征额以及允许扣除某些项目后计征税款的规定,特别在采用累进方式征税时,能较好体现负担原则,即所得多的多征,所得少的少征。

(三) 税收负担的直接性

所得税一般由企业或个人作为纳税人履行纳税义务,并且又由企业和个人最终承担税负,由于纳税人就是负税人,税负不能转嫁,因而被称为直接税。

(四) 税收征收的公开性

所得税一般以企业或个人作为纳税人,同时,税负又由纳税人承担,税负一般不能转嫁。所得税在征收环节上选择收入分配环节,是对企业利润或个人所得征收,关系到所得的归属。因此,所得税征收具有公开性、透明性强的特点,容易引起税收对抗,推行比较困难。

(五) 经济调节的有效性

所得税通常按累进税率课征,在应税所得额确定后,目前各国一般都以累进税率来计算税额并进行课征,并且又都以超额累进税率为主。个人所得税的累进征税特点,使其弹性较大,能够自动适应国民经济周期的变化,因此,政府可以根据社会总供求关系相机调整税负水平,抑制经济波动。同时,由于所得税一般实行累进税率,当社会总需求大于总供给时,随着企业和个人收入的增长,其适用所得税率会自动提高,进而抑制投资与消费比膨胀;反之亦然。当然,所得税也并非都采用累进税率,不少国家的公司所得税常常就采取比例税率。

(六) 税收管理的复杂性

所得税不但对企业所得征税,而且对个人所得征税,由于个人纳税户数量多、税额小、税源分散,征收管理的成本高、难度大。同时,就企业而言,所得税是对企业净所得征税,而净所得的多少直接取决于成本、费用的高低,因而,所得税同成本、费用有密切联系,这有成本核算和管理上的难度。征收所得税客观上要求整个社会有较高水平的信息、核算和管理基础。

三、所得课税的类型

所得税主要有如下几种类型。

（一）分类所得税

分类所得税，也称为分类税制，即将各种所得分为若干类别，对不同来源和性质的所得，以不同的税率课征。分类所得税制一般是比例税率，采用源泉课征法，课征简便，节省征收费用。也可实行不同类别的差别税率，较好地体现横向公平原则。但是，分类所得税制一般不采用累进税率，很难体现税收的纵向公平原则。

分类所得税的理论依据在于，不同性质的所得项目应适用不同的税率，分别承担轻重不同的税负。勤劳所得如工资薪金，要付出辛勤的劳动，所以应课以较轻的所得税。投资所得如股息、利息、红利等，是凭借其所拥有的财产而获得的，所含的辛苦较少，所以应课以较重的所得税。因此，分类所得税的优点就是它可按不同性质的所得，分别采取不同的税率，实行差别待遇。分类所得税最早创始于英国，但现在实行纯粹分类所得税的国家已很少。即使采用，也是将其与综合所得税配合使用。

（二）综合所得税

综合所得税，也称为综合税制，即将纳税人在一定期间内的各种所得综合起来，减去法定的减免和扣除项目，就其余额按累进税率进行征税。综合所得税制课税的范围广，能体现纳税能力原则。但这种课征制度的课税手续较烦琐，征收费用多，且容易出现偷、漏税现象。

综合所得税的指导思想在于，既然所得税是一种对人课税，课税依据就应该是人的总体负担能力，其应税所得额当然应该综合纳税人全年各种所得的总额，减除各项法定的宽免额和扣除额后，按统一的累进税率课征。所以，综合所得税的突出特点，就是其最能体现纳税人的实际负担水平，最符合纳税能力原则。综合所得税为很多国家所接受，成为当代所得税课征制度的一个重要发展方向。

（三）分类综合所得税

分类综合所得税，也称为混合税制，就是将分类和综合两种所得税的优点兼收并蓄，实行分项课征和综合计税相结合。这种类型所得税的征收办法，是就纳税人的各项所得，先按分类所得的征收办法课征，从源泉处以一定的比例税率征收。然后在纳税年度结束时，综合纳税人全年各种所得额，扣除法定项目后，得出其该年度的综合应税所得，再乘以应税所得所适用的累进税率，计算综合应纳税款。分类课征阶段已纳的税款，可以冲抵综合应纳税款，年度汇总后，实行多退少补。

分类综合所得税是当今世界上广泛实行的一种所得税类型，它反映了综合所得税与分类所得税的趋同态势。其主要优点在于，一方面坚持了按支付能力课税的原则，对纳税人不同来源的收入实行综合计算征收；另一方面又坚持了对不同性质的收入实行区别对待的原则，对所列举的特定收入项目按特定方法和税率课征。此外，它具有征管方便，有利于减少偷税、漏税等方面的优点。

四、所得课税的课税方法

一般而言,所得税的课税方法主要有以下三种。

(一)估征法

估征法,即由税收机关根据纳税人的各种外部标志,测定其所得,并据以征税。测定方法分为三种:净值法、消费支出法和银行账户法。净值法是以纳税人财产净值为标准,推定其所得额的大小,以决定应纳税额。消费支出法是根据纳税人平日生活水平和各种消费支出数额,估计其所得额以决定纳税人的应纳税额。银行账户法是根据纳税人银行账户的往来情况,测定纳税人的所得,以决定其应纳税额。估征法一般在无法准确审核纳税人所得时运用,尤其对于逃、漏税严重者是一种惩罚措施。但单从外观去推定应纳税额是不完全符合实际的,不能用于大面积的所得税征收。

(二)源泉课征法

源泉课征法,是指在所得发生之处课征,不直接征之于纳税人,而间接征之于支付所得的人。这种方法的优点在于,课征手续简便,节约征收费用,而且偷税、漏税易查。但这种方法并不能适用于各种所得,而且不能采用累进税率,对不同所得的纳税人都按比例税率征收,不符合税收纵向公平原则。

(三)申报法

申报法,即纳税人自行申报所得额,由税务机关进行调查核实其有无遗漏或不实之处,然后就核实之数按一定税率计征,由纳税人一次或分次缴纳。申报法的优点是有助于增强国民纳税义务观念,可以采取累进税率征收,比较符合税收公平原则。但容易出现隐匿伪报和偷、漏税情况,而且征收费用大。

案例 13-2

个人所得税计税差异

假设有 A、B 两个家庭,都为夫妻二人加一小孩的三口之家;A 家庭夫妻俩都在工作,月应纳税收入均为 3500 元,未超过起征点,按税法规定不用交纳个人所得税,全家月可支配收入为 7000 元。而 B 家庭夫妻中只有一人工作,其月应纳税收入为 7000 元,按税法规定则应纳个税 245 元,全家月可支配收入为 6755 元。

(案例来源:王乔,姚林香. 中国税制[M]. 2 版. 北京:高等教育出版社,2015.)

思考与提示

上述案例的计税方式是否合理?

第四节 财产税类

一、财产税的内涵

财产税又称为财产课税,是以一定的财产额为对象,向财产所有人、占用人或使用人,就其数量或价值依法征收的一类税。

财产税有着悠久的历史,曾是不少国家政府主要的财政收入,然而,随着社会经济的发展,在各国当代税制结构中财产税并不占主导地位,多数国家以财产税作为其商品课税和所得课税的补充。

由于财产税能起到其他税种难以达到的调节作用,因而被大多数国家的政府所采用,特别是被许多国家地方政府所掌握。因此,在各国税收体系中,财产税成为地方政府财政收入的主要来源。

二、财产课税的特点

与其他税种相比,财产税具有如下特点。

1. 税负不易转嫁

财产税由对财产进行占有、使用或收益的主体直接承担,财产税中的大部分税种具有直接税的性质,由于财产持有者在财产使用上一般不与他人发生经济交易关系,所以财产税主要是对使用、消费过程中的财产征收,而不是对生产、流通领域的财产征收,故其税负不易转嫁。

2. 具有对人课税的性质

财产税与所得税虽然都具有对人课税的性质,但它们之间是有区别的。财产税是对财富存量进行课税,而所得税的课税对象则是财富的流量。

3. 符合税收的量能负担原则

财产可以作为测度个人纳税能力的尺度,有财产者必有纳税能力。

4. 财产税的收入比较稳定

财产税的课税对象是财产价值,税源稳定,不易受经济变动的影响,所以是政府稳定的收入来源。

5. 财产税具有收入分配功能

财产税的征税原则是有财产者纳税,财产多者多纳税,财产少者少纳税,无财产者不纳税,这就在一定程度上避免社会财富分配不均。

与所得课税和商品课税相比,财产税也有明显的局限性:一是财产税的税负存在一定的不公平;二是财产税的征收弹性较小。

三、财产课税的类型

财产税的征税对象一般可以分为动产和不动产两大类:动产包括有形资产(如耐用消费品、家具、车辆等)和无形资产(如股票、债券、现金、银行存款等)。不动产包括土地和土地上的建筑物。目前世界各国对财产征收的税种主要有：房产税、土地税、固定资产税、流动资产税、遗产税和赠与税等。

根据不同的划分标准，可以对财产税进行不同的分类。

（一）一般财产税和特别财产税

以课税范围为标准，可将财产税分为一般财产税和特别财产税。一般财产税，又被称为综合财产税，是对某一时点纳税人拥有的一切财产综合课税，课征时要考虑对一定价值以下的财产和生活必需品进行免税，并允许负债的扣除。一般财产税的应税范围较广，原则上包括纳税人所有或支配的全部财产，因此，它有助于调节收入分配、缩小贫富差距。同时其计征方法比较复杂，征纳成本较高，需要严格的征管制度和先进的征管手段与之配套。实行一般财产税制度的国家主要为发达国家。

特别财产税又称为特种财产税，是就纳税人所拥有的某一类或几类财产，如土地、房屋、车辆等单独或分别课税。特别财产税课税范围较窄，但计征方法简便。发展中国家一般实行特别财产税。

（二）静态财产税和动态财产税

以课税对象为标准，可将财产课税分为静态财产税和动态财产税：前者是就一定时点的财产占有额，依其数量或价值进行课税，如土地税、房产税等，是财产税的主要组成部分；后者是就财产所有权的转移或变动进行课税，如遗产税和赠与税等。

（三）财产价值税和财产增值税

根据课税依据的不同，可以分为财产价值税和财产增值税：财产价值税是以财产价值额为课税依据，一般按照财产总价值、财产净价值等征税；财产增值税则是以财产的增值额作为课税依据的。

（四）经常性财产税和临时性财产税

根据课税权的持续性，财产税可分为经常性财产税和临时性财产税：经常性财产税是常年课征的，作为经常性税种持续取得财政收入；临时性财产税是在非常时期，如战争时期，为筹措财政收入而临时开征的财产税。

第五节 世界贸易组织与国际税收

一、世界贸易组织

世界贸易组织（world trade organization，WTO）是一个独立于联合国的永久性国际组织。其前身为关税与贸易总协定（GATT）。1994年4月在摩洛哥马拉喀什举行的关贸总协定部长级会议上正式决定成立世界贸易组织，1995年1月1日世界贸易组织正式开始运作，负责管理世界经济和贸易秩序，总部设在日内瓦莱蒙湖畔的关贸总部大楼内。

（一）世界贸易组织的历史沿革

1. 关贸总协定产生的历史背景

第二次世界大战结束后，国际经济关系面临着需要解决的三大问题：一是国际货币问题，即如何促进国际货币合作，稳定各国货币之间的汇率；二是投资问题，即如何促进国际资金的合作,解决经济恢复和发展中的资金来源;三是如何减少和消除贸易中的障碍,恢复贸易秩序,促进国际贸易的扩大。

1944年,在美国的新罕布什尔州召开的布雷顿森林会议上,英国方面的代表是著名的经济学家约翰·梅纳德·凯恩斯(John Maynard Keynes)。他提出了"国际清算同盟计划"。美国方面的代表是经济学家哈里·怀特(Halley White)。他提出了"国际稳定基金计划"。他们提出了不同的方案。最终以美国的方案为基础,通过了"国际货币基金协定"和"国际复兴开发银行协定",解决前面的两大问题。

在1947年,联合国召开"贸易和就业"会议期间,美国、英国等23个国家在举行双边关税减让谈判的基础上,签订了100多项双边关税减让协议。签字国把这些协议和"哈瓦那宪章"中有关贸易的条款加以合并,形成了"关税与贸易总协定"。

2. 世界贸易组织产生的历史背景

20世纪90年代,建立世界贸易组织的原因在于以下三个方面。

其一,"关税与贸易总协定"的法律基础比较微弱,作为一个临时性的、过渡性的协定,它不是一个世界性的经济组织,组织机构不健全。

其二,由于国际贸易的发展,贸易的范围迅速扩大,在新的贸易领域中的问题也愈来愈多,总协定已经不适应新的发展的需要。

其三,乌拉圭回合达成15个协议,需要有效的组织机构贯彻执行这些协议。

早在1990年初,时为欧洲共同体轮值主席国的意大利首先提出建立多边贸易组织的倡议,同年7月,欧共体把这一倡议以12个成员国的名义向乌拉圭回合体制职能谈判小组正式提出,随后得到加拿大、美国的支持。1990年12月布鲁塞尔部长会议正式作出决定,责成体制职能小组负责多边贸易组织协议的谈判。经过三年的谈判,1993年11月形成了"建立多边贸易组织协议",并根据美国的动议,把多边贸易组织改名为"世界贸易组织"。世界贸易组织协议于1994年4月15日在马拉喀什部长会议上获得通过,104个参加方政府代表签署了这项协议。根据关贸总协定乌拉圭回合达成的"建立世界贸易组织的协议",1995年1月1日起"世界贸易组织"正式生效运转。1995年1月31日,世贸组织举行成立大会,正式取代关税与贸易总协定。

(二)世界贸易组织的宗旨和目标

世界贸易组织不是一个纯"自由贸易"组织,而是一个致力于"开放、公平、无扭曲竞争"的国际贸易组织。其宗旨是:"提高生活水平,保证充分就业和大幅度、稳步提高实际收入和有效需求,扩大货物和服务的生产和贸易","积极努力确保发展中国家,尤其是最不发达国家在国际贸易增长中的份额,与其经济发展需要相称"。

世界贸易组织的目标是:"建立一个完整的、更有活力和持久的多边贸易体系,以包括关税与贸易总协定、以往贸易自由化努力的成果和乌拉圭多边贸易谈判的所有成果。"也就是说要通过实施非歧视、关税减让,以及透明、公平的贸易政策,来达到推动世界贸易自由化的目标。

(三)世界贸易组织的职能

世界贸易组织的职能主要有三项:一是组织谈判并管理谈判达成的各项协议;二是负责对《关于争端解决的规则及程序的谅解》进行管理,解决成员方之间的贸易争端;三是依照《贸易政策审议机制》审议成员国家和地区的贸易政策。

(四) 世界贸易组织的机构

世界贸易组织具有法人地位,这使其在调解成员争端方面具有更高的权威性和有效性,在促进贸易自由化和经济全球化方面发挥着巨大作用。

世界贸易组织由部长级会议、总理事会、部长会议下设的专门委员和秘书处等机构组成。它管辖的范围除传统的和乌拉圭回合新确定的货物贸易外,还包括长期游离于关贸总协定外的知识产权、投资措施和非货物贸易(服务贸易)等领域。根据《建立世界贸易组织协定》第4条的规定,世界贸易组织设立了以下几个机构。

1. 部长会议

部长会议由所有成员方的代表组成,至少每两年召开一次。部长会议是世界贸易组织的最高决策机构,它负责履行世界贸易组织的各项职能,并为此采取必要的行动。部长会议有权对有关多边贸易协议的事项作出决定。

2. 总理事会

总理事会是世界贸易组织的常设的决策机构,在部长会议休会期间执行部长会议的各项职能。总理事会也由所有成员方代表组成,在它认为适当的时候召开会议。

3. 部长会议下设的专门委员会

部长会议下设的专门委员会,均对总理事会负责,这些专门委员会包括:贸易与发展委员会(负责与发展中国家特别是最不发达国家有关的事务);国际收支限制委员会(负责解决一成员方收支平衡困难而采取贸易限制措施时,协调该成员方与其他成员方之间的关系);预算、财务与行政管理委员会(负责世界贸易组织财政和预算方面的事务)。

4. 秘书处

秘书处是世界贸易组织的日常办事机构,由总干事领导。总干事的人选由部长会议任命,其权力、职责、服务条件和任期也由部长会议决定。秘书处的其他工作人员由总干事任命,并根据部长会议的规定确定他们的职责和服务条件。总干事及秘书处工作人员的职责具有完全的国际性即其工作不代表任何国家的利益,只代表世界贸易组织的利益,服从部长会议和总理事会的安排,他们不能接受任何政府及其他组织的指示。各成员方应当尊重总干事及秘书处工作人员职责的国际性,不应对他们履行职责施加任何影响。

(五) 世界贸易组织的相关协议

1. 多边贸易协议

多边贸易协议主要包括:1994年关税与贸易总协定、农产品协议、卫生和植物检疫措施实施协议、纺织品服装协议、贸易技术壁垒协议、与贸易有关的投资措施协议、反倾销协议、海关估价协议、装运前检验协议、原产地规则协议、进口许可证程序协议、补贴和反补贴协议、保障措施协议、服务贸易协议、与贸易有关的知识产权协议。

2. 诸边贸易有关的知识产权协议

诸边贸易有关的知识产权协议主要包括:民航设备贸易协议、政府采购协议、国际奶制品协议、国际牛肉协议。

(六) 世界贸易组织的法律原则

(1) 非歧视性贸易原则,具体表现为"最惠国待遇"及"国民待遇"。

(2) 关税减让原则,是指通过谈判削减关税并尽可能地消除关税壁垒,并且削减后的关税应得到约束,不得再进一步提高。

(3) 禁止数量限制原则,又称为只允许关税保护原则,是指在各成员方实施规则允许的贸易保护措施时,禁止实行数量限制,消除形形色色的非关税壁垒,并增强各国贸易政策的透明度,消除歧视性待遇,促进国际贸易公平、公正地进行。

(4) 透明度原则,是指要求各成员方将有效实施的有关管理对外贸易的各项法律、法规、行政规章、司法判决等迅速加以公布,以使其他成员政府和贸易经营者加以熟悉,各成员政府之间或政府机构之间签署的影响国际贸易政策的现行协定和条约也应加以公布。

(七)中国与世界贸易组织

1947年10月,关贸总协定成立时,中国政府签署了关贸总协定,成为关贸总协定创始缔约方之一。1949年10月1日,中华人民共和国成立。1950年3月,台湾当局退出关贸总协定,中国与关贸总协定也因此中断了关系。1971年10月,中国在联合国的合法席位得以恢复后,1971年11月GATT决定终止台湾当局的"观察员"身份。1972年5月中国成为联合国贸发会议和关贸总协定下属机构国际贸易中心的成员。

改革开放后,中国于1982年11月以观察员的身份列席关贸总协定第38届缔约方大会,两年后的以观察员身份出席关贸总协定理事会及其附属机构的会议。1986年7月,中国正式提出恢复中国关贸总协定席位的申请,至1995年进行了9年复关谈判。

1995年世贸组织取代了关贸总协定,1995年7月11日,中国政府正式向世贸组织提出"加入"申请。2001年11月,在卡塔尔首都多哈召开的世贸组织第四届部长会议经过协商一致通过中国加入世界贸易组织的决定。中国加入世贸组织与中国恢复在联合国合法席位具有同样的意义,它意味着中国更多地融入国际社会。从此中国成为最大的国际经济组织的一个成员,中国可以在这个组织内参与21世纪国际经贸规则的制订,利用这个多边贸易组织为中国发展服务,它还意味着中国与其他国家和地区的经贸关系可以建立在公平的国际经贸规则的基础上。

二、国际税收

(一)国际税收的实质

世界各国公认的国际税收定义,是指涉及两个或两个以上国家权益的税收活动。税收的国际化,主要是由所得税和财产税的跨国课征上所发生的国家之间的权益关系。

国际税收以一般税收为基础和前提,是一般税收的延伸和派生物。但随着资本主义世界市场的形成和扩大,以及随之而来的资本输出和跨国公司的涌现,特别是国际经济合作和交往的迅速发展,出现了跨国所得、跨国财产和跨国纳税人,国际税收活动才可能形成。间接税制是在商品经济发展到一定阶段产生的,但因其具有明确的地域概念,不能跨国课征,因而也不可能出现国际税收问题。由于以所得税为代表的现代直接税的发展,才使国际税收活动成为现实,国家之间的税收联系进入一个新的阶段。随着世界经济的发展,国际税收问题不断增多并日趋复杂,单方面的权宜处理已不能适应形势的要求。为了公正处理国际税收问题,世界各国在实践中逐渐形成一系列准则和惯例,国际税收才成为一个独立的范畴。举例来说,某甲国人在乙国从事经营且有所得C,甲、乙两国共同对甲的C所得提出征税要求,形成两重征纳关系,但在C一定的情况下,两重征纳互相制约,反映的是两国谁多征、谁少征的分配关系,这是国际税收的本质内涵。

税法是一种法律规范,国际税收征收办法同样以法律制度为基本表现形式,并在某种意义上被称为"国际税法"。但是,由于不存在一种超国家的政治权力,因而也不存在一种超越各国税收法律之上的国际税收法律。所谓国际税收法律实质上是指协调各个国家对外征税法律的约束性规范。是处理国家之间税收分配关系的惯例,国际税法只有被世界各国所接受才具有实践意义。国际税收实质上是对各国税制综合抽象而成,是各个国家共同协商和认可的一种税收规范。因而,国际税收要受各国税制的制约。同时,各国税制建设也应遵循国际税收的各种准则和规范。

需要指出的是,各个国家的涉外税收制度是国际税收存在和发展的基础,各个国家课征涉外税,最容易引起国际税收问题。有人称涉外税收为国际税收,就是出于这样的考虑。但是,涉外税收毕竟不等于国际税收,就像涉外法律不等于国际法一样。当然,对国际税收理论的研究将极为有利于本国涉外税收的建设,特别对于像我国这样对外开放时间较短、国际合作和交往处于发展阶段的国家,更是如此。

(二)税收管辖权及其交叉或冲突

税收管辖权是国际税收的基本范畴。如何选择和确立税收管辖权,是国际税收中最重要的问题,也是各国涉外税收建设中的主要问题。

管辖权是任何一个主权国家都拥有的一种基本权利,税收管辖权是国家管辖权的派生物,主要在维护国家经济权益方面发挥作用。而在现代社会中,税收管辖权又成为国家管辖权不可缺少的内容。税收管辖权的确立和行使必须遵循国家管辖权的基本原则,如国家对处于本国疆域的外国人行使征税权时,必须遵循领域管辖权的要求,而对处于国外的本国人行使征税权时,必须符合国籍管辖权的要求。但是,税收管辖权在不违背国家管辖权基本原则的前提下,具有特定的确立和行使方法。如在征税时不仅考虑国家与纳税人的法律关系,还要依据二者的经济联系。所以税收管辖权实际上指的是国家在征税方面所拥有的权力,具体来说,指的是一国政府有权决定对哪些人征税、征哪些税和征多少税。

各国确立和行使税收管辖权属于国家的内政,但这并不意味着可以无限制地行使税收管辖权;而要受本国政治权力涉及范围的限制,否则必然引起国际争端。国家政治权力涉及范围包括两个方面:一是本国疆域;二是本国公民或居民。据此,形成行使税收管辖权的两个基本原则:属地原则和属人原则。同时产生两类不同性质的税收管辖权:一是按属地原则确立的税收管辖权,称为地域税收管辖权或收入来源税收管辖权。其基本含义是国家有权对来源于本国的收入课税,不论这种收入为谁所有。二是按照属人原则确立的税收管辖权,分为公民税收管辖权和居民税收管辖权。前者的基本含义为国家有权对本国公民课税,而不论其收入来源于何处;后者的基本含义为国家有权对本国居民课税,不论其收入从何处取得。这两种税收管辖权实际上都属于按人员标准课税的类别,只不过又按人员身份进一步划分而已。世界各国有权选择和行使其中的一种或几种税收管辖权,他国不得干预。毫无疑义,任何一个国家在选择税收管辖权时都必然从本国的政治、经济条件和维护本国民族权益出发。发展中国家由于海外投资少,引进外资多,其收入主要是在本国疆域内创造的,所以往往选择或强调地域税收管辖权;发达国家海外投资多,引进外资相对较少,其国际收入是大量的,因而往往选择或强调居民(公民)税收管辖权。

当然,任何一个国家都不会轻易放弃任何一种税收管辖权,因为,放弃就意味着民族权益的丧失。当前的实际情况是,世界上大多数国家都同时行使两种税收管辖权,个别的国家,(如美国)甚至同时行使三种税收管辖权,于是税收管辖权的交叉或冲突就是经常的和大量的。税收管辖权的交叉主要表现为以下三种情况:

第一,居民税收管辖权与地域税收管辖权的交叉;

第二,公民税收管辖权与地域税收管辖权的交叉;

第三,居民税收管辖权与公民税收管辖权的冲突。

而税收管辖权的交叉,就是国际重复征税。所以,国际税收理论的一个主要问题是对国际重复征税的研究。

(三) 国际重复征税及其减除

1. 国际重复征税

国际重复征税是以税收管辖权的冲突,即存在两个以上征税主体为前提的,是由各国税收法律的冲突引起的。国际重复征税作为一种特殊的经济现象,必然对国际经济合作与交往产生影响,而且这种影响往往是消极的。

第一,国际重复征税给跨国纳税人造成额外的税收负担。

第二,国际重复征税阻碍国际资本、商品、劳务和技术的自由流动。

第三,国际重复征税违背税收负担公平合理的原则。

正是由于存在上述问题,世界各国和各种国家联盟都把解决国际重复征税作为一个极其重要的国际问题。经过几十年的努力,已卓见成效,主要表现在世界范围内确立并贯彻了一系列减除国际重复征税的方法。

避免国际重复征税可以有三种协调的途径:一是限定各国唯一地行使居民(公民)税收管辖权;二是限定世界各国唯一地行使地域税收管辖权;三是允许各国同时行使两种以上的税收管辖权。在发生冲突时,承认一种税收管辖权的优先地位,而其他的税收管辖权从属行使。无疑,第三种做法可以在相当程度上减轻重复征税现象,而且可以得到各个国家的认可和赞同。当前,世界各国普遍接受地域税收管辖权优先的原则,即在出现税收管辖权冲突时,由来源国优先课征,从而在相当程度上可以减轻乃至消除国际重复征税问题。

因此,国际重复征税减除,实际上是指行使居民(公民)税收管辖权的国家,通过优先承认纳税人向行使地域税收管辖权国家缴纳税收,借以减除国际重复征税的一种形式。

2. 国际重复征税的减除

有了减除国际重复征税的正确途径,还需要有一系列的具体方法。从世界各国的实践考察,主要有以下四种方法。

1) 扣除法和低税法

扣除法是指一个国家的政府为了减除国际重复征税,从本国纳税人来源于国外的所得中,扣除该所得所付外国所得税款,就其余额征税的方法。低税法是指一个国家的政府对本国人来源于国外的所得,单独制定较低税率以减轻国际重复征税的方法,这种方法与扣除法类似,不能彻底消除国际重复征税。

2) 免税法

这是指一国政府单方面放弃对本国纳税人国外所得的征税权利,以消除国际重复征税的方法。这种方法的特点是行使居民税收管辖权的国家,不仅承认地域税收管辖权的优先地位,而且承认其独占地位。例如,有的国家通过对国外已税所得免税,鼓励本国企业、个人向海外投资;有的国家不论国外所得是否已税,只要汇回本国就予以免税,以鼓励向国内汇款。免税法对本国经济权益影响较大,事实上造成本国应得税收的丧失和外流。采用此法的只有法国、澳大利亚等少数国家。

3) 抵免法

这是指一国政府在优先承认其他国家的地域税收管辖权的前提下,在对本国纳税人来源于国外的所得征税时,以本国纳税人在国外缴纳税款冲抵本国税收的方法。它是目前世界各国普遍采用的一种方法。

抵免法又可分为直接抵免和间接抵免两种。

(1) 直接抵免。直接抵免是直接对本国纳税人在国外已经缴纳的所得税的抵免,它一般适用于统一核算的经济实体的抵免。如对个人在国外缴纳的所得税和公司、企业的国外分支机构缴纳的所得税的抵免,就是直接抵免。

(2) 间接抵免。间接抵免一般适用于对公司、企业的国外子公司所缴纳的所得税的抵免。

为了解决中国公司、企业以及中国居民(公民)由于跨国经营和从事劳务活动而引起的国际双重征税问题,在我国的涉外税收制度中也包括有免除双重征税的内容。在目前情况下,主要采用税收抵免法,并具体规定了直接抵免和间接抵免的方式和方法。

(四) 税收饶让

税收饶让是税收抵免的延伸或扩展,与税收抵免有着极为密切的联系,因而,在研究税收抵免时必然涉及税收饶让。

税收饶让是指一国政府对本国纳税人在国外得到减免的那一部分所得税,同样给予抵免待遇,不再按本国规定的税率补征。例如:假设甲国某公司在乙国设立分公司,并有所得 10 万元。已知乙国所得税为 30%,按税法规定,乙国可对该项所得征收 3 万元的所得税,但乙国给予税收减免,改按 15% 的税率征税;当甲国政府在对该公司来源于乙国的所得征税时,如果仍以 3 万元作为该公司实纳外国所得税进行税收抵免,而不对该公司在乙国获得的 1.5 万元(即 10 万元×15%)减税进行补征,即称为税收饶让。

在目前世界经济中,发展中国家为了吸引外国资本到本国投资,往往在税制上特别是对所得税给予许多减免优惠待遇。如果资本输出国(主要是发达国家)不给予税收饶让,则发展中国家给予的减免,会转化为发达国家的税收收入,而纳税人本身得不到任何好处,从而使税收抵免失去意义。实行税收饶让,就可以维护投资者的利益,鼓励外国投资。但是,目前世界各国对税收饶让认识并不一致,有的国家,如美国,反对税收饶让,而英、法、日等国同意税收饶让。

(五) 国际税收协定

国际税收协定是国际税收的重要内容。近几十年来,由于国际经济交往的不断发展,双重征税问题越来越突出。虽然各国都在采取种种免除双重征税的单边措施;但由于国家之间的经济往来日益频繁,涉及的国际税收问题日益复杂,一些国家单方面解决双重征税问题,已远远不能适应客观形势的需要,甚至会影响国家间税收分配的关系,阻碍相互间经济往来的进一步发展。因此,通过缔结税收协定来解决双重征税问题已成为国际经济发展的迫切要求。第二次世界大战结束以来,以免除双重征税为目的的税收协定不断增加,到目前为止已达几百个。我国目前也与日本、美国等十几个国家签订了国际税收协定。因此,研究国际税收协定问题更有现实的重要意义。

国际税收协定,按参加国家的多少可分为双边和多边两类。由两个国家参加缔结的称为双边国际税收协定,由两个以上国家参加缔结的称为多边国际税收协定。如中美税收协定属于双边国际税收协定;欧洲经济共同体为消除共同体内部双重征税的税收协定,属于多边国际税收协定。目前,国际上大批的税收协定是双边的;多边的协定是少数。国际税收协定,按其涉及的内容和范围的大小,又可分为一般的和特定的两种。如中美两国1984年4月30日缔约的国际税收协定属于一般国际税收协定;1982年缔结的空运、海运免税协定属于特定国际税收协定。

国际税收协定的核心内容是免除国家之间的双重征税,还包括其他一些需要通过协商加以确认的税收问题。但是,由于各国的政治、经济制度,税收制度,以及面临的经济问题的不同,还有各缔约国对于有关国际税收问题的认识也不同,所以,在相当长的时期内,各国所缔结的国际税收协定的内容颇不一致,甚至某些协定的内容互相抵触,这就给有关国家具体执行造成困难,也不利于国际税收协定的推广和普及。于是,如何协调国际税收协定的内容成为国际税收研究中最迫切的课题,概括来说,一般国际税收协定应包括三项内容:一是免除双重征税问题,包括明确所得概念、协调缔约国之间的税收管辖权及确定免除双重征税的方法等;二是保证税收无差别待遇,主要是确认缔约国一方的跨国纳税人,在另一国所负担的税收和有关条件,不能与该国纳税人在相同情况下的税负和有关条件有所差别;三是消除和减少国际逃税。

随着我国对外经济往来的不断扩大,外国资本在我国的投资和我国对外投资迅速增多,如何妥善处理我国与其他国家之间的税务关系,如何解决跨国纳税人的双重征税问题,就显得十分突出。在我国的涉外税法中,明文规定采用抵免方法免除国家间的双重征税,这是十分必要的。但是,这种单方面的处理又是不够的。为了更好地解决我国与其他国家之间的国际税收问题,我国也有必要同其他国家缔结双边或多边的国际税收协定。我国同其他国家缔结的第一个一般国际税收协定是《中日避免双重征税和防止偷漏税协定》,该协定于1983年9月6日在北京草签,1984年5月28日在北京正式换文,自1984年6月26日开始生效。除中日一般国际税收协定外,我国还与美国、日本、德国等国缔结了一些特定国际税收协定。我国与其他国家的空运、海运条约中也包括有税收部分,它同样具有国际税收协定的性质。

本章重要概念

税收制度(tax system)　　国际税收(international tax)

税收管辖权(tax jurisdiction)　　扣除法(deduction approach)

抵免法(credit approach)　　税收抵扣(tax deduction)

税收饶让(tax sparing credit)　　税收扣除(tax deduction)

税收抵免(tax credit)

本章思考题

1. 简述流转税的主要特征。
2. 简述所得税的特征与类型。
3. 简述财产税的特点和类型。
4. 我国的个人所得税应如何改革？
5. 我国现行流转税、所得税、财产税制度应进行哪些方面的改革？

本章推荐阅读书目

1. 郭小聪. 政府经济学[M]. 北京：经济科学出版社，2003.
2. 杨帆，张流柱. 国家税收[M]. 长沙：湖南大学出版社，2005.
3. 蒋洪，朱萍. 公共经济学[M]. 上海：上海财经大学出版社，2006.

第十四章 其他公共收入

――本章导言――

公债、收费、国有资产收益同税收一样均是政府公共收入的形式,这些收入形式有各自的含义和特点,本章将依次进行简要介绍。

第一节 公债

所谓债,简言之,就是一方欠另一方的钱或物。债是按照合同的约定或法律的规定,在当事人之间产生的特定的权利和义务关系。

一、公债的内涵与历史沿革

(一) 公债的内涵

公债是国家或政府以其信用为基础,在向国内、外筹集资金的过程中所形成的债权债务关系,也就是说国家或政府以债务人的身份,采取信用的方式,通过借款或发行债券等方式取得资金的行为。

公债又称为公共债务,是政府为履行其职能的需要,依据信用原则,有偿、灵活地取得公共收入的一种形式。这就意味着,政府在组织公共收入时,一方面可以凭借政治权力,采取无偿的形式来进行,如课征税收;另一方面还可以依据信用原则,采取有偿的形式来进行,如发行公债。

公债体现了债权人(公债认购者)与债务人(政府)之间的债权债务关系。公债在发行期间是由认购者提供其闲置资金,在偿付阶段是由政府主要以税收收入进行还本付息。公债资本与其他资本存在的区别在于公债资本(用于非生产性开支)并不是现实资本,而只是一种虚拟的资本。用于生产性开支的公债则表现为不能提取的公共设施等国家的现实资本。

公债体现一定的分配关系,是一种"延期的税收"。公债的发行,是政府运用信用方式将一部分已作分配、并已有归宿的国民收入集中起来;公债资金的运用,是政府将集中起来的资金,通过财政支出的形式进行再分配;而公债的还本付息,则主要是由国家的经常收入——税收来承担。因此,从一定意义上讲,公债是对国民收入的再分配。

(二) 公债的产生与发展

政府举借债务,由来已久,公债最早产生于公元前四世纪左右时期的古希腊和古罗马。当时的公债只是偶然出现的一种经济现象,在数量上也比较小,而且常常以高利贷的方式出现。到了封建社会,西欧国家由于辖区范围狭小、领地内经济资源有限以及经济水平低下经常出现财政入不敷出的情况,其举借公债的现象比古罗马、古希腊时代较普遍,尤其是在发生战争时更是如此。但是,当时的国家本身的规模较小,政府在封建经济中所发挥的作用也不大,这就决定了当时政府对公债的需求量也相对较小,而且当时的商品经济也不发达,公债又是依附于高利贷而存在和发展的,这就客观上限制了公债的发展和规模的扩大。

所以从总体上看,早期的公债具有规模小、非经常化的特点,其作用主要仅是为政府筹资以满足其财政支出需要,解决财政入不敷出的矛盾。

现代公债是现代信用制度的伴生物。现代公债不同于古代公债依附于高利贷制度,它是在现代信用制度基础上发展起来的一种公共信用形式。公债的真正发展是在商品经济和信用经济高度发达的社会才可实现的,它是伴随社会生产关系的产生和发展、依附于信用而产生和发展起来的。也就是说,随着社会经济和信用制度的发展,社会上存在的大量富余资金可以通过信用制度进行调配,使国家大规模举债有了可能。

马克思在《资本论》第一卷中曾指出:公共信用制度,在中世纪的热那亚和威尼斯就已经产生,到工场手工业时期已流行于整个欧洲。近代金融机构的产生和发展、全国性的金融市场的形成及较为发达的信用制度是发行公债所必需的三大技术条件。[①] 现代信用制度是公债产生的基础。

与高利贷制度不同,信用所表现出的是信贷资本运动形式,是在资本运动的基础上产生、并且为资本的循环和周转服务,也就是说,公债与社会经济发展之间是相互促进的。从资本主义经济发展进程来看,一方面,资本主义经济的发展促进了公债的发展;另一方面,公债的发展又促进了资本主义经济的发展。在资本主义产生和发展的初期,公债作为资本原始积累的重要手段之一,促进了资本主义经济的产生和发展,与此同时,公债不仅依附于现代信用制度,而且还能动地促进了现代信用制度的发展。到了垄断资本主义时期,由于各国普遍推行凯恩斯主义的赤字财政政策,以及爆发世界范围的战争,使资本主义国家公债增长速度和规模均达到了前所未有的程度。

在当代社会经济中,公债进一步发展的直接原因仍然是满足政府财政开支增加的需要,这点与早期公债的功能基本相同。然而,在当代经济发展中,政府对债务的需求与早期政府对债务的需求有很大不同:一方面,随着政府职能的扩大,公共支出的规模和范围也不断扩大,单靠税收已经不能满足政府公共支出的需要,政府为了弥补公共收支的差额(财政赤字),开始大规模地举借公债,公债也逐步成为公共收入的主要形式之一;另一方面,公债已演变成政府借以对社会经济生活进行干预的一个重要手段。所以,公债规模迅速膨胀的主要原因正是政府职能范围的扩大,对经济干预程度不断增强。因此,从动态角度看,政府的财政需求的扩大,既是公债规模持续扩大的原因,又是其后果。

二、公债的特征

公债的主体是政府,包括中央政府和地方各级政府。因而,它是以国家信用为担保的债务,具有以下特征。

---

① 冯健身.公共债务[M].北京:中国财政经济出版社,2000:7.

(一) 自愿性

公债的发行和认购以价值规律为杠杆,建立在企业或个人自愿购买的基础上,它依托的是国家信用而非强制性的国家权力。也就是说,公债的发行或认购是建立在资金持有者自愿承受的基础上的,买与不买或认购多少,完全由资金持有者视本身情况自主决定。政府发行公债,所依托的是其信用,而不是政治权力。在这里,政府处于债务人的地位,而债务人是不能向债权人(认购者)"强行"借债的。

(二) 有偿性

公债的发行是有偿的,人们自愿购买公债的目的是为了获得一定的回报。也就是说,政府通过发行公债取得的公共收入,必须按期偿还,除此之外,还要按事先约定的条件,向认购者支付一定数额的对暂时让渡资金使用权的报酬,即利息,并且,通常公债的利率要高于同期银行的存款利率。

(三) 灵活性

与税收相比,公债的发行较为灵活。因为税收的征收需要根据有关的法律预先规定,由于税法的严肃性,它不能随意改变,因而具有固定性。而公债的发行规模、发行时间、偿债方式、期限、利率等都可以根据国家公共收入的需要灵活地加以调节。也就是说,公债发行与否及发行多少,一般完全由政府根据公共收支的状况,灵活地加以确定,而不是像课税那样,通过法律形式预先规定。也就是说,公债的发行,既不具有发行时间上的连续性,也不具有发行数额上的相对固定性,而是何时需要,何时发行;需要多少,发行多少。

(四) 稳定性

公债还具有收益的稳定性特征。由于购买公债的风险较小,安全可靠,政府又有着高度的信誉,相对于其他债券来说,公债的市场价格发生波动的程度,通常要小得多。由于其市场行情相对稳定,公债的收益率也通常处在相对稳定的状态。并且,大多数国家规定对于购买公债所获得的收益,可以享受税收上的免税待遇。

关于公债,也有一些代表性的观点。早期的古典经济学家多持否定态度,英国的大卫·休谟指出:"国家如果不消灭公债,则公债必然消灭国家"。亚当·斯密从"廉价政府"的主张出发,反对政府在正常情况下举债,而只同意在战时或紧急情况下举债,"当国家费用由举债开支时,该国既有资本的一部分,必逐年受到破坏"。"只有在战争期间内,举债制度才优于其他制度。"[①]他认为,公债从其资金使用来看是非生产性的,会使一国的资本减少,起到阻碍生产力发展的作用,持的是国债有害论,因此,主张政府尽量少举债。后来,随着自由资本主义经济的发展一方面需要大量的资金;另一方面却有大量的社会游资得不到有效利用,一些经济学家,如瓦格纳和约翰·穆勒,开始倾向于国债双重性论。约翰·穆勒在分析了公债的来源和用途后指出,如果公债资金来源于生产性领域而用于非生产性领域,则"公债制度是最不良的政府筹款方法"。但是,如果公债资金来源于生产领域而又用于生产领域则不应受到指责。在 20 世纪 30 年代西方经济学的"凯恩斯革命"以后,人们更多地认识到公债作为弥补政府经常性收入不能满足公共支出需要时的一种特殊的公共收入形式及其对经济的调节作用。凯恩斯将公债政策视为政府进行反周期经济

---

① 张馨. 公共财政论纲[M]. 北京:经济科学出版社,1999:525.

调节的手段,可以经常性地使用,所以倾向于国债无害论。萨缪尔森和诺德豪斯在其共同编写的《经济学》中说到:"政府债务直接与政府赤字有关系,政府债务在某一既定年份的变化等于预算赤字。"布坎南在其所著的《公共财政》一书中也指出:"对政府和私人来说,借款实质上是筹措收入、弥补支出的一种可选择的手段……借款——公债的产生,使得政府能够在不减少私人的实际财富的同时能为公共服务提供资金"。[①]

税收是国家凭借政治强权征收的,无须偿还,具有无偿性,而国家通过公债取得的收入必须按照规定的方式和期限归还,同时支付一定的利息,因而具有有偿性。一般来说,公债的收益不能低于购债人的边际投资收益。

■ 三、公债的主要功能

政府通常以税收充抵公共支出,当税收不足以充抵公共支出时,往往通过发行公债弥补收支缺口。所以,公债因弥补预算赤字的需要而诞生。当然,许多国家在预算盈余的情况下,也会发行一定数量的公债。这就使公债又成为筹措专项资金的途径和调节货币流通的工具。

■ (一)弥补财政赤字

马克思曾经指出,国家负债的原因就在于国家支出经常超过收入,在于这种不对称的状态,而这种不对称的状态既是国家公债制度的原因又是其结果。所以,弥补财政赤字是公债产生的首要动因。尽管世界各国财政赤字形成的原因各不相同,但通过公债发行来弥补政府财政赤字缺口这一点却基本相同。

一般而言,弥补财政赤字的方式可有多种,如增加税收、增发通货,并非只有发行公债一种方式。为什么现代国家喜欢用公债弥补财政赤字呢?

这是因为无节制地"加税"有其局限:其一,增加税收客观上受经济发展状况的制约,如果因强行提高税率或增设税种而影响了经济的正常发展,使财源枯竭,结果将是得不偿失;其二,改变税制也要受立法程序的制约,不仅不能保证短期内迅速地筹得所需的资金,而且会遭到纳税人的强烈反抗,存在政治风险。况且,收不抵支可能只是某一时期的现象,增加税收,在现代西方国家,一般要经过一系列政治程序,耗时较长,远水解不了近渴。

通过中央银行增发通货,也可以增加公共收入,弥补财政赤字。但通货虚增的结果是社会中流通的货币量的凭空扩大,很可能出现无度的通货膨胀,况且,在现代金融制度下,也是难以办到的。如美国的货币发行由联邦储备银行掌握,财政部出现赤字时,自己不能直接增发通货来弥补,也不能要求联邦储备银行为弥补财政赤字而增发通货。

相对而言,以发行公债的方式弥补财政赤字,只是社会资金的使用权的暂时转移,既不会招致纳税人的不满,又不会无端增加流通中的货币总量,造成无度的通货膨胀,还可以迅速地取得所需资金。此外,公债的发行或认购通常建立在资金持有者自愿承受的基础上,通过发行公债筹集的社会资金,基本上是资金持有者暂时闲置不用的资金。将这部分资金暂时集中,归政府使用,在正常情况下不会对经济发展造成不利的影响。

■ (二)调控经济运行

在市场经济条件下,货币政策是国家宏观调控经济的一个重要手段。货币政策的三

[①] 詹姆斯·M·布坎南.公共财政[M].赵锡军,等,译.北京:中国财政经济出版社,1991:323.

大主要工具为再贴现率、银行存款准备金和公开市场业务。中央银行的公开市场业务是国家进行宏观调控的灵活有效的工具。央行通过在证券市场上公开买卖一定数量的公债,可以对商业银行的存款准备金、货币流通的数量进行有效调节,使之达到合理的水平。同时,由于公开市场业务的灵活性,使得央行能够根据宏观经济的状态和市场的变化随时调节,连续经常性地进行操作,而且其作用也较为直接。

公债的经济调节作用是与公债本身共存的,主要体现在以下几个方面。

(1) 调节积累与消费,促进两者比例关系合理化。在现实生活中,消费基金与人们的实际消费额存在着数量上的不等和时间上的不一致,需要政府适当加以调节。公债采用信用的方式,只是获得了一定时期内资金的使用权,没有改变资金的所有权,适当发行公债,可以使二者的比例关系趋于正常。

(2) 调节投资结构,促进产业结构优化。国家发行公债不仅可以将一部分分散性资金集中起来,从而使这部分资金得到合理引导,减少投资的盲目性,而且可以使国家的重点建设、基础工业等"瓶颈"项目得到财力上的保证,从而使产业结构趋于合理。政府投资对产业结构具有影响,公债资金的合理运用有助于产业结构趋于合理。

(3) 调节金融市场、维持经济稳定。公债是一种金融资产,一种有价证券,公债市场可以成为间接调节金融市场的政策工具。政府可以根据经济状况随时进行公债的买卖,灵活地调节资金市场的松紧度,避免经济的大起大落。

(4) 调节社会总需求,促进社会总供给与总需求的平衡。一般而言,国民经济运行中的问题,归根结底会追溯到社会供求总量和结构的失衡上。政府可以通过公债机制调节社会的有效需求,并引导社会资金的流量和流向,从而促进社会供求的平衡,实现国民经济的稳定发展。当社会总供求发生矛盾时,发行公债可以将社会需求中个人和企业的部分转移给国家,在社会需求过大而供给不足时,这种转移可以推迟企业或居民需求的实现时间,起到收缩即期社会需求,缓解供求矛盾的作用;在社会有效需求不足而供给相对过剩的情况下,发行公债可以动员社会闲置资源,起到增加社会有效需求、均衡社会供求总量的作用。

(三) 筹集建设资金

在市场经济条件下,公债的作用主要是弥补财政赤字和调节经济运行。在一些经济发展水平不高、市场机制不完善的国家,公债也承担着筹集建设资金的任务。

不同的经济发展阶段要求国家财政承担的投资任务是不同的。发达国家与发展中国家可能不一样。西方发达的市场经济国家,社会基础设施等的建设都已相当完善,不需要政府太多的投入。而像发展中国家,能源、交通、原材料、农业等基础产业较为薄弱,需要大量的建设资金,完全依靠社会力量是不能满足需要的,需要政府财政承担相当大部分的投资任务。在税收难以满足财政支出需要的情况下,就有必要通过发行公债,动员社会闲散资源,来筹集建设资金。如我国发行的三峡建设特种国债。

(四) 拉动投资需求

国家通过公债将货币资源予以集中,使闲置的资金由储蓄转化为投资,由消费领域转向生产领域,从而调整积累与消费的比例结构,使其保持在一个合理的水平。国家将公债资金投资于国民经济的重点建设领域,可以拉动私人投资需求,调整产业结构。如我国自1998年来实行的积极的财政政策就属于这一情形。

(五) 提供新的信用工具

作为一种新的信用工具，公债以国家信用为基础，有着稳定的收益和较低的风险，丰富了投资品的种类，有助于实现由储蓄向投资的转化，降低了金融体系的风险，其本身也是金融资产的重要组成部分，是一种优质的金融资产。

可见，现代社会的公债的职能已经不再局限于弥补财政赤字或为经济建设筹集资金。现代公债的职能作用是双重的：一方面，它是政府筹措财政资金的重要筹资手段和对社会经济活动的调控手段；另一方面，公债券又是一种重要的金融工具。公债活动具有较强的金融效应，政府的公债活动，都必然对资金运动、社会货币存量和流量，以及市场利率产生不同程度的影响。在现代社会，公债券是中央银行进行公开市场业务的重要金融工具。

四、公债的分类

按照不同的标准，可以对公债进行区分。

(一) 内债和外债

按照借款对象或发行地域的不同，可以将公债分为内债和外债。国内发行的公债为国内公债，即"内债"。内债的债权人是本国公民和法人，公债的发行与还本付息一般以本国货币为计量单位。在国外发行的公债为国外公债，即"外债"。外债的债权人是外国政府、国际金融组织、外国银行、外国企业和个人，公债的发行与还本付息基本上是以外币计量。内债一般不存在本国资源向国外转移的问题，不影响国内资源总量，外债在还本付息时意味着国内资源向国外转移。因此，内债、外债对经济的影响是不同的。

(二) 有息公债、无息公债和有奖公债

按照有无利息和奖金，可以将公债分为有息公债、无息公债和有奖公债。

(三) 短期公债、中期公债和长期公债

按照偿还期限不同，可以将公债分为短期公债、中期公债和长期公债。一般偿还期在1年或1年以内的公债称为短期公债，又称为流动性公债。短期公债由于其流动性强，较受市场的青睐，是中央银行执行货币政策、调节市场货币供应量的重要政策工具，也是弥补当年财政赤字和进行公债期限结构管理的重要工具。偿还期在1年到10年之内的公债为中期公债，发行中期公债的主要目的是为了弥补财政赤字，或筹集经济建设资金。偿还期在10年以上的公债则称为长期公债。发行长期公债的目的一般是为了筹集经济建设所需资金。长期公债因其发行期限长，债权人的利益受币值和物价影响较大，不可预期因素较多，因而发行难度较大，发行成本也会较高。

(四) 有担保公债和无担保公债

按照有无担保品，可以将公债分为有担保公债（担保品有黄金、外汇、矿山、铁路等）和无担保公债。

(五) 证券国债和登录国债

按照有无证券为标志，可以将公债分为证券国债和登录国债。前者指的是发给债权人相应的证券作为债务凭证；后者指的是不付给债权人凭证，仅在政府设立的国债账簿上予以登记。

(六) 可转让公债和不可转让公债

按照是否可以上市流通,可以将公债分为可转让公债和不可转让公债。可转让公债是指在金融市场上可以自由流通的公债,主要有国库券、中长期债券和预付税款券;不能在金融市场上自由流通的公债称为不可转让公债,但在一定时期以后,不可转让公债的持有者可以向政府要求贴现。

(七) 固定利率国债、市场利率国债和保值国债

按照利率的变动方式,可以将公债分为固定利率国债、市场利率国债和保值国债。

(八) 货币国债、实物国债和折实国债

按照国债发行的计量单位,可以将公债分为货币国债、实物国债和折实国债。

(九) 中央公债和地方公债

按照举债主体,可以将公债分为中央公债和地方公债。中央公债由中央政府发行,公债列入中央政府预算,由中央财政支配。地方公债由地方政府发行,列入地方政府预算,由地方财政支配。不过,根据我国的预算法,地方政府没有发行公债的权力。

五、公债价格和发行

(一) 公债价格

公债价格的确定主要由公债市场的供给和需求情况决定。当供大于求时价格上升;反之,则价格下降。影响公债价格主要有以下几个方面的因素。

1. 市场利率

公债的价格与市场利率呈反方向变动的趋势。当市场利率上升时,信贷紧缩,由于购买公债的资金的机会成本和相对价格也随之上升,对公债投资品的需求也相应减少,因此公债的价格也将随之下跌;反之,当市场利率下降时,信贷放松,对公债市场的资金供给随之增多,对公债投资品的需求也相应上升,因此,公债的价格也将上升。

2. 中央银行的公开市场操作

为了抑制过热的国民经济,央行采取紧缩性的货币政策,在公债市场上抛售公债,回收货币,公债的价格将随之下降;当国民经济处于萧条期时,为了刺激经济的复苏,央行在公债市场上购入公债,增加相应的货币供应量,公债价格也将随之上升。

3. 外汇的汇率

当一国货币对外币的汇率上升时,会吸引投资者购买该种货币标价的公债,在公债供给量大体稳定的情况下,公债的需求增加,则公债价格也随之上升;反之,当一国货币对外币的汇率下降,则公债价格也将下降。

4. 通货膨胀率

通常,通货膨胀率与公债价格呈反方向变动的趋势。当通货膨胀率上升时,实际利率上升,资金变得相对稀缺,公债投资的机会成本上升,投资者出于保值的考虑,也会将资金投资于其他投资品,公债价格下跌;反之,则公债价格上升。此外,投机活动、一国宏观经济的波动周期、经济发展水平,以及国家政局的稳定性也是影响公债价格的重要因素。

公债市场价格的最终确定是诸多因素共同作用的结果。

(二) 公债的发行方式

公债的发行方式是指采用何种方法和形式来推销公债。大致有以下三种。

1. 公募法

公募法是指政府向社会公众募集公债的方法,一般适用于自由公债。具体有以下三种方法。

1) 直接公募法

直接公募法即直接发行公债,自行推销。其优点是免于繁杂的交涉协调程序,一般不会引起通货膨胀;缺点是推销时间长,发行成本高。

2) 间接公募法

间接公募法即由政府委托银行或其他金融机构代为经营。其优点是:发行手续简便、能减少政府推销费用;能用经济手段迅速顺利地推销公债,使公债收入及时入库和使用;由金融机构经营政府公债,能较好地适应社会资金结构,较灵活地调节市场货币流量和流向;金融机构本身并不认购政府债券,不会引起中央银行的货币非经济发行。

3) 公募招标法

公募招标法即在金融市场上公开招标发行公债。投资者根据自己的判断参加投标,通过竞争,依此排列中标者名单,让其认购公债,故又称为"公募招标法"。具体包括竞争投标与非竞争投标、价格投标与利率投标等多种形式。

2. 包销法

包销法指政府将发行的公债统一售与银行、再由银行发售的方法,又称为承受法。包销是公债发行权的转让,有三种具体方法:由中央银行承受、由专业银行承受、由金融集团包销。银行或金融集团包销方式可以保证大规模公债发行任务的完成,是目前国际上最常用的包销方式。

3. 公卖法

公卖法指政府委托经纪人在证券交易所出售公债的方法。优点是可以吸纳社会游资,调节社会资金;缺点是公债收入不够稳定、同时也给证券交易市场造成较大压力。

(三) 公债发行条件

公债发行条件是指国家对所发行公债及其与发行有关诸多方面以法律形式所作的明确规定。发行条件主要包括以下几个方面:公债品种、公债发行权限、公债发行对象、公债发行数额、公债券票面金额、公债发行价格、利息率、对公债流动性和安全性的规定等。

六、公债偿还

公债偿还的方法大致有以下几种。

(一) 买销法

买销法又称购销法,或买进偿还法,是由政府委托证券公司或其他有关机构,从流通市场上以市场价格买进政府所发行的公债。这种方法对政府来说,虽然要向证券公司等支付手续费,但不需要花费偿还的广告宣传费用,偿还成本较低,操作简单,同时以市场价买进债券,可以及时体现政府的政策意图。

(二) 比例偿还法

比例偿还法是政府按公债数额,分期按比例偿还。此种方法是政府直接向公债持有者偿还,不通过市场,所以又称为直接偿还法。这种方法包括平均比例偿还、逐年递增比例偿还、逐年递减比例偿还等具体形式。比例偿还法的优点是能够严格遵守信用契约;缺点是偿还期限相对固定,政府机动灵活性小。

(三) 抽签偿还法

抽签偿还法是指政府通过定期抽签确定应清偿公债的方法。一般以公债的号码为抽签依据,一旦公开抽签确定应清偿公债的号码之后,该号码的公债都同时予以偿还,这种方法也是一种直接偿还方法。

(四) 一次偿还法

一次偿还法是指政府定期发行公债,在公债到期后,一次还清本息。也就是何时债券到期,何时一次偿还。这是一种传统的偿还方法。

(五) 以债还债法

以债还债法是指利用新发行的公债来偿还原有到期公债本息的一种方法。它有助于缓解偿债高峰的兑付压力,但不利于维护政府的信誉。

(六) 提前兑付法

提前兑付法是指政府发行的公债尚未到期时提前偿还债务的一种方式。在我国,提前偿还公债必须具备两个条件:一是当购买国家债券者因全家出国定居,公债按照规定不能携带出境时,国家允许将出国者本人手持的未到期公债提前到银行办理兑付;二是由于持券人保管不慎,导致公债破损,已无法保存至兑付期,原则上可以办理提前偿还。

七、公债的负担

(一) 公债的负担

所谓公债的负担,指的是由于政府发行的公债所需的还本付息财力,来源于税收收入或其他收入等,因而公债的偿还将增加税收,从而导致社会公众可支配收入的减少以及财政的债务支出增加而引起财政的其他支出减少等,造成了一个国家人民的负担。这种"负担",在某种意义上看是必须付出的。各国的经济实践已经证明公债存在一个负担问题。

公债负担可以从以下三个方面来分析。第一,政府的债务负担问题。公债最终是要偿本付息的,政府借债时获得了财政收入,但在偿债时则属于财政支出,因此,政府发行公债的过程就是政府债务的形成过程,而偿债的过程就是政府债务的消除过程。还本付息便构成政府负担,即财政负担。债务过大,就有产生债务危机的可能性。第二,纳税人的公债负担。不论公债资金的流向和效益如何,公债的偿还最终还得依靠税收,这必然会形成纳税人的负担。马克思就是从这个角度得出公债是一种延期税收的结论。第三,公债的代际负担。公债的世代转移问题,实质是一种政府通过"借新债还旧债"方式,把偿还负担转移给下一代人,它说到底是政府如何处理好这一代人与下代人的公共支出问题。

(二) 衡量公债适度规模的主要指标

公债是公共收入的重要组成部分,但是,公债收入是不能无限地取得的,它要受到一定时期社会背景和经济发展水平的制约,因此,其规模必然是有限的。国际上衡量公债适度规模的指标主要有:公债负担率、借债率、公债依存度、偿债率等。

1. 公债负担率

$$公债负担率 = 当年公债余额 / 年度 GDP$$

公债负担率即当年公债余额与当年 GDP 的比率。对这一指标,目前国际上尚无一个公认的标准,欧盟《马斯特里赫特条约》规定的标准是 60%。一般来说,发达国家的公债负担率不宜超过 45%。

从理论上讲,国家财政支出的需求压力和偿债能力、居民的收入和储蓄水平,以及国内生产总值规模和公债的收益率高低都是制约国债发行规模的重要因素。但这些因素集中在一点,就是国内生产总值的规模。影响国债规模的最主要因素就是国内生产总值。考察国债的相对规模最有意义也是最重要的指标就是公债负担率。自 20 世纪 80 年代以来,大多数国家的政府债务规模都有较大幅度的扩张,如西方主要发达国家的债务规模(公债负担率)都几乎翻了一倍,不过,在发达程度相近的国家中,债务规模则有着很大的差别。有的国家的债务规模只相当于 GDP 的 22.5%(如 1995 年的瑞士),而有的国家超过了 120%(如意大利和比利时)。发展中国家的国债负担率则大都经历了一个先上升后下降的过程,表明发展中国家的国民经济对国债的依赖程度有所减弱。

2. 借债率

借债率＝当年国债发行额/GDP

借债率即当年公债发行额(即债务收入)与当年 GDP 的比率。它反映了当年 GDP 对当年国债增量的利用程度。目前,发达国家的借债率一般在 3%～10%,我国公债(国债)借债率大约维持 5% 左右,低于发达国家的水平。这说明从国民经济全局来看,我国的年度国债发行规模还存在着一定空间。但是,也应该看到另一个事实,从 1994 年以来,我国的国债借债率保持了较高的增长速度,而大多数发达国家的这一指标 10 多年来基本上保持较稳定的状况。

3. 公债依存度

公债依存度＝当年公债发行额/财政支出

公债依存度即财政支出依靠债务收入来安排的程度。一般认为,公债依存度以 25%～35% 为宜。根据我国现行的预算法,就法律或制度的意义看,至今为止我国公债发行只限于中央政府,地方政府是不能安排赤字也无权发行地方公债的。这样,依靠公债满足财政支出需要的只能是中央政府。目前各发达国家的债务依存度一般在 10%～23% 之间,日本政府即使在财政最困难时期,债务依存度最高的年份也不过是 37.5%,而我国目前的债务依存度高达 60% 左右,显然偏高。

4. 公债偿债率

偿债率＝还本付息额/财政收入

公债偿债率即当年的公债还本付息额与财政收入的比例关系。关于这一指标,国际上公认的安全线是 8%～10%。美、英、法、日等国的偿债率均在 10% 以内。我国在 1994 年前,由于公债发行规模不大,国家财政收入用于债务支出不多,偿债率较低,如 1990 年不过是 6.5%。但从 1994 年以后,公债的发行规模剧增,由此导致债务支出总额迅速上升,公债偿债率迅速攀升,目前已达到 25% 左右。

前两个指标是着眼于国民经济大局,而后两个指标则是从财政收支的角度来考察国债规模。

事实上,用上述指标衡量公债的合理规模存在一定的缺陷,因为它忽略了政府预算制度的差异、忽略了财力集中度的差异、忽略了公债结构的差异、忽略了公债使用效益的差异,所以,评判我国公债规模时不能绝对化,要根据具体情况作具体分析。

第二节 公共收费

一、公共收费的内涵

公共收费,即政府在实施特定的行政管理以及提供公共品或准公共品时,为体现受益原则,提高经济效率,增强公共品的有效供给,以及对某些行为进行统计和管理而按一定标准向企业或个人收取的一定费用。它体现了受益的直接对称性,即谁受益谁交费,它是公共收入的一个重要组成部分。

费收收入与税收收入既有相似之处,也有区别。两者的相似点体现在,收入的主体均为政府或者其授权单位,都属于财政性资金,都要有一定的程序约束等。但是,税收是无偿的,而费收是有偿的;税收具有强制性和普遍性,而费收则具有自愿性和特殊性;税收有固定性,而费收则相对有很大的灵活性。

二、公共收费的分类

公共收费主要由规费收入和使用费收入两大部分组成。

1. 规费收入

规费是政府部门为社会成员提供某种特定服务或实施行政管理所收取的手续费和工本费。通常包括两类:一是行政规费,由于政府部门各种行政活动而取得的收入,名目很多,范围很广,如,外事规费(如护照费)、内务规费(如户籍费)、经济规费(如商标登记费、商品检验费、度量衡鉴定费)、教育规费(如毕业证书费),以及其他行政规费(如会计师、律师、工程师等执照费);二是司法规费,它又可分为诉讼规费和非诉讼规费两种,前者如民事诉讼费、刑事诉讼费,后者如出生登记费、财产转让登记费、遗产管理登记费、继承登记和结婚登记费等。

政府部门收取规费的数额,在理论上通常有两个标准:一是所谓填补主义,即根据政府部门提供服务所需的费用数额,来确定规费的收取标准;二是所谓报偿主义,即以居民从政府部门服务中所获得效益的大小,来确定规费的收取标准。事实上,政府在规费数额的确定上,并非完全依据理论的标准来进行。通常的情况是,规费数额的确定,既不衡量(也很难衡量)当事人所获得的效益,又不依据其所付出的服务费用(往往超过服务费用)。故现实中各国规费的高低标准不一。

国家征收规费,除了可以取得一部分财政收入以外,还有助于对某些行为进行统计和管理。

2. 使用费收入

使用费收入即政府或其他公共部门在提供特定的公共设施或服务后,按照一定的标准向使用者收取的费用。如高速公路通行费、水电费、电信收费等。国家收取使用费的目的,是为了弥补公共品的成本,并增强公共品的有效供给,避免浪费。

此外,还有一种性质的收费——惩罚性收费。其目的是为了使产生负外部性的企业或个人负担其应当承担的某些社会成本,对其行为进行修正、限制和监督。如对污染企业收取的污染治理费、对生产伪劣产品企业的罚款等。

在我国,又将公共收费分为行政性收费、事业性收费、经营性收费。行政性收费,指的是国家行政机关及其授权的单位在依法行使其职能的过程中收取的费用,如工商执照登记费、商品检验费等。事业性收费,指的是中央或地方所属的事业单位在向社会公众提供公共品或服务时收取的费用,其实质是对服务性劳动的部分补偿。经营性收费,从严格意义上讲,也是一种事业性收费,但实行经营性收费的企事业单位一般是独立核算、自负盈亏,不仅要保本,还要有一定的收益。①

在我国农村税费改革以前,还曾存在另一种类型的收费——农村收费。农村收费主要有农村教育集资等面向农民的基金性收费和"三提五统"②。当时的农村收费主要用于弥补乡村集体组织日常开支的不足和农村公共品的提供,属于正常的收费项目。但由于一些乱收费混杂其中,使得征收和管理极不规范,这部分收费在农村税费改革后已被取消。

案例 14-1

我国全面清理各类行政事业性收费

2013年以来,中央层面累计取消、停征、减免了420项行政事业性收费和政府性基金,每年减轻企业和个人负担约920亿元,中央层面的行政事业性收费和政府性基金减少到了138项。2014年各省市自治区直辖市累计取消的收费超过600项,目前每个省的收费项目大都只有10项左右。据了解,被取消的费用包括这样一些名目:中小学取暖费、计划生育节育手术费、铁路道口机动车辆安全管理费、社会保障IC卡工本费、绿化临时占用费、治安联防费等等五花八门。

财政部部长楼继伟近日表示,虽然近年来收费清理规范工作取得了积极成效,但收费管理仍存在一些突出问题亟待解决,下一步将深入推进收费清理改革。一些地方和部门仍然存在违规设立收费基金项目乱收费,强制垄断性的经营服务性收费多、收费不合理,行业协会商会对企业不合理收费等问题。

楼继伟表示,不合理的收费必须坚决清理,但收费项目也并非越少越好,针对企业和个人的特定服务项目,还是要收费的。"不是说收费的项目越少越好,因为有一个普遍服务的和非普遍服务的差别,普遍服务,不应该收费,应该靠收税,政府提供一般服务来解决,但是,对特定个人、特定企业提供的服务,要一般纳税人来负担是不公平的,所以,对特定的这些还是来收费的。"

---

① 解学智,刘尚希. 公共收入[M]. 北京:中国财政经济出版社,2000:206.
② 即地方政府向农民收取的三项村提留(公积金、公益金、管理费)和乡统筹(农村教育事业费、计划生育费、优抚对象费、民兵训练费和乡村道路建设费)。

> 楼继伟说,进一步清理规范收费后保留的收费项目,由中央和省两级政府编制目录清单,在网上公布,接受社会监督。
>
> (案例来源:中央电视台新闻 2015-05-28.)
>
> **思考与提示**
>
> 我国全面清理行政事业性收费的意义。

三、政府进行公共收费的原因

政府进行公共收费有以下几个方面的原因。

(1).由于公共品消费的非竞争性和非排他性,人人都可以进行消费而不必直接承担相应的成本,这就有可能出现两种情况:一是公共品的供给过度,造成资源的浪费;二是由于"搭便车"的人过多,在超过了一定的限度("拥挤点")后出现"拥挤"现象,从而使公共品的供给显得相对不足。为了弥补公共品的成本和减少供给中的"拥挤"现象,就有必要采取收费的形式促进某些公共品的有效供给。如对在高速公路上行驶的汽车收取通行费就属于这种情况。

(2) 对某些经济活动的负外部性进行修正。在商品的生产过程中,微观经济主体追求自身利益最大化的活动可能会损害他人的利益,从而带来负外部性。为了矫正私人成本与社会成本的差距,规范私人行为,减少其经济活动的负外部性,就有必要采取惩罚性收费的形式予以纠正。如对污染企业收取的污染治理费就属于这一情况。

(3) 促进国有资源的有效利用。为了促进一些公共资源,如矿山、森林、土地等的有效利用,政府向这些资源的使用者收取一定的费用,以此约束使用者的行为,以做到物尽其用,避免浪费。

(4) 弥补政府财力支出的不足。在中国费大于税的一个重要原因,就是地方政府的财力不足。为了实现政府职能的需要,只好用收费来弥补财力的缺口。从国际比较来看,费收占中央政府的财政收入的比重都不大;但随着政府层级的降低,费收所占的比重都不断上升。如在美国,费收和财产税收入成为学区本级公共收入的两大支柱。[①]

对政府所提供的特定公共设施的使用者按照一定的标准收取使用费也是公共收入的一个来源。这通常发生在公路、桥梁和娱乐设施等的使用上。按照受益原则,享受政府所提供的特定的公共品或服务,应当为此相应地支付一部分费用,即所谓谁受益谁出钱。对政府所提供的诸如公路、桥梁和娱乐设施等收取使用费,是和受益原则的要求相一致的。不过,这种使用费通常实行的是专款专用原则。也就是说,来自于公路、桥梁和娱乐设施等的使用者交纳的费用,要专门用于公路、桥梁和娱乐设施等的建设和维修。

政府收取的使用费,通常低于其提供该种物品或服务的平均成本。易于看出,平均成本和使用费之间的差额,便是对使用者的补贴,而这一补贴是以税收为资金来源的。也就是说,政府对其所提供的物品或服务收取的使用费,往往只相当于其为提供该种物品或服务所花费的成本费用的一部分。诸如对公共住宅、公共交通、教育设施、公共娱乐设施、下

---

① 解学智,刘尚希. 公共收入[M]. 北京:中国财政经济出版社,2000:210.

水道、供水、公共保健等收取的使用费,都属于这种类型。

收取使用费的作用,除了可为政府筹集一部分公共收入之外,更重要的还在于以下两个方面:一是有利于促进政府提供的公共设施的使用效率;二是有助于避免经常发生在政府提供公共设施上的所谓"拥挤"问题。

第三节 国有资产收益

一、国有资产的内涵

国有资产是指能够带来经济利益的国有经济资源。广义的国有资产通常是指国家所有的一切资产,是指国家以各种形式投资、收益、拨款、接受馈赠、凭借国家权力取得,或者依据法律认定的各种类型的财产或财产权利。广义的国有资产包括:国家以各种形式形成的对企业的投资及获得的收益等经营性资产;国家向行政事业单位拨款形成的非经营性资产;国家依法拥有的土地、森林、河流、矿藏等资源性资产。狭义国有资产就是经营性国有资产,是指国家作为出资者在企业中依法拥有的资本及权益。

经营性国有资产主要包括三部分:企业占用的国有资产;行政事业单位占有、使用的非经营性资产中,以获取利润为目的而通过各种形式用于经营的资产;国有资源中投入生产经营过程的资源。经营性国有资产不同于企业总资产。经营性国有资产主要是指国有资本,是企业资产负债表中的所有者权益部分。国有独资企业的国有资产是该企业的所有者权益(净资产),总资产是企业作为独立法人所拥有的资产,企业国有资产是企业总资产来源的一部分;股份制企业的国有资产是该企业所有者权益中的国家资本,而企业总资产则是各类出资者出资形成的全部企业法人财产。

二、国有资产的分类

国有资产可以按不同的标准进行分类。

(一)经营性国有资产、非经营性国有资产和资源性国有资产

按是否参与经营活动分类,可分为经营性国有资产、非经营性国有资产和资源性国有资产。经营性国有资产,是指从事经营活动,能够实现资本金增值的国有资产。

经营性国有资产,按其性质又可划分为垄断性行业和非垄断性(竞争性)行业的国有资产。前者如铁道、邮电、通信行业的国有资产;后者如冶金、化工、机械行业的国有资产。

非经营性国有资产,是指不从事经营活动,不能实现增值,只能有效、合理地加以使用的国有资产,如国家机关、事业单位的国有资产就属于这一类。但是,事业单位利用这些国有资产从事业务,也会程度不同地取得一些收入,称为事业收入。

资源性国有资产,又称为国有资源,是指大自然形成的,通过开发利用,可以具有价值和使用价值的国有资产,例如,属于国有的土地、矿藏、森林、草场、水资源等。

(二)固定资产、流动资产和其他资产

按存在的形态分类,可分为固定资产、流动资产和其他资产。固定资产是固定资金的实物形态,包括生产性固定资产和非生产性固定资产。生产性固定资产是指由机器设备、厂房、建筑物、铁路、桥梁、电站等劳动手段所组成的资产,它们直接参与生产活动。非生

产性固定资产是指机关、部队、学校、医院、俱乐部等的建筑物和设备,以及企业所占有的职工食堂、幼儿园、职工医院等。流动资产是在生产和流通过程中不断变换其形态的原材料、半成品、产成品,以及债权、货币资金等其他流动资产。其他资产是指在固定资产和流动资产之外,属于国有的土地、森林、矿产等自然资源及其开发权、使用权、专利权、出版权、商标权等,以及债券、股票等有价证券。

(三)有形资产和无形资产

按有无实物形态分类,可分为有形资产和无形资产。有形资产是指具有实物形态的各种资产,如土地、房屋、建筑物、机器设备、工具等。无形资产是指不具有实物形态而又能较长期地提供某种特殊权利或有助于取得较高收益的资产,如专利权、版权、商标权等。

此外,按资产存在地域不同分类,国有资产还可分为境内资产和境外资产。

三、国有资产收益

国有资产收益,即国有资产收入,它是政府财政收入的组成部分之一。国有资产收入可分为经营性国有资产的收入和资源性国有资产收入两大类。

(一)经营性国有资产收益

(1)国有独资企业上缴的利润收入。即国有独资企业按照规定的比例上缴国家财政的一部分利润收入。

(2)股息红利收入。它包括有限责任公司中,国家作为出资者按出资比例应分得的红利,以及股份有限公司中,国家按照股份的多少应得的股息,是一种比较规范的国家和企业的收入分配形式。

(3)租赁收入。即国有企业的承租人按照合同规定从承租人收入中上缴的租金收入,相当于国有资产的使用费。实行租赁制的国有企业除了上缴租金外,还要上缴一部分税后利润。它主要实行于国有小型工商企业。

(4)承包上缴利润收入。即实行承包制的企业按照承包合同的规定上缴国家财政的一部分收入。它主要实行于国有大中型企业;但由于在生产经营及利润分配上的弊端,随着第二轮承包合同在1997年到期后,以及股份制的实行和推广,这一收入形式也逐步消失。此外,国有企业破产清算及拍卖所得也属于经营性国有资产收益。

案例 14-2

国有资本经营应实现"社会分红"

财政部近日发布的2014年中央国有资本经营预算收支情况显示,去年中央国有资本经营预算收入达1410.91亿元,完成预算的98.9%,增长33.3%。其中,调入公共财政预算用于社保等民生支出达184亿元。

社会分红理论认为,国家将从投入社会化企业的资本和土地中获得利润,其中一部分作为社会分红分给公众,另一部分用于再投资。虽然我国国有资本收益直接分红条件尚不成熟,但可通过政府将国资经营收入用于民生支出,以此增加社会保障、教育、医疗卫生等公共产品供给,让全民享有国资收益带来的福利。目前,我国现行国有资本经营预算制度已初步实现了出资企业的收益权,但仍然有三大问题亟须改革。

一是支出方向不合理,呈现出非民生倾向。2014年调入公共财政预算用于社保等民生支出的只有184亿元,其余1200多亿元仍回流到国企。

二是上缴比例偏低。目前,我国央企中税后利润上缴比例最高的资源性行业及垄断性行业的上缴比例也仅为15%至25%。根据国际惯例,上市公司股东分红的比例为税后可分配利润的30%至40%。大多数国家国有企业分红占净利润的比例平均为30%至50%,有些特殊情况下甚至高达70%。

三是涉及企业范围较窄。2014年有799户企业纳入预算范围,相对于5000家左右的央企来说,范围还比较窄,特别是利润状况良好的金融类国有企业仍未纳入收益上缴的范围。

(案例来源:国有资本经营应实现"社会分红"[N].经济日报,2015-02-17.)

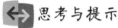 思考与提示

如何理解国有资本经营应实现"社会分红"?

(二)资源性国有资产收益

资源性国有资产收入主要形式有:一是转让国有资源使用权的收入。转让国有资源使用权的收入,如土地出让金、矿产资源使用补偿费等;二是国家凭借所有权从国有资源的开发经营单位的收益中分得的收入;三是将资源性国有资产转向市场进行产权出卖所得的收入,目前我国此类收入极少。

四、国有资产管理

要确保国有资产收益稳定增长,关键是要加强对国有资产的管理。

(一)国有资产管理的主要内容

国有资产管理是对属于国家的财产实施所有权的管理。主要包括如下内容。

1. 国有资产管理体制的构建

要加强对国有资产的管理,首先要确定国有资产管理体制,明确各级国有资产管理部门的职责和相互的责、权、利关系。国有资产管理体制是处理国有资产管理中一系列关系与问题的纲领,一般通过法规、条例和规章制度等体现出来。明确了国有资产管理体制,就为有效地实施国有资产管理奠定了良好的基础。因此,建立高效的国有资产管理体制,是国有资产管理的关键环节。

2. 国有资产投入的管理

国有资产投入对实现国家职能,优化产业结构,促进社会生产力的发展,提高人民物质、文化生活水平都具有重要作用。所以,加强国有资产投入的管理是国有资产管理的重要内容。国有资产投入是国有资产运营的起始环节,其主要管理内容有:第一,投入主体的确认,投入主体主要是掌握国有资产的政府行政管理部门、各种国有资产授权经营机

构、从事生产经营的企业等，在确认投入主体资格时，也应落实投入的责任，即投入主体必须保证国有资产的保值、增值；第二，确定投资规模和投入方向，投入管理必须保证投入规模合理，投入方向与国家产业政策要求一致，确保国有资产的合理配置；第三，对投入过程监督与调控。

3. 国有资产存量经营的管理

国有资产存量经营的管理的具体内容有：对经营主体的确认，经营者权益和责任的落实；选择和确定经营者，考核其经营业绩，包括制订科学、合理的业绩评价指标，严格评价考核制度，建立有效的激励与约束机制；同时，制订科学的保值、增值考核指标和有效的管理措施，要求经营者必须保证国有资产的价值规模完整并增值。

4. 国有资产收益分配的管理

国有资产收益，是指国有企业及占用国有资产的其他单位经营国有资产所得的资产报酬，即企业税后利润。国有资产收益在整个国民经济中占有重要的地位，是国有资产实现增值的主要途径。其具体管理内容是：合理确定国有资产收益在国家、企业之间的分配比例，保证归国家支配收益的足额上缴，监督国有资产收益的合理使用。

5. 资源性国有资产管理

资源性国有资产，是指根据法律规定所有权属于国家所有的各种自然资源。资源性国有资产管理的对象主要有：国有土地、森林资源、矿产资源、水资源等。由于资源性国有资产的有形性、有限性和国家的垄断性，其管理也有特殊性。

6. 涉外国有资产管理

涉外国有资产，是指在我国资本与外国资本直接结合所形成的经济实体中，属于我国所有的那部分资产，以及我国在国外独资经营企业中的国有资产和国家派驻国外的一些机关团体的国有资产。涉外国有资产包括境外国有资产和境内国有资产两大类，所以管理的内容也包括境外国有资产管理和境内中外合资、合作企业中国有资产管理两大部分。

7. 国有资产处置的管理

具体内容是：根据国民经济发展的需要和企业经营状况，组织推进国有资产合理流动和优化配置；组织国有资产的出售和企业兼并；决定或批准企业的设立、合并、分立、终止、拍卖，批准企业提出的被兼并申请和破产申请；根据国务院有关规定，审批企业财产的报损、冲减、核销，以及关键设备、成套设备或重要建筑物的抵押、有偿转让，组织清理和收缴被撤销、解散企业的财产。

（二）国有资产管理的含义

国有资产管理是自国有资产一形成就存在着的，但作为一个理论概念，也是与国有资产概念同时提出来的。资产是一个与商品经济相联系的范畴，国有资产管理自然也是一个与商品经济运行相联系的范畴，是指在商品经济条件下，国家以所有者的身份，凭借所有权对国有资产的经营和使用进行组织、指挥、协调、监督和控制等一系列活动。国有资产管理要以提高国有资产运营效益、维护国有资产所有者和经营者合法权益、不断壮大和巩固国有制经济为宗旨，管理的重点在于经营性资产，并强调产权管理。我国是以公有制为基础的社会主义国家，国有资产是我国社会主义制度赖以存在和发展的物质基础，加强国有资产管理对于巩固和发展社会主义制度，建立社会主义市场经济具有十分重要的意义。

（三）国有资产管理的基本任务

我国国有资产管理的基本任务主要体现在如下几个方面。

(1) 维护所有者国家的权益，确保国有资产的保值和增值，增加社会积累和国家财政收入。这一任务的核心问题是确保资产的保值、增值，提高运营效益、增加财政收入，其重点又在于增值。资产增值是商品经济的一般规律。在我国现实的经济条件下，国有经济在国民经济中占有主导地位，社会资本积累的规模、国民经济增长的速度还在相当程度上取决于国有资产的运作。因此，通过宏观管理和微观管理提高国有企业的效益，从而进一步提高国有资产的规模和增加国有资产的收入，是我国今后相当长一段时间内国有资产管理的首要任务。当然，随着我国国有经济的战略性调整，国有资产将会逐步从竞争性领域退出，国有资产发挥作用的领域将会发生很大变化。

(2) 进一步搞活国有经济，促进国有经济结构的转换，有效地促进其整体效益的提高，发挥国有经济在宏观调控中的作用。要通过国有企业的改制和国有资产的有效管理，以及国有经济的战略性调整，增强国有企业的活力，提高国有经济的整体效益，促进国有经济产业结构的优化和升级。不仅要使国有资产在增加国家财力上发挥重要作用，而且要使它们在保证整个国民经济的稳定运行和宏观调控上发挥主导作用。国有经济的运行不仅不能和整个国民经济的运行分开，而且应在其中起核心作用，这就要求国有经济配合国家宏观经济调控的需要，发挥政策工具的作用。例如，国有资产经营机构和国有企业在进行投资活动时，必须以国家在一定时期的产业发展规划为依据，按照国家产业政策的要求，优化国有资产的配置。总之，国有经济不能成为市场自发力量的盲目追随者，而应成为国家有计划地引导和调节市场的一支强大力量和一种有效的工具，从而起到其他政策工具所难以起到的作用。

(3) 保证一定的社会、经济目标的实现，促进社会的稳定繁荣与整个国民经济健康发展。按照国民经济和社会发展的整体要求，国有资产要在公共品和准公共品的生产领域占主导地位，从而要求国有资产管理必须在这些领域发挥重要作用。不仅要使国有资产在这些领域得到合理配置，而且要使它们得到充分利用。例如，利用国有资产提供军队、警察、基础教育、卫生、基础设施建设等公共品，以保证国家的安全和社会的稳定。

本章重要概念

公债价格（bond prices） 公债负担率（bonds burden rate）

公债依存度（bond dependence） 公债偿债率（bond's debt sevice ratio）

规费收入（stipulated fee income） 使用费收入（user charge income）

国有资产（state capital）

本章思考题

1. 简述公共收入的主要形式。
2. 简述衡量公债合理规模的三个指标。
3. 解释以下看法背后的逻辑:"如果人们关心其后代的福利,那么,债务政策对资本形成可能不会有任何影响"。
4. 美国某州一位参议员说:"常识告诉我们第一选择应当是用我们的预算盈余偿还我们的巨额国债。"请评价这一说法。
5. 如何看待公债与经济发展之间的关系。
6. 简述国有资产及国有资产收益的分类。

本章推荐阅读书目

1. 邓子基,林致远. 财政学[M]. 北京:清华大学出版社,2005.
2. 詹姆斯·M. 布坎南. 公共财政[M]. 赵锡军,译. 北京:中国财政经济出版社,1991.
3. 解学智,刘尚希. 公共收入[M]. 北京:中国财政经济出版社,2000.

第四篇 宏观调控与机制
HONGGUAN TIAOKONG YU JIZHI

第十五章 预算管理体制

---本章导言---

本章采用总分的结构,首先总述预算管理体制及其要点,在此基础上分别介绍政府间财政收支关系、分税制财政体制、政府间的财政转移支付制度。预算管理体制是处理中央财政和地方财政,以及地方财政各级之间的财政关系的基本制度;政府间的财政收支关系,即在规范的"分税制"下中央与地方政府间财政收支划分的理论;分税制财政管理体制就是将国家的全部税种在中央和地方之间进行划分,确定中央财政和地方财政的收入范围,以保证中央政府和地方政府各自职能的顺利实现;政府间的财政转移支付制度,即在一个国家的各级政府之间的既定的事权、支出范围和收入划分框架下财政资金相互转移的制度规定。通过本章的学习,使读者掌握政府的预算管理体制及分税制、转移支付制度等相关内容,并了解我国在宏观经济调控中的一些具体措施与做法。

第一节 预算管理体制概述

预算管理体制是处理中央财政和地方财政,以及地方财政各级之间的财政关系的基本制度,其核心是各级预算主体的独立自主程度,以及集权和分权的关系问题。预算管理体制是国家预算编制、执行、决算,以及实施预算监督的制度依据和法律依据,是财政管理体制的主导环节。

一、预算管理体制的类型

预算管理体制的类型,不是按收支划分方法区分,它的主要标志是各级预算主体的独立自主程度,核心问题是地方预算是否构成一级独立的预算主体。按照这个标准,我国先后实行过三种类型的预算管理体制。

1. 新中国成立之初国民经济恢复时期实行统收统支体制

这是一种高度集中的预算管理体制,主要收入集中上缴中央金库,地方开支由中央核准,统一拨付,只给地方留下少许机动财力。

2. 1953—1978年20多年时间内实行"统一领导、分级管理"体制

主要做法是由中央核定地方收支指标,全部收入分为各级固定收入和比例分成收入,凡收大于支的地方上解收入,凡支大于收的地方由中央补助。中央预算另设专项拨款,由中央集中支配。

3. 改革开放后,于 1980 年开始实行"划分收支、分级包干"体制,简称为财政包干体制

财政包干体制对原来的体制有重大的突破,是我国预算管理体制的一次重大改革,主要表现在地方预算初步成为责、权、利相结合的相对独立的一级预算主体。具体做法,经过几次调整,1988 年形成对不同地区实行不同的 6 种包干方法:收入递增包干、总额分成、总额分成加增长分成、上解额递增包干、定额上解、定额补助。财政包干体制的主要特征是,在总额分成的基础上对增收或超收部分加大地方留成比例,通过多收多留的激励机制鼓励地方特别是富裕地区增收的积极性,从而保证全国财政收入的不断增长。但是,随着经济体制改革的深化和经济的快速增长,越来越明显地暴露出财政包干体制的弊端:①中央收入占全部收入的比重日趋下降,1990 年为 33.8%,1993 年下降为 22%;②地方收入多了,都热衷于那些利润大、见效快的加工工业的投资,而且形成"多收、多留、多投资—多收、多留、多投资"的运行机制,加剧了当时的经济过热现象;③重复建设严重,地区产业结构趋同,地区相互封锁,盲目竞争;④地区间贫富差距拉大,富的越富,穷的越穷;⑤各地区的包干方法多种多样,缺乏规范性。因此,财政包干体制的改革势在必行。改革的方向,是从我国实际出发,借鉴西方国家的有益经验,实行具有中国特色的分级分税预算管理体制,这就是我国于 1994 年实行的分税制改革。

二、分级分税预算管理体制

(一)分级分税预算管理体制的要点

分级分税预算体制是实行市场经济国家普遍采取的一种预算体制,它的主要特征在于规范化和法制化,长期相对稳定,地方预算构成名副其实的一级预算主体。我国在 1985 年调整后的分级包干体制,已经吸收分级分税预算体制中的分税制因素。1994 年实行的分税制改革,则是从我国实际出发,借鉴市场经济国家的分级预算体制,初步形成具有中国特色的多级预算体制。综观各国的实践经验,分级分税预算体制可归纳为以下几个要点。

1. 一级政权,一级预算主体,各级预算相对独立,自求平衡

分级分税预算体制,也就是多级预算体制。国会只审批中央预算,地方预算由本级立法机关审批。各级地方预算经常收入由本级税收、收费收入和中央补助组成,以上收入不能满足需要时,允许发行地方债券或向银行借款,自求平衡。

2. 在明确政府职能边界的前提下划分各级政府职责(即事权)范围

在此基础上划分各级预算支出职责(即财权)范围。由于各级政府的职责分工明确,各级预算的重点和层次分明。除国防费和外交支出划归中央支出、行政管理费分别由各级本身负担外,一般而言,中央预算以社会保障、社会福利和经济发展为主,地方预算以文教、卫生保健和市政建设为主。对各级政府的投资职责也有明确分工,或由中央、地方分别承担,或由地方承担中央给以补助,或由中央和地方联合投资。

3. 收入划分实行分税制

在收入划分比例上中央预算居主导地位,保证中央的调控权和调控力度。在税收划分方法上,有的按税种划分,各级预算都有本级的主体税种,大宗收入的税种归中央,如所得税、增值税等,地方税种主要是收入弹性小的销售税和财产税;有的对同一税种按不同税率分享,并通过中央的基础税率限制地方税率;有的实行分成或共享制,即属于中央的税种按一定比例分给地方,或者属于地方的税种按一定比例分给中央,双方共享。分设国税局和地方税务局,分税、分管与分征相结合。

4. 预算调节制度,即所谓转移支付制度

预算调节主要有纵向调节(或纵向转移)和横向调节(或横向转移)两种形式。纵向调节的典型做法是补助金制度,中央从各地征收国税,同时对每个地方给以补助。补助金分为无条件补助、有条件补助和专项补助。补助金是根据相关因素设计规范化的计算公式,一旦确定则无讨价还价余地。横向调节是由富裕地区直接向贫困地区转移支付,实行地区间的互助式调节,不再通过中央预算。

总之,各国的分级预算体制是适应本国的政治经济制度和历史传统长期形成的,就体制整体而言是相对稳定的,只是集权与分权关系及其相应的调节方法可以有经常的调整。

(二) 收支划分的基本理论依据

1. 社会公共需要或公共品的层次性

在分级分税预算管理体制下,由各级预算主体分级执行财政职能,为提供公共品提供财力,从而满足公共需要。而公共需要或公共品是分层次的,即全国性公共需要或公共品、地区性公共需要或公共品。

满足公共需要,首先表现为通过财政支出提供公共服务和公共工程,而在这里区分公共需要的层次性的基本标准是它的受益范围,即受益原则。全国性公共需要的受益范围覆盖全国,凡本国的公民或居民都可以无差别地享用它所带来的利益,因而适于由中央政府来提供。区域性和地方性公共需要受益范围局限于某一地区,适于由地方政府提供。按受益范围区分公共品的层次性,也是符合资源配置的效率原则的。因为,受益地区最熟悉本地区情况,掌握充分的信息,也最关心本地区公共服务和公共工程的质量和成本。从效率原则出发,跨地区的巨大公共工程也属于全国性公共需要。如三峡工程建成后,它的经济输电范围延及北京、广州、上海、兰州的广大地区,后续效益将泽及子孙万代;京九铁路工程南北贯通八个省、市、区。如果这类工程由地方举办或由沿库区、沿路的省、市、区联合举办,将会矛盾重重,难以确保工程质量和工程进度,也会提高工程成本。相反,一个地方性水库由中央提供,就不一定能做到因地制宜,符合地方需要。公共需要表现在财政支出上分为若干大类,而每类从总体上属于全国性公共需要是很少的,典型的只有国防和外交之类的项目,多数属于中央与地方,以及地方各级之间交叉的公共需要。比如,教育类,高等教育有全国性大学、地方性大学,中、小学则是地方性的。因此,在安排公共品特别是地方公共品的布局时,为了提高效率,还要考虑某些公共品本身具有的特性,如"外溢性"就是一个必须关注的问题。所谓外溢性是指公共设施的效益扩展到辖区以外,或者对相邻地区产生负效应,即造成损失。水利工程在上、下游,以及周边地区的利益外溢是最典型的例子。显然,全国性的公共品不存在国内的利益外溢,只有地区性和地方性公共品才存在利益外溢问题。从财政上解决利益外溢的有效措施,就是由主受益地区举办、中央给以补助,或中央与地方联合投资。

应当指出,公共需要的层次性包含两方面的内容:一方面是从支出角度分析,按受益范围为标准区分的层次性;另一方面则是为了满足公共需要提供收入来源的层次性。从中央和地方收支运行的结果看总是要对称的,只有收支对称才能维持财政收支的平衡。

从这个意义说,收入划分受支出划分的制约,也就是受公共需要受益范围的制约。但是,由于各地方的支出需要和收入能力是不对称的,需要靠中央转移支付调节这种不对称,所以,划分收入需要遵循另外的标准。其实,任何国家税制中的多种税种本身就具有明显的层次性,这就是各税种的税源的覆盖范围和各税种调节功能的大小。按照这个标准,凡税源普及全国而且流动性大的税种,以及调节功能大的税种,应划归中央税;凡税源比较固定而且税基较为狭窄的税种,则应划归地方税。显然,这种划分标准,也是符合效率原则的。因为将税源广阔而且流动性强的税种划归中央税,如我国的增值税,有利于控制税源,便于在全国范围内交叉稽核,加强稽征管理,防止税收流失。又比如将调节功能强的所得税划归中央税,有利于发挥所得税调节收入分配不公和稳定经济的功能,如果划为地方税,则有可能出现差别税率和变相减、免税问题,不利于生产要素的合理流动和公平竞争。将税源比较固定、仅限于某一地区的税种划归地方税,也有利于地方因地制宜,加强征管。另外,为了保证地方有足够的固定收入,不至于过分依赖中央的补助,可设置共享税,即中央税按税率或按收入的一定比例由地方分享。

由于划分收支的标准不同,一般会形成如下的分配格局:支出方偏重于地方,收入方偏重于中央,或者说,中央收大于支,地方支大于收。因此,必须由中央通过转移支付弥补地方财政缺口,均衡地区间的差距。

2. 集权与分权关系

公共需要的层次性作为划分收支的标准,是市场经济国家分级预算体制的一般标准,通用于所有市场经济国家。但各国的收支划分是不同的,有的差别还很大,则主要取决于由各国的政治体制和本国国情决定的集权与分权关系。所以,分权关系也是划分收支的基本依据之一。预算管理体制是政治与经济结合的最明显的体现。如果说公共需要的层次性是经济标准,那么,集权与分权关系则是政治标准。

在人类社会的历史长河中,集权与分权关系是不断调整和变化的。合久必分,分久必合,是对这种变化趋势的恰当描述。综观世界各国,集权与分权关系的变化尽管有所不同,但也有其共同性,即始终是以集权为轴心,分权是围绕集权进行调整。恩格斯曾经指出:"集权是国家的本质、国家生命的基础……没有一个国家可以不要集权,联邦制国家需要集权,丝毫也不亚于已经发达的集权国家"[①]。但是,分权也具有客观必然性。这种必然性来源于地方的相对独立的经济利益,也是国家经济职能不断强化的内在要求,分权是一种社会进步的标志。集权与分权关系由于各国的政治体制和国情不同而有差别。一般而言,联邦制国家侧重分权,单一制国家侧重集权。集权与分权关系在预算管理体制上体现为中央与地方间收支划分的比例,几乎所有国家,无论是联邦制还是单一制,中央收入均占主导地位,这是共同的。但通过转移支付后的中央收入或支出的比重则有较大的差别,比如日本的收支划分颇具特色。日本是一个单一制国家,战前实行高度集权体制,战后开始实行地方自治体制,但在预算管理体制上仍保留很浓的高度集中的色彩。日本中央与地方之间收支分配格局大体是近 2/3 的收入集中在中央,近 2/3 的支出交由地方执行,几乎形成一种中央收钱、地方花钱、中央保留高度控制权的一种格局。

关于中央与地方之间支出项目与税种划分的基本框架大体是一致的,但各国中央与

---

① 马克思,恩格斯. 马克思恩格斯全集[M]. 第41卷. 北京:人民出版社,1995:396.

地方之间支出和税收收入所占的比例却相差较大。其中有两点是共同的:其一,各国中央一级,无论是在支出方面还是在收入方面都占据主导地位,尤其是单一制国家更为明显;其二,中央一级在收入方面集中的比例更大一些,而在支出方面所占比例相对小一些,也就是说,收入主要集中在中央,地方则承担更多的支出责任,而地方支出大于收入的差额(即财政缺口),由中央通过转移支付制度给予弥补,以均衡地区间的支出水平实施政策调节。

第二节 政府间财政收支关系

在这一节我们将讨论政府间的财政收支关系,即介绍规范的"分税制"下中央与地方政府间财政收支划分的理论。

一、"分税制"的含义

"分税制"是一种以分税为主要特征,以划分中央与地方政府的事权与财权为实质,并同时配套实施政府间财政转移支付制度的财政管理体制。分税制在西方国家已有上百年的历史,至今已形成一套比较完整、系统的财政管理体制。

"分税制"以政府间事权为基础,确定各级政府的支出责任和支出范围,划分各级政府财政收入,并且在各级政府之间分权、分征、分管。分税,是指按税种(或税源)将全部税收划分为中央与地方两套税收体系;分权,是指划分各级政府在税收方面的立法权、征管权和减免权;分征,是指设置中央和地方两套税务机构,分别征税;分管,是指中央政府与地方政府分别管理和使用各自的税款,不得混淆或平调、挤占。分税制的配套措施是实行规范的财政转移支付制度,中央政府以规范的形式将集中的一部分财政收入补助给地方,以满足地方基本财政支出的需要,实现对地方财政支出的宏观调控。实行分级财政预算制度,在法律规定的事权范围、税权税源、财政补助等范围内,各司其职,各负其责。

二、财政支出原则

巴斯特尔提出了关于划分中央支出与地方支出的三项原则。

1. 受益原则

政府提供的服务,按其受益范围划分支出责任。凡其受益范围是全国居民,则支出属于中央政府财政支出;凡是其受益范围是地方居民,则支出属于地方政府财政支出。

2. 行动原则

政府提供的服务,按其活动涉及范围划分支出责任。凡政府公共服务的实施必须统一规划,则其支出属于中央政府财政支出;凡政府公共服务的实施必须因地制宜,则其支出属于地方政府财政支出。

3. 技术原则

政府提供的服务,按其技术要求划分支出责任。凡政府提供的服务,其规模庞大,需要高技术才能完成的,则其支出属于中央政府财政支出;否则,属于地方政府财政支出。

三、财政收入原则

塞利格曼提出了关于划分中央收入和地方收入的三项原则。

1. 效率原则

该原则以征税效率高低为划分标准。例如，房产税、土地税划为地方税，这是由于作为课税对象的房产和土地分布在各个辖区，地方税务人员比较熟悉当地情况，便于掌握税源、了解房价、征管便利。而所得税的征收对象为收入，由于纳税人的流动性，收入所在地会经常发生变化，因此将其划为中央税，征收较方便。即流动性强的税种划归中央，流动性弱的税种划归地方。

2. 适应原则

该原则以税基宽窄作为划分标准。凡是税基宽的税种划归中央，如关税、所得税等；凡是税基窄的税种划归地方，如城市维护建设税、房产税等。

3. 恰当原则

该原则以分配公平为划分标准。凡是对于中央实施收入再分配和宏观调控十分重要的税种划归中央，凡不重要的税种划归地方。在西方国家，所得税的作用就在于调节全国居民的收入差距，因此，由中央政府来征收。

尤迪也提出了划分中央和地方收入的两原则。

(1) 效率原则，该原则与塞利格曼的效率原则在内容上相同。

(2) 经济利益原则，该原则以促进经济利益为标准：若税收划归地方，有利于全国经济的发展，则作为地方税是合适的；否则，应当作为中央税。

四、政府间的收入划分

税收是政府财政收入的主要来源，收入划分主要指税收收入的划分。美国著名财政学家马斯格雷夫教授曾根据公平与效率准则所提出的分税原则已经普遍被人们认为是指导政府间划分税收收入的基本思想。

（一）马斯格雷夫的税收划分原则

1. 属于中央政府的税收

1) 具有收入再分配性质的税收

这类税如果划归地方，则有差别的地方税率会促使居民迁移，使居住地的选择遭到扭曲。因此，这类税应由中央政府在全国范围内统一征收，发挥中央政府收入再分配的职能。

2) 有助于经济稳定的税收

这类税收一般是累进性的。当一国经济萧条时，国民收入下降，平均税率随之下降，刺激投资和供给，经济逐步恢复；当一国经济繁荣时，国民收入上升，平均税率随之上升，抑制投资和供给，经济逐步回复。在此过程中，累进税率起到了经济自动稳定器的功能，这类税划归中央，有助于中央政府行使宏观调控职能。

3) 税基分布不均匀的税收

这类税如果划归地方，则引起地区间税源不平衡，导致地区间财政收入能力的差异，加大地区间财政净利益的差距。

4）税基流动性大的税收

这类税如果划归地方，各地税率不同，会引起税基流动，这种流动不反映资源的有效配置，而是考虑了地区财政净利益的因素。

5）易转嫁的税收

这类税如果划归地方，某一地方生产者的税负可以转嫁给其他地区的消费者，从而使该地区的生产成本由其他地区居民不合理分担，因此，由中央政府征收比较合适。

2. 属于省（或州）政府的税收

应是以居住为依据的税收。例如，对消费者的消费品的销售或国内产品所课征的税收。

3. 属于地方政府的税收

地方政府负责课征税基分布均匀、税基流动性小、不易转嫁的税收。

4. 属于各级政府的税收

受益税及收费对各级政府都适用。而且，各级地方政府的税收应该是在经济循环中处于稳定的税收。

（二）税种的具体划分

按照上述分税原则，可以划分各种不同的具体税种。

1）关税

应划归中央政府，以减少不同地区间税收差别对外贸造成的扭曲。

2）所得税

关系到全国的收入再分配，应由中央政府统一征管。

3）财富税

它是对资本、财富、财富转移、继承与遗产课征的税收，这些税种与要素资源配置相关，为了保证市场机制的高效运行，应划归中央政府。

4）资源税

税基不具有流动性，但税基分布很不均匀，应由中央与地方分享。凡涉及国民经济全局的战略性资源，如石油、天然气、重要金属矿产资源划归中央，其他非战略性资源，如森林、采石场、小型煤矿方面的资源税可划归地方政府。

5）土地税、房产税

它们属于地方政府。这类税税基不具有流动性，地方政府又比较熟悉当地情况，易于征管。但地方政府应行使制定财产估价标准等方面的管理职责，并做好所辖区域内的收支协调工作。

6）销售税

应区分单阶段销售税和多阶段销售税。前者如消费税、零售税，可划归地方政府，但邻近地区采用的税率，差别不能过大；后者如增值税，以体现税收中性为目标，实行抵扣机制，并对出口实行退税，这些都要求集中税权，划归中央政府。

7）对劣值品的课税

如对烟、酒征收的国内产品税，对环境污染征收的环保税适合于各级政府征收，这主要取决于劣值品影响的范围是全国性的还是地方性的。

8) 使用费与受益税

它适合各级政府征收,只要与受益范围相适应,不引起资源配置的扭曲。作为受益税的社会保障税,可由中央与地方政府协同征管,中央侧重于制定统一的政策标准,地方负责具体操作。

以上划分对于划分政府间的税收具有一般的指导意义,但是,不能生搬硬套,要根据国情,适当参考。在实践中,各国的做法有所不同。一般来说,各国将关税划归中央,财产税划归地方,其余税种的划分则考虑收入分配、经济稳定、征收效率等因素。若干国家中央与地方之间主要税种的划分如表15-1所示。

表 15-1 若干国家中央与地方之间主要税种的划分①

内 容	国 家			
	美 国	加 拿 大	德 国	日 本
关税	联邦	联邦	联邦	中央
公司所得税	联邦、州	联邦、省	联邦、州	中央、地方
个人所得税	联邦、州	联邦、省	各级	中央、地方
增值税	—	联邦	联邦、州	中央
销售税	州	省	—	中央、地方
财产税	地方	地方	州、地方	地方
对用户收费	各级	各级	地方	各级

必须注意的是,政府间的税收划分通常伴随着政府间税基分享或收入分享的问题。所谓税基分享,是指两个或两个以上级别的政府在一个税基上征收各自的税率。在税基分享中,税基通常由较高级别的政府(上级政府)决定,而较低级别的政府(下级政府)则在同一税基上征收补偿性税率,即进行税收附加。这种税基分享机制只流行于发达国家。相反,一种在发展中国家采用的办法是收入分享机制,它可以替代税基分享机制。如果从中央与各省两级政府间的关系看,这种收入分享方式一般有以下四种:

(1) 中央课征所有的税收,并将其中的一部分以拨款的形式提供给各省;

(2) 中央课征所有的税收,但根据某个或某套公式与各省分享部分或全部税收;

(3) 中央课征大部分较重要的税收,但各省具有课征其他税收的自主权,同时,各省还可以分享一种或一种以上的中央税收,以及(或者)从中央取得拨款;

(4) 中央与各省分享或多或少的共同征税权,使各省能依靠自己的力量筹集他们所需的大部分收入,但他们也可能会从中央得到一些拨款。

经济性财政分权体制下的政府间财政收支关系不仅涉及政府间支出责任、政府间税收的划分,以及有关的税基或收入分享机制,而且还涉及中央对地方财政的宏观调控所引出的政府间财政转移支付制度。第三节,将专门论述政府间的财政转移支付制度。

---

① 马骏,郑康彬. 西方财政实践[M]. 北京:中国财政经济出版社,1997:250.

第三节　分税制财政体制

分税制财政管理体制就是将国家的全部税种在中央和地方之间进行划分,确定中央财政和地方财政的收入范围,以保证中央政府和地方政府各自职能的顺利实现。其实质是根据中央政府和地方政府的事权确定其相应的财权,通过税种的划分形成中央与地方的收入体系。它是财政分权管理体制的典型代表,也是市场经济国家普遍推行的一种财政管理体制模式。

一、政府间的事权划分

政府间事权的划分,是政府职能在各级政府间进行分工的具体体现,也是财政分权管理体制的基本内容和制度保障。事权明晰,也就意味着各级财政支出范围的确定。

(一) 政府间事权划分的原则

(1) 受益范围原则　受益范围原则是指将各项事权项目受益的对象和范围大小作为各级政府履行职责的依据。凡具有以国家整体为服务对象,全体公民都能从中受益的公共性质的项目,如国防、外交等由中央(联邦)政府负责;凡具有以省(州)或地方为服务对象,其受益范围仅限于某一区域的公共性质的项目,如省(州)或地方的基层设施,则由地方政府负责。

(2) 事权与财权相对称原则　一级事权必须有一级财权作保证。事权与财权相对称原则就是要求先明确中央与地方的事权,然后依据各自的权责确定相应的财权,不应有大于财权的事权,也不应有小于财权的事权。①

(3) 效率原则　效率原则主要是指应该考虑某项事务交由哪级政府办理成本最低、效率最高。对于全国性的公共品或服务,地方政府往往是心有余而力不足,应该交由中央(联邦)政府去做;而对于地方性的公共品或服务,往往是中央(联邦)政府对其需求的了解不及地方政府,所以这样的事务应该纳入地方政府的职责范围。

(4) 法律规范原则　法律规范原则是指中央(联邦)政府与地方政府的事权划分,应该通过严格的法律程序加以规范,并用法律手段解决各级政府之间的利益冲突,从而使各级政府间的事权划分科学化、规范化、法制化。

(二) 政府间事权划分的具体做法

在政府间事权的划分上,世界各国所采用的方法不尽相同,对具体项目的处理也不完全一致,但所形成的基本格局如下。

(1) 国防事务　对国防事务的立法权为中央专有,对国防事务的行政权则以中央直接管辖为主,地方所享有的国防行政权主要限于组织地方武装力量,协助征集兵员,负责所管辖地域的国防。②

(2) 外交事务　绝大部分国家将外交事务划归中央专门管理,只有部分联邦制(或邦联制)国家容许成员国保留部分外交权。但这类外交权不仅以非政治性的外交活动为主,

---

① 这里的事权与财权相比较,已经考虑了政府间转移支付的因素。
② 地方政府拥有国防行政权这种情况多见于联邦制国家,在中央集权制国家则比较少见。

而且在国家外交活动中所占比例不大,同时还附有严格的限制条件。

(3)公安事务　中央对事关国家主权的公安事务,如国籍管理、出入境管理等实行专门管理;而对于维护国家安全与秩序的主要工具——警察,则由中央与地方共同管辖。

(4)内政事务　中央机构的建制由中央决定,中央与地方分别建立;地方机构的建制,由地方决定并建立。

(5)司法事务　当代世界各国的司法体制分为高度集权、集权为主和分权三类。在高度集权的司法体制下,所有司法制度都由中央立法并实施,所有司法机关都由中央建制并管理,地方不得插手。在集权为主、分权为辅的司法体制下,所有关于司法方面的立法权全部集中于中央,所有司法制度、司法机关的建制均由中央立法并主要由中央实施,地方只是在一定范围内享有司法行政管理权。在分权的司法体制下,一个国家之内实行二元的司法制度,或者同时并存两套司法系统,或者同时并存两套法律制度,或者兼而有之。

(6)经济事务　全国范围的产业事项由中央政府管理,局部范围的产业事项由地方依照法律规定管理。全国范围内的基础设施项目由中央管辖,局部范围内独立的基础设施项目则由地方管辖。在财政金融方面,世界各国都实行以中央集中管理为主、地方协助管理为辅的财政金融管理体制,由国家统一管理信贷、货币和银行体系。

(7)文化教育事务　文化教育事务在有的国家是由中央来负责执行的,在有的国家则纳入地方政府的职责范围,还有的国家由中央和地方共同负责。针对具体的项目来说,发展文化事业的方针、政策及措施一般都是由中央进行决策的;对于文化遗产的保护,既有由中央立法并执行的,也有完全交由地方执行的;图书馆、文化馆、博物馆等馆藏事业既有由中央立法并执行或交由地方执行的体制,也有由中央与地方共同立法并执行的体制;传播媒介以中央立法并实施或交由地方执行为原则;文化娱乐设施由中央与地方共同立法并实施。教育立法方面,有中央与地方共同立法的,有中央立有专法的,也有地方立有专法的。在教育行政方面,有以地方管理为主的,也有以中央管理为主的。

二、政府间的财权划分

所谓政府间的财权划分,实际上就指财政收入在各级政府间的划分。由于世界上绝大多数国家的税收收入占财政收入的比重都在90%以上,所以划分中央财政与地方财政收入就主要体现在税收收入的划分上。

(一)税收收入划分的原则

总的来说,政府间税收收入的划分应当遵循效率原则、适应原则、恰当原则和经济利益原则。这四个原则的内容前面已经介绍,此处不再赘述。

(二)税收收入划分的方式

在中央与地方之间进行税收收入划分,也被称为"税收分割",它有多种方式,具体地说,主要包括分割税额、分割税率、分割税种、分割税制和混合型五种类型。①

1. 分割税额

分割税额是指先统一征税,然后再将税收收入的总额按照一定比例在中央与地方政

---

① 尽管税收划分的方式有多种类型,但目前国际上比较通用的当属分割税种这种方式。所以,本书在对税收划分的原则及世界各国的具体做法进行介绍的时候,主要是以分割税种为主线展开的。

府之间加以分割,这种方式又可称为分享。中国经济体制改革以前曾经实行的"总额分成",就做法而言实际上就属于这种方式。但需要指出的是,西方财政理论与实践中的所谓收入分享与我们所说的"总额分成"相比,无论在内涵还是在外延上都有着很大的差异。在许多情况下,西方国家财政中的收入分享是指中央与地方政府之间的一种转移支付关系。

2. 分割税率

分割税率是一种按税源实行分率计征的方式,即由各级财政对同一课税对象按照不同的税率征收。此类方式又可进一步划分为两种:一是上级政府对某一税基按照既定比率征税并将税款留归本级财政之后,再由下级政府采用自己的税率,对相同的税基课征税收且自行支配该税收款项(下级政府也可在上级政府征税的同时或之前按自己的税率对同一税基征税);二是上级政府在对某一税基采用自己的税率对同一税基课征,而后将这种税款发给下级政府。在税收术语中,称后一种方式为"税收寄征"。

3. 分割税种

分割税种是在税收立法权、税目增减权和税率的调整权等税收权限主要集中于中央的条件下,针对各级政府行使职能的需要,综合考虑主体税和辅助税中各个税种的特征以及收入量等因素,把不同税种的收入分割给各个级次的政府财政,即按税种划分收入范围,确定哪些税种归中央,哪些税种归地方,哪些税种由中央与地方共享。但在这种方式下,地方政府不享有等同于中央的税收立法权。

4. 分割税制

分割税制是指分别设立中央税和地方税两个相互独立的税收制度和税收管理体系,中央与地方均享有相应的税收立法权、税种的开征和停征权、税目的增减权和调整权,并且有权管理和运用本级财政收入。当然,尽管两级税收体系相对独立,但它们之间又是相互衔接和相互补充的,而不可能截然分开。

5. 混合型

混合型是指在税收分割中综合运用上述四种方式中两种以上的做法而形成的一种中央与地方税收体系。例如,在以分割税制为主的情况下,辅之以对某一个或某些税种的收入实行共享的方式;或者以分割税制为主,同时中央和地方政府也对某一个或某些税源实行分率计征。在现代经济社会条件下,一个国家分割税收时所采取的方式往往不是纯而又纯的前述四种方式,而通常采取混合型的税收分割方式。

需要补充的是,某些看起来与税收并无关联的税收优惠措施,如税收扣除、税收抵免和税收免征等,有时也可以成为事实上的税收分割方式。例如,如果在计算纳税人的中央税应税收入时,容许从已调整的总收入中扣除大部分已对地方政府缴纳的税额,那么这种税收扣除就可以被看做是对税收的一种分割。与此相类似,税收抵免措施容许纳税人用对地方政府的纳税额抵付对中央政府的纳税额;税收免征措施容许对购买地方政府债券所得的利息收入部分免征中央所得税。这些方式无疑都会客观地产生分割税收的功效。

(三)税收收入划分的具体做法

税收收入是政府财政支出的前提和保证。只有税收收入充裕,财政支出项目才有保障,政府才能更好地行使其事权,履行其职能。因此,各国都非常重视政府间税收收入的划分。归纳起来,政府间税收收入划分中比较有代表性的具体做法有以下几种。

(1) 将那些与稳定国民经济有关的税种,以及与收入再分配有关的税种划归中央政府,如个人所得税和公司所得税。从所得课税天然具有的稳定经济功能来看,所得课税一般来说是累进税,当国家经济快速增长时,个人和公司的收入增加,平均税率便随之上涨。税率的上升会抑制投资供给的过快增长,从而防止经济过热现象的出现。当国家经济衰退时,从而促进经济复苏。个人所得税和公司所得税的这种功能被称为"宏观稳定器"的功能。由于稳定宏观经济属于中央政府的职责,那么用于稳定经济的税种也应归于中央政府。

从所得课税的调节收入分配的功能来分析,由于所得税一般来说是累进税,收入较高的个人和地区所适用的平均税率较高,收入较低的个人和地区所适用的平均税率较低,因而,所得税可以达到对收入进行再分配的效果。由于收入再分配在很大程度上是中央政府的职责,因而具有收入再分配功能的税种也应归于中央政府。

从世界各国的税收实践来考察,在个人所得税占税收主要部分、税收征管手段发达的西方国家,将个人所得税划归中央政府是适宜的。但是在很多发展中国家,个人所得税占税收收入的很小部分,而且虽然名义上是累进税,但由于普遍逃税,事实上个人所得税起不到稳定经济和调节收入分配的作用。另外,在这样一些国家,地方政府在相当程度上可能会承担收入再分配的职能,因而将个人所得税的一部分划归地方政府可能是更好的选择。同时,几乎所有的国家,公司所得税均划归中央政府,无论从保证财源角度来说,还是出于稳定经济与调节收入分配的考虑,这种划分都是合理的。但地方政府往往需要一些重要的税种来满足其支出的需求,因而,在划归中央的公司所得税的同一税基上征收地方的公司所得税是一种常见的做法。

(2) 将那些税基流动性大的税种划归中央,如个人所得税、公司所得税、增值税、销售税和遗产赠与税等。这些税种如果划归地方政府,各地税率不一,便会引起税基的非正常流动,居民会流向个人所得税、销售税和遗产税较低的地区,公司会迁移到公司所得税较低的地方。这种税基的非正常流动并不能够反映资源配置的优化,而是地区间税率差异的人为结果。另外,如果公司所得税完全划归地方,会形成各地税率不一的格局,一些企业则通过"转让定价"的办法将利润转移到税率低的地区。

(3) 对于那些与自然资源有关的税种(如矿产税),如果在地区间分布不均匀,则应该划归中央,以免导致地区间税源的不平衡。但如果某些自然资源在地区间分布均匀,由于税基不可流动,则更适合于划归地方政府。

(4) 将进出口关税和其他收费全部划归中央政府。

(5) 将那些税基流动性较小的、税源分布较广(不易统一征收)的税种,如房产税、土地税、土地增值税等划归地方政府。

第四节 政府间的财政转移支付制度

中央和地方各级政府各有其责,各有财源,规范"分税制"下政府间财政收支划分,以便各司其职。那么,这是否意味着中央政府就不需要对地方财政进行宏观方面的调控呢?如果不是,原因何在?中央如何进行调控?实际上,中央政府往往通过"分税制"的重要配套措施——规范的政府间财政转移支付制度来实现调控。

一、政府间财政转移支付的定义及理由

(一) 政府间财政转移支付的定义

转移支付,是指公共部门无偿地将一部分资金的使用权转让给他人所形成的支出。一般包括:社会保障支出、公债利息支出及各种补助金支出。在此要讨论的是政府间的财政转移支付,即一个国家的各级政府之间的既定的事权、支出范围和收入划分框架下财政资金相互转移,包括上级财政对下级财政的拨款、下级财政对上级财政的上解、共享税的分配,以及不同地区间的财政资金转移。

从转移支付方向考虑,政府间财政转移支付有两种模式:一种是上、下级政府间的资金转移,即纵向转移支付;另一种是同级政府间的资金转移,即横向转移支付,表现为财力富裕地区向财力不足地区转移资金。其中,纵向转移支付是各国普遍采用的。

(二) 实行财政转移支付的理由

1. 加强中央政府对地方财政的宏观调控

转移支付是对实行分税以后的财政收入分配格局进行再次调整。实行分税制,并不意味着地方可以拥有足够的税收收入来平衡财政收支,地方所能支配的税收仅仅是地方相对稳定一部分财政收入,中央政府有意识地使地方财政收入与财政支出留有缺口,而后再通过财政补助或转移支付予以弥补。这样做,中央政府可以对地方政府的财政支出进行控制和调节,以实现中央政府的宏观政策目标,维护中央政府的政治权威。

> **案例 15-1**
>
> **对口支援是横向转移支付吗?**
>
> 中国特色的对口支援其实就是经济发达地区对上级指定的欠发达地区或民族地区给予人、财、物方面的帮助和支持,是一种基于财政平衡视角下的政府行为。
>
> 20世纪50—60年代,国家号召"支边",鼓励内地青年支援新疆、青海、西藏等边疆地区。1979年的全国边防工作会议正式确立对口支援体制。1983年国家经委、国家计委和国家民委等部门进一步明确了对口支援工作的重点和任务,扩大了对口支援的范围。1992年国务院提出和发动对三峡工程库区移民的对口支援。1993年国家教委部署了全国教育对口支援工作任务。1994年国务院的《国家八七扶贫攻坚计划》,要求沿海较发达省份实施对西部贫困省份对口扶贫。
>
> 进入21世纪以来,有中国特色的对口支援行动不断发展。2000年教育部组织实施了"东部地区学校对口支援西部贫困地区学校工程"。2001年国务院发布《关于实施西部大开发若干政策措施的通知》,明确指出推进地区协作与东

西部的对口支援。2008年汶川大地震灾后重建的对口支援的规模之大、速度之快、成效之高让世人震撼地感受到了中华民族的团结和决心。2010年国家紧急组织10个省市对云南、贵州、广西进行抗旱救灾对口帮扶。2010年5月中央新疆工作会议决定,进一步加大对口支援新疆力度,从2011年起19个省市人才、技术、管理、资金等全方位对口援疆。这是我国历年来支援地域最广、资金投入最大、援助领域最全面的一次对口支援。同年的第五次中央西藏工作会议要求全国各族人民特别是对口援藏省市大力支援西藏建设。

几十年来,我国的对口支援行动渐趋成熟,具有如下特点:规模不断的扩大,由"结对子"到"举国行动";内容日渐的丰富,由初期的物资"硬件"扩展到人才、技术等"软件"支援;战略功能渐趋成熟,从"输血型"向"造血型"战略功能转变。

客观地说,我国的对口支援在促进区域经济协调发展、增强区域间的协作及交流、维护民族团结以及国家统一等方面发挥了巨大的作用。但随着大规模对口支援的深入实施,也毋容置疑地暴露了一些问题:①对口支援的法律制度不健全。多年来的对口支援仍然是"政治动员式",是基于政治任务而非法律义务自发生成的行动。至今都没有在法律层面解决"在什么情况下启动对口支援,何时退出对口支援"等问题。②对口支援的激励机制不健全。财政分权要求地方政府为辖区民众谋福利,加之支援地和受援地利益和目标取向存在一定差异,作为政治责任的无偿援助机制存在严重的激励不足问题。③缺乏有效的评估机制。由于对口支援的政治任务属性,赋予更多的感情因素,存在着"不惜代价"、"雷大雨小"的行为倾向,其对支援地乃至其他地区经济和社会影响很少得到评估,甚至认为评估会"伤感情"。

(案例来源:伍文中.从对口支援到横向转移支付:文献综述及未来研究趋势[J].财经论丛,2012(1):34-39.)

> **思考与提示**
>
> 我国的对口支援在属性上是否是横向财政转移支付行为?我国建立横向财政转移支付是否必要、是否可行?

2. 实现政府间纵向财政平衡

纵向财政不平衡是由于政府间事权与财权划分不相匹配造成的。各国政府划分为中央政府和地方政府,各级政府在划分事权的基础上确定支出责任。在分税制下,地方政府提供公共品的作用日益重要,但在收入划分方面,为了不扭曲市场机制,中央集中了大量收入。中央财政收入能力远远大于支出需求,而地方财政收入能力难以满足支出需求,这样,就形成了纵向财政不平衡。各国纷纷通过转移支付补充地方财力,以保证地方政府正常履行职责。现在,一些发达国家的中央财政收入占财政总收入的比例很高,例如,美国达到60%以上,日本高达70%。[1] 为消除纵向财政不平衡,中央政府一般采取无条件转

---

[1] 高美祥.对财政转移支付基本条件的分析[J].北京:财政研究,1996(7).

移支付方式。

3. 实现政府间横向财政平衡

由于自然资源、地理环境、人口分布、社会结构、历史状况、经济水平的不同,各地财政收入能力和财政支出需求相差悬殊,即财政净利益差别极大,造成公共服务水平的极大差异,在一些贫困地区和少数民族地区,甚至连最低的公共服务标准也难以达到,例如,普及初级义务教育、初级卫生保健、保障安全饮水等也存在困难。目前所倡导的"希望工程"实际上应该通过财政转移支付这一途径来解决,而不能永久依赖不稳定的民间筹资来应付。因此,中央政府应该通过转移支付消除财政净利益差别,达到最低公共服务标准,以实现横向财政平衡。

4. 外部效益

地方政府提供的公共品或服务,其受益范围超过本地区,使其他地区居民在不承担任何成本的情况下受益,这就产生了外部效益。地方政府只根据本地区居民的效益进行分析。存在外部效益时,地方政府不考虑外溢到其他地区的效益,公共品的提供水平将低于最佳提供水平,导致资源不合理配置。

外部效益如果只涉及少数地区,则可以由这几个地区协调。但如果涉及许多地区,则相互协调的成本很高,难以达成一致意见。在这种情况下,应由中央政府采购配套转移支付,以激励地方政府提供更多的公共品。

5. 规模经济

有些公共品和服务,如供水、供电,具有规模经济,即使用者越多,人均成本越低,产出达到相当规模时才能获得成本节约带来的利益。如果由特定的地方政府独立供应,由于财力限制,难以达到合适水平,因此,应由中央政府实施转移支付,以激励地方政府达到适当规模。

6. 实现中央政府特殊目的

1)中央政府应保持经济稳定

经济繁荣时,中央政府减少对地方政府的转移支付,以限制地方支出;经济萧条时,中央政府增加对地方政府的转移支付,以鼓励地方支出。例如,20世纪30年代,各国地方政府为了对付经济危机而举办的许多公共福利事业,都曾经得到过中央政府的转移支付。

2)中央政府帮助地方政府应付非正常事件

在地方遇到严重自然灾害等非正常事件时,中央采用有条件非配套转移支付,促使地方政府将所有转移支付资金用于灾后恢复工作。

3)其他特殊社会目的

例如,美国联邦政府对州政府和地方政府的教育补助规定,接受补助的学区不能实行种族歧视和种族隔离。

二、转移支付的种类

在制订转移支付方案时,根据资金用途是否有具体规定,可分为有条件的和无条件的;根据资金分配是否要求地方自行承担一定比例的资金,可分为配套和非配套的;根据分配额是否限制,可分为封顶和不封顶的。

对于不同转移支付形式的影响,可以用经济学方法进行分析。假定地方政府提供的公共品 X 的量用横轴表示，居民其他消费品 Y 的量用纵轴表示，为了分析方便，假定地方政府提供的公共品就是受补助的公共品。

(一) 无条件拨款

无条件拨款指未规定资金用途，又不要求地方政府承担自有资金的拨款。例如，中央在某一时期补助地方政府 3 亿元，由地方政府自行安排。无条件拨款如图 15-1 所示。

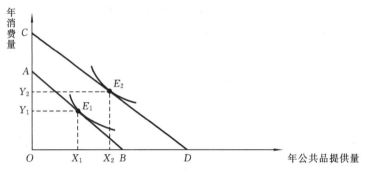

图 15-1 无条件拨款

无条件拨款，使地方政府预算约束线右移。在图 15-1 中，纵轴表示地方居民的总消费量，横轴表示地方政府提供的年公共品总量。为分析简便起见，假设 1 单位公共品与 1 单位居民消费品均为 1 元。拨款前，地方预算约束线为 AB，与无差异曲线的切点 E_1 是社会福利最大点，拨款后，地方预算约束约为 CD，与无差异曲线和切点 E_2 是社会福利最大点。E_2 与 E_1 相比，受补助公共品的数量增加了，由 OX_1 上升到 OX_2，但增加额小于补助额 BD，这是由于无条件拨款使地方政府减少了自己对受补助公共品的支出。如果地方政府的公共品都接受无条件补助，则地方政府的税收努力程度下降，税收由 AY_1 下降到 AY_2。

无条件拨款对资金用途不加以规定，资金未必用于中央政府优先选择的公共品，这不利于中央政府特定目标的实现。无条件拨款的主要作用是弥补地方财力的不足。

(二) 有条件非配套拨款

如图 15-2 所示，有条件非配套拨款指规定了资金用途，但不要求地方政府承担自有资金的拨款。例如，中央政府在某一时期补助地方政府 1.5 亿元，指定用于教育支出。

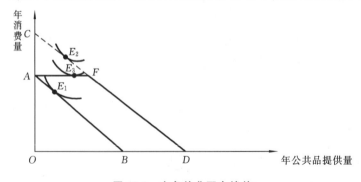

图 15-2 有条件非配套拨款

在图 15-2 中，拨款前，地方预算约束线为 AB，社会福利最大点为 E_1，拨款后，地方预算约束线为 AFD，社会福利最大点为 E_3，E_3 表明受补助公共品的消费未达到 AF 数量，因此拨款资金未用完。例如,中央政府拨给地方政府 1.5 亿元教育经费,但该地区教育经费只用了 1 亿元,则多余的 0.5 亿元不能用于其他公共品,只能还给中央政府。E_3 和参照系 E_2 相比,处于较低的无差异的曲线上,即当受补助公共品的消费未达到 AF 数量时,有条件非配套拨款所能达到的效用水平低于无条件拨款。如果受补助公共品的消费超过 AF 数量,则其经济学分析类似于无条件拨款。

(三) 有条件配套不封顶拨款

有条件配套不封顶拨款如图 15-3 所示,是指规定了资金用途(但未规定限额),并要求地方政府承担一定比例自有资金的拨款。例如,中央政府每拨给地方政府 1 元教育经费,则要求地方政府同时配套提供 1 元教育经费。

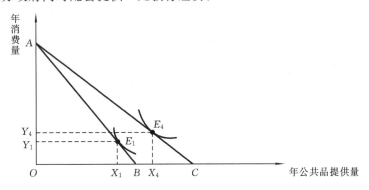

图 15-3 有条件配套不封顶拨款

在图 15-3 中,拨款前,地方预算约束线为 AB,社会福利最大点为 E_1;拨款后,地方预算约束线为 AC,社会福利最大点为 E_4,E_4 与 E_1 相比,受补助公共品数量增加了,由 OX_1 上升到 OX_4。这是由于拨款的收入效应和替代效应。收入效应,即地方可支配财务增加;替代效应,即受补助公共品相对价格下降,两者都促使地方政府提供更多的受补助公共品。

有条件配套不封顶拨款是校正外部效益的一种方法,拨款的目的是鼓励地方政府提供更多具有外部效益的公共品。当然,实施拨款计划时面临一个较难解决的问题,即如何正确衡量地方政府的外部效益。

(四) 有条件配套封顶拨款

有条件配套封顶拨款如图 15-4 所示,是指规定了资金用途和最高限额,并要求地方政府承担一定比例自有资金的拨款。例如,中央政府每拨给地方政府 1 元教育经费,则要求地方政府同时配套提供 1 元教育经费,但中央政府的拨款以 1 亿元为限。

在图 15-4 中,拨款前,地方预算约束线为 AB,社会福利最大点为 E_1;拨款后,地方预算约束线为 AFD,社会福利最大点为 E_5。在 AF 段,中央政府给予地方配套拨款。E_5 与 E_1 相比,受补助公共品数量增加了,但与有条件配套不封顶拨款条件下的 E_4 相比,受补助公共品数量较少。如果受补助公共品的消费未超过 AF 段,则其经济学分析类似于有条件配套不封顶拨款。

有条件配套封顶拨款也是校正外部效益的一种方法,但由于中央政府财力有限,不能无限制地增加这类配套拨款。

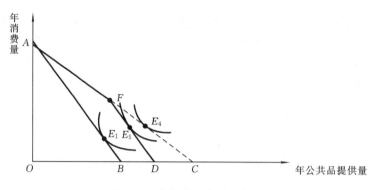

图 15-4 有条件配套封顶拨款

(五) 分类拨款与分项拨款

中央政府有条件拨款,对资金用途要作出规定。根据对资金用途的规定范围大小,有条件拨款可分为分类拨款和分项拨款。

分类拨款,只就某一类支出的拨款总额作出规定,但不规定具体项目,在同类范围内,地方政府自行决定拨款的具体使用项目。分项拨款,则规定了具体项目。例如,中央政府拨款,规定用于教育支出,地方政府可以自行决定增加教师工资、购买图书及计算机或建造学生宿舍等,但大方向必须是教育,这属于分类拨款。而如果中央政府拨款,规定必须用于增加教师工资,这属于分项拨款。

经验表明,地方政府以拨款形式获得的收入比地方自有收入会带来更多的地方公共支出。据估计,美国地方政府收到 1 美元补助,将其中的 40 美分用于公共支出,而私人收入增加 1 美元,公共支出仅增加 10 美分。人们把这一现象称为"粘蝇纸效应"或"归宿的粘蝇纸理论",即钱粘在它所到达的地方。

案例 15-2

如何指定转移支付资金的用途?

转移支付资金的用途指定不宜过细。我国专项拨款的弊端由来已久,其中包括:项目种类和数量繁多、金额小,由于专款专用和资金分散,难以集中财力做大事,资金的使用效率低;项目的申请和审批程序复杂,项目申请者和管理者的负担都很重;拨款的审批时间长,资金不能及时到位,不利于地方政府在预算年度内的资金安排;资金分配不透明,易于产生腐败、项目包装、虚报冒领以及多头申请等不良现象。这些都源于中央政府意图通过对资金指定用途,借以纠正地方政府支出的外部性,但是过细的用途使得中央政府对地方政府公共支出干预造成的损失远远超出纠正地方政府支出外部性带来的收益。

转移支付资金不宜不指定用途。在考察中央到地方转移支付资金是否指定用途时,除了专项拨款的弊端之外,其他两个因素不容忽视。一个因素是基本公共服务均等化的目标。基本公共服务均等化是中央政府主导的、政府收入分配功能最重要组成部分之一。与解决横向不均衡或财力均等化不同,基本公共服务均等化不仅需要地区间财力均等化,同时要求地方政府尤其财力较弱的地方政府,将有限的财政资金优先地投向基本公共服务的提供,保障最低水平公共服务的提供和实现基本公共服务均等化。另一个因素是我国地方政府重投资轻民生的公共支出偏好。地方政府在安排财政支出上很难自发地优先提供基本公共服务,往往偏好基本建设支出等投资性支出。有关均等化转移支付与地方政府支出结构研究显示,在中央对省转移支付规模扩大过程中,地方政府更大比例地增加基本建设和行政管理费支出;有关地方分权和小学义务教育支出关系的研究发现,小学入学率与地方分权之间存在显著的负相关关系。财政分权与财政总支出中基本建设支出的比重成正比,与科教文卫支出的比重成反比,这一点在经济落后的中西部地区尤为突出。在地方政府重投资轻民生的支出偏好下,基本公共服务均等化要求中央政府对地方政府的支出进行一定的干预,其主要手段是对转移支付资金的用途进行限制,以保证地方政府支出满足最低水平公共服务的提供,避免过度投资。

转移支付资金用途范围应谨慎确定。由中央到地方的转移支付资金应当指定用途的主张,关键在于用途指定的宽泛程度,用途指定较为宽泛的拨款,既可以满足中央政府的意愿,同时又不失让地方政府根据本地区的实际具体安排资金的使用。以教育转移支付为例,资金的使用范围宽泛到整个教育服务,至于用于教师工资,还是用于购买桌椅板凳,则由地方政府根据本辖区的实际需要自主决定。用途指定较为宽泛并且按因素法分配的转移支付资金,能满足中央政府对地方政府公共支出的干预,从而保证地方政府把有限的资金有限用于基本公共服务提供上,同时避免中央政府对地方政府支出过度和不当干预,克服目前我国专项转移支付资金的种种弊端。

(案例来源:岳希明.分类拨款:我国专项转移支付改革的方向[J].中国财政,2014(5):36-37.)

思考与提示

1. 三种转移支付资金的模式,即一般性拨款、专项拨款与分类拨款有何利弊?
2. 上级政府应该如何选择转移支付模式以最大发挥资金效果?

本章重要概念

预算管理体制(budget management system)
分级分税预算体制(tax distribution & grading budget system)
分税制(tax distribution system)　　转移支付(transfer payment)
无条件拨款(unconditionally appropriation)
有条件配套不封顶拨款(conditionally open-end matching appropriation)

本章思考题

1. 政府间事权划分的原则是什么?
2. 政府税收收入划分的原则是什么?
3. 转移支付有哪些种类?并作简要比较。

本章推荐阅读书目

1. 加雷斯·D.迈尔斯.公共经济学[M].匡小平,译.北京:中国人民大学出版社,2001.
2. 理查德·W.特里西.公共部门经济学[M].薛涧坡,译.北京:中国人民大学出版社,2014.
3. 财政部财政科学研究所.地方公共财政预算管理改革与实践[M].北京:中国财政经济出版社,2012.

第十六章
财政宏观调控

―― 本章导言 ――

本章介绍财政宏观调控，包括财政宏观调控的功能、财政政策运行机制、公债，以及公共财政政策与货币政策的协调配置。通过本章的学习，使读者能熟练掌握财政的功能、政策运行机制、财政政策等相关知识，并能运用有关理论分析我国的现实问题。

第一节 财政宏观调控的目标

财政宏观调控目标是指国家通过运用财政政策在宏观层面所要实现的目的，它构成财政政策的核心内容，是财政政策中的主导方面。财政政策目标的确定因不同国家不同时期而异。资本主义国家的财政政策目标经历了一个由财政目标到经济目标，由单一内容到多元内容的变化过程。近些年来，西方发达国家普遍把充分就业、稳定物价、经济增长、国际收支平衡作为财政政策目标。这种从单一政策目标向多元政策目标变化的趋势既反映出资本主义社会中经济活动和各种矛盾的复杂性，又说明了单一政策目标的局限性。

我国的财政宏观调控目标不应以财政本身的状况而定，而主要应由经济和社会发展的要求来决定的。而且，我国财政政策目标是多元的，多元的财政政策目标之间有着内在的联系，它们有层次之别，可分为最终目标和中间目标。财政政策的最终目标即总目标。财政政策的中间目标，也称为分目标，是实现最终目标的前提条件。

（一）财政政策最终目标

确立财政政策的最终目标，首先必须明确社会主义经济的本质要求，即社会主义经济活动的根本目的。社会主义经济活动的根本目的是各项经济活动的出发点和归宿，各种经济政策的目标都必须统一到这一根本点上。自然，它也指明了财政政策的根本方向。社会主义经济是以生产资料公有制为基础的，这就决定了社会主义经济活动的最终目的必然是在不断运用先进科学技术提高社会生产力水平的基础上，满足人民日益增长的物质和文化生活的需要。而需要的满足程度，不仅取决于个人消费需求的实现，而且取决于社会公共需要的实现。这种公共需要的满足，综合表现为社会生活质量的提高。比如公共安全、环境质量、基础科学研究、普及教育等水平的提高都标志着社会生活质量的提高。财政政策把社会生活质量的提高作为最终目标，是因为提高社会生活质量，仅靠市场是远远不够的，还必须依靠政府部门提供足够的高质量的社会公共需要。

(二) 财政政策中间目标

1. 物价相对稳定

这是世界各国均在追求的重要目标，也是财政政策稳定功能的基本要求。物价相对稳定，并不是冻结物价，而是把物价总水平的波动约束在经济稳定发展可容纳的空间。物价相对稳定，可以具体释义为，避免过度的通货膨胀和通货紧缩。在采取财政政策时必须首先弄清导致通货膨胀或通货紧缩的原因，如果是由于需求过旺或需求不足造成的，则需要调整投资性支出或通过税收控制工资的增长幅度，如果是由于结构性摩擦造成的，则必须从调整经济结构着手。总之，物价不稳定，对于我们这样一个资源相对短缺、社会承受能力较弱的发展中国家来说，始终是经济发展中的一大隐患。因此，在财政政策目标的选择上必须予以充分考虑。

2. 收入的合理分配

"吃大锅饭"的平均主义分配，抑制了劳动者的生产积极性，不利于经济的发展；收入分配不合理，贫富悬殊过大，又不利于社会经济的稳定。在社会主义市场经济条件下，同资源配置机制一样，应使市场分配起基础作用，同时实施政府的宏观调控。收入分配既要有利于充分调动社会成员的劳动积极性，同时又要防止过分贫富悬殊，因此，在政策的导向上存在着公平与效率的协调问题。税收负担的合理分配，建立完善的社会保障体系，是实现收入合理分配目标的关键点。

3. 经济适度增长

适度的含义就是量力而行。其一，要视财力可能（即储蓄水平）制订增长率。储蓄水平主要由收入水平和储蓄倾向两个因素决定。在一个低收入国家，储蓄的能力是有限的，单纯依靠国内储蓄难以实现增长目标，这时引进外资就可成为发展的一个重要推动力。其二，要视物力可能。物力是各种物质资源的总称，也是指能支撑经济增长的物质承受能力。作为一个发展中国家，我国经济发展既是生产力不断提高的过程，也是产业结构不断优化的过程。因此，在大发展中优先发展一些主导产业部门是必然的。财政政策在推进经济增长的过程中，一方面在政策取向上要处理好储蓄与消费的关系，保持适度的社会储蓄；另一方面要考虑到我国经济发展中的若干制约因素，注意发挥财政在结构调整和推进创新方面的作用。

案例 16-1

上调卷烟消费税是为了增加财政收入吗？

我国的烟草消费税 1994 年确定税制，1998 年、2001 年、2009 年分别进行过调整。2015 年 5 月 10 日起，国家将卷烟批发环节从价税税率由 5% 提高至 11%，并按 0.005 元/支加征从量税。与以往调整相比，此次调整最大的特点是实现了烟草调税与调价的同步推进。

国家烟草专卖局经济研究所副所长李保江表示，根据测算，此次调整后，考虑到自然增长、结构调整等因素，2015 年预计终端零售环节的卷烟平均价格比上年提高 10% 以上。据《2014 年全国烟草工作会议工作报告》提供的数据,2014 年全年批发销售收入 12480.4 亿元,销售 5099.04 万箱,上海财经大学朱为群教授以此数据为基础测算,假定 2015 年的批发销售额与 2014 年持平,按 6%（11%～5%）税率和每箱 250 元计算,将净增 748.8 亿元的从价消费税和 127.48 亿元从量消费税,合计净增 876.28 亿元为中央收入;同时新增 87.6 亿元城建税和教育费附加为地方收入。

我国是世界上最大的烟草生产国和消费国,也是受烟草危害最严重的国家之一。全国吸烟人数超过 3 亿,15 岁以上的人群吸烟率为 28.1%,7.4 亿非吸烟人群遭受二手烟的危害,每年死于吸烟相关疾病的人数达到 136.6 万。世界上公认的最具有成本效应的控烟措施是提高烟草的税收和价格,这也是世界卫生组织推荐的最为有效的单项控烟策略。世界卫生组织曾发布数据显示,烟草价格每增长 10%,放弃吸烟的成年烟民增加 3.7%,放弃吸烟的青少年烟民增加 9.3%,而这一数字在发展中国家则要翻一番。此次烟草消费税调整,凸显了我国控烟的坚定决心。

国内多位财税及控烟专家曾联合发布《中国的烟草税收及潜在的经济影响》报告,称我国若每包卷烟增加从量税 1 元,则政府财政收入将增加 649 亿元,同时,还将挽救 340 万人的生命,减少医疗费用 26.8 亿元,并创造 99.2 亿元的生产力收益。财政部财科所副所长王朝才认为,此次提高烟草税可以使低收入家庭减少烟草消费支出。

（案例来源:卷烟消费税上调目的何在?,中国经营网 http://www.cb.com.cn/index.php?m=content&c=index&a=show&catid=20&id=1130227&all）

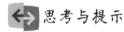思考与提示

结合财政宏观调控目标,思考国家此次上调卷烟消费税有何政策意图。

第二节　财政政策乘数与经济均衡

财政宏观调控功能的发挥离不开财政政策的实施,需要研究财政政策的作用机制,也就是人们常说的财政政策乘数问题。乘数分析最早由英国经济学家卡恩提出。[①] 后来,凯恩斯运用这一概念研究投资变动对总收入的倍增作用。[②] 财政政策乘数主要用来研究公共收支变化对国民收入的影响,其中包括公共支出乘数、税收乘数和平衡预算乘数等。

一、国民收入水平的决定模型

国民收入决定理论是推导和理解财政政策乘数的基础。根据国民收入的定义,下列

---

① Kahn,R. The relation of Home investment to unemployment[J]. Economic Journal,1931:41.
② Keynes,J. M. The General Theory of Employment[J]. Interest and Money,1936.

五个方程式组成了国民收入的决定模型。

$$Y = C + I + G + (X - M) \quad (16\text{-}1)$$

$$C = a + c(Y - T) \quad (16\text{-}2)$$

$$I = b + h(Y - T) \quad (16\text{-}3)$$

$$G = G^* \quad (16\text{-}4)$$

$$M = e + m(Y - T) \quad (16\text{-}5)$$

式(16-1)是国民收入决定模型中的第一个基本方程式。式中：Y 为生产（等于分配）的国民收入；C、I 和 G 分别为民间消费支出、民间投资支出以及政府在产品和服务方面的购买支出；X 为出口；M 为进口。在式(16-2)中，$(Y-T)$ 为个人可支配收入；a 为消费额中的自发部分，相当于必需的最低消费，是常数项（$a>0$）；c 为收入变化引起的消费变化的程度，即常说的（可支配收入的）边际消费倾向，且为正值（即 $dC/d(Y-T)>0$）。在式(16-3)中，b 表示由技术革新、人口增加、政治形势等外部因素决定的投资部分；h 为（关于可支配收入的）边际投资倾向，且为正值（即 $dI/d(Y-T)>0$）。在式(16-4)中，G^* 为公共支出；G 为政府支出，因其由预算政策来决定，是外生变量，故 $G=G^*$；又由于只分析政府对总需求的影响，所以没有必要把政府支出区分为政府投资和政府消费。在式(16-5)中，e 为进口中的自发部分，m 为可支配收入的边际进口倾向，且为正值。

在式(16-2)、式(16-3)和式(16-5)中，系数 c、h 和 m 分别为可支配收入增加一个单位，C、I 和 M 所增加的比例，即 $dC/d(Y-T)$、$dI/d(Y-T)$ 和 $dM/d(Y-T)$。如上所述，它们分别称为边际消费倾向、边际投资倾向和边际进口倾向，而这三者之和即 $(c+h-m)$ 称为（国民收入的）边际支出倾向。

接下来，把式(16-2)至式(16-5)代入决定国民收入的基本方程式(16-1)中，得

$$Y = a + b + G^* + X - e + (c+h-m)Y - (c+h-m)T \quad (16\text{-}6)$$

因此

$$Y = \frac{a + b + G^* + X - e - (c+h-m)T}{1 - (c+h-m)} \quad (16\text{-}7)$$

根据式(16-7)可知，均衡国民收入取决于 a、b、G^*、X、e、c、h、m 和 T 这些参数值。如果这些参数值发生变化，均衡国民收入 Y 就会变动。这里所要研究的是，财政当局能够操纵的变量（政策变数）G^* 和 T 变动时，Y 的均衡值会受到怎样的影响。

■ 二、公共支出乘数

公共支出乘数是指因政府购买物品和服务支出的增加（或减少）所引起的国民生产总值或国民收入增加（或减少）的倍数。

现假定公共支出发生变化。公共支出变化对国民收入产生的影响，可通过求国民收入 Y 对公共支出 G^* 的偏导数得知。根据式(16-7)，得到公共支出乘数为

$$\frac{\partial Y}{\partial G^*} = \frac{1}{1 - (c+h-m)} \quad (16\text{-}8)$$

根据式(16-8)，可以得到如下结论：第一，公共支出乘数是正值，说明国民收入与公共支出的变动方向相同；第二，政府增加支出时，国民收入增加，增加量为支出增量的 $1/[1-(c+h-m)]$ 倍；第三，公共支出乘数等于 1 减去国民收入的边际支出倾向的倒数，

边际消费倾向 c 越大（或越小），边际投资倾向 h 越大（或越小），进口边际倾向 m 越小（或越大），公共支出乘数值就越大（或越小）。

有关公共支出乘数需要注意以下几个问题。

第一，这里所说的公共支出是指政府在购买商品和服务方面发生的支出。像社会保障支出等这类转移性支出，其乘数效应一般比购买商品和服务支出的乘数效应弱，除非社会保障金的领取者把这部分收入全部用于支出。政府用于贷款和偿还债务的支出，一般情况下与购买商品和服务支出的乘数相同。

第二，假定公共支出全部用来购买本期商品和服务。如果用于购买土地、建筑物等资产，只要卖方不将其全部收入用于投资支出或消费支出，公共支出的乘数效应就会减小。

第三，在经济繁荣时期，公共支出增加对实际收入的影响能力出现减弱趋势。因为在这种经济状况下，公共支出扩张将导致国民支出增加，这会刺激价格水平上升，因而，对实际国民收入的增长来说，其作用不大。

第四，公共支出乘数效应受利率的影响。在国民收入提高时，出于交易目的的货币需求会增大；在货币供给不变的情况下，一般都是利率上升。利率的这种变化会抑制民间投资。因而，公共支出的扩张效应在一定程度上被抵消。

第五，公共支出的增加一般会使货币量和公债规模发生变化，并通过对利率和货币资产的影响，进而对民间消费和民间投资产生间接影响，公共支出乘数也会有不同变化。

三、税收乘数

税收乘数指因政府税收增加（或减少）而引起了国民生产总值或国民收入减少（或增加）的倍数。

在讨论公共支出乘数时，假定税收不变。现在相反，假定公共支出不变，分析税收政策的变化对国民收入水平的影响。根据式(16-7)，求国民收入 Y 对税收 T 的偏导数，得到税收乘数为

$$\frac{\partial Y}{\partial T} = \frac{-(c+h-m)}{1-(c+h-m)} \tag{16-9}$$

根据式(16-9)，可以得到如下结论：第一，税收乘数是负值，说明国民收入与税收的变动相反；第二，政府增税（减税）时，国民收入减少（或增加），减少（或增加）量为税收增量（或减量）的 $(c+h-m)/[1-(c+h-m)]$ 倍，可见，若政府采取减税（或增税）政策，将会成倍刺激（抑制）有效需求，达到总供求保持平衡的目的；第三，比较式(16-8)和式(16-9)的分子，由于 $(c+h-m)<1$，因此，从绝对值来看，税收乘数小于公共支出乘数，这说明，公共支出政策对经济稳定的作用大于税收政策。

有关税收乘数需要注意以下几个问题。

第一，这里所说的税收是指一般作为直接税的税收，特别是所得税；同时也不考虑税收转嫁问题。

第二，在国民收入水平既定情况下，增税或减税将直接使可支配收入发生减增变动，从而影响到民间消费，这是税收对消费的收入效应。此外，增税使储蓄的税后收益率下降，这对消费也许能产生一定程度的影响。

第三，在可支配收入发生一定变化的情况下，民间支出的第一次变动额取决于现在的

变化对将来的可支配收入的预期值的影响。从这一点来看,如果税率的升高预期是暂时的,那么,税率的短期变动对民间支出的抑制效应低于长期变动。所以,政府在提出调整税收政策时,应当注意到这一点。

第四,假定纳税人的边际支出倾向与整个经济的平均边际支出倾向相等。另外,对于不同纳税人之间的边际支出倾向的差异也没有考虑在内。

第五,这里没有考虑税收政策的变化对劳动意愿和经营努力的影响。

四、平衡预算乘数

无论是公共支出乘数还是税收乘数,都假定公共支出水平或税收水平两者中,有一个因素不变,而另一个因素发生变动。其实,在现实中,很有可能出现在增加公共支出的同时,等量地增加税收的财政政策。这种维持预算平衡的预算规模变化之后,国民收入水平受到的影响可用平衡预算乘数来解释。

平衡预算乘数是指政府在增加税收的同时,等量增加购买性支出引起国民收入变化的倍数。把式(16-8)和式(16-9)相加,就得到平衡预算乘数,即

$$\frac{\partial Y}{\partial G^*} + \frac{\partial Y}{\partial T} = \frac{1}{1-(c+h-m)} + \frac{-(c+h-m)}{1-(c+h-m)} = 1 \quad (16\text{-}10)$$

根据式(16-10),可以得出如下结论。

第一,即使增加税收会减少国民收入,但是,如果同时等量增加公共支出,国民收入也会以公共支出增加的数量而增加。换言之,即使政府实行平衡预算财政政策,仍具有一定扩张效应。

第二,一般情况下,国民收入水平变化等于平衡预算规模变化,而与可支配收入决定的边际支出倾向($c+h-m$)的大小无关。

第三,预算平衡乘数的经济意义在于,当经济衰退不太严重之时,政府可以通过适当的增税来弥补等量增加的政府支出。这样既可以在一定程度上提高国民产出和就业水平,又可以避免过大的财政赤字。

有关平衡预算乘数需要注意以下几个问题。

第一,平衡预算乘数等于1这个命题,取决于讨论方便而假定的许多条件。这些条件包括:①政府购买性支出用于取得本国经济新生产的物品;②社会的边际消费倾向和边际储蓄倾向在平衡预算乘数起作用期间不发生变化;③预算规模变化不改变对私人投资的刺激;④在整个经济中,不论是纳税人还是政府支出利益的受益人,边际消费倾向和边际储蓄倾向都相等;⑤工作—闲暇格局不会因政府的预算措施而改变;⑥所涉及的税种与国民收入没有函数关系。如果把各种因素都考虑进来,平衡预算乘数可能不等于1。

第二,平衡预算乘数的政策意义不在于其乘数值是否等于1,而是否定了"平衡预算规模变化对国民收入的影响是中性的"这一传统观念。

综上分析,在总体上至少可以得到两个重要结论:①公共收支的变化将对总需求产生重大影响,会使国民收入成倍增减,能够起到"四两拨千斤"的作用,因此,财政政策是稳定宏观经济运行或反经济周期的重要政策手段;②财政政策的作用力度或倍数效应,取决于边际消费倾向、边际投资倾向和边际进口倾向,边际消费倾向和边际投资倾向越大、边际进口倾向越小,财政乘数就越大,财政政策的作用力度也就越大。这表明,政府在采取扩

张性财政政策扩大总需求、抑制通货紧缩时,不仅要增加公共支出或减少税收,还要注重民间部门的反应,采取能提高边际消费倾向、边际投资倾向和降低边际进口倾向的财政政策措施。

第三节 公债政策对经济的影响

公债已经成为各国政府运用宏观经济政策必不可少的手段。公债既有促进经济发展的积极影响,也有加大财政赤字,造成通货膨胀等消极影响。如果运用得当,公债对社会经济的发展可以起到积极的促进作用。

一、公债对经济的积极影响

(1) 公债可以调节社会总供给与总需求,使社会资金得到充分运用,减轻经济周期波动。当一些社会资本处于闲置状态时,特别是经济衰退时期闲置资本较多时,通过发行公债可以吸收社会闲置资金,扩大政府的公共支出,从而扩大社会有效需求,有助于克服经济衰退,促进经济发展。在经济过度繁荣阶段,通过增加税收建立偿债基金能够抑制经济发展的过旺势头,有利于经济的稳定发展,减轻经济周期的波动。

(2) 公债可以广泛吸收社会小额游资,集中用于政府投资,有助于整个社会经济的发展。这些资金分散在广大公众手中,由于每人所持数额太少,难以达到有效投资量,因而无法用于投资,造成了社会资金的浪费。发行公债有利于充分地有效利用社会闲散资金,加快经济发展速度。

(3) 公债可以有效地调节金融市场的运行状况。当物价上涨迅猛时,政府通过发行公债,吸收社会资金以减少货币流通量,从而起到平抑物价的作用。当银行贷款利率上升时,公债价格将下跌,这时政府可以通过偿还公债或收买公债的方式,增加社会货币资金的供给量,从而保证国民经济的正常运转。

二、公债对经济的消极影响

利用公债政策有一定的限度,超过了限度会带来消极的副作用。特别是长期推行赤字财政政策,成为财政的沉重负担,会对经济发展产生消极影响。

其一,在金融市场上资金一定的情况下,通过挤出效应排挤了一部分私人投资。如果政府以优惠条件同私人投资者竞争,将影响主要是由货币供求关系决定的市场利率,成为利率波动的因素之一。

其二,公债除了一部分由企业、公司和个人购买外,如果还通过中央银行承购一部分,则中央银行购买公债的过程,也就是向流通中投入货币的过程,且通过货币乘数进一步扩大货币流通量,会引起通货膨胀。

其三,累积的公债使政府支出中的利息费用迅速增加,成为财政的沉重负担,限制了财政政策功能的发挥。

三、公债政策的利弊权衡

公债的发行对经济既能产生积极的影响,又能产生消极的影响,因此,运用公债政策时应权衡利害。

从公债的发行环境看,公债发行要首先看其对经济发展有无稳定作用。公债政策在经济衰退和繁荣阶段都可发挥良好的调节作用。经济繁荣时期社会资金投向利润率高的行业,容易形成过度繁荣。政府发行公债可以吸收部分社会资金,防止通货膨胀局面的出现。当经济衰退时,消费与投资都不足,政府可以运用公债政策扩大公共支出,以免资本冻结而阻碍经济发展。此外,当国民纳税负担能力较低,增加税收较困难时,运用公债为政府的公共支出筹资是较好的选择。

从公债收入的使用看,公债收入的使用方向不同将对经济产生不同的影响。如果公债收入用于政府投资,可以增加资本累积,使公共设施和基础设施得到改善,加速经济发展的进程。特别是在经济衰退时期,政府将公债用于各种公共设施,可以提高就业率,增大有效需求,刺激私人投资,通过财政乘数扩大生产,促进经济的复苏和繁荣。

案例 16-2

我国的地方政府债务及其处置新规

地方政府债务包括省、市、县、乡四级政府的债务,审计署 2013 年针对全国债务审计的报告显示,截至 2013 年 6 月底,地方债务总额为 17.8909 万亿元。其中,负有偿还责任债务为 10.8859 万亿元,占 60.85%;具有担保责任债务为 2.6656 万亿元,占 14.90%;承担一定救助责任的债务为 4.3394 万亿元,占 24.25%。2013 年 6 月至今,地方债务新增了多少,目前仍无确切的统计数据,但业界普遍相信增量不会少。

2014 年 10 月初国务院发布了《关于加强地方政府性债务管理的意见》。该意见规定,截至 2014 年底的存量债务余额应在 2015 年 1 月 5 日前上报;从 2016 年起,只能通过省级政府发行地方政府债券方式举借政府债务。为了落实该意见,财政部印发了配套文件《地方政府存量债务纳入预算管理清理甄别办法》,将地方债将被分为一般债务、专项债务、混合债务,而通过 PPP 模式(政府与社会资本合作)转化为企业债务的,不纳入政府债务。经国务院批准,财政部 2015 年下达了地方存量债务 1 万亿元置换债券额度,允许地方把一部分到期的高成本债务转换成低利率的地方政府债券。

从之前提出的债务甄别到此次的万亿规模置换,对地方政府来说,中央要把地方政府存量债务逐渐显性化的过程已经非常清晰。中国社科院财经院研究员杨志勇分析认为,比较以前地方债务的处理意见,这次中央对地方债的清理实际上是把债务显性化的过程。只有清晰了债务的结构才能有明确的置换方式,对地方政府来说,有利于缓解它们的压力。

置换本身虽然可以有效缓解地方政府的压力,但并不会减少这些巨额债务的数额。因此,有评论认为从长远考虑,改革完善分税体制、转变政府职能、强化约束监督机制及完善地方官员政绩考核体系,才是解决地方债务问题的根本之道。

(案例来源:蔡如鹏.债务危局何解[J].中国新闻周刊,2015年第10期,见http://tjdl.vip.qikan.com/text/article.aspx?titleid=xwzk20151009-1。)

思考与提示

地方政府债务从何而来?地方政府为何负债?失控的地方政府债务有何危害?

四、公债政策与通货膨胀的控制

公债政策是指政府在公债总额的增减、公债结构的变动和利率的升降等方面所制定的方针和采取的措施,这些具体措施涉及通货膨胀问题。

1. 公债发行方式和通货膨胀

不同的公债发行方式对经济的影响是不同的。公债采取公开发行方式向私人部门推销,是政府通过公债将私人购买力归为自己支配。从整个社会来讲,仅仅是购买力的转移,一般不会引起通货膨胀。

假如商业银行以它吸取的存款购买公债,那么同公开发行一样不会引起通货膨胀;假如商业银行以创造信用方法购买公债,造成流通手段和支付手段的增加,使流通中的货币量超过其客观需要量,会引起通货膨胀。

当公债由中央银行承购时,中央银行通常用创造信用的方式购买,把所认购的公债金额列入政府往来账户,政府根据账户上的虚假存款开具支票或支取现金以安排各种政府支出,这就直接增加流通中的货币量,会造成通货膨胀。

2. 公债的结构和通货膨胀

公债是否会引起通货膨胀同公债结构也有着密切关系。不同种类、不同期限和不同持有者结构的公债,对通货膨胀的影响是不同的。

从公债种类结构方面说,可交易公债能在证券市场上买卖,所以,能影响流通中的货币量,可能引起通货膨胀;而不可交易的公债则不能在证券市场上买卖,对通货膨胀的影响较小。

从公债期限结构方面说,长期公债流动性较小,对通货膨胀的影响也较小;中、短期公债的流动性较大,容易引起通货膨胀。这是因为商业银行购买中、短期公债的目的,一方面是为了获得利息收入;另一方面是为了随时抛售以增强其清偿能力。当商业银行向中央银行抛出中短期债券时,会引起通货膨胀。中央银行在执行公开市场业务时,大量购进或抛出中、短期债券,有时与其调节经济的目标不一致,也会造成通货膨胀。

从持有者结构方面看,不同的持有者结构对通货膨胀的作用也是不同的。中央银行持有公债是为了调节经济,需要不断地抛出和购进,操作不当会引起通货膨胀。在私人投资者持有的公债中,商业银行主要持有中、短期公债,保险公司和储蓄银行等持有长期公债,个人投资者也主要持有长期公债,因此,通货膨胀的风险主要来自商业银行。商业银行和中央银行在证券市场上买卖公债的行为会引起通货膨胀,例如,中央银行购进公债,商业银行抛出公债,会加强商业银行的贷款能力,形成通货膨胀的倾向。

第四节 公共财政政策与货币政策等的协调配置

财政政策与货币政策是政府进行宏观调控的两大政策工具。由于其具有不同的特点,所适用的宏观背景条件也有所不同,因此,在具体实施中存在着协调配合的问题。

一、从各自的特点看财政政策与货币政策协调配合的必要性

(一)财政政策与货币政策效应的范围与侧重点不同

财政政策在刺激需求与调节经济结构方面具有较明显的作用,但是在限制社会总需求方面的作用较弱。因为,减税与增支都较易实施,效果也十分明显;而减支与增税却十分困难。而且,财政支出形成的需求只占社会总需求的一部分。货币政策的调节范围覆盖全社会,尤其是社会需求总量,它通过调节货币供给量,在抑制需求、控制通货膨胀方面具有较显著的效应。

(二)财政政策与货币政策作用的时滞不同,可控性也不同

一般来讲,财政政策的制定时滞较长,而实施后生效时滞较短。因为财政政策手段(税收、预算支出等)大都是具有法律效力的政策手段,其立法制定过程往往需要相当长的时间。而在政策实施后,由于税收与政府支出可直接影响微观经济主体的购买力,没有中间环节,从而可直接影响投资和消费需求,故生效时滞较短。与财政政策相反,货币政策的制定时滞较短,实施后生效时滞较长,并且可控性较差。因为,货币政策一般可由中央银行根据经济状况自行决策,时滞较短;但是货币政策从实施到产生作用要经过复杂的传导过程,所需时间较长,并且多变,不易把握,其原因在于中央银行采取调节措施需要经过金融市场、商业银行这些中介环节的传导,再影响到经济单位。以扩张性货币政策为例,货币供给量增加→利率下降→投资上升→产出增加。在这一过程中如果某个环节短路,如利率因货币的流动性陷阱存在而不能随货币供给量的扩大而下降到足以使投资回升的水平;再如投资对利率不敏感,不能随利率的变动而变动,都会使扩张性货币政策的效果受影响。

(三)财政政策和货币政策的扩张效应不同

扩张性财政政策在促使产品产出与就业增加的同时,可能导致利率上升,从而有可能排挤非政府部门的投资;而扩张性货币政策却可以通过降低利率促使产出和就业增加,因而有利于鼓励非政府部门投资的增长。

二、财政政策与货币政策的选择

由于在特定条件下,财政政策与货币政策的调控效果客观上存在差异,因此,在实践中往往需要政府根据具体经济情况选择一种调控效果明显的政策作为重点调控手段。政策选择原理可以用 IS-LM 模型予以说明。

首先,根据能够反映货币需求弹性状况的 LM 曲线来判断财政政策的效果。货币需

求总量是由投资货币需求和交易货币需求决定的。因此,当货币需求对利率和收入水平较敏感,即货币需求弹性较大(LM曲线较平坦)时,财政政策的效果较好,如图16-1所示。因为此时,表示财政政策的IS曲线的移动对利率的影响较小,而对产出的影响则较大。

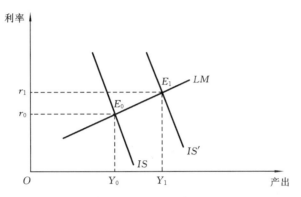

图16-1　货币需求弹性较大时,财政政策效果较好

在图16-1中,最初IS曲线与LM曲线相交于E_0,利率为r_0,产出水平为Y_0。政府实施扩张性财政政策使IS曲线外移至IS',与LM曲线相交于E_1,这时利率从r_0上升至r_1,上升幅度较小,但产出则从Y_0增至Y_1,增长幅度较大,说明财政政策效果较好。其原因在于财政政策的实施没有使效率上升过高,从而扩张性财政政策的挤出效应不大;反之,如果货币需求弹性较小,即LM曲线陡直,则财政政策效果不理想,如图16-2所示。

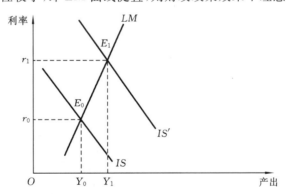

图16-2　货币需求弹性较小时,财政政策效果较差

在图16-2中,由于LM曲线陡直,因此,扩张性财政政策使IS曲线移至IS'致使利率大幅度上升,而产出增加却很少。因为利率的上升产生了较大的挤出效应,使扩张财政政策的效果很大程度上被挤出效应抵消了。

其次,货币政策效果的显著性取决于IS曲线的斜率。IS曲线的斜率主要由投资对利率的敏感程度决定。当投资对利率较敏感,即IS曲线弹性较大(平坦)时,货币政策的效果较好,如图16-3所示。

在图16-3中,由于投资对利率敏感(IS曲线平坦),因此,当扩张性货币政策使LM移至LM',而产出则从Y_0增至Y_1,增幅较大。这说明扩张性货币政策效果较理想;反之,如果投资对利率不敏感,即IS曲线陡直,货币政策的效果则不理想,如图16-4所示。

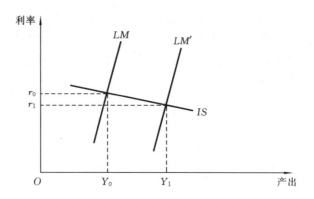

图 16-3 投资对利率敏感,货币政策效果较好

在图 16-4 中,由于投资对利率不敏感,因此,尽管扩张货币政策使利率大幅下降,从 r_0 降至 r_1,但产出却只增长了一点,从 Y_0 增至 Y_1。这说明扩张性货币政策效果差。

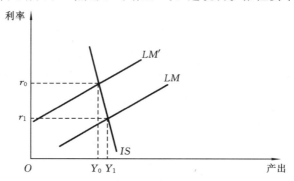

图 16-4 投资对利率不敏感,货币政策效果差

上述分析说明,财政政策与货币政策的协调配合还体现在何种情况下应重点使用何种政策手段上。例如,在经济严重萧条时期,利率再低,也难以激起非政府部门投资者的投资欲望,这时若采用扩大政府支出的财政措施则能较有效地促进社会有效需求;反之,当投资对利率敏感时,则可偏重采用货币政策。

此外,如果经济调控目标是为了扩大非政府部门的投资,则应重点采用扩张性货币政策与减税;如果是为了扩大政府部门的投资能力,则需侧重采用扩大政府购买支出手段。

但是,更多的是两种政策配合运用,以一方法之长弥补另一方法之短。例如扩张性财政政策若产生了挤出效应,就可以增加货币供给量的扩张性货币政策予以配合,促使利率下降,以抵消或减少挤出效应。

■ 三、财政政策与货币政策协调配合的基本模式

财政政策与货币政策配合模式基本上有四种:财政货币双松模式(简称为双松模式)、财政货币双紧模式(简称为双紧模式)、松财政紧货币模式、紧财政松货币模式。

□ 1. 双松政策模式

双松政策模式是指同时实行增支减税的扩张性财政政策与放松银根的货币政策。这一般适用于社会总需求严重落后于总供给,经济陷入严重萧条的状况。但在这种经济状

况下,双松政策可以强有力地刺激总需求扩大,降低失业率,促进经济复苏。但是若长期采用双松政策,最终将因大量财政赤字导致货币供应量过大,引发通货膨胀,影响经济稳定与社会安定。

2. 双紧政策模式

双紧政策模式是指同时实行减支增税的紧缩性财政政策与收紧银根的货币政策。这一般适用于总需求严重大于总供给,通货膨胀严重的经济状况。此时唯有采用双紧政策才能有效抑制总需求,缓解通货膨胀。但是双紧政策在抑制总需求的同时,也会使总供给受到抑制,若紧缩过了头,就会产生经济增长减缓以至停滞、失业率上升的局面。

3. 松财政紧货币政策模式

松财政紧货币政策模式是指在实行扩张性财政政策的同时辅之以收紧银根的货币政策。一般而言,在经济增长减缓以至停滞而通胀压力又很大的情况下,以及经济结构失调与严重通货膨胀并存的情况下,采用这种松财政紧货币的搭配模式较为适宜。因为松的财政政策具有同时刺激需求与供给能力的效应,以及通过加强重点建设与基础设施的财政投资调整产业结构的效应;而紧的货币政策具有控制通货膨胀的效应,两者搭配使用,就可以扬长避短,功能互补,形成宏观调控的"合力"。

4. 紧财政松货币政策模式

紧财政松货币模式是指在实行紧缩性财政政策的同时辅之以放松银根的货币政策。这种搭配比较适用于财政赤字较大与总需求不足并存的情况。通过这种政策搭配模式,可以既增加有效需求又不扩大财政赤字,从而同样发挥功能互补的作用。

此外,财政货币政策协调配合模式的选择还可以从赤字财政政策的目标出发。如果赤字财政政策的目标是扩大总需求,则需采用扩张性货币政策予以配合;如果赤字财政政策的目标是试图通过财政支出结构的调整来调整经济结构,则需采用紧缩性货币政策予以配合。

> **案例 16-3**
>
> #### 中国财政政策货币政策既不松也不紧
>
> 出席2015年瑞士达沃斯世界经济论坛的国务院总理李克强于当地时间1月20日晚会见论坛主席施瓦布时表示,面对当前错综复杂的国内外环境,中国经济发展总体向好的基本面没有改变,中国将继续实施积极的财政政策和稳健的货币政策,既不松也不紧,同时把更多精力放在结构性改革上。中国经济正向着形态更高级、分工更复杂、结构更合理的阶段演进。中国经济提质、增效和升级,不仅为自身未来发展奠定了良好基础,也是对维护世界经济、金融稳定和健康发展的重要贡献。
>
> (案例来源:李克强在世界经济论坛年会上发表特别致辞.新华网,2015-01-22.)
>
> **思考与提示**
>
> 李克强总理提到的"积极的财政政策和稳健的货币政策"属于财政政策与货币政策协调配合的哪种模式?该模式有何政策效果?

本章重要概念

公共支出乘数(public expenditure multiplier)　　税收乘数(tax multiplier)
平衡预算乘数(balanced budget multiplier)　　双紧模式(double-tight model)
双松模式(double-easy model)

本章思考题

1. 简述公共支出乘数、税收乘数。
2. 试述财政政策与货币政策协调配合的必要性。
3. 试析财政政策与货币政策协调配合的基本模式。

本章推荐阅读书目

1. 约瑟夫·E·斯蒂格利茨.公共部门经济学[M].3版.郭庆旺,等,译.北京：中国人民大学出版社,2005.
2. 保罗·莫罗.削减公共债务——财政调控的成功之道与失败之源[M].马蔡琛,等,译.大连：东北财经大学出版社,2013.
3. 邓子基.财政与宏观调控研究[M].北京：中国财政经济出版社,2005.

第十七章 财政政策

——本章导言——

本章主要介绍财政政策,包括财政政策概述和财政政策理论。财政政策就是通过税收和公共支出等手段来实现一定的经济、社会发展等宏观经济目标的长期财政战略和短期财政策略。概述部分阐述了财政政策的基本特征、主要功能、类型等。财政政策理论从财政政策的演变的角度,分别介绍了财政政策理论的萌芽;凯恩斯学派的财政政策(包括凯恩斯的财政政策)、新古典综合派的财政政策、新剑桥学派的财政政策、新凯恩斯主义的财政政策;现代新古典学派的财政政策(包括货币学派的财政政策、理性预期学派的财政政策);供给学派的财政政策;其他学派的财政政策,具有代表性的是公共选择学派。通过本章的学习,以期读者掌握财政政策的基本特征、主要功能及各种不同学派的财政观点。

第一节 财政政策概述

一、财政政策的内涵

20世纪60年代初,美国财政学者V·阿盖笛给财政政策作了如下的解释:"财政政策可以认为是税制、公共支出、举债等种种措施的整体,通过这些手段,作为整个国家支出组成部分的公共消费与投资在总量和配置上得以确定下来,而且私人投资的总量与配置受到直接或间接的影响。"这一定义是从财政政策手段的运用及其影响方面对财政政策进行界定的。

另一位美国财政学格劳维斯教授认为:"财政政策一词业已形成一种特殊的思想和研究领域,即研究有关国家资源的充分、有效利用,以及维持价格水平稳定等问题。财政政策的短期目标是消除经济周期;而它的长期目标则是防止长期停滞和通货膨胀,与此同时,为经济增长提供一个有利的环境。"这个定义已经从强调财政政策手段转移到强调财政政策目标方面。

对财政政策概念所作界定的侧重点的转移,主要是因为,随着经济、社会的发展和政府职能的扩展,宏观经济学逐渐盛行,财政政策的各种手段越来越多地被应用,而且被理所当然地认为是实现政策的有力工具。因此在这之后,人们更关心的领域自然是财政政策所能达到的政策目标。对财政政策这种理解的转变经历了一个阶段。

在自由资本主义时代,国家在社会经济活动中的职能被限定为"守夜人"的角色。亚当·斯密主张,国家应当尽量少地从社会经济中取走财富,以利于民间资本的形成,促进国民财富的增长;国家不应当干预经济,市场足以协调经济的发展。国家只应负担三项职能。在"夜警国家"观之下,各国都固守着财政收支平衡的原则,反对财政赤字和发行公债。因此,财政政策目标也就只限定在自身的收支平衡上。在这种情形下,财政政策的目标当然是极其有限,而且根本不会受到重视的。

在1929-1933年的资本主义经济大危机之后,凯恩斯主义经济学成为西方经济学的主流。凯恩斯主张放弃自由放任的经济原则,力主通过政府的财政—货币政策来调节消费需求和投资需求,来实现充分就业的均衡。这时候政府的宏观经济管理职能被突出,财政政策的目标得以确立,只有在这时候财政政策手段才被视为是实现政策目标的工具。

可以认为,财政政策就是通过税收和公共支出等手段,来实现一定的经济、社会发展等宏观经济目标的长期财政战略和短期财政策略。

案例 17-1

亚洲金融风暴与 1998—2002 年的积极财政政策

1997年7月2日,亚洲金融风暴在泰国爆发,迅速席卷东南亚诸国,我国对外贸易受到了严重冲击。同时,产业结构不合理、低水平的产品过剩与高新技术产品不足并存、城乡结构不合理、区域经济发展不协调等经济结构问题对亚洲金融危机的冲击产生了放大效应。面对国内外经济和市场形势,在货币政策效应呈递减之势和坚持人民币汇率稳定政策的情况下,财政政策成为宏观调控的重要工具。为了扩大需求,从1998年7月开始,国家实施了以下积极财政政策。

一是增发国债,加强基础设施投资。1998年7月,向国有商业银行发行1000亿元国债,1998年上半年又向国有独资商业银行发行2700亿元特别国债,至2004年共发行长期建设国债9100亿元。国债资金主要投向农林水利、交通、通信、城市基础设施、城乡电网改造、国家直属储备粮库建设等方面,截至2004年末,七年累计实际安排国债项目资金8643亿元,并拉动银行贷款和各方面配套资金等逾2万亿元。

二是调整税收政策,支持出口、吸引外资和减轻企业负担。为了支持外贸出口,分批提高了纺织原料及制品、纺织机械、煤炭、水泥、钢材、船舶和部分机电、轻工产品的出口退税率,加大了"免、抵、退"税收管理办法的执行力度;对一般贸易出口收汇实行贴息办法,中央外贸发展基金有偿使用项目专项资金也正式开始使用;调整进口设备税收政策,降低关税税率,对国家鼓励发展的外商投资项目和国内投资项目,在规定范围内免征关税和进口环节增值税;从1999年起,减半征收固定资产投资方向调节税,至2000年暂停征收;对符合国家产业政策的技术改造项目购置国产设备的投资,按40%的比例抵免企业所得税;对涉及房地产的营业税、契税、土地增值税给予一定的减免;对居民存款利息恢复征收个人所得税。

三是增加社会保障、科教等重点领域的支出。中央财政支出中教育经费所占比例从1998年起连续五年都比上年提高1个百分点;1998年中央财政安排144亿元补助资金和借款,专项用于国有企业下岗职工基本生活保障和再就业工程;为了加快省级统筹养老保险制度改革,扩大养老保险覆盖面,中央财政增加转移支付20亿元。这些措施的出台与实施,从根本上改善了我国的宏观经济运行。

四是充分发挥调节收入分配的作用,提高城市居民个人消费能力。1999年至2002年,连续三次提高机关事业单位职工工资标准,还实施了年终一次性奖金制度,使机关事业单位职工月人均基本工资水平翻了一番。同时,中央财政大幅增加对"两个确保"和城市"低保"的投入,增加对中西部地区行政事业单位人员工资和建立"三条保障线"的资金补助,加快了社会保障体系建设。这些收入分配政策的调整和实施,有力地增强了居民消费能力。

五是支持经济结构调整,促进国有企业改革。支持国有企业关闭破产,仅2002年中央财政就拨付关闭破产补助资金129.58亿元,安置职工38万人;积极参与电力、电信两大行业体制改革和民航企业联合重组,支持石油、石化、冶金、有色、汽车等行业的重组和改革,并对重点企业集团实行所得税返还政策;同时,支持"走出去"的外贸发展战略,启动对外承包工程保函风险专项资金;另外,用部分国债作为财政贴息资金,积极推动重点行业和企业的技术改造,以解决经济运行中深层次的矛盾与问题。

六是加大治理乱收费力度,减轻企业和社会负担。1997年以来,国家取消不合法和不合理的收费项目近2 000项,降低近500项收费标准。1998年清理了涉及企业的政府性基金和收费,减轻企业和社会负担370多亿元。

七是实行"债转股"。对部分有市场、有发展前景,但负债过重而陷入困境的大中型重点企业,在建立现代企业制度的同时,通过金融资产管理公司,将银行的债权转为股权,降低企业资产负债率,增强企业活力。

1998年至2002年实施的积极财政政策在扩大投资、刺激消费、鼓励出口、拉动经济增长、优化经济结构等方面取得了显著的成效,成功地抵御了亚洲金融危机的冲击和影响,宏观经济运行得到根本性的改善。通货紧缩的趋势得到了有效遏制,社会需求全面回升,经济结构调整稳步推进,经济持续快速增长。

(案例来源:中国的财政政策.新华网,http://news.xinhuanet.com/ziliao/2009-07/13/content_11702260.htm)

思考与提示

结合1998—2002年实施的积极财政政策理解财政政策的基本特点、功能。

二、财政政策的基本特征和主要功能

(一)财政政策的特点

财政政策的特点主要有以下方面。

1. 制度性

财政政策的制度性是指财政政策总是与一定的社会经济制度直接相关，即有什么样的社会经济制度就会有什么样的财政政策。自由资本主义时期与现代市场经济制度下的财政政策，在历史背景、政策目标和政策手段等方面都有着明显的区别。而我国在计划经济制度和市场经济制度下实施的财政政策更是截然不同的。

2. 系统性

财政政策运行环境是一个系统有机的经济社会，存在着众多的经济变量，这就要求财政政策在不同的政策之间，在政策的目标之间，在实现政策的手段之间，是一个有机协调的系统，否则将削弱财政政策的整体效应，甚至对整个社会产生负效应。

3. 间接性

财政政策作为调控经济的一种方式，与行政干预不同，不会直接干预经济运行，另外它与人们直接从事的经济活动也不同。财政政策采用的是间接的调控方式，即财政政策具有间接性的特点。它是用诱导的方式，使经济行为者从事符合国家经济政策的活动。财政政策的间接性要求政府运用财政、税收等经济杠杆来实现政策目标，或者通过相关的财政经济立法来体现政府的意图，进行宏观调控。如政府要抑制物价上涨的趋势，只能用经济杠杆对社会的供求关系进行影响，而不能采用行政限价的方式。

4. 时效性

财政政策发挥的效能是有时间限制的。对于不同的经济形势应采取不同的政策手段，同时注意实施政策的最佳时间。尽管政策的合理部分、共性特征可以超越阶段而连续存在，在一定程度上保持政策的连续性，但阶段的特殊性必然导致财政政策的特殊性。应当随着时间的推移和国民经济的发展变化，及时调整政策内容，以保持政策的活力。过时的财政政策必须停止实施，为新的、更加适应社会经济发展的财政政策所取代。

案例 17-2

我国财政政策的演变

回顾改革开放三十多年，中国的财政政策调控方式发生了很大的转变，由单纯"一刀切"转变为"有保有压"，由僵化的"行政命令"转变为灵活的"市场引导"，由单一政策工具转变为多种政策组合。财政政策调控方式并没有单纯照搬西方经济学中的理论，而是根据中国经济的实际，先后相机抉择实施了适度从紧的财政政策、积极的财政政策和稳健的财政政策。

适度从紧的财政政策是在1994年提出。由于1992—1993年经济出现过热苗头，固定资产投资高速增长，政府明确要积极运用经济手段实现经济"软着陆"，为了给经济过热降温，采取行政性"紧缩到底"的政策手段。适度从紧的财政政策表现为：控制政府财政支出规模，压缩财政赤字。运用经济手段和掌握好政策实施力度，避免经济剧烈波动，保持经济平稳增长，即实现经济运行过热状态的稳步降温。总量从紧，结构调整，做到"紧中有活"，避免"一刀切"。

积极财政政策是在1998年提出的。由于亚洲金融危机的冲击,中国外贸出口滑坡,加上与国民经济运行周期低迷阶段相重合,经济增长显著放缓。针对市场有效需求不足的问题,政府实行积极的财政政策:通过增发长期建设国债来加强铁路、公路、农田水利、市政、环保等方面的基础设施建设,以此来扩大内需。同时采取减税、退税等税收优惠政策刺激投资,提高机关事业单位人员的基本工资标准,不断完善社会保障体系,提高下岗职工基本生活费,失业保险费,城市居民最低生活费水平,提高企业离退休人员基本养老金水平,通过改善收入分配来培育和刺激消费需求。

稳健财政政策是在2004年首次提出的。稳健财政政策是一种中性的财政政策,是一种松紧适度,有保有压的财政政策。稳健财政政策是当国民经济运行走出低迷后,为了保证经济平稳发展所采取的一种财政政策。这种财政政策能够对经济存在的结构性问题进行有效调整,保证国民经济平稳增长。稳健的财政政策主要措施:一是控制赤字,适当减少中央财政赤字,但不做急剧压缩,做到松紧适度,重在传递调控导向信号,既防止通货膨胀苗头的继续扩大,又防止通货紧缩的重新出现,适应进一步加强和改善宏观调控,巩固和发展宏观经济调控成果的要求,体现财政收支逐步平衡的趋向。二是调整结构,对财政支出总规模不做大的调整和压缩的基础上,进一步调整财政支出结构和国债资金项目的投向结构,区别对待、有保有压、有促有控,注重财政支出的增量调整和优化。三是推进改革,在以财政政策服务于合理调控总量、积极优化结构的目标同时,还大力推进和支持体制改革,实现制度创新,即大力支持收入分配、社会保障、教育和公共卫生等制度改革,为市场主体和经济发展创造一个良好、公平的政策环境,建立有利于经济自主增长和健康发展的长效机制,优化经济增长方式。四是增收节支,依法组织财政收入,确保财政收入持续稳定增长,同时,严格按照预算控制支出,提高财政资金使用效益。

(案例来源:张延,邱牧远.从我国财政政策的演变,看财政政策的特点,http://econ.pku.edu.cn/displaynews.asp? id=12466)

思考与提示

我国在不同时期相机抉择地实施过适度从紧的财政政策、积极的财政政策和稳健的财政政策,这些不同类型的财政政策的理论依据是什么?

(二)财政政策的功能

财政政策作为国家或政府的经济管理手段,主要有四个方面的功能。

1. 引导功能

财政政策的直接作用对象是财政分配和管理活动,而这种分配和管理关系能够左右人们的经济行为。财政政策的引导功能是指对居民个人和企业的经济行为以及国民经济的发展方向具有导向作用。它的引导功能主要表现在以下几个方面。

(1)财政政策在制定和实施过程中,要配合国民经济总体政策和各部门、各行业政策,对国民经济和社会发展的过程及其变动趋势进行预测,并在预测的基础上作出决策,提出明确的调节目标。例如,在某一时期,宏观经济政策目标是稳定经济发展,为实现这一总目标,财政政策就要确定抑制通货膨胀的目标。

(2) 财政政策通过利益机制引导企业和个人的经济行为。例如,政府针对内需不足的经济环境,可以采取积极的财政政策,增加社会投资规模,刺激私人投资欲望。当这一政策出台后,投资者可能就要利用这一政策,这时可以通过提供多种优惠政策鼓励私人的投资欲望,如加速折旧、免税期、投资税收抵免、盈亏相抵、补助等。

财政政策的引导功能,其作用形式有直接形式和间接形式两种。直接引导是指财政政策对其调节对象直接发生作用。例如,加速折旧的税收政策,可以大大提高私人的设备投资欲望,加速固定资产的更新改造。又如,提高个人所得税率会直接减少居民个人的收入水平。间接引导是财政政策对非直接调节对象的影响。例如,对沿海地区实行税收优惠政策,不但会降低该地区企业的成本,从而促进该地区的外资引进,提高经济发展速度,同时还产生间接影响:导致其他非优惠地区引进外资减少、资金流出增多,从而导致这些地区经济发展速度减缓。

2. 协调功能

财政政策的协调功能是指财政政策能够调节社会经济的发展,对某些失衡状态进行制约和调整。它可以协调地区之间、行业之间、部门之间、阶层之间等的利益关系。首先,财政政策之所以具有协调功能,是由财政的本质属性决定的。财政本身就具有调节职能,它在国民收入分配过程中,通过收入和支出活动,改变着社会集团和成员在国民收入中占有的份额,调整着社会分配关系。比如,转移支付政策是为了协调居民个人之间的收入水平,从而达到公平收入、缓解社会矛盾的目的;又如合理负担政策旨在公平税收负担,使纳税人在平等的基础上展开经济竞争。其次,财政政策体系的全面性和配套性为其协调功能的实现提供了可能性。在财政政策体系中,公共支出政策、税收政策、预算政策等,从各个方面协调着人们的物质利益关系。这种政策之间的相互配合、相互补充可以发挥出财政政策的整体效应。

财政政策协调功能的主要特征表现在以下三个方面。

(1) 多重性　财政政策的调节对象和所要达到的目标不是单一的,而是多方面的,例如,为协调个人收入分配,实现社会公平,就要通过财政投资政策,增加就业机会;通过税收分配政策,降低高收入者的边际收入水平;通过转移支付政策,提高低收入者的收入水平。因此,特定的财政政策在实施过程中,要注意调节对象的选择和调节目标之间的兼容性。

(2) 动态性　财政政策要根据经济发展的不同阶段和政府的总体政策取向,适时改变财政政策的调控对象、调节手段和调节力度,加强政策的针对性,以实现国民经济的协调发展。

(3) 适度性　政府在协调各经济利益主体的关系时,要掌握好利益需求的最佳满足界限和政府财政的承受能力,使政府以尽可能少的财政投入和调节对象的利益损失,取得尽可能大的影响效果。做到取之(税收收入)有度,予之、用之(财政支出)有节,调节的力度要适当,过重或过轻都难以达到预期的目的。

3. 控制功能

财政政策的控制功能是指国家通过财政政策对人们的经济行为和宏观经济运行产生制约与促进,实现对整个国民经济发展和社会发展的控制。例如,对个人所得征收超额累进税,是为了防止收入分配上的两极分化。财政政策之所以具有控制功能,主要是由政策的规范性决定的。无论财政政策是什么类型的,都含有某种控制的因素在内。它们总是通过这种或那种手段来对经济主体活动施加影响。

财政政策对社会经济的控制方式有直接控制和间接控制两种:直接控制是指财政政策对其作用的利益关系和经济活动直接进行的控制,如通过征收高额累进所得税直接减少高收入阶层的收入,通过转移支付制度直接增加低收入家庭的收入,从而达到缩小贫富差距的目标;间接控制是指财政政策对其作用的利益关系和经济活动来自间接的行为。如政府出资兴建公共工程时,能带动工程项目周边地区的经济,增加当地的就业。

财政政策控制还有一个阶段的问题。可以进行预先控制,即在财政政策的制定阶段就实施控制,比如政府在采取一项财政政策时,在实施之前进行相关的可行性研究,对政策可能引起的后果进行分析和预测,及时修正政策,避免失误。也可以进行现场控制,即在财政政策实行之后,要根据反馈的有关信息对财政政策的内容和实施强度进行相应的调整,保证财政政策实施的有效性。

4. 稳定功能

财政政策的稳定功能是指通过财政政策,调整财政收支规模,进而影响社会总供需水平,促进供需平衡,从而保证国民经济的稳定发展。比如,在资源没有被充分利用时,政府可通过增加支出使其达到充分就业的水平;而在通货膨胀时,政府可通过减少支出,使总供给与总需求趋向均衡,从而抑制经济过热。

财政政策稳定功能的主要特征是反周期性和补偿性。

(1) 反周期性 经济发展总是由平衡到不平衡再到平衡的过程,由此会产生经济波动。财政政策的反周期性来自于财政政策自身的自动调节功能。在繁荣时期,随着国民收入的提高,税收收入自动增加,福利性的转移支出自动下降,相对减少了居民的可支配收入,这样就减轻了通货膨胀的压力,实现了经济的稳定发展;在经济衰退时期,随着国民收入的下降,税收自动减少,转移支出自动增加,相对提高了居民的可支配收入,居民将这部分收入用于消费或投资,增加了社会的有效需求,从而保证了社会经济的稳定。

(2) 补偿性 即在经济高涨时政府减少支出,从而减少社会总需求;在经济步入衰退时增加政府支出,从而增加社会总需求,促进国民经济的恢复与发展。按照凯恩斯学派经济学家的观点,整个国民经济由私人经济部门和公共经济部门所构成,根据总供给等于总需求的原则,一定的国民收入水平来自一定数额的有效需求(总支出)。当私人部门支出不足时,政府须增加公共支出,或减少税收收入,以维持总需求不变;反之,如果私人部门支出过多,有产生通货膨胀的危险,政府一方面须减少公共支出,延缓公共投资,另一方面尚需增加税收,以吸收社会的剩余购买力。

第二节 财政政策理论

公共经济政策就是由一个国家的政府为了实现某种经济和社会目标而制定和执行的

宏观经济政策,主要是指财政政策,也包括货币政策。在西方国家,货币政策由中央银行制定,而中央银行又独立于政府,因此,由政府制定和执行的宏观经济政策主要是指财政政策。在西方的经济理论中,财政学被称为公共财政学,或公共经济学,或政府经济学,因此,由政府从财政的角度而制定和执行的政策就是公共政策(即通常意义上的财政政策)。从根本上说,公共经济政策的运用只是在市场对经济周期及收入分配的调节暂时失灵的时候所采用,其最终目的还是将微观经济主体的行为向政策目标的方向引导,而不是代替市场的行为,因此,公共经济政策的实施从时间上看可能是短期的。

一、财政政策理论的萌芽

财政政策作为政府干预经济活动的宏观经济手段产生于20世纪30年代的凯恩斯主义时期。在此之前无论是以亚当·斯密为代表的古典经济学派还是以马歇尔为代表的新古典学派,都主张由市场这只看不见的手对经济活动和资源配置进行调节,反对政府运用政策手段对经济活动进行干预。如亚当·斯密提出政府只充当一个"守夜人"的角色,政府在参与分配的时候,应尽可能减少对投资者和消费者的征税,而应将税收的重点放在对地主的地租上,在政府预算时,要坚持收支平衡的原则,除非是由于战争的原因,一般情况下不能有财政赤字,更反对采用发行国债的方式来弥补财政赤字预算的不平衡。实际上,在古典经济学那里是不存在"财政政策"概念的。新古典学派基本上继承了古典学派的经济思想,同样反对政府运用政策手段对经济获得的干预。但作为福利经济学的鼻祖——庇古在对社会福利问题进行研究时,发现如果仅仅靠市场对经济活动进行调节,那么在收入分配领域将会出现严重的收入分配不公平。市场本身对公平收入分配是无能为力的,而收入分配的不公平将不能实现社会福利的最大化。在这种状况下,为了实现社会福利的最大化,就需要政府通过制定和执行相应的政策对收入分配的不平等进行调节:对高收入者进行征税,而向低收入者进行转移支付。

新古典学派从实现社会福利最大化的角度发现市场调节的失灵,并提出了政府运用政策对收入分配进行调节的主张,看起来并不是现代意义上的财政政策,但至少它从一个角度改变了古典经济学派对政府干预经济活动完全持否定态度的主张,为现代意义上的财政政策的产生奠定了一个良好的基础。

二、凯恩斯学派的财政政策

(一)凯恩斯的财政政策

20世纪20年代末、30年代初爆发了一场遍及整个资本主义世界的大经济危机。尽管经济危机在此以前也周期性地产生,但资本主义经济靠市场本身的调节一般都能够顺利地走出危机,使经济重新复苏与繁荣。但这一次经济危机却有着以前历次危机所不曾有的特征:一是范围广泛,几乎资本主义国家及经济与其密切相关的国家和地区都受到冲击;二是危机的程度很深,经济持续呈现负的或低速增长,失业率长期居高不下,大量的人口生活在极度贫困之中;三是危机持续的时间很长,从1929年爆发经济危机,直到20世纪30年代中期经济还没有走出危机。显然,在这种经济状况下,依然遵循古典经济学派的让市场进行自我调节、政府执行不干预经济活动的政策,那么摆脱经济危机几乎是不可能的。在这种状况下,凯恩斯提出了自己的政府干预经济的宏观经济政策理论。凯恩斯提出的经济理论经过他的追随者的不断补充、修改和完善,成为当时及此后近30年里西方经济界最有影响的理论,并成为西方国家的政府制定和执行宏观经济政策的指导性理论。由于凯恩斯特别强调财政政策在刺激经济方面所发挥的作用,因此凯恩斯学派又称为财政学派。

1936年凯恩斯发表了著名的《就业、利息和货币通论》,该著作提出的基本思想是:资本主义国家普遍存在的经济危机和大量失业,主要原因在于有效需求不足,包括消费需求和投资需求不足。市场本身并不能对有效需求不足进行调节,这就需要政府通过制定和执行宏观经济政策对经济活动进行干预,从而增加社会的有效需求,解决失业和经济危机问题。宏观经济政策包括财政政策和货币政策,其中最重要的就是财政政策。

凯恩斯的有效需求是指市场上商品的总供给价格与总需求价格达到均衡时的总需求。他认为,之所以会产生有效需求不足,主要是由三个基本心理规律引起的:边际消费倾向递减导致消费者的消费需求不足;资本边际投资效率递减导致资本家投资需求下降;流动性偏好规律可能导致利率大幅上升而使投资的预期收益降低,从而导致资本家投资减少。这三个基本的心理规律使消费需求和投资需求都减少,引起社会有效需求不足,而有效需求不足正是产生失业和经济危机的根源。市场调节本身并不能填补总供给与有效需求之间的缺口,这就必须采取一些措施增加消费和扩大投资,从而提供足够的有效需求,以解决失业和经济危机问题。

为了说明财政政策对增加就业和刺激经济增长的作用,凯恩斯还阐述了投资乘数大批量。所谓投资乘数是指国民收入的增量相当于投资增量的倍数。如果用 K、ΔY、ΔI 分别表示投资乘数、国民收入的增量及投资的增量,则三者之间的关系为

$$K = \Delta Y / \Delta I$$

即投资的增加将导致国民收入成倍的增加。在凯恩斯看来,由于乘数效应的存在,政府投资增加将在各环节带动民间投资的增加,由此带动就业的增加,收入因此而增加,而收入的增加又带动消费的增长,这又对投资产生刺激作用,最终保持经济的稳定增长。因此,凯恩斯提出了政府应该运用财政政策手段来对经济活动进行干预。政府的财政政策手段主要有两个:税收与财政支出。针对不同的财政政策目标,采用不同的财政政策手段。在经济萧条的环境下,财政政策的主要目标就是增加就业,刺激经济增长。为了实现这样的政策目标,税收方面应进行减税以刺激投资与消费;公共支出方面,政府应增加预算支出,通过投资支出的乘数效应,带动更多的民间投资,从而提供大量的就业机会,以实现财政政策的增加就业和经济增长的宏观经济政策目标。比较而言,凯恩斯更强调政府的公共支出手段对实现政策目标的作用,由此而形成的大量财政赤字主要是通过发行国债的方式得以弥补。

(二)新古典综合派的财政政策

凯恩斯的理论提出来以后,在英、美经济学界出现了大量的凯恩斯主义者,他们推崇凯恩斯的经济理论,并对他的理论进行解释、修正与发展,形成了在西方经济理论界占主导地位的凯恩斯主义经济学。凯恩斯之后的该学派可以分为两派:美国凯恩斯主义学派和英国的凯恩斯主义学派。

以汉森、萨缪尔森、托宾等为代表的美国经济学家将凯恩斯的理论与萨伊等古典经济学派的经济理论综合在一起,形成了新古典综合派。他们从标准的凯恩斯理论出发,主张

政府以宏观经济政策对总需求进行调节,以刺激生产、增加就业和保持宏观经济的稳定。但他们又认为,凯恩斯的理论产生于经济大萧条的环境中,无法适应战后复杂的经济形势,因此,有必要将凯恩斯的宏观政策与凯恩斯之前的新古典学派以价格上涨为中心的微观经济理论结合起来,使凯恩斯理论形成一套较完整的经济学说——既有宏观经济理论,又有微观经济理论,既强调政府对需求的调节作用,又保留市场机制对生产要素供求的调节作用。

萨缪尔森的《收入决定的现代理论》是新古典综合派财政理论的核心内容,新古典综合派对凯恩斯理论的补充、修正与发展主要有以下几个方面。

(1) 萨缪尔森等人将由政府干预和调节以克服市场机制缺陷的资本主义自由竞争经济称为"混合经济"。所谓混合经济是指政府与市场、垄断与竞争的混合。

(2) 对凯恩斯的边际消费倾向递减的理论进行修正,认为消费在国民收入中的所占的比例是不变的,而非递减,因此,他们对资本主义经济前景持积极、乐观的态度,认为只要政府运用财政政策和货币政策就能够创造购买力,"有效需求不足"和非自愿失业问题就不会存在。

(3) 他提出了投资的加速原理。新古典综合派认为,在凯恩斯的财政政策理论中,他只关注投资的乘数作用,而没有注意投资的加速作用,并用投资的加速作用来弥补凯恩斯乘数理论的不足。

(4) 在财政政策方面,以汉森为代表的新古典综合派提出了补偿性财政理论与政策。所谓补偿性财政政策是指有意识地从当时经济状况的反方向调节经济景气变动幅度的财政政策,以达到经济稳定增长的目的:当经济处于繁荣时期,政府可以通过减少支出、增加税收的方式以抑制通货膨胀,减少过度的民间需求;当经济处于萧条时期政府应该采用增加支出、减少税收的方式来刺激民间需求,以防止通货紧缩,从而保持经济的稳定。反向经济政策调节并不会造成过重的财政负担,因为政府可以用经济繁荣时期所产生的财政盈余弥补经济萧条时期的财政赤字。

(三) 新剑桥学派的财政政策

以琼·罗宾逊、卡尔多为代表的英国凯恩斯主义者以正宗的凯恩斯主义者自居,而将新古典综合派称为冒牌的凯恩斯主义者。由于他们都在英国的剑桥大学任教,又背离了以马歇尔为首的剑桥学派的传统,因此,被称为新剑桥学派。英国的凯恩斯学派对凯恩斯理论的发展主要表现在以下几个方面。

1. 分配理论

剑桥学派认为分配理论是凯恩斯经济理论的核心,在《利息、就业和货币通论》中,尽管凯恩斯提到了资本主义国家存在的收入分配不公问题,但他并没有将此展开论述,新剑桥学派对此进行了补充,他们认为,价值理论和分配理论就是宏观经济学的微观基础,两者是密不可分的。价值理论方面,关键在于价值本身是否是客观的、有物质基础的;在分配理论方面,关键在于收入分配的份额是如何确定的,它们又是如何分配的。分配理论主要研究的是国民收入中工资和利润所占的比例如何确定和如何变动。在国民收入一定的水平上,工资和利润总是呈反方向变动。通过对收入分配问题的研究,新剑桥学派认为:传统经济学的边际生产力分配理论是错误的,它不能说明资本主义经济中分配的实际情况;收入分配结果的形成具有客观性、物质性的基础;收入分配相对份额的大小,在一定的收入水平前提下取决于利润率水平,而利润率水平又与一定的客观的、物质的生产技术条件相联系。因此,新剑桥学派认为,资本主义经济的症结不是"有效需求"的不足,而是收入分配的失调,且随着经济的增长,收入分配的失调问题将更加严重。故医治资本主义症结的方式在于实现收入分配的均等化。

2. 政策主张

为了解决资本主义收入分配不均等的问题,新剑桥学派提出了一系列的财政政策主张:通过累进税政策改变收入分配的不均等;给低收入家庭以适当的补助,以改善他们的贫困状况;将政府掌握的资源从军事部门转移到民用部门和服务业;提高失业者的文化技术水平;减少财政赤字,逐步实现财政预算的平衡;用政府预算盈余去购买公司的股份,将股权从个人手中转移到国家手中;实行没收性的遗产税,以消灭私人财产的集中,并将因此所得到的收入用于公共目标。

(四) 新凯恩斯主义的财政政策

凯恩斯宏观经济学和财政政策的一个十分重要的假设是工资(价格)的刚性,即在劳动力市场上,由于工资水平不会随着劳动力需求的减少而下降,使得劳动力市场不能出清,商品市场也同样因为价格的刚性使商品市场不能出清,从而导致劳动力的非自愿失业和商品的"有效需求"不足。因此,需要政府通过扩张性的财政政策和放松银根的货币政策增加投资支出,解决非自愿失业问题和"有效需求"的不足。工资(价格)刚性仅仅是凯恩斯的一个假设,但他并没有说明工资(价格)为什么会呈现刚性。这样就使得凯恩斯的宏观经济理论存在着一个致命的缺陷:缺乏宏观经济理论的微观基础。尽管后凯恩斯经济学家包括美国的新古典综合派和英国的新剑桥学派都试图从不同角度解决凯恩斯理论的微观基础问题,如美国新古典综合派运用新古典经济学派的价格分析方法并将重点放在由价格变动而引起的替代效应的微观经济理论上,而英国的新剑桥学派经济学家则再三强调价值理论和分配理论就是凯恩斯宏观经济理论的微观基础,但实际上稍做分析便可以发现,新古典经济学派所谓的微观基础只不过是将新古典经济学派的价格分析方法嫁接到凯恩斯的宏观经济理论中而已;新剑桥学派强调对价值分配理论的分析并将其作为凯恩斯的微观经济基础,但实际上分配理论本身就是一个宏观经济问题。因此,无论是凯恩斯本人还是后凯恩斯主义者都未解决凯恩斯宏观经济理论的微观基础问题。由于凯恩斯理论中这一缺陷一直没有得到很好的解决,因此,当 20 世纪 60 年代末期至 70 年代经济"滞胀"问题产生而凯恩斯理论对此又无能为力的时候,该理论受到了来自现代新古典经济学各种流派的猛烈抨击,如货币学派、理性预期学派、供给学派从不同的角度对凯恩斯经济学进行否定,以至于凯恩斯理论在西方经济理论中丧失了主流经济学的地位。在这种状况下,从 20 世纪 80 年代崛起、90 年代兴盛的,以斯蒂格里茨、阿克劳夫、曼昆等知名经济学家为代表的新凯恩斯主义学者,通过建立一个很好的凯恩斯宏观经济理论的微观基础,使凯恩斯主义经济学重新成为西方经济理论的主流经济理论,并使凯恩斯的宏观经济理论再次成为主要资本主义国家制定经济政策的理论指导。

新凯恩斯主义者运用市场不完备和信息不完全及信息不对称的理论对劳动力市场及商品市场进行了分析,由此派生出很多种对工资(价格)刚性的解释。其中最著名的就是效率工资理论。该理论认为,由于雇主对劳动力市场上的每一个劳动力个人素质的信息并不了解,如果他付出的工资水平较低,那么高素质的劳动力就会因低工资而流失,如果支付较高的工资,尽管可以存在低素质的劳动力被雇佣的状况,但高工资往往容易将高素质的劳动力留下来,且工资水平越高,劳动力的劳动效率越高,与高效率相对应的工资就是效率工资。由于效率工资的支付,即使劳动力市场上供大于求,也不会通过工资水平的下降而使劳动力市场出清,这样失业就不可避免,而这种失业市场本身是不能解决的,这就需要由政府的财政政策及其他的宏观经济政策进行干预。

除了效率工资理论外,新凯恩斯主义者还运用隐含合同理论、内部人—外部人模型、菜单成本理论对工资(价格)刚性做出了解释。由于新凯恩斯主义对工资(价格)刚性从不同的角度作出了较具说服力的解释,使凯恩斯宏观经济政策拥有了一个较坚实的微观基础,从而使凯恩斯经济学在20世纪90年代重新得到复苏,回到西方经济理论的主流地位,并再次成为主要资本主义国家经济政策的理论指导。

三、现代新古典学派的财政政策

现代新古典学派实际上又回到古典和新古典经济学派反对政府干预、主张市场调节和自由放任、自由竞争的市场经济体系。现代新古典学派包括货币学派和理性预期学派,尽管两个学派的政策主张有所区别,但在反对政府干预这一点上却是一致的,因此,将这两个学派都称为现代新古典经济学派。

(一)货币学派的财政政策

以弗里德曼为主要代表的货币学派特别强调货币在宏观经济活动中的地位,他们认为,货币供应量在短期决定名义国民产出的变动,而从长期看,货币则是决定价格水平的主要因素。在政策方面,他们认为政府应该从对市场的干预中解脱出来,最大限度地让市场发挥作用;控制通货膨胀比减少失业更具有实际意义;政府应实行单一规则的货币政策,即确定一个固定的货币供应量增长率,这个增长率应在价格水平稳定的前提下,与预期的实际的国民收入增长率相一致。因此,货币学派实际上如同古典经济学派一样对政府以财政政策的手段对经济活动的干预完全予以否定。

(二)理性预期学派的财政政策

由于20世纪70年代以后在西方国家出现的经济"滞胀",使凯恩斯的财政政策理论陷入困境,以卢卡斯、华莱士为代表的理性预期学派对后凯恩斯主义的新古典综合派的理论与政策主张提出了挑战。该学派的两个理论前提是:理性预期假说和持续的市场出清。他们认为竞争性市场可以很快使经济恢复到充分就业状态,大萧条只是一种反常的现象。如果政府运用财政政策对经济活动进行干预,那么人们就会根据政策对未来可能产生的影响做出预期,从而调整自己的行为,这样做的结果是政策的无效。尽管该学派认为财政政策是无效的,但也提出了自己的政策主张:政府在使用政策时,一定要注意政策的"信誉",保持政策的连续性;政府的财政政策应该是保持公开、永久的税率,使税收正好能够满足政府的支出。

(三)供给学派的财政政策

以拉弗、费尔德斯坦为代表的供给学派,同现代新古典综合学派一样反对政府以政策为手段对经济活动的干预,他们的基本主张就是恢复萨伊定律:供给会自动地创造需求,而完全竞争的市场经济是萨伊定律的前提。他们认为,增加供给比例以刺激需求更为重要。为此该学派提出了"供给管理"理论。为了增加供给,政府需要实施减税,经济活动会随着税率的降低而增加,供给量因经济活动的增加而增加,结果税收不仅不会因税率的降低而减少,反而因经济活动量和供给量的增加而得到提高。因此,供给学派竭力主张政府应执行减税政策。如果将供给学派的政策主张放到财政政策的框架中看,减税的主张实际上是凯恩斯扩张性财政政策的另一种政策手段而已。

四、其他学派的财政政策

关于财政政策方面,其他学派中较有代表性的是公共选择学派。以布坎南为代表的公共选择学派实际上是新经济自由主义学派,与前面两个学派一样,该学派也反对政府以财政政策手段对经济活动的干预,他们认为,政府如同私人经济主体一样也是个经济人,制定和执行财政政策过程中,不免也带有利益最大化的倾向,这样做的结果往往导致政策的不公平,使政府政策同市场一样也会产生失灵。因此,应尽量减少政府对经济活动的干预。

本章重要概念

财政政策(fiscal policy)
新古典综合派的财政政策(fiscal policy of neo-classical synthesis school)
新剑桥学派的财政政策(fiscal policy of neo-Cambridge school)
新凯恩斯主义的财政政策(fiscal policy of neo-Keynesian school)
理性预期学派的财政政策(fiscal policy of rational expectation school)

本章思考题

1. 试述财政政策的功能。
2. 试述凯恩斯主义的财政政策。
3. 试述货币学派的财政政策。
4. 试述供给学派的财政政策。

本章推荐阅读书目

1. 王军著.张与驰.关于积极财政政策问题的研究[M].北京:人民出版社,2010.
2. 林致远,张馨.财政政策与经济稳定[M].厦门:厦门大学出版社,2011.
3. 朱志刚.财政政策与宏观经济若干问题的思考[M].北京:中国财政经济出版社,2008.

第十八章
地方公共经济

---- 本章导言 ----

本章介绍了地方公共经济。首先,阐述了地方政府的职能,包括地方政府存在的合理性、职能划分与地方政府的基本经济职能;其次,阐述了地方公共品,包括地方公共品的特征、地方公共品供给的决策模式、地方公共品的需求与地方政府的最佳规模;再次,以美国和日本为例,介绍了发达国家的地方公共经济,美国的完全分税制和日本的适度分税制;最后,根据中国的具体国情,介绍了中国目前的地方公共经济,包括改革开放以来地方政府职能的转变、用公共经济原则规范地方政府经济行为、建立科学的政府间补助体系。

通过本章的学习,以期读者掌握地方政府的经济职能,地方公共品的特征,以及地方公共品的需求与政府规模等,了解发达国家和我国在地方公共品供给上的一些具体做法。

第一节 地方政府的经济职能

政府的基本经济职能是资源配置、收入分配和经济稳定三个方面,但从中央到地方,各级政府财政在实行其职能时的侧重点和范围是有所区别的。公共经济学的创始人马斯格雷夫在《公共财政学的理论》一书中,从财政联邦制的角度对中央政府和地方政府的职能划分作了论述。他指出:"财政联邦的核心在于如下命题,有关配置职能的政策应当允许在各州之间有所不同,这取决于各州居民的偏好。而分配职能和稳定目标的实现,主要是中央政府的职责。"[①]马斯格雷夫十分明确地为中央政府和地方政府之间的职能分配和划分作了规定。一般来说,在市场经济体制下,收入分配和经济稳定职能主要由中央政府来承担,而资源配置则主要由地方政府来承担,即提供地方公共品或公共服务。

一、地方政府与资源配置职能

地方政府作为生产者,在众多领域向本地居民提供公共品,比如,教育、公安、消防、城市道路、广播电视、电话等。地方政府的生产总量可以根据它所提供的产品价值与它所购买的物品和劳务价值之差来决定,其中有一个"增量",其数值可以是正数,也可以表现为

---

① P. M. 杰克逊. 公共部门经济学前沿问题[M]. 张馨,译. 北京:中国税务出版社,北京滕图电子出版社,2000:190.

"赤字"。与市场上个人和厂商的生产总量是根据其提供的产品与服务的价格来衡量的情况不同,由于地方政府的生产大都直接用于公共设施和"免费消费",没有市场来衡量,所以它的生产总量一般只能用投入的资本来衡量。地方政府除了生产供本地居民消费的公共品之外,常常还从事私人品的生产。

地方政府作为消费者,其消费大都用在生产上,还有相当一部分用于非生产活动。在我国,财政供养人数由20世纪80年代初的1 000万人增加到目前的3 000多万人,行政费开支占财政支出的比重由1979年的4.9%上升到1997年的15.83%。自1990年以来,我国地方行政管理费支出一直呈上升趋势,地方行政管理费支出总量增长水平超过同期地方财政支出增长水平。1998年地方行政管理费总量是1991年的4倍,年均增长22.18%;而同期地方财政支出增加了3.3倍,年均增长速度为18.93%,地方行政管理费支出年递增率超过同期地方财政支出。① 这在一定意义上说明政府活动的产出效率在下降。

由于地方政府更接近本地的居民,更了解他们的偏好,所提供的公共品的质和量就更符合当地居民的需要,因此,地方性公共品的地方提供有利于资源的有效配置。地方政府是地方性公共品的有效供给者。如果由中央政府按统一标准为各地提供地方性公共品或服务的话,将会造成效率损失,如图18-1所示。

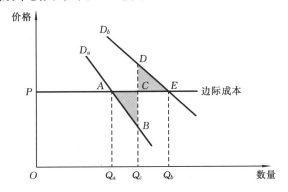

图 18-1 中央政府统一提供的效率损失

在图 18-1 中,假定只有两个地区的两组人,每个地区内部各个人对某种公共品的需求完全一样。A 地区的需求曲线由 D_a 表示,B 地区的需求曲线由 D_b 表示。假定提供公共品的成本固定不变为 P。A 地区的合意消费量为 Q_a,B 地区的合意消费量为 Q_b。

中央政府提供公共品的原则一般是对每个人提供一个标准的量。比如,在本例中,中央政府统一提供的标准是介于高需求地区 B 与低需求地区 A 之间的某个量,如 Q_c,这样对 A 地区所造成的福利损失为三角形 ABC 的面积。这是由于超量消费造成边际成本超过边际收益所致。而 B 地区的福利损失为三角形 CDE 的面积,这个损失是由于没有满足其消费水平所造成的。

如果每个地区自己提供它所需要的量,就可以避免福利损失;即三角形 ABC 和 CDE 的面积之和。A 地区将消费更多的公共品,而 B 地区将减少消费,但两个地区都将因此而提高福利水平。这里,分散化决策将使社会福利最大化,而集中决策则降低社会福利。

---

① 钟晓敏. 地方财政学[M]. 北京:中国人民大学出版社,2001:127.

因此，对于地方性公共品来说，假如中央政府提供或地方政府提供的每单位产量的成本是相同的话，由各地提供各自所需要的公共品的量比由中央在各地统一提供的公共品的量更有效率，或至少有相同的效率。

显然，效率损失的大小和各地的偏好和需求的价格弹性有关。如果Q_a和Q_b比较接近，效率损失就小。因此，各地的偏好相差越大，中央集中统一提供的福利损失就越大；需求的价格弹性越小，三角形的面积也就越大。

目前，在中国的经济转轨阶段，地方政府具有特殊的作用。地方政府在其中的作用是从制度上衔接不完全的计划和不完全的市场，填补不完全的计划和不完全的市场之间的体制空白，保障资源配置的效率。在转轨阶段，地方政府的行为，是在保障国家统一和中央权威的前提下，相对独立地发展本地区的经济，解决好本地区经济问题。当然，地方政府之所以能承担这一职能是同其在这一阶段的特定利益相关的。地方政府承担这一重任有自身的内在动力。这种动力固然同中央政府要考核地方政府领导的政绩有关，但更为重要的是来自地方的压力。每个地方政府实际上都是一定范围的社区政府。在现行的体制中，社区建设费用主要由地方政府提供。就业水平、物价水平、收入水平、交通及通讯状况、服务设施、文教设施等，都关系社区民众的切身利益。这些指标的改善都取决于一个地区经济发展水平。社区民众会从纵向和横向的比较中衡量社区政府的政绩，并反映在对政府领导人的投票上。近几年来，部分省、市、县长在选举中的落选，就反映了地方民众对地方政府领导的压力。

显然，目前的地方政府不只是提供公共品，还要为社区民众提供福利，同时要为市场化改革提供必要的保障。这些费用的基本来源是地方政府的财政收入。在现行的中央与地方的分税体制（包括以前的财政包干体制）中，地方政府的可支配财力取决于本地区的经济发展水平。本地区的经济增长速度快，就可增加地方财力，保障地方政府的社区支出；而且，在本地区增长速度较快的时候，就业率高，收入水平也高，相反，需要由地方政府负担的费用就相对减少，政府可以有更多的财务提供公共品。一个地区的经济越发达，这个地区的公共品也就越多。这种状况决定了地方政府必定要介入经济活动，承担起发展地方经济的责任。

地方政府作为有着自身财政利益的经济人，它必然要追求自身的财政利益最大化，也就是要保障本地企业的利润最大化。从这一意义上说，地方政府同本地人企业形成了利益共同体。受地方经济利益最大化的驱使，地方政府的经济行为准则并不是保守地保护与封锁地方经济，而是尽量地扩大本地区产品的市场覆盖面，尽量地吸引外地资源流向本地。因此，在本地企业参与市场竞争时，地方政府是作为本地区企业的总代表参与市场竞争。地方政府不仅仅是一般的行政机构，它还是"企业家代理"。越是接近基层，地方政府的代理作用就越强。在中央还保持着一块资源配置权的体制中，地方政府的这种功能，起到了对中央计划配置资源作市场化调整的作用。

当然，地方政府应理性介入经济活动，不能因此而成为转轨的障碍。需要指出的是，体制转轨期间的地方政府作用同计划经济时期不一样，因而作用的方式也不一样。在计划经济时期，地方政府的作用是作为中央政府的派出机构来代管企业的。在这种体制中，不仅企业没有自主权，地方政府也没有独立的行为。而在现在的体制转轨期，企业有了经营自主权，面对成为市场主体的企业，地方政府的作用已不是作为中央的派出机构来管企业,而是在不充分发展的市场环境中为企业疏通市场渠道,提供良好的商业和经营环境,对地方的经济活动进行宏观指导、组织、协调,为企业提供高效率的服务。在这种情况下,地方政府作用的强化,不会影响企业自主权,也不会阻碍市场化的进程。① 因为随着计划体制的取消和市场竞争的引入,自然地会给社会、企业和个人带来更多的不确定性,而地方政府有聚集信息的先天优势。在这种情况下,由地方政府搜集并处理信息,成本要小得多。企业间的外部交易变为由地方政府组织的地区内部的协调,可以大大节省交易成本。

二、地方政府与分配职能

理论分析认为,地方政府的收入分配职能也是有限的。原因如下。

首先,从个人之间的再分配来看,个人所得分配具有三个特点:个人所得分配的外部性,个人所得分配的规模性和个人所得分配的流动性。

(1) 个人所得分配的外部性,也就是对具体的个人或某一区域内的个人所得再分配而引起的外部影响。帮助一个地区的穷人可能给其他地方关心穷人的人带来利益,会引发连锁反应。因此,人们不仅要关心周围的穷人,也要关心其他地区的穷人。收入分配的公平只能是一种全国性目标,收入分配应有一个全国统一的标准。

(2) 个人所得分配的规模性,是指收入分配政策中的规模经济,也就是所有资源均充分使用情况下的收入分配政策才是最有效的。纯粹的地区性分配政策只能是在本地区社会经济发展的局限之内的个人所得再分配,而无法将全国的国民收入及由此形成的转移支付能力考虑进去,从而造成资源使用的不充分。因此,从规模经济角度而言,要使个人所得再分配效率最大化,合适的个人所得分配政策的承担者是中央政府而非地方政府。

(3) 个人所得分配的流动性,是指必须在人员高度自由流动的情况下来考虑所得的行政性调整。市场经济的必要条件是全国范围内的要素自由流动。如果由地方政府来实现收入分配的公平目标,则会引起不同地区之间差异的增大,富人排斥穷人的现象公开化、表面化。这是一般政府最不愿意看到的后果。因此,流动性的存在打消了地方政府进行收入再分配的意愿,限制了地方政府进行收入再分配的能力。只有在国家层次上的流动性才不会成为干扰再分配政策有效性的因素。

其次,从地区财富的再分配来看。居民构成、自然资源禀赋、社会经济发展水平等各种因素的作用,使得各地区的财政供给和财政需求有很大差异。即使是提供同一水平的公共品,其成本也不尽相同。例如,高寒地带和热带地区对消防的需求不一样,为此付出的成本也不一样。也就是说,不同地区之间,为提供同样的公共品而征收的税负也是不同的,因而就会造成两个条件完全相同的人在享受同样的公共品时会因所在地区不同而承担不同的税负。这就违反了公平的原则,不符合"同样情况同样对待"的原则。因此,有必要在各地区之间进行收入再调整。无疑,这种实际的利益冲突并不能通过各地区之间的协调来解决。地区之间的收入再分配职能只能由中央政府来承担。②

---

① 洪银兴. 转轨阶段改革和发展的秩序[M]. 南京:江苏人民出版社,2002:86.
② 樊勇明,杜莉. 公共经济学[M]. 上海:复旦大学出版社,2001:296-298.

三、地方政府与稳定经济职能

货币政策和财政政策是实现经济稳定的主要手段。对利率和汇率进行调节是货币政策的主要工具。中央银行制度不仅保证了必须由中央政府行使利率和汇率的升降权力，而且通过中央银行的派出机构来监督各地方政府严格遵守中央的决策，保证全国统一的利率和统一的汇率。当然，地方政府可以通过自身努力，促进就业，减少失业，增加供给，保证物价的稳定，使本地区内的失业率和通货膨胀率处于国内较低水平。这确实是稳定经济的重要方面，但是这又都是在全国统一的利率、汇率下进行的，是对中央政府稳定经济职能的支持和补充。

财政政策的核心是通过扩大（或减少）政府开支和提高（或降低）税收来实现平抑经济波动的目的。政府在经济高涨时期减少政府开支，增加税收，形成财政盈余；而在经济萧条时期，扩大政府开支，减少税收以形成财政赤字，以此来平抑经济波动，从而达到国民经济运行的相对稳定。实行财政政策的前提是以民族、国家的存在为前提的，即劳动力、商品和资本等要素是有国籍的，其流动是有国界限制的。在三者之中，商品和资本的流动相对自由，而劳动力的流动则较少自由，或者基本不自由。从而，财政政策只能在本国主权范围内有效。

在市场经济条件下，一国国内各地之间却是高度统一和全面开放的，不存在任何贸易壁垒，商品、劳务、资本及其他要素在国内各地区高度自由流动。这种高度的开放性和流动性严重地限制了地方政府平抑经济波动财政政策的效果。首先，在高度开放和自由流动的情况下，全国各地区经济周期是基本同步的。其次，即使个别地区实行了财政政策也成效不大。因为商品、劳务、资本要素的高度开放和自由流动，某一地方政府为率先克服萧条、单独使用扩张性财政政策，而没有其他地方政府的配合则会一事无成。该地方政府通过扩大公共开支和减税形成的新增购买力马上为其他地区的商品和劳务所吸收，从而形成大量的"漏损"，大量的政府开支只为本地区创造了少量的就业，形成少量新增国民收入。这种成本与收益之间的差距会使地方政府理智地放弃财政政策的努力。第三，资本市场的制约。地方政府进入和利用资本市场相对较难。对地方政府而言，其发行的债券除非明令规定，有相当部分是为本地区以外的人所有，这就形成了地方政府的外债，无法形成像中央政府国债的对立统一格局。①

可以看出，地方政府在平抑经济波动、稳定经济方面，从理论上讲，无论从能力还是手段上都难有作为。但地方政府作为地方的调节者和管理者，一方面它要维持公平的市场交易制度，执行经济比赛的规则，确保交易者契约的生效；另一方面，一国的社会经济的发展，常常需要经济的协调（和均衡）在更大的领域或空间进行。因而在区域市场中起着调节和管理职能的地方政府是全国市场稳定发展的有效中介或传导。这种有效的传导作用（比如在财政政策、价格政策等方面）在中国目前的经济市场化过程中显得尤为重要。

中国自改革开放以来多次进行宏观调控，但在中央加强宏观调控时，某些地区仍能保持较高的经济增长速度，市场化的速度也没有因此而减慢。这同地方政府对中央的宏观调控措施作市场化调整是密切相关的。主要表现在以下两个方面。

---

① 樊勇明，杜莉. 公共经济学[M]. 上海：复旦大学出版社，2001：296.

（1）反映在地方政府和中央政府在增长速度方面的博弈上。即在中央加强宏观调控时,中央要压低速度,地方政府想方设法争取本地区更高的经济增长速度。面对由经济过热造成的通货膨胀,中央必须采取紧缩需求的宏观调控措施,不得不采取"一刀切"的办法。但是各个地区发展经济的能力存在着很大的差异,经济增长的质量和效益也不一样。只要中央紧缩需求的口子不随意放松,地方和中央博弈的结果,只能是有条件加快速度的地区、质量和效益较高的地区争取到更高的速度,从而实现中央控制的速度在地区间作市场化调整。就是说,在中央加强宏观调控时,地方政府的发展经济和积极性则可克服宏观调控的负效应：一方面,可发挥地方的潜力,在现阶段的中国,有许多资源是中央政府实际上无力动员的,这就给地方政府留下了很大资源动员空间;另一方面,地方政府的行为可将中央的宏观调控措施作市场化调整,保证了更为有限的资源的配置效益。从这一意义上说,地方政府对宏观调控措施的市场化调整,能保证中央调控的质量和效益。

（2）对中央的宏观调控措施在本地区内部市场化调整。中央的宏观调控一般是总量控制。例如,国家在紧缩需求时会给各地区规定信贷规模控制指标、固定资产投资规模指标。这些控制指标到了地方政府以后,地方政府的作用是对这些已定的总量根据效益作结构性发配,将国家的总量控制同本地区内的结构调整结合起来。其基本的调节方法是,依据市场行情反映的结构状况,确定产业结构调整的重点,支持应该发展的项目。在结构调整目标明确后,具体应由哪些企业来承担投资项目,则交给市场调节,鼓励竞争。①

第二节 地方公共品

一、地方公共品的特征

非排他性、非竞争性是公共品的基本特征,全国性公共品与地方性公共品均是如此。但是,两者的区别又是十分明显的。地方公共品的特征是相对于全国性公共品而言的。

（一）地方公共品受地理空间限制

地方公共品的特征主要体现在空间限制上。地方性公共品和全国性公共品之间最大的、最主要的区别在于前者受到地理空间的限制,后者则在主权范围内不受地理空间限制。所谓空间限制是指受益范围界限的限制。国防、外交的受益范围不受地区的限制,只要是本国居民都能享受,其提供者也只能是中央政府。这些是全国性公共品。然而,如公共教育、交通安全、环境保护等只能是就近的居民才能享受。受益者有着明显的地理空间限制。从这个意义出发,大部分地方公共品相对全国公共品而言,是准公共品。

地方公共品必须处在某个特定的地理位置,其成本与收益基本上局限于一个社区之中。地方公共品的消费者只有确定了自身的地理位置之后才能对该区所提供的公共品进行选择。当然,这并不否定地方公共品的外部性或外溢性。如,电视转播。由于技术条件的限制,某一地区建设的电视转播设施不仅使本地区的居民看到了图像清晰的电视,而且也使相距不远的其他地区居民受益。尽管有外部性,但是就提供者来说着眼于本地区居民受益,其成本由本地区居民负担。

---

① 洪银兴.转轨阶段改革和发展的秩序[M].南京:江苏人民出版社,2002:91-92.

（二）地方公共品的层次性更为明显

非排他性和非竞争性是公共品的一般特征。但是，在现实生活中，同时具有两个特征并不多，即使同时具备这两个特征，其强弱程度也不一样。公共品特性的强弱之分，使公共品具有明显的层次性。

全国性公共品和地方性公共品之分就是层次性在地理范畴内的表现。其标准是受益范围的大小。因受益范围不同而得出的公共品层次性的理论概括是十分重要的。这直接关系到中央政府与地方政府，地方各级政府间的事权、财权的划分及其相互关系，是讨论集权与分权孰优孰劣的理论基础。中央政府要理所当然地承担起全国性公共品的提供。地方公共品要根据谁受益谁负担的原则，依照受益范围的区别，由各级地方政府去负责提供。中央和地方政府的行为目标、职责范围和相互之间在财政收支上的划分原则也就由此而来。公共品的层次性是分析地方公共经济的重要理论支柱。①

二、地方公共品供给的决策模式

在市场经济中，最终决定一种私人品应该生产多少、如何生产的，是消费者手中的"货币选票"，其决策过程相对简单，一切皆由市场上供求双方的相互作用决定。而在地方公共品生产的决策中，其方式与私人品的市场决策方式相比，要复杂得多。公共决策通常有以下三种模式。

（一）投票决策

在此种决策过程中，地方公共品的取舍和开支的多少都是由选民或选民代表投票决定的。哪一种方案得到了大多数人的赞同，哪一种方案就能够实施。为了保证地方公共品的有效供给，只能在公共品需求者（公众）与供给者（地方政府）之间建立一种非市场的技术媒介——所谓投票决策模式就是其中之一。在投票决策模式下，消费者变成了选民，钞票变成了选票，人们可以通过投票来直接或间接地选择自己所中意的公共开支方案和税收方案。由于投票结果不可避免地对投票人的利益产生相对有利或不利影响，故投票人不得不显示自己的真实偏好只对某些更接近自己意愿的方案投赞成票。正是投票决策模式的这种性质，才使人们对地方公共品的需求得以显现，并决定了地方公共品的供给。

投票决策的过程，实际上只是在偶然的情况下才能使地方公共品的供给达到有效率的水平。其中一个原因是上面说的人们偏好的差异，根据阿罗不可能性定理，只要存在三种以上的方案，就不可能根据个人选择合乎逻辑地确定出一个社会选择。另一个原因与公共品的不可分性有关，像社会免疫系统、福利保障体系以及公路、码头、水利设施等大型项目，具有投资大、建设周期长的特点，一个大型项目，要么建、要么不建，两者必居其一。而两者都可能使公共品的供给结构偏离最优的水平。

（二）利益团体妥协决策

所谓利益团体是由一些具有共同利益的人组成的、对地方政府决策施加影响的团体。施加影响的办法很多，包括游说政府官员和选民代表、舆论宣传、在政府部门寻找代理人，等等。地方政府公共收支项目的预算和实施，在很大的程度上取决于多个利益团体的力

---

① 樊勇明，杜莉. 公共经济学[M]. 上海：复旦大学出版社，2001：299-300.

量对比,并成为各个团体之间妥协的产物。

(三) 精英决策

在这种决策模式下,地方公共品供给方案的选择取决于组成地方政府的决策班子的偏好。由杰出人士组成的决策班子通常被认为能够代表公众的利益,也就是他们作出的选择与公众的偏好是一致的。然而深究一下,这种决策模式也存在着很大问题。根据经济人和"有限理性"的假定,如何公正有效地选出真正能够代表社会利益的精英,又如何保障这些精英不受利益团体的操纵和影响,是其困难所在;另外,这样的决策班子如何搜集准确的经济信息、作出可靠而正确的判断,也是其困难所在。

上面所分析的三类决策模式,在现实生活中其实很难加以划分,它们往往是混合在一起来决定地方公共品供给的状况。因此,只有结合具体的情况,才能判断哪一种模式比较重要、比较有效,并且,哪一种决策模式比较重要和有效,还与体制选择有很大关系。在传统的计划经济体制下,精英决策就是基本的决策模式,而在市场经济体制下,地方公共品供给的决定,三类决策模式恐怕会越来越经常地共同起作用。

三、地方公共品的需求与地方政府的最佳规模

(一) 地方公共品的需求

西方学者对地方公共品的提供水平问题做了大量研究,其中较为有影响的是世界银行在1994年《世界发展报告》中提出来的一个计量模型。其表达式为

$$\lg G = \beta_1 + \beta_2 \lg Y + \beta_3 \lg P_G + \beta_4 \lg N + \beta_5 \lg Z + \varepsilon$$

式中:G为地方公共品的供给水平;Y为居民的个人货币收入;P_G为居民所愿意为该水平的公共品所付出的税负;N为地区内人口;Z为不同居民的偏好差异;ε为随机变量。

这个式子有两个必要条件:其一,以居民通过投票来显示其真实的公共品需求为前提;其二,以地区内中等收入水平的居民为中位投票人,也即是他们的需求代表全体居民的平均需求。在这两项条件的制约下,上式中的G中只是地方公共品的实际需求,而未考虑价格水平的变动,如果将G再加上公共的价格指数,才能得出符合统计要求的公共品提供水平。

还要说明的是,这仅是需求预测,至于地方政府拥有多大供给能力则是另外一回事了。

世界银行在提出这一公式的同时还提出另外一种简便的计算方法,即以公共品投资与地区国内生产总值之间的比例来确定地方公共品的需求和供给水平。这种方法要求从大量统计资料中搜集各国地方政府的社会基础设施投资额在地区国内生产总值中的比例。然后,以人口规模相同地区的这一比例为参照,计算出本地区应该有的社会基础设施投资水平。据世界银行推算,社会基础设施投资一般占国内生产总值的2%~8%,平均水平为4%。要注意的是,这仅仅是以社会基础设施为限,还不包括公安、消防等因素。同时,也未考虑社会体制、历史文化等因素。①

(二) 蒂博特模型及其修正

美国经济学家蒂博特在1956年发表的《地方支出的纯理论》一文中,提出了一个关于

---

① 张中华. 中国市场化过程中的地方政府投资行为研究[M]. 长沙:湖南人民出版社,1997:302.

地方政府提供地方性公共品的模型,以"用脚投票"的理论论证了地方公共品的有效供应。蒂博特把地方公共品在一个由众多辖区组成的体制中的提供看成类似于私人产品在一个竞争性市场上的提供。从地方政府来说,为了使自己对外界更有吸引力,每个地方政府都具有确保公共品有效供给的内在动机,从而形成地方政府之间在供应公共品上的相互竞争态势。他还认为,在竞争性的地方辖区之间,居民的流动性可以导致地方公共品的有效提供。市场经济保障了一国国民在国内自由迁徙的权利。从个人效用最大化出发,蒂博特认为,只要存在足够的可供选择的社区(地区),消费者们便像选择私人产品一样,可以按自己的偏好自由选择居住地区。这样,从偏好出发的地理选择便形成各个社区(地区)公共品的最佳供应水平。蒂博特认为:在地方政府之间提供公共品的竞争和以自由迁徙为前提的"用脚投票"的相互作用下,地方公共品的供应可以达到帕累托效率,实现帕累托改进,以达到资源的有效配置。其理论核心是建立在与私人产品的相似性上。蒂博特写道:"正如我们可将(地方公共品)消费者看作走到一个私人市场上购买物品一样……我们将他置于走向一个社区的位置上,社区服务价格(税收)是在这种社区确定的。这两种途径都将消费者带到市场上。消费者不可能回避显示其在一个空间经济中的偏好。"[1]

蒂博特"用脚投票"的理论提出后,经济学家 M. 麦圭尔(Martin Mc Guire)又对其作了补充。麦圭尔对居民迁移的原因和停止迁移的条件作了更为详细的分析。麦圭尔认为,居民迁移的原因在于寻找公共品提供水平与税收之间的差异;停止迁移的条件是公共品与税收达到最佳组合状态。按照个人效用最大化原则,成本高(税收高)的社区的居民会不断流向成本低的社区,直到为这种成本差异迁居给现存社区成员所带来的利益完全消失为止,即到社区内人们分担的公共品成本与新迁来者所引起的边际成本相等为止。

和公共品的一般理论所不同的是,地方政府提供地方性公共品涉及在各地方辖区间的人员流动或迁移问题。公共品的非竞争性和非排斥性造成的不能期望消费者自己真实地显示其对公共品的偏好的这种情形将不适用于对地方性公共品的分析。蒂博特模型的假设条件包括:①人员可以自由流动,个人能够选择到那些提供公共品和征收税收的组合最适合其偏好的辖区去居住;②人们对各辖区的税收和提供的公共品和服务具有完全的信息;③有足够多的能提供各种不同类型公共品组合的现存的或潜在的辖区;④消费者的流动性不受任何就业机会的约束或限制;⑤公共品和税收在各辖区间不存在任何外部效应;⑥各辖区都以最低的平均生产成本生产公共品。

蒂博特模型为我们分析地方公共部门的经济活动提供了一个有用的工具。比如说,中央政府和地方政府在提供公共品中有一个非常大的区别:在中央一级,消费者——选民的偏好是给定的,政府的作用在于设法调整以适应他们的偏好;而在地方一级,各个地方政府的收入和支出模式是确定的。在这些既定的收入和支出模式下的消费者——选民选择那些最能满足其偏好的地方定居。地方社区的数目越多,它们之间的差异就越大,消费者越能接近满足他们的偏好。但是,需要指出的是,蒂博特模型是以一系列严格的假设条件为前提的。事实上,上面的这些假设条件在现实生活中是很难成立的,以致在现实中无法形成蒂博特模型的实现地方公共品均衡供应所需的必要条件。如人员的流动不可能是无成本的,人们也不可能对各辖区的情况具有完全的信息,地区间的公共品的外部效应也

---

[1] Teibout C. M. A Pure Theory of Local Expenditures[J]. Journal of Political Economy,1956(64):422.

是普遍存在的。[①]

(三) 地方政府的最佳规模

俱乐部理论是由公共选择理论的创立者布坎南(J. Buchana)和麦圭尔提出的,是西方学术界研究地方政府最佳规模的代表性观点。

布坎南对地方政府最佳规模研究是从一个游泳俱乐部开始的。最优俱乐部规模的确定如图 18-2 所示。他假定游泳池的总成本 F 是固定的,而且游泳俱乐部成员的偏好和收入也是一样的。要解决的问题只是游泳俱乐部人员 N 多少的问题。图 18-2 描述了原有成员看到的新增加一名成员所形成的边际效益和边际成本。俱乐部的第二名成员给第一名成员带来的边际收益使他所负担的游泳成本 F 减少一半。第三名成员给前两名成员带来的边际收益是节约了成本的 1/3。新成员的增加使原有成员不断从分摊固定成本中获益,每人为维持游泳池所花费的成本随着俱乐部成员增加而不断下降。因成员增加而带来的边际收益用 MB 来表示。在成本下降的同时,不能不注意到因成员增加而带来拥挤程度上升。这就是俱乐部成员的增加所带来的边际成本。在起初阶段拥挤成本可能很低或者是负值,然而随着人数的增加,拥挤成本不断上升,使游泳池秩序混乱,成员们无法尽兴而游,最终使游泳池不堪负担而造成俱乐部解体。游泳池的拥挤成本用曲线 MC 表示。

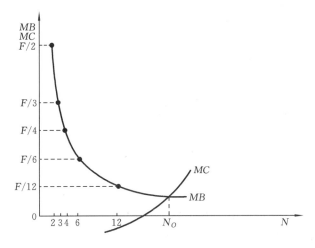

图 18-2　最优俱乐部规模的确定

图 18-2 中曲线 MB 和 MC 相交于一点。这是一个均衡点,此时,游泳俱乐部的边际收益和边际成本正好处于均衡,即因人员增加所带来的分摊成本下降的收益与因人员增加带来拥挤程度的成本正好相互抵消,收益正好等于成本。布坎南指出,按照一般均衡原则,此时的游泳俱乐部的人数(N_0)是最佳规模。

经济学家麦圭尔在布坎南的基础上,进一步具体论证了最优地方政府的规模问题。在地方政府的管理范围之内,人口的最佳数量和该地区所提供的公共品的最优水平应该同时被决定。每一个地方政府都应该遵循公共品提供原则,使人均分担的公共品成本正好等于新加入成员所引起的边际成本。每一个地方政府也即是一个俱乐部,人们按照一

[①] 钟晓敏. 地方财政学[M]. 北京:中国人民大学出版社,2001:20.

定的要求形成一个集团,或一个社区,按照上述游泳俱乐部的原则自觉或不自觉地组成一个又一个符合自己偏好的社区。

图 18-3 所示为地方政府最佳规模示意图。它表明,按照成本与收益一致的原则,在既定的公共品供给水平之下,地方政府的规模是有一定限度的。图 18-3 中曲线 MC 表示新增一个居民给某地区带来的边际拥挤成本,它随着人口增加而不断上升,因而是一条向右上方倾斜的曲线。曲线 MR 表示新增一个居民给地区带来的边际利益。新来者在增加拥挤程度的同时,也为地方政府纳税,从而使该地区人均公共品成本不断下降。因此,它是一条向右下方倾斜的曲线。MC 和 MR 相交于 E。由点 E 决定的人口规模也即是地方政府最佳规模。在点 E 时,新增的居民带来的边际拥挤成本正好等于边际收益(人均公共品成本下降)。如果继续有人进入该地区,他给地区带来的拥挤成本超过了因他进入而给原有成员人均公共品成本产生的收益。

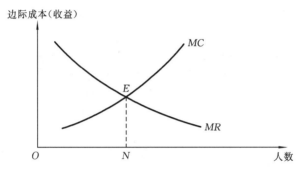

图 18-3 地方政府的最佳规模示意图

这里要说明的是,地方政府最佳规模示意图不是对地方政府机构规模大小和地方政府公务人员多少的直接描述,它只是从人口的角度给出了地方政府的最优管辖范围。[①]

第三节 发达国家的地方公共经济

美国和日本是发达国家中两个不同类型的国家。美国是联邦制国家,实行的是完全分税制。其特点是:①中央与地方均拥有独立自主的财政立法权;②税收分为中央税与地方税,不设中央与地方分享税;③中央与地方享有各自独立的税收立法权、调整权和减免权;④中央与地方各自设立税收征管机构,各自独立行事;⑤地方财政的最后平衡通过中央转移支付解决。日本是单一制国家,实行的是适度分税制。与美国分税制所不同的是:①税收立法权在中央,中央统一制定税收法律和征管办法,地方据此制定本地具体实施办法;②在分设中央税和地方税的同时还设有中央与地方分享税。美、日两国的具体做法分述如下。

一、美国的完全分税制

美国的政权结构是由联邦政府(即中央政府)、州政府和地方政府构成的,地方上则由

---

① 樊勇明,杜莉. 公共经济学[M]. 上海:复旦大学出版社,2001:303-304.

50个州政府、哥伦比亚特区及近8 000个地方政府(市、县)组成。各级政府之间没有上下隶属关系。各自均按三权分立原则设有立法、行政和司法三大部门。与此政权结构相适应,美国的公共部门经济也是分为联邦、州和地方三级,地方公共经济是指州和地方两级,各州和各地方政府均有自主的财政立法权和独立的财政收支管理机构。

从职能上看,美国法律规定,联邦政府只负责国防、国际市场、空间科学技术、大型公共工程、州际高速公路、农业补贴和社会保障。州政府及地方政府负责治安、消防、环境、教育、公共福利、州内高速公路、港口、医疗卫生等。为此,联邦政府、州及地方政府各自独立征税,以满足履行上述各自职能所需的支出。美国联邦政府收入及支出如表18-1所示,美国地方政府收入与支出如表18-2所示。

表18-1 美国联邦政府收入及支出(1995年)

	项 目	数量/10亿美元	人均值/美元	占收入的百分比/(%)
收入	个人所得税	590	2 243	44
	社会保险税	485	1 842	36
	公司所得税	157	597	12
	销售税	58	219	4
	其他	61	233	4
	总　　计	1 351	5 134	100
	项 目	数量/10亿美元	人均值/美元	占支出的百分比/(%)
支出	社会保险	336	1 277	22
	国防	272	1 035	18
	净利息	232	883	15
	收入保障	220	837	14
	医疗	160	608	11
	保健	115	436	8
	其他	179	682	12
	总　　计	1 514	5 758	100

资料来源:Economic Report of the President,1996,Table B77.

表 18-2　美国地方政府收入与支出(1992 年)

	项　　目	金额/10 亿美元	人均值/美元	占收入的百分比/(%)
收入	销售税	196	769	20
	财产税	178	698	18
	个人所得税	116	453	12
	公司所得税	24	93	2
	从联邦政府获得	179	702	18
	其他	280	1 096	29
	总　　计	973	3 811	100
	项　　目	金额/10 亿美元	人均值/美元	占支出的百分比/(%)
支出	教育	326	1 278	33
	公共福利	158	619	16
	高速公路	67	261	7
	其他	425	1 663	44
	总　　计	976	3 820	100

资料来源：Economic Report of the President，1996，Table B 82.

从收入来看，中央与地方各有自己的主体税种。联邦政府的主体税种为个人所得税、公司所得税、社会保险税和销售税等。其中个人所得税、公司所得税和社会保险税占到联邦税收总额的 90%。州政府的主体税种是销售税、州个人所得税、州公司所得税及财产税。州个人所得税率要低于联邦个人所得税。市、县两级地方政府的主体税是财产税、地方销售税和地方个人所得税。县、市政府不向公司征收法人所得税。财产税是按土地和建筑物估算价值的百分比征收。销售税和财产税两项占到了地方政府税收的 40%。据统计，1995 年联邦政府税收总额为 13 510 亿美元，当年美国人口为 2.63 亿人，即平均每个美国人为联邦政府的开支承担了 5 134 美元的税负。至于州和县、市的税收，1992 年的地方政府税收总额为 9 730 亿美元，同年美国人口为 2.55 亿人，人均税负为 3 811 美元。[①]

美国的联邦、州和县、市地方政府都有各自独立的税收立法和征管体系。联邦的课税权来自宪法，主要税法由国会制定，财政部颁布实施细则，并由财政部的国内收入局来解释和执行。州政府的课税权来自宪法，县、市政府的课税权来自州政府。联邦宪法虽然对州和县、市政府的课税权没有直接规定，但是联邦宪法可以通过一些特殊条款和与税务有关的条文对地方政府的课税进行约束。在一些税种上，如个人所得税，联邦政府对地方政府有限制和约束。联邦政府对州政府的税率有最高限，在限额范围之内，州政府自行调整税率。联邦的课税机构为国内收入局，州、地方政府课税机构分别是州税务局和县、市税务局，分别负责各自税收的征收与管理。

健全的财政补助制度是美国分税制的特点。联邦政府税收一直占所有税收的大头。

---

① 曼昆.经济学原理[M].梁小民，译.北京：生活·读书·新知三联书店、北京大学出版社，1999：250-253. 文中在对人均地方税额计算时，未扣除联邦政府的转移收入，扣除后的人均地方税负为 3 009 美元。

据测算,联邦政府的税收约占所有政府税收的五分之三,1990年为58.3%。地方政府税收约占五分之二。从表18-2中可见,在1992年的地方政府的收入中,有1790亿美元是从联邦政府手中获得的。联邦政府的补助约占地方政府收入总额的18.4%,所占份额与州政府的主体税销售税和县、市政府主体税财产税不相上下。联邦政府的补助是地方政府收入的重要来源之一。美国联邦政府对地方政府的补助主要有两种形式:一是无条件补助,无条件补助金额是参考了各地区的人口,人均所得是根据政府税收努力的各种因素来核定的;二是有条件的补助,对各项补助都规定了具体的用途,有的补助需要地方政府有相应配套的资金。在两种补助中,有条件的补助占联邦政府补助总额的70%~80%。美国联邦拨款及其占联邦、州及地方政府支出的比重如表18-3所示。自1950年以来,美国联邦政府向下级政府的拨款不仅绝对额上升,而且占联邦总支出的比重也在上升,联邦拨款占地方政府支出的比重也在上升。

表18-3 美国联邦拨款及其占联邦、州及地方政府支出的比重(1950—1993年)

年 份	联邦总拨款/10亿美元	拨款占联邦支出的百分比/(%)	拨款占州及地方政府支出的百分比/(%)
1950	12.70	5.30	10.40
1960	30.00	7.70	14.70
1970	75.70	12.30	20.00
1980	141.50	15.90	28.00
1990	135.40	10.90	20.00
1993	176.70	14.00	22.00

资料来源:马骏.论转移支付[M].北京:中国财政经济出版社,1998.

二、日本的适度分税制

日本是发达国家中较为典型的中央集权国家,在中央与地方关系上虽然实行地方自治制度,各级地方政府均称为地方自治体。但是中央政府对地方事务干预很深,一向有"三分自治,七分集权"之说。近年来有所改变,比较强调地方分权。1999年7月通过、于2000年4月1日生效的《地方分权一揽子法》给出了划分中央政府职能与地方政府职能的基本思路。中央政府的职能权限被局限于:①事关国家在国际社会生存发展的事务;②有利于国家统一的事务;③非在全国范围内统一开展不可的事务。除此以外的事务,均归地方管辖。

日本的政权结构由中央政府、47个都道府县政府和3253个市町村政府构成。按《地方分权一揽子法》规定,所有政务被划分为中央直接施行事务、法定委托事务和地方自治事务三类。中央直接施行事务是中央政府专有的事务,主要是外交、国防(自卫队)、司法、货币发行、国际收支和物价控制。法定委托事务和地方自治事务由地方政府承担,主要有治安、消防、防灾救灾、教育和文化、环境保护、社会福利、医药卫生和辖区社会基础设施整治等。在这些事务中,需要按全国统一标准或跨地区实施的则属于法定委托事务,由中央政府通过法律程序委托给地方实行,在执行中,地方要接受中央政府的干预和监督。其余的均为地方自治事务,由地方独自施行,只要不违反宪法,中央政府不加干涉。

日本实行的也是分税制，各种税种划分得比较清楚，每一级政府都有自己的主体税。日本税种分类如表 18-4 所示，日本共有 48 个税种，属于中央管辖的国税有 20 种，其中个人所得税、法人所得税和酒税 3 个税种就占总税收的 75%。地方税有 28 种，为都道府县管的有 15 种，归市町村管的有 13 种。在都道府县管的 15 种税收中，都道府县民税（居民税）和固定资产税就占了 63%。日本的国税收入如表 18-5 所示，日本地方政府财政支出如表 18-6 所示。

让与税是日本税收制度的特色，是一种中央与地方共享税，先由国税厅统一征收，然后由中央与地方分享。让与税主要有地方道路税、特别吨位税、航空燃油税、石油气税和汽车重量税 5 种。地方道路税、石油气税和汽车重量税由国税厅作为国税征收，然后将这一部分税款全部分配给地方政府用于修路架桥之用，其分配办法是按各自的道路总长度和面积来计算。特别吨位税和航空燃油税也同样，先作为国税征收，然后全部让与征收所在地的市町村，对其用途不加指定。

表 18-4 日本税种划分

分　类		直　接　税	间　接　税　等
国税		所得税、法人税、遗产税、赠予税（地价税）	消费税、酒税、烟税、燃油税、地方道路税、石油税、航空燃油税、汽车重量税、关税、吨位税、特别吨位税、印纸税、登录免许税、电源开发促进税、香烟特别税
地方税	（都道府县税）	都道府县民税、事业税、汽车税、狩猎者登记税、固定资产税（特例分）、入猎税、水利地益税	地方消费税、不动产取得税、都道府县烟税、高尔夫球场利用税、特别地方消费税、汽车取得税、汽油交易税
地方税	（市町村税）	市町村民税、固定资产税、汽车税、特别土地保有税、都市计划税、事业税、水利地益税、共同设施税、宅地开发税、国民健康保险	市町村烟税、沐浴税

表 18-5 日本的国税收入（1998 年和 1999 年度）

项　目	1998 年度		1999 年度		增长率/(%)
	亿日元	构成比/(%)	亿日元	构成比/(%)	
个人所得税	171 647	28.2	156 150	27.1	9.0
消费税及地方消费税	122 061	20.1	139 759	24.2	14.5
法人税	149 862	24.6	129 249	22.4	13.8
申告所得税	48 353	8.0	42 960	7.5	11.2
遗产税	43 260	7.1	38 009	6.6	12.1
燃油税及地方道路税	31 082	5.1	32 053	5.6	3.1
酒税	18 994	3.1	18 432	3.2	3.0
其他	22 806	3.8	19 861	3.4	12.9
合　计	608 065	100.0	576 473	100.0	5.2

表 18-6　日本地方政府财政支出(1998 年度)

项　　目	支出额合计/亿日元	人均支出额/日元
警察、消防费	5 003 031	约 42 000
市町村垃圾处理费	2 004 794	约 19 700
国民医疗费公费支出	9 003 645	约 74 200

相对美国而言,日本的地方政府在税收上权限较小。虽然,日本也是实行中央政府、都道府县和市町村三级独立预算制度。但是,税法由国会制定,中央政府(内阁)颁布税法实施细则和政令,都道府县和市町村根据内阁的政令制定和实施各辖区内的具体条例。中央政府的税务由大藏省主管。大藏省的主税局分管税务政策,国税厅负责税收征管。国税厅下设 11 个国税局、冲绳国税事务所和 524 个税务署分别驻于全国各地,征收属于中央政府收入的税项。地方税由各地方政府自行直接征收。日本地方政府不拥有自主立法权,只能在中央制定的税法许可范围内进行税收调整或减免,无权变动税法和税率。如某一地方政府出于特殊情况或长期收不抵支,可以开征新的税种,但必须经过中央严格而复杂的审批。

虽然《地方分权一揽子法》重新划分了中央与地方职能,但是在财政上对地方的放权并不大,未见其中有什么新的大举措。

据测算,日本的中央政府掌握了全部公共收入的三分之二以上,而地方政府却要承担全部公共支出的三分之二以上。为了克服这种收支倒挂的现象,保证地方政府正常运转,日本的中央政府通过以下三种办法向地方提供补助。

第一,是已经提到的让与税。

第二,地方交付税。实际上是为了纠正纵向和横向财政不平衡的无条件补助。具体做法是每年将中央税(国税)中的个人所得税、法人所得税和酒税收入的 32% 和消费税的 29.5% 以及烟税的 25% 作为地方交付税拨给地方。拨付的办法是按大藏省测定的各地方政府的基准财政需要额和基准财政收入额之间差额的大小进行分配。要注意的是基准财政需要额和基准财政收入额的计算方法,前者并不包括地方政府所有支出的需要,后者也按都道府县理论税收总额的 75%、市町村的 80% 来计算。这就从支出和收入两方面为地方政府留下了余地,既可满足地方政府特殊的支出需要,又使基准收入大于基准支出的地方政府不必将余额上解,保护了地方的征税积极性。

第三,国库支出金。实际上是为了实现一定政策目标而进行的专项补助。补助对象主要有三类:①国库负担金,用于法定委托事务的开支,这种支出所支持的事务原本由国家承担,但考虑到效率而通过法律程序委托给地方去办,支出发生在地方,但财源应由国家拨给,如义务教育费用、救灾及善后安置费等;②国库委托金,用于支出由地方施行但纯属国家事务的部分,如国会议员的选举费、国情调查统计等;③国库补助金,用于中央政府根据自己判断而交给地方使用,只能用于国家施政所需的特别需要和地方政府的特别需要之处,这类似于政策诱导型的专项补助。国库支出金在地方政府收入中占有重要地位,居第二位,仅次于地方税。国库支出金主要用于社会基础设施整治、义务教育和生活保护。1999 年度地方交付税和国库支出金占地方现有财政收入的 32.8%。

除了税收之外,日本允许地方政府发行债券来筹资。地方债主要是指地方政府的中长期借款,不包括为了弥补临时性资金不足的临时借款。举债原则是可望在将来产生偿还财源的项目,以及泽及后世的可在短期内完成的大项目。神户市政府曾经成功地借用外债来建设神户港人工岛,被称为地方政府借债搞建设的成功典范。

第四节 中国的地方公共经济

中国是单一制国家。宪法总纲规定:"中央和地方的国家机构的职能划分,遵循在中央的统一领导下,充分发挥地方的主动性、积极性原则。"我国是一个多民族国家,幅员辽阔,人口众多,各地区社会经济水平差异较大,地方政府起着十分重要的作用。按社会主义市场经济的要求规范我国各级地方的政府经济行为是深化改革开放的重要任务。

我国的地方政府主要有四个层次。一是由省、民族自治区和直辖市构成的省级层次,共计34个(含台湾省、香港特别行政区和澳门特别行政区);二是由较大的市、民族自治州等构成的地级层次,计333个;三是由县、县级市和民族自治县构成的县级层次,计2 853个;四是由镇、乡、街道构成的乡镇级层次,计40 497个[①]。本节所讨论的主要是大陆的省级政府公共经济。

一、改革开放以来地方政府职能的转变

省是我国地方最高一级行政区划。我国一个较大的省,面积往往不亚于欧洲的一个大国。如四川省面积为48.5万平方公里,2014年人口为8 100万,法国的面积为55万平方公里,2014年人口为6 700万,德国的面积为35.7万平方公里,2014年人口为8 100万。

改革开放以来,我国地方政府的改革大体上可以分为两个阶段:第一阶段是1979年到1993年,以中央向地方分权让利为标志;第二阶段从1994年开始,延续至今,以重新划分中央与地方事权为标志。

1. 1979—1993年的中央向地方放权让利

在改革开放以前,中国实行的是高度集中的计划经济体制,当时除零星税收以外,地方和企业的一切收入统一上缴国家,由国家统一安排各项支出。虽然财政体制时有变动,也强调过发挥中央和地方的两个积极性,但是就其本质而言,并未脱离"统收统支"的框子。政府全面包揽了本应由市场来完成的一切事务,而诸如社会保障、教育卫生等应当由政府来做的事却由企业来做。改革开放前,总的格局是"大政府小社会"和"企业办社会"两种模式并存。人、财、物各项权力均为政府所有,主要由中央政府所控制,地方政府作为中央政府的派出机构一切听命于中央。

1978年党的十一届三中全会以后,党和政府的工作重心开始转移到经济建设上。地方政府的职能随之发生转变,这种转变是以中央政府不断向地方下放权力和经济利益为途径来实现的。

1980年起实行的"划分收支,分级包干"是中央向地方放权让利的第一步。"划分收支"是指按企、事业的隶属关系,划分中央预算和地方预算收支范围。"分级包干"是指各地财政按1979年的收支数字,经过调整后确定一个收入和支出的包干基数实行包干。包

---

① 说明:数据来源于《中国统计年鉴2014》,数据截至2013年底。

干基数一经核定,原则上5年不变。这样,地方政府可以在一段时间内按划定的包干范围自主地统筹安排地方收入与支出。

1983年,国务院决定在全国实行国有企业利改税的办法,借此,开始了政企分离的进程。企业向政府纳税,政府依靠税收来行使职能的格局开始形成。

在利改税的带动下,上述"划分收支,分级包干"的办法自1985年起演变为"划分税种,核定收支,分级包干"。三句话中,划分税种是关键。因为企业向财政上缴的收入已经全部转化为税收,划分收支也就成了划分税种。划分税种是指把税收按种类划分为中央固定收入、地方固定收入和中央地方共享收入三类。核定收支和分级包干基本上与1980年实行的划分收支、分级包干的内容一样,只是收支基数由1979年的数字改成1983年的数字。

从1988年起,又对上述做法作了改进,对全国各省、市、自治区实行了六种不同形式的财政大包干。六种包干形式是收入递增包干、总额分成、总额分成加增长分成、上解递增包干、定额上解、定额补助。除总额分成以外,其余5种办法的共同特点是实行"边际递增分成",即地方可以从增收或超收中多留。总额分成是根据前两年收支情况,核定收支基数,以地方支出占总支出的比重,确立地方分成和上解中央的比例。

财政包干虽然调动了地方积极性,但是并没有向规范地方政府经济行为迈出实质性步伐。它打破了集权的计划经济体制的"统收统支"格局,对调动地方政府的理财积极性有很大作用。但是,财政包干的弊端也是十分明显的。它助长了诸侯经济和重复建设,影响了全国统一市场的形成和产业结构的优化;它使国家财力趋于分散,中央财政收入比重不断下降。1980年到1993年,国家财政收入占国内生产总值的比重由25.7%下降到12.6①。这两个指标大大低于国际平均水平,严重弱化了中央政府的宏观调控。此外,财政包干种类较多,几乎一个省就有一个样。

2. 1994年中国开始实行分税制

基于上述背景,1994年1月1日,中国开始实行分税制,进入转变地方政府职能的第二阶段。

从表面上看,分税制是将国家的全部税种在中央政府和地方政府之间进行划分,以此确定中央财政和地方财政的收入范围。实际上,分税制包含着分事、分税、分管三层含义。

分事是指按照建设社会主义市场经济的需要,在中央政府和地方政府,以及地方各级政府之间划分社会管理和经济管理权限和事务。

分税是指依照分事划定的各自职权,确定各级政府的预算支出范围,按照事权与财权统一的原则,在中央和地方之间划分税种,分配各自财政收入来源,并配以政府间转移支付制度,最终实行事权与财权的平衡。

分管是在分事和分税的基础上进行分级财政管理及设立相应执行机构的。

二、用公共经济原则规范地方政府经济行为

根据1994年的分税制,中央政府和地方政府的职能首次有了明确的划分。

我国中央政府的职能是:国家安全、外交、中央国家机关的运转,国民经济结构调整和

---

① 项怀诚. 领导干部财政知识读本[M]. 北京:经济科学出版社,1999:243.

宏观经济调控,地区发展的协调以及其他必须由中央政府直接管理的事务。

地方政府的职能是:辖区内国家机关的运转,辖区内经济和社会事业的发展。

1994年,分税制划定的中央政府的支出是:国防费用、武警经费、外交和援外支出、中央机关行政经费、中央统管的基本建设经费、中央直属企业的技术改造和新产品试制费、地质勘探费、中央财政安排的支农支出、中央政府负担的国内、外债务还本付息支出、中央负担的公、检、法支出和文化、教育、卫生、科学等各项支出。

同样,地方政府的支出是:地方征管费、地方负担的公检法支出、地方统筹的基本建设投资、地方企业的技术改造和新产品试制费、支农支出、城市维护和建设费用、地方文化、教育、卫生等支出、价格补贴及其他支出。

1994年,分税制根据事权与财权相结合的原则,按税种划分中央与地方的收入:将维护国家权益,实施宏观调控所必需的税种划分为中央税;将同经济发展直接相关的主要税种划分为中央与地方共享税;将适合地方征管的税种划分为地方税,充实地方税税种,增加地方税收收入。同时,分设国家税务局和地方税务局两套税务机构,国家税务局征收中央税和中央与地方共享税,地方税务局征收地方税。

实行分税制以后,建立了稳定的中央与地方财政收入渠道,实现了财政收入稳定增长。自1994年起,中国财政收入连年增长,扭转了前几年财政收入占国内生产总值(GDP)比重连年下降局面,如表18-7所示,1994年这一比重为10.8%,2000年上升为13.5%,2010年上升为20.7%,2013年达到了22.7%。在中央财政收入增长的同时,地方政府理财积极性空前增大,促进了地方政府资源配置职能的强化。

表18-7 中国财政收入占国内生产总值(GDP)的比重　　　　单位:亿元

年份	财政收入	GDP	比重/(%)	年份	财政收入	GDP	比重/(%)
1978	1 132.3	3 645.2	31.1	1996	7 408.0	71 176.6	10.4
1979	1 146.4	4 062.6	28.2	1997	8 651.1	78 973.0	11.0
1980	1 159.9	4 545.6	25.5	1998	9 876.0	84 402.3	11.7
1981	1 175.8	4 891.6	24.0	1999	11 444.1	89 677.1	12.8
1982	1 212.3	5 323.4	22.8	2000	13 395.2	99 214.6	13.5
1983	1 367.0	5 962.7	22.9	2001	16 386.0	109 655.2	14.9
1984	1 642.9	7 208.1	22.8	2002	18 903.6	120 332.7	15.7
1985	2 004.8	9 016.0	22.2	2003	21 715.3	135 822.8	16.0
1986	2 122.0	10 275.2	20.7	2004	26 396.5	159 878.3	16.5
1987	2 199.4	12 058.6	18.2	2005	31 649.3	184 937.4	17.1
1988	2 357.2	15 042.8	15.7	2006	38 760.2	216 314.4	17.9
1989	2 664.9	16 992.3	15.7	2007	51 321.8	265 810.3	19.3
1990	2 937.1	18 667.8	15.7	2008	61 330.4	314 045.4	19.5
1991	3 149.5	21 781.5	14.5	2009	68 518.3	340 902.8	20.1
1992	3 483.4	26 923.5	12.9	2010	83 101.5	401 512.8	20.7
1993	4 349.0	35 333.9	12.3	2011	103 874.4	473 104.0	22.0

续表

年份	财政收入	GDP	比重/(%)	年份	财政收入	GDP	比重/(%)
1994	5 218.1	48 197.9	10.8	2012	117 253.5	519 470.1	22.6
1995	6 242.2	60 793.7	10.3	2013	129 209.6	568 845.2	22.7

说明:财政收入、国内生产总值数据来源于《中国统计年鉴 2014》。

但是,分税制只是走向规范的公共经济的第一步,中央与地方政府职能转变问题有待进一步完善。按照公共经济的原则要求,中央政府主要承担再分配和经济稳定职能,地方政府主要承担资源配置,优化职能。为此,中央政府的相应支出应该是:全国性公共品支出,诸如国防、外交、司法等方面的支出和中央行政机关的经费;全国统一的社会福利和社会保障支出;全国性教育、卫生、医药、文化、环保的支出;跨地区的大型公共基础设施,基础科研等方面的支出。地方政府相应的支出应是:辖区内地方公共品支出,如辖区内公安、消防、法制方面的支出,辖区内行政机关经费,在全国统一的社会福利和社会保障制度的基础上本地区应承担的费用,地区性教育、卫生、医疗、文化等支出,本地区基础设施、基础科研支出,等等。然而根据财政统计资料所列,我国中央与地方的实际支出却与之有较大出入。目前,我国国家财政(中央与地方支出合计)支出共 13 项。具体为:基本建设支出,增拨企业流动资金,挖潜改造资金和科技三项费用,地质勘探费,工业、交通、商业等部门事业费,支援农村生产支出和各项农业事业费,文教、科学、卫生事业费,抚恤和社会福利救济费,国防费,行政管理费用,价格补贴支出,预算外资金支出,债务支出。在这 13 项中,真正是属于全国性公共品支出的只有 4~5 项。1998 年,这类支出占整个国家财政支出的 49.1%。(在 1998 年的国家财政总支出中,文教、科学、卫生事业费,抚恤和社会福利救济费,国防费,行政管理费和价格补贴支出共计 5 299.3 亿元人民币,同期国家财政总支出为 10 798.2 亿元人民币)。

同样,地方政府开支共列有 24 项,具体为:基本建设支出,挖潜改造支出,地质勘探费,科技三项费用,流动资金,支援农村生产支出,农业综合开发支出,农林水利气象等部门事业费,工业交通等部门事业费,流通部门事业费,文体广播事业费,教育事业费,科学事业费,卫生经费,抚恤和社会福利救济费,行政事业单位离退休经费,社会保障补助支出,国防支出,行政管理费,武装警察部队支出,公、检、法支出,城市维护费,改革性补贴支出,支援不发达地区支出。在 24 项开支中,真正属于地方产品的支出有 8 991 亿元人民币,占 75.6%。也就是说,有近四分之一的地方财政支出是用于本该由市场承担的经济建设上的。很显然,1994 年分税制划定的中央与地方政府的事权和支出范围仍然与规范的公共经济有较大差距。无论中央政府还是地方政府,仍然把大量经济建设事务及相应支出包揽下来,计划经济残存的成分还相当大。

总而言之,与整个经济体制改革进程相比,地方政府经济行为的规范还只是一个开始,离规范的公共经济还有很大的距离。用公共经济原则来规范地方政府的经济行为是深化改革的迫切课题。

三、建立科学的政府间补助体系

公共经济学中所说的政府间补助体系,在我国被称为财政转移支付。

(1) 从横向来说,中国各地区之间的财政差距是十分明显的。中国幅员辽阔,不同的文化、不同的自然环境和人口,以及不同的发展历史,使得各地区经济结构差距很大。改革开放以后,沿海和内地、东部和中西部的差距进一步扩大。表18-8所示为中国东、中西部部分地区人均GDP。从表18-8可见,我国东部沿海地区的人均GDP水平要远远高出中西部地区。1996年,上海的人均GDP为20 452元人民币,而贵州则仅为2 025元人民币,上下相差9倍多。联合国在1994年就将中国列为世界上四个地区差距最大的国家之一。

表18-8 中国东、中西部部分地区人均GDP 单位:元/人

地区	东部					中西部				
	北京	上海	浙江	山东	广东	贵州	云南	甘肃	青海	西藏
2009	66 940	69 164	43 842	35 894	39 436	10 971	13 539	13 269	19 454	15 295
2010	73 856	76 074	51 711	41 106	44 736	13 119	15 752	16 113	24 115	17 319
2011	81 654	82 560	59 249	47 335	50 807	16 413	19 265	19 595	29 522	20 077
2012	87 475	85 373	63 374	51 768	54 095	19 710	22 195	21 978	33 181	22 936
2013	93 213	90 092	68 462	56 323	58 540	22 922	25 083	24 296	36 510	26 068

说明:数据来源于《中国统计年鉴2014》。

人均GDP差距直接决定了人均财政收入的差距。1996年,全国地方人均财政收入为306元人民币,其中上海最高,人均为1 977元,相当于全国平均值的6.46倍;最低的是贵州,仅为139元人民币,只相当于全国平均值的45%。

(2) 从纵向来说,中国的中央与地方财政不平衡也是明显的。在分税制施行以前,总的格局是中央财政收入不断下降,而地方财政收入不断上升。但1994年分税制实行后,情况有了变化:中央财政收入明显上升,中央集中了全国财政收入的60%;而事权则仍维持原来的中央占40%、地方占60%的格局,从而造成地方政府以40%的财政收入行使政府60%职权的状况。

出于纠正横向和纵向不平衡的需要,中央政府一直把对地方的补助作为重要支出项目。表18-9所示为补助地方(地方上解)后的中央财政收支。从表18-9中可见,在1990—1993年,中央对地方的转移支付的比重基本上稳定在中央支出总额的三分之一左右。分税制以后,中央集中了较多的财力,从而有条件加大转移支付的力度。从1994年起,中央对地方转移支出的比重达到了中央全部支出的一半以上。1993年,中央对地方的补助额为545亿元人民币,1994年猛增为2 389亿元人民币,之后,一直保持着增加趋势。统计资料表明,1989—1992年之间,中央对地方净转移占中央本级财政支出比重值为8.6%,1994—1996年这一平均值上升为59.9%。与此相应,1989—1992年,中央对地方净转移占地方净收入的比重平均为3.7%,1994—1996年上升为39.8%[①]。

表18-10所示为中国中央财政收入与地方财政收入。

---

① 丛树海. 公共支出分析[M]. 上海:上海财经大学出版社,1999:380.

表 18-9　补助地方(地方上解)后的中央财政收支　　　　　　　　　单位:亿元人民币

项目	年份						
	1990	1991	1992	1993	1994	1995	1996
全国财政收入	2 937.10	3 149.48	3 483.37	4 348.95	5 218.10	6 242.20	7 407.99
中央收入合计	1 474.61	1 428.55	1 538.15	1 557.82	3 476.55	3 866.63	4 264.95
中央本级收入	992.42	938.25	979.51	957.51	2 906.50	3 256.62	3 661.07
地方上解收入	482.19	490.30	558.64	900.31	570.05	610.01	603.88
全国财政支出	3 083.59	3 386.62	3 742.20	4 642.30	5 792.62	6 823.72	7 937.55
中央支出合计	1 589.75	1 645.56	1 766.94	1 856.69	4 143.52	4 022.64	4 837.79
中央本级支出	1 004.47	1 090.81	1 170.44	1 312.06	1 754.43	1 995.39	2 121.27
补助地方支出	585.28	554.75	596.50	544.63	2 389.09	2 027.25	2 722.52

说明:本表收入中不包括国内外债务收入,支出中不包括国内外债务还本付息支出和用国外借款安排的基本建设支出。资料来源:《财政统计年鉴1997》,北京:中国财政经济出版社,1998:460.

表 18-10　中国中央财政收入与地方财政收入　　　　　　　　　单位:亿元

年份	中央财政收入		地方财政收入		年份	中央财政收入		地方财政收入	
	数额	比重/(%)	数额	比重/(%)		数额	比重/(%)	数额	比重/(%)
1978	175.8	15.5	956.5	84.5	1996	3 661.1	49.4	3 746.9	50.6
1979	231.3	20.2	915.0	79.8	1997	4 226.9	48.9	4 424.2	51.1
1980	284.5	24.5	875.5	75.5	1998	4 892.0	49.5	4 984.0	50.5
1981	311.1	26.5	864.7	73.5	1999	5 849.2	51.1	5 594.9	48.9
1982	346.8	28.6	865.5	71.4	2000	6 989.2	52.2	6 406.1	47.8
1983	490.0	35.8	876.9	64.2	2001	8 582.7	52.4	7 803.3	47.6
1984	665.5	40.5	977.4	59.5	2002	10 388.6	55.0	8 515.0	45.04
1985	769.6	38.4	1 235.2	61.6	2003	11 865.3	54.6	9 850.0	45.36
1986	778.4	36.7	1 343.6	63.3	2004	14 503.1	54.9	11 893.4	45.06
1987	736.3	33.5	1 463.1	66.5	2005	16 548.5	52.3	15 100.8	47.71
1988	774.8	32.9	1 582.5	67.1	2006	20 456.6	52.8	18 303.6	47.22
1989	822.5	30.9	1 842.4	69.1	2007	27 749.2	54.1	23 572.6	45.93
1990	992.4	33.8	1 944.7	66.2	2008	32 680.6	53.3	28 649.8	46.71
1991	938.3	29.8	2 211.2	70.2	2009	35 915.7	52.4	32 602.6	47.58
1992	979.5	28.1	2 503.9	71.9	2010	42 488.5	51.1	40 613.0	48.87
1993	957.5	22.0	3 391.4	78.0	2011	51 327.3	49.4	52 547.1	50.59
1994	2 906.5	55.7	2 311.6	44.3	2012	56 175.2	47.9	61 078.3	52.09
1995	3 256.6	52.2	2 985.6	47.8	2013	60 198.5	46.6	69 011.2	53.41

说明:中央财政收入、地方财政收入数据来源于《中国统计年鉴2014》。

出于纠正横向和纵向不平衡的需要,中央政府一直把对地方的补助作为重要支出项目。目前我国中央对地方的补助体系主要包括转移支付和税收返还两部分,简要介绍如下[①]:

(一) 转移支付

转移支付具体分为财力性转移支付和专项转移支付。前者是指中央政府的转移支付资金中不对地方政府规定具体用途,由地方政府根据当事情情况统筹安排;后者是指中央政府对地方政府承办委托事务、共同事务以及实现中央政府宏观政策目标事项而给予的补助。

1. 财力性转移支付

(1) 一般性转移支付。我国 1995 年起实行了"过渡期转移支付",首次利用公式法估算地方财政能力和需求,因此"过渡期转移支付"被誉为是我国转移支付制度逐渐规范化的开端。"过渡期转移支付"在 2002 年所得税收入分享改制后改称为"一般性转移支付"。一般性转移支付按影响财政收支的客观因素和全国统一的公式分配,具体来说,主要参考各地标准财政收入和标准财政支出的差额及可用于转移支付的资金数量等客观因素,按照统一公式计算确定各地转移支付金额。其中,标准收入是指各地的财政收入能力,主要按税基和税率分税种测算;标准支出是指各地的财政支出需求,主要按地方政府规模、平均支出水平和相关成本差异系数等因素测算。在测算支出成本差异系数时,主要考虑各地地理环境、人口规模与结构等客观因素。对财政越困难的地区,中央财政补贴程度越高。

(2) 民族地区转移支付。民族地区转移支付是 2000 年起设立的,用于解决少数民族地区的特殊困难。具体办法是:中央财政对民族省区和非少数民族省区的民族自治州每年上划中央增值税增量的 40% 直接返还给收入来源地,另外 40% 的增量部分连同中央财政安排的资金,按照公平、规范的原则,在民族地区之间按照上述一般性转移支付办法进行计算、分配。

(3) 调整工资转移支付。为了配合应对 1998 年爆发的亚洲金融风暴,我国实施了积极的财政,从 1999 年 7 月 1 日起提高机关事业单位在职职工和离退休人员他离退休费。此后多次调整机关事业单位职工工资和离退休人员离退休费。对调整工资及离退休费增加的支出,沿海经济发达地区自行解决;对财政困难的老工业基地和中西部地区,由参照一般性转移支付办法给予适当补助,即根据职工人数等客观因素和各地的财政困难程度,通过公式化的办法给予适当补助。

(4) 农村税费改革转移支付。随着农村水费改革的实施,农民负担明显减轻,地方财政收入也相应减少。为了保证地方政府的正常运转,推动农村税费改革的顺利实施,中央财政从 2002 年开始加大了农村税费改革支付力度。农村税费改革支付资金分配遵循统一规范、公正合理、公开透明、体现对农业主产区尤其是粮食主产区的照顾等原则,按照基层必不可少的开支和实施过程中各地不可减收增支等因素计算。2004—2006 年间各地逐步取消农业税。由此减少的地方财政收入,沿海发达地区原则上自行消化,粮食主产区和中西部地区由中央财政适当给予转移支付。地方财政减收额原则上以 2002 年为基期,

---

① 郭庆旺,赵志耕.公共经济学[M].2 版.北京:高等教育出版社,2010:356-359.

按照农业特产税和农业税豁免数计算确定。转移支付系数分别为中西部粮食主产区100%、非粮食主产区80%,东部粮食主产区(含福建)50%、非粮食主产区不予补助。

(5)体制性补助。体制性补助是1988—1993年推行财政承包体制的延续,它是以中央财政向部分省级政府的定额补助和部分省市向中央财政上解收入为基础的"自下而上"和"自上而下"的双向流动财力转移支付。这是以中央政府为中介由富裕地区向贫困地区的区域间横向财力转移,严格意义上说,这也不是真正意义上的中央政府对地方的补助。另外,还包括企事业单位划转补助,它是指由于企事业单位隶属关系改变而进行的改变。当隶属关系由中央划归地方时,相应把原来中央财政安排的经费下划地方;当隶属关系由地方划归中央时,相应把原来地方财政安排的经费上划中央。

2. 专项转移支付

专项转移支付主要是是财政部门掌握的用于救灾、扶贫、价格补贴的补助和有关部委掌握的对教育、卫生、环保、基础设施的专项拨款,要求地方专款专用,有的项目还要求地方安排配套资金。1994年分税制改革以后,中央对地方专项转移支付规模和项目迅速增加,目前已经初步建立了一套比较完整的专项转移支付体系,对落实中央支出责任,推动社会事业协调发展发挥了重要作用。近年来专项转移支付分配办法逐步规范,主要包括因素法、项目法以及因素法和项目法相结合三种模式。

国务院2014年12月颁布了《关于改革和完善中央对地方转移支付制度的意见》(国发[2014]71号),该《意见》强调了改革和完善中央对地方转移支付制度的必要性,提出了优化转移支付结构、完善一般转移支付制度、从严控制专项转移支付、规范专项转移支付分配和使用、逐步取消竞争性领域转移支付、强化转移支付预算管理、调整优化中央基建投资专项、完善省以下转移支付制度、加快转移支付立法和法制建设与加强组织领导等9项中央对地方转移支付制度的改革、完善举措,其中最大亮点是明确了我国转移支付以一般性转移支付为主,明确一般性转移支付在整个转移支付中的占比提高到60%以上,取消"小、乱、散"、效果不明显以及市场竞争机制能够有效调节的转向转移支付。

(二)税收返还

税收返还包括"两税"返还(增值税和消费税返还)、所得税基数返还、出口退税基数返还和"六费"基数返还(公路养路费、公路客货运附加费、公路运输管理费、航道养护费、水运客货运附加费和水路运输管理费基数返还)。

1. "两税"返还

"两税"返还通俗地说是以增值税和消费税收入为基础的中央与地方政府间的财政资金的分配,中央税收上缴完成后,通过中央支出的办法,将一部分税收返还地方使用。税收返还额以1993年为基数,以后逐年递增。递增率按各地方增值税和消费税的平均增长率的1∶0.3系数确定,即"两税"每增加1%,中央财政对地方税收返还额增长0.3%。这样做是因为1994年分税制实施后,按税种重新划分了中央收入和地方收入。中央收入基数大大扩大,为了争取新机制的平稳实施,中央不得不以税收返还的办法把从地方上多收过来的那部分税收通过税收返还形式重新还给地方。因此,从严格意义上来说,"两税"返还不是真正意义上的中央对地方的补助,而是对旧体制下地方既得利益的承认和让步,是中国规范地方政府经济行为进程中的过渡办法。

2. 所得税基数返还

国务院决定从 2002 年 1 月 1 日期实施所得税收入分享改革,将按企业隶属关系等划分中央和地方所得税的办法改为中央与地方按同一比例分享。改革的主要内容是除了少数特殊行业或企业外,对其他企业所得税和个人所得税实行中央与地方按比例分享。2002 年所得税收入中央分享 50%,地方分享 50%;2003 年起中央分享 60%,地方分享 40%。中央保证各地区 2001 年地方实际的所得税收入基数,实施增量分成。中央财政因所得税分享改革增加的收入,用于增加一般性转移支付。计算公式为:2003 年所得税基数返还＝2002 年地方实际所得税收入×60%－2002 年中央实际所得税收入×40%。

3. 出口退税基数返还

出口退税在 2004 年以前全部由中央政府负担。根据《国务院关于改革现行出口退税机制的决定》(国发[2003]24 号)精神,从 2004 年 1 月 1 日起实施出口退税机制改革:一是适当调整出口退税率;二是中央财政加大对出口退税的支持力度,除及时办理当年出口退税,确保正常需要和"新账不欠"外,还通过使用超收收入等偿还历年出口退税欠款;三是建立中央与地方公共负担出口退税的新机制,其中出口退税存量部分全部由中央负担,增量部分中央负担 75%,地方负担 25%。计算公式为:2004 年出口退税基数返还＝2003 年出口退税基数×25%。

4. "六费"基数返还

我国 2009 年实施了燃油税改革,为了照顾地方既得利益,中央政府实施了"六费"基数返还。按照《国务院关于实施成品油价格和税费改革的通知》(国发[2008]37 号)有关规定,"六费"基数返还以 2007 年地方"六费"收入为基础,考虑 2008 年增长 10%确定。

据上述分析,目前我国的转移支付制度还不尽如人意,主要是因为对旧体制下地方利益的承认,使政府间转移支付制度本来应有的再分配职能未充分发挥出来。今后,随着中央财政能力的加强和体制改革的深化,中央对地方的补助将不断规范化,以切实地通过转移支付来解决各地区之间经济发展的不平衡,纠正中央政府与地方政府之间在责任和收入之间的不平衡。

案例 18-1

农村公共产品供给机制的现存缺陷

供给主体单一化。农村公共产品的供给主体包括各级政府、市场营利组织、第三部门等。三者应构成分工合理、信息共享、相互补充的多元供给主体。然而,当前我国农村公共产品的供给主要以政府单一供给为主,政府全面参与狭义公共产品和准公共产品的供给,对市场和非政府组织力量产生了"挤出效应"。单一的供给主体结构可能造成如下后果:一是农村公共产品的可获得性主要依靠财政的预算偏好,当其他方面对财政支出有更高要求时,易造成农村公共产品供给数量短缺。二是政府提供公共产品时更倾向"抓大放小",微观渗透力与灵活性远不如市场和第三部门,单一的供给主体将导致特定区域或群体的公共产品需求无法得到满足。

需求表达和供给决策低效化。农村公共产品的需求表达应是在村民自治框架下,使全体农村居民能够充分表达对承担公共产品成本及获取公共产品利益的意见。实践中,一方面,农村公共产品的需求日益多元化、高级化、个性化,政府作为一个"大而全"的供给主体,其回应力明显不足,决策过程主要受政绩驱动,使得稀缺的农村公共产品无法按需求进行分配;另一方面,分权制度使财权集中于上级政府,农村公共产品供给决策也通常由上级政府做出,而具体供给责任层层下移,这导致某一农村地区能否得到优质公共产品供给主要依赖于地方税基和转移支付力度,并且容易发生各级政府及部门之间的推诿现象。

负担与收益失衡。我国在 2006 年全面取消农业税之后,国家财政对农村公共产品的支出明显增加,制度外筹资减少。但目前的筹资机制仍有很多问题。农民现仍有耕地占用税、契税等直接负担和增值税、消费税等间接负担,而每年政府的涉农支出远低于农村居民对财政收入的贡献,其实际负担与收益面临失衡。这一方面反映了政府的"城市偏向"政策,更说明了目前的农村公共产品筹资渠道过于单一,筹资方式已趋于僵化。政府在农村公共产品的筹资权上拥有绝对优势,而又缺乏相应的监督机制,农民专业合作组织的集资能力远远不够。

(案例来源:杨蠡,张雨微.普惠式农村公共产品供给的制度路径[N].光明日报,2015 年 1 月 11 日第 7 版。)

 思考与提示

应该如何完善我国公共产品的供给?

本章重要概念

地方公共品(local public goods)　　俱乐部理论(theory of clubs)

本章思考题

1. 地方公共品的特征是什么?
2. 地方公共品的需求与地方政府的最佳规模是什么?
3. 美国的完全分税制和日本的适度分税制的差异及其启示是什么?

本章推荐阅读书目

1. 斯蒂芬·贝利.地方政府经济学:理论与实践[M].左昌盛,等,译.北京:北京大学出版社,2006.
2. 曾国安.政府经济学[M].武汉:湖北人民出版社,2002.
3. 杨龙,王骚.政府经济学[M].天津:天津大学出版社,2004.

第五篇 政府规制与改革
ZHENGFU GUIZHI YU GAIGE

第十九章 政府规制

---**本章导言**---

政府对于市场、企业和消费者,既有直接的规制,也有间接的调控,两者相辅相成。无论是规制还是调控,其目的都是在于弥补市场的缺陷,以营造良好的经济环境。两者的区别在于:调控着眼于经济总量,并通过经济参数作用于市场,间接影响企业行为;而规制着眼于经济总量,借助于法律和法规,直接作用于市场行为。本章从政府规制的含义入手,分析政府规制的公共利益和特殊利益,讨论政府规制的成本和收益状况,系统介绍政府规制的种类、方法和过程等内容,以期读者对政府规制理论有一个比较全面的了解。

第一节 政府规制概述

一、政府规制的定义

在公共经济学领域,政府规制(governmental regulation)是一个颇有争议的概念,不同的学者有不同的看法和解释。

美国经济学家卡恩(Alfred E. Kahn,1917—2010)在其经典教科书《规制经济学:原理与制度》(The Economics of Regulation:Principles and Institutions,1970年第一版,1988年第二版)中,认为作为一种基本的制度安排,政府规制是"对该种产业的结构及其经济绩效的主要方面的直接的政府规定,比如,进入控制、价格决定、服务条件及质量的规定。"

维斯卡西等学者认为,政府规制是政府以制裁手段,对个人或组织的自由决策的一种强制性限制,政府的主要资源是强制力,政府规制就是以限制经济主体的决策为目的而运用这种强制力。

2001年诺贝尔经济学奖获得者斯蒂格里茨(Joseph Eugene Stiglitz)在1971年提出,"作为一种规则(rule),规制是产业所需要的并为其利益所设计和主要操作的",主要有税收优惠和直接的货币补贴、对新进入的控制、对产业辅助品生产的鼓励及替代品生产的压抑、价格控制四种规制手段。1981年,斯蒂格里茨把政府规制的范围扩展到所有公共-私人关系中,不仅包括传统的公用事业和反托拉斯政策,而且包括对要素市场的公共干预、举债和投资,以及对商品和服务的生产、销售或交易的公共干预。

丹尼尔·F. 史普博(Daniel F. Spulber)认为,政府规制是行政机构制定并执行的直接干预市场机制或间接改变企业和消费者供需决策的一般规则或特殊行为。

《新帕尔格雷夫经济学大辞典》(The New Palgrave：A Dictionary of Economics)把政府规制解释为：政府为控制企业的价格、销售和生产决策而采取的各种行动。如控制定价水平、规定产品和服务的质量标准等，政府这些行动是要努力制止不重视社会利益的私人决策，包括政府为改变或控制企业的经营活动而颁布的规章和法律。

日本学者植草益(Masu Uekusa)认为，通常意义上的规制，是指依据一定的规则对构成特定社会的个人和构成特定经济行为的经济主体的活动进行限制的行为。进行规制的主体有私人和社会公共机构两种类型：由私人进行的规制，如父母约束子女的行动；由社会公共机构进行的规制，如政府依照一定的规则对私人以及经济主体特别是企业的活动进行限制的行为。

综合上述各种对政府规制概念的不同看法，可以认为，政府规制是政府依据一定的规则对微观经济主体的活动进行限制和规范的行为。政府规制的主体即规制者是政府行政机关，政府行政机关通过立法或其他形式被授予规制权；政府规制的客体即被规制者是各种微观经济主体，主要是企业；政府规制的主要依据是各种法律规范；政府规制的主要手段是制定和执行各种规则或制度；政府规制的目标一般是公共目标，也可能是政府目标或是企业目标；政府规制的形式取决于政府规制机制限制和管理行为的业务性方式，主要有直接干预市场配置资源机制的规制、通过影响消费者决策进而影响市场均衡的规制和通过影响企业决策进而影响市场均衡的规制。

由于政府规制的主要依据是各种法律、法规，从制度经济学的角度看，这些政府规制的法律、法规实质上都是公共品，或者笼统地说，政府规制就属于公共品。政府规制不仅仅是针对某一个特定经济主体的，而且是针对社会所有经济主体，作用于所有被规制对象，不具有排他性。但是，政府规制是一种特殊的公共品。这是因为：①一般的公共品都有某种实物形态，因而属于有形的公共品。而政府规制是无形的，只表现为制度、规范和规则；②一般的公共品既可以由政府供给，也可以由市场供给，还可以由政府和市场混合供给，因而供给主体是多元化的，而政府规制只能由政府独家供给，因而具有完全垄断的特性。

政府规制可以从不同角度进行分类。

(1) 从规制的程度和方式看，政府规制有直接规制和间接规制。直接规制是由行政管理部门用法律手段直接介入经济主体的决策，参与经济主体的投资、生产资料采购、产品定价、产品销售等经济决策过程，目的是防止发生与自然垄断、外部不经济，以及与非价值物品有关的、在社会经济中不期望出现的市场结果，如对自然垄断产业的规制和对金融业的规制。直接规制主要包括经济性规制和社会性规制。间接规制是政府在始终坚持市场机制的基本框架、尊重市场经济主体的自由决策的前提下，对某些阻碍市场机制发挥职能的行为加以规制，目的是依照反垄断法、商法、民法等来制约不公平竞争，建立、健全信息系统，缓解信息不对称。如对环境污染、产品质量、工作环境安全的规制。一般而言，广义的政府规制包括直接规制和间接规制，狭义的政府规制仅仅包括直接规制。

(2) 从规制的手段看，政府规制可分为法律规制、行政规制、价格规制、会计规制、审计规制、金融规制、计划规制、财政税收规制等。

一般而言，在律师、药剂师、牙医、注册美容师等职业集团，最容易发生政府规制。此外,垄断性产业和竞争性产业也是较容易发生政府规制的部门。在产业发展过程中,政府规制的分布和保护重点是不一样的。政府规制多半发生在产业成本低或需求高涨的时期,在需求高涨时偏向保护消费者,在需求低落时偏向保护生产者。由于受规制的商品和服务的价格一般低于垄断价格,高于竞争价格,所以在垄断性产业中,消费者会因政府规制获得低价产品;而在竞争性产业中,生产者可以借助政府规制高价出售产品。

二、政府规制与公共利益

长期以来,国内外许多学者把政府规制与市场失灵联系起来。他们认为,市场是脆弱的,如果放任自流,就会产生低效率、不公正等市场失灵问题,市场失灵会导致资源的错误配置。政府规制是对市场失灵的回应,政府规制的目的一直是而且只能是为了通过提高资源配置效率,增进社会福利,实现社会的公共利益。政府规制是政府对一种公共需要的反应,是对经济效率和社会公平需求所做出的仁慈的、有效的、无代价的反应。政府完全可以代表公众对市场做出一种理性的计算,使政府规制过程符合帕累托最优原则。因此,政府规制是针对微观经济主体的行为制定的,是实施公共政策的过程,是从公共利益出发制定和实施规制的过程,目的是为了限制被规制者滥用权力、垄断价格等行为。

政府为了实现公共利益,通过制定和实施规制政策而纠正市场失灵主要有以下几个领域。

(一) 自然垄断与政府规制

由于资源的稀缺性和规模经济的作用,市场由一个或几个卖者垄断。在这种情况下,强大的市场控制力将产生与形成竞争性均衡价格相背离的垄断价格。自然垄断由于规模经济的存在而形成,因而相当多的国家都在政策上允许自然垄断的存在。但是,如果自然垄断企业不存在任何外部约束,它就会成为市场价格的制定者,就会产生价格大大高于个人边际成本的情况,从而会扭曲分配效率。因此,在自然垄断的情况下,为避免自然垄断者限制产出并抬高价格而使公众被迫承受垄断价格,政府就应该通过实行价格规制抑制自然垄断企业制定垄断价格,以维持社会分配效率。

自然垄断产业的主要特点是投资数额巨大,投资回收期长,资产专用性强,具有显著的规模经济效益。如果没有政府规制,在存在信息偏差的情况下,许多企业就会盲目地进入自然垄断产业,进行重复投资、过度竞争,就会产生如下可能的结果:一是势均力敌的几家企业互不相让,在生产能力严重过剩的情况下,相互争夺市场份额,从而造成两败俱伤和生产的低效率;二是最具有竞争力的优势企业被其他劣势企业赶出市场,即产生"劣币驱逐良币"的现象,这些退出市场的企业的投资得不到回报,专用性很强的资产闲置就会造成资源的浪费。因此,为了防止和制止这种破坏性竞争,政府需要通过设置进入壁垒,抑制企业过度进入,以保证社会生产效率的极大化。同时,自然垄断产业提供的商品或服务是社会再生产过程的一般物质条件,既是绝大多数企业必需的生产要素,也是社会的生活必需品,必须确保供给的高度稳定性。为了控制自然垄断企业在无利可图,或者在回报率更高的投资业务吸引下,任意退出市场,政府必须对自然垄断产业设置退出壁垒,以免造成特定商品或服务供给的不稳定性。

(二) 人为垄断与政府规制

在现实经济生活中,并不是所有的垄断都是自然垄断,往往存在许多人为垄断。有些人为垄断是积极的,政府需要鼓励。例如,某一个企业通过获得商标权或专利权,或通过获得政府授予的独家经营权而控制某一市场,虽然其他企业不能与该企业进行平等竞争,但实现了某些社会功能,刺激了技术进步和社会经济的发展。有些人为垄断或源于企业的掠夺性定价行为,或源于若干家企业组成托拉斯组织,这些人为垄断产生价格高于竞争均衡水平的可能性极大,会损害帕累托效率的资源配置,政府必须进行规制。对厂商通过合谋、控制产业的进入而造成的人为垄断,不管是只涉及一个公司还是多个公司的合谋行动,都会导致各种形式的市场失灵,政府对此可采用规制私人垄断行为与绩效的反托拉斯的规制政策,使厂商之间的合谋成为非法,并促进产业开放和市场竞争。反托拉斯的规制政策关注的是改进效率和资源配置,它并不牺牲哪一方面的利益,或偏向于哪一个利益集团。只要法院裁定出现了人为垄断,政府即可实施反托拉斯的规制政策。

进一步分析,在寡头垄断性产业中,企业数量少,各个企业采取相互观察对方行为的相互依存行为,很容易形成统一的定价行为。此外,在寡头垄断性产业中,许多场合在产业进入、退出方面存在人为障碍,很多行业产品的差异性也有所强化,这种产业进入、退出障碍和产品差异性的存在,加强了寡头垄断性产业的价格控制能力。对于这种人为垄断,市场无法通过自身机制加以消除,于是出现市场失灵。为了纠正这种市场失灵,政府必须进行规制。

(三)外部性与政府规制

外部性是企业或个人一定的经济行为对外部的影响,具体地说,是某个经济主体生产和消费商品及服务的行为不以市场为媒介,而对其他的经济主体产生的附加效应的现象,其本质是私人边际成本与社会边际成本、私人边际收益与社会边际收益相偏离。根据这种偏离的不同方向,外部性可分为正外部性和负外部性:正外部性是指私人的经济行为给外部造成的积极影响,使他人经济行为的成本降低、收益增加;负外部性是指私人的经济行为给外部造成的消极影响,使他人经济行为的成本提高、收益减少。在存在外部性的情况下,社会成本不仅包括私人成本,而且包括因私人的生产或消费行为对外部的影响而形成的外部成本;社会收益不仅包括经济主体在市场上因支付费用而得到的私人收益,而且包括经济主体在市场上不支付费用而得到的外部收益。外部性使市场机制失效,市场机制因不能实现各种公共资源的优化配置而产生市场失灵,因而需要政府规制的介入。对此,英国经济学家米德认为,在八种情形下政府采取干预和控制措施是有必要的,其中一种情形是:市场机制一般不能很好地解决由于个人利益与社会利益的对立而引起的资源枯竭、环境污染等重要社会问题。这些问题有赖于政府的控制和干预行动才能得以解决。需要指出的是,由外部性造成的市场失灵是实行政府规制的必要条件,但不是充分条件。政府规制成为完全必要还需要政府规制的收益大于政府规制的成本。

政府对外部性问题的规制,可以综合使用行政的、经济的、法律的手段,使外部效应内在化。政府规制外部性问题的行政手段主要是政府凭借行政权力来制定技术标准和生产限额,建立许可证制度。政府运用经济手段对外部性问题进行规制的核心内容是征税和补贴,对于一部分社会成员要承担另一部分社会成员的外部性行为而导致的成本,政府就可以对后者采取征税的形式使外部成本内部化,并促使外部性的产出降低到社会合理水平;对于不能或难以补偿经济主体行为成本的正外部性,政府应给予补偿,以激励私人的正外部性行为。此外,政府还可以通过明晰产权关系来解决外部性问题。政府规制外部性问题的法律手段主要是政府通过制定和实施一系列法律、法规,建立经济秩序,减少经济活动中的不确定性,为预防负外部性的发生和负外部性发生后的补救提供依据。实际上,上述解决外部性问题的三种政府规制手段是相互联系、相互交叉的。

综上所述,政府规制是政府为了防止发生无效率的资源配置和确保社会公平而在有市场失灵的领域所采取的直接干预行为。也就是说,政府规制是从保障公共利益出发,以纠正市场失灵、维护社会秩序和社会稳定为目的的。因此,哪里有市场失灵,政府就应在哪里实施相应的规制,以克服市场缺陷。政府规制的工具可能不同,但只要市场需要,政府就应该采取相应的行动。

三、特殊利益与政府规制

政府规制是否只是为了实现公共利益?答案是否定的。因为从政府规制的实际情况看,政府规制有时仅代表某一利益集团的特殊利益。具有相同利益的个人和组织会形成利益集团,各种利益集团都会对政府规制产生或多或少的影响。如政府规制者在规定垄断企业的价格时面临各方面的压力,企业要求制定尽可能高的价格,而消费者要求尽可能低的价格;有时甚至会出现更复杂的情况:作为消费者的垄断企业职工要求享受尽可能低的规制价格,但反过来垄断企业职工为了享受更好的工作条件和获得更高的工资收入,可能与企业经营管理者联合起来,要求制定较高的规制价格。尽管政府规制机构的规制权限和制度安排等对规制者的约束机制会影响各种利益集团对政府规制的作用方式,如政府规制者的任职条件、任免方式、工作年限等都会对利益集团的游说对象和方式产生影响。但是,政府规制机构的权限实际上是相当模糊的,规制者有相当大的自由裁定权,这就为各种利益集团的游说活动提供了绝好的机会。一般来说,某一个利益集团的组织性越强,与政府规制者的联系就越密切,政府规制者也就越容易接受其意见。因而政府规制者在制定规制政策时,对不同利益集团有不同的权重。政府规制者一般偏袒组织性较强的利益集团,让他们通过优惠的规制政策取得额外的利益,以获取他们在政治上的支持和某些物质利益。此外,政府规制者常常牺牲对规制政策反映较弱的大利益集团的利益,偏袒那些对优惠的规制政策具有敏锐反映的小利益集团的利益。这是由于某个成员为本利益集团的利益所作的努力,使得利益集团内所有成员都会得益,而成本则由个人来承担。这种"搭便车效应"所产生的成本与收益不对称状况,会抑制大利益集团成员为利益集团的利益去努力。相反,在小利益集团中,每个成员的努力对整个利益集团的影响较大,而其成本与收益的不对称性较小,因而"搭便车效应"较小。因此,在政府规制中,小的利益集团反而处于强势地位。

政府规制是行业中的一部分厂商利用政府权力为自己谋取利益的一种努力。政府规制作为一种制度,是行业所需并为其利益服务而设计和实施的。也就是说,政府规制通常是行业自己争取来的,其设计和实施主要是为受规制行业的利益服务的。政府规制作为一种特殊的商品,是经济系统的一个内生变量,是供(政府)求(工商企业或消费者)双方相互作用的结果。人们可以从观察政府规制供求条件的变化中判断规制政策究竟是为谁服务的,具体地说,可以了解到谁是政府规制的受益者或受害者,政府规制是采取什么形式和政府规制对资源分配的影响。既然政府规制是一种特殊的商品,就不能免费获得。一般来说,紧密的利益集团最有可能成为对政府规制成功的"出价人"。对于工商企业或消费者来说,他们"出价购买"政府规制,是为了实现收入或效用的最大化,实际上是试图谋求政府的强制力。一个利益集团或一个产业试图谋取的国家强制力有:①政府对特定产业的直接的货币补贴和税收优惠;②政府通过颁发经营许可证、控制许可证数量、保护关税等手段,限制潜在的竞争对手的进入;③政府对那些能够影响它的互补商品和替代商品生产的控制;④政府对价格的规制。那些有能力购买政府规制的人,就被允许把政府的上述强制力作为一种资源来使用,并在社会各利益集团之间再分配财富,以供自己使用,从而使政府规制成为特定利益集团的一种利润来源。

总而言之,在决定政府规制的过程中,特殊利益集团有着极其强烈的利益动机和较低的显示其需求的成本,社会公众谋求政府规制的利益动机较弱而需求显示的成本很高。所以,为特殊利益集团服务的政府规制,比为公共利益服务的政府规制更容易被生产出来。具体地说,特殊利益集团既有谋求国家强制力的强烈需求,但同时其利益又是一致的,能在决定政府规制的政治过程中采取协调一致的联合行动,所以,其对政府规制需求的显示成本是低的。但是,社会公众能从政府规制政策分享到的社会福利增长,是微乎其微的;同时,众多的、分散的个人要在促成政府实施为公众服务的规制政策中采取联合行动是极其困难的,即使能采取联合行动,其成本也会大大高于特殊利益集团的行动成本,甚至其成本会远远超过能从政府规制中获得的收益。这样,公众就会倾向于个别地、分散地参与寻求政府规制的过程中,以至于他们的共同偏好不能得到集中的表达。

政府规制作为一种特殊的公共品,是由政府供给的,主要取决于政府对提供规制政策的认识和条件。政府对规制供给的认识,有可能来源于长期的积累,也可能由某一重大的突发事件引起,更为一般的是来源于政府对规制供给的理性认识和分析,如对自然垄断的经济学分析。在政府对规制供给的认识达到一定的深度后,才会产生供给规制的内在动机。但政府最后能否提供某种已被认知的规制供给,还取决于政府供给这种规制的条件。此外,政府供给规制也有其作为经济人的动机,政府作为经济人也会追求私利。具体地说,政府规制者追求的直接目标是收入或效用最大化,政府能理性地选择可使其效用最大化的行动;政府规制者追求的间接目标是利用其基本资源——权力来获取金钱和非金钱的利益。政府规制者会运用多种手段,与被规制者或特殊利益集团分享垄断利润或收益。政府规制者既然成为垄断利润或收益的受益者,就会被被规制者或特殊利益集团所"俘房",反过来为被规制者或特殊利益集团的利益服务。

综上所述,政府规制作为一种特殊的商品,是具有不同供求条件和背景的利益集团博弈的结果。

第二节 政府规制的内容

一、政府规制的种类

政府规制的种类非常多,主要有:进入(退出)规制,价格(收费)规制,数量、质量规制,资源、环境规制,等等。

(一)进入(退出)规制

政府对各种微观经济主体进入某些部门或行业进行规制,一是旨在将微观经济主体纳入依法经营、接受政府监督的范围;二是控制进入某些行业,主要是自然垄断领域和存在明显的信息不对称的部门(如金融、保险)的企业数量,以保证企业资质,防止过度竞争,降低不确定性和风险。为此,政府通常采用两种措施:一是对一般竞争性行业的所有微观经济主体实行注册登记制度,即按照有关法律、法规限定的微观经济主体必须具备规定条件,经政府有关部门认可,履行注册登记手续,领取营业执照,方可从事生产经营活动;二是对某些特殊行业(如自然垄断领域)实行申请审批制度或特许经营制度,即在一些行业中,企业需履行特殊报批手续,经政府有关部门赋予特许经营的权利后,才能进入这些行业开展经营活动。前者属于一般的行业进入规制,而后者则属于特殊的行业进入规制。

自然垄断行业主要包括邮政、电信、铁路、航空、电力供应、城市给排水等行业。这些行业的产品和服务大多属于准公共品,通常有明显的规模经济和范围经济效应,因而,由一家或少数几家企业经营比由多数企业经营更有效率。控制进入这些行业的企业数量,维护这些行业在一定程度上的垄断经营,可以避免不必要的重复投资。同时,赋予进入企业以相应的供给责任,限制其退出,从而保证该行业的商品和服务的有效供应。

在某些行业,企业由于缺少对产品供求的准确信息而盲目进入,经常会引起过度竞争,造成资源配置的损失。这就需要政府在必要时对进入某些行业企业的数量加以限制,以避免资源的浪费。政府在实行进入数量规制时,也可能会出现两方面的问题:一是如果政府对商品供求现状或趋势的判断发生失误,则对行业进入的规制可能会导致更糟糕的后果;二是由于进入规制总是对原有企业有利,因而代表原有企业的利益集团可能利用各种方式,通过政治程序迫使政府做出并非必要的行业进入规制。因为规制或许正是一个产业所积极寻求的,规制设计与实施主要是为受规制产业的利益服务的。因此,针对某些行业由于企业过多进入可能出现的过度竞争,政府主要应该采取提供信息、指导、劝说等手段。只有在特殊情况下,才使用特殊的行业进入规制措施。

(二) 价格(收费)规制

大多数商品、服务和生产要素的价格是在竞争中形成的。但是,在某些产业部门的商品或劳务价格形成过程中,竞争机制、供求机制是难以发挥作用的,即存在市场失灵。这为政府实行价格和收费规制提供了必要性。价格(收费)规制内容包括以下几个方面。

1. 对垄断行业的价格规制

垄断及自然垄断行业的企业,在追求其利益最大化时,会以垄断价格获取垄断利润,从而影响到资源的有效配置,损害非垄断行业和消费者的利益。因此,政府对垄断行业需实行价格规制,即由政府确定垄断企业产品或服务的价格。

2. 对保护行业的价格规制

为使得生产周期长的大宗商品的价格相对稳定,政府需要对一些农产品和矿产品的生产行业实行保护性的价格规制,由政府以专项基金和专门储备制度为基础,对这类商品设定最高价格和最低价格作为指导价格。

3. 对金融等行业的价格规制

在银行、证券、保险等金融业,以及大部分运输业中,由于消费者未必拥有充分的信息以决定在多种多样的服务和价格中选择哪种为好,因此难以实现资源配置效率。一旦竞争的结果使企业发生倒闭时,难以保证消费者的资产安全。所以,政府有必要对利率、保险利率等金融产品价格进行规范和制约。

□**4. 对通货膨胀时的价格规制**

通货膨胀是一种宏观经济现象。但治理通货膨胀往往需要从微观上采取一些措施，价格规制就是其中较强硬的一种。当通货膨胀发生时，政府可以对各类商品、服务和生产要素采取的价格规制包括：冻结全部或部分物价、实行最高限价、规定价格上涨率等。

□**5. 对不正当价格行为的规制**

由于存在着信息不对称，市场上还经常出现不正当价格行为，如价格欺诈。对此，需由政府制定物价管理法规，对物价的一般水平和浮动幅度加以限制，对价格欺诈行为进行处罚等，并采取措施解决信息不对称问题。

□**6. 对事业单位收费的规制**

为了防止事业单位出现乱收费，政府对收费实行规制，规定事业单位按平均成本确定收费水平，并严格监督执行。

（三）数量、质量规制

数量规制主要是指政府对企业生产和供应的产品的数量加以限制，以及对进口和出口的商品数量进行限制等。在市场经济条件下，政府对企业生产和供应的产品数量的规制一般只限于少数物品，如武器装备、政府实行垄断经营的能源供应、运输服务等。数量规制的一个重要方面是对有害物品生产和供应的规制，例如，对烟草、烈性酒、有害出版物等；对进出口商品的数量实行规制，主要是为了保护国内的新兴产业，调节国内市场的供求。

质量规制是政府为保护消费者（生产消费与生活消费）利益而实行的规制。质量规制的目的，一是为了提高商品、服务的总体质量水平，提高资源配置的效率；二是为了维护人们的安全和健康，提高人们的生活水平。

（四）资源、环境规制

鉴于在经济发展过程中存在着大量的资源浪费、环境污染、生态破坏等负的外部性，需要通过政府规制来解决这些负的外部性。例如，矿产资源的采掘，需要在政府的统一规划下，选择适当规模的、有一定技术水平的企业进行开采；对国有森林的采伐，必须规定采伐量及采伐后的造林护林任务；在公共的江河湖海中捕鱼，可能会出现过量捕捞的问题，也需要政府通过一定的规制，例如，采用"禁渔"措施来解决过量捕捞的问题。政府对自然资源的使用实行的规制措施，除征收资源税和地租外，主要有：通过资格审查等方式控制使用资源的企业的数量；规定资源开采使用的标准；划定资源使用范围，并与企业签订承包合同，督促企业合理开发利用资源等。政府依据环境方面的法律、法规，对工厂排放废水、废气等有害物质所造成的环境污染问题进行规制，正在成为政府规制中越来越重要的组成部分。

此外，在现代市场经济条件下，政府规制中还包括会计和统计规制、社会保障规制等方面的内容。会计、统计规制是政府通过有关财务会计、统计、审计等法律、法规，责成企业定期向政府如实报告生产经营情况的过程。这既是实行微观规制的需要，也是为宏观调控提供必要的客观依据。社会保障规制即通过强制征收社会保险税，建立社会的保险基金，从而将此用于失业救济、退休津贴、医疗教育补助等福利的政府行为。

案例 19-1

我国反垄断史上最大罚单是如何开出的？
——国家发展改革委谈汽车零部件反垄断案调查始末

漫画：重罚。新华社发 徐骏 作

新华网北京 2014 年 8 月 20 日电（记者：赵超、安蓓）：国家发展和改革委员会 20 日公布了对日本 8 家汽车零部件企业和 4 家轴承企业价格垄断行为的处罚决定，罚款总额约 12.4 亿元，创下我国反垄断史上新的处罚记录。这起反垄断大案的调查是如何开展的？罚款金额又是如何确定的？新华社记者就此采访了国家发展改革委价格监督检查与反垄断局反垄断调查二处副处长吴东美。

主动自首

我国对上述 12 家企业集中开展反垄断调查始于 2014 年 4 月，而日本的反垄断机构早在 2010 年和 2011 年就对这些企业进行了相关调查。其后，这些企业还向美国、欧盟等反垄断法实施较早、执法活跃、规定严格的反垄断机构自首。

企业之所以会自首，是因为多数国家的反垄断法规定，经营者主动向反垄断执法机构报告达成垄断协议的有关情况并提供重要证据的，反垄断执法机构可以酌情减轻或者免除对该经营者的处罚，中国的反垄断法也是如此。

我国的反垄断法是 2008 年 8 月 1 日起开始施行的。近年来，发展改革委陆续查处了液晶面板、奶粉、白酒等反垄断案件。

我国的反垄断法规定了域外管辖，即境外的垄断行为对境内市场竞争产生排除、限制影响的,可以根据反垄断法进行调查和处罚。

2014年3月,发展改革委反垄断调查人员因其他反垄断案件到日立中国进行突袭调查。调查人员向日立中国宣传和解释我国反垄断法的有关规定。4月2日,日立主动向发展改革委自首,报告了与相关企业达成垄断协议的有关情况并提供了重要证据。随后,不二越等企业纷纷自首。

展开调查

根据掌握的线索,发展改革委向相关企业发送调查询问问题清单和提供相关资料的清单,要求其回答问题,提供原始的工作笔记、会议记录、电子邮件等。

同时,发展改革委将直接参与价格协商的人员和公司管理人员请到发展改革委进行询问,以便将协商的时间和地点、协商的产品、具体形式、报价、持续时间等调查清楚。

调查人员将调查内容进行反复核对,对不同调查对象提供的细节进行一一对应、相互印证,做到事实清楚、证据确凿。期间,有的企业当事人或员工,会以时间过去太久了、记不清了等理由为相关垄断行为推委责任。最终,在大量证据和事实面前,这些企业承认了垄断行为。

经发展改革委查实,2000年1月至2010年2月,日立、电装、爱三、三菱电机、三叶、矢崎、古河、住友8家日本汽车零部件生产企业为减少竞争,以最有利的价格得到汽车制造商的零部件订单,在日本频繁进行双边或多边会谈,互相协商价格,多次达成订单报价协议并实施,涉及本田、丰田、日产、铃木、福特等汽车制造企业。截至2013年底,当事人经价格协商获得的中国市场多数订单仍在供货。

对不二越、精工、捷太格特、NTN等4家日本轴承生产企业的调查发现,从2000年至2011年,他们在日本组织召开亚洲研究会,开始是考虑将钢材等原材料价格上涨转嫁到产品上,推动共同涨价,后来又研究制订统一的价格表。这些企业发现其产品有上万个型号,适用价格表协调起来难度很大,于是又提出确定统一的涨价幅度。

针对中国市场,这4家企业于2004年至2011年在上海举行专门会议,协商价格上涨幅度。期间,这样的会议最频繁时2至3个月开一次。

发展改革委认定,这些企业的做法排除、限制了市场竞争,不正当地影响了我国汽车零部件及整车、轴承的价格,损害了下游制造商的合法权益和我国消费者利益,违反了我国反垄断法规定。

开出罚单

在日本、美国等国,直接参与上述价格协商行为的工作人员、企业高管要负刑事责任,但我国的反垄断法没有规定刑事责任,只对垄断行为的行政处罚和民事赔偿作出规定。因此,作为反垄断执法机关,发展改革委此次作出的是行政处罚。

我国的反垄断法规定,反垄断执法机构确定具体罚款数额时,应当考虑违法行为的性质、程度和持续的时间等因素。考虑到这两起案件违法时间持续10年以上,多次达成实施垄断协议,直接排除、限制竞争,对我国市场产生严重危害和影响,因此要从重处罚。同时,对符合反垄断法宽大条款规定的企业,依法免除或减轻了处罚,做到依法行政、罚过相当、公平公正。

反垄断法规定,经营者达成并实施垄断协议的,由反垄断执法机构责令停止违法行为,没收违法所得,并处上一年度销售额百分之一以上百分之十以下的罚款。这次处罚,最多对企业作出上一年度销售额8%的罚款。

正式下达行政处罚决定书之前,发展改革委向企业发出了行政处罚事先告知书。有3家企业提出了陈述申辩意见,其中2家企业对个别订单的细节进一步陈述,另1家公司住友由于之前提交上年度销售额时将其合资公司的销售额也全部合并计入,要求按照合资公司归属住友的权益对销售额进行部分修正,发改委对符合法律要求的意见进行了采纳,在决定书中对订单细节进行了客观描述,对住友的罚款告知书的3.4亿多元调减到决定书的2.9亿多元。

对于罚款的接收,财政部专门设立了执法账户,境外企业将罚款汇至这一账户,直接上缴国库。根据法律规定,企业要在收到行政处罚决定书之日起15日内上缴罚款。如果逾期未缴,每日按罚款额的3‰加处罚款。

(案例来源:新华网,http://news.xinhuanet.com/fortune/2014-08/20/c_1112158071.htm。)

思考与提示

垄断对市场经济的弊害及其规制。

二、政府规制的方法

在各种由政府实施的规制当中,最主要、最基本的内容是价格规制和进入规制。这决定了政府规制的传统方法,实际也是价格规制和进入规制的方法。具体方法如下。

(一) 以公平报酬率为依据,确定产品和服务的价格

公平报酬率是以在完全竞争中形成的均衡价格为基础而确定的正常利润率。按照公平报酬率进行规制,一是要确定生产经营成本;二是要确定准许的正常利润(公平报酬)水平。准许成本的确定,应能够补偿正常经营的成本。具体来说,主要考虑两个因素:一是临近执行期的经营成本(一般以前几个月的实际成本为依据);二是预期的执行期成本的变化幅度。准许利润的确定,主要考虑执行期维持现有资产规模和追加投资所必要的资本报酬。

(二) 发放许可证

发放许可证即通过特许权和配给权的掌握和颁发,规制机构对微观经济主体进入特定产业或行业进行控制,是一种进入规制。主要包括许可制、注册制、申报制等。所谓许可制,即未得到规制机关的批准不能进入;所谓注册制,是指由主管机关确认其是否符合进入资格的必要条件,并对这些条件加以检验、登记注册,然后承认其在特定产业中活动

资格的过程；所谓申报制，即进入者按照一定程序向主管机关提出进入申请的行为。不论是注册制还是申报制，原则上是只要资格的必要条件和申报材料都齐备了，一般就不限制进入。但是，如果规制当局有不受理行为，并没有完成进入手续，就不能实施营业行为。

（三）制定产品和服务质量标准

服务标准的设立和产品质量的规制，实际上是进入规制的一种方式。主要包括：①由政府相关部门制定商品和服务的质量标准和检验及奖惩制度，定期进行检查、监督、评估、处置；②由政府依据食品卫生、医疗保健、卫生防疫等法律、法规，对食品、药品、化妆品及医疗保健用品的生产和供应，对饮食服务、美容服务企业，对医疗、保健及卫生防疫部门进行定期检查，实行特许经营等；③为了提高产品和服务的质量，维护人们的安全和健康，政府对某些行业的从业人员实行资格认定制度；④规制机构规定卖方有义务公布所售产品或服务的相关信息，同时，对生产某些商品所使用的原料和生产程序等作出规定；⑤通过征收和补贴这两种手段改变微观经济主体的经济行为，例如，对某些生产投入品课以重税，迫使使用该种投入品的企业寻找成本较低的替代品。

上述与进入规制和价格规制紧密联系的政府规制方法是传统的、常见的规制手段，具有广泛的适应性，在众多领域被普遍使用。但值得注意的是，传统规制方法存在着许多难以克服的困难，主要是：第一，尽管规制可以避免在自然垄断行业中因过度竞争而形成的低效率，但它又会不可避免地带来企业内部的低效率，这种内部低效率既是缺乏竞争的环境所致，又与传统规制理论本身所固有的缺陷密不可分；第二，政府规制导致了规制费用支出和官僚机构的膨胀，虽然这种支出可能会因社会福利的提高而有所弥补，但这种支出的膨胀已经使人们开始怀疑这些规制措施的作用；第三，政府实施规制措施会导致被规制企业的寻租行为，进而导致政府规制部门政策的随意性；第四，规制滞后效应所带来的社会福利损失无法克服，这种损失表现为企业利润的下降和消费者剩余的减少；第五，规制抑制了创新，庇护了低效率，鼓励了工资—价格的螺旋式上升，同时价格与边际成本的不一致又导致了资源配置的低效率，推动了以成本扩张、浪费为主的竞争；第六，政府规制替代了消费者对产品质量和价格的选择，在技术进步迅速，人们的消费需求多种多样的现代社会里，刻板僵化的行政方式越来越不受欢迎。

传统规制方法的某些缺陷，导致一系列新的政府规制方法的出现，典型的如激励性规制手段。激励性规制主要包括特许投标竞争、区域间比较竞争和直接竞争等几个方面。

特许投标竞争，即在某些特定的自然垄断行业或业务领域，通过拍卖的形式，让多家企业竞争特许经营权，并在一定时期禁止其他企业进入该行业或业务领域，以此来追求规模经济。在特许经营权到期后，重新组织对特许经营权的投标竞争，以此来防止因垄断经营而造成的生产无效率和因垄断高价而造成的分配无效率。同时通过市场竞争定价也可以避免因成本、价格等方面的信息不对称而造成规制失灵，降低规制成本。

区域间比较竞争是将受规制的全国垄断企业分为几个地区性企业，使特定地区的企业在其他地区企业成就的刺激下提高自己内部效率的一种方式。区域间比较竞争理论适用于具有地区性垄断特征的行业。

由于在自然垄断行业中并不是所有的业务都具有垄断性，其中也存在着非垄断性业务，所以，在自然垄断行业中不仅可以进行间接竞争，也可以开展直接竞争。目前，在对自然垄断行业中的垄断性业务和非垄断性业务进行区分的基础上，适当放开非垄断业务领域的进入限制,引入直接竞争机制,正在成为自然垄断部门政府规制手段创新的重要内容。

三、政府规制的过程

政府规制的过程,大致包括立法、执法、规制的放松和解除三个阶段。

(一)规制立法

规制立法包括新的规制措施的出台及以后的修改和调整。政府规制所依据的是法律。相关法律的出台是政府规制过程的第一步。有众多相关利益主体可能加入推动规制立法的行列,例如,立法机构(如西方的议会或中国的全国人民代表大会)、政府、企业、消费者、工人等。当然,不同的人对于立法的影响是不一样的。在这个阶段,立法机构发挥着最主要的作用。它要明确哪一个机构对某一行业的哪些方面进行规制。选择机构有可能采取的做法是扩大现有机构的权限,也可能是新成立规制机构。在立法阶段,规制的政策目标也要确定下来。例如,确保所有消费者得到某项服务等。

(二)规制执法

政府规制的第二步是执法。法律通过之后就进入了实施阶段。规制机构在获得法律授权后执行法律。由于立法机构所制定的政策目标很难细化,这就给规制机构留下了较大的灵活度。

现实中,经济规制政策的制定和执行涉及广泛的公共谈判,规制者更像仲裁者,既建立谈判规则,又斡旋于消费者和企业利益集团之间。规制过程是指由被规制市场中的消费者和企业,消费者偏好和企业技术,可利用的战略及规制规则来定义的一种博弈。公共规制具有收入再分配的性质。

(三)放松或解除规制

规制过程的最后一个阶段是放松或解除规制。在上一节已经了解到,就经济性规制而言,放松或解除规制的原因,可能是随着技术的进步,有些行业的自然垄断属性发生了改变,这就会导致规制的放松或解除。规制的立法、放松或者解除都是公共选择过程,执政者所持有的经济理念也会对此造成影响。英国20世纪80年代,撒切尔夫人政府所推行的国有企业私有化政策,就是一个显著的例子。

第三节 政府规制的成本和效益

一、政府规制的"成本-收益"分析

政府规制失灵意味着规制成本超出了规制收益。因此,可以运用"成本-收益"分析方法来判断政府规制失灵的程度。

(一)政府规制的成本

关于规制的成本,经济学家分别从不同的角度作了分析:施蒂格勒的"规制俘虏理论"把规制成本分为"服从成本"和"实施成本"两大类。所谓"服从成本"是指垄断者为使管制机构服从它的意愿所付出的费用,这一成本是由垄断者自己承担的;所谓"实施成本"是指

一项管制从产生到实施的成本,这一成本是由公众承担的。根据这一思想,可以将政府的规制成本分为如下几类。

1. 微观规制制度的运作成本

从公共决策的角度看,政府规制的成本可分为规制政策的制定成本和运作成本。规制政策的制定成本包括规制机构对有关信息的搜集成本、分析成本和规制政策的规定费用。搜集相关的信息是制定规制政策的必要前提,西方国家规制机构在搜集信息上所花费的巨大成本往往成为反对政府规制的理由之一。规制法则的制定要经过一系列复杂的行政程序,如对建议法规的调查听证分析、法规的制定与颁布、新法规实施下对市场均衡的仔细观察和评价,对现行法规修正的建议等。规制机构的运行成本又由两类成本构成:其一,规制的文件处理成本、行政裁决成本等,又称为事中成本,规制的事中成本是在既定的规制制度下,制定、执行某项规制制度所花费的成本,以行政裁决为例,规制机构的裁决必须在利益相关的人与规制者之间信息交换的过程中进行,因而正式裁决需要花费相当的时间和成本才能够做出;其二,建立与维持规制机构正常运转所花费的成本,如规制机构的人头费、规制机构的办公设备费用等。无论实行哪一种规制和政策,政府规制机构正常运转的必要开支都必须付出。据霍普金斯的估计,1996 年,美国政府为了建立和管理有关规制的规章制度形成了总量达 140 亿美元的支出。

2. 政府规制的效率成本

政府规制的实施将直接影响经济效率,从而产生相关费用,如效率成本、转移成本、反腐败成本等。效率成本是指生产者剩余和消费者剩余的净损失,它表明了某项规制政策偏离其预期轨迹所造成的经济效率损失。转移成本指的是获益从一方转移到另一方,它反映了规制实施或规制改变时获益者和受损者的情况,实际上是社会财富在不同社会成员间的重新分配。反腐败成本则是政府为了防止和查处规制在制定与实施过程中的寻租、设租行为而付出的费用,包括事前的防范成本,事中的监督、制约成本和事后的处理成本三类。这些成本是由社会成员共同负担的,是社会福利的扣除。

3. 政府规制的机会成本

政府规制的机会成本可以用多种方法进行测度,如通过对各项规制政策的效果比较来测度;通过规制前后经济效率的比较来测度;通过放松规制前后经济效率的比较来测度,反映实行某项规制所带来的效率损失或不实行某些规制后本来应有的效率水平,等等。

4. 政府规制的"劝说"成本

政府规制的"劝说"成本,即特殊利益集团出于各种目的贿赂政府,或企图影响政府的规制政策,或者说为了联络感情、打通关节,以便该集团能够得到政府的"特许"和帮助而支付的费用。

(二) 政府规制的收益

施蒂格勒运用福利经济学理论对政府规制的收益进行分析后,认为可以用"垄断者在原来的产出上的所失恰被消费者所得抵消"来衡量,即加总消费者剩余和生产者剩余的变化量,减去规制成本。"如果规制成本小于消费者剩余增量与生产者剩余增量之和,则规制增加了福利"。从上述思想出发,我国学者提出了计量政府规制收益的一种简单的方法,即通过计量实行政府规制后,消费者支出的减少数量和生产者因效率提高而增加收益的数量的加总数来衡量政府规制收益。

由于政府规制在一定程度上改变了资源配置状况,因而衡量政府规制收益的大小,可以将规制前后的资源配置效率进行对照比较,而资源配置效率又可以用消费者剩余和生产者剩余的净增量来衡量。从这个意义上可以把政府规制的收益定义为:政府规制实行后,给当事人及社会福利所带来的利益增量。如实行价格规制后,遏止了垄断高价,给消费者带来了实惠。又如,实行环境规制,净化了环境,提高了社会福利水平。规制的收益水平可以通过将规制实行前、后社会福利的实际水平进行比较得出。

政府规制的收益还可以区分为私人收益和社会收益两类。所谓私人收益,指的是规制实行后被规制产业带来的利益增量。尽管在一些场合下政府规制会减少被规制的产业垄断利润,但在另一些场合下则会给被规制产业带来好处,如对电信行业实行进入规制,就可以使原有的电信企业安享垄断收益。政府规制的社会收益是指实行规制后所带来的社会福利的增量,亦即消费者剩余和生产者剩余的总增加量。如政府实行环境规制后,遏止了厂商的污染行为,为消费者提供了清洁、安全的生活环境,生活质量大大提高。事实上,对政府规制的社会收益进行计算是困难的。

(三)政府规制的成本-收益分析

规制的成本-收益分析就是将规制所造成的损失及其所带来的收益结合起来进行分析比较。日本经济学家植草益曾经对自然垄断领域的政府规制进行了成本-收益分析。

规制的成本-收益分析对于判断是否及应该怎样实行政府规制具有重要的意义。但是,由于政府机构活动的特性及规制行为的社会性,要在占有完全信息的基础上,准确了解企业和社会在规制前、后的成本、收益状况,进而准确估量政府规制的成本与收益是困难的,甚至是不可能的。这是因为:第一,政府出于社会公共利益进行的规制是一种特殊的公共品,而公共品及其社会后果很难用经济指标准确计算出来;第二,政府规制在成本-收益方面存在着长期与短期的矛盾,如放松环境规制后,在短期内虽然降低了企业成本,带来了巨大效益,但从长期来看,却可能大大伤害社会公众的利益,社会将为之付出巨大的代价;第三,政治家们不希望公众了解政府用于规制的花费,因而使公众很难了解规制的真实成本。

二、政府规制失灵

(一)政府规制失灵的含义

对于政府规制失灵的含义,理论界并未有统一的说法。经济学家们更多的是从效率损失的角度来分析规制失灵。日本经济学家植草益把"规制的失灵"归结为企业内部无效率的产生、规制关联费用的增加,规制当局的自由裁决权和寻租成本的产生,以及由规制滞后产生的企业损失等现象。陈富良则认为:"政府规制实施后所造成的效率损失就表现为规制的失效。"

可以肯定的是,政府规制失灵属于政府失灵的范畴,是政府失灵在微观规制领域的表现。具体地,政府规制失灵是指政府在推行公共规制政策的过程中,经济效率没有改善甚至出现低效率的经济现象。

政府规制失灵是在市场经济条件下政府为了克服市场失灵时引起的另一种缺陷。可以把政府规制失灵定义为：政府在市场经济条件下，对市场机制作用的盲点进行弥补和纠正过程中产生的低效率或无效率状态。只有在市场经济条件下才有政府的规制失灵可言。因此，把计划经济条件下政府的计划管制失灵与市场经济条件下的规制失灵严格区分开来是必要的。这种区分对于像我国这样一个处于从计划经济体制向市场经济体制转轨的国家而言，具有特别重要的意义。

（二）政府规制失灵的原因

一般而言，在市场经济条件下，导致政府规制失灵的原因可以区分为经济和政治两个方面。

从经济上看，政府规制失灵首先在于政府部门面临的不完全信息所决定的有限理性。规制者信息的严重不足主要是由于以下几个原因：一是在公共部门里不存在指导资源配置的价格，缺乏传递市场信息的渠道，政府决策者必然受到信息不对称的困扰，难以准确了解企业自身的成本和需求结构；二是规制者通过审计等非市场手段了解信息的能力是很有限的，没有精力审计所有的企业以掌握真实成本，更何况，审计部门还有被收买而与企业合谋的可能；三是企业不会把它所知道的信息告知政府，甚至还可能提供虚假信息，政企之间的博弈加重了政府的信息不完全性和决策失误的可能性；四是由于缺乏有效的激励，规制者不一定有积极性去获取有关信息。总之，正如斯蒂格利茨指出的，"不完全信息和不完全市场作为市场失灵的一个来源在公共部门里是普遍存在的"。

从政治上看，规制失灵的原因有以下几方面。

（1）政府所具备的"公共性"与政府机构、政府官员的行为目标之间的差异和矛盾。从理论上说，政府规制行为必须代表公共利益。然而，现实中的政府是由具体的人和机构组成的，他们的利益和行为目标并不必然和社会公共利益相一致。当两者发生矛盾时，就有可能出现政府官员为追求自身利益而做出有害于公共利益的决策。如在规制者的责任大量增加而收益却没有相应增加的条件下，成本-收益的严重不对称可能使得规制官员做出有悖于公共利益的决策。

（2）政府所具备的强制性和"普遍同质性"使得规制可能引起再分配上的不公平和"寻租"的产生。国家政权的这种强制力给收入再分配上的不公正和滥用权力提供了机会。政府的经济规制可能造成某些资源的人为"短缺"，这就为"寻租"活动提供了可能，如在价格规制下，一些人高价收购政府限价的资源，并收买政府官员，默许其在市场上买卖。市场价和政府限价之差就是不法分子和腐败分子可能得到的租金。寻租活动的产生，使规制的实际效果与社会公共目标进一步产生偏差。

（3）由于政府行为难以监督，行为效果难以测量等原因而产生了监督制约机制的不完善。一方面，规制者也是垄断者，其行为是难以监督的。在缺乏有效监督的条件下，政府行为不能保证其运用行政垄断权力纠正经济垄断能够代表社会利益、提高经济效率。另一方面，政府面临着多元的目标函数，即不仅要维护市场秩序，提高经济效率和社会福利水平，还要注重社会安定；不仅要追求经济、社会目标，更要注重政治目标。政府还可以利用自己的优势在这多重目标之间进行切换，如规制者可能会为了某一方面的任务而将其他方面的资源挪用过来，进行所谓的"套利"。

(4) 规制机构设置的不合理,以及缺乏完善的、透明的规制程序,也为规制失灵提供了可能。

(5) 政府规制行为所具有的扩张性,进一步推动和加强了政府的过度规制。

在从计划体制向市场体制的转轨过程中,政府规制失灵既存在着上述几个方面的原因,还在很大程度上与政府体制改革落后于经济体制改革的进程等直接相关。

第四节 垄断、竞争与政府规制
——美国反托拉斯法的实践经验

一、垄断、竞争与经济秩序

垄断(尤其是政府垄断)与竞争的关系既是一个经济理论问题,又是一个实际问题。各国的经济发展实践表明:这个关系处理得好,能够理顺各种经济关系,维护市场经济秩序,促进经济发展;否则,不仅会扰乱经济制度,而且会导致政治腐败。我国的市场经济体制和法制建设尚处于初创阶段,如何规范政府垄断行为,使之制度化,对于促进竞争,提高资源配置效率,具有极其重要的意义。

市场失灵和政府失灵都会破坏市场经济秩序,会引起垄断或不正当竞争。因此,各国都不遗余力地制定法律来限制和调节这些引起市场经济秩序紊乱的因素。

从一些国家和地区的竞争立法来看,较为完整的现代竞争法体系应该包括反垄断、反限制竞争和反不正当竞争等内容。但是,由于立法时间、社会制度及国际环境的影响,在立法体例的选定上不同国家和地区差异很大。德国和日本对垄断(含限制竞争行为)和不正当竞争行为分别立法,形式上表现为反垄断法和反不正当竞争法以及其他配套法律并列。其中,德国于1896年制定的《反不正当竞争法》常被看作是世界上第一部专门的反不正当竞争法。匈牙利的《反不正当竞争法》和我国台湾地区的《公平交易法》将禁止垄断、反限制竞争和反不正当竞争规定于一部法律之中,对同属竞争范畴的三大类行为进行统一调整。美国没有专门的反不正当竞争法,而是以若干专项法规和判例调整各种破坏公平竞争的行为。被各国法学界公认为现代竞争法标志的美国《保护贸易和商业不受非法限制与垄断之害法》(即谢尔曼法)主要是以垄断行为作为其调整对象的。本书试图论述美国反托拉斯法的实施和经济理论基础及其对我国市场经济建设的启示。

二、美国反托拉斯法的实施及其经济理论基础

1. 美国反托拉斯法的构成体系及主要内容

美国的第一个反托拉斯法谢尔曼法是1890年在对洛克菲勒、摩根和范德比尔特行为的抗议声中通过的。当时垄断已经出现,例如,洛克菲勒控制了石油业。但直至二十世纪初,谢尔曼法的影响还很小。1914年谢尔曼法扩大为更有力的克雷顿法,并建立了联邦贸易委员会。以后在1936年和1950年又分别通过了罗宾逊-帕特曼修正案和塞勒-凯弗维尔修正案。美国反托拉斯法的构成体系及主要内容见表19-1。

表 19-1　美国反托拉斯法的构成体系及主要内容

法律名称	颁布年份	主 要 内 容
谢尔曼法	1890	1. 禁止一切限制贸易的托拉斯和其他形式的合作。 2. 禁止一切垄断行为
联邦贸易委员会法	1914	1. 禁止不公平的竞争方式以及欺诈性经营活动。 2. 建立独立的联邦贸易委员会(FTC),并授权 FTC 制定和实施有关禁止不公平竞争和欺诈行为的规定
克雷顿法	1914	1. 禁止会大大减少竞争或引起垄断的价格歧视,如果这种价格歧视并不是根据成本差别的话。 2. 禁止强迫他人购买指定的商品和限制他人的经营范围。 3. 禁止通过购买竞争对手的股份或资产以实现兼并。 4. 禁止竞争企业之间的连锁董事会,即一公司的董事同时兼任于竞争对手的董事会。 5. 授权 FTC 和司法部共同实施此法
罗宾逊-帕特曼法	1936	修改了克雷顿法中关于价格歧视的规定: 1. 将"减少竞争"改为"有害于竞争"; 2. 同价格歧视的实施者一样,其被实行对象也属违法者
塞勒-凯弗维尔法	1950	修改了克雷顿法中关于公司兼并的规定:禁止一切形式的减少竞争的合并(不管是通过收买股票还是收买资产,不管是横向还是纵向合并)

从上表可以看出美国反垄断立法的基本情况。最早的谢尔曼法内容较为抽象,主要是禁止竞争对手串通起来控制市场和企业的垄断行为。以后的联邦贸易委员会法、克雷顿法及其两个修正案是要使反垄断的内容具体化,主要内容涉及价格歧视、企业兼并、约束性合约(即搭配销售)、独家经营、不公平竞争以及欺诈行为等问题。

虽然美国的反托拉斯法律只是规定非法行为的范围,并没有明确阐明反托拉斯的目标,但是美国的大多数经济学家、法律专家和法官倾向于认为,反托拉斯法的主要目标是为了提高经济效率,也就是说,它通过保护竞争来最大限度地提高经济效率。当然,它要保护的是有利于优胜劣汰、促进经济发展的竞争机制,而不是保护竞争者。

除了经济上的目标外,美国的反托拉斯法还有政治的、社会和道德方面的目标。从政治上看,反托拉斯法禁止经济权力的过度集中,从而有利于保障民主政府的稳定。从社会和道德方面看,美国人认为,竞争过程有利于培养人们的独立向上的性格和相互竞争的精神,而这些东西是美国民族道德的精髓,所以,竞争机制需要加以保护。

□ 2. 反托拉斯法规范的几种违法行为及其经济学解释

1) 垄断行为

垄断(monopoly)可分为完全垄断和寡头垄断。完全垄断是这样一种市场组织,在这种市场组织中,一种产品市场上只有一个卖主,对于垄断者所出售的产品市场上不存在相同或相近的替代品。寡头垄断是指那种在某一产业只存在少数几个卖者的市场组织形式,每个卖者控制了市场的相当一部分份额,对市场价格有很大的影响。

垄断通常会给垄断者带来长期超额利润;即使垄断不产生长期超额利润,与完全竞争的市场相比，垄断的市场也是缺乏效率的。按照经济学的解释，资源有效配置的条件是价格等于边际成本。在垄断的条件下，价格高于边际成本，说明资源配置无效率。垄断会通过损失消费者剩余和生产者剩余而造成社会福利的无谓损失（deadweight loss）。因为消费者支付了较高的价格，但是却消费较少的产品数量；而且在垄断条件下产品不能在平均成本的最低点生产出来，因而垄断企业的生产能力没有得到充分利用。更为严重的是，垄断限制了竞争，破坏了市场经济的竞争机制，因而是一种不公平的竞争。

正因为如此，一向以崇尚自由竞争著称的美国，对市场的规范把反对垄断作为重点问题来抓就不足为奇了。当然，企业取得垄断地位的途径有正当与非正当之分。例如，通过发明创造、申请专利而获得的垄断地位是正当的，也是合法的。谢尔曼法禁止的不是垄断（monopoly），而是垄断行为（monopolization）。换句话说，一切通过不正当手段取得垄断地位的行为都是非法的。像洛克菲勒石油公司垄断案（1911年），美国最高法院就认为该公司有罪，因而该公司被强令分割为34个小公司。最近的微软公司也是因为垄断而被美国司法部起诉的。

2）价格固定

对于企业来说，通过价格固定（price-fixing）来避免与竞争对手拼杀，是提高利润的最简单的方法，这就是所谓价格固定协议，也就是通常所说的卡特尔，它是指生产同一产品（或相近产品）的厂家串通起来，以提高产品价格的所谓君子协定。这种协定不一定是正式的或书面的合同，只要是几家企业在定价问题上事先通过气，如通过电话联系或开秘密会议等手段，就算是有价格固定行为。

从经济学的角度来看，价格固定对社会的损害是显而易见的。如果一种产品的生产者联合起来抬高价格，继续购买这种产品的消费者将付出高昂的代价，这部分收入转移到这些生产者的手里，成为后者的额外利润。但在价格提高之后，一些本来可以购买在产品的人将不得不减少他们的消费。这部分消费者的损失并没有落到生产者头上，从而构成对社会的净损失（即无谓损失）。因此，价格固定销售有损于消费者，有利于厂家，但对整个社会来说，其效果是负的。

尽管经济学理论在谢尔曼法诞生时并未起到太大作用，但该法关于价格固定的规定是有其坚实的经济学基础的。正因为如此，价格固定是美国反托拉斯法律限制得最严格的问题之一。只要企业被发现参与价格固定协议，它们肯定会被判为有罪。即便是企业没有达成一致意见，或者是协议在达成以后没有实施成功，未对消费者造成任何损失，最初的固定价格的企图就已构成违法行为。（关于卡特尔协议的不稳定性，参看萨缪尔森《经济学》中对"囚犯的两难处境"问题的论述，这是一个著名的博弈论的实例。）

3）价格歧视

价格歧视（price discrimination）是指厂商对于同样的产品收取不同的价格；即是说，厂商对同一种产品向一些消费者收取的价格高于另一些消费者，或者对少量购买的消费者收取的价格高于大量购买的消费者。比如，对成人的电影票价高于儿童和学生；游乐园实行园中园票价；航空公司对其国际航线的不同乘客集团实行不同的价格等，都是价格歧视的实例。

由于每个消费者对物品的评价（即物品给消费者带来的效用）是随消费量的增加而降低的（即边际效用递减规律在起作用）所以需求曲线向右下方倾斜。当可以用同一种价格来购买所消费的物品量时,消费者会得到消费者剩余。但价格歧视下消费者不能以同一价格购买所有的同一消费品,所以,价格歧视就是消费者剩余的减少。由于这部分消费者剩余被厂商所获取,因而实行价格歧视也是厂商利润最大化的行为。

1914年通过的克雷顿法规定,凡是有损于竞争的价格歧视都是非法的。1936年,罗宾逊-帕特曼罚对克雷顿法作了修改,将非法的范围加以扩大,其目的是为了保护弱小的零售企业,使其免遭新兴的大型连锁商店的伤害。根据此法,如果一个大食品商店从生产厂家大批进货,从而得到较低的批发价,那么,它同该厂家一起违反了法律,因为它们给小的食品店造成了损失。小的零售商店,或因其进货量小而得不到较低的批发价,或因其只能从中间商那里进货,往往进货成本较高,因而不能公平地与大商场竞争。

4) 企业合并

企业合并(或兼并)可分为三种情况:横向合并、纵向合并以及混合合并。横向合并是指生产同一或同类产品的企业之间的合并;如果一个企业为另一个企业生产原材料或零部件,它们之间的合并称为纵向合并;除此之外的合并称为混合合并。比如两个汽车厂之间的联合属于横向合并,一汽车厂与一轮胎厂的联合属于纵向合并,若一汽车厂购买了一家快餐店,则属于混合合并。

企业合并,对市场是有利还是有害,对资源配置是有利还是有害,这在经济学界是有不同的看法。两家生产相同产品的企业合并后,整个产业更加集中,竞争程度下降,这显然对消费者不利。但企业合并往往伴随着规模经济,合并后的企业可以更加有效地利用资源,降低生产成本,这种资源的节约对社会是有利的。所以,一项合并是否对社会有利,取决于上述两种效果的大小。如果资源节约较大,能够抵消合并带来的价格上涨的负效果,合并对社会是有利的,政府应当允许。否则,合并对社会是有害的,政府应当加以制止。但在实际生活中,衡量这两种效果是很困难的,它需要企业合并后的成本数据和对消费者需求曲线进行估算,而企业在提供数据时,往往会夸大合并带来的好处,缩小合并所引起的弊端。

从美国的实践来看,五项反托拉斯法律中有三项与企业合并有关,这就是谢尔曼法、克雷顿法和塞勒-凯弗维尔法。美国历史上发生过五次企业合并浪潮,第一次发生在1890年到1904年间,被称为垄断性合并。在这期间,诞生了像通用电器、杜邦、柯达等世界著名的大公司。美国71%的行业在这期间以合并的形式被垄断或近于垄断,例如,1891年由12个大钢铁公司合并而成的美国钢铁公司就控制了当时钢铁市场的65%。虽然这时谢尔曼法已经颁布,但由于美国社会各界(包括经济学家和法官)对政府干预经济的做法深有抵触,故没有得到有效实施。克雷顿法避免了这一点,它禁止一切形式的有害竞争的合并。只可惜该法只限制用购买股票的形式合并,而没有限制企业用购买有形资产的方式合并,故而导致了1916年至1929年间的第二次企业合并浪潮(寡头性合并)。20世纪的50年代和60年代,是美国经济发展的高峰时期。第三次合并浪潮便发生在这期间。由于1950年的塞勒-凯弗维尔法弥补了克雷顿法的漏洞,所以这次合并主要是混合合并。进入20世纪70年代,美国在经济的很多领域失去了绝对优势地位,许多人认为严厉的反托拉斯法的实施是其主要原因之一。为了提高美国企业在国际市场上的竞争能力,联邦政府在里根和布什当政期间,对反托拉斯法的实施采取了比以前大为缓和的做法,美国企业界的第四次合并浪潮便发生在这一时期。美国经济经过20世纪80年代的恢复,同时更由于世界经济结构的调整和全球经济一体化进程的加快,大企业的合并在20世纪90年代又掀起了一次新的浪潮,像每后美国在线和时代华纳的合并已获政府批准;与此同时,美国政府对垄断的处罚力度也加强了,根据美国司法部反垄断局的统计,2013年该部门共发起92项反垄断调查,其中65项涉及并购交易,25项涉及市场竞争限制。

3. 美国反托拉斯法的实施

美国反托拉斯法的是实施采取了一种所谓"双轨制":联邦贸易委员会(FTC)和司法部共同实施反托拉斯法。一般来说,司法部办理的案子大多与价格固定或垄断有关,FTC的管辖范围则包括企业合并和不公平竞争等方面。这一"双轨制"体系的产生,反映了美国国会试图减少总统对司法系统的影响的努力,因为FTC是一个相对独立和超然的维护公平竞争与市场秩序的机构,不像司法部那样易受总统行政政策的影响。除了司法部和FTC之外,消费者和企业也可以起诉厂家违犯反托拉斯法。为了减少违法行为的发生,美国采用所谓三倍惩罚的办法:如果一个企业因违犯了反托拉斯法而对其竞争对手或消费者造成损害,按法律规定,它将付给受害者三倍于实际损失的罚款;情节严重者,则可能会受到刑事处罚。

任何一种法律的实际力量都取决于对法律的解释。反托拉斯法的解释也有其变化,有时看来有利于生产者,而有时又有利于消费者。表19-2所示为美国反托拉斯法实施的主要案例。

表19-2 美国反托拉斯法实施的主要案例

案 例	年份	裁决与结果
美国烟草公司与美孚石油公司	1911	有罪。命令交出自己所拥有的其他公司的股份。理由:根据谢尔曼法不合理的合并是非法的。
美国钢铁公司	1920	无罪。虽然该公司拥有非常大的市场份额(接近于垄断),但仅仅是规模大并不违法。
索卡尼-旺科姆石油公司	1940	有罪。联合的目的是固定价格,不适用于合理性。
美国铝公司	1945	有罪。规模特别大,占有市场份额非常大。
通用电器、西屋和其他公司	1961	有罪。固定价格的勾结。行政罚款并监禁。
布朗鞋业公司	1962	有罪。肯尼的所有权问题,零售连销,减少了竞争。命令出售肯尼鞋店的所有权。
沃斯连锁店	1965	有罪。洛杉矶两个超级市场合并会限制竞争(合并后的企业拥有洛杉矶7.5%的市场)。
国际商用机器公司	1969	政府反托拉斯当局以"没有必要"为由而撤消起诉。
美国电话电报公司	1982	该公司与政府达成协议,公司自己放弃所有经营地方电话的公司,即其资产的80%。

续表

案　例	年份	裁决与结果
微软公司	1998	2001 年,美国司法部表示不再要求拆分微软公司,并与其达成过渡性协议。
苹果公司	2012	美国司法部起诉苹果公司与美国 5 家出版社非法合谋操纵抬高电子书价格,以削弱亚马逊公司在电子书市场的地位;尚未结案。

从表 19-2 可以看出,美国对垄断、限制竞争和不正当竞争行为的规范与处罚在世界各国中最严厉的;同时,随着社会经济的发展和人们思想观念的变化,对反托拉斯法的解释和实施也在发生变化。20 世纪 70 年代中期到 80 年代后期,美国反托拉斯法的经济学理论研究经历了一个发展高峰。在这期间,由于博弈论和信息经济学的发展,人们对反托拉斯方面的许多问题,都有了全新的理解。20 世纪 80 年代以前,人们一直认为竞争对手之间的合作,对整个经济与社会是绝对不利的。而现在,人们对诸如科技研究与开发(R&D)领域内的合作不再那么敌视;但对垄断、限制竞争和不正当竞争行为的规范与处罚仍然是美国政府维护市场秩序的重要武器。

世界近现代经济发展史表明,通过市场价格信号引导资源的配置是最有效率的资源配置方式,而市场经济制度的完善和法律制度的建设是这种生产方式的最有力的保障。在具有深厚的依靠行政命令办事传统的国家里,完善的《反垄断法》不仅会维护正常的经济秩序,而且会防止政府部门的经济腐败。

本章重要概念

政府规制(government regulation)
政府规制失灵(government regulation failure)
规制俘虏理论(capture theory of regulation)
进入规制(entry/access regulation)　　价格规制(price regulation)
数量规制(quantity regulation)　　质量规制(quality regulation)
环境规制(environmental regulation)　　规制立法(regulation legislation)
规制执法(law enforcement in regulation)　　解除规制(deregulation)

本章思考题

1. 政府规制的定义。
2. 政府规制与公共利益、特殊利益的相互关系。
3. 政府规制的成本-收益分析。
4. 政府规制的内容和方法。
5. 政府规制为什么会失灵?
6. 美国政府为什么不遗余力地反对市场垄断?

本章推荐阅读书目

1. 唐娟. 政府治理论[M]. 北京:中国社会科学出版社,2006.
2. 大卫·N. 海曼. 财政学:理论在政策中的当代应用[M]. 张进昌,译. 北京:北京大学出版社,2006.
3. 毛程连. 中高级公共经济学[M]. 上海:复旦大学出版社,2006.
4. 毛寿龙、李梅. 有限政府的经济分析[M]. 上海:上海三联书店,2000.
5. 朱汉民. 垄断、竞争与市场规制——美国的经验与中国的实践[J]. 中南财经大学学报[J]. 2001(3).

第二十章
政府规制改革

> **——本章导言——**
>
> 本章从寻租出发,分析了导致政府规制失灵的原因,进而讨论放松政府规制的内涵和放松政府规制的原因,并重点分析了放松政府规制的主要方面之一:激励性规制。通过本章的学习,以期读者了解政府规制失灵的原因、放松政府规制的内涵和原因,以及激励性规制的主要内容。

第一节　政府规制与寻租

一、政府规制中的寻租行为

租金或寻租是一个重要的经济学概念,其内涵和外延有一个逐渐演变的过程。在早期的经济学中,租金被单纯定义为地租。到了近代,随着经济学的发展,租金泛指各种生产要素的租金,租金来源于某种生产要素因需求提高使供给难以增加而产生的差价。在现代经济学中,租金进一步被用来表示由于政府的干预形成的垄断所带来的超额利润。

(一)寻租的含义

寻租的基本含义是:第一,租金来源于供给不足而产生的差价收入;第二,寻租与政府对经济活动的干预有关,与政府规制及垄断有关,因为政府干预、规制和垄断抑制了竞争,扩大了供求差额;第三,寻租是一种非生产性的活动;第四,寻租是一种社会资源的浪费;第五,寻租往往是钱—权—钱的增量。

(二)政府规制与寻租的联系

政府规制与寻租之间存在着内在的、密切的联系。政府规制与寻租的共同点主要表现在以下几方面:第一,两者产生的根源相似,政府规制与寻租都根源于政府对社会经济的干预,没有政府的干预就不可能有规制和寻租;第二,政府规制过程与寻租过程往往是相互交织在一起的,从一定程度上讲,寻求政府规制的过程就是寻租的过程;第三,政府规制的结果与寻租的结果相似,尽管政府规制能在一定程度上防止发生无效率的资源配置和确保社会公平,但许多政府规制是低效或是无效的,某些政府规制的目的是减少市场失灵,结果却加剧了市场失灵,寻租人可以从寻租过程中获取一定的经济利益,但寻租的最终结果不是社会剩余的增加,而是社会资源的浪费;第四,一个社会政府规制的范围越广,寻租的空间就越大。

分析政府规制与寻租的关系一般是从传统的垄断理论开始的。政府规制的传统经济学原理把被规制产业看做是一种长期平均成本下降的自然垄断产业。经典的桥梁例子是自然垄断的一个极致案例。假定某条河上只需要一座桥,而且这座桥一旦建好以后,允许更多的车辆通过的边际成本为零(拥挤的情况除外)。但是,如果一家私人企业经营这座桥,它会把价格定在使收益最大化的水平上,结果这座桥没有得到充分利用,因而对社会而言是无效率。在只需一家企业就可以提供一个产业的全部产量的意义上,长期平均成本不断下降的产业才是自然垄断产业。这种产业之所以需要政府规制,就是为了防止某家企业利用它的垄断地位谋取垄断高利,帮助消费者获得更多的消费者剩余。在政府规制下,市场竞争已失去了作用,谁获得了特许经营权,谁就能获得垄断地位并取得稳定、丰厚的利润;政府规制者确定的价格越高,归企业的垄断租金就越大。这样企业就会把大量的精力和财力用在争取获得垄断地位和制定垄断价格上,因而,政府实施规制的过程就是寻租产生的过程,是消费者剩余转变为生产者剩余的过程。

寻租后,政府规制的最大受害者是消费者,当消费者对规制带来的高价低质服务等负效用忍无可忍的时候,政府不得不取消或减少规制,此时,寻租也随之衰减,从而会引起既得利益集团的抵制。政府取消或减少规制的最大障碍是被规制企业或产业。这里需要指出的是,政府并不是无偿提供规制保护的。执政党筹集维护自身运行、组织发展和竞选连任的费用,最容易的办法是支持财力雄厚的利益集团,成为其代言人,从而分享由规制产生的租金。

总之,政府的规制过程往往伴随着政府和被规制企业的寻租活动。政府对经济的规制程度与租金的多少,以及与寻租活动的活跃程度及规模之间存在着某种类似于拉弗曲线的非线性关系,政府规制与寻租如图 20-1 所示[①]。

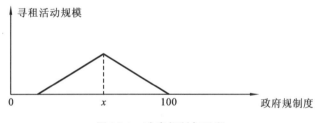

图 20-1 政府规制与寻租

政府规制提供了寻租的条件——存在限制市场进入或市场竞争的制度或政策,而人的经济人本性促使寻租活动产生和发展。公共选择理论学派认为,社会中的每个人都是追求自身利益最大化的。一方面,任何个人的行为动机都是自利的,时刻关心的是他的个人利益。另一方面,人在行动上又是理性的,能够最充分地利用他所能得到的关于他所处环境的信息来实现自身利益的最大化。政府是由人构成的,政治家和官僚的行为同经济学家研究的其他人的行为没有任何不同。对处在代表国家行政地位上的人,如果要适当地设计出能制约赋予他们的权力和他们在那些权力范围中的行为的法律——宪法条款,就一定要把他们看做是以他们自己的权利最大限度地在追逐纯财富的人[②]。规制政策的制定者都是有理性的、自私的经济人,他们就像在经济市场上一样在政治市场上追求着他

---

① 贺卫.寻租经济学[M].北京:中国发展出版社,1999:127.
② 布坎南.自由、市场和国家[M].吴良健,桑伍,曾获,等,译.北京:北京经济学院出版社,1988:38-39.

们自己的最大利益。选民也是有理性的、自私的经济人,他们的行为也是以个人的成本——收益计算为基础的,因而选民对特殊利益集团的制约作用是有限的。在上述情况下,政府成为代表特殊利益集团的规制政策的制定者,寻租就因此而生。此外,政府规模与寻租规模之间也存在着一种相互促进的关系,尽管不能肯定地说政府规模大,寻租规模也大,但政府规模的扩大为寻租提供了可能性和条件。而寻租规模的扩大反过来又促进了政府规模的扩大。因为寻租活动与政府的行政性垄断、规制、授权等行为密切相关。

(三) 寻租的活动形式

寻租可以采取不同的活动形式。根据寻租活动的性质,有合法的寻租活动、非法的寻租活动和灰色的寻租活动。合法的寻租活动有企业向政府争取优惠待遇、特殊政策等。非法的寻租活动有行贿、受贿等。灰色的寻租活动是介于合法与非法、合理与不合理之间的中性的寻租活动,性质不易界定,隐蔽性更强。在实际经济生活中,寻租活动往往表现为通过院外游说活动来获取某种垄断、限制或特权,这种活动按照其取得收入的途径不同,可分为:①寻求关税好处的院外游说活动,这种活动的目的是通过改变关税来获取经济利益;②寻求收入好处的院外游说活动,这种活动是要把政府收入引向用于自己;③寻求垄断利益的院外游说活动,这种活动的目标是要创立一种人为的垄断。

寻租活动可以分层次进行。第一层次是对政府规制活动产生的额外收益的寻租;第二层次是对政府肥缺的寻租;第三层次是对政府收入的寻租。布坎南以政府限制出租汽车数量中的寻租活动来说明上述三层次的寻租活动。如果一个城市的政府为了防止交通拥挤,用限制发放营业执照的方法来人为地限制出租汽车的数量,那么,市场上的出租汽车数量就少于自由竞争市场的均衡水平,出租车业主就可以赚取超额利润(租金)。人们受这种超额利润的吸引就会千方百计从主管执照发放的政府官员那里获取营业执照。如果执照的发放在很大程度上取决于主管官员的个人意志,寻求执照的人们就会争相讨好、贿赂这些官员,从而产生了第一层次的寻租活动,即寻求营业执照的寻租行为。由于第一层次的寻租活动使官员们能享受到特殊的利益(分租),会吸引人力、物力、财力去争夺主管官员的肥缺而产生第二层面的寻租竞争,即寻求决定发放营业执照职位的寻租行为。如果部分或全部的出租车超额利润通过拍卖等途径以执照费的形式转化为政府的财政收入,那么社会上各个利益集团又有可能为了这笔财政收入的分配而展开第三层次的寻租活动,即寻求政府拍卖营业执照收入再分配的寻租行为。在这三个层次上,一旦政府规制人为地制造出来稀缺,寻求租金就能产生[①]。

(四) 寻租活动产生的消极后果

通过上述分析,可以看到寻租活动几乎遍及社会经济生活的各个方面,因而对社会经济发展有着重要的影响。从静态角度来看,寻租使社会资源在非生产性领域被耗费掉了,减少了社会福利。从动态角度来看,大量、持续的寻租活动会极大地制约和延缓一国的经济发展。具体地说,寻租活动产生的消极后果如下。

1. 浪费了大量社会资源

寻租竞争不同于市场竞争,它往往会造成社会资源的浪费。这种社会资源的浪费可

---

① 布坎南. 寻求租金和寻求利润[M]. 李政军,译. 北京:中国经济出版社,1993:124-126.

以概括为以下几方面:制造垄断或限制的本身需要吸收大量的资源;潜在的垄断者谋求垄断地位的支出;垄断和限制导致资源利用的扭曲;政府官员接受或抵制潜在垄断者的支出;一些利益集团为了避免垄断或限制损害自己的利益而展开反对垄断或限制的活动,即避租活动要耗费资源;利益集团进行院外游说活动需要耗费资源;获得垄断或特权的组织往往采用低效率的生产方式;寻租制度会严重阻碍资本投入到生产技术的改进上。①

2. 妨碍了市场机制的有效运作,降低了经济效率

寻租活动严重削弱了市场运行的基本条件——平等竞争,并试图通过各种非生产方式来改变产权的分配,造成产权关系的混乱,从而妨碍了市场机制的有效运作。寻租造成了资源的错误配置,阻碍了实施更有效的生产方式,排斥效率的企业,提高了社会的生产成本。通过寻租获得政府特许的垄断企业没有动力去改进技术,降低成本,增强市场竞争力,从而造成经济效率低下。

3. 损害了政府形象

政府的公共权力是由公众授权行使的,而寻租活动使公共权力发生异化。为了满足某些特殊利益集团的需要,政府中某些官僚不惜以扭曲和牺牲公共利益为代价,制定一些规制政策,从而损害政府的合法性基础。政府中官僚的寻租行为会导致政府官员的腐败,降低政府效率,增加不合理的公共支出,从而败坏政府的形象。

4. 降低了社会公共道德水准

寻租活动毒化了社会风气,败坏了社会正当的价值观念,破坏了社会公平的基本原则,孕育了"特权型商人"和"商人型政客"。"特权型商人"的成功引导更多的社会资源转向寻租,使更多的人背离公平竞争的市场道德准则。"商人型政客"降低了政府的道德水准,使社会公众失去了对政府的信任。寻租对社会的不道德示范,会导致只讲权力和个人利益的道德观念盛行,降低社会公共道德水准。

总之,寻租活动是社会交易成本极高的负和博弈,具有巨大的负外部效应,必须采取制度创新、强化对公共权力的制约、放松政府规制等措施来限制和减少寻租活动。

二、寻租与人性

许多学者都认为,寻租是导致政府失灵的原因。政府规制者利用行政干预的办法来增加某些行业或企业的利润,人为创租,诱使这些企业向他们"进贡",以作为得到租的条件。同时,政府规制者还会故意提出某项会使一些企业利益受损的政策或规定作为威胁,迫使这些企业割舍一部分既得利益与政府规制者分享,人为抽租,以换取政府规制者放弃制定或实施该项政策或规定。

与其说寻租是政府失灵的原因,不如说寻租只是政府失灵的表象。深层次的因素在于人的本性。美国著名行为科学家麦格雷戈在《企业的人性方面》一文中提出了著名的"X 理论-Y 理论"。他把人们对人性的传统假设称为 X 理论,认为大多数人都是以个人为中心的,很少能克制自己;缺乏理智,很容易受到别人影响。Y 理论则与前者相反。另一位美国行为学家埃德加·沙因在《组织心理学》一书中把对人性假设的研究成果归纳为"经济人假设"、"社会人假设"和"自我实现人假设",并提出了"复杂人假设"。经济人假设

---

① 方福前. 公共选择理论——政治的经济学[M]. 北京:中国人民大学出版社,2000:121-123.

认为，人是由经济诱因来引发工作动机的，其目的在于获得最大的经济利益，而经济诱因在组织的控制下，因此，人总是被动地在组织的操纵、激励和控制之下从事工作。同时人的需求和动机十分复杂，并受到后天环境的影响。这种人性状态成为寻租的主观根源，是政府失灵的重要原因之一。现实情况是，并不需要所有的人都处于这种人性状态，只要有一小部分人如此，寻租行为就有可能发生。如果得不到及时有效的遏制，便会影响到其他人，寻租现象就会像瘟疫一样蔓延开来。

三、对寻租的制度预防

（一）制度预防是现实的选择

寻租实际上是一个"公权私化"，即利用公权谋取私利的过程。在政府规制中，一旦某些掌握着国家权力的政府工作人员为追求私人利益的人性所俘获，"公权"和"私利"便融合在一起，生成导致政府失灵的毒害化合物。

政府规制的特点决定了公权的必要。人们可以对公权进行压缩，但却不得不容忍它的存在。因此，要阻止这种化合物的产生，只能是在"公权"和"私利"之间设立藩篱，使之隔离。这有以下两种方法。

（1）通过教育，使政府工作人员建立内心制约机制。在运用公权时，他们能够自觉地抛开私利的诱惑，秉承政府规制的宗旨。如果可以做到这一点，那将是成本最低、效果最好的选择。但事实上，这种试图改变人性的做法是远远不够的。原因在于：第一，人性具有多样性，不可能要求全体政府工作人员都能够做到大公无私，只要一小部分人做不到，就会导致寻租现象并诱使更多人身陷其中；第二，人性具有不稳定性，主观思想常常受到周围环境的影响而波动，依靠自觉维持的制约机制是不稳定的；第三，人性具有隐蔽性，这就导致缺乏有效的检测和评估手段，难以防患于未然。

（2）通过建立外在制约机制，规范政府规制的权力运行方式和程序，切断私利连接公权的通道，防止寻租发生。新制度经济学认为，制度是影响个人选择的关键性因素——它影响着人们对各种行动方案的成本和收益进行计算和权衡得失，进而最终影响经济的抉择。寻租的过程，实际上是参与交易的人在追求自身利益最大化的动机驱使下，经过对交易的成本和收益的计算后，做出的一种选择。如果制度严密，交易受到监控，易被察觉，成本就等于或大于收益，寻求私利的动机将会自我抑制；反之，寻租的可能将大大增加。这样，制度就在公权和私利之间竖起了一道屏障，阻止了寻租的产生。

制度建设作为寻租的预防措施有着很大的好处。第一，它并不将人性作为唯一的（或是主要的）实现保障，从而克服了人性的天然不足。制度设计本身就是将人性作为"假想敌"，防止私欲在公权的运行过程中越位。对某一个群体而言，制度是明确的、稳定的、可预知的、便于执行和相互监督的。第二，制度具有推动自我完善和更新的力量。制度引导人们的行为，并借此对制度的效率进行评估；评估促进了制度变革，推动了制度变迁；新的制度能更好地引导人们的行为。这一循环往复的过程使制度拥有了生命。

（二）制度预防的实现途径

基于对人性的认识，制度建设对寻租达到有效预防目的的途径主要有以下两个方面。

第一，分解。权力的集中性与决策的随意性直接关联，是构成寻租的体制性因素。同时权力集中于某个人或某个部门，为暗箱操作提供了极大便利，使得政府规制中存在着大量的寻租空间。因此,制度预防应当对政府规制的权力实行分解。首先,要把政府规制的决策权、执行权和监督权分开,由不同主体行使;其次,是决策权的分解,真正贯彻民主集中制原则,尤其要强调决策过程的民主性;最后,是执行权的分解,科学划分执行的各个环节,使之既能相互配合,更能相互制约。

第二,透明。增加政府规制的透明度是预防寻租的有效手段,因为它可以大大增加寻租的难度和风险度。应当将政府规制的过程尽可能地及时公开,接受民众和其他主体的广泛监督。这既包括决策过程的公开,也包括执行程序、救济程序的公开,以及个案中的信息公开。

实践证明,在政府规制中,寻租的发生有着深刻、多样的原因和相关条件。因此,制度预防应当是从源头上治理寻租而不是个别环节的完善和改革。我们不能把制度预防看做是一个简单的行动,必须将其作为一项系统工程来对待,做到标本兼治、综合治理。

第二节 放松政府规制

一、政府规制失灵

政府对微观经济的规制是克服市场失灵的一种制度安排。现实中,政府规制在很大程度上发挥了校正市场配置资源缺陷的作用。但是,政府规制在校正、克服市场失灵的同时,又产生了新的失灵——政府规制失灵或规制失败,并且引发了政府规制放松的浪潮。从20世纪70年代末以来,在国外发达国家开始了一场以放松规制为主要内容的规制改革。其重点主要是两个方面:一是放松经济性规制,在市场机制可以发挥作用的领域取消或部分取消价格和市场进入限制;二是引进激励性的规制方法,给予受规制主体(如企业)在受规制的行为方面更多的主动权。

二、规制放松

(一) 规制放松的内涵

所谓规制放松,是指政府取消或放松对自然垄断或其他产业的进入、价格等方面直接的行政、法律监管,是对政府规制失灵的一种矫正。在本书中,规制放松一般是指经济性规制的缓和或放松。

规制放松有两个方面的含义:一是完全撤销对受规制产业的各种价格、进入、投资、服务等方面的限制,使企业处于完全自由的竞争状态;二是部分地取消规制,即有些方面的限制性规定被取消,而有些规定继续保留,或者原来较为严格、烦琐、苛刻的规制条款变得较为宽松、开明。如在某些领域,把原来的审批制改为登记制,就是一种比较典型的进入规制放松。

(二) 规制放松的原因

规制放松政策主要在过去直接规制十分严格的自然垄断及其他产业展开。政府之所以对自然垄断等产业实施进入、价格等方面的规制放松,既有经济的原因,也有政治上的考虑。具体地说,主要是基于以下几个方面的原因。

1. 由于技术经济条件的变化,政府进行经济性规制的理论依据逐渐消失

从技术角度看,政府进行经济性规制的主要理论依据是某些行业源于技术特点的自然垄断性质。但 20 世纪七八十年代以来,由于技术发展的日益加快,新技术层出不穷,特别是微电子技术的出现和不断成熟,陈旧落后的生产技术逐渐为新技术所淘汰,在一些传统的自然垄断领域,维系一家企业垄断性供给某种商品或劳务的全部市场需求的合理性正在逐步消失。例如,在通信领域,由于光纤的发明,计算机技术的应用以及卫星通讯的引入等,使得通信不再是自然垄断性的。提供通信,特别是长途通信、电信增值业务并不需要太大规模的投资,而且投资沉没成本也不是很高,这使得新企业进入电信领域变得现实而可能。从经济的角度观察,由于经济全球化进程的加快,生产和资本的国际化不断发展,跨国公司在全世界拓展业务,大大增加了对电信服务的需求,电信市场变得空前繁荣,业务量每年都成倍增长。电信市场的不断扩大,使得一家企业垄断市场的局面既没有可能,更会牺牲效率。放松电信领域的进入规制,吸引新的厂商,扩大供给,满足不断增长的需求,是政府规制机构明智的选择。

2. 产业间替代竞争加剧,受规制产业发展受到限制

产业是生产同类产品的企业的聚合体。在自然垄断产业中,由于垄断的存在,一个企业可以代表一个产业。但是,由于市场上仍然存在着替代品,垄断产业的市场势力,也不是无限制的。随着技术进步和需求的扩张,替代产业及其替代品的竞争越来越激烈。这使得存在着替代品竞争的、受规制的产业面临着巨大的竞争压力,需要及时进行投资、生产、价格、服务等方面的决策。但是由于政府规制的存在,所有的重要决策都要经过政府规制部门的批准,这个过程延缓了受规制产业及企业的反应时间,在竞争的过程中,总是处于被动、落后、迟钝的境地。如第二次世界大战以后,发达国家的高速公路四通八达,形成网络,成为低廉、便捷的运输方式,因而对铁路构成一种有力的挑战,铁路的货运、客运等面临顾客减少、效益下降的困难。在这种情况下,传统的规制方式不得不修改,以使铁路有更大的决策经营权和灵活性,对公路的竞争作出及时的反应。铁路、航空、公路运输等都属于存在替代竞争的产业,政府规制虽然能给自己带来可观的收益,但在外部竞争者的替代竞争日趋激烈的情况下,政府规制反而成了一个负担。因此,受规制产业的企业往往要求政府实施放松规制的政策。

3. 政府规制失灵引发企业要求放松规制的浪潮

政府规制作为一种校正市场失灵的制度安排,在实施过程中日益暴露出其自身的局限性,如政府部门规模过于庞大,行政费用上升,财政赤字增加;受规制产业,特别是公共生产和公共服务部门,由于受到政府保护,可以稳定地得到收益,因而漠视消费者的需求,服务质量低下,"脸难看""事难办",而且普遍出现成本上升、价格上涨、效率下降、供给不足的现象;规制否定了公众对产品质量和价格的选择,在技术不断进步、消费需求日益多样化的社会,以规制体现的刻板、僵化的行政程序越来越不受欢迎。在西方议会民主制度下,各个政党为了谋求执政,也顺应民心,以减少财政赤字、缩小政府规模为选举纲领,推动政府规制放松的进程。由于规制放松可以缩小政府规模,减少政府雇员,国有企业民营化后补贴减少,财政负担也大为减轻。发端于 20 世纪七八十年代的规制放松浪潮,在很大程度上迎合了选民对政府干预经济效果的失望和期盼改变的心理。

4. 关于政府规制理论研究的一系列新进展为政府规制放松提供了理论依据

典型的如哈维·莱本斯坦(1966)提出的"X-非效率"理论,戈登·塔洛克(1967)的"寻租"理论,施蒂格勒(1971)、佩尔兹曼(1976)等学者提出的"规制俘虏"理论等都对政府经济性规制的合理性提出了挑战。另外,威廉·鲍莫尔(1981)的可竞争市场理论认为,在自然垄断性行业,如果企业可以自由进入或退出,而且不发生成本,即市场是可竞争性的,就无需政府规制也可以限制企业利润。由于可竞争市场经济理论的出现和传播,经济性规制不再被认为是提高经济效率的唯一手段。即使是在传统认为的自然垄断的产业内,只要是可竞争的,没有政府的外部干预,垄断者也只能获得平均利润(它不会制定垄断高价,而是制定可维持价格)。为此,政府部门应该做的不是限制进入、费尽心力去寻找最合理的定价方法。明智的做法是减少产业的进入壁垒,使产业能够自由进出,这足以形成对垄断者的竞争压力,而其成本和负面影响则是最小的。一些产业虽然有巨大的沉没成本,但是当其面临其他产业的替代竞争时,其行为方式与可竞争市场行为方式是类似的,因而不需要政府规制。

5. 经济全球化的发展引发规制放松的要求

随着经济全球化的发展,要求国际贸易、跨国投资、战略联盟等国际合作有一个开放、公平、自由的环境,但是政府规制是对经济运行的人为干预和限制,客观上是对国内市场的保护,不利于国家之间人、财、物、信息的交流。为此,发达国家之间在市场准入方面进行长期磋商,最后达成妥协,共同放松规制,提倡公平的竞争。其结果是在金融、保险、电信等传统的政府实施经济性规制的领域不同程度地放松了政府规制。

应当指出,从发达国家的情况来看,规制放松主要表现为经济性规制的放松或调整,并不是完全取消经济性规制。至于社会性规制,不仅没有放松和取消,反而呈现越来越细化和不断强化的趋势。这一事实表明,在现代市场经济条件下,政府规制仍然是一种并不过时的、用以矫正市场失灵的制度安排。

案例 20-1

自然垄断行业的规制与规制放松

对自然垄断行业的规制并不排斥对非自然垄断业务进行规制放松,随着生产力水平的不断提高和技术条件改变,以及需求的扩展,曾经的自然垄断行业在某些生产环节也可能不再"自然垄断"。这就要区分自然垄断业务与非自然垄断业务,只对自然垄断业务进行必要的规制。由于各行业的技术特点不同,其自然垄断的程度也不尽相同。根据财政部科研所的一项研究,应规制的行业如下。

电信业 随着技术的革新,电信业已从单一的有线网络服务发展为有线和无线兼而有之的多维产业。从大类上说,其产品主要包括:A.生产和销售的各种通讯设备;B.通过本地网络提供的市话服务;C.通过长途网络提供的长话服务;D.借助有线电话网络提供的无线寻呼通信、移动通信服务;E.借助有线网络提供的各种增值服务,如电子邮件、可视图文,等等。在这些业务中,A、C、D、E项服务已不再具有自然垄断性,只有B项是自然垄断性较强的业务,所以B项是规制的重点。

电力产业 电力产业主要包括发电、输电、配电和供电等业务。其中,输电、配电业务具有自然垄断性,发电和供电则具有竞争性。但从技术上讲,这几种业务需要高度协调才能取得范围经济效应。对这类行业,是规制还是放松规制,我们需要进一步分析。

自来水产业 相对来说,自来水产业具有较强的自然垄断性,尤其是管道网络运营方面,很难进行市场直接竞争,因此,自来水产业可以说是典型的地区性垄断产业。不过,客观上也存在自来水生产、输送和供应业务分离的可能性,但由于存在外部性,这个问题可能较为复杂。

煤气产业 这也是地区性垄断产业。煤气产业包括生产、输送、分销和供应等业务。煤气的种类较多,如煤制气、油制气、液化气和天然气等。作为一种能源,煤气也有许多替代品,如电、煤、油。因此,煤气产业可能面临激烈的竞争,也会面临需求的不确定性。实际上,该产业中只有直接与管道网络有关的输送和分销业务才具有自然垄断性。另一方面,该产业又是对安全性要求较高的行业,安全性问题也涉及与煤气供应相关的煤气设备的供应、安装和维修等,尽管这些业务是竞争性业务。

铁路 建设铁路线路、生产和供应机车车辆、铁路物资、对铁路网进行日常维修和管理、客货运输等都属于铁路业务,但只有路网经营才具有自然垄断性。不过,路网经营和通过路网提供的各种服务之间需要保持高度协调,这里存在范围经济效应。

对自然垄断业务与非自然垄断业务进行明确区分是十分必要的,这不仅有助于我们把概念搞清楚,也有助于我们把实际问题搞清楚。在实际工作中,由于把自然垄断与行政性垄断混在一起,把自然垄断业务与非自然垄断业务混在一起,已经造成了一些不必要的混乱和误解,以至于有人将行政性垄断造成的危害误认为是自然垄断的结果。

自然垄断的规制的必要性与非自然垄断业务的放松规制的必要性是同时存在的。

(案例来源:谢地,景玉琴. 我国政府规制体制改革及政策选择[J]. 吉林大学社会科学学报,2003(3).)

⇄ 思考与提示

为什么在自然垄断行业中,规制与规制放松有必要同时存在?

(三)放松政府规制的基本措施和效果

西方国家放松政府规制的基本措施有以下方面。

(1)从企业组织形式和财产制度看,放松政府规制大体沿着国有企业—公共法人—

公私混合企业—私有企业的路径进行。日本国铁是自然垄断产业中原有的国有垄断企业,依次经过公共法人、公私混合企业,最终改组为私有企业的典型。

(2) 产业环节适合于竞争而其他环节适合于垄断经营的混合产业结构,改革政府规制框架,适时将竞争性业务从垄断性业务中分离出来,并防止在某个产业环节居于垄断地位的厂商将其垄断势力扩展到该产业的其他环节。如英国邮政总局将独家经营邮资低于1英镑的所有国内信函,邮政特快、包裹、印刷品、出国信函、邮资高于1英镑的信函和门市服务均作为竞争性业务放开。

(3) 正确处理国有企业的社会职能。从历史上看,西方国家建立国有企业都是以稳定为基本出发点的,而被赋予国有企业经济和社会双重职能的国有企业既要追求利润最大化和自身的发展,又要承担普遍服务、安排就业等社会职能。为了增强国有企业的活力,提高国有企业的运营效率,必须把国有企业承担的社会职能分离出去,使国有企业承担单一的经济职能,并在此基础上,政府对某一产业的规制应适用于该产业内的所有企业。如果国有企业承担的经济职能和社会职能不能分离,政府应对国有企业因承担社会职能而减少的收入或增加的成本提供补偿。

(4) 政企分开。英国放松政府规制的历程表明,政府规制体制改革的关键是调整政府与企业的关系,把原来由政府直接干预企业经济活动的政企关系,调整为由政府间接控制企业的政企关系。从而使传统的政企合一的政府规制体制转变为政企分开的政府规制体制。在政企分开的规制体制下,企业才能成为独立的市场主体,政府才能从垄断经营者转变为竞争性经营的组织者。

(5) 以政府规制的立法为先导。众所周知,市场经济是一种法治经济,放松政府规制必须以立法为先导,使政府规制体制改革具有明确的法律依据和实施程序。例如,美国为了适应航空运输业放松规制的需要,分别在1977年和1978年颁布了《航空货运放松规制法》和《航空客运放松规制法》。日本国会在1986年通过《国有铁路改革法》,然后于1987年对国有铁路进行分割改组。

西方国家放松政府规制取得了明显的效果,具体表现在:①降低了收费或价格水平;②实现了包括引进各种减价制度在内的价格或收费体系的多样化;③提高了服务质量,实现了服务多样化;④提高了企业的生产效率,使企业具有活力;⑤减轻了消费者的负担,增进了社会福利;⑥扩大了需求和投资,提高了经济增长率[①]。经济合作与发展组织利用宏观经济模型,测算出政府规制放松带来的GDP的长期增长率,这一增长率英国约为3.5%,法国、德国、日本为6%。据Winston(1993)估算,美国从解除市场进出限制和价格规制中获得的总收益一年就达350亿~460亿美元(1990年价格),其中消费者因价格降低和服务质量提高而得到的收益是320亿~430亿美元,生产者因效率提高和成本降低获得的收益是30亿美元。如果排除仍然存在的市场机制扭曲,每年还可以获得200多亿美元的收入,这其中还不包括解除政府规制对创新的积极影响,这种创新能使各产业降低1/4~1/3的运营成本。表20-1所示为美国消费者和生产者从政府规制放松中获得的利益。

1956—1974年,美国和加拿大两国的铁路部门采用了相同的技术,但美国比较严格

---

① 植草益. 微观规制经济学[M]. 朱绍文,译. 北京:中国发展出版社,1992:184.

的铁路运输规制,极大地降低了其劳动生产率的增长速度。1974年,美国铁路运输的增长率为0.5%,加拿大铁路运输的增长率为3.3%。据估计,如果1974年美国的铁路运输能达到加拿大铁路运输的增长速度,铁路运输的成本会降低138亿美元(以1985年价格为基数)。据测算,美国取消铁路运输的政府规制后,1985年一年的运营成本比1980年下降了26%,同时运输量保持不变,投资还有增长。美国存贷款业务、租赁业部分解除政府规制的结果是:1983—1993年雇员减少了20%,生产率(以雇员人均收入计)提高了300%以上。

表20-1 美国消费者和生产者从政府规制放松中获得的收益　　　单位:10亿美元

产　业	消费者	生产者	合　计	潜在所得
航空	8.8~14.8	4.9	13.7~19.7	4.9
铁路	7.2~9.7	3.2	10.4~12.9	0.4
公路运输	15.4	−4.8	10.6	0
电信	0.7~1.6	—	0.7~1.6	11.8
有线电视	0.4~1.3	—	0.4~1.3	0.4~0.8
股市交易	0.1	−0.1	0	0
天然气	—	—	—	4.1
合计	32.6~42.9	3.2	35.8~46.1	21.6~22.0

(以1990年价格为基数)

资料来源:陈富良,万卫红.企业行为与政府机制[M].北京:经济管理出版社,2001:226.

从英国政府规制的实践看,政府规制放松对刺激企业提高效率、降低成本、增加效益的作用是比较明显的。在20世纪80年代以前,英国基础设施产业如电信、电力、煤气、航空等实行政企合一的垄断经营体制,一方面,政府把这些国有企业当做宏观经济调节的工具,利用其对企业的控制权,干预企业的日常经营活动;另一方面,这些国有企业大都具有法定的垄断经营地位,没有经营的动力和竞争的压力,因而生产效率低下。在20世纪70年代,英国9个国有企业的总体劳动生产率增长速度低于全英劳动生产率的增长速度,劳动生产率年均增长1.6%,其中英国煤炭公司、英国铁路公司、英国钢铁公司、英国邮政局的劳动生产率是负增长。英国9个国有企业劳动生产率的平均增长速度如表20-2所示。从20世纪80年代初开始,英国先后对基础设施产业的管理体制进行了重大改革,减少政府的直接干预,并采取各种政策措施激励企业提高生产效率。因此,在20世纪80年代,英国9个国有企业的劳动生产率的增长速度明显加快,劳动生产率的年均增长速度达到5.7%(见表20-2)。

表 20-2　英国 9 个国有企业劳动生产率的平均增长速度

企　　业	1970—1980 年	1981—1990 年
英国航空公司	7.4	6.0
英国机场管理局	0.6	2.7
英国煤炭公司	−2.4	8.1
英国煤气公司	4.9	4.9
英国铁路公司	−2.0	3.2
英国钢铁公司	−1.7	13.7
英国电信公司	4.3	7.1
英国电子供应商	3.7	2.5
英国邮政局	−0.1	3.4
平均	1.6	5.7

资料来源：王俊豪. 英国政府管制体制改革研究[M]. 上海：上海三联书店，1998：301.

尽管西方国家放松政府规制取得了明显的成效，但竞争与规制并存又产生了以下新问题：第一，在竞争与规制并存的情况下，政府规制机构希望尽可能通过规制来实现良好的经济成果，而企业希望以其自由决策来应付竞争，这样，政府规制机构与企业在规制的范围、程度、方法等方面会产生矛盾；第二，希望通过规制维持其自身权益的原有企业与新进入的企业，对政府规制的内容、方法等会产生矛盾；第三，竞争与规制并存的结果，使实施直接规制与间接规制的政府机构在哪些领域实施规制、哪些领域实行竞争的问题上产生矛盾。上述问题在竞争结构的规制产业，以及原属于自然垄断领域、但已通过放松规制成为竞争结构的产业都存在，但在自然垄断产业放松规制的情况下，表现得更为明显和典型[①]。

在上述三个矛盾中，原有企业和新进入企业的矛盾是主要矛盾，解决措施如下。

第一，对于新进入企业因采取"撇脂"战略（新进入企业仅进入收益高的地区和高收益的服务领域）引起的与原有企业的矛盾，政府可放松价格规制，通过竞争过程使高收益地区和服务领域的价格降低，使低收益地区和服务领域的价格提高。如果低收益地区和服务领域的价格不能提高，可通过收取"使用费"（连接费）和建立"普遍服务基金"来解决。

第二，对于原有企业因采取价格差别、价格挤压等排他性行为而引起的与新进入企业的矛盾，政府可采取非对称规制，即对原有企业实行严格的规制，对新进入企业实行松散的或简化的规制。

---

① 植草益. 微观规制经济学[M]. 朱绍文，译. 北京：中国发展出版社，1992：202-203.

案例 20-2

李克强总理痛斥某些办事机构:办个事儿咋就这么难?

2015年5月6日,国务院总理李克强主持召开国务院常务会议,确定进一步简政放权、取消非行政许可审批类别,把改革推向纵深。

李克强总理一连讲了三个故事,痛斥某些政府办事机构。他费解地发问:老百姓办个事儿咋就这么难?政府给老百姓办事为啥要设这么多道"障碍"?

"你妈是你妈",这怎么证明呢?简直是笑话!

"我看到有家媒体报道,一个公民要出国旅游,需要填写'紧急联系人',他写了他母亲的名字,结果有关部门要求他提供材料,证明'你妈是你妈'!"总理的话音刚落,会场顿时笑声一片。

"这怎么证明呢?简直是天大的笑话!人家本来是想出去旅游,放松放松,结果呢?"李克强说,"这些办事机构到底是出于对老百姓负责的态度,还是在故意给老百姓设置障碍?"

简政放权改革的现有成果与人民群众的期盼仍有不小距离,需要进一步深化改革

李克强讲述的第二个故事,发生在海南:一位基层优秀工作者参与评选全国劳模时,仅报送材料就需要盖8个章,结果他跑了几天也没盖全,最后还是省领导特批才得到解决。

"盖完章他当场就哭了。"总理讲到这儿费解地发问,"老百姓办个事咋就这么难?政府给老百姓办事为啥要设这么多道'障碍'?"

他因此总结道,近两年来,简政放权、放管结合、转变政府职能的改革虽然取得了明显成效,但必须看到,现有成果与人民群众的期盼还有不小距离,需要进一步深化改革。

民之所望、施政所向,对老百姓负责的事情,就是政府应当履行的职责!

总理讲的第三个故事,发生在两星期前的福建考察期间。当时,李克强在厦门主持召开部分台资企业负责人座谈会,一位台商代表告诉总理,他在大陆营商最大的困难,不是优惠政策不够,而是知识产权得不到足够保护。

"研究出来一个东西,马上就有人模仿,打官司、找政府,没人给解决!"在5月6日的常务会议上,李克强说,"我们现在的确存在这样的问题:政府一些'该管的事'没有管到位,但对一些'不该管的事',手却'伸得特别长'!"

李克强说,当前,社会上下已形成一个共识:厘清政府和市场的界限是经济体制改革的关键,简政放权是"牵一发而动全身"的改革。同时,民众也对政府提出了更高的"监管"和"服务"要求。

"民之所望、施政所向,对老百姓负责的事情,就是政府应当履行的职责!"总理掷地有声地说。

要从全局审视简政放权、放管结合、转变政府职能

除了讲当下故事,总理也谈及历史。在今年的《政府工作报告》中,总理提出"大道至简,有权不可任性"。

他在5月6日的常务会议上进一步阐释说,中国历史上,但凡一个时代的政治比较"简",让老百姓休养生息,就会被后世称为"盛世"。而中国历史上的若干次重大改革,其主线都是"删繁就简"。

"所以,我们要从全局审视简政放权、放管结合,它不仅是在推动政府职能转变,也是当前稳增长、顶住经济下行压力、激发大众创业、万众创新的重要方式。"李克强说。

当天的会议,确定进一步简政放权、取消非行政许可审批类别,把改革推向纵深。李克强要求,各部门不能"放空炮",更不能"糊弄了事",要坚决打破部门利益,保质保量完成会议确定的各项任务。

国务院终结"非行政许可审批"

"'非行政许可审批'这个历史概念,今天就彻底终结了!"2015年5月6日的国务院常务会议上,李克强总理郑重宣告。

所谓"非行政许可审批",是指由行政机关及具有行政执法权的事业单位或其他组织实施的,除依据法律、法规和国务院决定等确定的行政许可事项外的审批事项。在法律规定中,它被列为"不适用于《行政许可法》的其他审批",一度被代指为"制度后门"和"灰色地带"。

而在5月6日的国务院常务会议上,"非行政许可审批"这一概念彻底成为历史。会议决定,按照依法行政要求,在去年大幅减少国务院部门非行政许可审批事项的基础上,彻底取消这一审批类别。

李克强说,长期以来,一些地方把审批当成了"利益分配"的手段。"这就把政府和市场的界限搞混了,也把社会经济的制度、体系搞乱了。"他明确提出,现代政府的职能,应该是"把该管的管好,把该服务的服务好",其他都交给市场。

而非行政许可审批这个"灰色地带",显然与这样的职能理念背道而驰。有关部门负责人在会上介绍,本届政府成立以来,已先后开展7轮清理工作,取消非行政许可审批209项。至于那些分类清理剩余的非行政审批事项,当天的常务会议决定,对其中49项予以取消,20项转为行政许可,对其他不涉及公众、或具有行政确认、奖励等性质的事项,调整为政府内部审批,或通过"权力清单"逐一规范。

李克强要求,文件通过后要尽早在网上公开,给社会、给市场主体、给老百姓一个明确的信号:"今后再也不搞变相审批了!"

"我们取消非行政许可审批,制定权力清单,其目的就是为了划定政府权力的'边界'。"李克强强调,"对非行政许可审批事项,该取消的就要取消,该转化就要合理转化。政府做事一定要光明正大,决不能再搞'模糊边界'、再玩'模糊权力'!"

(案例来源:中国政府网,http://www.gov.cn/xinwen/2015-05/06/content_2857717.htm)

思考与提示

政府部门给老百姓办事设置多道"障碍"的根源是什么?

第三节 激励性规制

一、激励性规制理论

（一）激励性规制所要解决的基本问题

传统的规制理论均是将规制者与被规制者之间不存在信息偏差作为其假定前提,然而在具体的机制实践中,规制者与被规制者之间、规制者与公众之间的信息不对称却往往是常态。激励性规制理论则着重研究如何在存在的信息不对称问题的规制者与被规制者之间进行激励机制框架的设计。也就是说,由于规制者和被规制者目标的不同,根据委托—代理理论,激励机制框架的设计实质上是通过给予企业一定的自由裁量权来减少由于信息不对称所带来的道德风险、竞争不足及寻租等问题,进而促进企业降低成本、提高质量、改善服务,诱导企业逐步接近社会福利最大化的思路。此外,激励机制框架的设计不仅可以使政府规制更充分地体现效率的要求,而且具有管理简单的优点。

在现实中,由于规制者与被规制者之间存在着信息的不对称,规制者对企业生产成本、服务质量、技术和努力水平不具备完全信息,因此在根据"委托—代理"理论进行激励框架设计和激励性规制的具体实施中,会存在逆向选择、道德风险,以及设租、寻租等问题。在激励框架设计上,由于规制者很难精确地掌握被规制者的努力程度,准确地对被规制者的努力给予相应的补偿,因此就会引发规制者与被规制者之间的博弈、规制者设租、被规制者"游说"及相应的"寻租"行为。作为理性经济人,掌握着生产成本、经营费用等方面信息优势的被规制者必然会尽可能地高报自己的成本,隐瞒实际成本,企图抬高价格上限,从而产生逆向选择问题。

但不可否认的是,在信息不对称的条件下,受规制产业边界的不断变化使得信息的积累及传播过程处于动态变化过程中,被规制者的信息优势地位往往会得以加强。因此,规制者均面临着如何设计合适的、动态化的激励机制框架,使得被规制者具有真实地、及时地显示自己成本、改进服务质量激励的难题。

（二）激励性规制合同的设计

激励性规制理论实际上是运用博弈论、委托代理理论及信息经济学的相关方法,解决信息不对称条件下的效率与信息租金的两难选择问题。问题的关键是要在信息不对称条件下,设计一种既能给予企业在降低成本、改善服务质量方面以足够的激励,同时又能有效防止企业滥用自由选择权的激励性框架。现代规制经济学运用了微观经济学中激励框架设计的方法,将激励性规制合同分为强激励型和弱激励型两种。激励性规制实际上是规制者针对不同激励强度,确定一个适当的成本补偿规则,利用转移支付工具对按照被规制者的实际成本和努力程度,给予相应数量的货币补偿的一种机制。也就是说,根据不同的激励强度实施不同的成本补偿机制。强激励型合同是指企业利润的多少与企业成本的高低密切相关,企业得到的总货币补偿随企业实际成本的变化而变化,也就是说,成本越高,企业的净收益越低。在高激励强度下,由企业努力降低成本所产生的大量超额的利润完全归企业所有,即信息租金。弱激励型合同是指企业的利润不受成本变动的影响。企业的成本将完全得到补偿,同时,企业降低成本的收益将部分转移给政府和消费者。由此可见，合同的激励强度与企业降低成本的动机、合同的激励强度与企业的信息租金，以及企业的信息租金与企业降低成本的动机之间均呈同向相关关系，规制者面临着与激励强度相关的社会福利改善和信息租金的获取之间的两难选择。

二、影响激励性规制合同实施效率的主要因素

（一）设租与寻租

规制的过程实际上就是消费者、规制者与被规制者之间讨价还价的过程。也就是说，在规制的具体实施过程中，实际上还存在消费者与规制者之间的委托代理关系。在关于规制合同的制定与具体实施的信息方面，规制者往往比消费者具有较多的信息优势。因此，规制者对规制合同的具体执行具有较大的自由选择权，并会由此产生设租、寻租等问题。事实上，以布坎南、克鲁格、图洛克和尼斯坎南为主要代表的弗吉尼亚学派，也称公共选择学派，已将规制过程看做一个寻租过程，通过分析垄断导致的"哈伯格"三角的净福利损失，指出被规制者必然会通过游说、行贿等方式来促使规制者帮助建立并维护其垄断权，以便获取高额垄断利润，即经济租。因此，从一定的角度上来说，规制是为规制者创造了设租、寻租的机会。与传统的规制理论一样，激励性规制理论也面临着同样的问题。消费者与规制者之间的信息不对称往往会导致规制者的机会主义行为，通过滥用自己的信息优势和规制权力来谋取私利。如前所述，激励强度越高，被规制者可以获得的信息租金就越多；租金越大，发生寻租行为的可能性就越大。因此，规制合同的激励强度与被规制者的收买威胁之间存在同向相关关系。高强度的激励合同，如价格上限合同，规制者在设计价格上限时掌握很大的自由决策权，若规制者故意隐瞒被规制者掌握低成本技术的信息，被规制者将会因较高的价格上限而获得更大的信息租金，其收买规制者倾向也越大。也就是说，由消费者、规制者与被规制者之间的信息不对称引发的设租、寻租行为同样会影响激励性规制合同的实施效率。

（二）规制承诺的可置信性

为了便于规制者及时根据所掌握的技术、成本变化情况对激励性规制合同进行修改，一般来说，西方国家规制合同期限短于5年，价格上限合同一般也都不超过10年。有效期较短的激励性合同可以使其更符合具体情况的变化，但是同时也会对被规制者提出更为苛刻的条件，从而产生"棘轮效应"，根据动态博弈规则，时间一长这种对被规制者的激励强度必然会趋于下降。受各方面压力的影响，规制者必然会与获取高额利润的被规制者提前进行重新谈判、修改规制合同，从而加重"棘轮效应"。由于长时间被规制者未必能够得到成本节约的全部收益，因此会降低规制合同的激励强度，使高效率企业受到惩罚。频繁的更改规制合同必然会影响规制合同承诺的可置信性，降低规制合同的实施效率。此外，当被规制者持续处于亏损状态甚至濒临破产时，被规制者也会在合同有效期到达之前要求提前修改规制合同，以避免出现更为不利的后果。从规制实践看，过于频繁的合同重新谈判或修改往往不利于促进被规制者努力降低成本，同时对高效率的被规制者往往更为不利。提高规制合同承诺的可置信性，有利于提高规制合同的实施效率。

三、激励性规制的主要类型

（一）价格上限规制

价格上限规制是在英、美国家应用最多、最为流行的一种价格规制。它是指规制者与

被规制者之间以合同的形式确定价格上限,被规制者可以在这一上限之下自由定价,也就是说,提供多产品的被规制者在努力实现社会福利最大化的同时又保证不亏损的一组次优价格组合。价格上限规制通过赋予被规制者更多定价的自由决策权,可以更有效地促使被规制者考虑成本、提高效率,因此,是目前应用最为广泛、效果最明显的一种激励性规制。

价格上限规制最早是由英国经济学家李特查尔德(Littlechild,1983)在给英国政府的一份关于英国电信管制问题的报告中提出来的。20多年来,价格上限规制在电信、电力等自然垄断行业得到了广泛应用。美国电信业到目前为止已经有40个州采用了价格上限规制,仅有4个州采用其他形式的激励性规制。价格上限规制得到广泛运用并取得了良好的效果,主要是因为它将激励性规制最重要的两大特点有机地结合在一起:一是对降低成本的激励,而且这种激励稳定可行;二是调整价格的激励和自由,受规制企业具有制定价格的弹性空间,能够寻求更有效率的价格结构。

(二)特许投标规制

特许投标规制最早是由德姆塞茨在《为什么要对公用事业进行规制》一文中提出来的,规制者通过竞标方式将特许经营权赋予能以最低价格提供服务的企业,并将其作为对企业低成本、高效率经营的一种奖励,这样,既可以保证规模经济,又可以间接地引入竞争,实现帕累托改进。区域间竞争规制则是通过将受规制的全国垄断企业分为几个地区性企业,使特定地区的企业在其他地区企业的刺激下,努力提高自身内部效率的一种规制方式。不可否认的是,在具体的实施过程中,地区之间存在的差异使得规制者在确保及时获取有效运营成本的基础上确定具体的规制价格,促进地区间的企业开展间接竞争仍然存在着较大困难。

(三)联合回报率规制

联合回报率规制是以投资回报率规制为基础的一种规制方式,规制者根据被规制者提出要求提高投资回报率的申请,具体考察那些影响价格变化的因素,对企业提出的投资回报率水平作必要调整,最后确定一定的投资回报率范围,被规制者可以在这一范围内根据具体的经营目标自主确定投资回报率。

(四)利润分享规制

利润分享规制是指通过采取为将来购买提供价格折扣等形式让消费者直接参与公用事业的超额利润分配或分担亏损。这样,不仅可以通过刺激消费促使企业充分发挥规模经济效益、有效降低经营成本,还有助于实现企业与消费者之间的公平分配。

(五)菜单规制

菜单规制是将多种规制方案组合成一个菜单,以供被规制者选择的一种综合性规制方式。

由于信息不对称问题的存在,以价格规制和进入规制为主要手段的传统规制方式在具体的实践中存在规制者滥用自由裁量权"设租"、被规制者"寻租";被规制企业内部出现X非效率、过度资本投资导致生产低效率,以及竞争不足、逆向选择、道德风险等问题。针对这一情况,激励性规制理论应运而生,并成为西方规制理论近20年来取得的最重要的发展。与传统的规制理论相比,激励规制理论更侧重于解决由规制者与被规制者之间的信息不对称所引发的逆向选择、道德风险、竞争不足以及设租、寻租等问题。诸多英、美经济学家对于规制的各种政策效果的实证研究表明:激励性规制在解决信息不对称问题,促进企业降低成本、提高质量、改善服务,实现帕累托改进方面效果比较明显。然而,不可否认的是,在信息不对称条件下,受规制产业的边界不断变化使得信息的积累、传播过程处于动态变化过程中,被规制者的信息优势地位往往会相应得以加强,因此,规制者均面临着如何设计合适的、动态化的激励机制框架,使得被规制者具有真实并及时地显示自己成本、改进服务质量激励的难题。

在我国自然垄断行业的放松规制和规制改革过程中,同样也存在着由规制者与被规制者之间的信息不对称引发的低效率、低质量和高价格等问题。借鉴西方发达国家的成功经验,结合我国的具体情况,政府在自然垄断行业的规制实践中已经开始探索和初步运用上述某些激励性规制方案。实践证明,结合我国的具体情况,引入激励性规制,对于我国自然垄断行业规制体系的重构具有一定的积极意义。

案例 20-3

英、美两国激励性规制的实践及其比较

在西方国家,激励性规制是被作为规制改革的一部分引入的,往往伴随着公用事业的私有化、自由化和规制的放松。激励性规制的实践最早开始于英国,是在撒切尔夫人的保守党政府上台后,大力推行电信、电力、供气、供水等主要公用事业私有化和自由化的同时逐渐产生的。当时,随着私有化进程的推进,一方面以私有制为主的公用事业企业的垄断地位开始形成,另一方面又缺乏垄断规制制度,这样重新构建规制体系显得十分迫切。当时在伯明翰大学任商学教授的 Stephen Littlechild 受英国政府的委托设计了一个价格规制模型。这个价格规制模型的主要目标是把价格和利润保持在一个既不失公平、又能刺激企业提高效率的水平上。这样,他就将规制价格和零售价格指数与生产效率挂钩,形成了价格上限规制模型。由于撒切尔政府的大力支持,以价格上限规制为主要形式的激励性规制在英国很快得到广泛应用,不仅在几乎所有的网络产业——发电和输电、供气、供水、电信和交通等,而且在一些"竞争性"产业——石化、公共汽车、造船、飞机制造及钢铁等行业也实施了激励性规制计划。激励性规制在澳大利亚、新西兰等英联邦国家的公用事业部门也相继得到采用。

与英国相似的是,美国的激励性管制也是首先在电信产业实施,并推动了电信产业自由化和部分放松规制。与英国不同的是,由于在实行激励性规制之前,长期实行公平回报率规制,拥有深厚的规制传统;此前国有成分不高,没有伴随大规模的私有化;政府的推动作用较小,因此美国的激励性规制实行比较缓慢,也比较艰难。同时,采取的规制形式也有所区别。英国激励性规制主要采取的是价格上限规制,并且是 Kridle、Sappington 和 Weisman(1996)所谓的"纯粹"价格上限规制(pure PCR)(注:受规制企业价格水平的确定,严格采用 RPI-X 模

型,相对于投资回报率规制而言,具有较强的激励作用)。而在美国,虽然大部分州在20世纪90年代先后引入了价格上限规制,但是受长期实行的报酬率规制的影响,规制形式与英国式的价格上限规制有所不同,主要区别在于:①激励程度相对较弱;②在价格上限规制的框架内实行以绩效为基础的规制(注:在这种规制形式下,规制者与受规制企业之间制定一个"分享"计划:规制者预先设定一个基本回报率,超过回报率的部分由消费者与受规制企业分享,这种规制形式也能够激励企业提高绩效);③实行与价格上限规制相类似的收益上限规制,收益上限规制的主要原理与价格上限规制相同,它允许受规制企业的总收益可以根据价格指数的上升而提高,因企业生产效率提高而产生的收益扣除规制者预先规定的生产率增量比例(相当于价格上限规制中的 X)后,全部归企业所有。因此,收益上限规制仍然可以被看做是价格上限规制的一个变体。美国除了采用价格上限规制外,还在不同产业采用了特许投标规制、延期偿付率规制、区域间竞争规制和菜单规制等多种形式的激励性规制。另外,即使是在今天,投资回报率价格规制在美国仍然有较大的市场。

(案例来源:余东华. 激励性规制的理论与实践述评——西方规制经济学的最新进展[J]. 外国经济与管理,2003(7).)

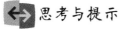思考与提示

英、美两国采用的激励性规制有何异同及对我国规制改革的启示。

本章重要概念

规制放松(relaxed regulation)　　激励性规制(incentive regulation)
价格上限规制(price cap regulation)
联合回报率规制(united rate-of-return regulation)

**本章思考题**

1. 什么是寻租? 政府规制和寻租之间有什么联系?
2. 寻租活动对社会经济发展有什么消极影响?
3. 寻租的制度预防实现途径是什么?
4. 放松政府规制是指什么? 为什么要放松政府规制?
5. 放松政府规制的基本措施有哪些?
6. 激励性规制有哪些主要类型? 影响激励性规制合同实施效率的主要因素是什么?

本章推荐阅读书目

1. 斯蒂格勒. 产业组织和政府管制[M]. 潘振民,译. 上海:上海人民出版社,1996.
2. 马昕,李鸿泽. 管制经济学[M]. 北京:高等教育出版社,2004.
3. 卢现祥. 寻租经济学导论[M]. 北京:中国财政经济出版社,2000.

主要参考文献

一、中译本文献

1. 约瑟夫·E. 斯蒂格利茨. 公共部门经济学[M]. 3版. 郭庆旺,等,译. 北京:中国人民大学出版社,2013.
2. 约瑟夫·E. 斯蒂格利茨. 政府为什么干预经济——政府在市场经济中的角色[M]. 郑秉文,译. 北京:中国物资出版社,1998.
3. 安东尼·B. 阿特金森,约瑟夫·E. 斯蒂格利茨. 公共经济学[M]. 蔡江南,等,译. 上海:上海三联书店,1994.
4. 加雷斯·D. 迈尔斯. 公共经济学[M]. 匡小平,译. 北京:中国人民大学出版社,2001.
5. 鲍德威,威迪逊. 公共部门经济学[M]. 2版. 邓力平,译. 北京:中国人民大学出版社,2000.
6. 斯蒂芬·贝利. 公共部门经济学:理论、政策和实践[M]. 2版. 白景明,译. 北京:中国税务出版社,2005.
7. 斯蒂芬·贝利. 地方政府经济学:理论与实践[M]. 左昌盛,等,译. 北京:北京大学出版社,2006.
8. 威廉姆·A. 尼斯坎南. 官僚制与公共经济学[M]. 王浦劬,译. 北京:中国青年出版社,2004.
9. 约翰·利奇. 公共经济学教程[M]. 孔晏,朱萍,译. 上海:上海财经大学出版社,2005.
10. 阿耶·L. 希尔曼. 公共财政与公共政策——政府的责任与局限[M]. 王国华,译. 北京:中国社会科学出版社,2006.
11. 植草益. 微观规制经济学[M]. 朱绍文,等,译. 北京:中国发展出版社,1992.
12. 欧文·E. 休斯. 公共管理导论[M]. 4版. 张成福,等,译. 北京:中国人民大学出版社,2015.
13. 约瑟夫·E. 斯蒂格里茨. 政府经济学[M]. 曾强,何志雄,译. 北京:春秋出版社,1988.
14. 道格拉斯·C. 诺思. 经济史中的结构与变迁[M]. 陈郁,罗华平,译. 上海:上海三联书店,上海人民出版社,1999.
15. 约瑟夫·E. 斯蒂格里茨. 政府在经济发展中的作用[J]. 盖建玲,译. 经济导刊,1998,2:76-82.
16. C. V. 布朗,P. M. 杰克逊. 公共部门经济学[M]. 4版. 张馨,译. 北京:中国人民大学出版社,2000.
17. 哈维·S. 罗森. 财政学[M]. 4版. 赵志耕,译. 北京:中国人民大学出版社,2000.
18. 詹姆斯·M. 布坎南. 公共财政[M]. 赵锡军,译. 北京:中国财政经济出版社,1991.
19. 斯蒂格勒. 产业组织和政府管制[M]. 潘振民,译. 上海:上海人民出版社,1996.
20. 丹尼尔·史普博. 管制与市场[M]. 余晖,译. 上海:上海人民出版社,1999.
21. 奥利弗·E. 威廉姆森. 反托拉斯经济学[M]. 张群群,黄涛,译. 北京:经济科学出版社,2000.
22. 萨拉·科诺里,阿里斯泰尔·曼洛. 公共部门经济学[M]. 崔军,孙晓峰,徐明圣,译. 北京:中国财政经济出版社,2003.
23. 布坎南. 自由、市场和国家[M]. 吴良健,桑伍,曾获,译. 北京:北京经济学院出版社,1988.
24. 保罗·萨缪尔森,威廉·诺德豪斯. 经济学[M]. 17版. 萧琛,等,译. 北京:人民邮电出版社,2008.
25. 哈尔·R. 范里安. 微观经济学:现代观点[M]. 费方域,等,译. 上海:上海三联书店,1994.
26. 曼昆. 经济学原理[M]. 梁小民,译. 北京:北京大学出版社,2001.
27. 彼德·M. 杰克逊. 公共部门经济学前沿问题[M]. 郭庆旺,译. 北京:中国税务出版社,2000.
28. 阿尔雷德·格雷纳. 财政政策与经济增长[M]. 郭庆旺,杨铁山,译. 北京:经济科学出版社,2000.

二、中文文献

29. 余永定,张宇燕,郑秉文. 西方经济学[M]. 北京:经济科学出版社,2002.
30. 张康之. 韦伯对官僚制的理论确认[J]. 教学与研究,2001,6.
31. 代鹏. 公共经济学导论[M]. 北京:中国人民大学出版社,2005.
32. 姜杰,朱清梅. 公共经济学[M]. 济南:山东人民出版社,2003.
33. 高培勇,崔军. 公共部门经济学[M]. 北京:中国人民大学出版社,2001.
34. 吴易风等. 西方经济学[M]. 北京:中国人民大学出版社,1999.
35. 高鸿业. 西方经济学[M]. 北京:中国人民大学出版社,2003.
36. 余永定,张宇燕,郑秉文. 西方经济学[M]. 北京:经济科学出版社,2002.
37. 姜杰,马全江. 公共经济学[M]. 济南:山东人民出版社,2003.
38. 韩康. 公共经济学概论[M]. 北京:华文出版社,2005.
39. 刘汉屏. 公共经济学[M]. 北京:中国财经出版社,2002.
40. 杨志勇,张馨. 公共经济学[M]. 北京:清华大学出版社,2005.
41. 戴鹏. 公共经济学导论[M]. 北京:中国人民大学出版社,2006.
42. 朱柏铭. 公共经济学案例[M]. 杭州:浙江大学出版社,2004.
43. 孙开. 公共品供给与公共支出研究[M]. 大连:东北财经大学出版社,2006.
44. 陈树,王大刚. 公共经济学[M]. 大连:大连理工大学出版社,2003.
45. 陈共. 财政学[M]. 4版. 北京:中国人民大学出版社,1998.
46. 郭庆旺,赵志耘. 公共经济学[M]. 北京:高等教育出版社,2006.
47. 高培勇,崔军. 公共部门经济学(修订版)[M]. 北京:中国人民大学出版社,2004.
48. 蒋洪. 公共经济学(财政学)[M]. 上海:上海财经大学出版社,2006.
49. 黄恒学. 公共经济学[M]. 北京:北京大学出版社,2002.
50. 张馨. 财政学[M]. 北京:科学出版社,2006.
51. 樊勇明,杜莉. 公共经济学[M]. 上海:复旦大学出版社,2001.
52. 樊勇明. 公共经济学导引与案例[M]. 上海:复旦大学出版社,2003.
53. 李齐云. 政府经济学[M]. 北京:经济科学出版社,2003.
54. 莫童. 公共经济学[M]. 上海:上海交通大学出版社,2005.
55. 傅殷才. 当代西方经济学[M]. 北京:经济科学出版社,1995.
56. 吴肇基. 公共经济学[M]. 北京:中共戏剧出版社,2001.
57. 曾国安. 政府经济学[M]. 武汉:湖北人民出版社,2002.
58. 杨龙,王骚. 政府经济学[M]. 天津:天津大学出版社,2004.
59. 代鹏. 《公共经济学导论》背景资料与相关案例集[M]. 北京:中国人民大学出版社,2006.
60. 安秀梅. 财政学[M]. 北京:中国人民大学出版社,2006.
61. 杨文进. 政治经济学批判导论:体系与内容的重建[M]. 北京:中国财政经济出版社,2006.
62. 鲁照旺. 政府经济学[M]. 郑州:河南人民出版社,2002.
63. 刘玲玲. 公共财政学[M]. 北京:中国发展出版社,2003.
64. 毛寿龙,李梅. 有限政府的经济分析[M]. 上海:上海三联书店,2000.
65. 华民. 公共经济学教程[M]. 上海:复旦大学出版社,1996.
66. 杨之刚. 公共财政学:理论与实践[M]. 上海:上海人民出版社,1999.
67. 谢秋朝,侯菁菁. 公共财政学[M]. 北京:中国国际广播出版社,2002.
68. 孙荣,许洁. 政府经济学[M]. 上海:复旦大学出版社,2001.
69. 洪银兴,刘建平. 公共经济学导论[M]. 北京:经济科学出版社,2003.
70. 郭晓聪. 政府经济学[M]. 北京:中国人民大学出版社,2003.
71. 乔林碧,王耀才. 政府经济学[M]. 北京:中国国际广播出版社,2003.

72. 毛程连. 中高级公共经济学[M]. 上海：复旦大学出版社,2006.
73. 王雅莉,毕乐强. 公共规制经济学[M]. 2版.北京：清华大学出版社,2005.
74. 王秋石. 微观经济学原理[M]. 3版.江西：经济管理出版社,2000.
75. 朱善利. 微观经济学[M]. 2版.北京：北京大学出版社,2001.
76. 张成福,党秀云. 公共管理学[M]. 北京：中国人民大学出版社,2001.
77. 张馨. 公共财政论纲[M]. 北京：经济科学出版社,1999.
78. 胡庆康,杜莉. 现代公共财政学[M]. 上海：复旦大学出版社,1997.
79. 蒋洪,席克正. 财政学教程[M]. 上海：上海三联书店,1996.
80. 樊纲. 市场机制与经济效率[M]. 上海：上海三联书店,上海人民出版社,1997.
81. 张曙光. 繁荣的必由之路[M]. 广州：广东经济出版社,1999.
82. 张曙光. 制度·主体·行为[M]. 北京：中国财政经济出版社,1999.
83. 宋德勇. 经济转型问题研究[M]. 武汉：华中理工大学出版社,2000.
84. 陈秀山. 政府失灵及其矫正[J]. 经济学家,1998,1:54-60.
85. 周又红. 政治经济学案例[M]. 杭州：浙江大学出版社,2004.
86. 叶振鹏,张馨. 公共财政论[M]. 北京：经济科学出版社,1999.
87. 刘玲玲,冯健身. 中国公共财政[M]. 北京：中国财政经济出版社,1999.
88. 胡乐亭,卢洪友,左敏. 公共财政学[M]. 北京：中国财政经济出版社,1999.
89. 蒋洪,朱萍. 财政学[M]. 上海：上海财经大学出版社,2000.
90. 马国贤. 财政学原理[M]. 北京：中国财政经济出版社,2000.
91. 杨灿明,李景友. 公共部门经济学[M]. 北京：经济科学出版社,2003.
92. 王诚尧. 国家税收[M]. 北京：中国财政经济出版社,1999.
93. 陈荣,姚林香. 税收理论与税收[M]. 南昌：江西人民出版社,1999.
94. 马俊涛. 中国税制[M]. 北京：中国人民大学出版社,2004.
95. 曹宪植,薛文平. 财政学原理[M]. 北京：华文出版社,2002.
96. 杨帆,张流柱. 国家税收[M]. 长沙：湖南大学出版社,2005.
97. 郭小聪. 政府经济学[M]. 北京：经济科学出版社,2003.
98. 杨卫. 政府经济学[M]. 上海：同济大学网络学院,2005.
99. 韩丽华,潘明星. 政府经济学[M]. 北京：中国人民大学出版社,2003.
100. 邓子基,林致远. 财政学[M]. 北京：清华大学出版社,2005.
101. 张馨,杨志勇,郝联峰等. 当代财政与财政学主流[M]. 大连：东北财经大学出版社,2000.
102. 冯健身. 公共债务[M]. 北京：中国财政经济出版社,2000.
103. 解学智,刘尚希. 公共收入[M]. 北京：中国财政经济出版社,2000.
104. 梅阳. 财政学[M]. 北京：经济科学出版社,1996.
105. 丛树海. 中国宏观财政政策研究[M]. 上海：上海财经大学出版社,1998.
106. 李茂生,柏冬秀. 中国财政政策研究[M]. 北京：中国社会科学出版社,1999.
107. 刘小怡,夏丹阳. 财政政策与货币政策[M]. 北京：中国经济出版社,1997.
108. 刘溶沧,赵志耘. 财政政策论纲[M]. 北京：经济科学出版社,1998.
109. 戴文标. 公共经济学[M]. 北京：高等教育出版社,2015.
110. 张向达,赵建国,吕丹. 公共经济学[M]. 大连：东北财经大学出版社,2006.
111. 唐娟. 政府治理论[M]. 北京：中国社会科学出版社,2006.
112. 杨龙,王骚. 公共经济学案例分析[M]. 天津：南开大学出版社,2006.
113. 曲振涛,杨恺钧. 规制经济学[M]. 上海：复旦大学出版社,2006.
114. 王俊豪. 政府管制经济学导论[M]. 北京：商务印书馆,2001.
115. 马昕,李鸿泽. 管制经济学[M]. 北京：高等教育出版社,2004.

后记（第一版）
Postscript

公共经济学是一门从国外引进不久的新兴学科，也是一门具有挑战性的学科。处在经济转型期的中国，其公共部门仍然存在许多问题有待于有志者的积极探索。本书试图通过理论与实践相结合的方式，结合大量的案例，梳理现代公共经济学的基本理论。

本书由江西财经大学、南昌大学、河南大学、武汉理工大学、中共江西省委党校等单位部分从事公共经济学教学、科研工作的中青年骨干教师共同撰稿完成的，他们全部具有经济学博士学位或高级专业技术职称。其中，李春根教授任主编，负责大纲设计，写作协调并总纂定稿，南昌大学博士生导师彭迪云教授、江西财经大学硕士生导师王为民副教授、河南大学硕士生导师黑启明副教授、武汉理工大学硕士生导师高萍副教授担任副主编。各章具体分工为：第一、第三章由江西财经大学舒成执笔；第二章由江西财经大学徐旭川执笔；第四、第五章由南昌大学彭迪云、卢有红执笔；第六、第七、第八章由李春根、艾俐斯、黄莉执笔；第九、第十章由王为民执笔；第十一、第十二章由江西财经大学姚林香执笔；第十三、第十四章由廖清成执笔；第十五至第十八章由黑启明执笔；第十九、第二十章由高萍执笔。我的研究生李建华、艾俐斯等帮助寻找案例、校对书稿，省却了我不少精力。

本教材是我与我的已故恩师、博士生导师刘汉屏教授共同中标的教材项目。刘老师是我国财税、公共经济学、社会保障学界的著名学者，他由于身患绝症，和病魔坚持抗争，不幸于 2007 年 3 月 1 日仙逝。为继承恩师的遗志，我负责牵头，经过艰辛努力，终于顺利完成书稿，这也算是对刘老师在天之灵的一个纪念吧！

本书稿由中南财经政法大学公共管理学院院长、博士生导师赵曼教授主审，在编写过程中充分吸收了国内外众多专家、学者的研究成果（已在注释、参考文献中注明），一并在此致谢。由于编著者学识疏浅，加之时间仓促，书中的错误与疏漏在所难免，恳请读者批评指正。

李春根
2012 年 6 月 2 日
于江西财经大学沁园

与本书配套的二维码资源使用说明

本书部分课程及与纸质教材配套数字资源以二维码链接的形式呈现。利用手机微信扫码成功后提示微信登录，授权后进入注册页面，填写注册信息。按照提示输入手机号码，点击获取手机验证码，稍等片刻收到 4 位数的验证码短信，在提示位置输入验证码成功，再设置密码，选择相应专业，点击"立即注册"，注册成功。（若手机已经注册，则在"注册"页面底部选择"已有账号？立即注册"，进入"账号绑定"页面，直接输入手机号和密码登录。）接着提示输入学习码，需刮开教材封面防伪涂层，输入 13 位学习码（正版图书拥有的一次性使用学习码），输入正确后提示绑定成功，即可查看二维码数字资源。手机第一次登录查看资源成功以后，再次使用二维码资源时，只需在微信端扫码即可登录进入查看。